高中物理综合专题复习导引
（教师版）

主　编　梁　旭

副主编　张新华　袁张瑾

ZHEJIANG UNIVERSITY PRESS

浙江大学出版社

·杭州·

图书在版编目(CIP)数据

高中物理综合专题复习导引：教师版 / 梁旭主编
. —杭州 ：浙江大学出版社，2024.3(2024.6 重印)
ISBN 978-7-308-24634-7

Ⅰ.①高… Ⅱ.①梁… Ⅲ.①中学物理课－教学研究
－高中 Ⅳ.①G633.72

中国国家版本馆 CIP 数据核字(2024)第 034744 号

高中物理综合专题复习导引（教师版）

主 编 梁 旭
副主编 张新华 袁张瑾

策划编辑 沈炜玲(QQ:617348155)
责任编辑 陈宗霖 陈静毅
责任校对 李 琰
封面设计 周 灵
出版发行 浙江大学出版社
（杭州市天目山路 148 号 邮政编码 310007）
（网址：http://www.zjupress.com）
排 版 杭州星云光电图文制作有限公司
印 刷 杭州宏雅印刷有限公司
开 本 889mm×1194mm 1/16
印 张 31.5
字 数 806 千
版 印 次 2024 年 3 月第 1 版 2024 年 6 月第 3 次印刷
书 号 ISBN 978-7-308-24634-7
定 价 98.00 元

浙江大学出版社市场运营中心联系方式：0571－88925591；http://zjdxcbs.tmall.com

前　言

综合问题是高考试卷中的难题。求解综合问题需要学生具有全面、高水平的核心素养,这是教师的共识。如何在高三复习中提高学生求解综合问题的水平是教师普遍认为的难题,特别是每节课的学习目标是什么,学习过程有怎样的特征,合适的学习方式有哪些。

浙江省高中物理学科基地学校在2020—2022年期间对高三复习的学习目标、学习路径和学习方式进行了系统研究,研究成果已经在2022年浙江省高中物理关键问题研训活动中进行了展示。这一研究具有以下特点。

(1)以认知心理学关于问题解决的理论为指导,以学生的问题解决过程为研究对象,认真分析影响学生求解问题的相关因素。

(2)通过研究近几年全国各省区市高考物理试题,确定解决综合问题的主题和具体内容。

(3)根据学习理论,将综合问题的求解分为专题综述、横向主题和纵向主题三部分。专题综述包括试题情境与特征分析、学生思维障碍分析、求解思维导图、专题学习目标、专题细分及课时规划等内容;横向主题是对综合问题求解的关键点进行突破;纵向主题重点展示优秀学生在解决问题时的思维方式,提供思维的榜样。

(4)通过对学习目标、学习路径和学习方式的研究,力图改变高三复习"讲题—做题—讲题—做题"的低效循环,倡导目标导引与有效学习相结合的复习模式。

在前面研究的基础上,为了使研究成果为更多学校共享,我们编写了《高中物理综合专题复习导引》,分为学生版与教师版。学生版在问题情境之后设置了做有得益、展有所获和评有成果三个学习活动环节。"做有得益"是学生在课前根据问题情境和要求进行独立的问题求解;"展有所获"是学生在上课时观看了其他同学或教师的讲解(展示)后得到的启发和收获,并及时记录在相关栏目中;"评有成果"是师生通过对问题求解的不同方式进行共同评价,得到对解决问题有用的观点、方法、思维策略和思维程序。教师版在问题情境之后提供了参考案例,教师既要从促进学生学习过程(做一做、展一展、评一评)充分展开的视角利用好参考案例,又要结合学生解决问题的特点进行展示与评价。

本书由梁旭负责策划、理论指导和结构设计。各专题的编者如下。

专题一:运动、力、能量综合　杨雪明、方道余(浙江省苍南中学);

专题二:运动、力、动量综合　陈钢兴、宓锦涛、孙鑫军、陈喜、俞嘉林(浙江省诸暨中学);

专题三:运动、力、动量和能量综合　袁张瑾(宁波市效实中学)、杨继林(宁波中学);

专题四:力、电综合——宏观物体运动　张新华(浙江省天台中学)、刘强(北京师范大学台州附属高级中学)、蔡文杰(台州市永宁中学)、朱灵俊(浙江临海市回浦中学)、王燕燕(浙江省三门中学);

专题五:力、电综合——微观粒子运动　郑黎、沈建江、周超庆、林贞勇、孟君(安吉县高级中学);

专题六:力、电综合——装置与场分析　马秀英、朱叶娟、陈苢(浙江省平湖中学);

专题七:力、热综合　闻浪洲、刘华斌、余云峰、姜勇明、麻洪杰(浙江省富阳中学);

专题八:振动、波动综合　张新华、陈孝杰(浙江省天台中学)、蔡文杰(台州市永宁中学)、陈林芳(台州市三梅中学)、井丹丹(天台平桥中学);

专题九:物理实验综合——科学探究素养提升　张国平、朱宝生、项明(安吉县高级中学)、李树强(蓝润天使外国语实验学校);

专题十:能量观　孙丁共(杭州市余杭第一中学)。

欢迎大家使用本书,并在使用中为进一步优化内容提供宝贵建议。

目　录

专题一:运动、力、能量综合

一、专题综述

(一) 试题情境与特征分析

1. 试题情境

纵观近几年全国各省区市高考物理试题,运动、力、能量综合问题主要以不同轨道结合平抛的多过程情境为主,也辅有传动带、弹簧和碰撞的情境。

如图 1-1-1～1-1-9 所示,试题求解内容主要集中在以下几个方面:①临界速度;②物体与轨道间的相互作用力;③物体在轨道上通过的总路程;④求某个力做的功;⑤求某两个物理量间的定量关系;⑥求满足某个条件的某个物理量的范围。

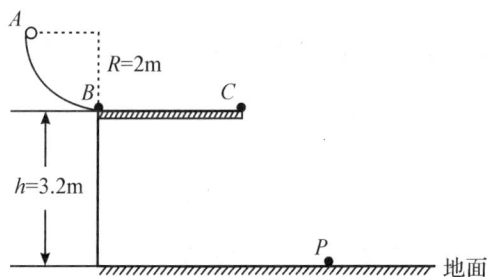

图 1-1-1

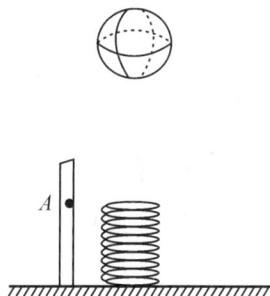

图 1-1-2

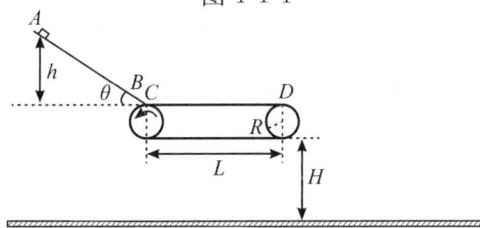

图 1-1-3

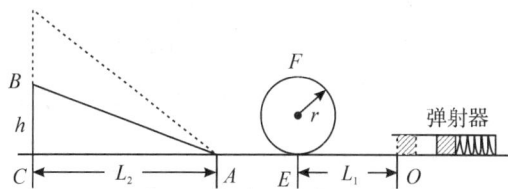

图 1-1-4

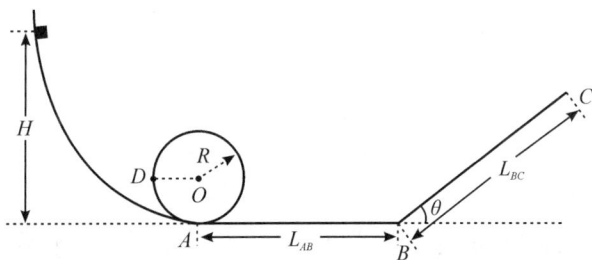

图 1-1-5

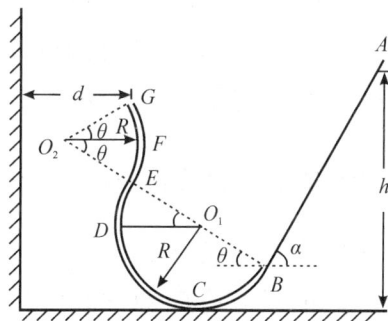

图 1-1-6

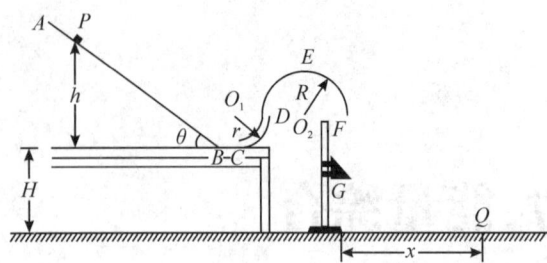

图 1-1-7

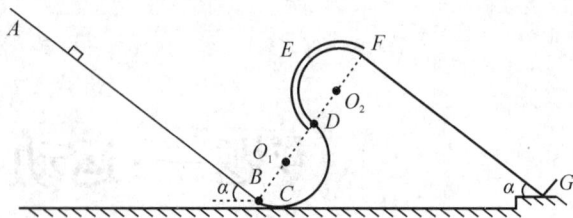

图 1-1-8

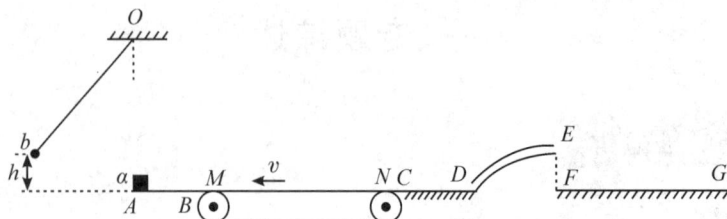

图 1-1-9

2. 特征分析

运动、力、能量综合问题以贯彻知识为基、能力为重，突出素养导向的评价理念，主要有以下特点。

（1）知识覆盖面广

涉及运动、力、能量、动量等高中动力学内容的综合应用。

考查学生综合运用知识和能力应对复杂问题的水平，全面综合考查学生的物理学科素养水平。

（2）情境复杂丰富

部分情境是以真实情境为背景建构的运动模型。

大多为多过程情境，既要准确划分阶段开展分析，又要注意各个阶段的连接点。

涉及的运动情境丰富：匀变速运动、变加速运动、碰撞、曲线运动、往复运动等。

涉及的器件多样：轻绳、轻杆、弹簧、传送带以及各种轨道等。

涉及的物理量多：速度、加速度、位移、路程、时间、力、功、动能、势能、内能、动量等。

要求学生在具体的问题情境中，有高质量地认识问题、分析问题、解决问题的关键能力，考查物理建模、科学推理、科学论证等科学思维。

（3）求解运算量大

涉及的物理量多，物理量之间的关系错综复杂。

需要较多的数学知识辅助求解。

求解方法多样，需要选择合适的方法灵活应用。

求解问题有时需要分阶段讨论。

（二）学生思维障碍分析

1. 知识与思维存在缺陷

运动、力、能量综合问题涉及的知识面广，对建构模型与科学推理等科学思维水平要求较高，学生虽然已经掌握相关基础知识与基本规律，但往往掉入题目设计的陷阱中。

运动、力、能量综合问题涉及的过程复杂，物理量比较多，求解方法多样，学生不容易建立起物理量之间的关系，或者不能采取合适的求解方法，导致求解难度加大或运算错误。比如斜上抛的运动如果末速度水平往往需要用逆向思维来求解。

学生未很好地掌握动力学中的难点，比如不同连接体中的速度关系、传送带中的功能关系等。学生还不能很好地区别某些类似的运动模型，比如竖直面上的圆周运动的"水流星"（"过山车"）模型与管道轻杆模型。

2. 科学推理不积极

由于运动、力、能量综合问题一般都是多过程问题，物体到底会做什么样的运动，有时不是根据题目的已知条件就能得出的，需要学生通过分析计算，对可能的情境进行科学探究才能得出结论。比如，"物体能否过轨道的最高点""能否飞离轨道""会停在哪里"等问题需要通过科学推理才能得出结论。部分学生缺乏科学推理的意识，导致无从下手。

3. 欠缺严谨细致的思维习惯

学生没有认真审题，或者审题不够仔细，常常在已知条件的获取上出现错误，比如对多过程问题中不同接触面的粗糙程度是否相同、物体是否有初速度等信息的获取出现错误。在求解过程中书写不规范，比如求不同阶段的相同物理量，统一用一个字母表示，没有用下角标区分，导致物理量使用比较混乱而出现错误。

（三）求解思维导图

如图 1-1-10 所示，运动、力、能量综合问题求解的思维流程主要分为运动与力分析—能量分析—选择公式求解三个环节。

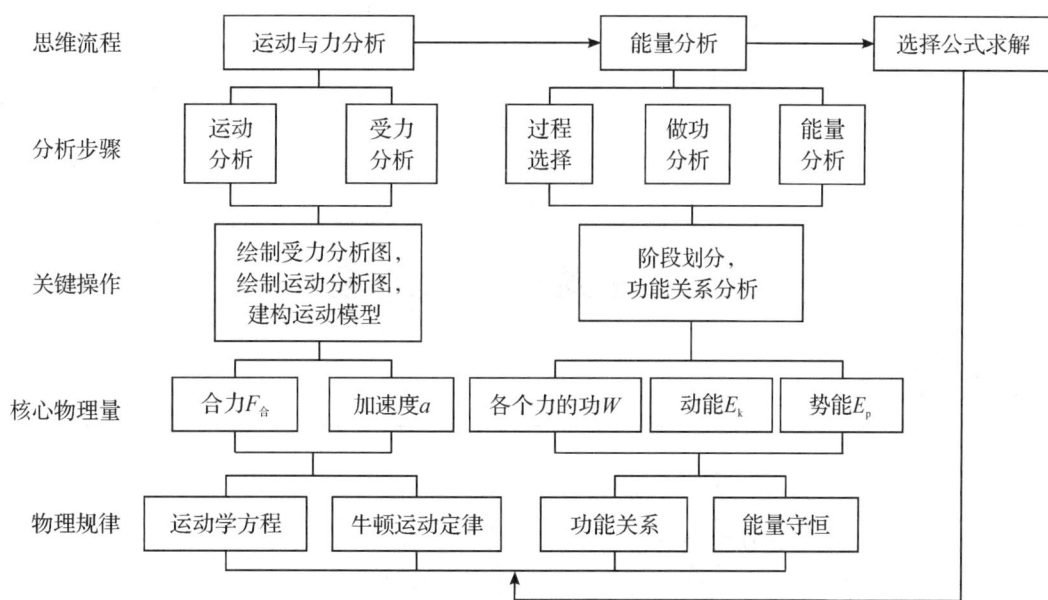

图 1-1-10

运动与力分析是解决问题的关键环节，通过运动分析、受力分析两个步骤，绘制受力分析图与运动分析图，建构运动模型。主要应用运动学规律与牛顿运动定律来描述运动的各个物理量与力之间的关系。通过科学推理，找到情境中的临界极值问题。再根据题目的具体要求，找到满足要求的条件。

能量分析是解决运动、力、能量综合问题的重要环节,通过分析各个力的做功情况以及物体在不同状态时的能量,建立功能关系。比较常用的有动能定理、机械能守恒定律、能量守恒定律等。

通过以上两个分析,最后选择公式求解。

(四) 专题学习目标

核心素养	具体目标
物理观念	知道轻绳、轻杆、弹簧的运动与力的特征
	具有"力决定运动,运动反映力"的运动与相互作用观
	具有能量转化与守恒的观念,知道运动、力、能量综合问题中的功能关系
科学思维	经过对各类典型情境的分析,能正确判断竖直面圆周运动的临界问题
	经过对各类典型情境下连接体运动情况和受力情况的分析,能正确建立两物体的速度关系,能通过分析两物体分离时的特征建立各物理量之间的关系
	经过对各类典型情境下运动情况和受力情况的分析,能正确判断运动和力的关系,建立动力学方程
	经过对各类情境下做功与能量转化情况的分析,能根据问题情境选用功能关系或能量守恒等合适的方法求解各阶段做功与能量转化情况
	经过对综合类问题的分析解决,掌握解决运动、力、能量综合问题的一般思路:运动与力分析—能量分析—选择公式求解

(五) 专题细分及课时规划

专题细分		课时规划
横向主题	主题一:轻绳与轻杆	1课时
	主题二:轻弹簧	1课时
	主题三:传送带	1课时
纵向主题	运动、力、能量综合问题求解思维展示	1课时

二、横向主题一:轻绳与轻杆

(一) 课时学习目标

核心素养	具体目标
物理观念	知道轻绳"活结"和"死结"的区别,知道"固定杆"和"铰链杆"的受力特点
	知道在竖直面圆周运动中轻绳和轻杆模型的区别与联系
	知道轻绳与轻杆连接体问题中两物体的速度大小关系
	具有运动和力以及能量的观念
科学思维	经过对轻绳与轻杆典型模型的学习,能正确分析轻绳与轻杆的受力
	经过对轻绳与轻杆典型模型的学习,能求解竖直面圆周运动的临界极值问题,深度体会极值问题的临界条件,并能灵活掌握求解方法
	会将重力场中求解竖直面圆周运动的临界极值问题的方法迁移到复合场中
	经过对连接体问题的学习,会分析连接的物体间的动力学关系,并能运用能量守恒方法求解相关问题

(二) 课时学习设计

任务：轻绳与轻杆模型建构

如图 1-2-1 和 1-2-2 所示，质量为 10kg 的物体按以下两种方式悬挂，处于静止状态，轻绳与水平横杆的夹角 θ 均为 30°。画出结点的受力分析图，分别求出绳子和杆对结点的力。

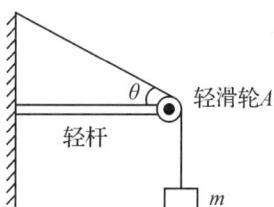

图 1-2-1

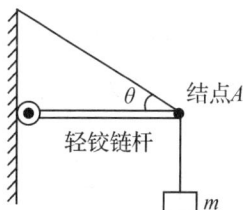

图 1-2-2

▶ 参考案例

展示情境 1 的学生解答。

解答 1：

图 1-2-1 模型受力分析如图 1-2-3 所示，解得

$$F_1 = mg = 100\text{N}$$

$$F_2 = \frac{mg}{\sin\theta} = 200\text{N}$$

$$F_\text{N} = \frac{mg}{\tan\theta} = 100\sqrt{3}\,\text{N}$$

图 1-2-2 模型受力分析如图 1-2-4 所示，解得

$$F_1' = mg = 100\text{N}$$

$$F_2' = \frac{mg}{\sin\theta} = 200\text{N}$$

$$F_\text{N}' = \frac{mg}{\tan\theta} = 100\sqrt{3}\,\text{N}$$

解答 2：

图 1-2-1 模型受力分析如图 1-2-5 所示，解得

$$F_1 = F_2 = mg = 100\text{N}$$

$$F_\text{N} = F_1 = F_2 = 100\text{N}$$

图 1-2-2 模型受力分析如图 1-2-6 所示，解得

$$F_1' = mg = 100\text{N}$$

$$F_2' = \frac{mg}{\sin\theta} = 200\text{N}$$

$$F_\text{N}' = \frac{mg}{\tan\theta} = 100\sqrt{3}\,\text{N}$$

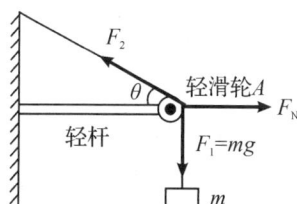

图 1-2-3

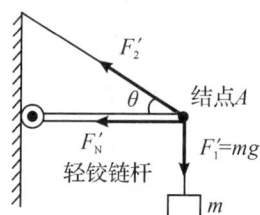

图 1-2-4

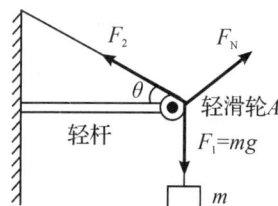

图 1-2-5

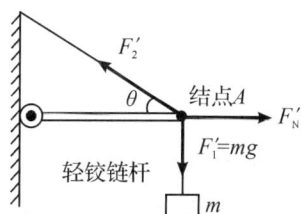

图 1-2-6

▶ **展有所获**

师:关于图 1-2-1 这个模型的两种求解,同学们有什么看法?

生1:图 1-2-1 中的模型滑轮光滑,且是同一根绳子,同一根绳子上拉力的大小应该相等。

生2:我们的研究对象是与光滑滑轮接触的一小段绳子,该小段绳子受到两边绳子对它的力应该等大,方向沿着与滑轮相切的方向。

生3:因为是光滑滑轮,轻杆(包括滑轮)对该小段绳子的力应该与边上两部分绳子拉力的合力方向相反,而不是沿着杆。

师:那该小段绳子对轻杆的反作用力不沿着杆的方向,杆还能保持平衡状态吗?

生4:可以的,因为这是一根固定轻杆。受力不沿着杆也是能平衡的。

生5:因为这两根绳子的拉力等大,所以轻杆(包括滑轮)对该小段绳子弹力的具体方向应该沿着两根绳子拉力的角平分线。所以解答 2 中对该模型的求解是正确的。

师:图 1-2-2 模型的两种求解都正确吗?

生6:结果都是正确的,但是解答 1 如果是对结点受力分析,则结点受到的轻杆对它的弹力应该沿着杆向右,这样分析就错误了。如果仅仅用力的分解的方法建立三个力的大小关系,则是可以的。

▶ **评有成果**

师:两个模型有区别吗?区别在哪儿?

生7:有区别。图 1-2-1 中的杆子是固定杆,被杆撑起来的是同一根绳子;图 1-2-2 中的杆子是铰链杆,且连着铰链杆的绳子是两根绳子,于杆的右端打了一个结。

师:固定轻杆和铰链轻杆在受力上有什么区别?

生8:铰链轻杆在受力平衡时,受到的力只能沿着杆;固定轻杆的受力方向则可以不沿着杆。

师:固定轻杆的施力或受力方向怎么判断?

生9:根据其他已知的受力情况再结合物体状态判断。

师:两个模型中的轻绳又有什么区别?

生10:图 1-2-1 中的两部分轻绳是同一根绳子,绳上的拉力大小应该相等;因为在轻杆右端打了个结,图 1-2-2 中的两部分轻绳相当于两根绳子,绳上的拉力大小一般不同。

师:请同学们判断一下,能否出现图 1-2-7 这种处于平衡状态的模型?

生11:不能,因为此时铰链轻杆受到的力不沿着杆,该力的力矩会使杆顺时针向下转动。

师:如果仍然用铰链杆,该如何将绳子及物体撑起且能保持平衡?

生12:可以将铰链杆逆时针转动,撑在绳子形成的角的平分线上,如图 1-2-8 所示。

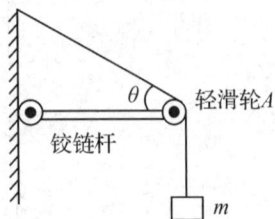

图 1-2-7

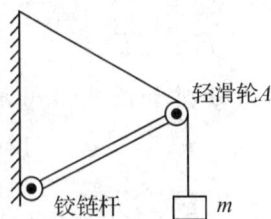

图 1-2-8

▶ **小结**

如图 1-2-9 所示,求解轻绳与轻杆的弹力问题主要分成三个步骤:物件分析 — 物件特性分析 — 受力分析。

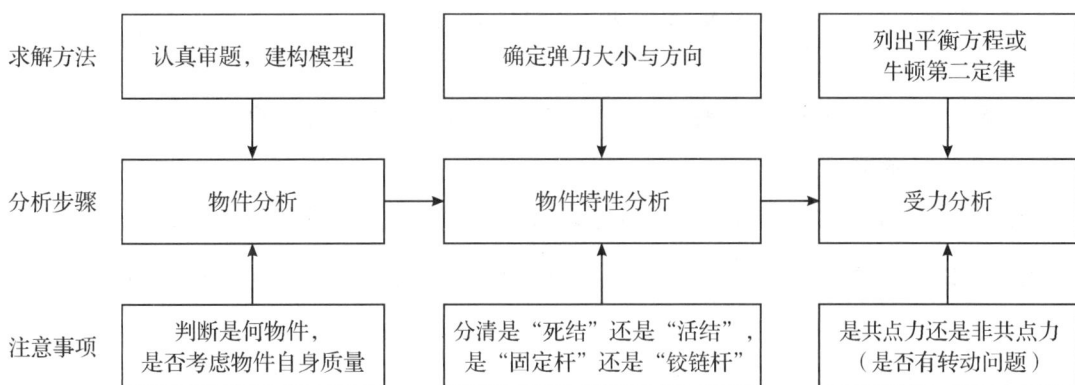

图 1-2-9

问题情境 2 　轻绳与轻杆的竖直面圆周运动模型

如图 1-2-10 所示,轻绳连着质量为 m 的小球在竖直面上做圆周运动,轻绳长度为 R。求小球能过最高点的速度最小值。

如图 1-2-11 所示,轻杆连着质量为 m 的小球在竖直面上做圆周运动,轻杆长度为 R。求小球能过最高点的速度最小值。

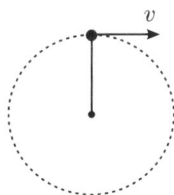　　　　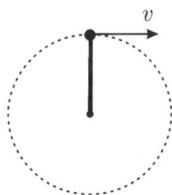

图 1-2-10　　　　　　　图 1-2-11

▶ **参考案例**

展示情境 2 的学生解答。

解答 1:

图 1-2-10 中,轻绳连着质量为 m 的小球在竖直面上做圆周运动,小球能过最高点的临界速度是 $v = \sqrt{gR}$。

图 1-2-11 中,轻杆连着质量为 m 的小球在竖直面上做圆周运动,小球能过最高点的临界速度是 $v = \sqrt{gR}$。

解答 2:

图 1-2-10 中,轻绳连着质量为 m 的小球在竖直面上做圆周运动,小球在最高点受到重力 mg 和绳子拉力的作用,有

$$mg + F_T = m\frac{v^2}{R}$$

当绳子拉力 $F_T = 0$ 时,速度有最小值,即 $v = \sqrt{gR}$。

图 1-2-11 中,轻杆连着质量为 m 的小球在竖直面上做圆周运动,小球在最高点受到重力 mg 和杆弹力的作用,有

$$mg \pm F_N = m\frac{v^2}{R}$$

当 $F_N = mg$，方向向上时，小球速度有最小值，即 $v = 0$。

▶ **展有所获**

师：给出解答1的同学认为两种情况下小球能做完整圆周运动到达最高点的最小速度是一样的。大家同意她的观点吗?

生1：不同意。图1-2-10的模型中，小球能过最高点的临界条件是绳子拉力等于0，此时重力提供向心力，最小速度为 $\sqrt{gR}$。图1-2-11的模型中，因为到达最高点时杆可以给小球施加向上的支持力，小球能过最高点的临界速度为0。所以解答2的求解是正确的。

师：还有哪些模型分别跟这两个模型是一样的?

生2：图1-2-12"过山车"模型跟图1-2-10轻绳("水流星")模型是一样的，图1-2-13"管道"模型跟图1-2-11轻杆模型是一样的。

师：像图1-2-14和图1-2-15这样的圆周运动模型，小球要做完整的圆周运动的临界速度为多大?请同学们试一试。

生3：图1-2-14模型的等效最高点在圆轨迹斜面的最高点上，如果是轻绳模型，则临界速度为 $v = \sqrt{gR\sin\theta}$；如果是轻杆模型，则临界速度为 $v = 0$。

生4：图1-2-15模型也只要找到复合场(重力场和电场)中的等效最高点，判断是轻绳模型还是轻杆模型，建立动力学方程即可求出临界速度。

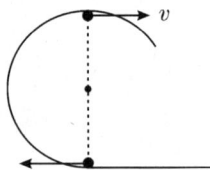 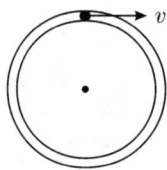 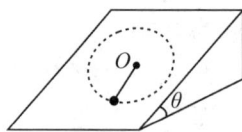 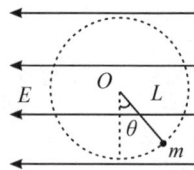

图1-2-12　　　　　图1-2-13　　　　　图1-2-14　　　　　图1-2-15

▶ **评有成果**

师：通过以上的分析，同学们有什么收获吗?

生5：在常见的一些模型中，不要一味地记住结论，而应注重问题的本质原因。

师：在物理模型建构的过程中要积极思考，学会归因溯源，善于总结归纳。

▶ **小结**

如图1-2-16所示，不同情境下竖直面圆周运动的分析主要分成四个步骤:模型分析 — 环境分析 — 受力分析 — 临界条件分析。

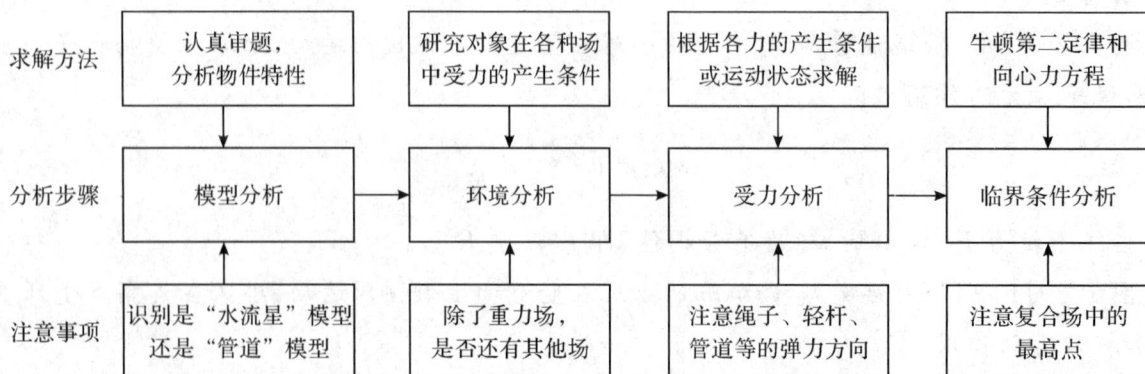

图1-2-16

问题情境3 轻绳、轻杆的连接体问题

如图 1-2-17 所示，不可伸长的轻质细绳跨过光滑的轻质滑轮，绳两端分别系上质量为 $m_A = 1\text{kg}$ 和 $m_B = 3\text{kg}$ 的 A 和 B 两物体。A 放在光滑水平桌面上，B 刚开始用手托住，此时绳子刚好拉紧。求放手后当 B 下降 $H = 2\text{m}$ 时的速度。

如图 1-2-18 所示，不可伸长的轻质细绳跨过光滑的轻质滑轮，绳两端分别系上质量为 $m_A = 1\text{kg}$ 和 $m_B = 3\text{kg}$ 的 A 和 B 两物体。B 刚开始用手托住，此时绳子刚好拉紧。求放手后当 B 下降 $H = 2\text{m}$ 时的速度。

如图 1-2-19 所示，不可伸长的轻质细绳跨过光滑的轻质滑轮，绳两端分别系上质量为 $m_A = 1\text{kg}$ 和 $m_B = 3\text{kg}$ 的 A 和 B 两物体。A 放在倾角 $\theta = 30°$ 的光滑斜面上，B 刚开始用手托住，此时绳子刚好拉紧。求放手后当 B 下降 $H = 2\text{m}$ 时的速度。

如图 1-2-20 所示，不可伸长的轻质细绳跨过光滑的圆柱，圆柱的半径为 $R = 2\text{m}$，绳两端分别系上质量为 $m_A = 1\text{kg}$ 和 $m_B = 1.2\text{kg}$ 的 A 和 B 两物体。B 刚开始用手托住，此时绳子刚好拉紧。求当 A 滑到圆柱顶端时 B 的速度。

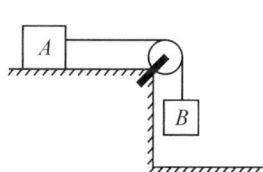 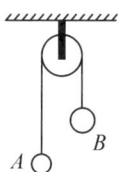 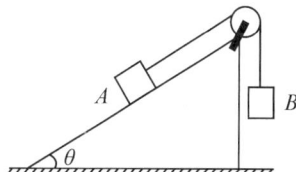 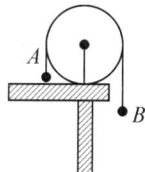

　图 1-2-17　　　　　　图 1-2-18　　　　　　图 1-2-19　　　　　　图 1-2-20

如图 1-2-21 所示，质量均为 m 的 A 和 B 两个小球固定在轻杆上，$OB = 2OA = 2L$，整个装置可以绕水平转轴 O 在竖直面上无摩擦自由转动。刚开始用手托住装置保持如图 1-2-17 所示静止状态。求放手后小球 B 转到最低点时的速度。

如图 1-2-22 所示，质量分别为 m_A 和 m_B 的两个弹性环 A 和 B 用不可伸长的、长为 L 的轻绳连接，分别套在水平细杆 OP 和竖直细杆 OQ 上，OP 与 OQ 在 O 点用一小段圆弧杆平滑相连，且 OQ 足够长。在初始时刻，将轻绳拉至水平位置伸直，然后释放两个小环，A 环通过小段圆弧杆时速度大小保持不变，重力加速度大小为 g，不计一切摩擦，求当 B 环下落 $\dfrac{L}{2}$ 时 A 环的速度。

如图 1-2-23 所示，滑块 A 和 B 的质量均为 m，A 套在固定竖直杆上，与光滑水平地面相距 h，B 放在地面上，A 和 B 通过铰链用刚性轻杆连接，由静止开始运动。不计摩擦，A 和 B 可视为质点，重力加速度大小为 g，求 A 落地时的速度。

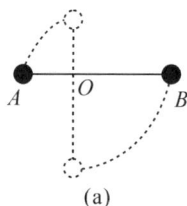 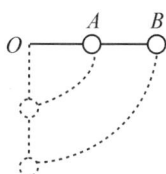 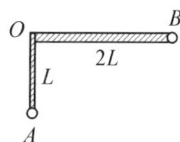

　　　　(a)　　　　　　　　　　(b)　　　　　　　　　　(c)

图 1-2-21

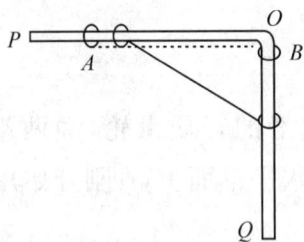

图 1-2-22

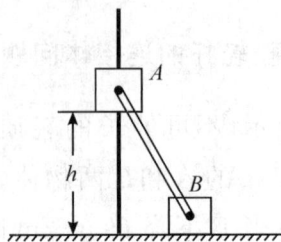

图 1-2-23

▶ **参考案例**

展示图 1-2-19 对应问题的学生解答。

解答 1：

对 B 物体，由动能定理得

$$m_B g H = \frac{1}{2} m_B v^2$$

解得

$$v = \sqrt{2gH} = 2\sqrt{10}\,\text{m/s}$$

解答 2：

对 B 物体，由动能定理得

$$m_B g H - F_T H = \frac{1}{2} m_B v^2$$

又因为

$$F_T = m_A g \sin\theta$$

解得

$$v = \sqrt{\frac{2m_B g H - m_A g H}{m_B}} = \frac{10\sqrt{3}}{3}\,\text{m/s}$$

解答 3：

分别对 A 和 B 两物体列动能定理方程。

对 B 物体有

$$m_B g H - F_T H = \frac{1}{2} m_B v^2$$

对 A 物体有

$$F_T H - m_A g H \sin\theta = \frac{1}{2} m_A v^2$$

解得

$$v = \sqrt{\frac{2m_B g H - m_A g H}{m_A + m_B}} = 5\,\text{m/s}$$

解答 4：

对 A 和 B 两物体组成的系统应用机械能守恒定律，得

$$m_B g H - m_A g H \sin\theta = \frac{1}{2}(m_B + m_A)v^2$$

解得

$$v = \sqrt{\frac{2m_B gH - m_A gH}{m_A + m_B}} = 5\,\mathrm{m/s}$$

▶ **展有所获**

师：如何评价以上四种解答？

生1：解答1以B物体为研究对象，在列动能定理方程时，遗漏了绳子拉力对B物体做的功。

生2：解答2以B物体为研究对象，在列动能定理方程时，考虑了绳子拉力对B物体做的功，但是认为绳子的拉力等于A物体重力沿斜面的分力，这点出错了。A物体在此过程中不处于平衡状态。

生3：解答3运用隔离法，分别以A和B两物体为研究对象列动能定理方程，结果是正确的，但过程没有解答4简洁。

生4：解答4运用整体法，以A和B两物体整体为研究对象，列机械能守恒方程，方法简单，过程简洁。

▶ **评有成果**

师：通过上面的例子，你对连接体问题的求解有哪些认识？

生5：这个是属于速率相等的连接体问题，两个物体在相等的时间内通过的路程相等，速率相等。

生6：在求解这类问题时，可以从能量转化的角度先来判断系统机械能是否守恒。如果系统不涉及其他能量转化，又没有外界能量输入，则系统机械能守恒。

生7：绳子拉力对A物体做正功，对B物体做等值的负功。B物体减少的机械能全部转移到A物体上了，A和B物体构成的系统机械能守恒。

生8：这种系统机械能守恒的问题，可以以系统为研究对象，列机械能守恒方程求解。

师：还可以有其他解法吗？

生9：本题中A和B两物体做匀加速直线运动，还可以用动力学方法求解。

师：图1-2-21与图1-2-19中的问题一样吗？

生10：图1-2-21中A和B两球构成的系统机械能守恒，但是与图1-2-19中有所不同，图1-2-21中A和B两球的速率不同，它们是共轴转动模型，角速度相同，只要找到它们的线速度大小关系，依然可以用系统机械能守恒定律求解。

师：图1-2-21的问题中，杆对A和B两球做功吗？

生11：不做功，因为杆的力沿着杆时刻与小球的速度垂直，所以不做功。

生12：做功，由图1-2-21(a)可知，A球机械能增加，杆对它做正功，则杆对B球一定做等值的负功，系统机械能守恒。这里杆的力肯定不沿着杆。

师：那图1-2-22和图1-2-23中的问题一样吗？

生13：还是系统机械能守恒，不同的是两个模型要通过沿着绳子或沿着杆方向的分速度大小相等来建立物体的速度大小关系。

师：图1-2-21、1-2-22和1-2-23的模型能用动力学方程求解吗？

生14：不能，因为以上模型中两个相连的物体做的都不是匀变速直线运动。

▶ **小结**

如图1-2-24所示，轻绳、轻杆的连接体问题的分析主要分成三个步骤：模型分析 — 受力分析——功能分析。

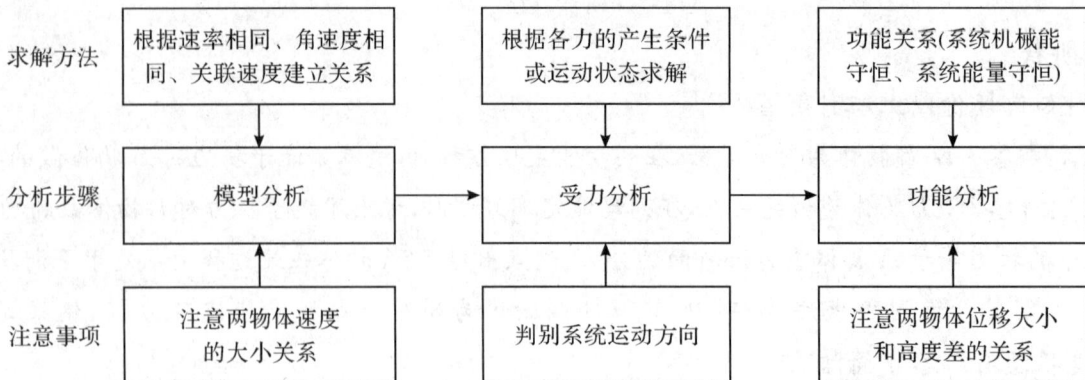

图 1-2-24

(三) 巩固练习

1. 如图 1-2-25(a) 所示，AO 为弹性良好的橡皮筋(弹力与伸长量成正比)，BO 为可绕 B 点自由转动的轻质细杆，A 和 B 两点的高度差为 h。当 O 点不挂重物时，BO 杆水平，橡皮筋恰好处于原长且与 BO 杆的夹角 $\alpha = 30°$；在 O 点挂上质量为 m 的重物，橡皮筋长度变为 L，如图 1-2-25(b) 所示，则可知橡皮筋的劲度系数为 ( )

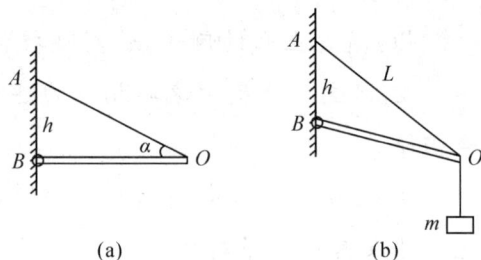

图 1-2-25

A. $\dfrac{mgL}{(L-2h)h}$ 　　 B. $\dfrac{2mg}{L-2h}$ 　　 C. $\dfrac{2\sqrt{3}mg}{3(L-2h)}$ 　　 D. $\dfrac{\sqrt{3}mg}{L-2h}$

2. 如图 1-2-26 所示，一倾角为 $\theta = 30°$ 的斜劈静置于粗糙水平面上，斜劈上表面光滑，一轻绳的一端固定在斜面上的 O 点，另一端系一小球。在如图 1-2-26 所示位置垂直于绳给小球一初速度，使小球恰好能在斜面上做圆周运动。已知 O 点到小球球心的距离为 l，重力加速度为 g，斜劈在整个过程中静止，下列说法正确的是 ( )

A. 小球在顶端时，速度大小为 $\sqrt{gl}$

B. 小球在底端时，速度大小为 $\sqrt{\dfrac{5gl}{2}}$

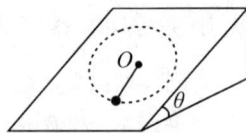

图 1-2-26

C. 小球运动过程中，地面对斜劈的摩擦力大小不变

D. 小球运动过程中，地面对斜劈的支持力等于小球和斜劈的重力之和

3. 一转动装置如图 1-2-27 所示，四根轻杆 OA、OC、AB 和 CB 与两小球以及一小环通过铰链连接，轻杆长均为 l，球和环的质量均为 m，O 端固定在竖直的轻质转轴上，套在转轴上的轻质弹簧连接在 O 与小环之间，原长为 L，装置静止时，弹簧长为 $\dfrac{3}{2}L$，转动该装置并缓慢增大转速，小环缓慢上升。弹簧始终在弹性限度内，忽略一切摩擦和空气阻力，重力加速度为 g，求：

(1) 弹簧的劲度系数 k；

(2) AB 杆中弹力为 0 时，装置转动的角速度 ω_0；

（3）弹簧长度从 $\frac{3}{2}L$ 缓慢缩短为 $\frac{1}{2}L$ 的过程中,外界对转动装置所做的功 W。

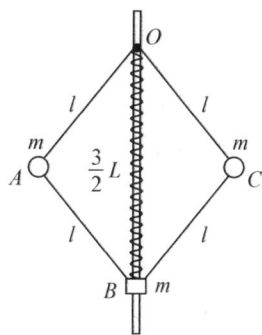

图 1-2-27

三、横向主题二:轻弹簧

（一）课时学习目标

核心素养	具体目标
物理观念	知道轻弹簧在突变问题中瞬间弹力保持不变,知道弹簧在突变问题中与轻绳、轻杆以及接触面的突变是不同的
	知道两物体分离瞬间的特点
	具有运动和力以及能量的观念
科学思维	经过对弹簧瞬时性问题的学习,能掌握突变瞬间弹簧弹力的特征,并能建立与轻绳、轻杆和接触面发生突变时的区别
	经过对弹簧连接体分离问题的学习,能利用物体分离时的特点建立起运动与力的关系、功与能的关系

（二）课时学习设计

任务:轻弹簧模型建构

问题情境 1   瞬时性（突变）问题

如图 1-3-1 所示,系统处于静止状态,A 球质量为 m,B 球质量为 $2m$,求剪断细线瞬间两球的加速度。

如图 1-3-2 所示,系统处于静止状态,A 物体质量为 m,B 物体质量为 $2m$,求抽出最底下木板瞬间两物体的加速度。

如图 1-3-3 所示,系统处于静止状态,C 物体质量为 m,D 物体质量为 $2m$,连接两物体的是轻杆,求抽出最底下木板瞬间两物体的加速度。

如图 1-3-4 所示,质量为 m 的小球与水平轻弹簧及与竖直方向成 $\theta = 45°$ 角的不可伸长的轻绳一端相连,系统处于静止状态,求剪断细绳瞬间小球的加速度。

如图 1-3-5 所示,在动摩擦因数 $\mu = 0.2$ 的水平面上有一个质量为 m 的小球,小球与水平轻弹簧及与竖直方向成 $\theta = 45°$ 角的不可伸长的轻绳一端相连,此时小球处于静止状态,且水平面对小球的弹力恰好为0,求剪断轻绳瞬间小球的加速度。

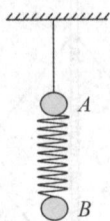 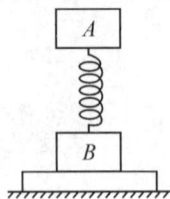 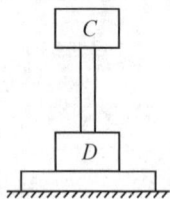 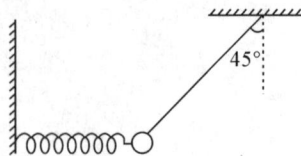 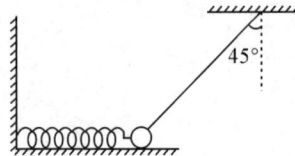

图 1-3-1　　　　图 1-3-2　　　　图 1-3-3　　　　　　图 1-3-4　　　　　　　图 1-3-5

▶ **参考案例**

展示图1-3-4和图1-3-5对应问题的学生解答。

解答1:

图1-3-4中,在剪断绳子的瞬间,弹簧弹力 $F_N = 0$,小球只受重力 mg,所以小球加速度大小为 $a = g$,方向竖直向下。

图1-3-5中,在剪断绳子的瞬间,弹簧弹力 $F_N = 0$,小球只受重力和地面的支持力,受力平衡,加速度为 $a = 0$。

解答2:

图1-3-4中,在剪断绳子的瞬间,小球仍受到弹簧弹力,弹力瞬间不变,$F_N = mg$,所以小球加速度大小为 $a = g$,方向指向弹簧收缩方向。

图1-3-5中,在剪断绳子的瞬间,小球仍受到弹簧弹力,弹力瞬间不变,所以小球加速度大小为 $a = g$,方向指向弹簧收缩方向。

解答3:

图1-3-4中,在剪断绳子的瞬间,小球仍受到弹簧弹力和重力,弹力瞬间不变,$F_N = mg$,重力恒定,所以小球加速度为 $a = \sqrt{2}g$,方向沿着细绳方向指向左下方。

图1-3-5中,在剪断绳子的瞬间,小球仍受到弹簧弹力和重力,弹力瞬间不变,$F_N = mg$,重力恒定,此时地面瞬间产生一个向上的支持力,大小跟重力相等,所以小球加速度大小为 $a = g$,方向水平向左。

解答4:

图1-3-5中,在剪断绳子的瞬间,小球仍受到弹簧弹力和重力,弹力瞬间不变,$F_N = mg$,重力恒定,此时地面瞬间产生一个向上的支持力,$F_N = mg$,同时有向右的摩擦力,$F_f = \mu F_N = 0.2mg$,所以小球加速度大小为 $a = 0.8g$,方向水平向左。

▶ **展有所获**

师:如何评价以上四种解答?

生1:解答1认为在剪断绳子的瞬间,弹簧弹力突变为0,没有掌握弹簧弹力大小的决定因素。

生2:解答2对图1-3-4对应问题分析时遗漏了重力,对图1-3-5对应问题分析时遗漏了重力和地面的支持力,所以也就没有分析摩擦力了。

生3:解答3对图1-3-4对应问题分析正确,对图1-3-5对应问题分析时遗漏了地面瞬间产生的摩擦力。

生4:解答4对图1-3-5对应问题分析正确。

▶ **评有成果**

师：通过上面的例子，你对弹簧的瞬时性(突变)问题有哪些认识？

生5：因为弹簧弹力大小跟弹簧的形变量有关，在发生突变的瞬间，如果保留的是弹簧，则弹簧还未改变形变量，弹力大小不变。

师：那如果在发生突变的瞬间，保留的是绳子、轻杆(如图1-3-3所示)、接触面等呢？这些弹力会突变吗？

生6：因为绳子、轻杆、接触面等产生弹力时的形变是微小形变，所以改变形变量不需要时间，这些弹力是可以突变的。

师：如何判断绳子、轻杆、接触面等产生弹力的突变？

生7：可以根据发生突变后，物体的运动趋势来判断。如图1-3-3中抽出最底下木板后，轻杆连着C和D两物体将做自由落体运动，所以两物体的加速度都为g，轻杆的力突变为0。

▶ **小结**

如图1-3-6所示，求解轻弹簧突变问题主要分成三个步骤：突变前受力分析—物件(弹簧)特性分析—突变后受力分析。

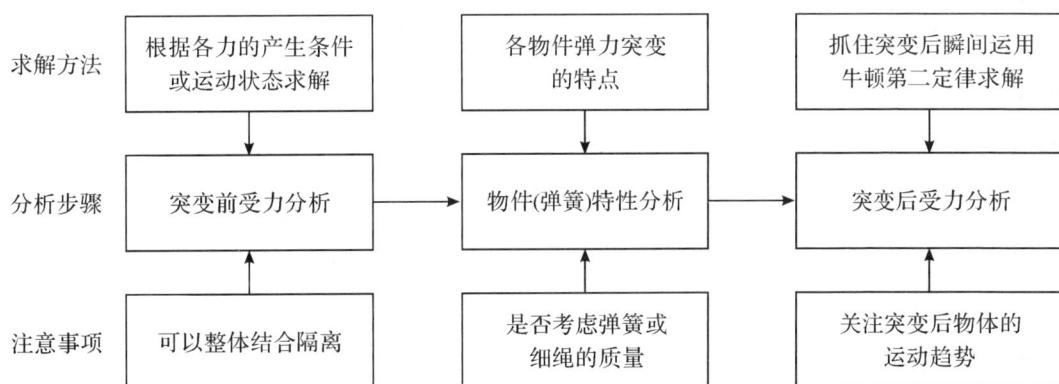

求解方法	根据各力的产生条件或运动状态求解	各物件弹力突变的特点	抓住突变后瞬间运用牛顿第二定律求解
分析步骤	突变前受力分析	物件(弹簧)特性分析	突变后受力分析
注意事项	可以整体结合隔离	是否考虑弹簧或细绳的质量	关注突变后物体的运动趋势

图 1-3-6

问题情境2　临界(分离)问题

如图1-3-7所示，一劲度系数$k=200N/m$的轻弹簧的两端各焊接着两个质量均为$m=10kg$的物体A和B，A和B与轻弹簧静止竖立在水平地面上。现加一竖直向上的力F在上面的物体A上，使物体A开始向上做匀加速运动，当力$F=220N$时B刚要离开地面，设整个过程中弹簧都处于弹性限度内，取$g=10m/s^2$。求F开始作用到物体B脱离地面的时间以及此过程中F做的功。

如图1-3-8所示，一劲度系数$k=200N/m$的轻弹簧的两端各焊接着两个质量均为$m=10kg$的物体A和B，A和B与轻弹簧静止在倾角$\theta=30°$的光滑斜面上。现加一沿斜面向上的力F在上面的物体A上，使物体A开始向上做匀加速运动，当力$F=220N$时B刚要离开挡板C，设整个过程中弹簧都处于弹性限度内，取$g=10m/s^2$。求从F开始作用到物体B脱离挡板C的时间以及此过程中F所做的功。

如图1-3-9所示，弹簧劲度系数$k=800N/m$，$m_A=10.5kg$，$m_B=1.5kg$，A和B与轻弹簧静止竖立在水平地面上。现加一竖直向上的力F在上面的物体A上，使物体A开始向上做匀加速运动,当力 $F = 168\text{N}$ 时 A 与 B 刚好分离,设整个过程中弹簧都处于弹性限度内,取 $g = 10\text{m/s}^2$。求从 F 开始作用到物体 A 和 B 刚要脱离弹簧的时间以及此过程中 F 所做的功。

如图 1-3-10 所示,弹簧劲度系数 $k = 300\text{N/m}$,$m_A = 2\text{kg}$,$m_B = 1\text{kg}$,A 和 B 与轻弹簧静止在倾角 $\theta = 30°$ 的光滑斜面上。现加一沿斜面向上的力 F 在上面的物体 A 上,使物体 A 开始向上做匀加速运动,当力 $F = 12\text{N}$ 时 A 与 B 刚好分离,设整个过程中弹簧都处于弹性限度内,取 $g = 10\text{m/s}^2$。求从 F 开始作用到物体 A 和 B 刚要脱离弹簧的时间以及此过程中 F 所做的功。

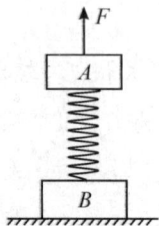
图 1-3-7

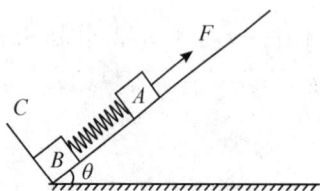
图 1-3-8

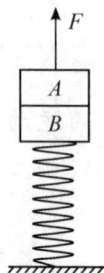
图 1-3-9

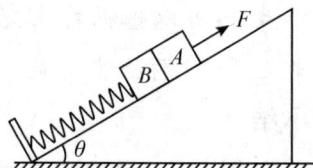
图 1-3-10

▶ **参考案例**

展示图 1-3-9 对应问题的学生解答。

解答 1:

A 和 B 脱离时弹簧恢复原长。

对 A 和 B 整体有
$$F - (m_A + m_B)g = (m_A + m_B)a$$

解得 $a = 4\text{m/s}^2$。

刚开始 A 和 B 处于静止状态,有
$$kx = (m_A + m_B)g$$

解得 $x = 0.15\text{m}$。

A 和 B 脱离前一直做匀加速直线运动,所以有
$$x = \frac{1}{2}at^2$$

解得 $t = \frac{\sqrt{30}}{20}\text{s}$。

在这个过程中力 F 做的功为
$$W = Fx = 168 \times 0.15\text{J} = 25.2\text{J}$$

解答 2:

A 和 B 脱离时,A 和 B 之间的弹力等于 0。

对 A 有
$$F - m_A g = m_A a$$

解得 $a = 6\text{m/s}^2$。

刚开始 A 和 B 处于静止状态,有
$$kx = (m_A + m_B)g$$

解得 $x = 0.15\mathrm{m}$。

A 和 B 脱离时弹簧恢复原长,且脱离前一直做匀加速直线运动,所以有

$$x = \frac{1}{2}at^2$$

解得 $t = \frac{\sqrt{5}}{10}\mathrm{s}$。

在这个过程中力 F 做的功为

$$W = \frac{1}{2}Fx = \frac{1}{2} \times 168 \times 0.15\mathrm{J} = 12.6\mathrm{J}$$

解答 3:

A 和 B 脱离时,A 和 B 之间的弹力等于 0。

对 A 有

$$F - m_A g = m_A a$$

解得 $a = 6\mathrm{m/s^2}$。

刚开始 A 和 B 处于静止状态,有

$$kx_1 = (m_A + m_B)g$$

解得 $x_1 = 0.15\mathrm{m}$。

A 和 B 脱离时,有

$$kx_2 = m_B g$$

解得 $x_2 = 0.01875\mathrm{m}$。

A 和 B 脱离前一直做匀加速直线运动,所以有

$$x_1 - x_2 = \frac{1}{2}at^2$$

解得 $t = 0.21\mathrm{s}$。

在这个过程中力 F 做的功为

$$W = \frac{1}{2}F(x_1 - x_2) = \frac{1}{2} \times 168 \times 0.13125\mathrm{J} = 11.025\mathrm{J}$$

解答 4:

A 和 B 脱离时,A 和 B 之间的弹力等于 0。

对 A 有

$$F - m_A g = m_A a$$

解得 $a = 6\mathrm{m/s^2}$。

刚开始 A 和 B 处于静止状态,有

$$kx_1 = (m_A + m_B)g$$

解得 $x_1 = 0.15\mathrm{m}$。

A 和 B 脱离时,有

$$kx_2 - m_B g = m_B a$$

解得 $x_2 = 0.03\mathrm{m}$。

A 和 B 脱离前一直做匀加速直线运动,所以有

$$x_1 - x_2 = \frac{1}{2}at^2$$

解得 $t = 0.2\text{s}$。

刚开始力 F 作用上去的时候最小，有

$$F' = (m_A + m_B)a = 72\text{N}$$

在这个过程中力 F 做的功为

$$W = \frac{F' + F}{2}(x_1 - x_2) = \frac{72 + 168}{2} \times 0.12\text{J} = 14.4\text{J}$$

解答5：

根据能量守恒定律有

$$v = at = 6 \times 0.2\text{m/s} = 1.2\text{m/s}$$

$$W = \frac{1}{2}(m_A + m_B)v^2 + (m_A + m_B)g(x_1 - x_2) - \left(\frac{1}{2}kx_1^2 - \frac{1}{2}kx_2^2\right) = 14.4\text{J}$$

▶ **展有所获**

师：如何评价以上几种解答？

生1：解答1认为 A 和 B 分离时弹簧恢复原长是错误的，认为在这个过程中力 F 是恒力也是错误的。

生2：解答2认为 A 和 B 分离时两者之间的弹力等于0，利用这点对 A 隔离求出加速度是正确的，但解答2也认为分离时弹簧是恢复原长的，这点依然是错误的。虽然在求力 F 做功时用了平均值法，但依然不对，因为刚开始最小的力不为0。

生3：解答3认为 A 和 B 分离时弹簧不是原长是正确的，但认为分离时 B 处于受力平衡状态这点是错误的。

生4：解答4是正确的，A 和 B 在分离时两者弹力等于0，分离时两者有相同的速度、相同的加速度。物体向上做匀加速运动，刚开始作用在上面的力 F 是最小的，分离时力 F 最大，且在这个过程中力 F 随位移均匀增大。

生5：解答5在求力 F 做的功时利用了能量守恒定律，也是正确的。

▶ **评有成果**

师：通过上面的例子，你对弹簧类连接体分离问题有哪些认识？

生6：物体分离的临界状态是它们之间的弹力变为0。

生7：分离时两物体有相同的速度、相同的加速度。

师：图1-3-9和图1-3-10中 A 和 B 两物体分离时有以上特点。图1-3-7和图1-3-8中，B 和地面或 C 分离时，A 和 B 两物体是否有相同的速度和相同的加速度？

生8：没有。图1-3-7和图1-3-8中 A 是有速度和加速度的，但分离的两物体是 B 与地面或 C，它们分离时有相同的状态，此时 B 物体与地面或挡板 C 的速度和加速度相同，都为0。两物体分离的临界状态还处于平衡状态，两物体之间的弹力仍然为0。

▶ **小结**

如图1-3-11所示，求解连接体动态分离问题主要分成三个步骤：运动分析—受力分析—功能分析。

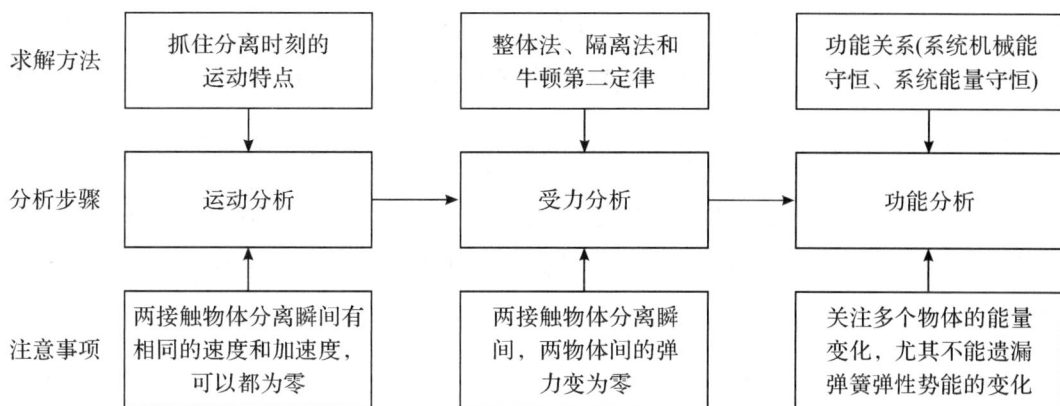

求解方法	抓住分离时刻的运动特点	整体法、隔离法和牛顿第二定律	功能关系(系统机械能守恒、系统能量守恒)
分析步骤	运动分析 →	受力分析 →	功能分析
注意事项	两接触物体分离瞬间有相同的速度和加速度,可以都为零	两接触物体分离瞬间,两物体间的弹力变为零	关注多个物体的能量变化,尤其不能遗漏弹簧弹性势能的变化

图 1-3-11

(三) 巩固练习

1. (多选)如图 1-3-12 所示,在光滑的水平面上放着紧靠在一起的 A 和 B 两物体,B 的质量是 A 的 2 倍,B 受到向右的恒力 $F_B = 2\text{N}$,A 受到水平力 $F_A = (9-2t)\text{N}(t$ 的单位是 s)。从 $t = 0$ 开始计时,则　　　　(　　)

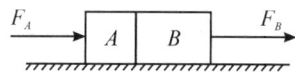

　A. A 物体在 3s 末时刻的加速度大小是初始时刻的 $\dfrac{5}{11}$

　B. $t = 4\text{s}$ 时,A 物体的加速度小于 B 物体的加速度

　C. t 在 $0 \sim 4.5\text{s}$ 内,A 物体的速度一直增加

　D. $t = 5\text{s}$ 时,A 和 B 物体的加速度相同

图 1-3-12

2. (多选)如图 1-3-13 所示,一质量为 m 的物块 A 与直立弹簧的上端连接,弹簧的下端固定在地面上,一质量也为 m 的物块 B 叠放在 A 的上面,A 和 B 处于静止状态,为使 A 和 B 能分离,某学习小组研究了以下两种方案。

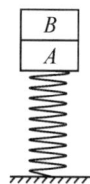

方案一:用力缓慢向下压 B,当力增加到 F_1 时,撤去力 F_1,B 开始向上运动,最终 A 和 B 分离。

方案二:对 B 施加一个向上的恒力 F_2,A 和 B 开始向上运动,最终 A 和 B 分离。

下列判断正确的是　　　　(　　)

　A. 两个方案中 A 和 B 分离时,两物块之间的弹力为 0

　B. 两个方案中 A 和 B 分离时,A 和 B 的加速度相同

　C. 两个方案中 A 和 B 分离时,弹簧均处于原长

　D. 只有方案一中 A 和 B 分离时,弹簧处于原长

图 1-3-13

3. (多选)细绳拴一个质量为 m 的小球,小球将左端固定在墙上的轻弹簧压缩了 x(小球与弹簧不连接),小球静止时弹簧在水平位置,细绳与竖直方向的夹角为 $53°$,小球到地面的高度为 h,如图 1-3-14 所示。下列说法中正确的是　　　　(　　)

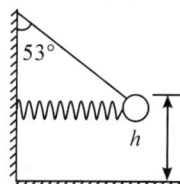

　A. 细绳烧断后,小球做曲线运动

　B. 细绳烧断后,小球落地的速度等于 $\sqrt{2gh}$

　C. 剪断弹簧瞬间,细绳的拉力为 $\dfrac{5}{3}mg$

　D. 细绳烧断瞬间,小球的加速度为 $\dfrac{5}{3}g$

图 1-3-14

4. （多选）如图 1-3-15 所示，倾角 $\theta = 30°$ 的固定光滑斜面上有两个质量均为 m 的物块 A 和物块 B，物块 A 通过劲度系数为 k 的轻质弹簧拴接在斜面底端的固定挡板上，物块 B 通过一根跨过定滑轮的细线与物块 C 相连，物块 C 的质量为 $\frac{m}{2}$，离地面的距离足够高，物块 B 离滑轮足够远，弹簧与细线均与斜面平行。初始时，用手托住物块 C，使细线恰好伸直且无拉力。已知重力加速度为 g，不计滑轮质量及滑轮处阻力，忽略空气阻力，弹簧始终在弹性限度内，则释放物块 C 后　　（　　）

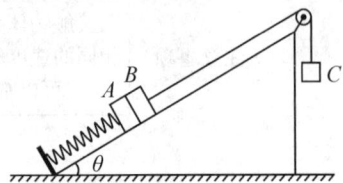

A. 释放物块 C 的瞬间，细线拉力的大小为 $\frac{mg}{2}$

B. 释放物块 C 的瞬间，物体 C 的加速度大小为 $\frac{g}{5}$

C. 物块 A 和 B 分离时，物块 A 的速度最大

D. 物块 A 和 B 分离时，弹簧的形变量为 $\frac{mg}{5k}$

图 1-3-15

5. 如图 1-3-16 所示，固定斜面的倾角 $\theta = 30°$，物体 A 与斜面之间的动摩擦因数 $\mu = \frac{\sqrt{3}}{4}$，轻弹簧下端固定在斜面底端，弹簧处于原长时上端位于 C 点。用一根不可伸长的轻绳通过轻质、光滑的定滑轮连接物体 A 和 B，滑轮右侧绳子与斜面平行，A 的质量为 $m_A = 4\,\text{kg}$，B 的质量为 $m_B = 2\,\text{kg}$，初始时物体 A 到 C 点的距离为 $L = 1\,\text{m}$。现给物体 A 和 B 一初速度 $v_0 = 3\,\text{m/s}$，使物体 A 开始沿斜面向下运动，物体 B 向上运动，物体 A 将弹簧压缩到最短后又恰好能回弹到 C 点。已知重力加速度取 $g = 10\,\text{m/s}^2$，不计空气阻力，整个过程中轻绳始终处于伸直状态，求：

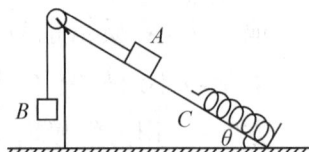

（1）物体 A 向下运动刚到达 C 点时的速度大小；
（2）弹簧的最大压缩量；
（3）弹簧的最大弹性势能。

图 1-3-16

四、横向主题三：传送带

（一） 课时学习目标

核心素养	具体目标
物理观念	知道当物体与传送带共速时是物体动力学特征发生突变的时刻
	知道分析传送带上物体的功能关系时要选择地面为参考系
	知道求解传送带问题有公式和图像两种常用方法
	具有运动和力以及能量的观念
科学思维	经过对传送带模型动力学问题的学习，会分析物体在传送带上的运动情况，能求解运动时间、划痕等问题
	经过对传送带模型能量问题的学习，能用功能关系以及能量守恒定律求解相关问题
	能将传送带典型模型中的求解方法迁移到有外力作用下的传送带模型问题

(二) 课时学习设计

任务:传送带模型建构

问题情境1 动力学问题

如图 1-4-1 所示,传送带两端距离 $L = 7\text{m}, v_0 = 0, v_2 = 4\text{m/s}, \mu = 0.25$。

如图 1-4-2 所示,传送带两端距离 $L = 7\text{m}, v_1 = 5\text{m/s}, v_2 = 4\text{m/s}, \mu = 0.25$。

如图 1-4-3 所示,传送带两端距离 $L = 18.25\text{m}, v_0 = 0, v = 1\text{m/s}, \mu = 0.8, \theta = 37°$。

如图 1-4-4 所示,传送带两端距离 $L = 18.25\text{m}, v_0 = 0, v = 10\text{m/s}, \mu = 0.25, \theta = 37°$。

在上述四种情况下,求物体在传送带上运动的时间以及在传送带上留下的划痕.

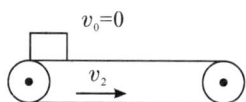
图 1-4-1

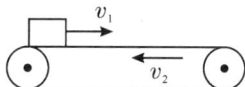
图 1-4-2

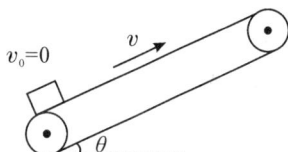
图 1-4-3

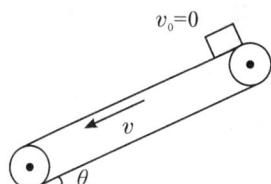
图 1-4-4

▶ 参考案例

展示图 1-4-4 对应问题的学生解答。

解答 1:

受力分析如图 1-4-5 所示,物体放上传送带后先做匀加速直线运动,达到与传送带共速后做匀速运动,有

$$a = g\sin\theta - \mu g\cos\theta = 4\text{m/s}^2$$

$$t_1 = \frac{v}{a} = 2.5\text{s}, x_1 = \frac{1}{2}at_1^2 = 12.5\text{m}$$

$$x_2 = L - x_1 = 5.75\text{m}, t_2 = \frac{x_2}{v} = 0.575\text{s}$$

$$t = t_1 + t_2 = 3.075\text{s}$$

物体在传送带上的划痕为

$$\Delta x = vt_1 - x_1 = 12.5\text{m}$$

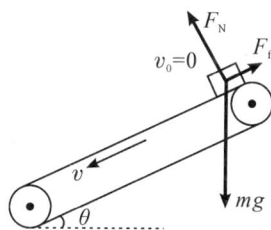
图 1-4-5

解答 2:

受力分析如图 1-4-6 所示,物体放上传送带后先以加速度 a_1 做匀加速直线运动,达到与传送带共速后摩擦力反向,受力分析如图 1-4-7 所示,再以加速度 a_2 做匀加速直线运动,有

$$a_1 = g\sin\theta + \mu g\cos\theta = 8\text{m/s}^2$$

$$t_1 = \frac{v}{a_1} = 1.25\text{s}, x_1 = \frac{1}{2}vt_1 = 6.25\text{m}$$

$$x_{传1} = vt_1 = 12.5\text{m}$$

$$x_2 = L - x_1 = 12\text{m}$$

$$a_2 = g\sin\theta - \mu g\cos\theta = 4\text{m/s}^2$$

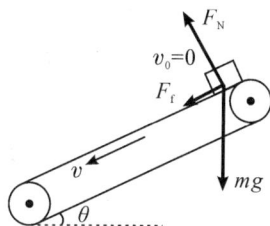
图 1-4-6

$$x_2 = \frac{1}{2}a_2t_2^2, t_2 = \sqrt{6}\,\text{s}, x_{传2} = vt_2 = 10\sqrt{6}\,\text{m}$$

$$t = t_1 + t_2 = \frac{5 + 4\sqrt{6}}{4}\,\text{s}$$

第一个过程的相对位移为

$$\Delta x_1 = x_{传1} - x_1 = 6.25\,\text{m}$$

第二个过程的相对位移为

$$\Delta x_2 = x_{传2} - x_2 = (10\sqrt{6} - 12)\,\text{m}$$

物体在传送带上的划痕为

$$\Delta x = \Delta x_1 + \Delta x_2 = \left(\frac{40\sqrt{6} - 23}{4}\right)\text{m}$$

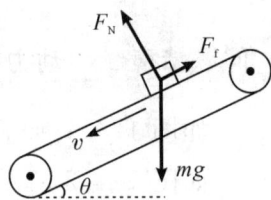

图 1-4-7

解答 3：

受力分析如图 1-4-6 所示，物体放上传送带后先以加速度 a_1 做匀加速直线运动，达到与传送带共速后摩擦力反向，受力分析如图 1-4-7 所示，再以加速度 a_2 做匀加速直线运动，有

$$a_1 = g\sin\theta + \mu g\cos\theta = 8\,\text{m/s}^2$$

$$t_1 = \frac{v}{a_1} = 1.25\,\text{s}, x_1 = \frac{1}{2}vt_1 = 6.25\,\text{m}, x_{皮1} = vt_1 = 12.5\,\text{m}$$

$$x_2 = L - x_1 = 12\,\text{m}$$

$$a_2 = g\sin\theta - \mu g\cos\theta = 4\,\text{m/s}^2$$

$$x_2 = vt_2 + \frac{1}{2}a_2t_2^2, t_2 = 1\,\text{s}, x_{皮2} = vt_2 = 10\,\text{m}$$

$$t = t_1 + t_2 = 2.25\,\text{s}$$

第一个过程的相对位移为

$$\Delta x_1 = x_1 - x_{传1} = -6.25\,\text{m}$$

第二个过程的相对位移为

$$\Delta x_2 = x_2 - x_{传2} = 2\,\text{m}$$

因为物体刚开始相对传送带沿斜面向上，后来相对传送带沿斜面向下，所以物体在传送带上的划痕为

$$\Delta x = |\Delta x_1| = 6.25\,\text{m}$$

解答 4：

第一个过程的相对位移为

$$\Delta x_1 = x_{皮1} - x_1 = 6.25\,\text{m}$$

第二个过程的相对位移为

$$\Delta x_2 = x_2 - x_{皮2} = 2\,\text{m}$$

物体在传送带上的划痕为

$$\Delta x = \Delta x_1 + \Delta x_2 = 8.25\,\text{m}$$

▶ **展有所获**

师：如何评价以上四种解答？

生1:解答1的做法没有进行正确的受力分析和达到共速后是否能保持平衡状态的判断。

生2:解答2的基本思路是正确的,漏了第二个过程加速运动中的初速度,在计算划痕的时候没有结合前面摩擦力的方向进行验证。

生3:解答3能够对物体进行正确的受力分析、运动分析,在计算划痕问题的时候也考虑到了物体和传送带间的相对位移方向发生了变化。

生4:解答4中在计算划痕的时候没有考虑相对位移方向发生变化,多算了相对路程。

▶ 评有成果

师:通过上面的例子,你对传送带模型中的动力学问题有哪些认识?

生5:物体刚放上传送带时的受力分析很重要,尤其要正确分析摩擦力的方向,不能想当然。

生6:当物体刚放上去的时候,相对于传送带的速度都会变小,之后会达到共速,共速时摩擦力会发生突变。摩擦力突变后物体可能跟传送带一起匀速,也可能继续加速或继续减速。

生7:动力学问题中除了求时间外,还通常求物体在传送带上的划痕,如果有多(两)个过程的相对运动,则要考虑相对位移方向是否发生变化。如果方向发生变化,则划痕为相对位移大的那个过程的值,否则为多(两)个过程的相对位移之和。

问题情境2 能量问题

接情境1,物体质量 $m = 1\text{kg}$。求物体与传送带间摩擦产生的热量和电动机做的功。

▶ 参考案例

展示图1-4-4对应问题的学生解答(接情境1中解答3)。

第一个加速过程中,物体和传送带的位移分别为

$$x_1 = \frac{1}{2}vt_1 = 6.25\text{m}, \quad x_{\text{皮}1} = vt_1 = 12.5\text{m}$$

相对位移为

$$\Delta x_1 = x_1 - x_{\text{皮}1} = -6.25\text{m}$$

第二个加速过程中,物体和传送带的位移分别为

$$x_2 = 12\text{m}, \quad x_{\text{传}2} = vt_2 = 10\text{m}$$

相对位移为

$$\Delta x_2 = x_2 - x_{\text{传}2} = 2\text{m}$$

解答1:

物体与传送带间的动摩擦力大小为

$$F_\text{f} = \mu mg\cos\theta = 2\text{N}$$

第一个过程中,物体与传送带间产生的热量为

$$Q_1 = F_\text{f}x_1 = 12.5\text{J}$$

第二个过程中,物体与传送带间产生的热量为

$$Q_2 = F_\text{f}x_2 = 24\text{J}$$

物体与传送带间产生的总热量为

$$Q = Q_1 + Q_2 = 36.5\text{J}$$

第一个过程中,电动机做的功为

$$W_1 = F x_{传1} = F_f x_{传1} = 25\text{J}$$

第二个过程中,电动机做的功为

$$W_2 = F x_{传2} = F_f x_{传2} = 20\text{J}$$

整个过程中,电动机做的功为

$$W = W_1 + W_2 = 45\text{J}$$

解答 2:

物体与传送带间的动摩擦力大小为

$$F_f = \mu m g \cos\theta = 2\text{N}$$

第一个过程中,物体与传送带间产生的热量为

$$Q_1 = F_f |\Delta x_1| = 12.5\text{J}$$

第二个过程中,物体与传送带间产生的热量为

$$Q_2 = F_f \Delta x_2 = 4\text{J}$$

物体与传送带间产生的总热量为

$$Q = Q_1 + Q_2 = 16.5\text{J}$$

第一个过程中,电动机做的功为

$$W_1 = F x_{传1} = F_f x_{传1} = 25\text{J}$$

第二个过程中,电动机做的功为

$$W_2 = -F x_{传2} = -F_f x_{传2} = -20\text{J}$$

整个过程中,电动机做的功为

$$W = W_1 + W_2 = 5\text{J}$$

解答 3:

物体与传送带间产生的总热量为

$$Q = Q_1 + Q_2 = 16.5\text{J}$$

物体滑出传送带时的速度为

$$v' = v + a_2 t_2 = 14\text{m/s}$$

根据能量守恒定律可得电动机做的功为

$$W = \frac{1}{2} m v'^2 - mgL\sin\theta + Q = 5\text{J}$$

▶ **展有所获**

师:如何评价以上三种解答?

生1:解答1认为摩擦产生的热量等于摩擦力对物体做的功,这是错误的,且在求电动机做的功时,没有考虑正负功的问题。

生2:解答2中的求解过程是正确的,摩擦产生的热量在数值上应该等于摩擦力与相对位移的乘积,且求电动机做的功是通过功的定义式。

生3:解答3中电动机做的功是从能量守恒的途径求解的,也是正确的。

▶ **评有成果**

师:通过上面的例子,你对传送带模型中的功能关系有哪些认识?

生4:在传送带模型中,物体和传送带都发生运动,对它们进行功能分析时都要选择地面

作为参考系。

生5：在传送带模型中，如果物体与传送带发生相对滑动，从做功的角度看则是通过一对滑动摩擦力做功实现系统机械能与内能之间的转化。

生6：从能量守恒的观点看，电动机做正功时，输入的能量等于物体增加的机械能和系统产生的内能。

▶ **小结**

如图 1-4-8 所示，传送带中的相关问题分析主要分成三个步骤：受力分析 — 运动分析 — 功能分析。

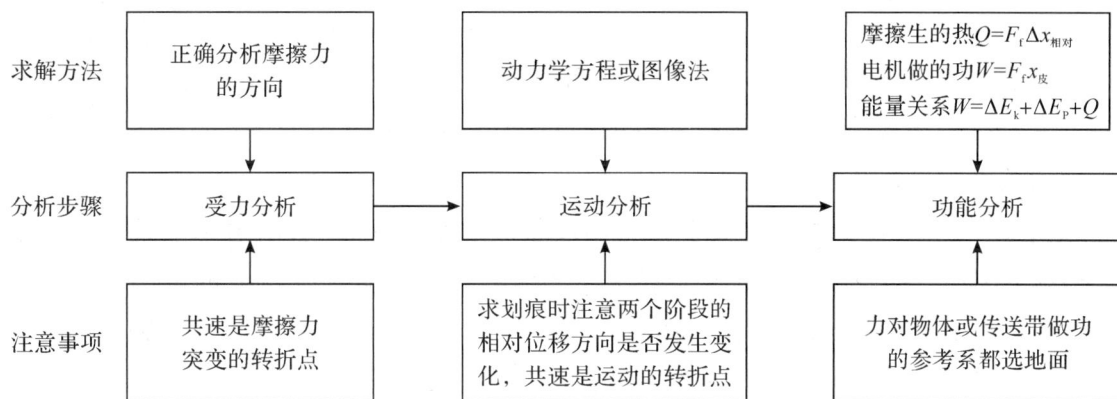

图 1-4-8

（三）　巩固练习

1. 如图 1-4-9 所示，水平传送带 A 和 B 间的距离为 16m，质量分别为 2kg 和 4kg 的物块 P 和 Q，通过绕在光滑定滑轮上的细线连接，物体 Q 在传送带的左端且连接 Q 的细线水平。当传送带以 8m/s 的速度逆时针转动时，Q 恰好静止。重力加速度 $g = 10\text{m/s}^2$，最大静摩擦力等于滑动摩擦力。当传送带以 8m/s 的速度顺时针转动时，下列说法正确的是　　　（　　）

   A. Q 与传送带间的动摩擦因数为 0.6

   B. Q 从传送带左端运动到右端所用的时间为 2.6s

   C. Q 在运动过程中所受摩擦力始终不变

   D. Q 从传送带左端运动到右端的过程中，P 处于失重状态

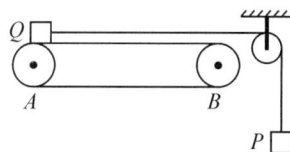

图 1-4-9

2. 如图 1-4-10 所示，足够长的倾斜传送带以恒定速率 v_0 顺时针运行。一木块以初速度 v_1 从传送带的底端滑上传送带。木块在传送带上运动的全过程中，关于木块的速度 v 随时间 t 变化关系的图像不可能是　　　（　　）

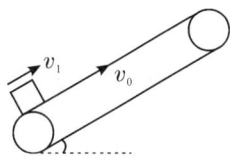

图 1-4-10

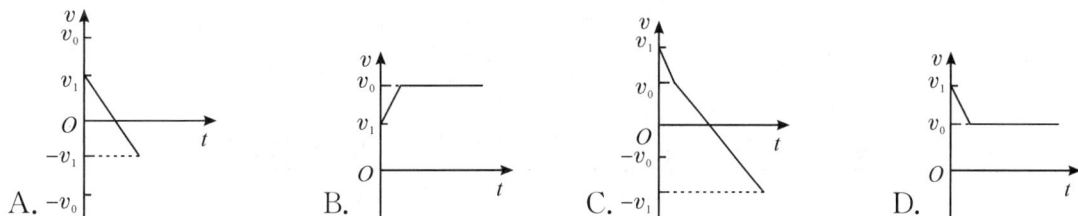

3.（多选）如图 1-4-11 所示，与水平面夹角 $\theta = 37°$ 的传送带正以 $v = 2\text{m/s}$ 的速度沿顺时针方向匀速运行，A 和 B 两端相距 $l = 10\text{m}$。现每隔 1s 把质量 $m = 1\text{kg}$ 的工件（视为质点）轻放在传送带 A 端，在传送带的带动下，工件向上运动，工件与传送带间的动摩因数 $\mu = 0.8$，$\sin37° = 0.6$，g 取 10m/s^2。下列说法正确的是　　（　　）

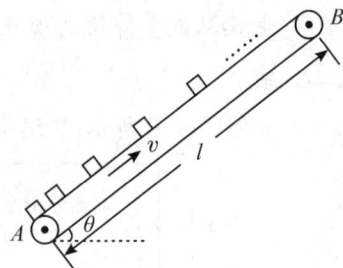

A. 工件在传送带上时，先受到向上的摩擦力，后不受摩擦力

B. 两个工件间的最小距离为 0.2m

C. 传送带上始终有 8 个工件

D. 传送带满载时与空载时相比，电机对传送带的牵引力增大了 50N

图 1-4-11

4. 某砂场为提高运输效率，研究砂粒下滑的高度与砂粒在传送带上运动的关系，建立如图 1-4-12 所示的物理模型。竖直平面内有一倾角 $\theta = 37°$ 的直轨道 AB，其下方右侧放置一水平传送带，直轨道末端 B 与传送带间距可近似为 0，但允许砂粒通过。转轮半径 $R = 0.4\text{m}$、转轴间距 $L = 2\text{m}$ 的传送带以恒定的线速度逆时针转动，转轮最低点离地面的高度 $H = 2.2\text{m}$。现将一小物块放在距离传送带高 h 处由静止释放，假设小物块从直轨道 B 端运动到达传送带上 C 点时，速度大小不变，方向变为水平向右。已知小物块与直轨道和传送带间的动摩擦因数均为 $\mu = 0.5$。（$\sin37° = 0.6$。）

（1）若 $h = 2.4\text{m}$，求小物块到达 B 端时速度的大小；

（2）若小物块落到传送带左侧地面，求 h 需要满足的条件；

（3）改变小物块释放的高度 h，小物块从传送带的 D 点水平向右抛出，求小物块落地点到 D 点的水平距离 x 与 h 的关系式及 h 需要满足的条件。

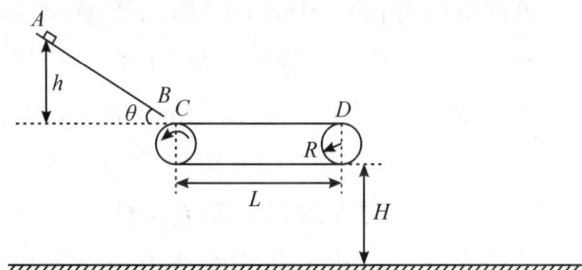

图 1-4-12

五、纵向主题:运动、力、能量综合问题求解思维展示

（一）课时学习目标

核心素养	具体目标
物理观念	具有"力决定运动,运动反映力"的运动与相互作用观
	具有"功是能量转化的量度"的观念
	知道具体的某个能量变化是哪个相对应的力做功引起的
科学思维	经过对综合类问题的分析解决,掌握解决运动、力、能量综合问题的一般思路:确定研究对象 — 受力分析 — 运动状态分析 — 功能关系分析,并能明确其中的关键步骤
	经过审题,通过挖掘题目中一些"刚好、恰好"等隐含条件,能迅速建构物理模型
	经过对运动、力、能量综合问题应用分析,能根据需要选择动力学或功能关系解决问题

(二) 课时学习设计

任务1:弹簧与直、圆轨道综合

问题情境 1 临界速度问题

如图 1-5-1 所示,一弹射游戏装置由安装在水平台面上的固定弹射器、竖直圆轨道(在最低点 E 分别与水平轨道 EO 和 EA 相连)、高度 h 可调的斜轨道 AB 组成。游戏时滑块从 O 点弹出,经过圆轨道并滑上斜轨道。滑块全程不脱离轨道且恰好停在 B 端则视为游戏成功。已

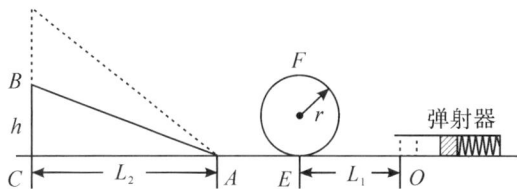

图 1-5-1

知圆轨道半径 $r = 0.1$ m,OE 长 $L_1 = 0.2$ m,AC 长 $L_2 = 0.4$ m,圆轨道和 AE 光滑,滑块与 AB、OE 之间的动摩擦因数 $\mu = 0.5$。滑块质量 $m = 2$ g 且可视为质点,弹射时从静止释放且弹簧的弹性势能完全转化为滑块的动能。忽略空气阻力,各部分平滑连接。求滑块恰好能过圆轨道最高点 F 时的速度大小。

▶ **参考案例**

展示情境 1 的学生解答。

解答 1:

如图 1-5-2 所示,滑块恰过圆轨道最高点 F 的条件是:$v = 0$。

解答 2:

如图 1-5-2 所示,滑块恰过圆轨道最高点 F 的条件是

$$mg = m\frac{v_F^2}{r}, v_F = \sqrt{gr} = 1\text{m/s}$$

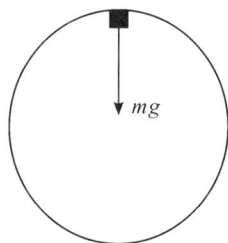

图 1-5-2

▶ **展有所获**

师:如何评价以上两种解答?

生1:解答1认为小球恰好过最高点的速度是 $v = 0$,这是错误的。因为这是"过山车"模型,小球过最高点的临界条件是弹力刚好为0,此时重力提供向心力,小球过最高点的速度是 $v = \sqrt{gr}$。所以解答2是正确的。

生2:解答1没有进行动力学分析得到关系式,直接给出结论,应该是跟竖直面上圆周运动的"轻杆""管道"模型混淆了。

▶ **评有成果**

师:通过以上这些情境的分析以及学生解答的比较,你有哪些收获?

生3:在解题过程中,还是要进行必要的受力分析和运动状态分析,找到满足题目要求的动力学关系式。

问题情境 2 力与能量问题

接情境1,当 $h = 0.1$ m 且游戏成功时,滑块经过 E 点对圆轨道的压力 F_N 的大小及弹簧的弹性势能 E_p 为多少?

▶ **参考案例**

展示情境 2 的学生解答。

解答 1：

滑块最终停在 B 点，从 E 点到 B 点，由动能定理得

$$mgh - \mu_0 ng L_2 = 0 - \frac{1}{2}mv^2$$

从而得

$$v = \sqrt{2}\,\text{m/s}$$

在 E 点的力 F_N 满足 $F_N = m\dfrac{v^2}{r} - mg$，所以得

$$F_N = 0.02\text{N}$$

从 O 点到 B 点，由能量守恒定律解得

$$E_{p0} = \mu_0 ng(L_1 + L_2) - mgh = 4 \times 10^{-3}\text{J}$$

解答 2：

滑块最终停在 B 点，从 E 点到 B 点，由动能定理得

$$-mgh - \mu_0 ng L_2 = 0 - \frac{1}{2}mv^2$$

从而得

$$v = \sqrt{6}\,\text{m/s}$$

在 E 点的力 F_N 满足 $F_N - mg = m\dfrac{v^2}{r}$，所以得

$$F_N = 0.14\text{N}$$

从 O 点到 B 点，由能量守恒定律得

$$E_{p0} - mgh - \mu_0 ng(L_1 + L_2) = 0$$

解得

$$E_{p0} = 8 \times 10^{-3}\text{J}$$

解答 3：

滑块最终停在 B 点，从 E 点到 B 点，由动能定理得

$$-mgh - \mu_0 ng\cos\theta \times S = 0 - \frac{1}{2}mv^2$$

$$S = \sqrt{h^2 + L_2^2}$$

$$\cos\theta = \frac{L_2}{S}$$

求出速度 v 后，其他求解过程同解答 2。

▶ **展有所获**

师：关于以上三种解答，请同学们说说自己的看法。

生 1：解答 1 用动能定理求解问题时，正、负功的表达出错了。

生 2：解答 1 用向心力方程求解问题时，没有列成牛顿第二定律的表达形式。直接写出弹力的大小，表达不规范，导致出错。

生 3：解答 2 与解答 3 都是正确的。但解答 2 求解速度的过程更加简洁一些。

▶ 评有成果

师：通过以上这些情境的分析以及学生解答的比较，对于解决此类问题，你有哪些收获？

生 4：认真审题、仔细分析、规范表达很重要。

师：对于一般的动力学问题，我们有两条求解途径：一是牛顿运动定律，二是功能关系。用牛顿运动定律求解问题时，要对物体的运动情况和受力情况进行分析，找到运动和力的关系，规范列出动力学方程，然后进行相关求解。用功能关系进行求解时，要确定研究过程的始末状态，分析过程中各力做功的情况，选择合适的功能关系式列方程求解。

问题情境 3　能量与高度的关系

接情境 2。要使游戏成功，弹簧的弹性势能 E_p 与高度 h 之间满足的关系是什么？

▶ 参考案例

展示情境 3 的学生解答。

解答 1：

从 O 点到 B 点，由能量守恒定律得

$$E_p = mgh + \mu mg(L_1 + L_2) = 2 \times 10^{-3}(10h + 3)\text{J}$$

解答 2：

滑块恰能过 F 点的弹性势能为

$$E_{p1} = \mu mgL_1 + 2mgr + \frac{1}{2}mv_F^2 = 7 \times 10^{-3}\text{J}$$

滑块恰过 F 点后到 B 点速度减到 0，有

$$E_{p1} - mgh - \mu mg(L_1 + L_2) = 0$$

得 $h = 0.05\text{m}$。

从 O 点到 B 点，由能量守恒定律得

$$E_p = mgh + \mu mg(L_1 + L_2) = 2 \times 10^{-3}(10h + 3)\text{J}$$

其中 $h \geqslant 0.05\text{m}$。

解答 3：

滑块恰能过 F 点的弹性势能为

$$E_{p1} = \mu mgL_1 + 2mgr + \frac{1}{2}mv_F^2 = 7 \times 10^{-3}\text{J}$$

滑块恰过 F 点后到 B 点速度减到 0，有

$$E_{p1} - mgh - \mu mg(L_1 + L_2) = 0$$

得 $h = 0.05\text{m}$。

滑块可以在 B 点停住，有 $\mu mg\cos\theta = mg\sin\theta$，得 $\tan\theta = 0.5$，此时 $h_2 = 0.2\text{m}$。

从 O 点到 B 点，由能量守恒定律得

$$E_p = mgh + \mu mg(L_1 + L_2) = 2 \times 10^{-3}(10h + 3)\text{J}$$

其中 $0.05\text{m} \leqslant h \leqslant 0.2\text{m}$。

▶ 展有所获

师:如何评价以上三种解答?

生1:同学们基本都可以写出弹性势能 E_p 与高度 h 的关系式,但会写得不完整,比如漏写定义域。解答1完全没考虑定义域问题;解答2只考虑了滑块能过 F 点的情况,没有考虑滑块要在 B 点停住的条件。

师:为什么会出现这种情况?

生2:对滑块恰好过最高点、恰好停在 B 点等临界条件的分析不到位或认识不足。

▶ 评有成果

师:通过以上这些情境的分析以及学生解答的比较,你有哪些收获?

生3:做题时要认真审题,读出题目的隐含条件。

生4:平时小专题训练的时候要注意模型的建构,弄清楚模型之间的区别与联系。注意临界状态的可能描述。

师:临界状态有哪些可能的描述?

生5:恰好过最高点、恰好不脱离、恰好停住、恰好平衡,有很多"恰好"或"刚好",或者出现"最大""至少""不相撞"等。

师:临界问题通常具有一定的隐蔽性,解题灵活性较大,审题时应力求准确把握题目的物理情境,建构物理模型,抓住临界状态的特征,找到正确的解题方向。

任务2:传送带与直、圆轨道综合

问题情境1　能量与动量问题

如图 1-5-3 所示,在竖直面内,一质量为 m 的物块 a 静置于悬点 O 正下方的 A 点,以速度 v 逆时针转动的传送带 MN 与直轨道 AB、CD、FG 处于同一水平面上,AB、MN、CD 的长度均为 l。圆弧形细管道 DE 的半径为 R,EF 在竖直直径上,E 点的高度为 H。开始时,与物块 a 相同的物块 b 悬挂于 O 点,并向左拉开一定的高度 h 由静止下摆,细线始终张紧,摆到最低点时恰好与 a 发生弹性正碰。已知 $m = 2\text{g}$,$l = 1\text{m}$,$R = 0.4\text{m}$,$H = 0.2\text{m}$,$v = 2\text{m/s}$,物块与 MN、CD 之间的动摩擦因数 $\mu = 0.5$,轨道 AB 和管道 DE 均光滑,物块 a 落到 FG 时不反弹且静止。忽略 M、B 和 N、C 之间的空隙,CD 与 DE 平滑连接,物块可视为质点。若 $h = 1.25\text{m}$,求 a、b 碰撞后瞬时物块 a 的速度 v_0 的大小。

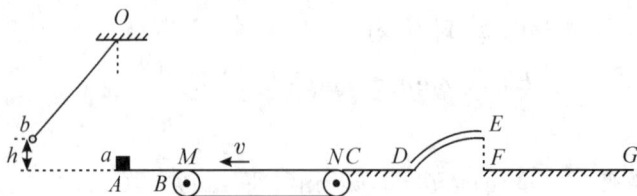

图 1-5-3

▶ 参考案例

展示情境1的学生解答。

解答 1:

由机械能守恒定律 $mgh = \frac{1}{2}mv^2$,解得 $v = 5\mathrm{m/s}$。

因为 b 与 a 发生弹性碰撞,所以 $v_0 = v = 5\mathrm{m/s}$。

解答 2:

物块 b 滑到最低点的过程中,由机械能守恒定律 $mgh = \frac{1}{2}mv_b^2$,解得 $v_b = 5\mathrm{m/s}$。

b 与 a 发生弹性碰撞,根据动量守恒定律和机械能守恒定律可得

$$mv_b = mv_b' + mv_0$$

$$\frac{1}{2}mv_b^2 = \frac{1}{2}mv_b'^2 + \frac{1}{2}mv_0^2$$

联立解得 $v_0 = v_b = 5\mathrm{m/s}$。

▶ **展有所获**

师:如何评价以上两种解答?

生 1:两种解答都是正确的。解答 1 不规范,但是简洁;解答 2 规范,但解答 2 比解答 1 要多花一些时间。

师:怎么能让解答过程既规范又简洁一些?

生 2:可以把解答 2 中文字说明部分去掉,留下表达式。

▶ **评有成果**

师:根据以上的讨论,大家有什么收获?

生 3:养成良好的书写习惯,在书写方程式时带上、下角标,可以使表达更明确。

问题情境 2 力与高度的关系

接情境 1。物块 a 在 DE 最高点时,求管道对物块 a 的作用力 F_N 与 h 间满足的关系。

▶ **参考案例**

展示情境 2 的学生解答。

解答 1:

物块 a 在传送带上做匀减速运动,有

$$a = \mu g = 5\mathrm{m/s^2}$$

设物块 a 过传送带的时间为 t,则有

$$l = v_0 t - \frac{1}{2}at^2$$

解得 $t = \frac{5 - \sqrt{15}}{5}\mathrm{s}$。

传送带在这段时间内通过的位移为

$$x = vt = \frac{10 - 2\sqrt{15}}{5}\mathrm{m}$$

从 A 点到 E 点,由动能定理得

$$\begin{cases} -\mu mg(l+x) - \mu mgl - mgH = \frac{1}{2}mv_E^2 - \frac{1}{2}mv_0^2 \\ mgh = \frac{1}{2}mv_0^2 \end{cases}$$

以竖直向下为正方向,有

$$F_N + mg = m\frac{v_E^2}{R}$$

联立解得

$$F_N = 0.1h - 0.24 + 0.02\sqrt{15}$$

解答2:

设物块 a 刚好可以达到 E 点,高度设为 h_1,根据动能定理可得

$$mgh_1 - 2\mu mgl - mgH = 0$$

解得 $h_1 = 1.2\text{m}$。

从 A 点到 E 点,由动能定理得

$$\begin{cases} -2\mu mgl - mgH = \frac{1}{2}mv_E^2 - \frac{1}{2}mv_0^2 \\ mgh = \frac{1}{2}mv_0^2 \end{cases}$$

以竖直向下为正方向,有

$$F_N + mg = m\frac{v_E^2}{R}$$

联立解得

$$F_N = 0.1h - 0.14 \ (h \geqslant 1.2\text{m})$$

▶ **展有所获**

师:请大家就以上两种解答发表自己的看法。

生1:解答1认为物块 a 滑过传送带时摩擦力对物块 a 做的功是摩擦力与相对位移的乘积。

生2:在传送带问题里,滑动摩擦力与相对位移的乘积等于物块 a 与传送带间摩擦产生的内能。

生3:在对物块 a 从 A 到 E 用动能求解时,传送带对物块 a 的摩擦力做的功应等于物体受到的滑动摩擦力与物块 a 对地位移的乘积,也就是与 MN 之间的距离的乘积。所以解答2是正确的。

师:如果传送带静止不动,在物块 a 滑过传送带的过程中,摩擦力对物块 a 做的功一样吗?为什么?

生4:是一样的。

生5:因为在这个过程中,传送带相当于一个水平支撑面,而滑动摩擦力的大小与相对速度无关。

师:传送带以多大的速度运行,如何运行,可以使物块 a 在滑过传送带的过程中摩擦力对物块 a 做的功都是一样的?

生6:传送带静止、以任意速度逆时针转动,或者以小于物块 a 一直减速到 N 点的速度顺时

针转动,可以使物块 a 在滑过传送带的过程中摩擦力对物块 a 做的功都是一样的。

师:大家在求解过程中还有哪些不规范和易错的点?

生 7:给出作用力 F_N 和高度 h 的关系式后,没有提出 h 的定义域。

生 8:列向心力方程时会出现方向的错误。

生 9:数学计算的错误。

师:解答 2 有哪些值得我们学习的地方?

生 10:动能定理方程列式规范;在列向心力方程时规定了作用力的方向;考虑了关系式的定义域,并准确表达了定义域。

▶ **评有成果**

师:通过以上分析和比较,你有哪些收获?

生 11:对这类综合性问题,还是要进行动力学分析、功能关系分析。平时训练时养成良好的列式、解题习惯。

生 12:平时基础要扎实,搞清楚传送带问题的功能关系。

师生一起进行知识总结:

(1) 对传送带上的物体列动能定理方程求解,速度、位移一般都相对于地面;

(2) 传送带摩擦力产生的热量 $Q = F_f \cdot x_{相对}$;

(3) 传送带电动机做的功 $W_电 = \Delta E_k + \Delta E_p + Q = F_牵 x_传 = F_f x_传$。

问题情境 3 分类讨论求范围

接情境 2。若物块 b 释放高度的范围为 $0.9\,\text{m} < h < 1.65\,\text{m}$。求物块 a 最终静止的位置 x 值的范围(以 A 点为坐标原点,水平向右为正方向,建立 x 轴)。

▶ **参考案例**

展示情境 3 的学生解答。

解答 1:

从 A 点到 E 点,根据动能定理得

$$mgh - 2\mu mgl - mgH = \frac{1}{2}mv_E^2$$

当 $h = 0.9\,\text{m}$ 时,解得 $v_E = \sqrt{-6}\,\text{m/s}$(不成立,物块 a 到不了 E 点)。

设物块 a 刚好可以达到 E 点,高度设为 h_1,根据动能定理可得

$$mgh_1 - 2\mu mgl - mgH = 0$$

解得 $h_1 = 1.2\,\text{m}$。

当 $0.9\,\text{m} < h < 1.2\,\text{m}$ 时,物块 a 停在 E 点左侧:

当物块 a 从 $h = 0.9\,\text{m}$ 释放时,根据动能定理可得 $mgh - \mu mgs_1 = 0$,解得 $s_1 = 1.8\,\text{m}$,可知物块 a 到达距离 C 点 $0.8\,\text{m}$ 处静止;

当物块 a 从 $h = 1.2\,\text{m}$ 释放时,根据动能定理可得 $mgh - \mu mgs_2 = 0$,解得 $s_2 = 2.4\,\text{m}$,可知物块 a 最终停在距离 C 点 $0.6\,\text{m}$ 处。

综上可得,物块 a 离 C 点的距离范围为:$0.6\,\text{m} < x < 1\,\text{m}$。

当 $1.2\text{m} \leqslant h < 1.65\text{m}$ 时,物块 a 停在 E 点右侧,根据动能定理得

$$mgh - 2\mu mgl - mgH = \frac{1}{2}mv_E^2$$

当 $h = 1.65\text{m}$ 时,解得 $v_E = 3\text{m/s}$。

从 E 点飞出后,物块 a 做平抛运动: $H = \frac{1}{2}gt^2$,解得 $t = 0.2\text{s}$,有

$$s_3 = v_E t = 0.6\text{m}$$

所以 $0 \leqslant x < 0.6\text{m}$。

解答 2:

当 $0.9\text{m} < h < 1.2\text{m}$ 时,当物块 a 从 $h = 0.9\text{m}$ 释放时,根据动能定理可得 $mgh - \mu mgs_1 = 0$,解得 $s_1 = 1.8\text{m}$,可知物块 a 到达距离 C 点0.8m处静止;

当物块 a 从 $h = 1.2\text{m}$ 释放时,根据动能定理可得 $mgh - \mu mgs_2 = 0$,解得 $s_2 = 2.4\text{m}$,可知物块 a 最终停在距离 C 点0.6m处。

综上可得: $0.6\text{m} < x < 0.8\text{m}$。

当 $1.2\text{m} \leqslant h < 1.65\text{m}$ 时,物块 a 停在 E 点或 E 点右侧,根据动能定理得

$$mgh - 2\mu mgl - mgH = \frac{1}{2}mv_E^2$$

当 $h = 1.65\text{m}$ 时,解得 $v_E = 3\text{m/s}$。

物块 a 从 E 点飞出后做平抛运动: $H = \frac{1}{2}gt^2$,解得 $t = 0.2\text{s}$,有

$$s_3 = v_E t = 0.6\text{m}$$

所以 $0 \leqslant x < 0.6\text{m}$。

解答 3:

当 $0.9\text{m} < h < 1.2\text{m}$ 时,当物体从 $h = 0.9\text{m}$ 释放时,根据动能定理可得 $mgh - \mu mgs_1 = 0$,解得 $s_1 = 1.8\text{m}$,可知物块 a 到达距离 C 点0.8m处静止;

当物块 a 到达 E 点时速度为0,由 E 点滑下返回到 CD 时,根据动能定理可得 $mgH - \mu mgs_2 = 0$,解得 $s_2 = 0.4\text{m}$,可知物块 a 最终停在距离 C 点0.6m处。

综上可得: $3l - s_2 < x < l + s_1$,即 $2.6\text{m} < x < 2.8\text{m}$。

当 $1.2\text{m} \leqslant h < 1.65\text{m}$ 时,物块 a 停在 E 点或 E 点右侧,根据动能定理得

$$mgh - 2\mu mgl - mgH = \frac{1}{2}mv_E^2$$

当 $h = 1.65\text{m}$ 时,解得 $v_E = 3\text{m/s}$。

物块 a 从 E 点飞出后做平抛运动: $H = \frac{1}{2}gt^2$,解得 $t = 0.2\text{s}$,有

$$s_3 = v_E t = 0.6\text{m}$$

根据几何关系可得: $DF = \frac{\sqrt{3}}{5}\text{m}$。

所以 $3l + DF \leqslant x < 3l + DF + s_3$,即 $\left(3.0 + \frac{\sqrt{3}}{5}\right)\text{m} \leqslant x < \left(3.6 + \frac{\sqrt{3}}{5}\right)\text{m}$。

解答 4：

当 $0.9\text{m} < h < 1.2\text{m}$ 时，当物块 a 从 $h = 0.9\text{m}$ 释放时，根据动能定理可得 $mgh - \mu mg s_1 = 0$，解得 $s_1 = 1.8\text{m}$，可知物块 a 到达距离 C 点 0.8m 处静止；

当物块 a 到达 E 点时速度为 0，由 E 点滑下返回到 CD 时，根据动能定理可得 $mgH - \mu mg s_2 = 0$，解得 $s_2 = 0.4\text{m}$，可知物块 a 最终停在距离 C 点 0.6m 处。

综上可得：$3l - s_2 < x < 3l$，即 $2.6\text{m} < x < 3\text{m}$。

当 $1.2\text{m} \leq h < 1.65\text{m}$ 时，物块 a 停在 E 点或 E 点右侧，根据动能定理得

$$mgh - 2\mu mgl - mgH = \frac{1}{2}mv_E^2$$

当 $h = 1.65\text{m}$ 时，解得 $v_E = 3\text{m/s}$。

物块 a 从 E 点飞出后做平抛运动：$H = \frac{1}{2}gt^2$，解得 $t = 0.2\text{s}$，有

$$s_3 = v_E t = 0.6\text{m}$$

根据几何关系可得：$DF = \dfrac{\sqrt{3}}{5}\text{m}$。

所以 $3l + DF \leq x < 3l + DF + s_3$，即 $\left(3.0 + \dfrac{\sqrt{3}}{5}\right)\text{m} \leq x < \left(3.6 + \dfrac{\sqrt{3}}{5}\right)\text{m}$。

▶ 展有所获

师：如何评价以上四种解答？

生 1：解答 1 在第二小问中没有给出物块 a 能到达 E 点的条件，所以在这一问中才会求出到 E 点速度为负值的情况。且没有认真审题，题目求的是坐标位置范围。

生 2：解答 2 注意到了分段讨论问题，但也犯了没有认真审题的错误，没有求出坐标位置范围；且没有仔细分析物块 a 的高度变化，其停留位置将向哪边移动的问题，在 CD 段的距离关系错误。

生 3：解答 3 虽然注意到了题目要求的坐标位置范围，但还是犯了跟解答 2 一样的错误，在 CD 段的位置描述中还是存在关系错误。

师：在以上出现的问题中，是同学们不懂如何求解吗？

生 4：不是，但总会出现各种各样的问题，很难拿到满分。

师：那平时在训练的过程中要注意什么问题？

生 5：注意知识归纳、模型的建构、临界问题、数学运算等。

▶ 评有成果

师：通过以上这些情境的分析，请同学们归纳在求解运动、力、能量综合问题中会出现哪些典型问题？

生 6：通常会求能不能过最高点等临界极值问题。

生 7：或者满足某个条件的某个物理量的范围，比如求位移、力、能量等的范围。

师：在求解运动、力、能量综合问题时会碰到哪些物件？有哪些运动模型？

生 8：模型中可能会出现轻绳、轻杆、轻弹簧、传送带、板块等物件。

生 9：可能有匀速、匀变速直线运动、平抛运动、圆周运动等运动模型。

师：在求解运动、力、能量综合问题时有哪些求解方法？

生 10：主要是用动力学观点和能量观点求解问题，也有少量题目需要用动量观点求解。

▶ 小结

如图 1-5-4 所示，运动、力、能量综合问题分析主要分成四个步骤：物件分析 — 受力分析 —

运动分析 — 功能关系分析。

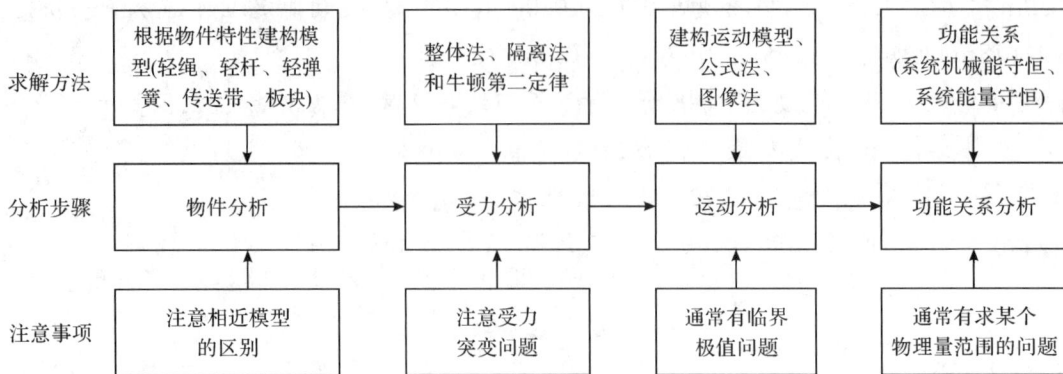

图 1-5-4

（三）巩固练习

1. 如图 1-5-5 所示，两个四分之三圆弧轨道固定在水平地面上，半径 R 相同，A 轨道由金属凹槽制成，B 轨道由金属圆管制成，均可视为光滑轨道．在两轨道右侧的正上方分别将金属小球 A 和 B 由静止释放，小球距离地面的高度分别用 h_A 和 h_B 表示，则下列说法正确的是

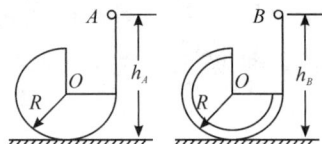

图 1-5-5

（　　）

A. 若 $h_A = h_B \geqslant 2R$，则两个小球都能沿轨道运动到轨道的最高点

B. 若 $h_A = h_B = \dfrac{3R}{2}$，由于机械能守恒，两个小球沿轨道上升的最大高度均为 $\dfrac{3R}{2}$

C. 适当调整 h_A 和 h_B，均可使两个小球从轨道最高点飞出后，恰好落在轨道右端口处

D. 若使小球沿轨道运动并且从最高点飞出，小球 A 的最小高度为 $\dfrac{5R}{2}$，小球 B 在 $h_B > 2R$ 的任何高度均可

2. 如图 1-5-6 所示，一质量为 $m = 1\text{kg}$ 的小球从 A 点沿光滑斜面轨道由静止滑下，不计通过 B 点时的能量损失，然后依次滑入两个相同的圆形轨道内侧，其轨道半径 $R = 10\text{cm}$，小球恰能通过第二个圆形轨道的最高点，小球离开圆形轨道后可继续向 E 点运动，E 点右侧有一壕沟，E 和 F 两点的竖直高度 $d = 0.8\text{m}$，水平距离 $x = 1.2\text{m}$，水平轨道 CD 长为 $L_1 = 1\text{m}$，DE 长为 $L_2 = 3\text{m}$。轨道除 CD 和 DE 部分粗糙外，其余均光滑，小球与 CD 和 DE 间的动摩擦因数均为 $\mu = 0.2$，重力加速度 $g = 10\text{m/s}^2$。

（1）求小球通过第二个圆形轨道最高点时的速度 v_2；

（2）求小球通过第一个圆形轨道最高点时的速率 v_1，以及此时对轨道的压力大小及方向；

（3）若小球既能通过圆形轨道的最高点，又不掉进壕沟，求小球从 A 点释放时的高度的范围。

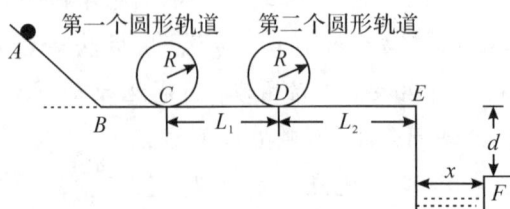

图 1-5-6

3. 如图 1-5-7 所示，水平地面上有一高 $H=0.4\text{m}$ 的水平台面，台面上竖直放置倾角 $\theta=37°$ 的粗糙直轨道 AB、水平光滑直轨道 BC、四分之一圆周光滑细圆管道 CD 和半圆形光滑轨道 DEF，它们平滑连接，其中管道 CD 的半径 $r=0.1\text{m}$，圆心在 O_1 点，轨道 DEF 的半径 $R=0.2\text{m}$，圆心在 O_2 点，O_1、D、O_2 和 F 点均处在同一水平线上。小滑块从轨道 AB 上距台面高为 h 的 P 点静止下滑，与静止在轨道 BC 上等质量的小球发生弹性碰撞，碰后小球经管道 CD、轨道 DEF 从 F 点竖直向下运动，与正下方固定在直杆上的三棱柱 G 碰撞，碰后速度方向水平向右，大小与碰前相同，最终落在地面上 Q 点，已知小滑块与轨道 AB 间的动摩擦因数 $\mu=\dfrac{1}{12}$，$\sin37°=0.6$，$\cos37°=0.8$。

(1) 若小滑块的初始高度 $h=0.9\text{m}$，求小滑块到达 B 点时速度 v_0 的大小；

(2) 若小球能完成整个运动过程，求 h 的最小值 $h_{\min}$；

(3) 若小球恰好能过最高点 E，且三棱柱 G 的位置上下可调，求落地点 Q 与 F 点的水平距离 x 的最大值 $x_{\max}$。

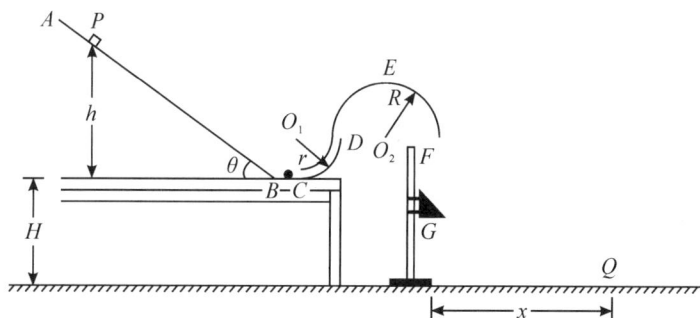

图 1-5-7

专题二:运动、力、动量综合

一、专题综述

（一） 试题情境与特征分析

1. 试题情境

关于运动、力、动量规律的综合运用,历来是高考(模考)试题考查的热点、重点和难点之一。分析历年高考综合试题,如图 2-1-1 ～ 2-1-22 所示,归纳出运动、力、动量综合专题主要涉及的题型:① 两球(两物体)碰撞;② 子弹击打木块(击穿或滞留);③ 人船模型;④ 滑块在木板上的滑动类问题;⑤ 小球(滑块)冲击斜面(曲面)模型;⑥ 多物体、多过程碰撞;⑦ 爆炸模型;⑧ 流体冲击类问题;⑨ 变力作用下冲量累积问题。

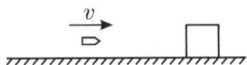

图 2-1-1

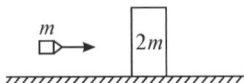

图 2-1-2

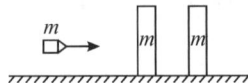

图 2-1-3

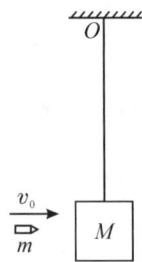

图 2-1-4

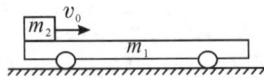

图 2-1-5

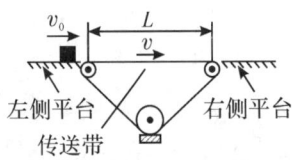

图 2-1-6

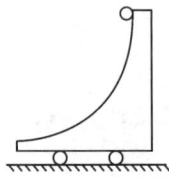

图 2-1-7

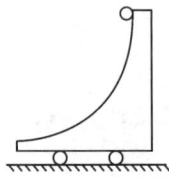

图 2-1-8

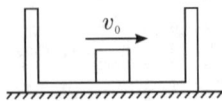

图 2-1-9

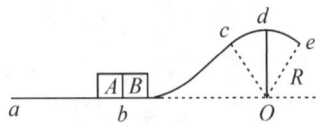

图 2-1-10

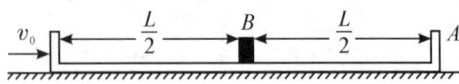

图 2-1-11

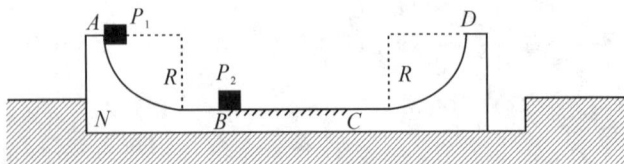

图 2-1-12

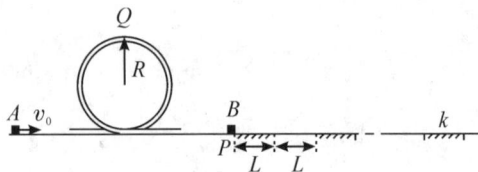

图 2-1-13

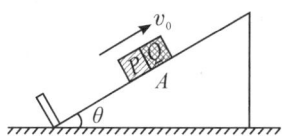

图 2-1-14

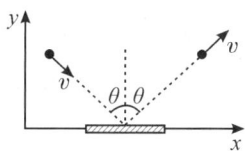

图 2-1-15

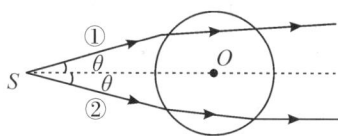

图 2-1-16

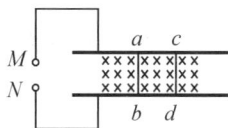

图 2-1-17

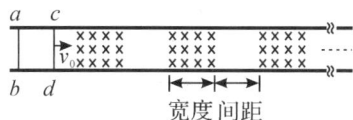

图 2-1-18

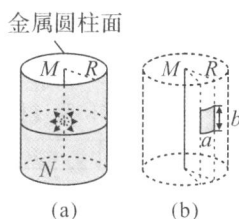

图 2-1-19

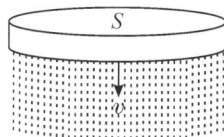

图 2-1-20

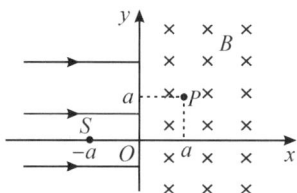

图 2-1-21

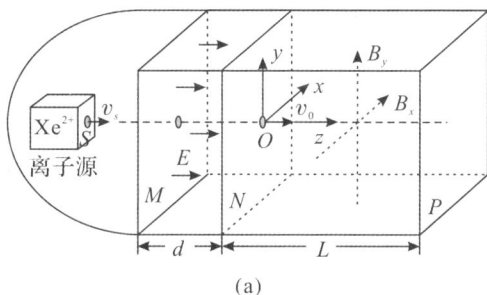

图 2-1-22

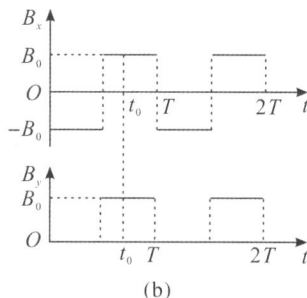

2. 特征分析

在运动、力、动量综合专题中，试题呈现"三多、两高、一全"的特点："三多"即情境多变、相似、复杂，往往涉及"多物态、多对象、多过程"；"两高"即"思维要求高，数学要求高"；"一全"即试题所涉知识综合全面，不仅有宏观、微观的问题，而且涵盖力学、热学、电学、光学和原子物理等各领域的问题。

（二）**学生学习障碍分析**

学生不能较好地处理运动、力、动量综合问题，主要存在以下原因。

（1）没有形成清晰的物理观念。如不关注矢量性，未明确认识牛顿第二定律、动量定理和动量守恒定律均为矢量表达式；不能区分冲量、动量；不能区别动量守恒、机械能守恒条件，不会选用合适的规律。

（2）建模能力不足。冲击类问题建模不会正确选取受力部分为研究对象，没能较好地领悟动量定理与动量守恒定律，不会建立合适的模型，特别是运动模型来处理振动和电场、磁场中与动量相关的问题。

（3）综合分析、推理、归纳等科学思维有待发展。没有解题的合理步骤，容易"背情境、套结论"，多物体、多过程问题中无法选择合理的研究对象和合适的过程。不会分段研究，无法根据物理规律确定时空关系（多物体、多过程）。不能灵活应用牛顿运动定律、动量定理、动量守恒定律。不能有效注意到牛顿第二定律中的力是合力，动量定理中的冲量为合力冲量，容易在分析过程中遗漏某个力的冲量,特别是重力的冲量,也容易混淆重力冲量可忽略的多种情况。涉及多组运动学公式和牛顿第二定律、系统动量守恒、动量定理等多个表达式联用的时候不能合理选择公式进行数学计算。

（三） 求解思维导图

求解思维导图如图 2-1-23 所示。

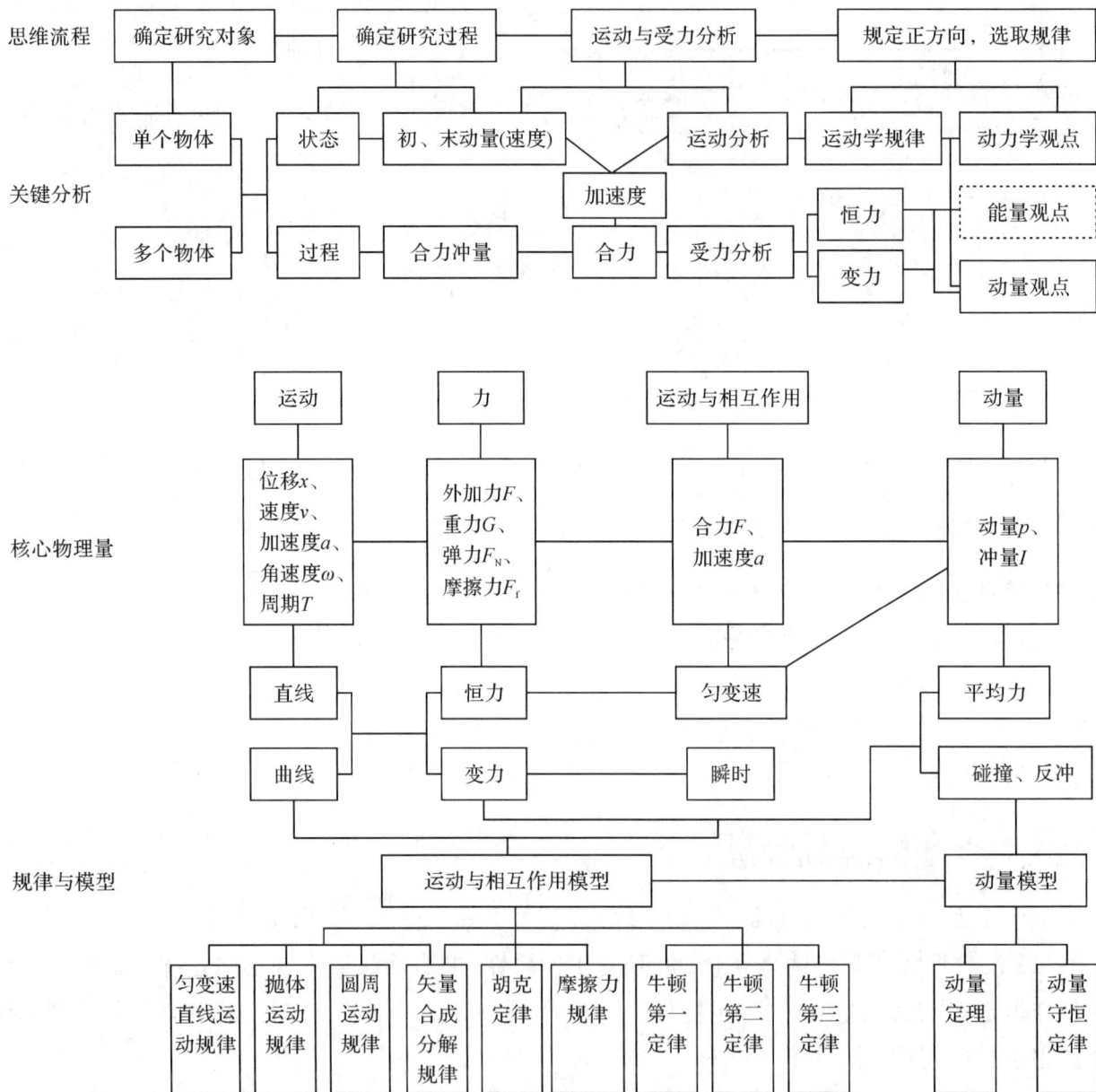

图 2-1-23

（四）　专题学习目标

核心素养	具体目标
物理观念	知道描述物体运动需要参考系,知道状态量和过程量的区别;知道用动量定理、动量守恒定律解决问题时,需要明确研究对象,研究过程,系统的初、末状态
	知道动量守恒的条件是系统受到的外力矢量和为0,知道动量定理、动量守恒定律是矢量表达式
	具有用数学图像描述物体运动和受力情况的意识;知道微元法,知道微元 Δt 过程中,变力可视为恒力,变速运动可视为匀速运动,变化的电流可视为恒定电流;知道研究流体运动和受力问题需要建立质量或体积微元,知道流体速度和被冲击物速度是不同的
科学思维	能在实际情境中选择受力对象进行研究,能对研究对象的运动过程完整分析并用简图描述;会画图像正确描述物体某个时刻的状态量和某个时间间隔的过程量
	能在连续介质运动情境中建立质量微元或体积微元作为研究对象来列动量定理方程;会在链绳情境中列某一时刻开始极短时间内的动量定理方程且通过微元求和求解
	能采用微元法"化变为恒"解决复杂的物理问题;能通过微元过程中物体间的速度关系,推导出物体间的位移关系
	会处理不同情境下的多物体系统的动量问题,能根据合外力条件判断系统在哪一个过程中动量守恒或哪一个方向动量守恒;会正确建立二维运动物体在某个方向上的动量定理方程和动量守恒方程;会列绳杆约束情境中的动量定理方程组和速度牵连关系方程

（五）　专题细分及课时规划

	专题细分	课时规划
横向主题	主题一:应用动量定理时应关注的几个问题	1课时
	主题二:应用动量守恒定律时应关注的几个问题	1课时
	主题三:微元求和方法在动量问题中的应用	1课时
纵向主题	运动、力、动量综合问题求解思维展示	1课时

二、横向主题一：应用动量定理时应关注的几个问题

（一）　课时学习目标

核心素养	学习目标
物理观念	知道列动量定理方程应保证各矢量的方向一致,知道实际运动可以等效为几个方向上的分运动
	有用数学图像描述物体运动和受力情况的意识,有画图描述物体运动和受力且正确标注矢量符号和方向的意识
	知道微元法,知道研究流体运动和受力问题需要建立质量或体积微元,知道流体速度和被冲击物速度是不同的
科学思维	会画图像描述物体某个时刻的状态量和某个时间间隔的过程量
	能正确处理系统中两个物体的相对量和绝对量的关系,会正确建立二维运动物体在某个方向上的动量定理方程;会列绳杆约束情境中的动量定理方程组和速度牵连关系方程
	能在连续介质运动情境中建立质量微元或体积微元作为研究对象来列动量定理方程;会在链绳情境中列某一时刻开始极短时间内的动量定理方程且通过微元求和求解

（二） 课时学习设计

任务 1：动量定理应用的时机把握

问题情境 多过程问题

如图 2-2-1 所示，在水平桌面上离桌面右边缘 $L = 7.5\text{m}$ 处放着一质量 $m = 1\text{kg}$ 的小滑块（可看作质点），滑块与水平桌面间的动摩擦因数为 $\mu = 0.5$。现用水平向右、大小为滑块重力 2 倍的推力 F 作用于滑块，作用 $t_1 = 1\text{s}$ 后撤去，滑块继续运动到达水平桌面边缘 A 点以一定水平速度 v 飞出，求摩擦力对滑块的冲量大小 I。

如图 2-2-2 所示，一水滴由静止下落，空气阻力大小与速度成正比，即 $f = kv$，假设下落过程中水滴质量 m 保持不变且在落地前已达到最大速度，写出水滴达到最大速度所用时间 t 和对应下落高度 h 的关系式。

如图 2-2-3 所示，无人机悬停于 $h_1 = 20\text{m}$ 高处，静止释放 1 个 $m = 200\text{g}$ 的实心小球，小球落地弹起最大高度为 $h_2 = 0.8\text{m}$，测得球释放到反弹至最大高度处用时 $\Delta t = 2.8\text{s}$，g 取 10m/s^2，忽略空气阻力，求地面对小球的平均作用力大小 F。

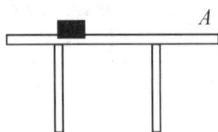
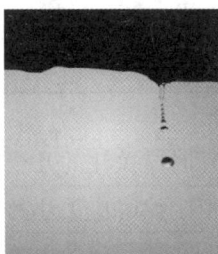
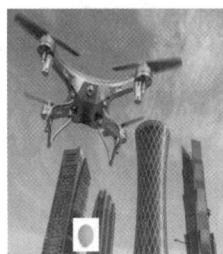

图 2-2-1   图 2-2-2   图 2-2-3

▶ **参考案例**

展示图 2-2-1 对应问题的学生解答。

解答 1：

$$I = \mu mgt_1 = 5\text{N} \cdot \text{s}$$

解答 2：

根据冲量定义可以计算出 $I = \mu mgt_1 = 5\text{N} \cdot \text{s}$。

根据动量定理 $(F - \mu mg)t_1 = mv$，$I = \mu mgt_1 = Ft_1 - mv = 10\text{N} \cdot \text{s}$，两个答案相互矛盾。

解答 3：

如图 2-2-4 所示，运用动量定理 $Ft_1 - I = mv$，可得 $I = Ft_1 - mv = 10\text{N} \cdot \text{s}$。

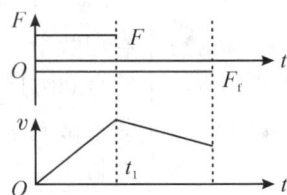

图 2-2-4

▶ **展有所获**

师：如何评价以上解答？

生 1：解答 1 是错误的。该解答根据冲量的定义去求力的冲量的思路是正确的，但该解答没有进行细致的运动和受力分析，弄混了摩擦力作用的实际时间。

生2：解答2根据冲量定义和动量定理去求摩擦力的冲量的思路是可取的，但与解答1犯了一样的错误，没有弄清楚摩擦力实际作用的时间。同时，解答2的动量定理的式子也列得不正确，但由于用 $I = Ft_1 - mv = 10\mathrm{N} \cdot \mathrm{s}$ 计算的时候，将 $\mu mg t_1$ 作为整体进行代换，$10\mathrm{N} \cdot \mathrm{s}$ 的结果是正确的。

生3：解答3是正确的。解答3画的图对滑块的运动和受力做了细致分析，发现推力和摩擦力作用的时间不相同。在计算时，解答3将摩擦力总冲量作为整体进行演算，运用全过程的动量定理求出了正确结果。

展示图 2-2-2 对应问题的学生解答。

解答1：

$(mg - kv)t = mv$，不会处理该方程。

解答2：

$(mg - kv)t = mv$，将 $mg = kv$ 代入上式，等式左右两边不相等，很奇怪。

解答3：

$(mg - kv)t = mv$，$vt = h$，所以 $t = \dfrac{-kh \pm \sqrt{k^2 h^2 + 4m^2 gh}}{2mg}$。

解答4：

如图 2-2-5 所示，有 $(mg - kv)\Delta t = m\Delta v$，$mg \sum \Delta t = mgt$，$\sum kv\Delta t = k \sum v\Delta t = kh$，$\sum m\Delta v = mv_{\max}$，$mg = kv_{\max}$，所以 $t = \dfrac{kh}{mg} + \dfrac{m}{k}$。

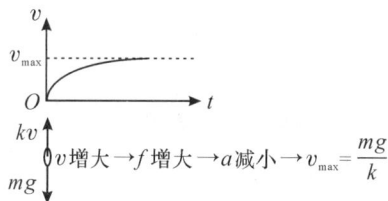

v 增大 → f 增大 → a 减小 → $v_{\max} = \dfrac{mg}{k}$

图 2-2-5

▶ **展有所获**

师：如何评价以上解答？

生1：解答1写出了水滴下落的动量定理方程，但方程中 v 是未知量，也没有出现 h，难以求解该方程。

生2：解答1和解答2的动量定理方程都是错的，按这种写法，等式左边的 v 表示某一时刻水滴的瞬时速度，但等式右边的 v 表示整个力作用的过程水滴的速度变化量，物理意义并不相同。解答2将末状态水滴匀速的速度同时代入等式左右两边，自然得不到正确结果。

生3：解答3是错误的。解答3动量定理方程中仍然混淆了左右两边 v 的物理意义，没有对瞬时速度与过程的速度变化量进行区分。与解答2不同的是，解答3运用了 $vt = h$ 这一运动学关系，此时 v 是水滴变速过程的平均速度。

生4：解答4是正确的。本情境中 f 是变力，假设某时刻水滴速度为 v，不能认为在全过程时间 t 内阻力都等于 kv，正确理解应该是写出该时刻后极短时间 Δt 内的动量定理方程 $(mg - kv)\Delta t = m\Delta v$，通过微元求和发现摩擦力的冲量就是 kh，从而求解出正确答案。

展示图 2-2-3 对应问题的学生解答。

解答1：

$$\Delta v = \sqrt{2gh_1} + \sqrt{2gh_2}, \quad F\Delta t = m\Delta v, \quad F = \frac{12}{7}\mathrm{N}$$

解答 2：

$$t = \sqrt{\frac{2h_1}{g}} + \sqrt{\frac{2h_2}{g}}, \Delta v = \sqrt{2gh_1} - \sqrt{2gh_2}, Ft = m\Delta v, F = \frac{8}{7}\text{N}$$

解答 3：

$$t = \sqrt{\frac{2h_1}{g}} + \sqrt{\frac{2h_2}{g}}, \Delta v = \sqrt{2gh_1} + \sqrt{2gh_2}, \Delta t' = \Delta t - t, F\Delta t' = m\Delta v, F = 12\text{N}$$

解答 4：

如图 2-2-6 所示，$t = \sqrt{\frac{2h_1}{g}} + \sqrt{\frac{2h_2}{g}}, \Delta v = \sqrt{2gh_1} + \sqrt{2gh_2}, \Delta t' = \Delta t - t, (F - mg)\Delta t' = m\Delta v$，通过计算发现，如果考虑重力，$F_1 = 14\text{N}$，如果不考虑重力，算出的 $F_2 = 12\text{N}$，所以重力不可忽略。

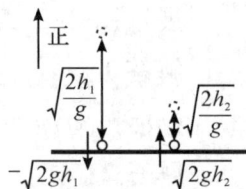

图 2-2-6

▶ **展有所获**

师：如何评价以上四种解答？

生 1：解答 1 是错误的。速度变化量 $\Delta v = \sqrt{2gh_1} + \sqrt{2gh_2}$ 是碰撞前后的速度变化量，但是 F 的作用时间并不是 Δt。该解答只是机械地列出 $F\Delta t = m\Delta v$，没有从物理意义上去认识它。

生 2：解答 2 是错误的。第一个错误是对速度变化量的矢量性认识不够深刻，小球碰撞地面速度反向，速度变化量 Δv 应该等于 $\sqrt{2gh_1} + \sqrt{2gh_2}$。第二个错误是机械地列出 $Ft = m\Delta v$，没有从物理意义上去认识它，没有思考重力是否可以忽略。

生 3：解答 3 的结果是错误的，忽略了小球碰撞地面时重力的冲量。

生 4：解答 4 是正确的。运用动量定理求地面平均作用力时，既实现了碰撞过程与动量变化过程的对应，又充分考虑了重力的冲量。

▶ **评有成果**

师：通过以上这些情境的分析以及学生解答的比较，对于解决此类问题，你有哪些收获？

生 1：对动量定理的认识更加深刻，冲量是力对时间的累积，这个时间是某个力作用的时间，不一定是物体运动的时间。通过作图理清各力作用的持续时间，物体运动的 v-t 图和 F-t 图对建立正确的方程有很大帮助。

生 2：对研究对象运用动量定理，要学会把握时机。如果某段时间内力是变力，我们可以用"v 增大 → f 增大 → a 减小 → $v_{\max} = \frac{mg}{k}$"这样的"逻辑串"辅助判断正确的运动变化情况。结合运动分析写出时间微元内的冲量再微元求和。只有将动量定理等式左右的物理意义实现正确匹配，找到力作用的具体过程的动量变化量，才可以实现正确使用动量定理。

生 3：如果作用过程中有其他外力作用，要充分考虑其他力引起的冲量对于物体动量变化的贡献。如果不清楚碰撞过程中某个外力是否可以忽略，可以从考虑外力和不考虑外力两条路径求解，比较各自算出的结果的数量级。

任务2：动量定理方程应用的矢量性

问题情境　　多方向问题

如图2-2-7所示，质量为m的小球(可视为质点)斜射到木板上，入射方向与木板垂直方向的夹角为θ，碰撞后反射方向与木板垂直方向的夹角也为θ，碰撞前后小球的速度大小都是v，忽略碰撞过程中小球所受重力，小球和木板的接触时间为Δt，求木板对小球的作用力大小F。

如图2-2-8所示，一质量为M、长为L的木块静止在光滑水平面上，另一质量为m的子弹以初速度v_0水平射入木块并射出，该过程中木块位移为s，求子弹穿过木块所用的时间t(设子弹和木块相互作用时，相互作用力大小恒定不变)。

如图2-2-9所示，光滑水平面上三个质点用已拉直的不可伸长的柔软轻绳AB和BC连接，$\angle ABC = \pi - \alpha$($\alpha$为一锐角)，用一冲量$I$沿$BC$方向作用于质点$C$，求质点$A$刚开始运动时的速度$v$。

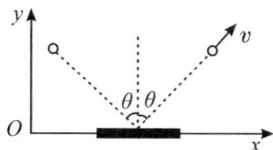
图2-2-7

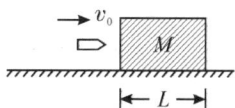
图2-2-8

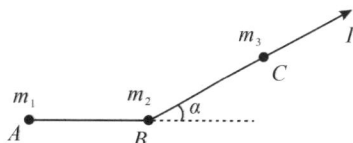
图2-2-9

▶ **参考案例**

展示图2-2-7对应问题的学生解答。

解答1：

$$F\Delta t = mv - mv = 0, F = 0$$

解答2：

$$F\Delta t = 2mv$$

解答3：

如图2-2-10所示，$F\Delta t = m\Delta v$，所以

$$F\Delta t = mv\cos\theta + mv\cos\theta, F = \frac{2mv\cos\theta}{\Delta t}$$

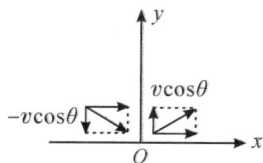
图2-2-10

解答4：

如图2-2-11所示，由矢量三角形可得$\Delta v = 2mv\cos\theta$，所以

$$F\Delta t = m\Delta v, F = \frac{2mv\cos\theta}{\Delta t}$$

图2-2-11

▶ **展有所获**

师：如何评价以上解答？

生1：解答1是错误的，没有考虑碰撞前后小球的速度是矢量，动量的变化不为0。

生2：解答2是错误的，该解答错误地把初、末动量的大小直接相加作为动量变化量，同样没有考虑动量的矢量性。

生3：解答3是正确的。该解答充分考虑了木板对小球的作用力垂直于木板方向，是小球垂直于木板方向动量变化的原因，运用动量定理，可以正确求解出作用力的大小。

生4：解答4也是正确的。在本情境中，木板对小球的作用力是小球受到的合外力，通过矢量方法求出速度变化量进而得到动量变化量，应该与小球受到的合外力冲量相等。

展示图 2-2-8 对应问题的学生解答。

解答1：

$$Ft = mv_m - mv_0, L = \frac{v_0 + v_m}{2}t$$

解答2：

如图 2-2-12 所示，$Ft = Mv_M$，所以

$$Ft = F't = mv_0 - mv_m, s = \frac{v_M t}{2}, s + L = \frac{v_0 + v_m}{2}t$$

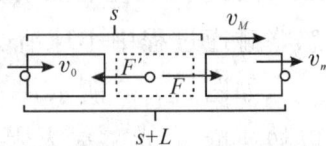

图 2-2-12

▶ **展有所获**

师：如何评价以上两种解答？

生1：解答1是错误的。该解答对子弹隔离研究，子弹受到木块对它的作用力，该力的冲量引起子弹动量的变化，但解答1既搞错了速度变化量和作用力的方向关系，又错把木块的长度当作子弹的位移大小。

生2：解答2是正确的。对子弹和木块分别隔离研究，写出两个动量定理方程，还画图分析了两者的位移关系：先画木块的位移，以木块初位置的后端作为子弹的初位置，以木块末位置的前端作为子弹的末位置，并在这几个关键位置标上速度的大小和方向，这样列方程时思路很清楚。

展示图 2-2-9 对应问题的学生解答。

解答1：

如图 2-2-13 所示，设 m_3 速度为 v_3，BC 绳对 C 的冲量为 I_2，则 $I - I_2 = m_3 v_3$，其余质点的动量定理方程不会写。

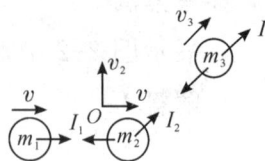

图 2-2-13

解答2：

如图 2-2-13 所示，根据速度牵连关系可知 m_1 和 m_2 两质点有相同的水平速度 v，m_2 和 m_3 两质点沿 BC 方向速度相同，即

$$v\cos\alpha + v_2\sin\alpha = v_3$$

各质点动量定理方程为

$$I_1 = m_1 v, I_2\cos\alpha - I_1 = m_2 v, I_2\sin\alpha = m_2 v_2, I - I_2 = m_3 v_3$$

可得

$$v_2 = \frac{(m_1 + m_2)v}{m_2}\tan\alpha, v_3 = \frac{I}{m_3} - \frac{(m_1 + m_2)v}{m_3\cos\alpha}, v = \frac{m_2 I\cos\alpha}{(m_1 + m_2 + m_3)m_2 + m_1 m_3 \sin^2\alpha}$$

▶ **展有所获**

师：如何评价以上两种解答？

生1：解答1考虑用动量定理求解的思路是可取的，但所列的方程数量少于未知量，这位同学不会判断质点1和2的速度方向，无法列出更多的动量定理方程，所以无法求解。

生2：解答2是正确的。因为连接各球的轻绳不可伸长，那么绳两端小球沿绳方向的速度一定相同。这位同学对运动的合成与分解掌握得很好，像质点 m_2，虽然不知道速度方向，但通过将实际的速度用水平和竖直方向两个分速度来表示，克服了这个难点。所列的四个动量定理方

程把速度都写成用 I 和 v 表示的形式,只要确定各速度的关系就能求解。

师:是的,解答正确的这位同学对矢量性的认识很深刻。此外,尽可能多地列出方程,可以从"位移关系""速度关系""加速度关系""相互作用力关系""冲量关系"五个方面按序研究,只要未知量少于方程数,就能求解。

▶ **评有成果**

师:通过以上这些情境的分析以及学生解答的比较,对于解决此类问题,你有哪些收获?

生1:要区分清楚实际运动和分运动中各物理量,防止错用实际运动的物理量写出分运动方向的动量定理方程,注意方程中矢量的方向。研究折返一维运动时应先建立正方向,画出图标上各物理量的符号和正负;研究多维运动时会熟练用正交分解法。

生2:处理相对运动情境时,隔离分析写两个动量定理方程时要注意矢量方向统一,同时要注意相对量和相对地面量的关系。

生3:应用动量定理时,可以将矢量的大小和方向分开研究;分析时可先画出原先静止物体的位移,以它的初位置的后端作为另一物体运动的初位置,以它的末位置的前端作为另一物体运动的末位置,在这几个关键位置标上速度的大小和方向,在各物体初、末位置中间某处用虚线画出相互作用过程中的受力大小和方向。

生4:对于速度牵连情境,如果一个物体的速度方向未知,可以用两个正交方向上的分速度来等效替代;同时采用各物体的动量定理方程将速度表示成冲量的表达式,再代入物体间的速度关联方程求解。

任务3:动量定理应用时的对象选取

■■ 问题情境 （类）流体冲击与链绳问题

如图 2-2-14 所示,空间站在距地面高 H 的轨道上做匀速圆周运动,该处存在稀薄空气,设空间站运行轨道处空气密度为 ρ,空间站垂直于速度方向的横截面积为 S,空间站的运行速率为 v,空气分子与空间站相遇瞬间达到共速,为维持空间站始终在该轨道上做匀速圆周运动,需开动空间站携带的霍尔电推进发动机,求发动机应给空间站提供的推力 F。

如图 2-2-15 所示,武装直升机的旋翼桨盘面积(桨叶旋转形成的圆面积)为 S,空气密度为 ρ,直升机质量为 M,重力加速度为 g。当直升机以速度 v 向上匀速运动时,假设空气阻力恒为 f,空气浮力不计,风力的影响也不计,求单位时间内被螺旋桨推动的空气质量 m。

如图 2-2-16 所示,一根总长为 L 的铁链平放在桌面上,铁链每单位长度的质量为 λ,现用手提起链的一端,使之以速度 v 竖直地匀速上升,试求在从一端离地开始到全链恰离地的过程中,手的拉力的冲量 I。

  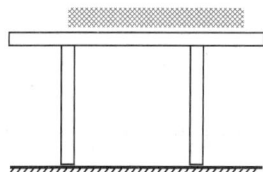

图 2-2-14   图 2-2-15   图 2-2-16

▶ **参考案例**

展示图 2-2-14 对应问题的学生解答。

解答 1：

$F\Delta t = mv$，无法继续求解。

解答 2：

如图 2-2-17 所示，$l = v\Delta t$，$F_1\Delta t = \rho Slv\Delta t$，$F = F_1 = \rho Slv$。

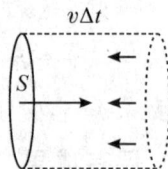

图 2-2-17

▶ **展有所获**

师：如何评价以上两种解答？

生 1：解答 1 是错误的。该解答把稀薄空气按质点模型处理，试图求出每个空气分子撞击空间站时的冲力，但 Δt 和 m 未知，无法得出结果。

生 2：解答 2 是正确的。该解答选择与空间站相互作用的部分气体为研究对象，选取 Δt 作用时间内的对象微元，对该对象微元运用动量定理，求出气体对空间站的冲击力，为维持空间站做匀速圆周运动，发动机给空间站提供的推力 F 应该与冲击力等大、反向。

展示图 2-2-15 对应问题的学生解答。

解答 1：

$$m = \rho Sv\Delta t, mv = (F_f + Mg)t$$

解答 2：

如图 2-2-18 所示，有

$$F = Mg + F_f, F\Delta t = \rho Sv_1\Delta tv_1, m = \rho Sv_1$$

其中 v_1 为空气分子向下的流速。

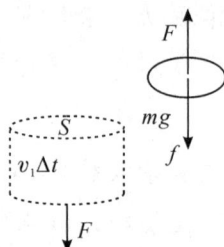

图 2-2-18

▶ **展有所获**

师：如何评价以上两种解答？

生 1：解答 1 是错误的，错将直升机匀速上升的速度当作被推动空气的速度。

生 2：解答 2 是正确的。螺旋桨正常工作后，相当于形成一个面积为 S 的被空气分子向上打击的面，在 Δt 时间内，图中体积内的空气分子撞击螺旋桨，所以选取该部分对象体积微元，运用动量定理，可求出相应质量。

展示图 2-2-16 对应问题的学生解答。

解答 1：

$$I = \lambda Lv$$

解答 2：

如图 2-2-19 所示，取刚离地的一段微元作为研究对象，该段微元质量为
$\Delta m = \lambda \Delta x$，对这段微元列动量定理方程

$$(F - \lambda xg)\Delta t = \lambda \Delta xv$$

即

$$F = \lambda v^2 + \lambda gvt$$

发现 F 随 t 线性变化，可用平均力代替，所以

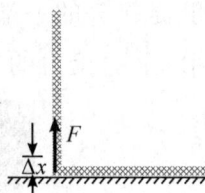

图 2-2-19

$$I = \frac{F(0) + F\left(\frac{L}{v}\right)}{2} \cdot \frac{L}{v}$$

▶ **展有所获**

师:如何评价以上两种解答?

生1:解答1是错误的,忽略了提起部分铁链的重力。

生2:解答2是正确的。首先该解答考虑了提起部分铁链的重力,所以 F 是一个变力,利用某个时刻后极短时间间隔内的动量定理方程,写出了 F 的表达式,然后发现其是一个随时间线性变化的力,所以可以用对时间的平均力求解冲量。

▶ **评有成果**

师:通过以上这些情境的分析以及学生解答的比较,对于解决此类问题,你有哪些收获?

生1:解决流体冲击问题,应掌握建构体积微元和质量微元的方法,即从"面积 S"和"长度 $v\Delta t$"到"质量 $\rho S v \Delta t$"的研究对象建构过程。

生2:除了熟练建构质量或体积微元作为研究对象外,还应该注意区分微元对象的速度和被冲击物的速度。

生3:链绳情境中重力是不可忽略的,不能对整体应用动量定理,另外,要以两段连接处的质量微元为研究对象,建立任一时刻后极短时间间隔内的动量定理方程,而外力往往是随时间线性变化的。

▶ **小结**

如图 2-2-20 所示,应用动量定理主要分成三个步骤:选择研究对象 — 结合受力和运动分析,确定状态与过程 — 结合矢量性,建立动量定理方程。

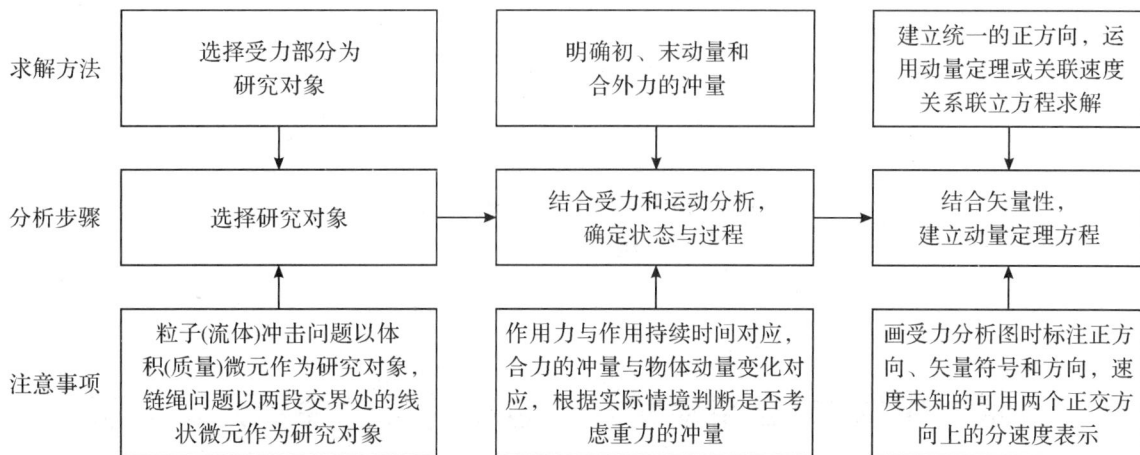

求解方法	选择受力部分为研究对象	明确初、末动量和合外力的冲量	建立统一的正方向,运用动量定理或关联速度关系联立方程求解
分析步骤	选择研究对象	结合受力和运动分析,确定状态与过程	结合矢量性,建立动量定理方程
注意事项	粒子(流体)冲击问题以体积(质量)微元作为研究对象,链绳问题以两段交界处的线状微元作为研究对象	作用力与作用持续时间对应,合力的冲量与物体动量变化对应,根据实际情境判断是否考虑重力的冲量	画受力分析图时标注正方向、矢量符号和方向,速度未知的可用两个正交方向上的分速度表示

图 2-2-20

(三) 巩固性练习

1. 如图 2-2-21 所示,地面上固定一倾角为 θ 的斜面,斜面顶端离地面的高度为 h_0,底端有一垂直于斜面的固定挡板,由斜面顶端自由释放一质量为 m 的小滑块(可视为质点),它与斜面之间的动摩擦因数为 μ ($\mu < \tan\theta$),小滑块每次与挡板碰撞后以原速率反弹,求前两次碰撞

时,挡板对小滑块的冲量之比 $I_1 : I_2$。

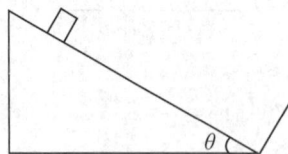

图 2-2-21

2. 如图 2-2-22 所示,宽度不计的三束离子均从 Q 点射出,一束垂直于边界,两束与边界的夹角均为 α,边界 HG 下方有一足够长、水平放置的探测板,离子打到探测板上立刻被吸收,已知每束离子每秒射出 Q 点的数量均为 N,离子质量均为 m,电荷量均为 q,速度为 v,不计重力及离子间的相互作用,求离子束对探测板的平均作用力 F。

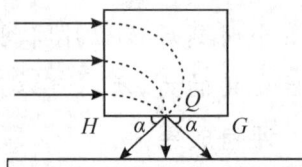

图 2-2-22

3. 如图 2-2-23 所示,某游乐园入口旁有一喷泉,喷出的水柱使一质量为 M 的卡通玩具稳定地悬停在空中。为计算方便见,假设水柱从横截面积为 S 的喷口持续以速度 v_0 竖直向上喷出;玩具底部为平板(面积略大于 S);水柱冲击到玩具底板后,在竖直方向水的速度变为 0,在水平方向朝四周均匀散开。忽略空气作用力,已知水的密度为 ρ,重力加速度大小为 g。求玩具在空中悬停时,其底面相对于喷口的高度。

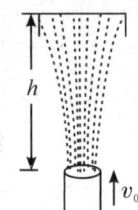

图 2-2-23

4. 如图 2-2-24 所示,质量为 m 的匀质链条全长为 L,手持其上端,使下端离地面高 h,放手使其自由下落,求链条落到地面的部分长度为 l 时,地面所受链条冲击力的大小。

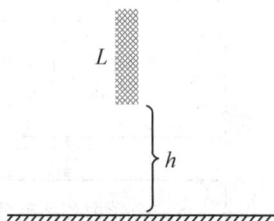

图 2-2-24

三、横向主题二:应用动量守恒定律时应关注的几个问题

核心素养	具体目标
物理观念	知道用动量守恒定律解决问题时,需要明确研究对象,研究过程,系统的初、末状态
	知道动量守恒的条件是系统受到的外力矢量和为 0,知道动量守恒定律是矢量表达式
科学思维	能选取恰当的对象进行受力和运动分析,判断系统在哪一过程中或哪一方向上动量守恒
	能选取统一的参考系列动量守恒定律方程

(二) 课时学习设计

任务 1 应用动量定律时系统和过程的选择

问题情境 多物体、多过程问题

如图 2-3-1 所示,光滑水平轨道上放置长板 B(上表面粗糙)和滑块 C,滑块 A 置于 B 的左端,A 和 B 固定在一起,三者质量相同,皆为 m。开始时 C 静止,A 和 B 一起以速度 v_0 匀速向右运动,B 与 C 发生碰撞后粘在一起。求碰撞后瞬间滑块 C 的速度。

如图 2-3-2 所示,足够长的光滑水平直轨道上有物块 A、B、C,质量分别为 $2m$、m、m,B 的左侧固定一轻弹簧(不与 A 固定),A 和 B 共同以速度 v_0 向 C 运动,弹簧处于原长,C 静止,B 和 C 发生碰撞后粘在一起。求碰撞后瞬间物块 C 的速度。

如图 2-3-3 所示,质量为 m 的 B 车,车顶用长为 l 且不能伸长的细线系一质量为 m 的小球 A(B 车的质量不包括球的质量),两者以共同速度 v_0 在光滑水平直轨道上做匀速运动。某时刻 B 车正好与质量也为 m 的静止的 C 车相挂接(碰撞时间不计,重力加速度为 g)。求碰撞后瞬间 C 车的速度。

 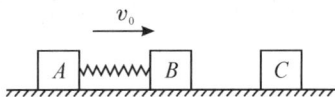 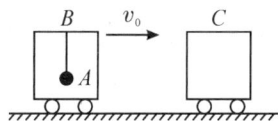

图 2-3-1　　　　　　图 2-3-2　　　　　　图 2-3-3

▶ **参考案例**

展示图 2-3-1 对应问题的学生解答。

解答:

A 和 B 整体与 C 发生碰撞,规定初速度方向为正方向,碰后三者共速,由动量守恒定律得

$$2mv_0 = 3mv$$

解得 $v = \dfrac{2}{3}v_0$。

展示图 2-3-2 对应问题的学生解答。

解答 1:

选 A、B 和 C 为研究对象,规定初速度方向为正方向,碰后三者共速,由动量守恒定律得

$$2mv_0 = 3mv$$

解得 $v = \dfrac{2}{3}v_0$。

解答 2:

选 B 和 C 为研究对象,规定初速度方向为正方向,由动量守恒定律得

$$mv_0 = 2mv$$

解得 $v = \dfrac{1}{2}v_0$。

解答 3:

选 A、B 和 C 为研究对象,规定初速度方向为正方向,碰后 A 速度不变,A、B、C 系统动量守恒,所以有

$$2mv_0 = mv_0 + 2mv$$

解得 $v = \dfrac{1}{2}v_0$。

▶ **展有所获**

师:如何评价图 2-3-2 对应问题的三种解答?

生 1:解答 1 认为在碰撞过程中 A 和 B 作为整体与 C 碰撞,A 和 B 速度始终相同,是不正确的。由于碰撞时间极短,A 的速度来不及发生明显的变化。

生 2:解答 2 认为在 B 和 C 碰撞过程中,A 不参与,是正确的。B 和 C 碰撞过程时间极短,B 和 C 间的相互作用的内力远大于弹簧对 B 的弹力,因此在这一过程中,B 和 C 系统动量守恒。

生 3:解答 3 考虑 A、B、C 系统,满足系统动量守恒的条件,是正确的,但相比解答 2 更复杂,若能不考虑 A,选 B 和 C 系统研究更方便。

师:对比图 2-3-1 的情境,两者有何区别?

生 4:在图 2-3-1 的情境中,由于 A 和 B 固定在一起,故 A 和 B 整体与 C 发生碰撞。

师:如何求解图 2-3-3 对应的问题?

生 5:通过分析可知,图 2-3-3 与图 2-3-2 的情境相似,在碰撞过程中可以选择两车相互作用的系统。

▶ **评有成果**

师:通过以上这些情境的对比以及学生解答的比较,对于解决此类问题,你有哪些收获?

生 6:在分析多物体相互作用问题时,要明确研究的过程,以及在所研究过程中的研究对象。

生 7:对多体系统,若能合理地选取小系统或作用阶段,灵活地运用动量守恒定律的表达式,问题的求解就会变得简洁,需要注意的是,对研究对象及过程的选取既要符合动量守恒定律的条件,又要方便解题。

任务2　应用动量守恒定律的矢量性

问题情境　多方向问题

如图 2-3-4 所示,在光滑的水平面上,A 和 B 两个物体在同一直线上沿同一方向运动,A 的质量是 m_1,速度是 v_1,B 的质量是 m_2,速度是 v_2($v_1 > v_2$),A 从后面追上 B,它们相互作用一段时间后,A 的速度大小变为 v_3,试求此时 B 的速度 v_4。

如图 2-3-5 所示,在光滑水平面上有一个质量为 M 的弧形凹槽光滑滑块,凹槽半径为 R(足够大),A 点为凹槽最低点。现有一个质量为 m 的小球以速度 v_0 从 A 点水平向左冲上凹槽,分析此过程中动量是否守恒。

如图 2-3-6 所示,质量为 M 的某放射性原子核以速度 v_0 水平向右运动,某时刻该原子核发生一次 α 衰变,已知释放出的 α 粒子质量为 m_α,速度大小为 v_1,方向与 v_0 成 30° 角,试求衰变完成后新核的速度(不考虑辐射损失的质量)。

 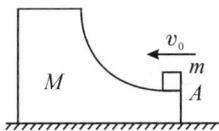 

图 2-3-4　　　　　　　　图 2-3-5　　　　　　　　图 2-3-6

▶ **参考案例**

展示图 2-3-4 对应问题的学生解答。

解答1:

规定 A 的初速度方向为正方向,由动量守恒定律有

$$m_1 v_1 + m_2 v_2 = m_1 v_3 + m_2 v_4$$

解得 $v_4 = \dfrac{m_1 v_1 + m_2 v_2 - m_1 v_3}{m_2}$。

解答2:

规定 A 的初速度方向为正方向,若碰撞后 A 的速度方向不变,则由动量守恒定律有

$$m_1 v_1 + m_2 v_2 = m_1 v_3 + m_2 v_4$$

解得 $v_4 = \dfrac{m_1 v_1 + m_2 v_2 - m_1 v_3}{m_2}$。

若碰撞后 A 的速度方向改变,则由动量守恒定律有

$$m_1 v_1 + m_2 v_2 = -m_1 v_3 + m_2 v_4$$

解得 $v_4 = \dfrac{m_1 v_1 + m_2 v_2 + m_1 v_3}{m_2}$。

▶ **展有所获**

师:如何评价以上两种解答?

生1:解答1是错误的。该解答只考虑了碰撞后 A 的速度方向不变的情形,没有考虑 A 的速度方向发生变化的情形,也没有考虑碰撞后 A 的速度方向的不确定性。

生2:解答2是正确的。该解答充分考虑了动量守恒定律是矢量表达式,确定碰撞后 A 的动量充分考虑了多向性。

展示图 2-3-5 对应问题的学生解答。

解答1:

系统受到的外力矢量和为 0,动量守恒。

解答2:

系统在水平方向上不受外力,在水平方向上动量守恒。

解答3:

系统动量不守恒,小球在竖直方向上速度先变大后变小,故系统在竖直方向上动量先变大后变小。

▶ **展有所获**

师:如何评价上述解答?

生1:解答1是错误的。从力的角度,选一个特殊点,在最低点时,小球相对弧形凹槽做圆周运动,具有向上的向心加速度,此时小球受到的压力大于自身重力,故弧形凹槽受到的支持力

大于重力,整体竖直方向受到的合外力不为 0。

生 2:解答 2 是正确的。水平面光滑,系统在水平方向上不受外力,故系统在水平方向上动量守恒。

生 3:解答 3 从竖直方向的动量变化情况直观判断了竖直方向动量不守恒,是正确的,但忽略了水平方向动量守恒的分析。

展示图 2-3-6 对应问题的学生解答。

解答 1:

规定向右为正方向,设新核的速度为 v,由动量守恒定律有

$$Mv_0 = m_\alpha v_1 \cos 30° + (M - m_\alpha)v$$

解得 $v = \dfrac{Mv_0 - \dfrac{\sqrt{3}}{2}m_\alpha v_1}{M - m_\alpha}$。

解答 2:

规定 v_1 的方向为正方向,设新核的速度为 v,由动量守恒定律有

$$Mv_0 \cos 30° = m_\alpha v_1 + (M - m_\alpha)v$$

解得 $v = \dfrac{Mv_0 \cos 30° - m_\alpha v_1}{M - m_\alpha}$。

解答 3:

设新核的水平方向速度为 v_x,竖直方向速度为 v_y。

水平方向动量守恒,有

$$Mv_0 = m_\alpha v_1 \cos 30° + (M - m_\alpha)v_x$$

竖直方向动量守恒,有

$$m_\alpha v_1 \sin 30° = (M - m_\alpha)v_y$$

解得 $v = \sqrt{v_x^2 + v_y^2} = \dfrac{\sqrt{m_\alpha^2 v_1^2 + M^2 v_0^2 - \sqrt{3}Mm_\alpha v_0 v_1}}{M - m_\alpha}$。

▶ **展有所获**

师:如何评价以上解答?

生 1:解答 1 是错误的。该解答认为新核只有水平方向的速度,没有认识到衰变过程中新核在竖直方向也有速度,否则系统动量不守恒。

生 2:解答 2 是错误的。该解答认为新核的速度沿着 α 粒子的反方向,然后在该方向应用系统动量守恒定律求解新核的速度,忽视了这种情况导致衰变发生前后系统的总动量方向不一致。

生 3:解答 3 是正确的。该解答考虑得比较全面,认识到衰变过程中系统动量在各个方向上应该都守恒,所以采用正交分解的方法在两个方向应用动量守恒定律解答,得到了正确的结果。

▶ **评有成果**

师:通过以上这些情境的分析以及学生解答的比较,对于解决此类问题,你有哪些收获?

生 4:列动量守恒方程时,要注意速度的矢量性,在考虑大小的同时也要考虑方向的多种可能。涉及二维物体的运动时,可以从两个方向分别考虑动量是否守恒,注意单方向守恒的可能性。

生5:在判断二维运动的动量是否守恒时要有分量守恒的意识。既可以从某方向上系统所受合外力是否为0的条件入手判断,也可以从动量变化角度直接判断。

生6:在利用动量守恒定律解决问题时,涉及物体的二维运动,可以采用正交分解的方法在两个方向运用动量守恒定律解答。

任务3:应用动量守恒定律时参考系的选择

问题情境 **反冲现象**

如图 2-3-7 所示,质量为 m 的火箭,原来以速度 v_0 在太空中飞行,现在突然向后喷出一股质量为 Δm 的气体,喷出的气体相对喷气前火箭的速度为 u,则喷出后火箭的速率为多少?

如图 2-3-8 所示,质量为 M 的平板车载着质量为 m 的人在光滑水平地面上一起以 v_0 的速度匀速前进。在某一时刻,人从车尾以相对车 u 的速度沿与车运动的相反方向水平跳下车,求人跳离车后平板车运动的速度。

图 2-3-7

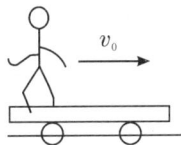
图 2-3-8

▶ **参考案例**

展示图 2-3-8 对应问题的学生解答。

解答 1:

选平板车的前进方向为正方向,人跳下车后,车的动量为 Mv,人的动量为 $-mu$,根据动量守恒定律有

$$(M+m)v_0 = Mv - mu$$

解得 $v = \dfrac{m(v_0+u)}{M} + v_0$。

解答 2:

选地面为参考系,以平板车前进的方向为正方向,根据动量守恒定律有

$$(M+m)v_0 = Mv + m(-u+v_0)$$

解得 $v = \dfrac{mv_0 + mu}{M}$。

解答 3:

选地面为参考系,以平板车前进的方向为正方向,根据动量守恒定律有

$$(M+m)v_0 = Mv + m(-u+v)$$

解得 $v = \dfrac{mu}{M+m} + v_0$。

解答 4:

选人跳下前的车为参考系,以平板车前进的方向为正方向,根据动量守恒定律有

$$0 = M(v - v_0) + m(v - v_0 - u)$$

解得 $v = \dfrac{mu}{M+m} + v_0$。

▶ **展有所获**

师：如何评价以上解答？

生1：解答1是错误的。该解答在列动量守恒方程时没有注意到人跳下车的速度是相对车的速度，而不是相对地的速度，导致跳车后人的动量与车的动量不是在同一参考系下表示。

生2：解答2考虑了速度的相对性，但仍然是错误的，因为该解答计算相对速度时参考系的选择出现了错误。人跳下车的相对速度是以人跳下后的车为参考系，而不是跳下车前的车。

生3：解答3是正确的。该解答建立了统一的地面参考系进行运算，也考虑到人跳下车的速度是相对于跳下车后的车的速度，进行了正确的转化。

生4：解法4也是正确的。该解答选择车为参考系，且规定了正方向，准确列出了动量守恒方程，说明了动量守恒定律的普适性。

▶ **评有成果**

师：通过以上这些情境的分析以及学生解答的比较，对于解决此类问题，你有哪些收获？

生5：运用动量守恒定律时，首先要选择统一的参考系，等式左右各部分矢量都应该是在同一参考系下的表述。

生6：在涉及相对速度的问题时，一般可以选地面为参考系，如果题目中给出的是物体间的相对速度，则要把它转换成相对于地面的速度。

生7：对于跳车、喷气等问题，如果题目没有指明相对速度的对象，则应理解为该过程结束时的状态描述，即相对速度是相对于动作完成后的物体而言。

▶ **小结**

如图2-3-9所示，应用动量守恒定律主要分成三个步骤：选择系统和过程 — 动量守恒条件的判断 — 选择参考系，列动量守恒定律方程。

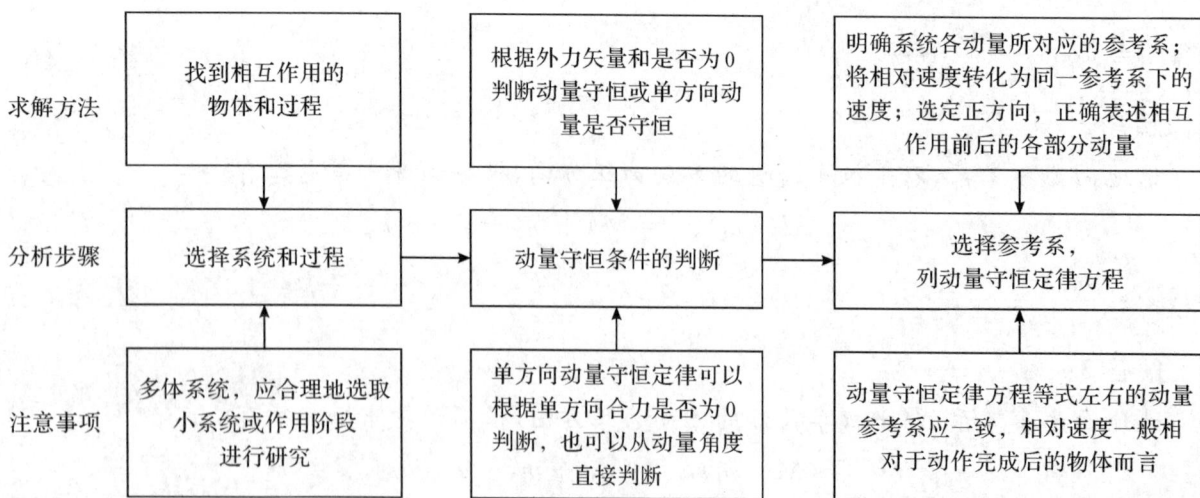

求解方法	找到相互作用的物体和过程	根据外力矢量和是否为0判断动量守恒或单方向动量是否守恒	明确系统各动量所对应的参考系；将相对速度转化为同一参考系下的速度；选定正方向，正确表述相互作用前后的各部分动量
分析步骤	选择系统和过程	动量守恒条件的判断	选择参考系，列动量守恒定律方程
注意事项	多体系统，应合理地选取小系统或作用阶段进行研究	单方向动量守恒定律可以根据单方向合力是否为0判断，也可以从动量角度直接判断	动量守恒定律方程等式左右的动量参考系应一致，相对速度一般相对于动作完成后的物体而言

图2-3-9

(三) 巩固性练习

1. 如图 2-3-10 所示，在光滑的水平面上有一质量为 m 的木板 A，通过不可伸长的轻绳与质量为 $2m$ 的足够长的木板 B 连接。质量为 m、可看成质点的物块 C 静止在木板 B 右端。开始时，A、B、C 均静止，绳未拉紧。现在使木板 A 以速度 v_0 向右运动，经过一段时间后，系统达到稳定状态。绳子拉直绷紧后瞬间，A 和 B 同速，在绳子绷紧后瞬间，下列说法中正确的是

( )

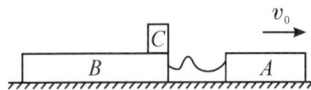

A. 木板 A 的速度大小为 v_0

B. 木板 B 的速度大小为 $\frac{1}{4}v_0$

图 2-3-10

C. 物块 C 的速度大小为 0

D. 木板 A、B、C 共速

2. 一个士兵在皮划艇上，他连同装备和皮划艇的总质量共 120kg。如图 2-3-11 所示，这个士兵用自动步枪在 2s 时间内沿水平方向连续射出 10 发子弹，每发子弹的质量是 10g，子弹离开枪口时相对步枪的速度是 800m/s。射击前皮划艇是静止的。

(1) 每次射击后，皮划艇的速度改变多少？

(2) 连续射击后，皮划艇的速度是多大？

图 2-3-11

3. 如图 2-3-12 所示，小车放在光滑的水平面上，将系绳小球拉开到一定角度，然后同时放开小球和小车，那么在以后的过程中 ( )

A. 小球向左摆动时，小车也向左运动，且系统动量守恒

B. 小球向左摆动时，小车向右运动，且系统动量守恒

C. 小球向左摆到最高点，小球的速度为 0 而小车的速度不为 0

D. 在任意时刻，小球和小车在水平方向的动量一定大小相等、方向相反

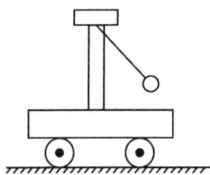

图 2-3-12

四、横向主题三：微元求和方法在动量问题中的应用

(一) 课时学习目标

核心素养	具体目标
物理观念	知道在微元过程 Δt 中，变力可视为恒力，变速运动可视为匀速运动，变化的电流可视为恒定电流
科学思维	能采用微元法"化变为恒"解决复杂的物理问题，理解微元过程中各物理量的物理意义，能在不同情境中对微元过程量求和
	能分析不同情境中变力的冲量，写出冲量在微元过程中的表达式
	能对系统或物体受力分析和运动分析，并运用动量定理和动量守恒定律解决问题
	能通过微元过程中物体间的速度关系，推导出物体间的位移关系

（二）课时学习设计

任务1：计算变力的冲量

问题情境　变力的冲量计算问题

如图 2-4-1 所示，在光滑水平面上的物块受 $F = 2t - 6(\text{N})$ 的拉力作用，在力 F 作用的前 5s 内，计算 F 的冲量。

如图 2-4-2 所示，粗糙水平面上的物体在水平拉力 F 的作用下发生了 2m 位移。计算 F 的冲量。

如图 2-4-3 所示，初速度为 v_0 的导体杆在匀强磁场 B 中的水平光滑导轨上向右运动，导轨间距为 d，t 内通过导体杆的电荷量为 q。计算安培力的冲量。

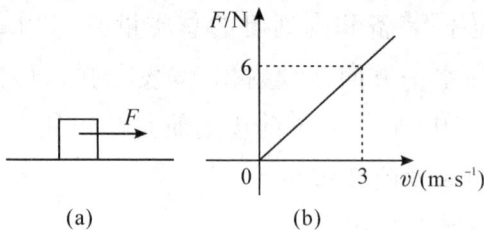

图 2-4-1　　　　　图 2-4-2　　　　　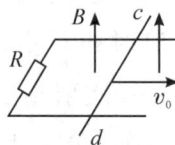

图 2-4-3

▶**参考案例**

展示图 2-4-1 对应问题的学生解答。

解答 1：

作出 $F\text{-}t$ 图像，如图 2-4-4 所示，有

$$I = \sum F\Delta t = S_{F\text{-}t} = \left[\frac{1}{2} \times (-6) \times 3 + \frac{1}{2} \times 4 \times 2\right]\text{N} \cdot \text{s} = -5\text{N} \cdot \text{s}$$

解答 2：

作出 $F\text{-}t$ 图像，如图 2-4-5 所示，有

$$I = S_{F\text{-}t} = \left[\frac{1}{2} \times (4 + 6) \times 5\right]\text{N} \cdot \text{s} = 25\text{N} \cdot \text{s}$$

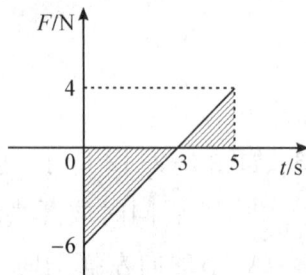

图 2-4-4

解答 3：

$$I = \overline{F}t = \left[\frac{1}{2} \times (-6 + 4) \times 5\right]\text{N} \cdot \text{s} = -5\text{N} \cdot \text{s}$$

▶**展有所获**

师：如何评价以上三种解答？

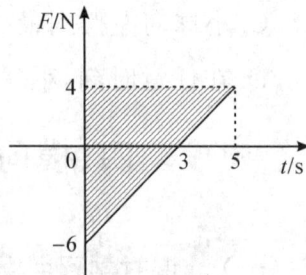

图 2-4-5

生1：解答 1 是正确的。在微元过程 Δt 中，变力 F 可视为恒力，过程 Δt 中冲量 $\Delta I = F\Delta t$，在 t 内冲量 $I = \sum F\Delta t$。类比 $v\text{-}t$ 图像面积的物理意义，在 $F\text{-}t$ 图像的微元过程 Δt 中冲量 $\Delta I = F\Delta t$ 可以用矩形面积表示，在 t 内冲量 $I = \sum F\Delta t$ 可用图像与 t 轴围成的面积表示，且在 t 轴上方冲量为正值，在 t 轴下方冲量为负值。

生2：解答 2 是错误的。解答 2 也用 $F\text{-}t$ 图像面积计算，但计算的是图像与 F 轴围成的面

积,其数学意义应该是 $\sum t \Delta F$,并不是冲量。

生 3:解答 3 用初、末作用力的平均值乘时间计算变力的冲量,这种方法也是正确的。但要注意,只有大小随时间线性变化的力可用该方法计算变力冲量。

展示图 2-4-2 对应问题的学生解答。

解答 1:

$$x = \frac{1}{2}vt, t = \frac{4}{3}\text{s}, I = \overline{F}t = 4\text{N} \cdot \text{s}$$

解答 2:

$$v^2 = 2ax, a = \frac{9}{4}\text{m/s}^2, F = ma, m = \frac{8}{3}\text{kg}, I = mv - 0 = \frac{8}{3} \times 3\text{N} \cdot \text{s} = 8\text{N} \cdot \text{s}$$

解答 3:

根据图像面积可得

$$I = S = \frac{1}{2} \times 6 \times 3\text{N} \cdot \text{s} = 9\text{N} \cdot \text{s}$$

解答 4:

由图像可知 $F-v$ 关系式为

$$F = 2v$$

Δt 过程中,冲量为

$$\Delta I = F\Delta t = 2v\Delta t = 2\Delta x$$

2m 位移过程中,有

$$I = \sum \Delta I = \sum 2\Delta x = 2\sum \Delta x = 2x = 4\text{N} \cdot \text{s}$$

▶ **展有所获**

师:如何评价以上四种解答?

生 1:解答 1 和解答 2 都是错误的。第一,这两种解答都将物体运动视为匀变速直线运动,运用匀变速公式求解,而本情境中物体受到的拉力 F 是变力,合力为变力,物体做变加速度运动。第二,物体发生 2m 位移的过程中初、末速度未知,不一定是 0 和 3m/s。第三,解答 1 中运用的平均作用力计算方法仅适用于力随时间均匀变化的情形;解答 2 中运用动量定理由动量变化计算出的冲量是合力的冲量,应与力 F 的冲量区分。

生 2:解答 3 也是错误的。$F-t$ 图像的面积表示冲量 $I = \sum F\Delta t$,$F-v$ 图像的面积表示 $\sum F\Delta v$,不是冲量。

生 3:解答 4 是正确的。首先写出变力 F 的表达式,然后在微元过程 Δt 内力的冲量可表述为 $\Delta I = F\Delta t = 2v\Delta t$,在微元过程 Δt 内物体可近似为做匀速运动,即有 $v\Delta t = \Delta x, \Delta I = 2\Delta x$,最后对 2m 位移过程内的各微元过程求和,即得 $I = \sum \Delta I = \sum 2\Delta x = 2\sum \Delta x = 2x = 4\text{N} \cdot \text{s}$。

展示图 2-4-3 对应问题的学生解答。

解答 1:

$$F = BId, I_A = \frac{Bdv}{R}, I_F = Ft = \frac{B^2d^2vt}{R}$$

解答 2：

$$F = \frac{B^2 d^2 v}{R}, I_A = \frac{Bdv}{R}, I_F = \sum F \Delta t = \frac{B^2 d^2 \sum v \Delta t}{R} = \frac{B^2 d^2 x}{R}$$

$$q = \frac{\Delta \Phi}{R} = \frac{Bdx}{R}, x = \frac{qR}{Bd}$$

$$I_F = Bdq$$

解答 3：

微元过程 Δt 中的安培力冲量为

$$\Delta I = F \Delta t = BdI \Delta t, I_F = \sum F \Delta t = \frac{Bd \sum I \Delta t}{R}, \Delta q = I \Delta t, \sum I \Delta t = \sum \Delta q = q, I_F = Bdq$$

▶ **展有所获**

师：如何评价以上三种解答？

生 1：解答 1 是错误的。该解答没考虑到情境中安培力是变力，不可直接用 $I_F = Ft$ 计算冲量。

生 2：解答 2 是正确的。该解答先运用电磁感应知识写出安培力与速度的关系 $F = \frac{B^2 d^2 v}{R}$，再利用情境 2 中的解答方法计算安培力冲量。

生 3：解答 3 是正确的。该解答比解答 2 更为简洁。解答 3 运用了类似图 2-4-2 对应问题中解答 4 的方法，在微元过程 Δt 内，变化的电流近似为恒定电流，即有 $\Delta q = I \Delta t$，利用 $\sum I \Delta t = \sum \Delta q = q$，实现对微元量的求和，有

$$I_F = \sum F \Delta t = Bd \sum I \Delta t = Bdq$$

▶ **评有成果**

师：通过以上这些情境的分析以及学生解答的比较，对于解决此类问题，你有哪些收获？

生 1：对变力的冲量计算不可以直接运用 $I = Ft$ 求解，运用动量定理由动量变化计算的冲量是合力的冲量。

生 2：求变力冲量时，可先选择微元过程 Δt，在微元过程 Δt 内变力可近似视为恒力，其冲量可表述为 $\Delta I = F \Delta t$，再对微元量求和得到全过程变力的冲量 $I = \sum \Delta I = \sum F \Delta t$。

生 3：若已知 $F - t$ 关系，可以由 $F - t$ 图像与 t 轴围成的面积计算冲量 $\sum F \Delta t$；若变力满足 $F = kv$，其冲量可由 $I = \sum \Delta I = k \sum v \Delta t$ 和 $\sum v \Delta t = x$ 求得 $F = kx$；若变力满足 $F = kI_A$，其冲量可由 $I = \sum \Delta I = k \sum I_A \Delta t$ 和 $\sum I_A \Delta t = q$ 求得 $F = kq$。

▶ **小结**

如图 2-4-6 所示，计算变力的冲量，主要分成三个步骤：选择微元过程 — 写出冲量的表达式 — 计算变力冲量。

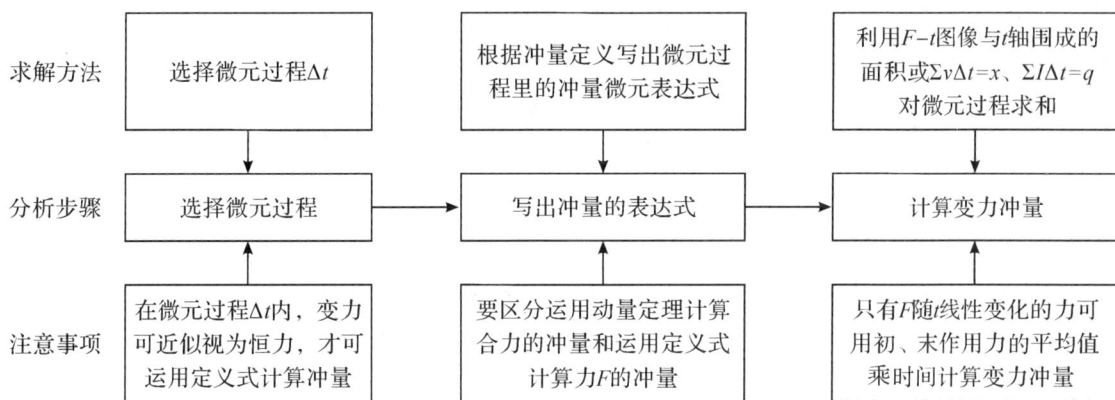

图 2-4-6

任务 2：寻找动量问题中物体间的位移关系

问题情境　相互作用的两物体间位移关系问题

如图 2-4-7 所示，静止在水面上的人的质量为 60kg，船的质量为 100kg，船长 3m，某时刻开始人经过 5s 从船头走到船尾，已知人到船尾时速度为 1m/s。计算船的位移（忽略船运动过程中水对船的阻力）。

如图 2-4-8 所示，在匀强磁场中的水平平行光滑导轨上有 ab、cd 两根导体棒，质量均为 m，电阻均为 R。现给导体棒 cd 一向右的初速度 v_0，经时间 t 后棒 cd 的位移为 x_1。计算棒 ab 的位移。

在水平平行光滑导轨上有相距 x_0 的 ab、cd 两根导体棒，质量均为 m，电阻均为 R。如图 2-4-9 所示，在虚线右侧有向下的匀强磁场 $2B$，虚线左侧有向上的匀强磁场 B。现给导体棒 cd 一向右的初速度 v_0，经时间 t 后两棒距离为 x_1。计算棒 ab 的位移。

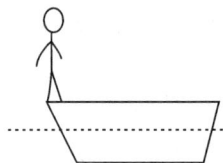　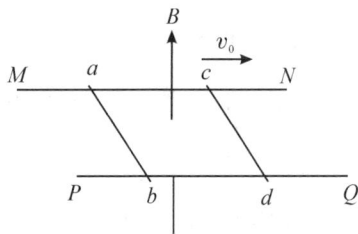　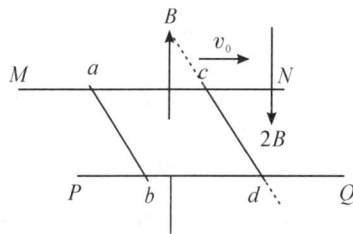

图 2-4-7　　　　　图 2-4-8　　　　　图 2-4-9

▶ **参考案例**

展示图 2-4-7 对应问题的学生解答。

解答 1：

取人前进的方向为正方向，人船系统在该过程中动量守恒，有

$$m_1 v_1 + m_2 v_2 = 0, v_2 = -0.6\text{m/s}, x_2 = v_2 t = -3\text{m}$$

解答 2：

取人前进的方向为正方向，人船系统在该过程中动量守恒，有

$$m_1 v_1 + m_2 v_2 = 0$$

方程两边同时乘以时间 Δt，有

$$m_1 v_1 \Delta t + m_2 v_2 \Delta t = 0$$

对各微元过程累加求和，有

$$m_1 \sum v_1 t + m_2 \sum v_2 \Delta t = 0, \sum v_1 \Delta t = v_1 \sum \Delta t = v_1 t$$

可得 $x_2 = \sum v_2 \Delta t = -3\text{m}$

解答 3：

取人前进的方向为正方向，人船系统在该过程中动量守恒，有

$$m_1 v_1 + m_2 v_2 = 0, v_2 = -0.6 v_1$$

在任意微元过程 Δt 内，有

$$v_2 \Delta t = -0.6 v_1 \Delta t, \Delta x_1 = v_1 \Delta t, \Delta x_2 = v_2 \Delta t$$

对各微元过程累加求和，有

$$\sum v_2 \Delta t = -\sum 0.6 v_1 \Delta t$$

即

$$\sum \Delta x_2 = -0.6 \sum \Delta x_1, x_2 = -0.6 x_1$$

又由两者相对位移为

$$x_1 - x_2 = L$$

解得 $x_2 = -\dfrac{9}{8}\text{m}$。

▶ **展有所获**

师：如何评价以上三种解答？

生1：解答1是错误的，本解答中由动量守恒定律计算出的 $v_2 = -0.6\text{m/s}$ 是船在该过程中的末速度，而船并不是做匀速运动，所以位移不能用 $x_2 = v_2 t$ 计算。

生2：解答2是错误的，人船系统在该过程中的任意微元过程均满足动量守恒定律，因此对动量守恒方程两边同时乘以时间 Δt，再对各微元过程累加求和的思路是正确的。但是 $m_1 v_1 \Delta t + m_2 v_2 \Delta t = 0$ 中的 v_1 是指过程中人任意时刻的速度，并不是人的末速度，所以 $\sum v_1 \Delta t = v_1 \sum \Delta t = v_1 t$ 是错误的。

生3：解答3是正确的，人船系统在该过程中满足动量守恒定律，因此可求出任意时刻人和船的速度关系。在任意微元过程 Δt 内，人和船均可视为匀速，由 $v \Delta t = \Delta x$，速度关系两侧同时乘以 Δt，再对各微元过程累加求和可得任意过程中位移关系 $\sum \Delta x_2 = -0.6 \sum \Delta x_1$，$x_2 = -0.6 x_1$。题中已知人相对船的位移 $x_1 - x_2 = L$，联立方程可求得船的位移。

展示图 2-4-8 对应问题的学生解答。

解答 1：

取 v_0 方向为正方向，设棒 ab 的位移为 x_2，有

$$m v_0 = 2mv, v = \frac{v_0}{2}$$

对棒 ab 有

$$Bdq = mv - 0$$

$$q = \frac{\Delta\Phi}{2R} = \frac{Bd(x_1 - x_2)}{2R}$$

联立解得

$$x_2 = x_1 - \frac{mv_0 R}{B^2 d^2}$$

解答 2：

取 v_0 方向为正方向，设棒 ab 的位移为 x_2。

对棒 ab 有

$$Bdq = mv - 0$$

$$q = \frac{\Delta\Phi}{2R} = \frac{Bd(x_1 - x_2)}{2R}$$

即得

$$\frac{B^2 d^2(x_1 - x_2)}{2R} = mv$$

$$\frac{B^2 d^2(x_1 - x_2)}{2R}t = mvt$$

$$\frac{B^2 d^2(x_1 - x_2)}{2R}t = mx_2$$

$$x_2 = \frac{B^2 d^2 x_1 t}{2mR + B^2 d^2 t}$$

解答 3：

取 v_0 方向为正方向，设棒 ab 的位移为 x_2。

对棒 ab 在任意过程内有

$$\sum BdI\Delta t = mv_2 - 0$$

对棒 cd 在任意过程内有

$$-\sum BdI\Delta t = mv_1 - mv_0$$

即在任意时刻两者速度满足

$$v_2 = v_0 - v_1$$

方程两边同时乘以 Δt 再求和得

$$\sum v_2\Delta t = -\sum(v_1 - v_0)\Delta t$$

又 $\sum v_2\Delta t = x_2$，$\sum v_1\Delta t = x_1$，$\sum v_0\Delta t = v_0 t$，有

$$x_2 = v_0 t - x_1$$

解答 4：

取 v_0 方向为正方向，该过程中 ab、cd 系统动量守恒，有

$$mv_0 = mv_1 + mv_2$$

即在任意时刻两者的速度满足

$$v_2 = v_0 - v_1$$

方程两边同时乘以 Δt 再求和得

$$\sum v_2 \Delta t = -\sum (v_1 - v_0) \Delta t$$

又 $\sum v_2 \Delta t = x_2$，$\sum v_1 \Delta t = x_1$，$\sum v_0 \Delta t = v_0 t$，有

$$x_2 = v_0 t - x_1$$

▶ 展有所获

师：如何评价以上四种解答？

生1：解答1是错误的。该解答运用系统动量守恒定律和动量定理是正确的，但情境中棒 cd 发生位移 x_1 时两导体棒不一定是共速状态，而且情境中未给出导体棒的长度为 d，所以该解答不正确。

生2：解答2是错误的。第一，该解答将导体棒的长度 d 作为已知量是不正确的；第二，运用动量定理 $\dfrac{B^2 d^2 (x_1 - x_2)}{2R} = mv$ 后，两边同时乘以 t，式中各量的物理意义不明确，若 x_1 和 x_2 表示 t 内两者之间的位移，则 v 应该是棒 ab 的末速度，vt 并不是棒 ab 该过程的位移 x_1。

生3：解答3是正确的。解答3和解答2一样运用动量定理求解，但解答3是选择从 $t = 0$ 开始的任意过程分析，再求和得到该过程中任意时刻两导体棒的速度关系，然后通过方程两边同时乘以 Δt，对各微元过程累加求和可得任意过程中的位移关系。

生4：解答4是正确的，和解答3相比，解答4运用系统动量守恒定律得到该过程中任意时刻两导体棒的速度关系，之后也是通过速度关系方程两边同时乘以 Δt，再对各微元过程累加求和可得任意过程中的位移关系。

展示图2-4-9对应问题的学生解答。

解答1：

取 v_0 方向为正方向，设棒 ab 的位移为 x_{ab}。

对棒 ab 由动量定理得

$$-\frac{B^2 d^2 \Delta x}{2R} = -mv_1 - 0$$

对棒 cd 由动量定理得

$$-\frac{(2B)^2 d^2 \Delta x}{2R} = mv_2 - mv_0$$

$$-4mv_{ab} = mv_{cd} - mv_0$$

$$4v_{ab} + v_{cd} = v_0$$

$$\sum 4v_{ab} \Delta t + \sum v_{cd} \Delta t = v_0 t$$

即

$$4x_{ab} + x_{cd} = v_0 t$$

$$x_1 = x_0 + x_{ab} + x_{cd}$$

解得

$$x_{ab} = \frac{1}{3}(v_0 t + x_0 - x_1)$$

解答2:

取 v_0 方向为正方向,设棒 ab 的位移为 x_{ab}。闭合回路 $E = Bdv_{ab} + 2Bdv_{cd}$,电流 $I = \dfrac{E}{2R}$。

对棒 ab 由动量定理得

$$-\sum BId\Delta t = -mv_{ab} - 0$$

$$-\sum \frac{B^2 d^2 (v_{ab} + 2v_{cd}) \Delta t}{2R} = -mv_{ab} - 0$$

$$\frac{B^2 d^2 (x_{ab} + 2x_{cd})}{2R} = mv_{ab}$$

对棒 ab 由动量定理得

$$-\sum 2BId\Delta t = mv_{cd} - mv_0$$

$$-2mv_{ab} = mv_{cd} - mv_0$$

$$2v_{ab} + v_{cd} = v_0$$

又 $Bdv_{ab} = 2Bdv_{cd}$,则

$$v_{ab} = \frac{2}{5}v_0$$

又 $x_1 = x_0 + x_{ab} + x_{cd}$,解得

$$x_{ab} = 2\left(x_1 - x_0 - \frac{2mv_0 R}{5B^2 d^2}\right)$$

解答3:

取 v_0 方向为正方向,设棒 ab 的位移为 x_{ab}。

对棒 ab 由动量定理得

$$-\sum BId\Delta t = -mv_{ab} - 0$$

对棒 cd 由动量定理得

$$-\sum 2BId\Delta t = mv_{cd} - mv_0$$

联立方程可得

$$-2mv_{ab} = mv_{cd} - mv_0$$

$$2v_{ab} + v_{cd} = v_0$$

方程两边同时乘以 Δt 再求和得

$$\sum 2v_{ab}\Delta t + \sum v_{cd}\Delta t = v_0 t$$

即

$$2x_{ab} + x_{cd} = v_0 t$$

又 $x_1 = x_0 + x_{ab} + x_{cd}$,则

$$x_{ab} = x_0 + v_0 t - x_1$$

▶ **展有所获**

师:如何评价以上三种解答?

生1:解答1是错误的。该解答运用动量定理寻找动量不守恒系统的两个物体间的速度关系的解题思路是正确的,但该解答运用公式 $I_{A冲} = \dfrac{B^2 d^2 \Delta x}{R_{总}}$ 计算安培力冲量是错误的,该公式

只适用于同一磁场中的导体棒切割问题,并不适用本问题的情境。

生2:解答2是错误的。该解答的思路和方法都没有问题,但是该解答计算的是从导体棒开始运动至最终两棒速度达到稳定状态过程中的位移,而题中并未明确经时间 t 后两棒是否达到稳定状态。还有该解答将导体棒的长度 d 作为已知量也是不正确的。

生3:解答3是正确的。该解答先运用动量定理寻找动量不守恒系统的两个物体间的速度关系,再通过方程两边同时乘以 Δt,对各微元过程累加求和可得任意过程中的位移关系。

▶ **评有成果**

师:通过以上这些情境的分析以及学生解答的比较,对于解决此类问题,你有哪些收获?

生1:要寻找系统中物体间的位移关系,应先求得各物体在过程中时刻满足的速度关系,在速度关系方程两边同时乘以 Δt 得到微元过程 Δt 内的位移关系,再对各微元求和即可得到该过程物体间的位移关系。

生2:对满足动量守恒条件的系统运用动量守恒定律寻找各物体在过程中时刻满足的速度关系,对动量不守恒的系统应对各物体分别运用动量定理寻找各物体在过程中时刻满足的速度关系。

生3:运用 $\sum v\Delta t = x$ 求位移时,一定要注意 v 必须是过程中任意时刻的速度,而不是过程中的初速度或末速度。

▶ **小结**

如图 2-4-10 所示,计算物体间的位移关系,主要分成三个步骤:选择研究对象和过程—物体间的速度关系—物体间的位移关系。

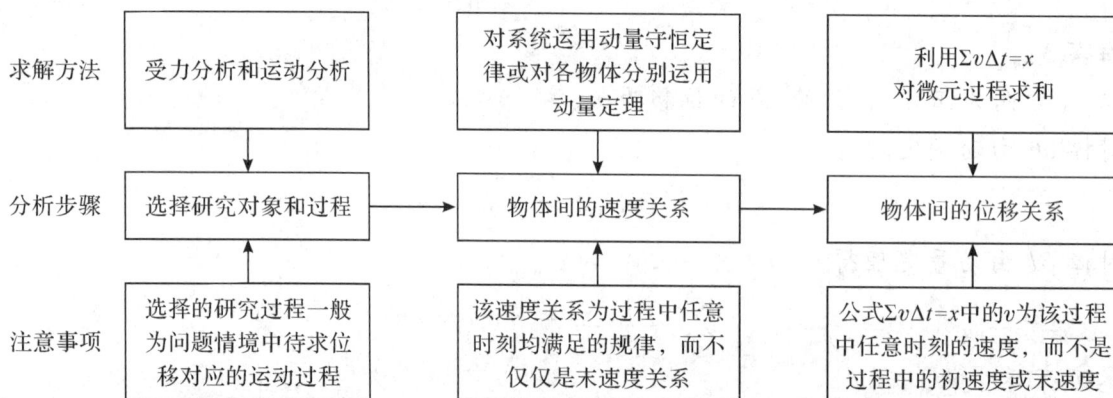

求解方法	受力分析和运动分析	对系统运用动量守恒定律或对各物体分别运用动量定理	利用Σ$v\Delta t$=x 对微元过程求和
分析步骤	选择研究对象和过程 →	物体间的速度关系 →	物体间的位移关系
注意事项	选择的研究过程一般为问题情境中待求位移对应的运动过程	该速度关系为过程中任意时刻均满足的规律,而不仅仅是末速度关系	公式Σ$v\Delta t$=x中的v为该过程中任意时刻的速度,而不是过程中的初速度或末速度

图 2-4-10

(三) 巩固性练习

1. 如图 2-4-11 所示,在粗糙的绝缘水平面上有一带正电 q 的物块以初速度 v_0 向右运动,空间中存在垂直平面向里的匀强磁场 B,求物块做直线运动位移为 x 的过程中洛伦兹力的冲量。

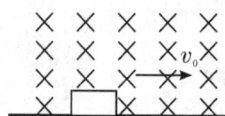

图 2-4-11

2. 如图 2-4-12 所示,半径为 R 的半圆形滑槽的质量为 M,静止放置在光滑的水平面上,一质量为 m 的小球从滑槽的右边缘与圆心等高处无初速度地滑下,求小球运动至最低点过程中滑槽所发生的位移。

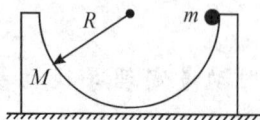

图 2-4-12

五、纵向主题：运动、力、动量综合问题求解思维展示

（一）课时学习目标

核心素养	具体目标
物理观念	具有"合外力对物体的冲量等于物体动量的变化""系统所受外力之和为 0 时总动量守恒"的观念
	具有运用动量规律解释碰撞、爆炸等瞬间力或变力作用下的物理现象的观念
	知道用动量守恒定律解决问题时，需要明确研究对象，研究过程，系统的初、末状态
科学思维	会灵活选用参考系建立动量守恒定律方程解决问题
	会用微元法结合动量守恒定律解决物体受到变力作用的问题
	会选取一段时间内的对象微元研究液体、气体等流体物质的动量问题，并列动量定理方程解决问题

（二）课时学习设计

任务 1：单过程问题中的动量综合问题求解

2022 年 10 月 12 日，中国空间站"天宫课堂"第三课开讲，这是中国航天员首次在问天实验舱内进行授课。要实现航天员在空间站内活动，首先要用火箭将飞船（包括宇航员）送入太空，待火箭燃料用尽，飞船与最后一节火箭壳体脱离后，再寻机与空间站完成对接。

问题情境 1　反冲问题中的参考系选取

若某次飞船与最后一节火箭壳体分离前，火箭壳体与飞船以大小为 v_0 的速度绕地球做匀速圆周运动。已知飞船的质量为 $m_{船}$，最后一节火箭壳体的质量为 $m_{壳}$，某时刻火箭壳体相对于飞船以大小为 u 的速度向后切向分离。求分离时飞船的速度。

▶ **参考案例**

展示情境 1 的学生解答。

解答 1：

设飞船分离后的速度为 v，取分离前火箭壳体和飞船的速度方向为正方向，根据动量守恒定律得

$$(m_{壳} + m_{船})v_0 = m_{壳}u + m_{船}v$$

解得

$$v = \frac{(m_{壳} + m_{船})v_0 - m_{壳}u}{m_{船}}$$

解答 2：

$$(m_{壳} + m_{船})v_0 = m_{壳}(v + u) + m_{船}v$$

解得

$$v = \frac{(m_{壳} + m_{船})v_0 - m_{壳}u}{m_{壳} + m_{船}}$$

解答 3：

$$(m_壳 + m_船)v_0 = m_壳(v_0 - u) + m_船 v$$

解得

$$v = \frac{m_船 v_0 + m_壳 u}{m_船}$$

解答 4：

$$(m_壳 + m_船)v_0 = m_壳(v - u) + m_船 v$$

解得

$$v = \frac{(m_壳 + m_船)v_0 + m_壳 u}{m_壳 + m_船}$$

▶ **展有所获**

师：如何评价以上四种解答？

生1：解答1是错误的。题目所给火箭壳体的速度为相对于飞船的速度，解答1方程中的不同物体的速度有不同的参考系，而使用动量守恒定律时的速度应相对于同一个参考系。

生2：解答2是错误的。相对于解答1来说，解答2关注到了条件中火箭壳体的速度为相对于飞船的速度，但是在方程中火箭壳体的对地速度成了 $v + u$，也就是说火箭壳体的速度大于飞船的速度，这不符合事实。

生3：解答3是错误的。火箭壳体相对于飞船的速度 u，不是相对于飞船的初速度 v_0，而是相对于飞船的末速度 v。

生4：解答4是正确的。解答4关注到了火箭壳体是相对于飞船向后运动的，所以火箭壳体的对地速度为 $v - u$，此时 u 代表的是火箭壳体相对于飞船的速度大小，负号表示速度方向。

师：如何避免解答1、解答2和解答3的错误？

生1：在运用动量守恒定律解题时，一定要先选定参考系，规定正方向，然后将各部分动量在同一参考系下准确表述。

生2：在解决内力冲击问题时，一定要注意相对速度是各部分已经完成分离时刻的。

师：严格按照科学的程序对各个物理量进行表述，是动量问题中极其重要而基础的一环。

▶ **评有成果**

师：通过以上这些情境的分析以及学生解答的比较，对于解决此类问题，你有哪些收获？

生3：在用动量守恒定律解决问题时，方程中的速度应该相对于同一个参考系。

生4：如果题目中有相对速度出现，可以利用 $v_{1地} = v_{12} + v_{2地}$ 来表达某个物体的对地速度。

生5：对地速度和相对速度的关系式是一个矢量式，在用矢量式的时候必须关注矢量的方向。在规定好正方向以后，和正方向同向的速度为正，和正方向反向的速度为负，这样就不容易出错。

▶ **小结**

动量守恒定律中的速度必须以同一个物体为参考系，并且要注意用符号表示各个速度的方向。在使用动量守恒定律时，应该注意对物体运动状态和运动过程的选择。

问题情境 2　流体冲击问题中的对象选取

由于空间站运行轨道上存在密度为 ρ 的均匀稀薄气体,为了维持空间站长期在固定轨道上做匀速圆周运动,需要对空间站施加一个与速度方向相同的动力。若空间站在垂直速度方向的面积为 S,碰到稀薄气体后气体速度立刻与空间站速度相同(已知空间站离地高度为 h,地球半径为 R,地球表面的重力加速度为 g,空间站质量为 M)。求对空间站施加的动力 F 的大小。

▶ **参考案例**

展示情境 2 的学生解答。

解答 1:

根据万有引力知识可以计算出在轨道中运行的空间站速度为

$$v = \sqrt{\frac{GM}{R+h}} = \sqrt{\frac{gR^2}{R+h}}$$

碰到稀薄气体过程中,设空间站对稀薄气体的作用力大小为 F_1,经过 Δt 时间,以稀薄气体为对象,根据动能定理可得

$$Fv\Delta t = \frac{1}{2}mv^2$$

其中

$$m = \rho Sv\Delta t$$

联立可得

$$F = \frac{\rho SgR^2}{2(R+h)}$$

解答 2:

根据万有引力知识可以计算出在轨道中运行的空间站速度为

$$v = \sqrt{\frac{GM}{R+h}} = \sqrt{\frac{gR^2}{R+h}}$$

碰到稀薄气体过程中,设空间站质量为 M,Δt 时间内碰撞的空气质量为 m,空间站对稀薄气体的作用力大小为 F_1,经过 Δt 时间,以稀薄气体为对象,根据动量守恒定律可得

$$Mv = (M+m)v'$$

对被碰撞空气用动量定理可得

$$Ft = mv'$$

其中

$$m = \rho Sv'\Delta t$$

解得

$$F_1 = \rho Sv^2 = \rho S\left(\sqrt{\frac{gR^2}{R+h}}\right)^2 = \frac{\rho SgR^2}{R+h}$$

$$F = \frac{\rho SgR^2}{(M+m)(R+h)}$$

解答 3:

根据万有引力知识可以计算出在轨道中运行的空间站速度为

$$v = \sqrt{\frac{GM}{R+h}} = \sqrt{\frac{gR^2}{R+h}}$$

碰到稀薄气体过程中,设空间站对稀薄气体的作用力大小为 F_1,经过 Δt 时间,以稀薄气体为对象,根据动量定理可得

$$F_1 \Delta t = mv - 0$$

其中

$$m = \rho S v \Delta t$$

联立可得

$$F_1 = \rho S v^2 = \rho S \left(\sqrt{\frac{gR^2}{R+h}}\right)^2 = \frac{\rho S g R^2}{R+h}$$

可知碰到稀薄气体过程中,稀薄气体对空间站的作用力大小为 $\frac{\rho S g R^2}{R+h}$,方向与空间站的速度方向相反,故为了维持空间站在固定轨道上做匀速圆周运动,对空间站施加的动力大小为

$$F = \frac{\rho S g R^2}{R+h}$$

▶ **展有所获**

师:如何评价以上三种解答?

生1:解答1是错误的。气体属于流体,空间站对每一小部分气体的作用时间和作用距离都极短,力作用的位移并不是 $v\Delta t$, $v\Delta t$ 是空间站作用的气体总长度,所以用 $Fv\Delta t$ 计算空间站对气体做的功是不对的,本题并不能用动能定律求解作用力。

生2:解答2也是错误的。空间站受到额外的动力作用,空间站和气体分子组成的系统动量就不守恒,如果空间站在和空气分子不断碰撞的过程中速度发生了变化,空间站也无法在稳定的轨道上运行。

生3:解答3是正确的。解答3关注到气体属于流体,选择长度为 $v\Delta t$ 的气体作为研究对象,利用动量定理求解作用力。而且使用了牛顿第三定律,把研究对象重新落回到空间站上,从而得到对空间站施加的动力大小。

师:如何避免解答1和解答2的错误?

生1:在解决物理问题时,一定要对情境有准确的认知,不能用错规律。

生2:选取研究对象时,一定要仔细分析受力特点,选取受力物体做研究对象,使用规律时,要充分分析规律适用的条件是否满足,不能想当然就落笔答题。

师:对准确的对象使用正确的规律,是物理解题的不二法门。

▶ **评有成果**

师:通过以上这些情境的分析以及学生解答的比较,对于解决此类问题,你有哪些收获?

生3:当研究对象是流体时,应该截取其中真正受到作用的一段长度来分析,可以先建立极短时间内的体积微元或质量微元来分析。

生4:在使用规律时,应该对物体或者系统的初、末状态仔细分析,在适用条件成立时才能选用规律列出正确的方程。

▶ **小结**

当研究对象是气体或者液体等流体时，建立体积微元或质量微元，使用正确的规律，是解决流体冲击问题的关键。

任务 2：多物体、多过程的动量综合问题求解

问题情境 1　多物体问题中的对象选取

如图 2-5-1 所示，水平地面上有一辆静止的带有向后喷射装置的小车，小车的质量为 $M = 1\text{kg}$，现给小车里装入 10 个相同的小球，每个小球的质量为 $m = 1\text{kg}$。车上的喷射装置可将小球逐一瞬间向后水平喷出，且相对于地面的速度都是 $v_0 = 20\text{m/s}$，每间隔 1s 喷出一个小球。已知小车运动时受到的阻力为小车和小车内小球总重力的 k 倍，$k = 0.2$，$g = 10\text{m/s}^2$。求喷出第三个小球后，小车的速度 v_3。

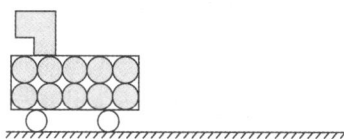

图 2-5-1

▶ **参考案例**

展示情境 1 的学生解答。

解答 1：

喷出第一个小球的过程中，小车和小球整个系统动量守恒，有

$$mv_0 = (M + 9m)v_1$$

解得 $v_1 = 2\text{m/s}$。

由题意可知，喷出每个小球后，小车和剩余小球将会做 $\Delta t = 1\text{s}$ 的匀减速运动，有

$$km_{总}g = m_{总}a$$

可知每次减速的加速度为

$$a = kg = 2\text{m/s}^2$$

喷出第二个小球前，有

$$v_1' = v_1 - a\Delta t = 0$$

同理可得喷出第三个小球前小车和小球速度为 0，所以喷出第三个小球后，小车的速度满足

$$(M + 7m)v_3 = mv_0$$

解得 $v_3 = 2.5\text{m/s}$。

解答 2：

喷出第一个小球的过程中，小车和小球整个系统动量守恒，有

$$mv_0 = (M + 9m)v_1$$

解得 $v_1 = 2\text{m/s}$。

由题意可知，喷出每个小球后，小车和剩余小球将会做 $\Delta t = 1\text{s}$ 的匀减速运动，有

$$km_{总}g = m_{总}a$$

可知每次减速的加速度为

$$a = kg = 2\text{m/s}^2$$

喷出第二个小球前,有

$$v_1' = v_1 - a\Delta t = 0$$

喷出第二个小球后,小车的速度为 v_2,由动量守恒定律可得

$$(M + 9m)v_1' = -mv_0 + (M + 8m)v_2$$

代入数据得

$$v_2 = \frac{20}{9}\text{m/s}, v_2' = v_2 - a\Delta t = \frac{2}{9}\text{m/s}$$

同理可得喷出第三个小球后,小车的速度满足

$$(M + 8m)v_2' = -mv_0 + (M + 7m)v_3$$

解得 $v_3 = \frac{11}{4}\text{m/s}$。

▶ 展有所获

师:如何评价以上两种解法?

生1:解答1是错误的。对于短暂的相互作用过程,内力远大于外力,所以对系统列动量守恒方程求解的思路是正确的。但是解答1没有关注到喷出小球后小车和小车内小球质量的变化,没有对每一个过程列方程求解,认为喷出第一个小球后小车的速度与喷出第二个小球后小车的速度是相同的,这样的解答是错误的。

生2:解答2是正确的。每次喷出小球的过程中,被喷出小球和小车组成的系统可以认为动量守恒,此时可以用动量守恒定律列式求解各部分的速度。但喷出每一个小球后,剩下的小车内小球和小车所受的外力不为0,所以动量不守恒。在动量不守恒并且已知外力及其作用时间的情况下,可以用动量定理列方程求解物体的速度。

师:如何避免解答1的错误?

生1:应该对每一个过程都进行深入的思考和分析,不能武断地认为每个过程都动量守恒。

生2:解答1解出速度大小为2.5m/s的结果本身已经"违反"了关于每次喷出小球后速度相同的"判断",我们可以据此质疑前面判断的正确性。

师:严谨的判断和必要的质疑,是物理思维的重要内容。

问题情境2 **多过程问题中应用动量守恒规律的时机把握**

调整第4个及以后的每个小球喷出的速度,可使得接下来的每个小球喷出后小车的速度都等于 v_3。求第4个小球和第5个小球喷出的速度之比。

▶ 参考案例

展示情境2的学生解答。

解答1:

喷出第4个小球前,有

$$v_3' = v_3 - a\Delta t = \frac{3}{4}\text{m/s}$$

喷出第4个小球后,由动量守恒定律可得

$$(M + 6m)v_3' = mv_{40} + (M + 5m)v_4$$

由题意可知 $v_4 = v_3$，解得 $v_{40} = -\dfrac{45}{4}\text{m/s}$。

则喷出第 5 个小球前，有

$$v_4' = v_3'$$

喷出第 5 个小球后，由动量守恒定律可得

$$(M+5m)v_3' = mv_{50} + (M+4m)v_5，且 v_5 = v_3$$

解得

$$v_{50} = -\frac{37}{4}\text{m/s}$$

$$\frac{v_{40}}{v_{50}} = \frac{45}{37}$$

解答 2：

喷出第 4 个小球前，有

$$v_3' = v_3 - a\Delta t = \frac{3}{4}\text{m/s}$$

喷出第 4 个小球后，由动量守恒定律可得

$$(M+7m)v_3' = -mv_{40} + (M+6m)v_4$$

由题意可知 $v_4 = v_3$，解得 $v_{40} = \dfrac{53}{4}\text{m/s}$。

则喷出第 5 个小球前，有

$$v_4' = v_3'$$

喷出第 5 个小球后，由动量守恒定律可得

$$(M+6m)v_4' = -mv_{50} + (M+5m)v_5，且 v_5 = v_3$$

解得

$$v_{50} = \frac{45}{4}\text{m/s}$$

$$\frac{v_{40}}{v_{50}} = \frac{53}{45}$$

▶ **展有所获**

师：如何评价以上两种解答？

生1：解答 1 是错误的。用动量守恒定律列方程，需要明确研究的系统和相互作用前、后系统的状态，本情境中在喷出第 4 个小球前，小车内有 7 个小球，而不是 6 个小球，解答 1 在明确系统对象时犯下了错误。

生2：解答 2 是正确的。解答 2 抓住了喷出小球后加速度不随小车和小车内质量变化的特点，结合情境 2 给出的小车速度特点，快速建立了喷出第 4 个小球和第 5 个小球过程的动量守恒方程，是值得学习的。

▶ **评有成果**

师：通过以上两个情境的分析以及学生解答的比较，你有哪些收获？

生3：对系统运用动量守恒定律时，一定要关注守恒的系统有没有发生变化。

生4:运用动量守恒定律解题时必须明确对哪个过程进行研究,当涉及多过程问题时需要分析每个过程是否都满足动量守恒定律的条件。如果整个过程中系统所受外力之和都为0,则可以对整个过程列动量守恒方程,否则应该对每个过程分别应用动量定理求解。

生5:在处理较复杂的多过程问题时,要建立数据意识。当我们解答过程中出现的演算数据与之前判断的不一致的时候,应该及时反思之前的思路是不是有遗漏或者错误。有时结合数据也有利于快速建立动量相关的模型,提高解答速度。

任务3:一般变力作用下的动量综合问题求解

问题情境 1 变力作用问题的矢量性把握

某型号蛙式打夯机的实物图如图 2-5-2(a) 所示,其中 A 是夯头,B 是支架。在支架的上方有一个转动轴 O,转轴与旋转金属块 C 固连在一起,转轴 O 通过动力装置(电动机及皮带、皮带轮等) 的作用带动 C 在竖直平面内转动。打夯机在工作过程中周期性地将夯头(连同支架) 抬高到一定高度然后落下,把地面夯实。我们把实物图的右边部分简化为如图 2-5-2(b)

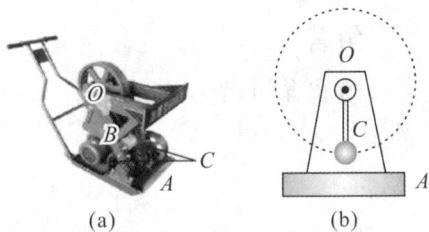

(a) (b)

图 2-5-2

所示的物理模型:底座 A 与支架固连在一起,支架的上方有一转轴 O,轴上固定着一根硬杆,杆的另一端固定一个重球 C,C 的转动半径为 r。为了简化,设 A 的质量(包括支架) 为 M,重球 C 的质量为 m,其余各部件的质量都忽略不计。已知重球的转动半径与竖直方向的夹角为 θ 时,夯头 A 开始离开地面,重力加速度为 g。若忽略空气阻力,求夯头 A 离地时重球 C 的速率 v_0。

▶参考案例

展示情境 1 的学生解答。

解答 1:

当夯头 A 离地时,重球应该在圆心上方,根据牛顿第二定律可得

$$\frac{mg}{\cos\theta} = m\frac{v_0^2}{r}$$

解得

$$v_0 = \sqrt{\frac{gr}{\cos\theta}}$$

解答 2:

如图 2-5-3 所示,把球的重力正交分解为沿半径方向及沿切线方向的两个分力,其中

$$F_1 = mg\cos\theta$$

重球 C 所需的向心力由 F_1 及杆的拉力 T 共同提供,即

$$m\frac{v_0^2}{r} = F_1 + T$$

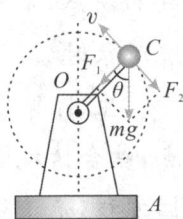

图 2-5-3

此时夯头及支架对地面的压力刚好减为 0,即满足

$$T\cos\theta = Mg$$

联立解得夯头 A 离地时重球 C 的速率为

$$v_0 = \sqrt{\left(\frac{M}{m\cos\theta} + \cos\theta\right)gr}$$

▶ **展有所获**

师：如何评价以上两种解答？

生1：解答1是错误的，该解答缺乏对物体详细的受力分析，误以为重球只受重力作用，并且不理解夯头 A 恰好离地的物理意义。

生2：解答2是正确的，该解答从最终要解决的问题出发，首先对夯头 A 在恰好离地的时刻进行受力分析，列出平衡方程，得到杆对夯头的作用力；然后对重球进行受力分析，根据向心力方程求解重球的速度。

师：如何避免解法1的错误？

生1：准确理解条件的物理意义，细致进行受力分析和运动分析，选择合适的规律，列出平衡方程和牛顿第二定律方程等求解。

▶ **评有成果**

师：通过以上情境的分析以及学生解答的比较，你有哪些收获？

生3：当问题中出现多个对象时，选择合适的对象进行研究并列方程，是简化问题的关键。

生4：对物体有准确的受力分析，在圆周运动问题中对受力进行法向和切向的分解，列出正确、规范的向心力方程也很重要。

问题情境 2　变力作用下物体的位移问题

接情境1，若夯头 A 离地时重球 C 脱离硬杆，重球 C 落回脱离时所在水平面的速度为 $k_1 v_0$，方向竖直向下，所受空气阻力与速度成正比，比值为 k_2。求重球 C 从脱离硬杆到落回脱离时所在水平面的平均速度 $\overline{v}$。

▶ **参考案例**

展示情境2的学生解答。

解答1：

重球 A 脱离夯头之后做曲线运动，受到空气阻力的作用，而且空气阻力是变力，不会解答。

解答2：

从重球 C 脱离硬杆到重球 C 落回脱离时所在水平面，在竖直方向，由动量定理得

$$\sum k_2 v_y \cdot t - mgt = -mk_1 v_0 - mv_0\sin\theta$$

由于竖直位移为

$$y = \sum v_y \cdot t = 0$$

所以

$$\sum k_2 v_y \cdot t = 0$$

故从重球 C 脱离硬杆到重球 C 落回脱离时所在水平面所用的时间为

$$t = \frac{v_0(k_1 + \sin\theta)}{g}$$

在水平方向,由动量定理得

$$-\sum k_2 v_x t = 0 - m v_0 \cos\theta$$

又

$$x = v_x t$$

联立解得此过程中水平位移为

$$x = \frac{m v_0 \cos\theta}{k_2}$$

则此过程中的平均速度为

$$\bar{v} = \frac{x}{t} = \frac{mg\cos\theta}{k_2(k_1 + \sin\theta)}$$

展有所获

师:如何评价解答2?

生1:解答2是正确的。情境2是一个加速度发生变化的情境,解答2运用动量定理结合微元法,在水平与竖直两个方向上求出了重球 C 的位移和运动时间,最终求出了重球的平均速度。

师:怎样思考才能像解答2那样得到最终结果?

生1:在加速度发生变化的运动问题中,要求解平均速度,根据定义去求解是一种重要思路。

生2:解答2根据重球运动状态的分析,初、末位置在同一水平线上,发现只需要根据水平方向的分运动求出水平位移。空气阻力和速度成正比,是一个变力,所以用动量定理结合微元法对水平分运动进行分析的思路也很好。

生3:求解时间一般会选择用牛顿运动定律或者动量定理。本题中物体受到变化的空气阻力,所以首选用动量定理解题。竖直方向上重球的初、末速度都已知,并且所受的合外力由重力和变化的空气阻力组成,解答2发现整个运动过程中竖直位移为 0,所以就尝试用动量定理结合微元法列了方程。

师:根据定义和动量定理,结合微元法解决变力作用,是一个重要的解题方向。

评有成果

师:通过以上情境的分析以及学生解答的比较,你有哪些收获?

生3:运动过程中受到变力这种情境,还是应该从物体的受力分析入手,思考哪一种力学方法适合解决这个问题。解决变力的问题可以尝试运用微元法将变化的过程分解成无数个恒力的瞬间,"化变为恒"。

生4:应该熟练掌握运用动量定理结合微元法求解变力作用的运动时间或位移的方法,类似的问题在电磁感应中也经常出现。

(三) 巩固性练习

1. 如图 2-5-4 所示,两条间距为 L、电阻不计的光滑平行金属导轨固定在水平绝缘平台上。左侧圆弧部分处于竖直面内,右侧平直导轨端点与平台边缘对齐且水平导轨处于竖直向上、磁感应强度大小为 B 的匀强磁场中。将导体棒 ab、cd 垂直于导轨放置,棒 ab 在外力作用下静止于圆弧轨道上距平台高度为 h 处,cd 放在距离轨道右端为 x_0 的水平轨道上保持静止。将棒 ab 由静止释放,一段时间后两棒分别脱离轨道,且从脱离轨道至落地两棒沿水平方向

的位移之比为 $s_1 : s_2 = 2 : 5$。两棒未发生碰撞，导体棒 ab 和 cd 的质量分别为 $2m$ 和 m，有效电阻均为 R，重力加速度为 g，忽略空气阻力。求：

（1）导体棒 ab 脱离轨道时速度的大小；

（2）导体棒 cd 在轨道上运动的最小加速度；

（3）导体棒 cd 在导轨上运动的时间。

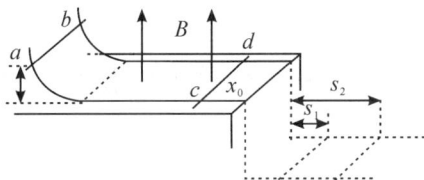

图 2-5-4

2. 从日冕发出的太阳风是由质子和电子组成的高速等离子体，人类可以利用太阳风的动力进行星际航行。科学家设计了如图 2-5-5(a) 所示的模拟实验装置，整个装置处于真空中。实验中模拟的太阳风在 $y \geq 0$ 的范围内，以 $v_0 = 4.0 \times 10^5 \text{m/s}$ 的速度沿 x 轴负方向运动，图 2-5-5(a) 中虚拟曲面 $EFGH$ 与 xOz 平面相切于 Oz 轴，该曲面与 xOy 平面的交线是一条抛物线 OM，其抛物线方程满足 $y = \frac{3}{2}x^2$，其中 $0 \leq x \leq \frac{\sqrt{3}}{3}\text{m}$。曲面与 yOz 平面间存在沿 y 轴负方向的匀强电场，其电场强度 $E_1 = 5.01 \times 10^3 \text{N/C}$。在 yOz 平面左侧空间某区域有沿 z 轴负方向的匀强磁场 B_1，能把质子约束到 $(x = 0, y = -0.4\text{m})$ 直线处，质子经过该直线后，进入左端开口的容器 D。容器 D 的长度 $L = 15\text{m}$，整个装置在 xOy 平面内的截面图如图 2-5-5(b) 所示，已知质子的质量和电荷量分别为 $m = 1.67 \times 10^{-27}\text{kg}, e = 1.6 \times 10^{-19}\text{C}$，不计离子间的相互作用。

（1）证明在 xOy 平面内通过抛物线 OM 进入电场区域的质子均经过原点 O。

（2）求匀强磁场 B_1 的大小。

（3）求匀强磁场 B_1 的区域在 xOy 平面内的最小截面积。

（4）在 xOy 平面内，单位时间内通过抛物线 OM 的质子数 $n = 1 \times 10^{22}$ 个，容器内同时存在沿 x 轴正方向的匀强电场 E_2 和匀强磁场 B_2，可使这些质子均能与容器右侧面发生弹性碰撞，已知所加电场的电场强度 $E_2 = 167\text{N/C}$。求该状态下通过 O 点的质子对容器产生的推力 F。

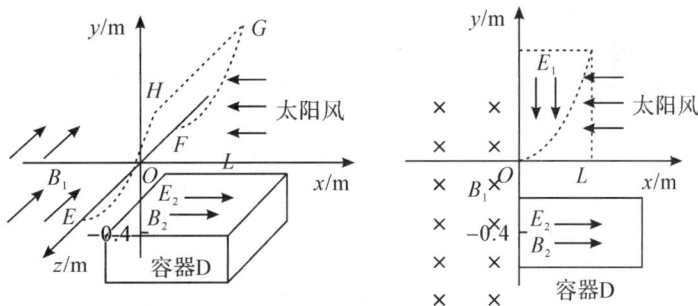

(a)　图 2-5-5　(b)

专题三：运动、力、动量和能量综合

一、专题综述

1.试题情境

运动、力、动量和能量（宏观、微观）综合问题是高中物理中综合程度较高的一类问题，往往涉及多个过程、多个研究对象。这一类问题的解决，需要对运动情境进行完整的描述，要求能灵活选取研究对象，并选用相应的规律，对学生的综合素养要求较高。

如图 3-1-1 ～ 3-1-10 所示，试题内容主要集中在以下几个方面：① 质点的运动涉及多个运动过程，把直线运动、平抛运动、圆周运动、简谐运动、碰撞等多种运动形式串联起来，考查全过程中动量、能量的变化。② 多个物体间的相互作用，发生碰撞、爆炸、反冲等，考查相互作用过程中动量、能量的转化。③ 两物体之间通过弹簧、轻绳等相互连接，要求分析动量、能量关系。其中的模型也可以推广到力、电综合问题中。

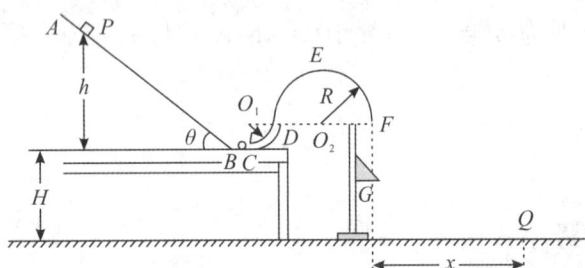

图 3-1-1

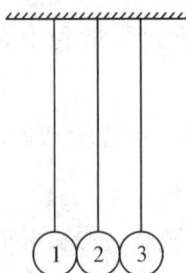

图 3-1-2

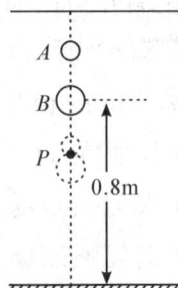

图 3-1-3

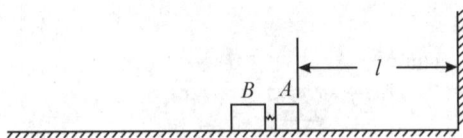

图 3-1-4

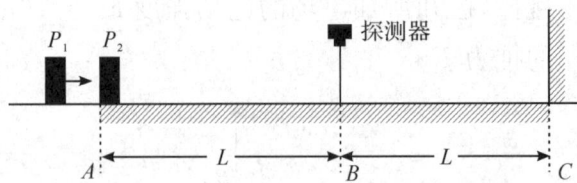

图 3-1-5

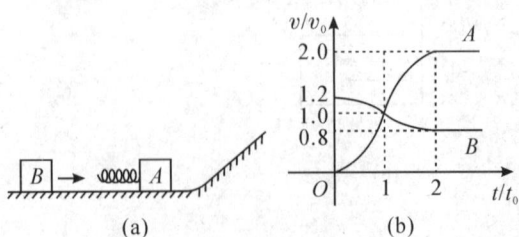

图 3-1-6

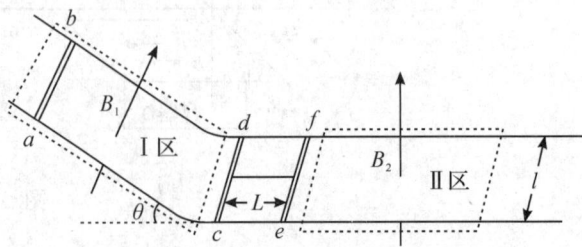

图 3-1-7

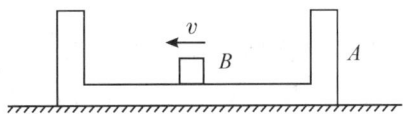
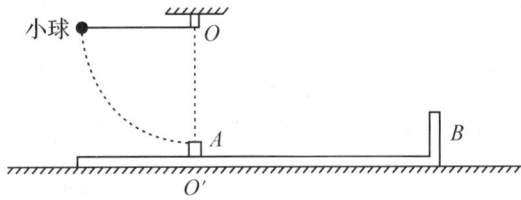
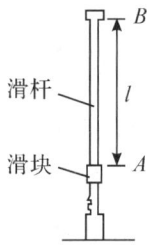

图 3-1-8　　　　　　　　　　　　图 3-1-9　　　　　　　　　　　　图 3-1-10

2. 特征分析

运动、力、动量和能量（宏观、微观）综合问题着重要求学生能正确建模，选用合适的运动规律。从物理学的视角解决综合性问题，主要有以下特点。

（1）核心知识综合应用

涉及运动、力、动量、能量、动量定理、动能定理、动量守恒定律、机械能守恒定律、功能关系等高中物理核心知识内容的综合应用。

考查学生综合运用知识和能力应对复杂问题的素养，全面综合考查学生的物理学科素养水平。

（2）情境复杂、类型多样，涉及多个运动过程、多个研究对象

本专题作为提升物理学科核心素养的一个大综合专题，对应学业质量的较高水平。试题往往呈现较复杂的情况，一般可分为以下几种类型。

① 物体涉及多个运动过程，主要有匀速直线运动、匀变速直线运动、平抛运动、圆周运动等。复杂多变的运动过程总是具有阶段性的，过程中的各个阶段相对于全过程来说，通常简单得多。因此，我们可以采用"拆"的方法，按照物理事件发生的时间顺序，用"慢镜头"的方式，将单体的复杂运动拆成若干个简单的子过程，分析在这些子过程中物体受到哪些力，分别做什么性质的运动，再针对不同的运动形式考虑应用不同的解题方法。如平抛运动可以利用运动的独立性、等时性原理进行分解；圆周运动可以列出"供需平衡"的方程 $F = m\dfrac{v^2}{r}$ 进行求解……只要掌握了物体每个运动过程的特点，按程序一步步地列出相关式子，就可以把问题简化，使之逐步得到解决。

②"子弹打木块"类问题，有明显的模型化特征，两个相互作用的物体间的作用力之一为滑动摩擦力，滑动摩擦力做的功与相对运动的位移（路程）有关，所以可以把系统机械能的变化与内能的增量和一对滑动摩擦力做的功联系起来。

③ 物体间通过弹簧、绳（杆）相互作用的问题，是高考、选考题中的高频考点。在这些问题中，搞清楚能量的转化过程是关键。两个物体之间除了因相互作用要考虑动量、能量关系外，还要分析两个物体的运动学特征，要注意临界情况的分析。当两个物体间有弹簧时，弹簧的弹力会对两个物体做功，要注意弹簧的弹性势能与物体的动能之间的转化关系。

④ 碰撞、爆炸和反冲类问题，是高中物理的核心内容之一。这类问题往往涉及多个物体，不仅涉及宏观物体，还经常涉及微观粒子。解决此类问题的关键是要分析清楚相互作用的类别，能区分各种碰撞的类型，能判断碰撞前后机械能（动能）的增、减或不变。解决这类问题可分三步走：第一步，厘清物理过程；第二步，明确每个过程的研究对象；第三步，对选好的物理过程和研究对象应用相应的物理规律列式求解。

（二） 学生思维障碍分析

1. 物理概念不清晰,科学推理素养需提升

本专题是高中物理中的大综合专题,由于涉及的过程复杂,概念、规律较多,研究对象为两个及以上,因此要求学生有清晰的知识结构,才能明确各个运动过程、各个研究对象所遵循的物理规律。涉及动量定理、动能定理、功能关系该如何正确应用,相互作用系统的动量、能量转化关系如何建立等的具体问题都对模型建构、科学推理要求较高。

2. 综合运用物理规律解决实际问题的思维素养待提高

遇到涉及多个研究对象、多个运动过程的问题时,需要提高对综合问题的分析能力,提高推理论证的素养水平。在具体问题中,如何选取用动量定理或动能定理求解,如何选择合适的系统或时机建立动量守恒的关系式,如何利用功能关系正确描述能量的转化与守恒等,都需要对具体情境进行系统全面的分析。

（三） 求解思维导图

求解思维导图如图 3-1-11 所示。

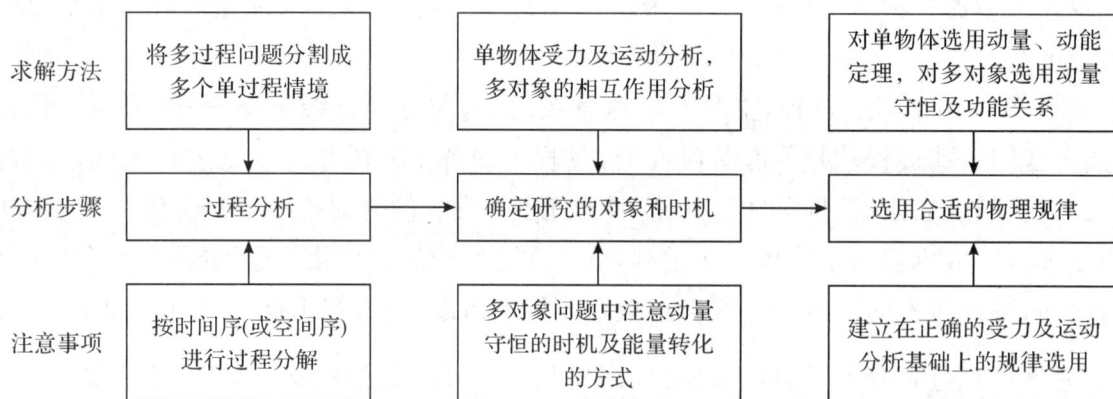

图 3-1-11

（四） 专题学习目标

核心素养	具体目标
物理观念	熟悉系统的运动与相互作用观
	理解相互作用过程中系统动量守恒的条件及普适性
	理解相互作用过程中系统功能关系及能量守恒定律的普适性
科学思维	能将实际问题中的对象和过程转换成物理模型
	能对综合性物理问题进行分析和推理,获得结论并做出解释
	能恰当使用证据证明物理结论
	能对已有结论提出有依据的质疑,采用不同方式分析解决物理问题
	通过运用抽象、概括等方法,选用合适的物理规律分析解决生产生活中的真实问题,提升模型建构和科学推理能力

专题细分		课时规划
横向主题	主题一:分析碰撞中能量的转化与损失	1课时
	主题二:寻找动量、机械能守恒的系统与时机	1课时
纵向主题	主题一:绳、弹簧相连问题	1课时
	主题二:"子弹打木块"类问题	1课时
	主题三:碰撞类问题	1课时

二、横向主题一:分析碰撞中能量的转化与损失

(一)	课时学习目标

核心素养	具体目标
物理观念	知道能量以多种不同的形式存在,物体的不同运动形式对应不同形式的能量
	理解碰撞中各种形式的能量可以相互转化
	理解能量守恒定律,理解机械能与其他形式能量之间的转化
科学思维	能从真实情境中建构绳子、弹簧一端连接质点(另一端固定)的系统的运动模型
	能从真实情境中建构绳子、弹簧两端均连接质点的系统的运动模型
	会分析两个相互作用的质点在不同相互作用力的情况下能量的转化和损失
	会分析真实情境中研究对象能量的转化和损失

(二)	课时学习设计

任务:研究碰撞中能量的转化与损失的思维路径

问题情境 1 绳子或弹簧一端连接质点(另一端固定)的系统,在质点运动过程中的能量变化

如图 3-2-1 所示,不可伸长的柔软轻绳上端固定,下端连接一小球,小球被举高后无初速度释放。

如图 3-2-2 所示,轻弹簧上端固定,下端连接一小球,开始时弹簧处于竖直方向且为原长状态,无初速度释放小球。

如图 3-2-3 所示,不可伸长的柔软轻绳一端固定,另一端连接一小球,小球与轻绳固定端在同一水平位置,轻绳恰好处于伸直状态,无初速度释放小球。

如图 3-2-4 所示,轻弹簧一端固定,另一端连接一小球,小球与弹簧固定端在同一水平位置,弹簧恰好处于原长,无初速度释放小球。

如图 3-2-5 所示,不可伸长的柔软轻绳一端固定,另一端连接一小球,轻绳被斜向上拉直后与水平方向成 θ 角,无初速度释放小球。

请分析上述情况下小球无初速度释放至运动到最低点的过程中,小球的运动情况与能量变化。

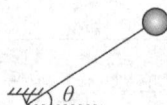

图 3-2-1　　　图 3-2-2　　　　图 3-2-3　　　　　图 3-2-4　　　　　图 3-2-5

▶**参考案例**

展示图 3-2-1、图 3-2-2 对应问题的学生解答。

解答 1:

图 3-2-1 中,小球下落时,小球的重力势能转化为动能。图 3-2-2 中,小球下落时,小球的重力势能转化为小球的动能与弹簧的弹性势能。

解答 2:

图 3-2-1 中,小球释放后自由下落,小球的重力势能转化为动能,小球的机械能守恒。图 3-2-2 中,小球下落时,弹簧被拉伸,小球的重力势能转化为小球的动能与弹簧的弹性势能。

解答 3:

图 3-2-1 中,小球开始释放后,绳子处于松软状态,直到绳子绷紧前,小球只受重力作用,因此小球机械能守恒,下落时,重力势能转化为动能。图 3-2-2 中,小球下落时,弹簧从原长开始被拉伸,小球的重力势能减少,弹簧的弹性势能增加,小球下落到最低点时速度会减为 0,故其动能先增加后减少,在运动过程中,只有重力势能、弹性势能、动能相互转化,以小球和弹簧为系统,则系统机械能守恒。

▶**展有所获**

师:以上三种解答是如何判断物体的能量变化的?如何评价这三种解答?

生 1:解答 1 对于物体能量的变化主要是根据能量的表现形式进行判断的,物体下落则重力势能减少,加速下落则动能增加,弹簧拉长则弹性势能增加。判断方法比较简单,但可能会出现错误。

生 2:解答 2 对于物体能量的变化也是根据能量的表现形式进行判断的,但比解答 1 多分析了运动过程。

生 3:解答 3 比较完整地分析了物体的受力情况和运动过程,并分析了各种形式能量的转化,结合机械能守恒定律的条件,正确分析了物体在运动过程中的能量变化。

师:对应于物体的各种运动形式,能量也有各种不同的形式,它们可以通过一定的方式互相转化。我们了解各种形式的能量,而功是能量转化的量度,物体在运动过程中,作用在它上面的力就可能做功,因此也可以通过外界对物体做功来判断物体能量的变化,只有完整分析物体的运动过程及运动过程中外力的做功情况,才能正确判断物体能量的转化情况。

师:图 3-2-1 中,当小球下落到最低点时,即绳被拉直前后瞬间,小球的能量又是如何转化的?请带着这个问题继续分析图 3-2-3、图 3-2-4 和图 3-2-5 的情形。

展示图 3-2-3、图 3-2-4、图 3-2-5 对应问题的学生解答。

解答 1:

图 3-2-3 中小球下落时,绳子的拉力不做功,重力势能转化为动能,系统机械能守恒。图

3-2-4 中小球下落时,弹簧被拉长,重力势能转化为小球的动能与弹簧的弹性势能,系统机械能守恒。

解答 2:

图 3-2-3 中绳子拉直后再释放小球,小球将沿圆弧下落,下落过程中,绳子拉力不做功,只有重力做功,小球的重力势能转化为动能,下落过程中,小球的机械能守恒。图 3-2-4 中小球下落过程中,弹簧与小球发生相互作用,弹簧的长度发生变化,运动过程中小球的动能、重力势能与弹簧的弹性势能之间发生相互转化,因此选择小球和弹簧组成的系统,该系统机械能守恒。图 3-2-5 中小球释放后,先自由下落,当绳子被拉直后,小球将沿圆弧运动,该过程中绳子的拉力不做功,只有重力做功,小球的重力势能转化为动能,下落过程中,小球的机械能守恒。

解答 3:

图 3-2-5 中小球释放后,先自由下落,绳子被拉直前小球的速度方向竖直向下,绳子被拉直瞬间,因绳子不可伸长,故拉直后瞬间小球沿绳方向的速度减为 0,然后小球沿圆弧运动,该过程中绳子的拉力不做功,只有重力做功,小球的重力势能转化为动能,下落全过程中小球的机械能不守恒,在绳子被拉直的前后瞬间,小球的机械能减少(减少量对应绳子拉直前瞬间小球沿绳方向上的速度分量)。

▶ **展有所获**

师:以上三种解答是如何判断物体的能量变化的?如何评价这三种解答?

生4:感觉解答2和解答3分析得都有道理。图 3-2-5 中绳子被拉直瞬间小球的能量变化比较难判断。

生5:支持解答2的分析,绳子不可伸长,因此不会对小球做功,所以小球在全程中机械能守恒。

生6:考虑图 3-2-5 中绳子被拉直后瞬间,小球动能损失,我认为解答3分析得有道理。

师:如果小球的动能有损失,则一定是绳子的拉力对其做负功,这与绳子不可伸长是否矛盾?

生7:不矛盾。在绳子被拉直前瞬间,绳上弹力为0,被拉直瞬间绳子发生微小形变,绳上产生很大的弹力对小球做负功,使小球在绳子拉直瞬间沿绳方向的速度减为0,故在该瞬间小球的机械能不守恒。

▶ **评有成果**

师:通过以上这些情境的分析以及学生解答的比较,你有哪些收获?如何判断绳子或弹簧一端连接质点(另一端固定)的系统在质点运动过程中的能量变化?

生8:必须对物体运动的全过程进行受力分析和运动情况分析,并分析其所受力做功的情况,根据功能关系和机械能守恒定律进行判断。

生9:用绳子相连的物体,如果在绳子拉紧前的瞬间有沿绳方向的速度分量,则绳子的拉力做负功,使物体沿绳方向上的速度减为0,即绳子拉紧后瞬间物体的机械能(动能)减少。

生10:对所研究的系统进行能量转化的分析,完整分析运动过程中各种形式能量的变化和转化,再根据能量守恒定律进行判断。

问题情境 2　相互作用的两个物体在运动过程中能量的转化和损失

如图 3-2-6 所示，物块 A 和 B 通过一根轻质的、不可伸长的细绳连接，跨放在质量不计的光滑定滑轮两侧，质量分别为 M 和 $m(M > m)$。初始时 A 静止于水平地面上，B 悬于空中。先将 B 竖直向上举高 h（未触及滑轮），然后由静止释放。一段时间后细绳绷直，A 和 B 以大小相等的速度一起运动，之后 B 恰好可以和地面接触，空气阻力不计。

如图 3-2-7 所示，上表面粗糙、质量为 M 的木板放在光滑的水平地面上，质量为 m 的小木块以初速度 v_0 滑上长木板，最终小木块与木板相对静止时，两者的共同速度为 v。

如图 3-2-8 所示，两个由轻弹簧栓接的质量分别为 M 和 m 的小球 A 和 B 静止在光滑水平面上，现给 A 球一个水平向右的初速度 v_0。

如图 3-2-9 所示，有一质量为 m 的小球，以速度 v_0 滑上静置于光滑水平面上的光滑圆弧轨道。已知圆弧轨道的质量为 M，小球在上升过程中始终未能冲出圆弧。

如图 3-2-10 所示，质量为 M 的箱子静止于光滑的水平面上，箱子内有一质量为 m 的小物块。现给小物块一水平向右的初速度 v_0，小物块在粗糙的箱内运动，经与箱壁多次碰撞后与箱子保持相对静止（设碰撞都是弹性的）。

如图 3-2-11 所示，质量为 m 的金属棒置于质量为 M 的光滑的"⊏"形金属框上，两者接触良好，金属框置于光滑的水平面上，整个装置置于垂直水平面向上的匀强磁场中。现给金属棒一水平向右的初速度 v_0。

请分析上述情况下，系统内两物体的运动情况及能量的转化和损失情况。

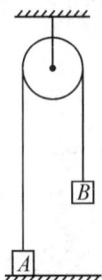
图 3-2-6

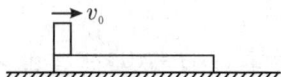
图 3-2-7

图 3-2-8

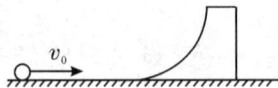
图 3-2-9

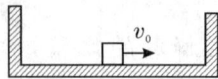
图 3-2-10

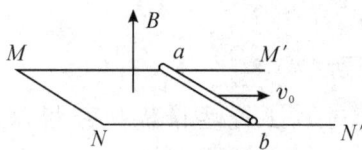
图 3-2-11

▶ **参考案例**

展示图 3-2-6、图 3-2-7、图 3-2-8 对应问题的学生解答。

解答 1：

图 3-2-6 中，B 从释放到细绳绷直前做自由落体运动，B 的机械能守恒，重力势能转化为动能；绳子绷直后，B 的动能转变为 A 和 B 两物体的动能，B 继续下降过程中，由于 $m_A > m_B$，A 和 B 将做减速运动，系统的动能转化为重力势能，B 和地面接触时速度恰好减为 0，此时系统的重力势能最大。

图 3-2-7 中,木块与木板之间存在滑动摩擦力,所以系统机械能减少,动能转化为内能。

图 3-2-8 中,运动过程中只有动能和弹簧的弹性势能发生转化,故选择 A、B 和弹簧为系统,该系统机械能守恒。

解答 2:

图 3-2-6 中,B 从释放到细绳绷直前做自由落体运动,B 只在重力作用下运动,B 的机械能守恒,重力势能转化为动能;绳子绷直瞬间,因绳子不可伸长,故 B 的动能一部分转变为 A 的动能,但总的机械能守恒;绳子绷直后 ……

图 3-2-7 中,木块与木板之间存在滑动摩擦力。对木块而言,在相互作用过程中,摩擦力对其做负功,木块的动能减少;对木板而言,摩擦力对其做正功,木板的动能增加。但木块动能的减少量大于木板动能的增加量,所以系统机械能减少,部分动能转化为内能。

图 3-2-8 中,小球 A 和 B 通过弹簧连接,小球 A 获得初速度后,开始压缩弹簧,弹力对 A 做负功,A 的动能减少,同时弹力对 B 做正功,B 的动能增加,选择 A、B 和弹簧为系统,该系统机械能守恒。

解答 3:

图 3-2-6 中,B 从释放到细绳绷直前做自由落体运动,B 只在重力作用下运动,B 的机械能守恒,重力势能转化为动能;绳子绷直瞬间,A 从静止变成与 B 同速,B 从一个较大的速度减速到与 A 同速,A 和 B 的运动情况不同,在绳子拉力的作用下类似于做完全非弹性碰撞,系统的机械能有损失,与情境一中绳子绷紧的情况类似。此后,A 和 B 有相同的运动状态,尽管 A 和 B 之间存在相互作用力,但这一对相互作用力对系统做的总功为 0,使机械能在 A 和 B 之间转移,系统机械能守恒。

图 3-2-7 中,设木块和木板间的滑动摩擦力为 F_f,当木块与木板相对静止时,两者的共同速度为 v,木块相对木板的位移为 d,木板相对地面的位移为 x,如图 3-2-12 所示。由动能定理可知,对木块有

$$-F_f(x+d) = \frac{1}{2}mv^2 - \frac{1}{2}mv_0^2$$

对木板有

$$F_f x = \frac{1}{2}Mv^2 - 0$$

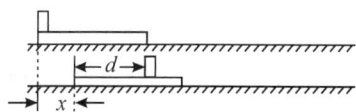

图 3-2-12

对系统有

$$F_f d = \frac{1}{2}mv_0^2 - \frac{1}{2}(M+m)v^2$$

由于木块与木板发生相对运动,木块与木板之间相互作用的滑动摩擦力做功的代数和为负值,其大小恰为系统动能的减少量,即一对滑动摩擦力对系统做负功,使系统的机械能减少,转化为内能。

图 3-2-8 中,小球 A 和 B 通过弹簧连接,A 获得初速度后,开始压缩弹簧,弹簧弹力对 A 做负功,A 的动能减少,同时弹力对 B 做正功,B 的动能增加,选择 A、B 和弹簧为系统,系统只涉及弹簧弹性势能与两球动能之间的转化,因此系统机械能守恒。在第一阶段,A 获得初速度后压缩弹簧,在弹力作用下做减速运动,相应的 B 在弹力作用下,从静止开始加速,当 A 的速度与

B的速度相等时，弹簧被压缩到最短，此时弹簧弹性势能达到最大，系统动能最小；在第二阶段，A继续减速，B继续加速，A和B之间的距离开始变大，即弹簧的压缩量将减小，弹性势能减少，当弹簧恢复原长时，弹性势能减为0，A和B的动能之和等于A的初动能。

▶ **展有所获**

师：对比以上三种解答，你认为如何分析具有相互作用的两个质点组成的系统在运动过程中的能量变化？

生1：分别对两个质点进行分析，再考虑整体的情况会比较准确。图3-2-7是"子弹打木块"的模型，系统损失的机械能转变为内能，其数值等于滑动摩擦力乘以相对位移（路程）。

师：解答3的分析优点是什么？

生2：解答3的分析有理有据，如图3-2-6的情况，对单个质点应用动能定理，再综合分析，对系统则应用动量守恒定律和能量守恒定律求解。另外解答3还完整分析了整个运动过程。

▶ **评有成果**

师：通过以上这些情境的分析以及学生解答的比较，你有哪些收获？

生3：两个有相互作用的质点组成的系统，如果与外界没有能量交换，主要考虑系统内的能量转化和转移情况。

师：如何分析两个有相互作用的质点组成的系统的能量转化或转移呢？

生4：主要考虑两个质点的相互作用，像绳子绷紧、存在滑动摩擦力等情况，则往往有能量损失。

生5：还需要注意过程分析和过程中的受力分析，再根据功能关系可以更加准确地分析出能量的转化或转移情况，如解答3。

生6：对于图3-2-8，可继续分析弹簧第一次恢复原长后A和B两物体的受力和运动情况，及系统的能量转化情况。弹簧第一次恢复原长后，由于A和B两物体的运动，弹簧开始伸长，至弹簧伸长量最大时，A和B两物体又达到同速，此时A和B两物体的总动能最小，弹簧的弹性势能又达到最大，并与压缩量最大时的弹性势能相等，之后弹簧伸长量开始减小，至弹簧又一次恢复原长，整个系统经历了一个完整的运动周期，与初始状态完全相同。接着周而复始地重复之前的运动。

展示图3-2-9、图3-2-10、图3-2-11对应问题的学生解答。

解答1：

图3-2-9中，小球滑上光滑圆弧轨道的过程中，小球的重力势能增加，动能减少，而圆弧轨道的动能增加。

图3-2-10中，小物块在粗糙的箱内运动的过程中，小物块的动能减少，箱子的动能增加。

图3-2-11中，金属棒在光滑的"匚"形框上运动，其动能应该是保持不变的，故金属框也始终保持静止状态。

解答2：

图3-2-9中，小球滑上光滑圆弧轨道的过程中，小球的重力和圆弧轨道对小球的弹力均对小球做负功，故小球的重力势能增加，动能减少，而小球对圆弧轨道的弹力对轨道做正功，故圆弧轨道的动能增加，当小球运动到圆弧轨道最高点时，小球与轨道沿水平方向的速度相等，此

时小球的重力势能最大,系统的动能应减到最小。

图 3-2-10 中,小物块在粗糙的箱内运动的过程中,箱子对小物块的摩擦力对小物块做负功,小物块的动能减少,小物块对箱子的摩擦力对箱子做正功,箱子的动能增加,两者保持相对静止时,系统的动能应减到最小。

图 3-2-11 中,金属棒在光滑的"凵"形框上运动的过程中,受到安培阻力作用,安培力对金属棒做负功,金属棒的动能减少,而金属框受到的安培力对其做正功,框的动能增加,最终两者会达到相对静止,此时系统的动能应该是最小的。

解答3:

图 3-2-9 中,同解答 2 的分析,当小球运动到轨道最高点时,两者沿水平方向速度相等,对系统由水平方向动量守恒可得

$$mv_0 = (M+m)v_{共}$$

此时系统的动能最小,为

$$E_k = \frac{1}{2}(M+m)v_{共}^2 = \frac{m^2v_0^2}{2(M+m)}$$

对系统,由能量守恒可得小球运动到轨道最高点时小球的重力势能,为

$$E_p = \frac{1}{2}mv_0^2 - \frac{1}{2}(M+m)v_{共}^2 = \frac{Mmv_0^2}{2(M+m)}$$

同理,图 3-2-10 中小物块和箱子达到相对静止时,图 3-2-11 中金属棒和金属框达到同速时,系统的动能均为最小,$E_k = \dfrac{m^2v_0^2}{2(M+m)}$;图 3-2-10 中由于一对滑动摩擦力对系统做负功,系统克服摩擦力做功产生的热量为 $Q = \dfrac{Mmv_0^2}{2(M+m)}$;图 3-2-11 中由于一对安培力对系统做的总功为负功,系统克服安培力做功产生的焦耳热为 $Q = \dfrac{Mmv_0^2}{2(M+m)}$。

▶ **展有所获**

师:对比以上三种解答的展示,对分析具有相互作用的两个物体组成的系统在运动过程中的能量变化,你的思维路径是怎样的?

生 1:首先对相互作用的两个物体在相对运动的过程中分别进行受力分析,再结合运动规律才能准确地分析能量的变化和损失。如解答 1 在分析图 3-2-11 情境时,由于没有分析金属棒的受力情况,故得出棒匀速运动的结论,这显然是错误的。解答 2 和解答 3 都做了受力分析和运动分析,因此分析比较完整。

▶ **评有成果**

师:通过以上这些情境的分析以及学生解答的比较,你有哪些收获?

生 2:解答 3 在对以上三种情境的能量变化和损失的定性分析的基础上,进行了定量的计算,从其分析结果可知,具有相互作用的两个物体在运动过程中,在某一方向达到同速时(可通过系统沿该方向的动量守恒求出其同速的速度),系统的动能减到最小,减少的动能转化为一物体的重力势能,或转化为系统的热量(摩擦生热),或转化为系统内电阻产生的焦耳热,或转化为图 3-2-8 情境中的弹簧的弹性势能等。这是同一类问题,具有相同的思维路径,甚至具有相同的结论。

生3：基于相同的思维路径，还可以对图3-2-9情境中小球运动到圆弧轨道最高点以后的运动规律和能量转化情形进行分析。小球运动到轨道最高点以后，小球对轨道的弹力依然对轨道做正功，轨道的动能继续增加，而轨道对小球的弹力对小球做负功，但同时小球的重力对其做正功，故小球在下降过程中的动能是否增加要视重力和弹力的合力对其做正功还是负功而定，总之小球能量的变化还要基于其受力情况和运动情况来综合考虑。

师：通过以上同学的分析和研讨，我们得到要研究系统能量的变化和损失问题，还是需建立在运动和相互作用的基础上。

生4：当两个物体相互作用时，对于能量转化问题的考虑，需要根据运动和相互作用、能量等角度综合分析。两个物体之间的相互作用力，即使是摩擦力，如果没有发生相对运动，其机械能也不一定有损失；两个物体之间即使是由不可伸缩的绳子相连，若两个物体在绳子绷紧前，沿绳方向有不同的速度，则绳子绷紧瞬间系统机械能仍有损失。

生5：我补充生4的说法，当两个物体相互作用时，要仔细分析这一对作用力与反作用力做功的具体情况。

问题情境3　先后发生相互作用的三个物体在运动过程中能量的转化和损失

如图3-2-13所示，三个小球的质量均为m，B和C两球用轻弹簧连接后放在光滑的水平面上，A球以速度v_0沿B和C两球球心的连线向B球运动，碰后A和B两球粘在一起。

如图3-2-14所示，光滑水平轨道上放置长木板A（上表面粗糙）和滑块C，滑块B置于A的左端（B和C可视为质点），三者的质量分别为m_A、m_B、m_C；开始时C静止，A和B一起以v_0的速度匀速向右运动，A与C发生碰撞（时间极短）并粘在一起，经过一段时间，B刚好滑至A的右端而没掉下来。

如图3-2-15所示，在光滑水平面上有一质量为M的带有光滑半圆形槽（半径足够大）的滑块a，在槽底部有一质量为m的小球，滑块a和小球一起以速度v_0向右滑动；另一质量也为M的滑块b静止于滑块a的右侧，两滑块相撞（碰撞时间极短）后，粘在一起向右运动。

如图3-2-16所示，在固定的水平杆上套有质量为m的光滑圆环，轻绳一端拴在环上，另一端系着质量为M的木块，现有质量为m_0的子弹以v_0的水平速度射入木块并立刻留在木块中。

请分析上述情况下，系统内三物体的运动情况及能量的转化和损失情况。

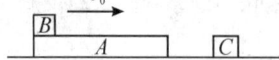

图3-2-13　　　　　　图3-2-14　　　　　　图3-2-15　　　　　　图3-2-16

▶ **参考案例**

解答1：

图3-2-13中，A与B先发生碰撞，碰后粘在一起，然后开始压缩弹簧，此后A与B减速，C加速，至弹簧压缩到最短，此前的整个过程中系统机械能守恒。

解答2：

图3-2-13中，A与B先发生碰撞，碰后粘在一起，该过程属于完全非弹性碰撞，系统机械能（动能）有损失，并且损失最大，损失的动能转化为A和B碰撞过程中产生的热量。之后A和

B 作为一个整体向 C 运动，A 和 B 压缩弹簧，弹力对其做负功，A 和 B 系统的动能减少，弹力对 C 做正功，C 的动能增加，当 A、B、C 三者达到同速时，弹簧的压缩量最大，此时弹簧的弹性势能最大，系统的动能最小，该过程也是一个完全非弹性碰撞过程。

解答 3：

图 3-2-13 中，参考解答 2 的分析，同时根据系统动量守恒定律和能量转化关系能定量写出 A 与 B 碰撞中损失的动能和弹簧的最大弹性势能。

A 与 B 碰撞，由系统动量守恒定律得

$$mv_0 = (m+m)v_{共1}$$

A 与 B 碰撞后的动能为

$$E_{k1} = \frac{1}{2} \times 2m \cdot v_{共1}^2 = \frac{1}{4}mv_0^2$$

A 与 B 碰撞中损失的动能（转化为热量）为

$$\Delta E_{k1} = \frac{1}{2}mv_0^2 - \frac{1}{4}mv_0^2 = \frac{1}{4}mv_0^2$$

弹簧压缩量最大时，A、B、C 三者同速，由系统动量守恒定律得

$$mv_0 = 3mv_{共2}$$

此时系统的动能为

$$E_{k2} = \frac{1}{2} \times 3m \cdot v_{共2}^2 = \frac{1}{6}mv_0^2$$

A 和 B 同速后至弹簧压缩量最大的过程中，系统损失的动能为

$$\Delta E_{k2} = \frac{1}{4}mv_0^2 - \frac{1}{6}mv_0^2 = \frac{1}{12}mv_0^2$$

弹簧的弹性势能最大为

$$E_{pm} = \Delta E_{k2} = \frac{1}{12}mv_0^2$$

以上过程就是自 A 开始运动到弹簧第一次被压缩到最短的过程中，系统能量的转化和损失情形。

解答 4：

参考解答 3 的分析。

图 3-2-14 中，A 先与 C 发生一次完全非弹性碰撞，系统动能损失最大，在此碰撞中 B 的运动状态不发生改变。A 与 C 碰撞后同速，其速度小于 B 的速度，之后摩擦力对 B 做负功，B 的动能减少，摩擦力对 A 和 C 整体做正功，A 和 C 的动能增加，直到 A、C、B 三者又一次达到同速，此过程又是一次完全非弹性碰撞，系统动能损失最大，损失的动能转化为 A 和 B 之间的摩擦生热。

图 3-2-15 中，a 和 b 先发生一次完全非弹性碰撞，然后 m 与 a 和 b 发生一次完全非弹性碰撞，三者同速时，m 的重力势能最大，其值等于 a 和 b 第一次碰后的动能与三者同速时系统的动能的差值。

图 3-2-16 中，子弹击中木块并留在其中，该过程属于完全非弹性碰撞，系统的动能损失最大，损失的动能转化为子弹与木块间产生的热量，之后子弹与木块一起向右上方摆起，同时线的拉力对圆环做正功，圆环的动能增加，当三者同速时，子弹与木块摆到了最高点，该过程也是

一次完全非弹性碰撞,根据能量转化可求得子弹与木块摆起的最大高度,即子弹与木块增加的重力势能等于子弹与木块碰后系统的动能与最终三者同速时系统动能的差值。

▶ **展有所获**

师:对比以上四种解答的展示,你认为如何分析先后发生相互作用的三个物体在运动过程中能量的转化和损失?

生1:先后发生相互作用的几个物体间的碰撞,须根据碰撞的次序依次确定碰撞的类型,从而解决碰撞中能量的转化与损失问题。

生2:值得注意的是,两个物体间的碰撞均属于相互作用时间很短、相互作用力很大的情况,故两个物体发生碰撞时,第三个物体的运动状态并未发生改变,直到两个物体碰撞结束后才与第三个物体发生相互作用。

生3:解答1的分析有个严重的问题,图3-2-13中 A 和 B 间的碰撞属于完全非弹性碰撞,该碰撞中有机械能(动能)损失并且是损失最大的情形,故整个运动过程中机械能不守恒,机械能的损失就发生在 A 和 B 间的碰撞。图3-2-14、图3-2-15、图3-2-16的情形是一样的,均是第一次碰撞属于完全非弹性碰撞,机械能(动能)损失最大,图3-2-14在 A 和 C 同速后,B 与 A 和 C 间的碰撞(最终三者同速)仍属于完全非弹性碰撞,机械能(动能)又是损失最大的情形,图3-2-15和图3-2-16中两物体碰撞后与第三个物体达到同速过程的运动仍属于完全非弹性碰撞,但是系统机械能守恒,三者达到同速时,系统的动能损失最大,转化为系统内物体的重力势能。

▶ **评有成果**

师:通过以上这些情境的分析以及学生解答的比较,你有哪些收获?

生4:几个有相互作用的物体组成的系统,如果与外界没有能量交换,则主要考虑系统内的能量转化和转移情况。

生5:情境3的四种情况中,物体间的碰撞及能量的转化具有相似性,可按相同的思维路径展开。首先研究先发生碰撞的两个物体,注意碰撞的类型,从而确定能量的转化和损失,然后研究与第三个物体间的相互作用,同样要分析碰撞的类型,从而确定能量的转化,如有更多的物体间的碰撞,则依次进行运动和力的分析,进而进行能量分析。

▶ **小结**

解决具有相互作用的两物体和多物体间的能量转化和损失问题的一般思维路径如图3-2-17所示。

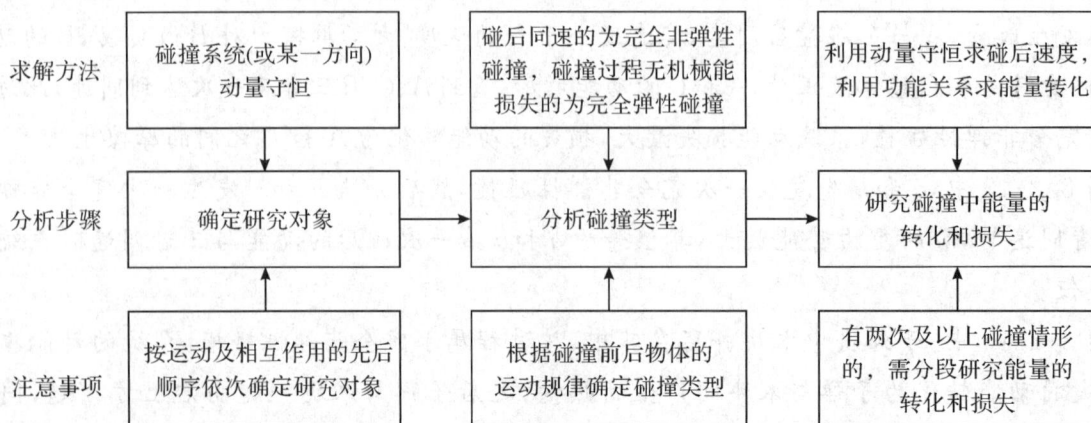

求解方法	碰撞系统(或某一方向)动量守恒	碰后同速的为完全非弹性碰撞,碰撞过程无机械能损失的为完全弹性碰撞	利用动量守恒求碰后速度,利用功能关系求能量转化
分析步骤	确定研究对象	分析碰撞类型	研究碰撞中能量的转化和损失
注意事项	按运动及相互作用的先后顺序依次确定研究对象	根据碰撞前后物体的运动规律确定碰撞类型	有两次及以上碰撞情形的,需分段研究能量的转化和损失

图3-2-17

(三) 巩固性练习

1. 小滑块 A 位于光滑的水平桌面上,小滑块 B 处在桌面上的光滑小槽中,两滑块用长为 L、不可伸长、无弹性的轻绳相连,如图 3-2-18 所示。开始时 A 和 B 间的距离为 $\frac{L}{2}$,A 和 B 间的连线与小槽垂直。现给滑块 A 一冲击,使其获得平行于槽的速度 v_0。

(1) 若滑块 B 固定,则轻绳绷紧前后滑块 A 的动能转化情况如何?

(2) 若滑块 B 不固定,可沿光滑小槽运动,则轻绳绷紧前后滑块 A 和 B 的能量转化情况又如何?

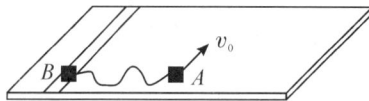
图 3-2-18

2. (多选) 如图 3-2-19 所示,在光滑的水平面上有两个小球 A 和 B,B 球上固定一轻质弹簧,A 球以速率 v 碰撞静止的 B 球。从 A 碰撞 B 到弹簧压缩到最短的过程中, ( )

A. 系统动量守恒

B. 系统动能保持不变

C. 当弹簧压缩到最短时,A 的速度减到 0

D. 当弹簧压缩到最短时,系统的动能损失最大

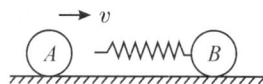
图 3-2-19

3. (多选) 矩形滑块由不同材料的上、下两层粘在一起组成,将其放在光滑的水平面上,质量为 m 的子弹以速度 v_0 水平射向滑块。若射击下层,则子弹刚好不射出;若射击上层,则子弹刚好能射穿一半厚度,如图 3-2-20 所示。上述两种情况相比较,下列说法正确的是 ( )

A. 子弹的末速度大小相等

B. 系统产生的热量一样多

C. 射击上层时,子弹对滑块做的功小

D. 射击下层时,子弹损失的动能大

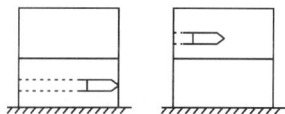
图 3-2-20

4. 如图 3-2-21 所示,在光滑的水平直轨道上有三个物块 A、B、C。B 的左侧固定一水平轻弹簧(弹簧左侧固定一质量不计的挡板)。设 A 以速度 v_0 向 B 运动,压缩弹簧,当 A 和 B 速度相等时,B 与 C 恰好相碰并粘在一起,然后继续运动。假设 B 和 C 碰撞过程时间极短,试分析从 A 开始压缩弹簧直至与弹簧分离的过程中,系统能量的转化和损失情况。

图 3-2-21

5. 如图 3-2-22 所示,光滑的水平面上有一木板,其右端恰好和光滑、固定的圆弧轨道 AB 的底端等高对接(木板的水平上表面与圆弧轨道相切),木板右端有一物体 C(可视为质点),现将一小滑块(可视为质点)在轨道顶端 A 点由静止释放,滑块滑到 B 端后冲上木板,并与木板右端的物体 C 粘在一起沿木板向左滑行,最后恰好不从木板左端滑出。试分析从滑块释放至最后物体 C(含滑块)恰好不从木板左端滑出的整个过程中系统能量的转化和损失。

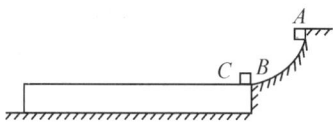
图 3-2-22

三、横向主题二:寻找动量、机械能守恒的系统与时机

(一) 课时学习目标

核心素养	具体目标
物理观念	理解系统的内力不改变系统的动量;当系统所受外力的矢量和为0或内力远远大于外力时,系统的总动量守恒
	理解相互作用的系统,在动量守恒的情况下,机械能不一定守恒
	理解一对滑动摩擦力做功与系统机械能(动能)损失之间的关系
科学思维	能选取合适的研究对象(系统)在某一过程(或时机)应用动量守恒定律求解
	会分析相互作用的系统能量转化的情形,并能写出能量转化与守恒的表达式
	能综合运用动量守恒定律和能量关系,分析处理多个物体相互作用的情形

(二) 课时学习设计

任务:动量、机械能守恒的系统与时机的模型建构

问题情境 1 寻找两个物体在发生相互作用过程中动量、机械能守恒的系统与时机

如图 3-3-1 所示,光滑水平地面上有一小车,轻弹簧的一端与车厢的挡板相连,另一端与滑块相连,滑块与车厢的水平底板间有摩擦。用力 F 向右推动车厢使弹簧压缩,当滑块与车厢同速时撤去力 F,之后滑块在车厢底板上有相对滑动。

如图 3-3-2 所示,不可伸长的轻绳一端固定,另一端悬挂一静止沙箱,一弹丸水平射入沙箱并留在其中,随后与沙箱共同摆起一角度,不计空气阻力。

如图 3-3-3 所示,用不可伸长的轻绳将物块 a 悬挂在 O 点,初始时,轻绳处于水平拉直状态,现将 a 由静止释放,当物块 a 下摆至最低点时,恰好与静止在水平面上的物块 b 发生弹性碰撞(碰撞时间极短)。

如图 3-3-4 所示,子弹以一定速度射入置于水平面上的木块,射穿后继续向上运动,同时子弹射穿后木块也向上运动。

写出上述四种情况下,动量、机械能守恒的系统与时机。

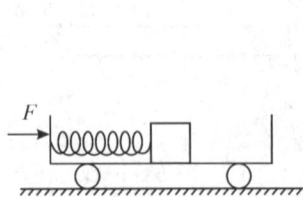 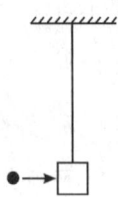 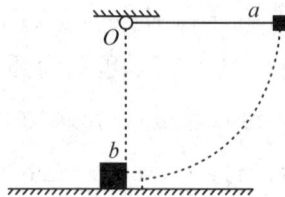 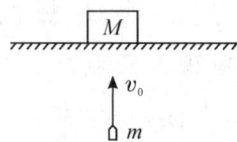

| 图 3-3-1 | 图 3-3-2 | 图 3-3-3 | 图 3-3-4 |

▶**参考案例**

展示图 3-3-1 对应问题的学生解答。

解答 1：

因有推力作用，所以动量不守恒。滑块与车厢的水平底板间有摩擦，所以机械能不守恒。

解答 2：

撤去推力后，对于小车、弹簧和滑块组成的系统，因水平地面光滑，可知系统所受外力的矢量和为 0，由动量守恒定律可知，系统动量守恒。因滑块与车厢的水平底板间有摩擦，且在撤去推力后，滑块与车厢之间发生相对滑动，一对滑动摩擦力对系统做负功，部分机械能转化为内能。

解答 3：

同解答 2 的分析，系统动量守恒，由于滑块与车厢之间发生相对滑动，一对滑动摩擦力对系统做负功，部分机械能转化为内能，系统最终将达到稳定状态，此后滑块与车厢相对静止（同速），由动量守恒定律可知，此时系统的速度与撤去外力时的速度相同，因此系统的总动能与初始动能相等，显然是弹簧的弹性势能转化为内能（克服滑块与车厢间的摩擦力做功而产生的）。

▶ **展有所获**

师：通过以上三种解答的展示，如何判断系统的动量和能量关系？

生 1：解答 1 没有考虑到撤去推力后系统动量守恒，解答 2 分析得很好，解答 3 的分析有点多余。

生 2：关于动量关系，首先要选定系统，然后根据动量守恒定律的条件判断。本题的能量关系比较难判断。解答 3 对我的启发比较大，把动量和能量问题综合起来考虑，可以使问题的分析更为清晰。

生 3：假如题目中没有说明滑块和车厢发生相对滑动，也有可能机械能是守恒的。

师：这是系统相互作用问题，对于一个系统来说，如果外力的矢量和为 0，则系统动量一定守恒，其内力不改变系统的动量，但一对作用力与反作用力的做功情况就比较复杂。本情境中，如果没有相对滑动，则一对静摩擦力对系统不做功，系统的机械能的确没有损失。另外对于时机的选择也很重要，解答 3 考虑最终状态与起始状态的比较，得到系统速度相等这个关系，是问题分析的关键。

展示图 3-3-2、图 3-3-3、图 3-3-4 对应问题的学生解答。

解答 1：

图 3-3-2 中，在弹丸射入沙箱到两者一起上摆的过程中，系统受到的外力的矢量和不为 0，系统动量不守恒，但全过程中只有重力做功，轻绳拉力不做功，故系统机械能守恒。

图 3-3-3 中，物块 a 下摆的过程中只有重力做功，a 的机械能守恒；a 与 b 碰撞过程中系统动量守恒，但不确定机械能是否守恒。

图 3-3-4 中，子弹射入木块并射穿，该过程中系统受到的外力的矢量和不为 0，系统动量不守恒，子弹在射穿后向上运动的过程中只受重力作用，子弹的机械能守恒。

解答 2：

图 3-3-2 中，由于弹丸射入沙箱并达到同速过程经历的时间很短，系统受到的外力的矢量和为 0，故系统的动量守恒，但由于该过程内力（弹丸与沙箱间的摩擦力）对系统做负功，故系统的机械能（动能）有损失，并且是损失最大的情形，属于完全非弹性碰撞情形；弹丸与沙箱同速后一起上摆的过程中，系统只有重力做负功，系统的机械能守恒。

图 3-3-3 中，物块 a 下摆的过程中只有重力做功，a 的机械能守恒；a 与 b 碰撞过程中，系统

受到的外力的矢量和为0,系统动量守恒,由于发生的是完全弹性碰撞,故系统的机械能守恒,基于动量守恒式和机械能守恒式可解得碰后 a 和 b 的速度大小。

图3-3-4中,由于子弹射入木块并射穿的过程经历的时间很短,并且该过程中子弹与木块间的内力远远大于系统受到的外力(子弹和木块的重力),故系统的动量守恒,但由于该过程中内力(子弹与木块间的摩擦力)对系统做负功,系统的机械能(动能)有损失,子弹穿出木块后,子弹和木块均只受各自的重力作用,子弹与木块的机械能均守恒。

▶ 展有所获

师:通过以上两种解答的展示,对寻找两物体在相互作用过程中动量和机械能守恒的系统与时机,你有什么收获?

生4:解答1在分析问题时未对运动过程进行分段研究,比如图3-3-2中,弹丸射入沙箱的过程可视为系统受到的外力的矢量和为0的情景,系统动量守恒,但机械能不守恒。

生5:研究两物体在相互作用过程中满足的物理规律,可按运动发生的先后分段研究,在不同的阶段根据守恒的条件寻找动量、机械能守恒的系统和时机。

▶ 评有成果

师:两个相互作用的物体,因相互作用的情况不同,其机械能可能守恒,也可能转变为其他形式的能,把两个物体作为一个系统来考虑,则它们之间的相互作用力为内力,系统动量在很多情况下是守恒的。通过对图3-3-1～3-3-4的分析,你能总结出一般性的结论吗?

生6:对于两个相互作用的物体,关键是要分析清楚两个物体之间相互作用力的特点。按相互作用发生的先后,选择合适的研究对象(系统),分析系统的受力情况,包括外力和内力,在一般情况下,相互作用的两个物体在碰撞过程中受到的外力的矢量和为0或者系统的内力远远大于外力,故系统的动量守恒,但是由于有内力对系统做功(需要判断是正功还是负功),故系统的机械能(动能)一般不守恒。

生7:对于两个相互作用的物体,需要根据动量守恒的条件寻找系统动量守恒的时机,根据系统受到的外力和内力做功的特征分析系统机械能是否守恒。

问题情境2 寻找两个物体在发生多次相互作用过程中动量、机械能守恒的系统与时机

如图3-3-5所示,粗糙的水平地面上有两个静止的小物块 a 和 b,现使 a 以某一初速度向右滑动,a 与 b 发生弹性碰撞,然后 b 与墙发生碰撞。

如图3-3-6所示,小球放在大球的正上方,两球直接接触且球心连线竖直,两球同时从距水平面高度为 h 的地方由静止释放,设两球间的碰撞和大球与地面的碰撞均为弹性碰撞且作用时间极短。

如图3-3-7所示,将一光滑的半圆槽置于光滑水平面上,槽的左侧有一固定在水平面上的物块。现让一小球自左侧槽口 A 的正上方由静止开始下落,自 A 点与圆弧槽相切进入槽内,并从 C 点飞出。

如图3-3-8所示,竖直放置的轻弹簧下端固定在地面上,上端与质量为 m 的钢板连接,钢板处于静止状态。一质量也为 m 的物块从钢板正上方 h 处的 P 点自由落下,打在钢板上并与钢板一起向下运动距离 x_0 后到达最低点 Q。

写出上述四种情况下，动量、机械能守恒的系统与时机。

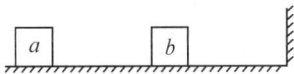 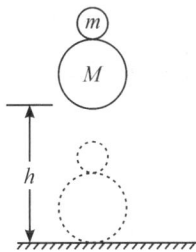 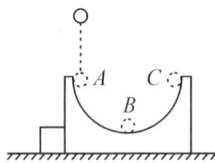 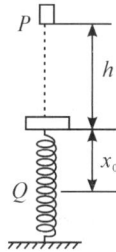

图 3-3-5　　　　　　图 3-3-6　　　　　　图 3-3-7　　　　图 3-3-8

▶ **参考案例**

展示图 3-3-5、图 3-3-6、图 3-3-7 对应问题的学生解答。

解答 1：

图 3-3-5 中，由于两物块与地面间存在摩擦，故 a 和 b 两物块发生碰撞时外力的矢量和不为 0，系统动量不守恒，由于物块运动中均受滑动摩擦力作用，摩擦力对两物块均做负功，故系统的机械能（动能）减少；b 与墙发生弹性碰撞，碰撞前后 b 的动量改变，但动能保持不变。

图 3-3-6 中，两球先做自由落体运动，两球的机械能均守恒，当大球着地时，两球的速度大小相等，此后两球的运动规律不会判断。

图 3-3-7 中，由于所有接触面均光滑，故小球自 A 点上方由静止下落后直到从 C 点飞出的全过程中，系统的动量和机械能均守恒。

解答 2：

图 3-3-5 中，虽然两物块与地面间存在摩擦，但 a 与 b 两物块发生碰撞时，由于碰撞时间极短，碰撞中 a 与 b 间的内力远远大于两物体受到的摩擦阻力，故 a 与 b 两物块碰撞时系统动量守恒，由于发生的是弹性碰撞，故 a 与 b 两物块的机械能（动能）也守恒，但是碰撞前 a 物块克服摩擦力做功，a 的机械能减少；碰撞后 a 与 b 两物块均受地面摩擦力作用，两物块的机械能减少；b 与墙碰撞后，b 的动量反向，动能保持不变。

解答 3：

图 3-3-6 中，大球着地前瞬间两球的速度大小相等，方向均向下，接下来大球跟地面发生碰撞，若碰撞是完全弹性的，则大球以原速反弹，碰撞前后大球的机械能不变；此后大球向上运动与向下运动的小球再次发生碰撞，碰撞中系统虽然受到重力作用，但是两球间的内力远远大于外力（重力），系统动量守恒，若碰撞是完全弹性的，则系统的机械能也守恒。

解答 4：

图 3-3-7 中，小球自 A 点上方由静止下落至运动到半圆槽的最低点 B 点的过程中，小球的重力对其做正功，槽的弹力不做功，故小球的机械能守恒，但是该过程中球与槽系统在水平方向上受到固定物块对系统向右的弹力作用，系统受到的外力的矢量和不为 0，系统沿水平方向的动量不守恒；当小球从 B 点向上运动到 C 点的过程中，系统在水平方向上受到的外力的矢量和为 0，系统沿水平方向动量守恒，同时只有小球的重力做负功，系统的机械能也守恒。但是小球从 C 点飞出后的运动规律不会分析。

▶ **展有所获**

师：通过以上四种解答的展示，对寻找两物体在多次相互作用过程中动量和机械能守恒的系统与时机,你有什么收获?

生1:解答1没有选择合适的动量和机械能守恒的系统与时机,故不会用守恒的条件判断系统的动量和机械能是否守恒。图3-3-5中,虽然两物块与地面间存在摩擦,但在两物块发生碰撞时其内力远远大于外力(摩擦力),故碰撞中系统的动量是守恒的。图3-3-6中,要根据碰撞的先后选择不同的对象,所有一维碰撞都是两两依次进行的,故大球着地后先完成与地面的碰撞,反弹后再与小球发生碰撞,要选好研究的系统和时机,并根据守恒的条件来判断碰撞中动量和机械能是否守恒。

生2:解答4对于小球从C点飞出后系统的运动规律不会分析,这主要是因为没有选好研究对象。取小球和半圆槽整体研究,该系统在水平方向上受到的外力的矢量和为0,系统在水平方向上动量守恒,同时小球从C点飞出后只受重力作用,则其水平速度保持不变,故小球与槽在水平方向上始终同速,小球相对槽做竖直上抛运动,回到C点后继续向B点、A点运动,该过程中系统沿水平方向动量守恒,由于整个过程中系统的机械能守恒,故小球能够回到初始释放的高度,同时槽也回到原来的位置,接下来重复之前的运动。

▶ **评有成果**

师:对研究两物体在多次相互作用过程中的动量和能量问题,我们发现不能总是取全过程研究,全过程来看,系统的动量和机械能往往是不守恒的,但是在某些碰撞的时机中,系统的动量和机械能是守恒的,因此寻找动量、机械能守恒的系统与时机是解决碰撞问题的关键一步。那么,通过以上问题的研究,你能总结出寻找动量、机械能守恒的系统与时机的一般路径吗?

生3:① 循着碰撞的依次发生逐步选择研究的系统;② 根据动量守恒或机械能守恒的条件判断碰撞中或运动中系统的动量、机械能是否守恒;③ 如需定量计算,则可依据守恒表达式列方程或方程组求解;④ 对求得的结果分析其合理性。

展示图3-3-8对应问题的学生解答。

解答1:

该问题分为两个阶段研究:

(1)物块从开始到下落h与钢板相碰,选择物块和钢板组成的系统,只有重力做功,因此机械能守恒。由机械能守恒定律得$mgh = \frac{1}{2} \times 2mv_1^2$,可得碰后物块和钢板的速度为$v_1 = \sqrt{gh}$。

(2)物块从开始到下落h与钢板相碰,再继续压缩弹簧到最低点Q的过程中,选择物块和钢板、弹簧组成的系统,只有重力和弹簧弹力做功,故系统机械能守恒,到最低点时物块速度减为0,因此增加的弹性势能等于系统减少的重力势能,即

$$E_p = mg(h + x_0) + mgx_0 = mg(h + 2x_0)$$

解答2:

该问题分为两个阶段研究:

(1)物块自由下落h,其机械能守恒,由机械能守恒定律得

$$mgh = \frac{1}{2} \times mv_1^2$$

当物块与钢板碰撞时,系统内力远远大于外力(物块的重力),故系统动量守恒,由动量守恒得

$$mv_1 = 2mv_2$$

可得碰后物块和钢板的速度为

$$v_2 = \frac{1}{2}v_1 = \frac{\sqrt{2gh}}{2}$$

（2）物块与钢板相碰后具有相同的速度 v_2，然后两个物体作为一个整体，继续压缩弹簧到最低点 Q 的过程中，选择物块和钢板、弹簧组成的系统，只有重力和弹簧弹力做功，系统机械能守恒，由于到最低点时物块速度减为 0，因此增加的弹性势能等于系统减少的重力势能和动能，即

$$E_p = \frac{1}{2} \times 2mv_2^2 + 2mgx_0 = mg\left(2x_0 + \frac{h}{2}\right)$$

▶ 展有所获

师：当两个物体发生相互作用时，有时机械能守恒，有时机械能有损失，如何进行正确判断，对比以上两种解法，你有什么收获？

生1：对比解答1和解答2，关键在于物块与钢板碰撞时，正确判断能量有无损失。

生2：题目中已经明确说了，物块和钢板发生碰撞，碰后一起向下运动，这属于完全非弹性碰撞，其机械能一定有损失，且是损失最大的情况。

师：不能简单地记住结论，我们要会根据两个物体之间的相互作用来分析能量的损失情况。

▶ 评有成果

师：通过以上这些情境的分析以及学生解答的比较，对于寻找动量守恒的系统与时机，判断能量的转化与损失，你有哪些收获？

生3：研究对象的选取很重要，确定研究对象之后，才能判断系统动量是否守恒，分析各种形式的能的转化。图 3-3-8 中，物体在自由下落的过程可以只选择物块作为研究对象，但在与钢板碰撞时，必须选择钢板和物块两个物体作为研究对象。

生4：当两个物体相互作用时，对于寻找动量、机械能守恒的系统与时机，需要根据运动和相互作用、能量等角度综合分析。

问题情境3 寻找多个物体在发生多次相互作用过程中动量、机械能守恒的系统与时机

如图 3-3-9 所示，光滑水平轨道上放置长板 A（上表面粗糙）和滑块 C，滑块 B 置于 A 的左端，开始时 C 静止，A 和 B 一起以 v_0 的速度匀速向右运动，A 与 C 发生碰撞（时间极短）后 C 向右运动，经过一段时间，A 和 B 再次达到共同速度一起向右运动，且恰好不再与 C 碰撞。

如图 3-3-10 所示，木块 A 和 B 并排放在光滑水平面上，A 上固定一竖直轻杆，轻杆上端的 O 点系一细线，细线另一端系一球 C。现将球 C 拉起使细线水平伸直，并由静止释放球 C。

如图 3-3-11 所示，光滑的水平面上有 A、B 和 C 三个滑块，A 与 B 两滑块由轻弹簧相连，初态时弹簧处于原长，C 以速度 v_0 向 A 运动，C 与 A 发生碰撞（时间极短）后与 A 达到同速并一起压缩弹簧。

如图 3-3-12 所示，平板车 B 和滑块 C 置于光滑的水平面上，B 上固定一"⌐"形轻杆，杆上悬挂一轻绳，绳的下端系一小球 A。初始时 C 静止，A 和 B 以相同的速度 v_0 向 C 运动，B 与 C 发生碰撞（时间极短）后 B 和 C 同速。

写出上述四种情况下,动量、机械能守恒的系统与时机。

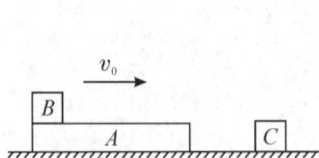 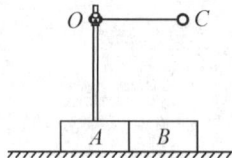 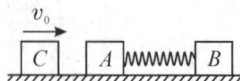 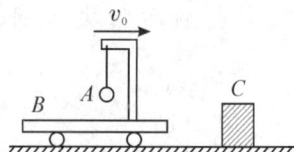

图 3-3-9   图 3-3-10   图 3-3-11   图 3-3-12

▶ 参考案例

展示图 3-3-9、图 3-3-10 对应问题的学生解答。

解答1:

图 3-3-9 中,由于 A、B、C 系统受到的外力的矢量和为 0,故系统动量守恒,由于最终状态 A 和 B 恰好不再与 C 碰撞,则 A、B、C 三者最后同速,根据系统动量守恒可求得最终三者的速度;由于 B 在 A 的上表面运动过程中,B 与 A 的上表面间存在滑动摩擦力,摩擦力对系统做负功,系统机械能减少,减少的机械能转化为 B 与 A 间的摩擦产生的热量。

图 3-3-10 中,由于 A、B、C 系统在水平方向受到的外力的矢量和为 0,故系统沿水平方向动量守恒,由于只有 C 的重力做功,故系统的机械能也始终守恒。

解答2:

图 3-3-9 中,A 先与 C 发生碰撞,由于碰撞时间极短,可认为在 A 与 C 碰撞中 B 的运动状态未发生变化,A 和 C 系统由于受到的外力的矢量和为 0,故碰撞中 A 和 C 系统动量守恒,碰后 C 向后运动,A 的速度减小(也可能反向),此后由于 B 和 A 间有相对运动,在摩擦力作用下 B 和 A 最终达到同速,该系统动量守恒,由于最后恰好不再与 C 碰撞,故 B 和 A 同速后的速度与 C 也同速;B 和 A 在达到同速过程中,摩擦力对系统做负功,系统机械能(动能)减少,转化为 B 和 A 间产生的热量,关于 A 和 C 间的碰撞机械能是否守恒,则根据碰撞前后 A 和 C 系统的动能是否减少进行判断。

图 3-3-10 中,球 C 下摆至最低点的过程中,A、B、C 系统沿水平方向动量守恒,该过程中只有 C 的重力做功,系统机械能守恒;C 到最低点后,继续向左上方摆上去,该过程中细线对 A 的拉力的水平分量沿水平向左的方向,A 向右做减速运动,故从 C 过最低点后,A 和 B 分离;A 和 B 分离后该系统沿水平方向动量始终守恒,系统机械能也始终守恒。

▶ 展有所获

师:通过以上两种解答的展示,对寻找多物体在多次相互作用过程中动量和机械能守恒的系统与时机,你有什么收获?

生1:不能总是取整个系统、整个过程研究,在多个物体依次发生碰撞的过程中,不同的系统在不同的时机,动量和机械能可能是守恒的,但整体在整个过程中可能就是不守恒的。

生2:图 3-3-9 中,A 和 C 发生碰撞时 B 的运动状态不变,A 和 C 系统动量守恒,而机械能不一定守恒;B 和 A 发生相互作用的过程中,该系统动量守恒,系统克服摩擦力做的功等于系统产生的热量,机械能不守恒;图 3-3-10 中,C 下摆至最低点的过程中,A、B、C 系统沿水平方向动量守恒,系统机械能守恒,C 从最低点向左上继续摆动的过程中,A 和 C 系统的总动量守恒,但是总动量不等于 0,方向水平向左,该系统机械能守恒。从以上两图情境的分析可知,需要根据物体间相互作用的特征寻找合适的系统,再结合动量守恒和机械能守恒的条件判断动量和机械能是否守恒。

展示图 3-3-11、图 3-3-12 对应问题的学生解答。

解答1：

图 3-3-11 中，由于水平面光滑，系统受到的外力的矢量和为 0，系统动量守恒，系统间只有弹簧弹力做功，滑块的动能与弹簧弹性势能间发生相互转化，系统的机械能守恒。

图 3-3-12 中，同图 3-3-11 的情境，系统在水平方向上受到的外力的矢量和为 0，系统水平方向动量守恒，由于系统内只有球 A 的重力做功，使 A 的机械能与 B、C 的动能之间发生相互转化，故系统的机械能守恒。

解答2：

图 3-3-11 中，C 与 A 发生碰撞时，由于碰撞时间极短，故 B 的运动状态未发生改变，因此 C 和 A 碰撞时合外力为 0，系统动量守恒，同时由于发生的是完全非弹性碰撞，机械能（动能）损失最大；之后 C 和 A 同速粘成一体与 B 再次发生周期性的碰撞，碰撞过程中系统动量守恒，当三者同速时，系统动能最小，减小的动能转化为弹簧的弹性势能，在之后的周期性运动过程中系统的机械能守恒。

图 3-3-12 中，B 与 C 发生碰撞时，由于碰撞时间极短，故 A 的运动状态未发生改变，因此 B 与 C 碰撞时合外力为 0，系统动量守恒，同时由于发生的是完全非弹性碰撞，机械能（动能）损失最大；之后 A 的速度大于 B、C 的速度，A 要上摆，该过程中绳的拉力对 A 做负功，对 B 和 C 做正功，A 减速，B 和 C 加速，直到 A 摆到最高点，此时 A、B、C 同速，该过程中系统沿水平方向动量守恒，系统内只有 A 的重力做功，系统机械能守恒，之后在 A 左右摆动的过程中，A、B、C 系统沿水平方向动量守恒，机械能守恒。

▶ **展有所获**

师：通过以上两种解答的展示，对寻找多个物体在多次相互作用过程中动量和机械能守恒的系统与时机，你有什么收获？

生1：对每个碰撞过程分段研究，取合适的系统，根据守恒条件判断动量和机械能是否守恒。

生2：虽然情境中涉及多个物体的多次碰撞，但实际上每次碰撞都是在两个物体间发生的，所以需要根据运动和相互作用的特征选取合适的研究对象。

生3：对于机械能守恒问题，尤其要注意在多次碰撞中机械能是否都守恒，不能根据全过程中某段过程的受力特征及力做功的特征判断整个过程的机械能守恒问题。

▶ **评有成果**

师：通过以上问题的研究，你能总结出寻找多个物体在多次相互作用过程中动量、机械能守恒的系统与时机的一般路径吗？

生4：① 根据碰撞发生的先后，合理选择每次碰撞的研究对象，其实每次碰撞都是两物体间的碰撞；② 根据碰撞中的受力特征以及碰撞后物体的运动状态，判断机械能是否守恒，碰撞中系统的动量是一定守恒的；③ 根据系统动量守恒以及能量关系（机械能守恒或功能关系）列式求解；④ 对求得的结果分析其合理性。

▶ **小结**

解决此类问题的一般思维路径如图 3-3-13 所示。

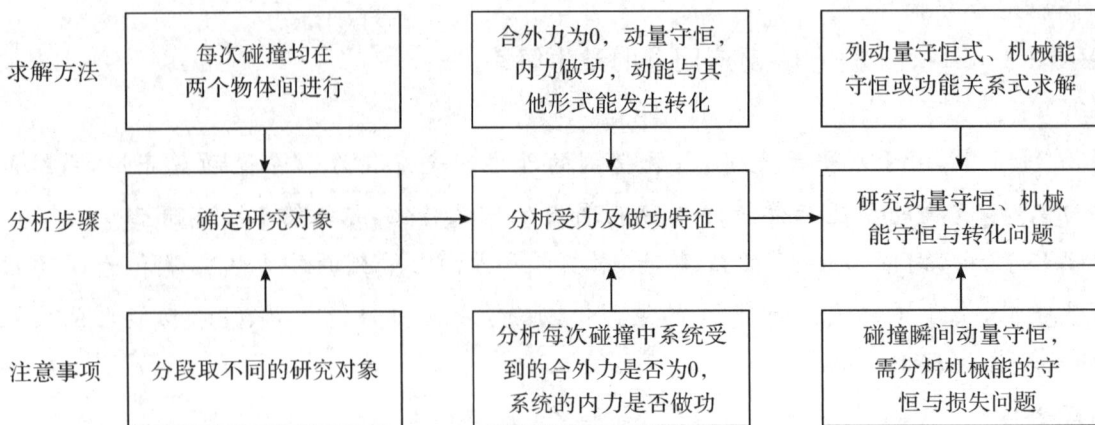

图 3-3-13

（三）巩固性练习

1. （多选）如图 3-3-14 所示，在光滑水平面上有 A、B 两个木块，A、B 之间用一轻弹簧连接，A 靠在墙壁上，用力 F 向左推 B 使两木块之间的弹簧压缩并处于静止状态。若突然撤去力 F，则下列说法正确的是　　　（　　）

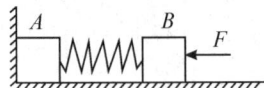

图 3-3-14

A. 木块 A 离开墙壁前，A、B 和弹簧组成的系统动量守恒，机械能也守恒

B. 木块 A 离开墙壁前，A、B 和弹簧组成的系统动量不守恒，但机械能守恒

C. 木块 A 离开墙壁后，A、B 和弹簧组成的系统动量守恒，机械能也守恒

D. 木块 A 离开墙壁后，A、B 和弹簧组成的系统动量不守恒，但机械能守恒

2. （多选）如图 3-3-15 所示的装置中，木块 B 与水平桌面间的接触面是光滑的，子弹 A 沿水平方向射入木块后留在木块内，将弹簧压缩到最短。下列说法正确的是　　　（　　）

A. 子弹射入木块的短暂过程中，子弹与木块组成的系统动量守恒

B. 若水平桌面粗糙，子弹射入木块的短暂过程中，子弹与木块组成的系统动量不守恒

图 3-3-15

C. 从子弹留在木块内后到弹簧压缩至最短的过程中，子弹、木块和弹簧组成的系统机械能守恒

D. 从子弹开始射入木块到弹簧压缩至最短的全过程中，子弹、木块和弹簧组成的系统机械能守恒

3. （多选）如图 3-3-16 所示，B、C、D、E、F 五个小球并排放置在光滑的水平面上，B、C、D、E 四个球质量相等，而 F 球的质量小于 B 球的质量，A 球的质量等于 F 球的质量。A 球以速度 v_0 向 B 球运动，所发生的碰撞均为弹性正碰。下列说法正确的是　　　（　　）

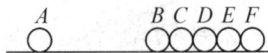

A. 碰撞过程中系统动量守恒

B. 碰撞过程中系统机械能不守恒

图 3-3-16

C. 全部碰撞后六个小球以相同的速度运动

D. 全部碰撞后三个小球静止，三个小球运动

4. 如图 3-3-17 所示，在光滑水平面上有一小车 A，通过几乎不可伸长的轻绳与足够长的拖车 B 连接。一物体 C 放在拖车的长平板上，与平板间有摩擦。开始时，物体和拖车静止，绳未拉紧，小车 A 以速度 v_0 向前运动。试分析：从小车 A 开始运动到 A、B、C 三者达到相对静止的过程中，系统的动量是否守恒？系统的机械能如何发生转化？

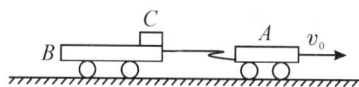

图 3-3-17

5. 如图 3-3-18 所示，光滑冰面上静止放置一表面光滑的斜面体，斜面体右侧一蹲在滑板上的小孩和其面前的冰块均静止于冰面上。某时刻小孩将冰块以相对冰面的速度 v_0 向斜面体推出，冰块平滑地滑上斜面体，在斜面体上上升到最大高度后沿斜面体下滑，冰块追上小孩后被小孩接住。试分析：整个过程系统的动量是否总是守恒？系统的机械能如何发生转化？（小孩与滑板始终无相对运动。）

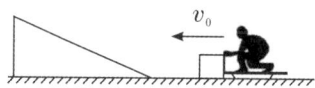

图 3-3-18

四、纵向主题一：绳、弹簧相连问题

（一）课时学习目标

核心素养	具体目标
物理观念	具有"由一端固定的轻绳连接的物体，绳子绷直瞬间沿绳方向速度减为 0"的观念
	具有"轻绳相连的物体系，由于绳子绷直瞬间的拉力非常大，远大于系统受到的合外力，则在轻绳绷直的瞬间系统动量守恒"的观念
	具有"轻绳相连的物体系，绳子绷直瞬间两物体沿绳方向同速，系统动能损失最大"的观念
	具有"轻弹簧相连的物体系，弹簧最长或最短时两物体同速，弹簧弹性势能最大，系统动能最小"的观念
	具有"发生完全弹性碰撞的物体，分离速度等于接近速度"的观念
科学思维	能综合运用运动学规律、动量守恒定律和功能关系对"轻绳、轻弹簧相连类问题"进行分析，解决碰撞前后物体的速度与系统能量变化的问题
	能综合运用相互作用观和能量观对"轻绳、轻弹簧相连类问题"进行推理论证，厘清轻绳绷直瞬间、弹簧最长或最短时物体系的速度特征与其原因

（二）课时学习设计

任务：绳、弹簧相连问题的模型建构

问题情境 1 轻绳相连问题的完全非弹性碰撞模型的建构

如图 3-4-1 所示，物块 A 和 B 通过一根不可伸长的轻质细绳相连，跨放在质量不计的光滑滑轮两侧，质量分别为 $m_A = 2\text{kg}$，$m_B = 1\text{kg}$。初始时 A 静止于水平地面上，B 悬于空中。现将 B 竖直向上再举高 $h = 1.8\text{m}$（未触及滑轮），然后由静止释放。一段时间后细绳绷直，A 和 B 以大小相等的速度一起运动，之后 B 恰好可以和地面接触。取 $g = 10\text{m/s}^2$，空气阻力不计。

问题 1：求整个运动过程中 A 的最大速度 v_A 的大小。

图 3-4-1

▶ **参考案例**

展示问题1的学生解答。

解答1:

依题意,B 由静止释放后先自由下落 $h = 1.8\text{m}$,细绳绷直前瞬间,B 的速度大小为

$$v_B = \sqrt{2gh} = 6\text{m/s}$$

细绳绷直瞬间 B 与 A 的速度互换,B 的速度减为 0,A 的速度为绷直前 B 的速度,故 A 的最大速度为

$$v_A = 6\text{m/s}$$

解答2:

同解答1求解,细绳绷直前瞬间 $v_B = 6\text{m/s}$,细绳绷直瞬间 A 与 B 的速度大小相等,均为绷直前 B 的速度大小的一半,即

$$v_A = \frac{v_B}{2} = 3\text{m/s}$$

解答3:

同解答1求解,细绳绷直前瞬间 $v_B = 6\text{m/s}$,细绳绷直瞬间 A 与 B 系统动量守恒,绷直后 A 与 B 的速度大小相等,由系统动量守恒得

$$m_B v_B = (m_A + m_B) v_{共}$$

从而可得

$$v_{共} = \frac{m_B}{m_A + m_B} v_B = 2\text{m/s}$$

之后 A 向上、B 向下以相同大小的加速度做减速运动,当 B 运动到地面时速度减到 0,故 A 的最大速度等于细绳绷直后瞬间 A 和 B 的共同速度,即

$$v_A = v_{共} = 2\text{m/s}$$

▶ **展有所获**

师:你为什么认为细绳绷直瞬间 A 和 B 系统动量守恒?该过程满足动量守恒的条件吗?

生1:细绳绷直瞬间绳上会产生很大的拉力,使 A 和 B 的运动状态(动量)发生改变,但是细绳上的拉力分别对 A 和 B 的冲量大小相等、方向相反(沿绳方向),故沿绳方向 A 和 B 系统动量守恒。该过程中系统的内力(细绳的拉力)远远大于外力(A 和 B 的重力),沿绳方向上满足动量守恒的条件,且 A 和 B 发生的是完全非弹性碰撞。

师:你认为细绳绷直瞬间 A 的速度为绷直前 B 的速度的一半,是依据什么原理得到的?

生2:根据生1的分析,我发现我的做法是错误的,凭直觉就认为 A 和 B 同速的情形发生在 A 的速度为绷直前 B 的速度的一半时,其实这种情形只有在 A 和 B 质量相等且发生完全非弹性碰撞时才出现,本题中 A 和 B 的质量并不相等。

师:解答1认为细绳绷直瞬间 B 与 A 的速度互换,对这个观点,你有什么看法?

生3:当质量相等的两个物体发生完全弹性碰撞时,碰后两物体速度互换,但本题不符合这种情景。理由有三点:一是本题中两物体的质量并不相等;二是题意中表明细绳绷直后 A 和 B 以大小相等的速度一起运动;三是若细绳绷直后 B 和 A 速度互换,由于 A 的质

量大于 B 的质量,则绷直后 A 的动能将大于绷直前 B 的动能,能量增加,这不符合能量转化和守恒的思想。

▶ **评有成果**

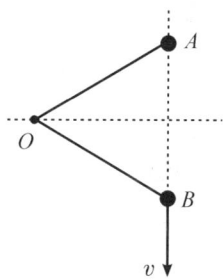

师:通过以上这些情境的分析以及学生解答的比较,你有哪些收获?

生 4:细绳绷直瞬间,由于绳上的拉力(内力)远远大于 A、B 物体的重力(外力),系统动量守恒,这是解决细绳绷直问题的关键。

师:如图 3-4-2 所示,细绳一端固定于 O 点,另一端系一小球,将细绳拉直使小球位于 A 位置,由静止释放小球,小球做自由落体运动至 B 位置时绳再次伸直,则在细绳绷直瞬间前后,小球的运动状态有什么改变?

图 3-4-2

生 5:如图 3-4-3 所示,将小球在 B 点的速度分解成沿绳方向上的 $v_{//}$ 和垂直于绳方向上的 $v_{\perp}$,由于细绳绷紧瞬间绳上的拉力很大,拉力的冲量使小球沿绳方向的速度分量 $v_{//}$ 瞬间减到 0,之后小球以垂直于绳方向上的速度分量 $v_{\perp}$ 做圆周运动。

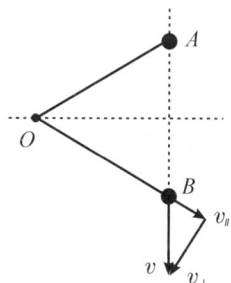

师:对于细绳相连的物体系问题,你有什么解题策略?

生 6:对于细绳相连的物体系问题,由于细绳绷直瞬间的拉力非常大,远大于系统受到的合外力,则在细绳绷直的瞬间系统动量守恒。如果细绳

图 3-4-3

一端是固定的,则细绳绷直后瞬间沿绳方向上的速度瞬间减为 0,垂直于绳方向上的速度不变;如果细绳两端都是自由的(不固定的),则细绳绷直后瞬间两物体同速,如图 3-4-4 所示。

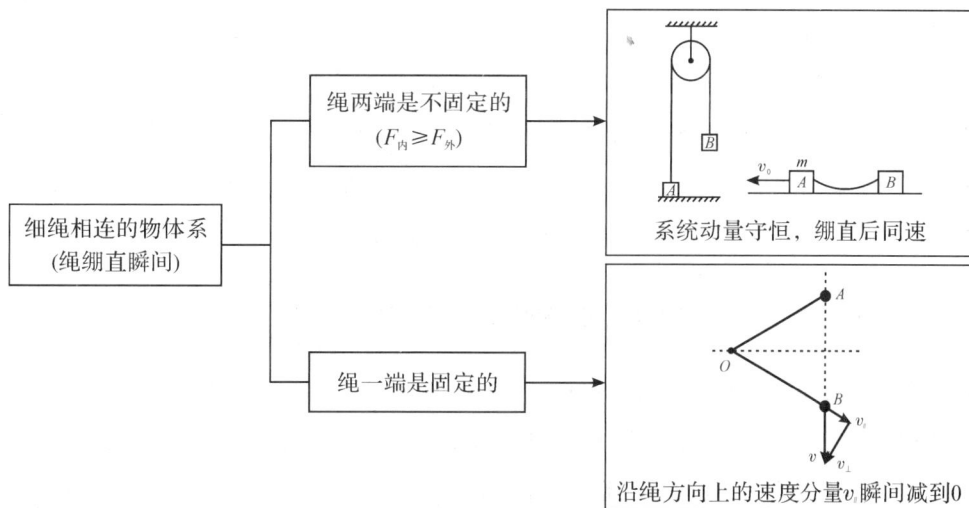

图 3-4-4

问题 2:求初始时 B 离地面的高度 H。

▶ **参考案例**

展示问题 2 的学生解答。

解答 1:

细绳绷直后,A 和 B 以 $v_{共} = 2\text{m/s}$ 的速度开始做减速运动,对 B 分析,如图 3-4-5 所示,由牛顿第二定律可得

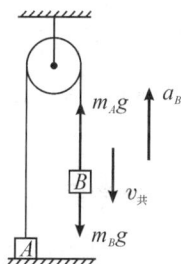

$$m_A g - m_B g = m_B a_B$$

图 3-4-5

从而可得 $a_B = 10\text{m/s}^2$,故初始时 B 离地面的高度为

$$H = \frac{v_{共}^2}{2a_B} = 0.2\text{m}$$

解答 2:

细绳绷直后,A 和 B 以 $v_{共} = 2\text{m/s}$ 的速度开始做减速运动,对 A 和 B 整体分析,如图 3-4-6 所示,A 和 B 以相同大小的加速度做减速运动,取逆时针方向为正方向,由牛顿第二定律可得

$$m_A g - m_B g = (m_A + m_B)a_{共}$$

从而可得 $a_{共} = \dfrac{10}{3}\text{m/s}^2$,故初始时 B 离地面的高度为

$$H = \frac{v_{共}^2}{2a_{共}} = 0.6\text{m}$$

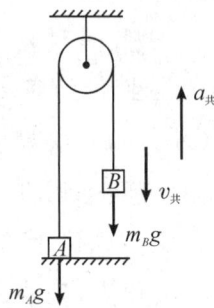

图 3-4-6

▶ **展有所获**

师:你为什么选择对 A 和 B 整体分析来研究 B 做减速运动的加速度?

生1:因为在 B 做减速运动的过程中,A 也在做相同的减速运动(向上减速),两者的加速度大小是相等的,运动规律是相同的,故选整体研究。其实也可以分别取 A 和 B 研究,再根据两者的加速度相等来列式求解。

师:解答 1 在分析 B 的受力情况时的主要问题在哪里?

生2:绳上的拉力大小不等于 $m_A g$,因为此过程中 A 也是向上做减速运动的,A 的合力方向向下,绳上的拉力大小 $F_T < m_A g$。

▶ **评有成果**

师:通过以上这些情境的分析以及学生解答的比较,你有哪些收获?

生3:当研究细绳相连的两个物体的运动规律时,要考虑两个物体的受力和运动情况,不能仅研究其中一个物体而不考虑另一物体的运动和受力情况。

问题情境 2　轻弹簧相连问题的弹性碰撞模型的建构

如图 3-4-7(a)所示,一质量为 m 的物块 A 与轻质弹簧连接,静止在光滑水平面上;物块 B 向 A 运动,$t=0$ 时与弹簧接触,到 $t=2t_0$ 时与弹簧分离,第一次碰撞结束,A 和 B 的 v-t 图像如图 3-4-7(b)所示。已知从 $t=0$ 到 $t=t_0$ 时间内,物块 A 运动的距离为 $0.36v_0 t_0$。A 和 B 分离后,A 滑上粗糙斜面,然后滑下,与一直在水平面上运动的 B 再次碰撞,之后 A 再次滑上斜面,达到的最高点与前一次相同。斜面倾角为 $\theta(\sin\theta = 0.6)$,与水平面光滑连接。碰撞过程中弹簧始终处于弹性限度内。

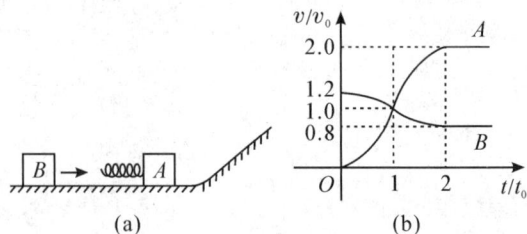

图 3-4-7

问题1:求第一次碰撞过程中,弹簧弹性势能的最大值。

▶ **参考案例**

展示问题 1 的学生解答。

解答1:

由图3-4-7(b)可知,B在$t=0$时刻以$1.2v_0$的初速度压缩弹簧,在$t=2t_0$时刻与弹簧分离,此时$v_A=2v_0$,$v_B=0.8v_0$,对$0\sim2t_0$整个过程分析,A和B系统动量守恒,可得

$$m_B \cdot 1.2v_0 = mv_A + m_B \cdot 0.8v_0$$

从而可得B的质量$m_B=5m$。

但是第一次碰撞过程中,弹簧弹性势能的最大值出现在什么时刻不会分析,最大值的大小也不会求。

解答2:

由图3-4-7(b)可知,B在$t=0$时刻以$1.2v_0$的初速度压缩弹簧,在$0\sim t_0$过程中$v_B > v_A$,弹簧处于压缩过程,在$t_0\sim2t_0$过程中$v_B < v_A$,弹簧处于恢复原长的过程,可见当$v_B=v_A=v_0$时,弹簧的压缩量最大,此时弹簧弹性势能达到最大。

对$0\sim t_0$过程研究,由A和B系统动量守恒,可得

$$m_B \cdot 1.2v_0 = (m+m_B)v_0$$

从而可得B的质量$m_B=5m$。

在$0\sim t_0$过程,对A、B及弹簧系统由动能定理可得

$$E_{pm} = \frac{1}{2}m_B(1.2v_0)^2 - \frac{1}{2}(m+m_B)v_0^2 = 0.6mv_0^2$$

▶ **展有所获**

师:为什么两物体的速度相等时,弹簧的弹性势能最大呢?你能从不同的角度加以说明吗?

生1:从运动学角度看,当$v_B > v_A$时弹簧处于压缩过程,当$v_B < v_A$时弹簧处于恢复原长的过程,当$v_B=v_A$时弹簧的压缩量最大,弹簧的弹性势能达到最大;从能量转化和守恒的角度看,碰撞过程中当两个物体的速度相等时,系统损失的动能最大,转化成其他形式(弹性势能)的能量最多。

师:解答1用动量守恒定律分析物体B的质量时所列的表达式是否正确?解答1在求解弹簧的弹性势能最大值时缺乏什么观念?

生2:A和B两物体在碰撞过程中的任一瞬间系统动量均守恒,从图3-4-7(b)中可以得到弹簧第一次恢复原长时A和B两物体的速度,故解答1所取的过程是正确的,并且求解条件是充分的。解答1在求解弹性势能最大值时既缺乏对运动过程的分析,又缺乏对碰撞过程中能量的转化和守恒的理解及应用。

▶ **评有成果**

师:通过以上这些情境的分析以及学生解答的比较,对于解决涉及弹簧相连的物体系的碰撞问题,你有哪些收获?

生3:涉及弹簧相连的物体系的碰撞问题如下。① 系统动量守恒；② 系统机械能守恒,整个过程中动能与弹簧弹性势能间发生转化；③ 从运动学角度看,两个物体同速时,弹簧最短或最长(此为两个物体与弹簧均相连的情况,如图3-4-8所示)；④ 从能量的转化和守恒角度看,两个物体同速时,系统发生的是完全非弹性碰撞,此时动能损失最大,转化成其他形式(弹性势能)的能量最多。

图3-4-8

师：本题是碰撞中的一类典型问题——弹簧相连类碰撞问题，你能否总结出解决此类问题的一般思维路径？

生4：解决此类问题的一般思维路径如下。① 确定研究对象，对系统做受力分析，看系统是否满足动量守恒的条件；② 对系统中每一个物体做运动分析，分析何时弹簧达到最长或最短；③ 分析能量的转化，弹簧最长或最短时，弹簧的弹性势能最大，系统的动能最小，即两物体同速时系统损失的动能最大。

问题2：求第一次碰撞过程中，弹簧压缩量的最大值。

▶ **参考案例**

展示问题2的学生解答。

解答1：

由问题1的分析可知，B 在 $0 \sim t_0$ 时间内压缩弹簧，$t = t_0$ 时刻弹簧压缩量最大，压缩量最大值为该过程中 B 比 A 多发生的位移大小，即图3-4-9中 v-t 图线的阴影部分的面积，有

$$\Delta x_{\mathrm{m}} = S_{\text{阴影}}$$

但是由于 v-t 图线不是直线，所以不会求阴影部分的面积，也不知道题干中"从 $t = 0$ 到 $t = t_0$ 时间内，物块 A 运动的距离为 $0.36v_0t_0$"这个条件怎么用。

解答2：

同解答1的分析，$t = t_0$ 时刻弹簧压缩量最大，压缩量的最大值为

$$\Delta x_{\mathrm{m}} = S_{\text{阴影}} = \sum (v_B - v_A)\Delta t$$

式中 v_A、v_B 均为 $0 \sim t_0$ 时间内任一时刻的瞬时速度，均为变量。

由题意知

$$\sum v_A \Delta t = 0.36v_0t_0$$

对于 A 和 B 系统，由动量守恒得

$$m_B \cdot 1.2v_0 = mv_A + m_Bv_B$$

从而可得

$$v_B = \frac{6v_0 - v_A}{5}$$

代入得

$$\Delta x_{\mathrm{m}} = \sum \frac{6}{5}(v_0 - v_A)\Delta t = \frac{6}{5}\left(v_0 \sum \Delta t - \sum v_A \Delta t\right) = \frac{6}{5}(v_0t_0 - 0.36v_0t_0) = 0.768v_0t_0$$

故第一次碰撞过程中，弹簧压缩量的最大值是 $\Delta x_{\mathrm{m}} = 0.768v_0t_0$。

▶ **展有所获**

师：你是如何想到求变速运动物体位移的方法的？

生1：不管是匀速运动还是变速运动，位移都是速度与时间的乘积的累加，不同的只是变速运动中速度是变化的，但我们可以运用微元的思想，对每个元过程的元位移求和就是整个过程的位移。

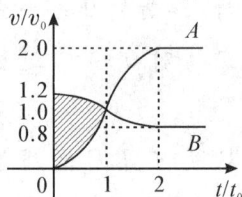

师：对于本题中做变速运动的两个物体的相对位移的求法，你还运用了什么规律？

生2：由于本题是求两个做变速运动的物体的相对位移，故还需知道 B 相对地面发生的位移，这个条件题干中没有，但是可以根据系统动量守恒求出任一时刻 B 与 A 的速度关系

$$v_B = \frac{6v_0 - v_A}{5}$$

再根据 A 的位移求出相对位移。

▶ **评有成果**

师：通过以上这些情境的分析以及学生解答的比较，对于解决碰撞问题中两个做变速运动的物体间的相对位移，你有哪些收获？

生3：① 不管是匀速运动还是变速运动，位移都是速度对时间的累积，如果是变速运动，则可运用微元法求解；② 求两个做变速运动的物体在碰撞过程中的相对位移，我们还需要根据系统动量守恒，求出两物体间的速度关系，进而求解。

师：本题是碰撞中的一类典型问题——求弹簧相连的两物体间的相对位移问题，你能否总结出解决此类问题的一般思维路径？

生4：解决此类问题的一般思维路径如下。① 选取合适的研究对象；② 对研究对象做运动分析，列出相对位移的表达式；③ 根据表达式中涉及的物理量，结合系统动量守恒定律求出物理量间的关系；④ 代入位移表达式求解。

问题3：求物块 A 与斜面间的动摩擦因数。

▶ **参考案例**

展示问题3的学生解答。

解答1：

依题意，A 与 B 第二次碰撞后 A 滑到粗糙斜面最高点的位置与第一次相同，可知 A 与 B 第二次碰撞后，A 与 B 分离的速度与第一次相同，仍为 $2v_0$，若要求 A 与斜面间的动摩擦因数 μ，则需要知道 A 第一次从斜面上滑下来至水平面上时的速度 v_A'。

根据运动学规律，A 第一次沿斜面上滑时有

$$x = \frac{(2v_0)^2}{2a_1}$$

其中 $a_1 = g\sin\theta + \mu g\cos\theta$。

A 第一次沿斜面滑到底端时有

$$x = \frac{(v_A')^2}{2a_2}$$

其中 $a_2 = g\sin\theta - \mu g\cos\theta$。

由以上两式可得

$$\frac{(2v_0)^2}{\sin\theta + \mu\cos\theta} = \frac{(v_A')^2}{\sin\theta - \mu\cos\theta} \tag{①}$$

欲求 μ，需要先知道 A 从斜面上滑至水平面的速度 v_A'，取 A 与 B 的第二次碰撞为研究过程，该过程中系统动量守恒，取向右为正方向，有

$$m_B \cdot 0.8v_0 - mv_A' = m_Bv_B' + m \cdot 2v_0 \tag{②}$$

式②中有两个未知数,即碰前 A 的速度 v_A' 和碰后 B 的速度 v_B' ,找不出其他关系式,不会求解 v_A' 。

解答2:

在解答1分析的基础上,再考虑利用能量的转化和守恒进行求解。

A 与 B 的第二次碰撞过程中系统机械能守恒,当 A 与 B 分离时,弹簧的弹性势能为0,碰撞前后两物体的动能之和相等,即

$$\frac{1}{2}m_B(0.8v_0)^2 + \frac{1}{2}m(v_A')^2 = \frac{1}{2}m_B(v_B')^2 + \frac{1}{2}m(2v_0)^2 \qquad ③$$

联立式②③可得 $v_A' = v_0$,再代入式①,可得 A 与斜面间的动摩擦因数 $\mu = 0.45$ 。

▶ **展有所获**

师:你是如何想到再结合能量守恒的角度来求解第二次碰撞前 A 的速度 v_A' 的?

生1: A 与 B (由弹簧相连的两个物体)的第二次碰撞过程是典型的完全弹性碰撞过程, A 与 B 先相互靠近至弹簧压缩到最短(同速),然后 A 与 B 相互远离至弹簧恢复原长时分离,此时弹簧的弹性势能为0,系统的动能与碰撞前的动能相等。

师:对于碰撞类问题,我们一般可以用什么规律求解?

生2:① 系统动量守恒。② 碰撞后系统动能不增大,若是完全弹性碰撞,则系统的机械能(动能)守恒;若是完全非弹性碰撞,则系统的动能损失最大。③ 运动学的制约关系,碰撞后两物体的速度若是同向的,则被碰物体的速度大于等于入射物体的速度。

▶ **评有成果**

师:通过以上这些情境的分析以及学生解答的比较,对于解决完全弹性碰撞问题,你有哪些收获?

生3:系统动量守恒、机械能(动能)守恒,但是通过以上两个规律列式求解时会涉及求二元二次方程组的问题,这个方程组的数学求解有一定难度,很容易求错。其实如果将动量守恒式和机械能守恒式联立求解,可得到第三个表达式。图3-4-10中,发生完全弹性碰撞的两个物

图 3-4-10

体 A 和 B ,碰撞前的速度分别为 v_A 和 v_B ,碰撞后的速度分别为 v_A' 和 v_B' ,则有:分离速度 = 接近速度(即 $v_B' - v_A' = v_A - v_B$),用该式与动量守恒式联立求解(二元一次方程组)就简单很多了。

▶ **小结**

解决完全弹性碰撞问题的一般思维路径如图3-4-11所示。

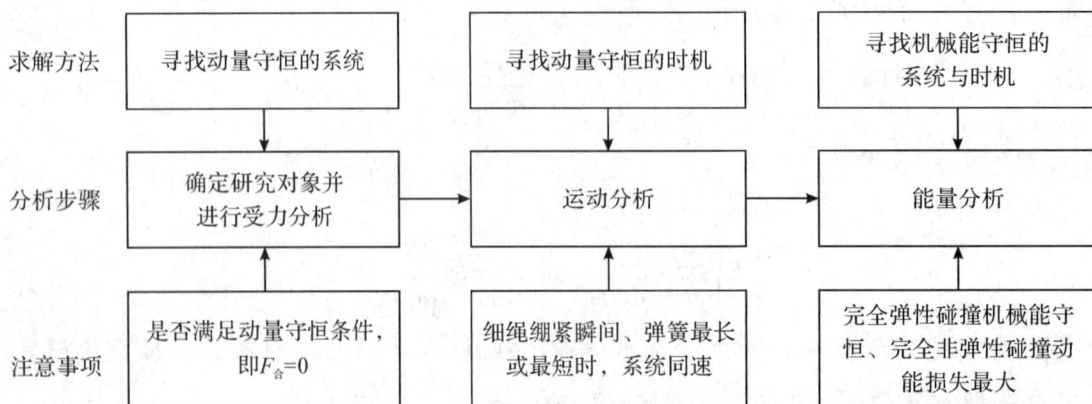

求解方法	寻找动量守恒的系统	寻找动量守恒的时机	寻找机械能守恒的系统与时机
分析步骤	确定研究对象并进行受力分析	运动分析	能量分析
注意事项	是否满足动量守恒条件,即 $F_合 = 0$	细绳绷紧瞬间、弹簧最长或最短时,系统同速	完全弹性碰撞机械能守恒、完全非弹性碰撞动能损失最大

图 3-4-11

（三）巩固性练习

1. （多选）如图 3-4-12(a) 所示，一轻弹簧的两端与质量分别为 m_1 和 m_2 的两物块 A 和 B 相连接，并静止在光滑的水平面上，现使 A 瞬时获得水平向右的 3m/s 的速度，以此刻为计时起点，两物块的速度随时间变化的规律如图 3-4-12(b) 所示，从图像信息可得 （　　）

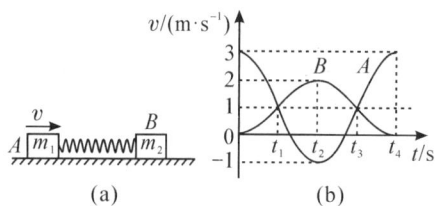

   A. $m_1 : m_2 = 1 : 2$

   B. t_2 到 t_3 这段时间内弹簧处于压缩状态

   C. 在 t_1 与 t_3 两个时刻弹簧的弹性势能相等

   D. 物块 A 和 B 在 t_1 与 t_3 两个时刻各自的加速度相同

   图 3-4-12

2. 如图 3-4-13 所示，A 和 B 两个木块用轻弹簧相连接，它们静止在光滑水平面上，A 和 B 的质量分别是 $99m$ 和 $100m$。一颗质量为 m 的子弹以速度 v_0 水平射入木块 A 内，没有穿出，则在以后的运动过程中弹簧弹性势能的最大值为 （　　）

   A. $\dfrac{mv_0^2}{400}$　　　　　　　　B. $\dfrac{mv_0^2}{200}$

   C. $\dfrac{99mv_0^2}{400}$　　　　　　　D. $\dfrac{199mv_0^2}{400}$

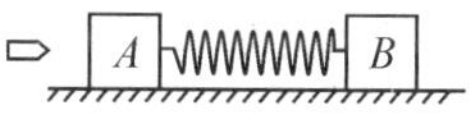

   图 3-4-13

3. 如图 3-4-14 所示，绕过定滑轮的轻绳两边分别悬挂质量为 $2m$ 和 m 的重物 A 和 B，从静止开始运动 3s 后，A 将触地（无反跳）。试求从 A 第一次触地后：

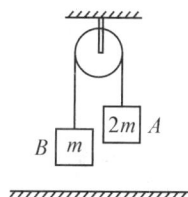

   (1) 轻绳第一次绷紧后瞬间 A 的速度大小；

   (2) 经过多少时间 A 将第二次触地；

   (3) 经过多少时间系统将停止运动。

   图 3-4-14

五、纵向主题二："子弹打木块"类问题

（一）课时学习目标

核心素养	具体目标
物理观念	具有"'子弹打木块'类问题中，系统动量守恒，机械能（动能）有损失"的观念
	具有"'子弹打木块'类问题中，阻力对系统做的总功的绝对值等于系统产生的焦耳热，也等于系统动能的减少量"的观念
	具有"有相互作用（摩擦力）的两物体间发生多次碰撞的问题中，系统损失的动能（即产生的焦耳热）等于摩擦力与相对路程的乘积"的观念
科学思维	能综合动量守恒定律和能量关系以及运动学规律对"三个物体的'子弹打木块'类问题"进行综合分析，解决碰撞前后物体的速度变化、物体间的相对位移及系统能量变化的问题
	会运用 v-t 图线研究"三个物体的'子弹打木块'类问题"中哪两个物体先达到相对静止，以及物体相对运动的位移及产生的焦耳热问题
	能综合运动观、相互作用观和能量观对"三个物体的'子弹打木块'类问题"进行推理论证

(二) 课时学习设计

任务："子弹打木块"问题的模型建构

问题情境 1 "子弹打木块"情境

如图 3-5-1 所示,在光滑水平桌面上静置一质量 $M = 0.98\text{kg}$ 的长方形匀质木块,长 $L = 10\text{cm}$,现有一质量 $m = 20\text{g}$ 的子弹以 $v_0 = 300\text{m/s}$ 的水平速度沿其轴线射向木块,结果子弹留在木块中没有射出,和木块一起以共同的速度运动。已知子弹打进木块的深度 $d = 6\text{cm}$,设木块对子弹的阻力保持不变。

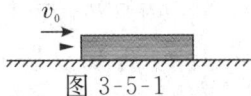

图 3-5-1

问题 1:求子弹和木块的共同速度,以及它们在此过程中所增加的内能。

▶ **参考案例**

展示问题 1 的学生解答。

解答 1:

由于"子弹打木块"的过程中,系统受到的合外力为 0,故系统动量守恒,由于子弹留在木块中与木块同速,则

$$mv_0 = (m + M)v_{共}$$

可得子弹和木块的共同速度为

$$v_{共} = \frac{m}{m + M}v_0 = 6\text{m/s}$$

子弹与木块在此过程中所增加的内能等于子弹与木块相互间的摩擦力(阻力)和相对路程的乘积,但题目中只给出了子弹打进木块的深度 $d = 6\text{cm}$(即两者的相对路程),未给出阻力的大小,故不会求此过程中增加的内能。

解答 2:

子弹和木块的共同速度同解答 1,有

$$v_{共} = \frac{m}{m + M}v_0 = 6\text{m/s}$$

关于子弹和木块在此过程中所增加的内能可从能量转化和守恒的角度求解,系统增加的内能等于系统损失的机械能(动能),即

$$\Delta E = \frac{1}{2}mv_0^2 - \frac{1}{2}(m + M)v_{共}^2 = 882\text{J}$$

▶ **展有所获**

师:如果题目中给出了阻力的大小,解答 1 的求解思路是否正确?

生 1:解答 1 的求解思路是正确的,子弹与木块系统增加的内能等于两者间的摩擦力(阻力)大小与相对路程的乘积。

师:我们来推导一下生 1 的结论。

如图 3-5-2 所示,设子弹和木块的初速度分别是 v 和 0,某一时刻

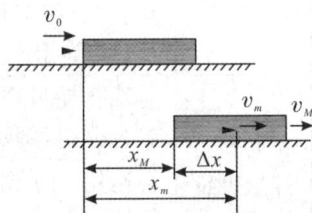

图 3-5-2

· 110 ·

子弹和木块的末速度分别是 v_m 和 v_M，该过程中子弹发生的位移是 x_m，木块发生的位移是 x_M，两者的相对位移 $\Delta x = x_m - x_M$，设两者间的摩擦力大小为 F_f。

对子弹，由动能定理得

$$-F_f x_m = \frac{1}{2}mv_m^2 - \frac{1}{2}mv^2 \tag{①}$$

对木块，由动能定理得

$$F_f x_M = \frac{1}{2}Mv_M^2 - 0 \tag{②}$$

式①＋式②，可得

$$-F_f(x_m - x_M) = \left(\frac{1}{2}mv_m^2 + \frac{1}{2}Mv_M^2\right) - \frac{1}{2}mv^2 \tag{③}$$

式③表示该过程中系统克服摩擦力做的总功等于系统动能的增量，从功是能量转化的量度分析，系统克服摩擦力做的总功等于系统产生的热量，故系统产生的热量等于系统动能的减少量，即

$$Q = F_f(x_m - x_M) = F_f\Delta x = \frac{1}{2}mv^2 - \left(\frac{1}{2}mv_m^2 + \frac{1}{2}Mv_M^2\right)$$

本题中 $Q = F_f d$，可根据产生热量的值反过来求子弹与木块间的摩擦力（阻力）。

▶ **评有成果**

师：通过对以上这些情境的分析以及学生解答的比较，对于解决"子弹打木块"情境中系统产生的热量（增加的内能）问题，可从哪些角度思考？

生2：① 从系统能量转化和守恒的角度思考，系统产生的热量等于系统动能的损失，即 $Q = E_{k0} - E_{kt} = \frac{1}{2}mv^2 - \left(\frac{1}{2}mv_m^2 + \frac{1}{2}Mv_M^2\right)$；② 从功是能量转化的量度角度思考，系统产生的热量等于系统内的摩擦力（阻力）与子弹和木块间的总相对位移（路程）的乘积，即 $Q = F_f(x_m - x_M) = F_f\Delta x$。

问题2：若子弹以 $v = 400\text{m/s}$ 的水平速度沿同一方向射向该木块，则它能否射穿该木块？

▶ **参考案例**

展示问题2的学生解答。

解答1：

子弹打木块的过程中，系统动量守恒，假设子弹恰好能射穿木块，则射穿时两者同速，有

$$mv = (m + M)v'_{\text{共}}$$

可得子弹和木块的共同速度为

$$v'_{\text{共}} = \frac{m}{m+M}v = 8\text{m/s}$$

该过程系统损失的动能为

$$\Delta E'_k = \frac{1}{2}mv^2 - \frac{1}{2}(m+M)v'^2_{\text{共}} = 1568\text{J}$$

若该过程系统产生的热量小于等于损失的动能，即 $Q' \leqslant \Delta E'_k$，则表明假设成立，子弹能射穿木块。系统产生的热量 $Q' = F_f L$，但题中阻力 F_f 未给出，故不会求系统产生的热量 Q'，所以也没法判断子弹能否射穿木块。

解答 2：

同解答 1 的解题思路，假设子弹恰好能射穿木块，则射穿时它们的共同速度为

$$v'_{共} = \frac{m}{m+M}v = 8\text{m/s}$$

该过程系统损失的动能为

$$\Delta E'_{k} = \frac{1}{2}mv^2 - \frac{1}{2}(m+M)v'^2_{共} = 1568\text{J}$$

若该过程系统产生的热量 $Q' \leqslant \Delta E'_{k}$，则表明假设成立，子弹能射穿木块。

该过程系统产生的热量为

$$Q' = F_{f}L \qquad\qquad ④$$

在问题 1 中得到系统产生的热量为

$$Q = F_{f}d \qquad\qquad ⑤$$

由式 ④ 除以式 ⑤ 可得

$$\frac{Q'}{Q} = \frac{L}{d} = \frac{5}{3}, Q' = \frac{5}{3}Q = \frac{5}{3} \times 882\text{J} = 1470\text{J}$$

可见 $Q' < \Delta E'_{k}$，假设成立，子弹能射穿木块。

▶ **展有所获**

师：关于系统产生的热量的计算，由于题中未给出子弹与木块间的阻力大小，你是如何想到解决这个问题的办法的？

生1：在问题 1 中已求得当相对位移 $d = 6\text{cm}$ 时，系统产生的热量 $Q = F_{f}d = 882\text{J}$，那么子弹刚好射穿木块时，其相对位移为 $L = 10\text{cm}$，由于子弹与木块间的摩擦力大小保持不变，故该过程系统产生的热量为

$$Q' = \frac{L}{d}Q = \frac{5}{3} \times 882\text{J} = 1470\text{J}$$

师：为什么结论 $Q' \leqslant \Delta E'_{k}$ 能说明子弹能射穿木块？

生2：如果 $Q' = \Delta E'_{k}$，则表明子弹恰好能射穿木块，射穿木块时子弹与木块刚好同速，即系统动能的损失恰好全部转化为产生的热量；如果 $Q' < \Delta E'_{k}$，则表明子弹射穿木块时，子弹的速度仍大于木块的速度，相当于子弹能射穿更厚的木块，因此只要满足条件 $Q' \leqslant \Delta E'_{k}$，就说明子弹能射穿木块。

▶ **评有成果**

师：通过对以上这些情境的分析以及学生解答的比较，对于解决"子弹打木块"情境中子弹能否射穿木块的问题，可从哪些角度思考？

生3：对于该问题的求解思路，一般采用假设子弹恰好能射穿木块的临界状态来分析，这样可减小题目的运算量。基于系统动量守恒可求出子弹恰好射穿木块时两者的速度大小，继续求解时可从两个方面思考：① 基于运动学关系，根据动能定理求出子弹发生的位移 x_m、木块发生的位移 x_M，若 $x_m - x_M \geqslant L$（木板长度），则表明子弹能射穿木块，反之则不能；② 基于能量转化和守恒的观点，求出系统动能的损失 ΔE_{k} 与系统产生的热量 Q 之间的关系，若 $Q \leqslant \Delta E_{k}$，则说明子弹能射穿木块，反之则不能。

问题3：问题2中若子弹能射穿木块，则子弹和木块的最终速度各是多少？

▶ **参考案例**

展示问题3的学生解答。

解答1：

子弹打木块的过程中，系统动量守恒，因子弹能射穿木块，故子弹射穿木块时两者同速，可列式：

$$mv=(m+M)v'_{共}$$

可得子弹射穿木块时，子弹和木块的速度均为

$$v'_{共}=\frac{m}{m+M}v=8\,\text{m/s}$$

解答2：

设子弹射穿木块时，子弹的速度为 v_m，木块的速度为 v_M，由系统动量守恒可列式：

$$mv=mv_m+Mv_M \quad\quad\quad ⑥$$

系统动能的损失为

$$\Delta E''_k=\frac{1}{2}mv^2-\left(\frac{1}{2}mv_m^2+\frac{1}{2}Mv_M^2\right) \quad\quad\quad ⑦$$

式⑥⑦中有3个未知数 v_m、v_M 和 $\Delta E''_k$，故无法求出 v_m 和 v_M。

解答3：

如解答2所列式⑥⑦，由能量转化和守恒可知系统损失的动能等于系统产生的热量，即 $\Delta E''_k=Q'$。

由式④可知子弹射穿木块时系统产生的热量 $Q'=F_fL$，结合式⑤ $Q=F_fd$，可得

$$\Delta E''_k=Q'=\frac{L}{d}Q=\frac{5}{3}\times882\,\text{J}=1470\,\text{J} \quad\quad\quad ⑧$$

由式⑥⑦⑧联立可解得 $v_m=106\,\text{m/s}$，$v_M=6\,\text{m/s}$。

▶ **展有所获**

师：解答1中主要的思维障碍在哪里？

生1：解答1认为只要子弹能射穿木块，则两者一定同速，但这只是子弹恰好能射穿木块的临界条件，子弹能射穿木块的条件是子弹的速度大于等于木块的速度，由问题②的分析可知，射穿时子弹速度是大于木块速度的。

师：解答2的分析中缺少哪方面的理解？

生2：解答2缺少对能量转化和守恒的深度理解，即对"子弹打木块"问题中系统损失的动能与系统产生的热量相等的理解。

▶ **评有成果**

师：通过对以上这些情境的分析以及学生解答的比较，对于解决"子弹打木块"情境中子弹射穿木块时的速度问题，可从哪些角度思考？

生3：对于该问题，一般从系统动量守恒、能量的转化和守恒两个方面综合考虑。在研究能量的转化问题时，需要有系统产生的热量等于系统间的相互作用力（摩擦力）与相对位移的乘积的观念，即 $Q=F_f\Delta x$。

师：本题是碰撞中的一类典型问题——"子弹打木块"问题，你能否总结出解决此类问题的一般思维路径？

生4：解决此类问题的一般思维路径如下。①确定研究对象，若是分析子弹或木块的运动、受力及能量转化问题的，取子弹或木块研究；若是研究子弹与木块间的相对位移或系统产生的热量问题的，则取子弹和木块系统研究。②由于"子弹打木块"问题中，系统内力远远大于外力，可对系统运用动量守恒定律列式。③结合功能关系列式求解一对滑动摩擦力对系统做的功与系统产生的热量问题。

问题情境2　两物体多次碰撞情境

如图 3-5-3 所示，方盒 A 静止在光滑的水平面上，盒内有一小滑块 B，盒的质量是滑块的 2 倍，滑块与盒内水平面间的动摩擦因数为 μ。若滑块在盒的中间以速度 v_0 开始向左运动，与盒的左、右壁发生无机械能损失的碰撞。已知盒的左、右内壁相距 L，重力加速度为 g。

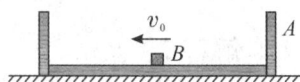

图 3-5-3

问题1：滑块在盒中来回运动多次，最终相对于盒静止，求此时盒的速度大小。

▶ **参考案例**

展示问题 1 的学生解答。

解答1：

由于滑块与盒之间存在摩擦力，滑块在盒中来回运动的过程中需克服摩擦力做功，系统有机械能损失，当滑块最终相对于盒静止时，系统的机械能全部转化为内能，故最终滑块与盒相对静止时，滑块与盒的速度均为 $v=0$。

解答2：

由于方盒 A 置于光滑的水平面上，即滑块和盒系统在水平方向上受到的外力的矢量和为 0，故系统在水平方向上动量守恒，当滑块最终相对于盒静止时两者达到同速，可列式

$$mv_0 = (m+2m)v_共$$

可得最终盒的速度大小为

$$v_共 = \frac{m}{m+2m}v_0 = \frac{v_0}{3}$$

▶ **展有所获**

师：解答 1 的分析中存在的主要问题是什么？

生1：主要问题是对系统动量守恒的理解不够深入。滑块与盒系统在水平方向上动量守恒，即总动量始终等于 mv_0，故系统末状态的速度不可能均为 0。

师：滑块与盒之间的摩擦力会不会影响系统的总动量？

生2：不会，这是系统的内力，不影响系统的动量守恒，但是由于系统内摩擦力做功，系统的机械能会减少，减少的机械能转化为内能，这属于碰撞类型中的完全非弹性碰撞，碰后系统同速。

▶ **评有成果**

师：通过对以上这些情境的分析以及学生解答的比较，对于解决系统内存在相对运动的多次碰撞问题，解题的策略有哪些？

生3：首先，看系统动量是否守恒，基于动量守恒定律列式；其次，由于系统内存在相互作

用的摩擦力和相对运动,摩擦力与相对路程的乘积 $F_f\Delta x$ 的值为系统机械能(动能)的损失,即系统产生的热量。由动量守恒定律和能量的转化与守恒关系,结合运动学分析即可求解,该问题属于"子弹打木块"类问题,是一类完全非弹性碰撞问题。

问题 2:滑块第一次与盒左壁碰撞前瞬间,滑块和盒的速度各为多大?

▶ **参考案例**

展示问题 2 的学生解答。

解答 1:

设滑块第一次与盒左壁碰撞前瞬间的速度大小为 v_B,此时盒的速度大小为 v_A,由系统动量守恒得

$$mv_0 = mv_B + 2mv_A \qquad ①$$

对滑块,从盒的中间第一次向盒的左壁运动发生的位移是 $\dfrac{L}{2}$,由动能定理得

$$-\mu mg \cdot \frac{L}{2} = \frac{1}{2}mv_B^2 - \frac{1}{2}mv_0^2$$

解得 $v_B = \sqrt{v_0^2 - \mu gL}$,代入式①可解得 $v_A = \dfrac{v_0 - \sqrt{v_0^2 - \mu gL}}{2}$。

解答 2:

如解答 1,系统动量守恒,列出式①。

如图 3-5-4 所示,对滑块,从盒的中间第一次向盒的左壁运动发生的对地位移是 x_B,与此同时盒发生的对地位移是 x_A,两者的相对位移为 $\dfrac{L}{2}$,即 $x_B - x_A = \dfrac{L}{2}$。对滑块和盒,分别由动能定理得

$$-\mu mg x_B = \frac{1}{2}mv_B^2 - \frac{1}{2}mv_0^2 \qquad ②$$

$$\mu mg x_A = \frac{1}{2}2mv_A^2 - 0 \qquad ③$$

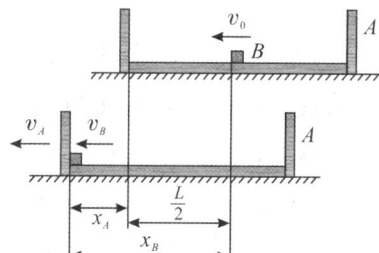

图 3-5-4

由式②+式③,可得

$$-\mu mg \frac{L}{2} = \left(\frac{1}{2}mv_B^2 + \frac{1}{2}2mv_A^2\right) - \frac{1}{2}mv_0^2 \qquad ④$$

结合式①④可解得

$$\begin{cases} v_A = \dfrac{2v_0 \pm \sqrt{4v_0^2 - 6\mu gL}}{6} \\[2mm] v_B = \dfrac{v_0 \mp \sqrt{4v_0^2 - 6\mu gL}}{3} \end{cases} \qquad ⑤$$

由于滑块与盒左壁碰撞前瞬间,滑块的速度应大于盒的速度,即 $v_B > v_A$,故式⑤中 v_A 的值应取负号,v_B 的值应取正号,故盒与滑块的速度大小各为

$$\begin{cases} v_A = \dfrac{2v_0 - \sqrt{4v_0^2 - 6\mu gL}}{6} \\[2mm] v_B = \dfrac{v_0 + \sqrt{4v_0^2 - 6\mu gL}}{3} \end{cases}$$

▶ **展有所获**

师:解答1的分析中存在的主要问题是什么?

生1:主要问题是在用动能定理分析摩擦力对滑块做功时用摩擦力与相对位移的乘积即 $-\mu mg \cdot \dfrac{L}{2}$ 来表示,这是错误的,$-\mu mg \cdot \dfrac{L}{2}$ 表示的是一对摩擦力对系统做的总功,其绝对值的大小等于系统产生的热量,即 $Q = \mu mg \cdot \dfrac{L}{2}$。

师:解答2的结果为什么会出现两组答案?另一组答案有什么意义?

生2:由于滑块与盒的碰撞是无机械能损失的碰撞,另一组答案应该是滑块与盒第一次碰撞后瞬间滑块与盒的速度大小,因为碰撞前后系统动量和机械能均守恒,故碰撞后瞬间应该有 $v_A > v_B$,即滑块与盒第一次碰撞后瞬间盒与滑块的速度大小各为

$$\begin{cases} v_A = \dfrac{2v_0 + \sqrt{4v_0^2 - 6\mu gL}}{6} \\[2mm] v_B = \dfrac{v_0 - \sqrt{4v_0^2 - 6\mu gL}}{3} \end{cases}$$

此后由于 $v_A > v_B$,滑块将相对盒向右运动,当两者的相对位移为 L 时,滑块与盒的右壁发生碰撞,如此,滑块与盒将发生多次碰撞,直到两者相对静止。

▶ **评有成果**

师:通过对以上这些情境的分析以及学生解答的比较,对于解决系统内存在相对运动的碰撞问题,碰撞前后瞬间的速度大小的求解策略有哪些?

生3:基于两点求解碰撞前后瞬间的速度。①系统动量守恒;②基于能量转化和守恒列式,一对摩擦力对系统做的总功为摩擦力与相对路程的乘积,其值的大小等于系统产生的焦耳热,也等于系统机械能的损失,即 $Q = F_f \Delta x = E_{k0} - E_{kt}$。

问题3:滑块相对于盒运动的总路程为多少?

▶ **参考案例**

展示问题3的学生解答。

解答1:

由问题2的分析可知,滑块第一次与盒的左壁碰撞后瞬间,盒与滑块的速度分别是

$$\begin{cases} v_{A1} = \dfrac{2v_0 + \sqrt{4v_0^2 - 6\mu gL}}{6} \\[2mm] v_{B1} = \dfrac{v_0 - \sqrt{4v_0^2 - 6\mu gL}}{3} \end{cases}$$

由于 $v_A > v_B$,此后滑块将相对盒向右运动,当两者的相对位移为 L 时,滑块与盒的右壁发生碰撞,设两者第二次碰撞前瞬间的速度分别为 v_{A2} 和 v_{B2},对系统由动量守恒定律得

$$mv_0 = mv_{B2} + 2mv_{A2} \tag{⑥}$$

取全过程(从滑块开始运动到滑块与盒第二次碰撞前),对系统由动能定理得

$$-\mu mg\left(\dfrac{L}{2} + L\right) = \left(\dfrac{1}{2}mv_{B2}^2 + \dfrac{1}{2} \cdot 2mv_{A2}^2\right) - \dfrac{1}{2}mv_0^2 \tag{⑦}$$

由式⑥⑦可解得 v_{A2} 和 v_{B2}，依此思路继续分析、寻找规律来研究滑块相对于盒运动的总路程，但是计算太复杂了，不会算。

解答 2：

分析思路同解答1，取滑块开始运动到最后相对于盒静止的全过程进行研究，对系统由动能定理可列式：

$$-\mu mg x_{总} = \frac{1}{2}(m+2m)v_{共}^2 - \frac{1}{2}mv_0^2 \qquad ⑧$$

由问题①的求解可知 $v_{共} = \frac{v_0}{3}$，代入式⑧可得滑块相对于盒运动的总路程为

$$x_{总} = \frac{v_0^2}{3\mu g}$$

▶ **展有所获**

师：解答1的分析思路是否正确？其解题的优点和缺点各体现在何处？

生1：解答1的分析思路正确。

解答1取从滑块开始运动到滑块与盒第二次碰撞前这个过程进行研究：

$$-\mu mg\left(\frac{L}{2}+L\right) = \left(\frac{1}{2}mv_{B2}^2 + \frac{1}{2}2mv_{A2}^2\right) - \frac{1}{2}mv_0^2$$

再取从滑块开始运动到滑块与盒第三次碰撞前这个过程进行研究：

$$-\mu mg\left(\frac{L}{2}+2L\right) = \left(\frac{1}{2}mv_{B3}^2 + \frac{1}{2}2mv_{A3}^2\right) - \frac{1}{2}mv_0^2$$

依此规律，取从滑块开始运动到滑块与盒相对静止的全过程进行研究：

$$-\mu mg x_{总} = \frac{1}{2}(m+2m)v_{共}^2 - \frac{1}{2}mv_0^2$$

因此要研究全过程相对运动的路程，我们可以取始末状态进行研究，不必计算每一次碰撞后的速度，这个非常难算，而且没必要。

生2：解答1的优点是在研究每一次碰撞后的速度时取的都是从开始运动至这一次碰撞前的速度，这是整体研究的思维；缺点是不必研究每一次碰撞后的速度，直接取始、末状态研究即可，因为整个过程中滑块与盒的碰撞均无机械能损失，若题目中要求滑块与盒第 n 次碰撞前瞬间的速度各是多少，那么解答1的解题过程是非常恰当的。

▶ **评有成果**

师：通过对以上这些情境的分析以及学生解答的比较，对于解决系统内存在相对运动的碰撞问题，研究全过程相对运动的路程，你的求解策略有哪些？

生3：首先应用系统动量守恒，其次进行能量和运动分析。

能量和运动分析要分两种情况研究：①若在整个相对运动过程中，只有系统内的相互作用力（摩擦力）做功，则可取全过程研究，全过程中摩擦力对系统做的负功等于系统动能的增量；②若除系统内相互作用的摩擦力做功外，系统内物体间的每一次碰撞均有能量损失，则需要对前几次碰撞依次列式进行研究，寻找规律，最终得解。

▶ **小结** 解决"子弹打木块"类问题的一般思维路径如图3-5-5所示。

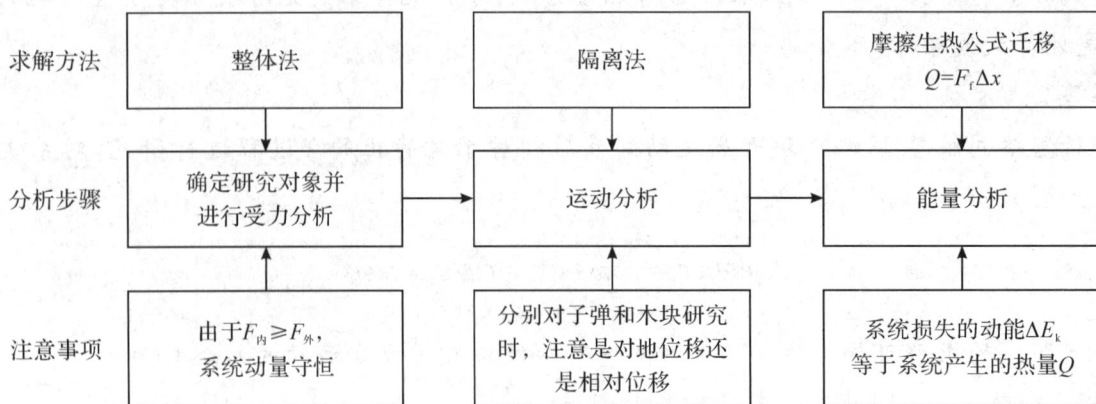

求解方法	整体法	隔离法	摩擦生热公式迁移 $Q=F_f\Delta x$
分析步骤	确定研究对象并进行受力分析	运动分析	能量分析
注意事项	由于$F_内 \gg F_外$，系统动量守恒	分别对子弹和木块研究时，注意是对地位移还是相对位移	系统损失的动能ΔE_k等于系统产生的热量Q

图 3-5-5

（三）巩固性练习

1. （多选）子弹以一定的初速度射入放在光滑水平桌面上的木块中，并以共同速度运动，如图 3-5-6 所示。下列说法正确的是　　　　　（　　）

   A. 子弹对木块做的功等于木块动能的增量

   B. 木块对子弹做的功的绝对值等于子弹对木块做的功

   C. 子弹克服阻力做的功等于木块动能的增量与摩擦产生的热量的总和

   D. 系统损失的机械能等于子弹损失的动能和子弹对木块所做的功的差

   图 3-5-6

2. （多选）如图 3-5-7 所示，质量为 m 的子弹以某一速度水平射入放在光滑水平地面上静止的木块后留在木块中，此时木块动能增加了 5.5J，木块质量为 M，那么此过程中产生的内能可能为　　　　　（　　）

   A. 2J　　　　　　　　　　　　B. 4J

   C. 6J　　　　　　　　　　　　D. 8J

   图 3-5-7

3. （多选）如图 3-5-8 所示，光滑水平面上静止放置着一辆平板车 A，车上有两个小滑块 B 和 C，A、B、C 三者的质量分别是 $3m$、$2m$、m。B、C 与车之间的动摩擦因数均为 μ。开始时 B、C 分别从平板车的左、右两端同时以大小相同的初速度 v_0 相向滑行。已知滑块 B、C 没有相碰且最后都没有脱离平板车，则　　　　　（　　）

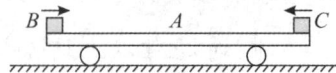

   A. 最终车的速度大小为 $\dfrac{1}{2}v_0$

   B. 当 C 的速度为 0 时，A 的速度为 $\dfrac{1}{5}v_0$

   C. 整个运动过程中，B 的加速度保持不变

   D. 整个运动过程中，系统产生的热量为 $\dfrac{17}{12}mv_0^2$

   图 3-5-8

六、纵向主题三：碰撞类问题

(一) 课时学习目标

核心素养	具体目标
物理观念	具有"碰撞过程中相互作用的特点为相互作用力大，作用时间短"的观念
	具有"碰撞过程中系统动量守恒"的观念
	理解碰撞过程中的能量转化和守恒规律，理解碰撞的三种类型
科学思维	能综合动量守恒定律和能量关系对碰撞类问题进行综合分析，结合运动学制约关系求碰撞后物体的速度
	能综合动量守恒定律和能量关系对碰撞类问题进行推理论证，解决两个物体（多个物体）发生多次碰撞的问题

(二) 课时学习设计

任务：解决碰撞类问题的思维路径

问题情境 1 两个物体间的碰撞

如图 3-6-1 所示，在光滑水平面上，一质量为 m、速度大小为 v 的 A 球与质量为 $2m$、静止的 B 球碰撞。

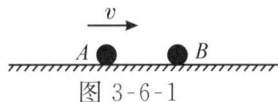

问题 1：碰撞后 B 球的最大速度是　　　　　　　　　　（　　）

A. $\dfrac{1}{3}v$ 　　　　　　B. $\dfrac{1}{2}v$ 　　　　　　C. $\dfrac{2}{3}v$ 　　　　　　D. $\dfrac{\sqrt{2}}{2}v$

图 3-6-1

▶ **参考案例**

展示问题 1 的学生解答。

解答 1：

由 A 球与 B 球碰撞瞬间动量守恒，可列式

$$mv = mv_A + 2mv_B$$

当 $v_A = 0$ 时，B 球的速度最大，$v_B = \dfrac{1}{2}v$，选项 B 正确。

解答 2：

由 A 球与 B 球碰撞瞬间机械能守恒，可列式

$$\frac{1}{2}mv^2 = \frac{1}{2}mv_A^2 + \frac{1}{2} \times 2mv_B^2$$

当 $v_A = 0$ 时，B 球的速度最大，$v_B = \dfrac{\sqrt{2}}{2}v$，选项 D 正确。

解答 3：

由 A 球与 B 球碰撞瞬间动量守恒，且 A、B 球同速时，B 球的速度最大，可列式

$$mv = (m + 2m)v_B$$

解得 $v_B = \frac{1}{3}v$，选项 A 正确。

解答 4：

由 A 球与 B 球碰撞瞬间动量守恒，机械能守恒，可列式

$$mv = mv_A + 2mv_B$$

$$\frac{1}{2}mv^2 = \frac{1}{2}mv_A^2 + \frac{1}{2} \times 2mv_B^2$$

解得 $v_A = -\frac{1}{3}v$，$v_B = \frac{2}{3}v$，此为 B 球的最大速度，选项 C 正确。

▶ **展有所获**

师：解答 4 为什么认为 A 球与 B 球碰撞瞬间动量守恒、机械能也守恒时，B 球获得的速度是最大的？

生 1：因为碰撞过程中系统动量一定守恒，若机械能也没有损失，则从能量转化和守恒的角度分析 B 球获得的机械能最大，联立动量守恒和机械能守恒表达式即可求解。

师：解答 2 中机械能也没有损失，同时碰撞后 A 球的动能为 0，从能量的转化和守恒角度分析 B 球获得的动能应该更大吧？

生 2：解答 2 的求解中只考虑了系统机械能没有损失，但忽视了碰撞过程中系统动量守恒这一关键特征，解答 2 的结论中系统动量并不守恒。

师：那么解答 1 和解答 3 的求解过程中缺少什么观念？

生 3：两物体碰撞后同速的现象是碰撞类型中机械能（动能）损失最大的情况，属于完全非弹性碰撞，故这种情况下 B 球获得的动能是最小的，即碰撞后 B 球的最小速度是 $v_B = \frac{1}{3}v$，而不是最大速度。

生 4：碰撞后当 $v_A = 0$ 时，$v_B = \frac{1}{2}v$，碰撞过程虽然满足动量守恒，但是机械能有损失，故 B 球获得的速度并不是最大的。

▶ **评有成果**

师：通过以上这些情境的分析以及学生解答的比较，你有哪些收获？

生 5：两物体发生碰撞时，由于碰撞瞬间相互作用力大、作用时间短的特征，碰撞瞬间系统动量一定守恒，这是碰撞问题的关键特征。

生 6：但是碰撞过程中系统的机械能不一定守恒，这要视碰撞物体的材料等因素决定，当碰撞系统的机械能也守恒时，碰撞后系统的机械能才最大，当碰撞后两物体达到同速的运动状态时，碰撞过程中系统的机械能损失最大。

师：因此两物体碰撞时不仅要满足系统动量守恒、机械能（动能）不增，还要满足碰撞后两物体的运动学的制约关系，这是碰撞问题要满足的三条原则。

问题 2：若碰撞后 A 球的速度方向与碰撞前相反，则碰撞后 B 球的速度大小可能是（ ）

A. $0.8v$ B. $0.7v$ C. $0.6v$ D. $0.5v$

▶ **参考案例**

展示问题 2 的学生解答。

解答 1：

由 A 球与 B 球碰撞瞬间动量守恒，可列式

$$mv = mv_A + 2mv_B$$

若碰撞后 A 球的速度方向与碰撞前相反，即 $v_A < 0$，则 $v_B > \frac{1}{2}v$，故碰撞后 B 球的速度大小 $v_B > \frac{1}{2}v$，选项 A、B、C 正确。

解答 2：

在解答 1 的分析基础上，由 A 球与 B 球碰撞瞬间机械能不增，可列式

$$\frac{1}{2}mv^2 \geq \frac{1}{2}mv_A^2 + \frac{1}{2} \times 2mv_B^2$$

若碰撞后 A 球的速度方向与碰撞前相反，即 $v_A^2 > 0$，则 $v_B^2 < \frac{1}{2}v^2$，即 $v_B < \frac{\sqrt{2}}{2}v$，故碰撞后 B 球的速度大小范围为 $\frac{1}{2}v < v_B < \frac{\sqrt{2}}{2}v$，选项 B、C 正确。

解答 3：

两物体碰撞时应同时满足系统动量守恒和系统机械能（动能）不增的原则，并对结果进行分析，碰撞后物体还需要满足运动学的制约关系。由 A 球与 B 球碰撞瞬间动量守恒和动能不增，可列式

$$mv = mv_A + 2mv_B$$

$$\frac{1}{2}mv^2 \geq \frac{1}{2}mv_A^2 + \frac{1}{2} \times 2mv_B^2$$

若碰撞后 A 球的速度方向与碰撞前相反，即 $v_A < 0$，联立以上两式可得 $\frac{1}{2}v < v_B < \frac{2}{3}v$，故只有选项 C 正确。

▶ **展有所获**

师：解答 3 满足系统动量守恒、动能不增原则，但并未讨论运动学的制约关系，是否还有不足之处？

生 1：由于碰撞后 A、B 两物体运动方向相反，符合运动学的制约关系，如果碰撞后两物体是同向运动的，则需要满足 $v_B \geq v_A$，故解答过程是全面的。

师：解答 1 和解答 2 的求解过程中缺少什么观念？

生 2：他们对于碰撞问题的理解只考虑了其中的一个原则，或者将两个原则独立起来考虑。解答 1 只考虑了系统动量守恒，解答 2 既考虑了系统动量守恒，又考虑了系统动能不增原则，但是将两者独立起来考虑了，没有联立方程，实际上这两个原则是需要同时满足的。

▶ **评有成果**

师：通过以上这些情境的分析以及学生解答的比较，对于解决碰撞类问题，你有哪些收获？

生 3：两物体发生碰撞时，由于碰撞瞬间相互作用力大、作用时间短的特征，碰撞过程遵循三条原则：动量守恒、机械能（动能）不增、碰撞后两物体的运动学的制约关系（即碰撞后如果两

物体是同向运动的,则被碰物体的速度需大于等于入射物体的速度)。对于碰撞类问题的解题思路和相关结论如图 3-6-2 所示。

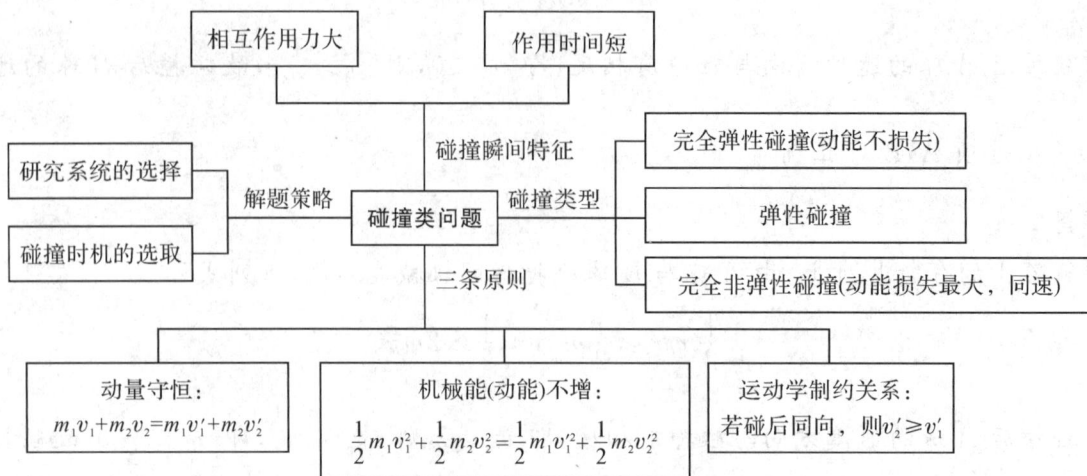

图 3-6-2

问题情境 2　多个物体间的碰撞

如图 3-6-3 所示,在足够长的光滑水平面上,物体 A、B、C 位于同一直线上,A 位于 B、C 之间。A 的质量为 m,B、C 的质量都为 M,三者均处于静止状态。设物体间的碰撞都是弹性的,现使 A 以速度 v_0 向右运动。

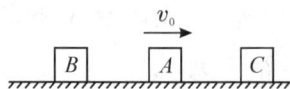

图 3-6-3

问题 1:要使物体 A 与 B 发生碰撞,m 和 M 之间应满足什么条件? 与速度 v_0 有何关系?

▶ **参考案例**

展示问题 1 的学生解答。

解答 1:

要使物体 A 与 B 发生碰撞,必须使 A 与 C 碰撞后,A 的速度反向。取初速度 v_0 的方向为正方向(向右),设 A 与 C 碰撞后的速度分别是 v_{A1} 和 v_C,由 A 与 C 系统碰撞瞬间动量守恒,可列式

$$mv_0 = mv_{A1} + Mv_C$$

式中有两个未知量 v_{A1} 和 v_C,仅一个方程无法求解。

解答 2:

在解答 1 分析的基础上,结合题意"物体间的碰撞都是弹性的",即 A 与 C 的碰撞还满足机械能(动能)守恒,可列式

$$\frac{1}{2}mv_0^2 = \frac{1}{2}mv_{A1}^2 + \frac{1}{2}Mv_C^2$$

由以上两式可解得

$$v_{A1} = \frac{m-M}{M+m}v_0, \quad v_C = \frac{2m}{M+m}v_0$$

要使 A 与 B 发生碰撞,则必须有 $v_{A1} < 0$,即 m 与 M 之间应满足 $m < M$,与初速度 v_0

无关。

▶ 展有所获

师：两物体发生碰撞时动量一定守恒吗？机械能一定守恒吗？

生1：两物体碰撞时动量一定守恒，但机械能不一定守恒。机械能是否守恒视碰撞的类型而定。本题中由于"物体间的碰撞都是弹性的"，故系统机械能守恒。

师：本题中，我们发现碰撞后确定物体的速度方向是一个关键，那么如何确定碰撞后的速度方向呢？

生2：由于动量守恒式是矢量表达式，在一维的碰撞中已规定 A 的初速度 v_0 的方向为正方向，要使碰撞后 A 的速度方向反向，则满足 $v_{A1}<0$ 即可。

师：解答1在碰撞类问题的求解过程中，缺少哪方面的观念？

生3：缺少碰撞中能量的观念，需根据题意判断碰撞中机械能是否守恒。

▶ 评有成果

师：通过以上这些情境的分析以及学生解答的比较，对于解决碰撞类问题，你有哪些收获？

生4：如果两物体发生的是完全弹性碰撞，则碰撞过程须遵循三条原则：动量守恒、机械能（动能）守恒、碰撞后两物体的运动学的制约关系（在本题中碰撞后 A 要反向，则需满足 $v_{A1}<0$）。

生5：在问题的求解中需要对整个过程的运动规律有完整的分析，注重对过程的分析。

问题2：求 m 和 M 之间应满足什么条件，才能使 A 只与 B、C 各发生一次碰撞？

▶ 参考案例

展示问题2的学生解答。

解答1：

物体 A 与 C 碰撞后有 $v_{A1}=\dfrac{m-M}{M+m}v_0<0$，可见碰撞后 A 的速度方向向左，故 A 能向左运动与静止的 B 发生一次碰撞，即完成了 A 分别与 C、B 各发生一次碰撞，故 m 与 M 之间只需满足问题1的条件 $m<M$ 即可。

解答2：

物体 A 与 C 碰撞后有 $v_{A1}=\dfrac{m-M}{M+m}v_0<0$，取 $v'_{A1}=\dfrac{M-m}{M+m}v_0>0$，即方向向左，$A$ 与 B 再次发生完全弹性碰撞，取向左为正方向，设碰撞后 A 的速度为 v_{A2}，B 的速度为 v_B，由碰撞瞬间动量守恒和机械能守恒，可列式

$$mv'_{A1}=mv_{A2}+Mv_B$$

$$\frac{1}{2}mv'^2_{A1}=\frac{1}{2}mv^2_{A2}+\frac{1}{2}Mv^2_B$$

由于需要解二元二次方程组，未知数太多，不会解。

解答3：

在解答2两式的基础上得到

$$v'_{A1}-0=v_B-v_{A2} \tag{①}$$

将式①（弹性碰撞中分离速度＝接近速度）与动量守恒表达式联立求解（二元一次方程组），得

$$v_{A2}=\frac{m-M}{M+m}v'_{A1}=-\left(\frac{m-M}{M+m}\right)^2v_0 \tag{②}$$

由式②可知 A 与 B 碰撞后 A 的速度方向又反向，即方向向右，若此时 A 的速度 $v_{A2} \leqslant v_C$，则 A 与 C 就不会发生第二次碰撞，即满足题意要求

$$-\left(\frac{m-M}{M+m}\right)^2 \leqslant \frac{2m}{M+m}$$

解得 $3m^2 > -M^2$，该式无解，不知问题出在哪里。

解答 4:

在解答 3 解出 $v_{A2} = -\left(\frac{m-M}{M+m}\right)^2 v_0$ 的基础上，得到 A 与 B 碰撞后 A 的速度方向反向，即方向向右，其大小是 $v'_{A2} = \left(\frac{m-M}{M+m}\right)^2 v_0$，若 $v'_{A2} \leqslant v_C$，则 A 与 C 就不会发生第二次碰撞，有

$$\left(\frac{m-M}{M+m}\right)^2 \leqslant \frac{2m}{M+m}$$

解得 $m \geqslant (\sqrt{5}-2)M$，即 A 与 B 碰撞后恰好不与 C 碰撞，则需要满足条件 $m \geqslant (\sqrt{5}-2)M$。

结合问题 1 的结论，A 只与 B、C 各发生一次碰撞时，m 和 M 之间应满足的条件为

$$(\sqrt{5}-2)M \leqslant m < M$$

▶ **展有所获**

师：解答 3 与解答 4 相比，问题出在哪里？

生 1：A 与 B 碰撞后有 $v_{A2} = -\left(\frac{m-M}{M+m}\right)^2 v_0$，负号其实表示 A 的速度方向反向了，碰撞后 A 的速度方向向右，只需其大小小于 C 的速度大小即可。

师：像解答 3 出现的问题，我们应如何尽量避免？

生 2：在处理矢量问题或矢量运算问题中，我们要特别注意负号的物理意义，在比较物理量的大小时取其绝对值进行运算。

师：解答 3 得到的表达式 $v'_{A1} - 0 = v_B - v_{A2}$，即碰撞前后两物体的分离速度等于接近速度，此关系式对所有碰撞问题均适用吗？与发生碰撞的两物体的质量大小有关吗？

生 3：该关系式是从碰撞过程中动量守恒和机械能守恒推导出来的，故只适用于完全弹性碰撞，有机械能损失的碰撞中该关系式不成立，并且该关系式与发生碰撞的两物体的质量大小无关。

师：为什么要引入"分离速度等于接近速度"的关系式？有什么好处？

生 4：该关系式与动量守恒和机械能守恒两式是不独立的，引入该式是因为将该式与动量守恒式联立解答时只需解二元一次方程组，求解比较方便，不容易算错，这其实非常重要。

▶ **评有成果**

师：通过以上这些情境的分析以及学生解答的比较，对于解决碰撞类问题，你有哪些收获？

生 5：如果两物体发生的是完全弹性碰撞，我们可以列动量守恒式和"分离速度等于接近速度"的关系式，以方便问题的求解。

生 6：在问题的求解中需要对整个过程的运动规律有完整的分析，A 与 B 发生碰撞后，若反弹的速度很大，则 A 还是有可能与 C 发生二次碰撞的，因此需要注重对过程的分析，考虑临界问题，还要特别注意矢量的运算问题和负号的物理意义。

▶ 小结

"动碰静"模型有如图 3-6-4 所示的规律和结论。

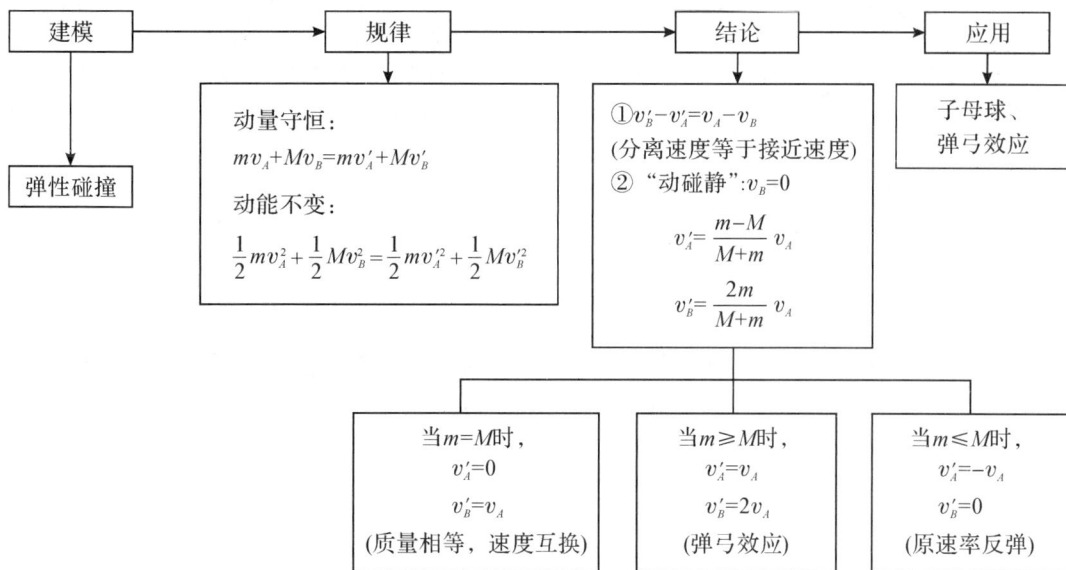

图 3-6-4

问题情境3 碰撞中的能量转化问题

如图 3-6-5 所示，光滑水平面上有一小车 B，车上右端固定一砂箱，砂箱左侧连着一水平轻弹簧，开始时弹簧处于原长，小车和砂箱的总质量为 M。车上放有一物块 A，质量也是 M，A 随小车以速度 v_0 向右匀速运动。A 与其左侧车面间的动摩擦因数为 μ，与其他车面间的摩擦不计。在车匀速运动时，距砂面一定高度处有一质量为 m 的泥球自由落下，恰好落在砂箱中。

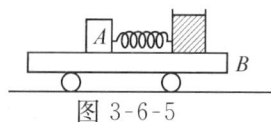

图 3-6-5

问题1：小车在前进过程中弹簧弹性势能的最大值为多少？

▶ 参考案例

展示问题1的学生解答。

解答1：

小车在前进过程中弹簧弹性势能最大时，系统的动能最小，即系统动能的损失最大，这属于碰撞类型中的完全非弹性碰撞，碰撞后各物体达到同速时，动能损失最大，损失的动能转化为其他形式的能量，在本题中转化为弹簧的弹性势能。

由于泥球是自由下落的，即泥球沿水平方向的速度为 0，对系统（物块 A、小车 B 和泥球）由水平方向动量守恒得

$$2Mv_0=(2M+m)v_{共}$$

可得 $v_{共}=\dfrac{2M}{2M+m}v_0$，物块 A、小车 B 和泥球同速，系统动能损失最大，弹簧获得的弹性势能最大，由能量的转化可得

$$E_{pm}=\frac{1}{2}\times 2Mv_0^2-\frac{1}{2}(2M+m)v_{共}^2=\frac{Mmv_0^2}{2M+m}$$

解答 2：

本题属于多体碰撞问题,在泥球落入砂箱时,泥球与砂箱系统沿水平方向动量守恒,两者的碰撞属于完全非弹性碰撞,动能损失最大,转化为内能,泥球落入砂箱的过程时间很短,在该过程中物块 A 的运动状态保持不变,对泥球与小车 B 系统研究,由系统水平方向动量守恒得

$$Mv_0 = (M+m)v_{共1}$$

可得

$$v_{共1} = \frac{M}{M+m}v_0 < v_0$$

由 $v_{共1} < v_0$ 知物块 A 相对车向右运动压缩弹簧,当 A 与小车 B 同速时(该过程也属于完全非弹性碰撞),弹簧的压缩量最大,即弹性势能最大,由系统水平方向动量守恒得

$$2Mv_0 = (2M+m)v_{共2}$$

可得

$$v_{共2} = \frac{2M}{2M+m}v_0$$

弹簧的最大弹性势能为

$$E_{pm} = \left[\frac{1}{2}Mv_0^2 + \frac{1}{2}(M+m)v_{共1}^2\right] - \frac{1}{2}(2M+m)v_{共2}^2 = \frac{Mm^2v_0^2}{2(M+m)(2M+m)}$$

▶ **展有所获**

师:从初态到弹簧弹性势能最大的过程中,系统的能量是如何转化的?

生1:在泥球落入砂箱的过程中,泥球与砂箱发生一次完全非弹性碰撞(两者水平方向动量守恒),砂箱损失的动能转化为泥球的动能和两者产生的热量,该过程中系统动能有损失(物块 A 的运动状态未发生改变);之后 A 的速度大于 B 的速度,A 压缩弹簧至 A 与 B(含泥球)同速,即完成第二次完全非弹性碰撞,系统损失的动能转化为弹簧的弹性势能。

师:解答1的能量转化式中,错误出在哪里?

生2:对于多体多次碰撞问题,需要寻找动量和机械能守恒的系统和时机。解答1在研究问题时没有选好系统,求得的弹性势能值多计入了泥球落入砂箱过程中产生的热量值,这是多体碰撞问题中计算能量时的典型错误。

▶ **评有成果**

师:通过以上这些情境的分析以及学生解答的比较,对于解决多体多次碰撞问题,你有哪些收获?

生3:由于碰撞发生时相互作用力大、作用时间短等特征,多体多次碰撞问题需要寻找动量和机械能守恒的系统和时机,多体碰撞实际上是两体碰撞的多次、先后进行,处理此类问题的策略与两体碰撞情况相同。

生4:多体先后碰撞时,对于能量转化问题的考虑,需要根据运动和相互作用、能量等角度综合分析,切不可如解答1所求的简单地认为系统损失的动能全部转化为弹簧的弹性势能,实际上在泥球落入砂箱过程中就有动能转化为内能。

问题2:为使物块 A 不从小车上滑下,车面粗糙部分至少为多长?

▶ **参考案例**

展示问题 2 的学生解答。

解答 1:

在问题 1 中,当弹簧的弹性势能最大时,弹簧压缩量最大,A 与 B (含泥球,下同)同速,之后弹簧逐渐恢复原长,该过程中 A 减速,B 加速,当弹簧恢复原长后,A 的速度小于 B 的速度,因此 A 与 B 间存在滑动摩擦力,两者所受摩擦力方向如图 3-6-6 所示,摩擦力对 A 做正功,对 B 做负功,A 加速,B 减速,为使 A 不从 B 上滑下,即 A 运动到 B 的最左端时与 B 同速。

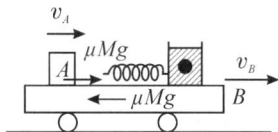
图 3-6-6

对 A 与 B(含泥球)系统,整个过程中水平方向动量守恒,所以有

$$2Mv_0 = (2M+m)v_{共2}$$

即 A 运动到 B 的最左端与 B 同速时的状态与弹簧压缩量最大时的状态相同,即

$$v_{共2} = \frac{2M}{2M+m}v_0$$

但是对于求车面粗糙部分至少为多长没有思路。

解答 2:

同解答 1 对系统的运动和相互作用分析,当 A 运动到 B 的最左端与 B 同速时的状态与弹簧压缩量最大时的状态相同,即

$$v_{共2} = \frac{2M}{2M+m}v_0$$

从能量转化和守恒角度研究,在弹性势能最大时系统的动能与 A 运动到 B 的最左端时系统的动能相等,那就意味着 A 和 B 克服相互间的摩擦力做功产生的焦耳热刚好等于弹簧释放的弹性势能,即

$$\mu Mgx = E_{pm} = \frac{Mm^2v_0^2}{2(M+m)(2M+m)}$$

为使 A 不从小车 B 上滑下,车面粗糙部分的长度至少为

$$x = \frac{m^2v_0^2}{2\mu g(M+m)(2M+m)}$$

▶ **展有所获**

师:给出解答 1 的同学是怎么想到 A 刚好不从小车 B 上滑下时的状态与弹簧压缩量最大时的状态是相同的?

生 1:基于运动学特征,若 A 的速度大于 B(含泥球)的速度,则弹簧还能继续压缩;若 A 的速度小于 B 的速度,则弹簧已经恢复原长。故弹簧压缩量最大时,A 和 B 一定同速。同理 A 在 B 上做加速运动时,相当于传送带加速物体,A 能达到的最大速度与 B 同速,当 A 运动到 B 的最左端时 A 的速度若小于 B 的速度,则 A 将从 B 的左端滑下,故 A 刚好不从 B 上滑下时两者一定同速。

师:从能量的角度如何研究为使 A 不从小车 B 上滑下,车面粗糙部分至少为多长?

生 2:由于 A 刚好不从 B 上滑下时同速的速度与弹簧压缩量最大时同速的速度相同,从能量角度分析,以上两个状态系统的动能相等,那么弹簧释放的弹性势能就等于 A 在 B 上运动时克服滑动摩擦力做功而产生的焦耳热。

▶ 评有成果

师:通过以上这些情境的分析以及学生解答的比较,对于解决碰撞中的能量问题,你有哪些收获?

生3:对于能量转化问题的考虑,需要根据运动和相互作用、能量等角度综合分析。系统克服摩擦力做功而产生的焦耳热等于摩擦力与相对位移的乘积,即 $Q＝F_f\Delta x$。

▶ 小结

解决碰撞类问题的一般思维路径如图 3-6-7 所示。

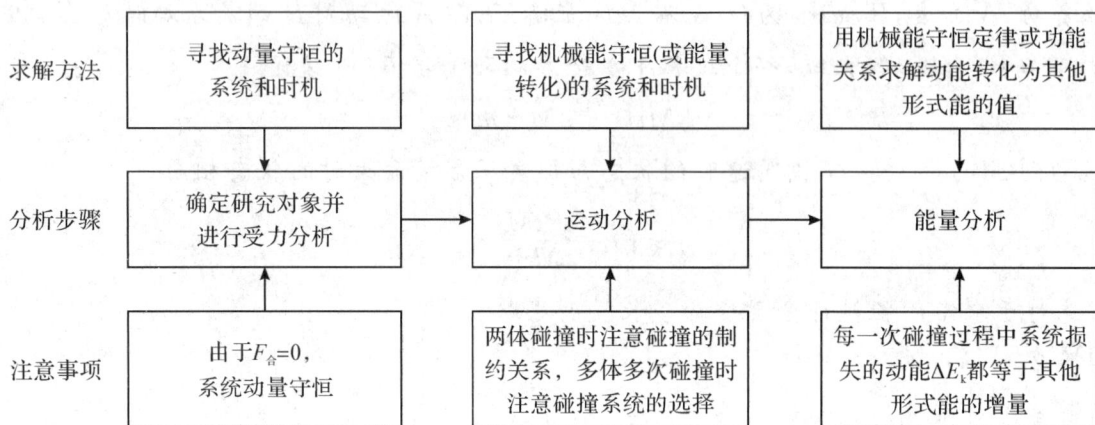

求解方法	寻找动量守恒的系统和时机	寻找机械能守恒(或能量转化)的系统和时机	用机械能守恒定律或功能关系求解动能转化为其他形式能的值
分析步骤	确定研究对象并进行受力分析	运动分析	能量分析
注意事项	由于 $F_合＝0$,系统动量守恒	两体碰撞时注意碰撞的制约关系,多体多次碰撞时注意碰撞系统的选择	每一次碰撞过程中系统损失的动能 ΔE_k 都等于其他形式能的增量

图 3-6-7

(三) 巩固性练习

1. (多选)如图 3-6-8 所示,在光滑的水平面上有 A 和 B 两个小球,A 球的动量为 10kg·m/s,B 球的动量为 12kg·m/s,A 球追上 B 球并相碰,碰撞后,A 球的动量大小变为 8kg·m/s,方向没变,则 A 和 B 两个小球质量的比值可能为 （　　）

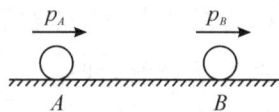

图 3-6-8

   A.0.5　　　　　B.0.6　　　　　C.0.65　　　　　D.0.75

2. 如图 3-6-9 所示,质量为 m 的小球放在质量为 M 的大球顶上,从高 h 处释放,紧挨着落下,撞击地面后跳起。所有碰撞都属于完全弹性碰撞,且都发生在竖直轴上。

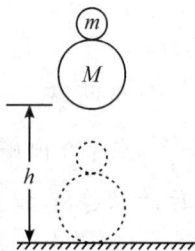

   (1)小球弹起可能达到的最大高度?

   (2)如在碰撞后物体 M 处于平衡状态,则质量之比 M:m 应为多少? 在此情况下,物体 m 升起的高度为多少?

图 3-6-9

3. 如图 3-6-10 所示,光滑水平直轨道上有三个质量均为 m 的物块 A、B、C,B 的左侧固定一轻弹簧(弹簧左侧的挡板质量不计)。设 A 以速度 v_0 朝 B 运动,压缩弹簧;当 A 和 B 速度相等时,B 与 C 恰好相碰并粘在一起,然后继续运动。假设 B 与 C 碰撞过程时间极短。求从 A 开始压缩弹簧直至与弹簧分离的过程中,

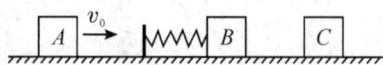

   (1)整个系统损失的机械能;

   (2)弹簧被压缩到最短时的弹性势能。

图 3-6-10

专题四：力、电综合——宏观物体运动

一、专题综述

1. 试题情境

纵观近几年全国各省区市高考题或选考题，力、电综合——宏观物体运动问题主要以导轨杆子滑动、线框穿越等动生问题情境为主，也辅有感生问题情境。

如图 4-1-1～4-1-7 所示，试题求解内容主要集中在以下几个方面：①结合楞次定律判断电流方向；②结合法拉第电磁感应定律与电路相关知识求解电学量；③利用功能关系，结合具体情境求解能量转化问题；④结合动量定理，求解电荷量、位移、速度和时间等物理量。

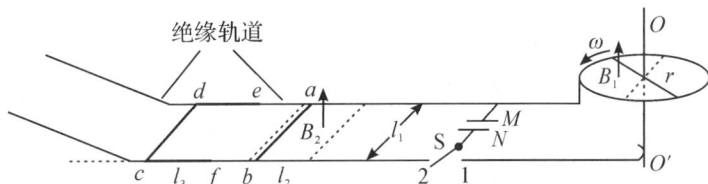

图 4-1-1

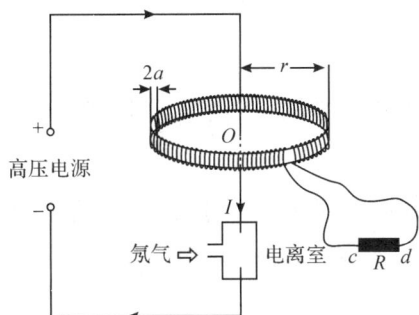

图 4-1-2

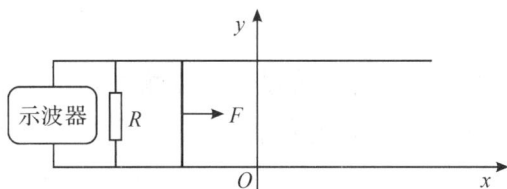

图 4-1-3

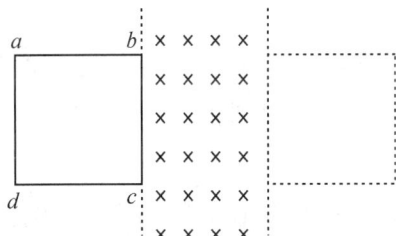

图 4-1-4

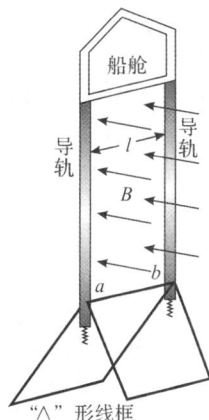

图 4-1-5

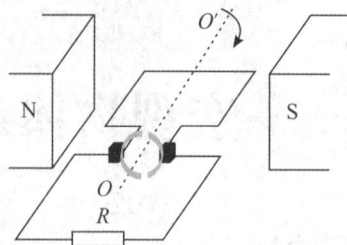
图 4-1-6

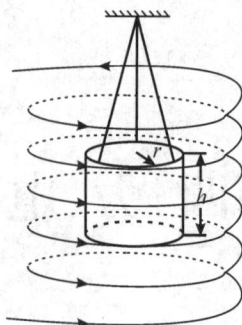
图 4-1-7

2. 特征分析

力、电综合——宏观物体运动问题贯彻知识为基、能力为重、素养导向的评价理念,主要有以下特点。

（1）知识综合应用

涉及力与运动、能量与动量、电路与电磁感应等高中重点知识内容的综合应用。

考查学生综合运用知识的能力和应对复杂问题的水平,全面综合考查物理学科素养水平。

（2）情境复杂丰富

情境以模型化为主,但近两年出现的情境趋于真实化。

大部分为多过程情境,需要准确划分阶段进行分析。

涉及的运动情境丰富:匀变速运动、变加速运动、简谐运动、碰撞、曲线运动、旋转等。

涉及的电路元件丰富:电阻、电容器、恒流源、示波器等。

要求学生能在具体的问题情境中,有高质量地认识问题、分析问题、解决问题的关键能力,考查物理建模、科学推理、科学论证等科学思维。

（3）求解方法灵活

各个物理量求解方法多样,选择灵活。

焦耳热求解:利用焦耳定律求解,利用克服安培力做功求解,利用能量守恒求解,利用图像求解等。

电荷量求解:利用动量定理求解,利用法拉第电磁感应定律求解,利用 $I-t$ 图像求解等。

允许学生从多角度作答,考查学生灵活运用所学知识分析、解决问题的能力。

（二）学生思维障碍分析

1. 科学思维上的障碍

力、电综合问题综合性较强,对物理建模与科学推理等科学思维水平要求较高,学生虽然已经掌握相关基础知识与基本规律,但尚未掌握有效的解题流程,因此在解决问题时常常束手无策。

力、电综合问题中涉及同一物理量的求解时,往往有多种方法,适用的条件各不相同,学生没有掌握各个方法适用的情境,机械地将某种方法应用到求解中导致求解困难。

2. 欠缺严谨、细致的科学态度

学生没有注意到解题的易错点,常常在求解的细节上出现错误。如在电路分析中,没有正确识别电阻的串并联关系;在线框情境的力与运动的分析中,忽略了匝数对所受安培力的影

响；在能量分析中，没有正确辨析回路总热量与某一电阻上热量的区别；在动量分析中，误将动量守恒的结论应用到所有双杆问题中等。这些细节常常是学生的失分点。

3. 对于复杂情境、陌生情境处理困难

学生面对复杂情境和陌生情境时难以寻找到有效的解决方法，如以简谐运动为背景的问题，学生对于其中涉及的变力做功、功能关系难以解决；电路中出现电容器等陌生元器件时，学生无法正确识别其在电路中的作用，导致分析难以进行；在多过程问题中，学生往往难以正确划分阶段与灵活选取过程，导致解题的困难。

（三）求解思维导图

如图 4-1-8 所示，力、电综合——宏观物体运动问题求解的思维流程主要分为"电路分析—力与运动分析—能量分析—动量分析"四个环节。

电路分析是问题求解的第一个环节，通过"电源识别—电路结构分析—电学量计算"三个分析步骤，绘制等效电路图，完成电路模型建构。主要利用电磁感应与电路相关知识分析电源电动势 E、电阻 R、电流 I 等核心电学物理量。

力与运动分析是问题形成及全面了解的关键环节，通过"受力分析—运动分析"两个步骤，绘制受力分析图与运动分析图完成力与运动模型建构。主要利用相互作用规律与牛顿运动定律分析安培力 F_A、速度 v、加速度 a 等力学与运动学物理量。

能量分析与动量分析是问题解决的重要环节，两者的先后顺序需根据问题情境的不同灵活选择。

能量分析主要通过"过程选择—能量计算"，分析各阶段做功情况与能量转化情况。主要利用功能关系与能量守恒等知识分析安培力做功 W_A 与焦耳热 Q 等物理量。

动量分析主要通过"过程选择—动量计算"，分析各阶段冲量情况与动量转化情况。主要利用动量定理与动量守恒等知识分析安培力的冲量 I_A 与电荷量 q 等物理量。

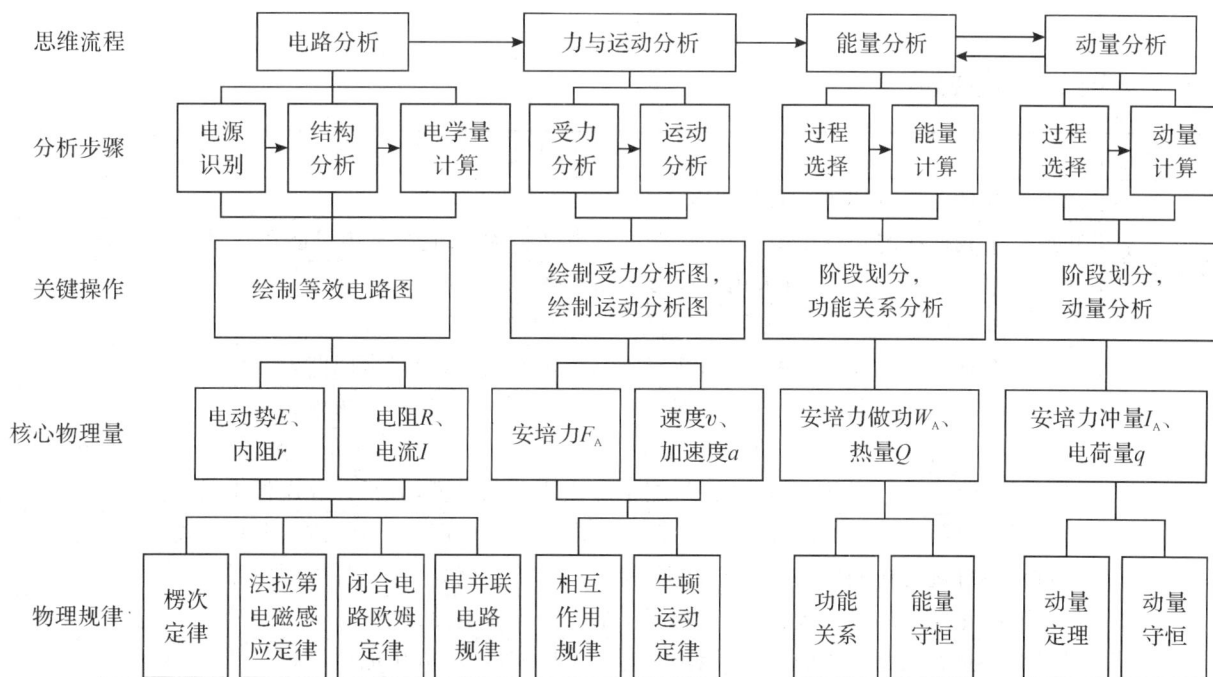

图 4-1-8

(四) 专题学习目标

核心素养	具体目标
物理观念	具有"力决定运动,运动反映力"的运动与相互作用观
	具有能量转化与守恒的观念,知道力、电综合问题中的常见能量转化路径
	具有动量转化与守恒的观念,知道安培力等变力冲量的求解方法
科学思维	经过对各类情境下电路结构的分析,能识别电源,计算电源电动势与内阻,处理多电源、感生电源等问题,建构正确的电源模型
	经过对各类情境下金属杆(框)等对象受力情况与运动情况的分析,能正确判断运动过程和终态,建构正确的力与运动模型
	经过对各类情境下做功与能量转化情况的分析,能根据问题情境选用功能关系或能量守恒等适合的方法求解各阶段做功与能量转化情况
	经过对各类情境下冲量与动量转化情况的分析,能根据问题情境选用动量定理或动量守恒等适合的方法求解各阶段冲量与动量转化情况
	经过对综合类问题的分析,掌握解决力、电综合问题的一般思路:电路分析—力与运动分析—能量分析—动量分析,并明确其中的关键步骤

(五) 专题细分及课时规划

	专题细分	课时规划
横向主题	主题一:电路分析	1课时
	主题二:力与运动分析	1课时
	主题三:能量分析	1课时
	主题四:动量分析	1课时
纵向主题	宏观物体力、电综合问题求解思维展示	1课时

二、横向主题一:电路分析

(一) 课时学习目标

核心素养	具体目标
物理观念	知道整根杆子的电动势与回路中电动势的区别
	知道整个线框在匀强磁场中运动时,全回路电动势为0,但每条边可能存在动生电动势
	知道线框出磁场情境中,可采用速度分解求解各边电动势
	具有线框在磁场中旋转与杆子旋转切割不同的观念
科学思维	经过对双杆切割问题的学习,会判断双电源结构的关系,计算全回路电动势
	经过对杆子旋转问题的学习,能识别电源,判断正负极并计算电源电动势
	经过对学习,会处理动生电动势、感生电动势、动生电动势与感生电动势同时存在的简单问题
	经过对多个电磁感应新情境的学习,能正确建构电源模型,分析计算电源电动势
	经过对多电阻电路结构的分析,能正确识别电路中的电阻结构,绘制等效电路图,求解电阻
	经过对多杆旋转切割电路结构的分析,能识别内外电路,会分析各电阻关系
	经过对感生电路结构的分析,会绘制感生电路的等效电路图
	经过对多过程电路结构的分析,能正确选择阶段,分阶段分析电路结构

（二）课时学习设计

任务1：电源的分析

问题情境1 有效长度变化情境

如图4-2-1所示，长度为L的导体棒ab沿光滑导线框向右以速度v做匀速运动，导轨宽度为h。

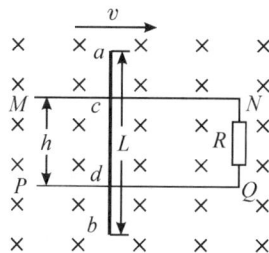

图4-2-1

如图4-2-2所示，PO和QO是相互交叉成$60°$角的金属导轨，长度为L的导体棒MN从O出发以速度v做匀速运动。

如图4-2-3所示，导轨OCA的曲线方程为$y=\sin x$，长度为L的导体棒ab以速度v做匀速运动。

如图4-2-4所示，边长为L的正方形金属框，以速度v斜向下匀速运动。

如图4-2-5所示，边长为L的正方形金属框，以速度v斜向下匀速出磁场，此时AB边仍处于磁场中的长度为a，AD边仍处于磁场中的长度为b。

在上述五种情况下，画出电源模型（标注电源正负极，计算电源电动势与内阻）。

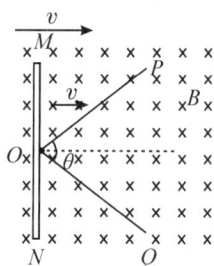 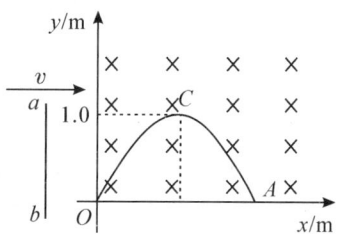 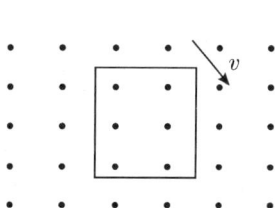 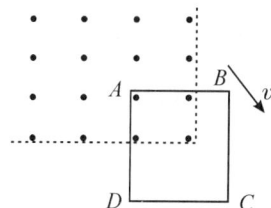

图4-2-2　　　　　图4-2-3　　　　　图4-2-4　　　　　图4-2-5

▶ **参考案例**

展示图4-2-1对应问题的学生解答。

解答1：

电源标注如图4-2-6所示，电动势$E=BLv$。

解答2：

电源标注如图4-2-6所示，电动势$E_{ab}=Bhv$。

解答3：

电源标注如图4-2-7所示，ab杆总电动势$E_{ab}=BLv$，其中cd部分接入电路$E_{cd}=Bhv$，ac、bd部分未接入电路，但仍有动生电动势$E_{ac}+E_{db}=B(L-h)v$。

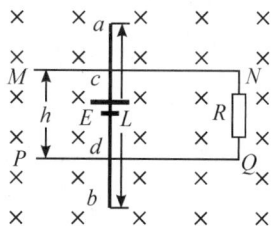 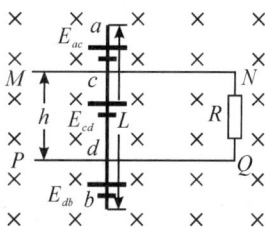

图4-2-6　　　　　　　　　图4-2-7

▶展有所获

师:如何评价以上三种解答?

生1:解答1直接计算了整根导体棒产生的电动势,但没有考虑到并非整根导体棒都接入了电路,直接把 $E=BLv$ 当成回路电动势是不正确的。

生2:解答2只计算了接入电路部分 cd 产生的电动势,是不全面的。虽然在求解回路中电流等物理量时,也能得到正确答案,但无法正确解决如 ab 两端电势差等涉及电路外部分的问题。

生3:解答3比较全面,将导体棒分成接入电路与未接入电路两个部分,分别进行分析求解,对电源有了全面的认识,求解比较准确。

师:给出解答3的同学是怎样想到并正确求解的呢?

生4:通过观察可以发现,这道题目中导体棒的长度大于导轨的距离,这就启发我们这道题目的电动势求解不是简单的 $E=BLv$。导体棒的 cd 段放在导轨上,因此接入电路的部分应该就是 cd,回路电动势 $E_{cd}=Bhv$。但我不清楚是怎么想到还要分析 ac、db 部分电动势的。

生5:我是这样思考的,导体棒放在导轨上被分成了 ac、cd、db 三个部分,因为 cd 接入电路,ac、db 没有接入电路,肯定是存在区别的,不妨都先在图上标注出来,这样就可以发现,cd 部分的电动势接入电路,ac、db 的电动势虽然对电路内没有影响,但对求解 ab 电势差等却是有用的。

生6:我是通过分析电流发现在导体棒部分电流只经过了 cd 部分,我们之前学过处理回路中电源两端的电势差与开路电源两端的电势差,但这道题一部分在电路中,另一部分不在电路中,那肯定需要把这个电源拆解开,分别求解。

师:给出解答3的同学首先要认真观察,认识到情境有所变化,意识到计算方法可能会有不同(前面的方法还能用吗——质疑思维);对意识到的问题进行分析论证,首先是内与外的区别,然后是电动势与路端电压在有电流情况下的区别,最后是想用什么办法来显现上述想到的不同——建立电路与多个电源模型后再进行计算。

▶评有成果

师:通过以上这些情境的分析以及学生解答的比较,对于解决此类问题,你有哪些收获?

生7:当导体棒未全部接入电路时,需考虑到整根导体棒的电动势与回路中的电动势的区别,不可张冠李戴。

生8:如果导轨间距按一定规律变化,则电源电动势也会相应变化,根据具体情况的不同,可使电动势线性增大(如图 4-2-2 所示),也可使电动势按正弦函数变化(如图 4-2-3 所示),在这种情况下可类比交流电源,求解电动势的有效值。

生9:线框切割问题中,全回路电动势判断可利用法拉第电磁感应定律进行,也可分别计算各边电动势后进行叠加。

师:这两种方法都可以进行判断,你觉得哪种方法好?适用的情境有何不同?

生10:用各边叠加的办法计算电动势更加清晰一些,只需要找准各边电动势的关系进行计算,且对电势差的计算也较为有利,法拉第电磁感应定律可以作为检验是否正确的一种方法。

问题情境 **2**　平动切割

如图 4-2-8 所示，某时刻，导体棒 ab 在磁感应强度为 B_1 的磁场中以速度 v_1 运动，导体棒 cd 在 B_2 的磁场中以速度 v_2 运动，已知 $v_1 > v_2$，$B_1 > B_2$。

如图 4-2-9 所示，在图 4-2-8 的基础上将磁感应强度为 B_2 的磁场方向反向，其他条件不变。

如图 4-2-10 所示，左、右两侧导轨间距不同，分别为 $2L$、L，磁感应强度均为 B。

在上述三种情况下，画出电源模型（标注各条边的电源正负极，计算各边电动势与回路总电动势）。

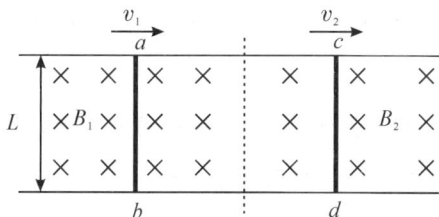
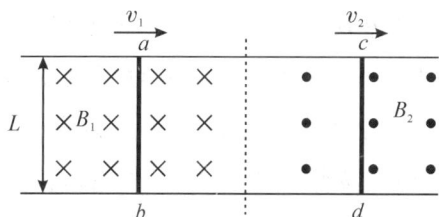

图 4-2-8　　　　　　　　　　　　　　　　图 4-2-9

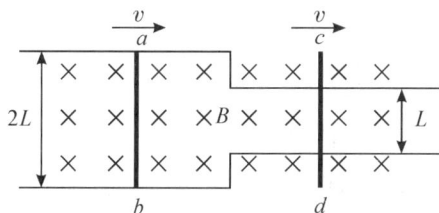

图 4-2-10

▶ **参考案例**

展示图 4-2-10 对应问题的学生解答。

解答 1：

绘制电路图，如图 4-2-11 所示，两根导体棒形成的电动势大小相等，都为 $E = 2BLv$，相互抵消，因此全回路的电动势为 0。

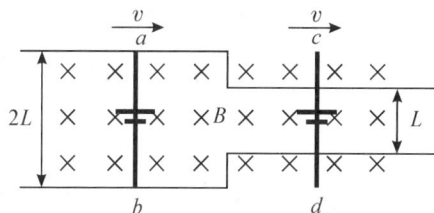

图 4-2-11

解答 2：

绘制电路图，如图 4-2-11 所示，虽然两根导体棒形成

的电动势大小相等，但 cd 导体棒并没有全部接入电路，接入电路的只有总长度的一半，即使两个电源是抵消关系，并不能完全抵消，而应该是相减即可，$E = E_1 - E_2 = 2BLv - BLv = BLv$。

▶ **展有所获**

师：如何评价以上两种解答？

生 1：解答 1 犯了和情境 1 中一样的错误，没有考虑到整根导体棒总电动势和回路电路电动势的区别。

师：你将如何避免这个错误呢？

生 2：我刚开始时由于只关注到电源相互抵消，也犯了这个错误，但后来发现不对，从法拉第电磁感应定律看，穿过回路的磁通量发生了改变，回路中肯定会有电动势，这就说明原来的判断出错了。

生3:解决问题的第一步还是要仔细阅读题干"导轨间距不同",结合情境1的求解,可以发现两根导体棒接入电路的电动势不同,不能相互抵消。

师:双棒切割问题切忌简单根据叠加抵消关系求解,要细致观察电路结构,分析每根导体棒形成的电源,在此基础上得出回路总电阻。求解完成后,可通过法拉第电磁感应定律检验分析的正确性。

▶ **评有成果**

师:通过上面的例子,你对双棒切割问题有哪些认识?

生4:双棒切割问题属于双电源问题,即在单电源问题的基础上,增加了一个电源。电路分析的关键步骤是准确判断双电源的关系是叠加还是抵消。

生5:双电源关系判断中的易错点:磁感应强度大小、速度大小、导轨间距等随意混用,张冠李戴导致电动势大小计算的错误;对磁感应强度方向、速度方向等缺乏关注,导致双电源叠加抵消关系判断错误。

问题情境 3 转动切割

如图 4-2-12 所示,半径为 r 的金属圆形导轨置于磁感应强度为 B 的磁场中,有一导体棒绕圆心 O 做角速度为 ω 的顺时针匀速转动。

如图 4-2-13 所示,一金属同心圆环导轨置于磁感应强度为 B 的磁场中,内圆半径为 r,外圆半径为 $2r$,有一导体棒绕圆心 O 做角速度为 ω 的顺时针匀速转动。

如图 4-2-14 所示,半径为 r 的金属圆形导轨置于磁感应强度为 B 的磁场中,有三根导体棒绕圆心 O 做角速度为 ω 的顺时针匀速转动。

如图 4-2-15 所示,边长为 L 的正方形金属框,在磁感应强度为 B 的匀强磁场中以恒定角速度 ω 绕 OO' 轴顺时针转动。

在上述四种情况下,画出电源模型(标注电源正负极,计算电源电动势与内阻)。

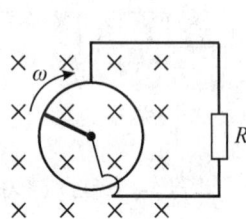 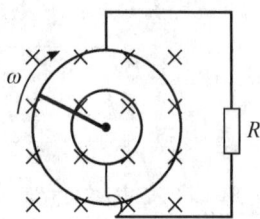 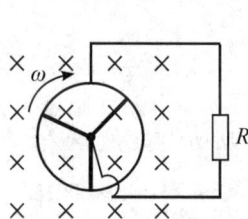 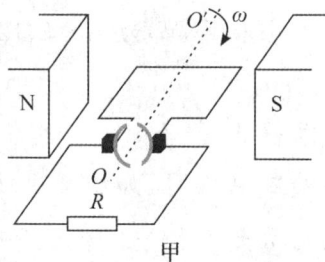

图 4-2-12　　　　图 4-2-13　　　　图 4-2-14　　　　图 4-2-15

▶ **参考案例**

展示图 4-2-12 对应问题的学生解答。

解答 1：

利用左手定则判断电源正负极,绘制电路图,如图 4-2-16 所示,导体棒做匀速圆周运动的角速度为 ω,线速度为 $v=\omega r$,可得 $E=B\omega r^2$。

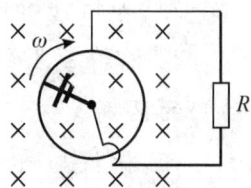

图 4-2-16

解答 2：

绘制电路图,如图 4-2-16 所示,利用法拉第电磁感应定律,导体棒旋转导致回路面积变化为一个小扇形 $\Delta S = \frac{1}{2}\omega r^2 \Delta t$,可得 $E = \frac{B\Delta S}{\Delta t} = \frac{1}{2}B\omega r^2$。

解答 3:

绘制电路图,如图 4-2-16 所示,利用微元法,求解每一小段电动势的累积求和,$E = \sum \Delta E = \sum B\omega r \Delta r = \frac{1}{2}B\omega r^2$。

解答 4:

绘制电路图,如图 4-2-16 所示,由于各点速度随到圆心的距离线性增大,可用中点速度等效代替导体棒的速度,$E = BL\bar{v} = \frac{1}{2}B\omega r^2$。

▶ **展有所获**

师:如何评价以上四种解答?

生1:解答1是错误的,$v = \omega r$ 只是导体棒最外点的线速度,而导体棒各个部分的线速度并不相同,不能用最外点的速度代替各点的速度。

生2:解答2是可行的,解决的关键在于找出回路面积的变化,可以通过一小段时间导体棒扫过的面积进行思考。

生3:解答3利用微元法求解是严谨的,其中利用的累加求和的过程,可类比匀变速直线运动中利用 $v-t$ 图像面积求位移的方法进行求解。

生4:解答4利用中点速度等效代替这种想法很巧妙,在某个物理量线性变化时可以采用,相对解答3在运算上更加简便了。

师:解答1的错误该如何避免? 解答2、3、4是如何想到的?

生5:解答1简单套用了单杆滑动的电动势求法,没有意识到旋转切割的特殊性。导体棒各部分运动速度不同,最外点速度最大,圆心速度是 0,如果用最外点的线速度代替各点速度导致电动势肯定偏大了。因此我们需要寻找更加普遍的方法,比如法拉第电磁感应定律,直接找出回路面积的变化,这就与解答2相对应了。

生6:为了解决各点速度不同的困难,借鉴我们之前处理匀变速直线运动位移的经验,有两个基本思路:一是利用微元法,把每部分的速度、电动势求解出来,再进行累加;二是寻找类似"平均速度"的概念等效替代各点的速度运动。这两种方法分别对应解答3和解答4。

师:应当认识到导体棒旋转切割是一个重要的动生模型,各点切割速度不同,用最外点的速度代替是典型的错误。导体棒旋转切割问题的电动势计算主要有三种方法:一是正确寻找回路面积的变化,利用法拉第电磁感应定律进行推导求解;二是利用微元法,求解每一小段电动势的累积求和;三是由于各点速度随到圆心的距离线性变化,可用中点速度等效代替导体棒的速度。

▶ **评有成果**

师:通过上面的例子,你对旋转切割问题有哪些认识?

生7:导体棒旋转切割问题需要关注导体棒各点的运动速度不同,不能用最外点的速度代替。

生8:导体棒旋转切割问题中也需关注接入电路部分与多电源问题。

生9:导体棒旋转与线框旋转两个问题的解决方法并不相同,需要进行识别后选用正确的方法,如果是线框旋转问题就要使用交流电的知识。

师:这两种旋转问题识别中的关键因素有哪些?如何正确识别?

生10:主要关注旋转速度的特点与磁场的特点,进行区分。

问题情境4 电磁感应中的其他电源情境

如图4-2-17所示,边长为 L 的正方形区域 $aefb$ 内存在随时间均匀增大的磁场,磁感应强度 B 满足 $B=B_0+kt$。

如图4-2-18所示,金属板 MN 沿导轨以速度 v 匀速运动, $t=0$ 时,磁感应强度为 B_0 , MN 到达的位置恰好使 $DENM$ 构成一个边长为 L 的正方形。

如图4-2-19所示,将一通电螺线管竖直放置,螺线管内部形成方向竖直向上、磁感应强度大小 $B=kt$ 的匀强磁场,在内部用绝缘轻绳悬挂一与螺线管共轴的金属薄圆筒,其高度为 h ,半径为 r 。

如图4-2-20所示,将形状相同的两根平行且足够长的铝条固定在光滑斜面上,斜面与水平方向的夹角为 θ ,一质量为 m 的条形磁铁滑入两铝条间,恰好匀速穿过,磁铁端面是边长为 d 的正方形,磁铁端面正对两铝条区域的磁场均可视为匀强磁场,磁感应强度为 B 。

在上述四种情况下,画出电源模型(标注电源正负极,计算电源电动势与内阻)。

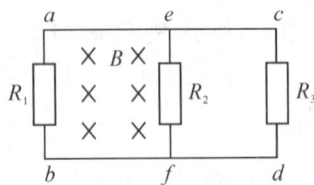
图4-2-17

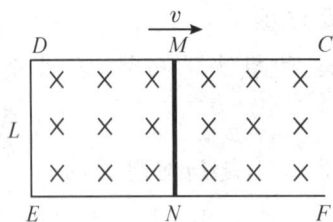
图4-2-18

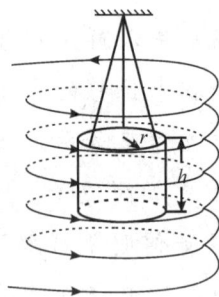
图4-2-19

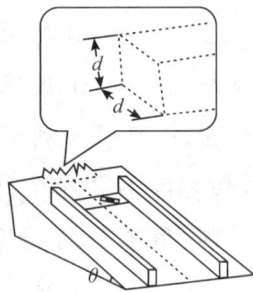
图4-2-20

▶ **参考案例**

展示图4-2-19对应问题的学生解答。

解答1:

回路中电源的电动势是感生电动势,应该利用法拉第电磁感应定律进行求解,但并不能找到电路在哪里,未解决。

解答2:

利用楞次定律判断电流的方向是逆时针的,沿着圆筒的侧面,故回路的面积应该是圆筒的侧面积,因此 $E=\dfrac{\Delta B}{\Delta t}S=k\cdot 2\pi rh$ 。

解答3:

把圆筒分割成一个个小圆环,如图4-2-21所示,回路面积应该是圆环面积,也就是圆筒的底面积,因此 $E=\dfrac{\Delta B}{\Delta t}S=k\pi r^2$ 。

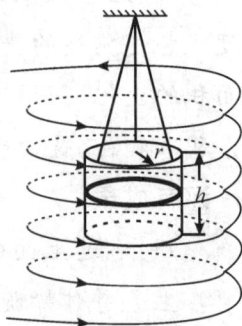
图4-2-21

师:如何评价以上三种解答?

生1:对于解答3,我有一个疑问,如果按照这种分割方法,一个圆环的电动势是可以计算的,但圆筒可以分割为无数个圆环,那总的电动势如何计算呢?

生2:虽然圆环的数量多,但它们相当于是并联关系,圆筒中的电动势与单个圆环的电动势应该是相同的。这样问题就得到了简化。

师:解答3是如何想到的?

生3:初看这个题目很难找到电路结构,我是从看磁场分布开始的,通电螺线管内部磁场是竖直方向的,磁感线穿过上下底面,由此找到了回路。

生4:解答2应该是不正确的,虽然电流沿着圆筒侧面,但并没有磁感线穿过圆筒侧面,因此将圆柱侧面积作为回路面积是不妥当的,作为底面积更为合理。

▶ 评有成果

师:通过上面的例子,你对一般情境的电磁感应问题有哪些认识?

生5:感生电源电动势的计算要抓住磁场变化率以及有效面积,避免细节上的错误。

生6:感生电源与动生电源同时存在的问题,主要有两个求解思路:一是分别计算动生电动势与感生电动势,并判断两者的关系进行求解;二是利用法拉第电磁感应定律进行推导求解。

生7:新情境中电源分析问题的求解关键有两个:一是找到回路在哪里,即哪部分的磁通量发生变化,确定电源所在;二是判断是动生电源还是感生电源,根据电源性质的不同选用不同的办法计算电源电动势与内阻。

▶ 小结

如图4-2-22所示,不同情境下电源结构的分析主要分成三个步骤:识别电源—判断电源的正负极—计算电源的电动势。

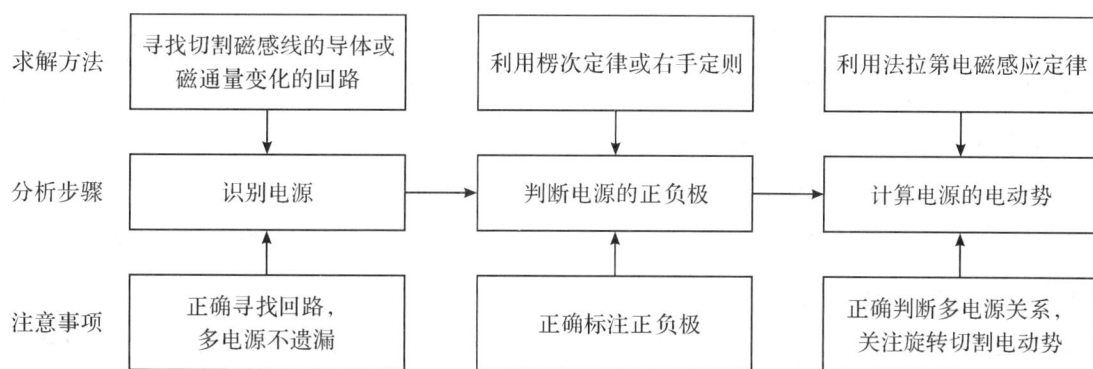

图4-2-22

任务2:电路结构的分析

问题情境1 **电阻结构复杂的变化情境**

如图4-2-23所示,长度为l、电阻为R_{MN}的导体棒MN沿光滑导线框向右以速度v做匀速运动,线框中左右两端均接有电阻R。线框放在磁感应强度为B的匀强磁场中,线框的电阻不计。

如图4-2-24所示,间距为l的直导轨与"∧"形刚性线框连接,导体棒MN的电阻、"∧"形线框7条边的电阻均为R。

在上述两种情况下,画出等效电路图(标注电源,计算各部分电阻)。

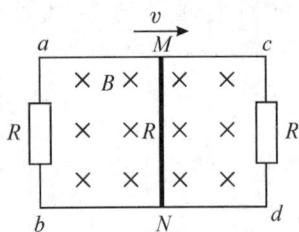

图 4-2-23

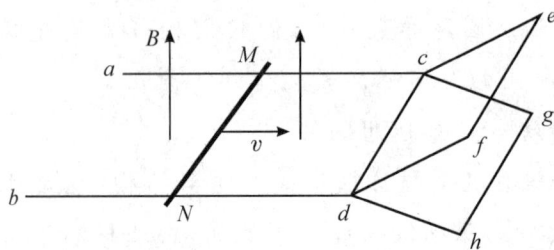

图 4-2-24

参考案例

展示图 4-2-24 对应问题的学生解答。

解答 1:

绘制等效电路,如图 4-2-25 所示,外电阻是 $6R$,回路总电阻为 $7R$。

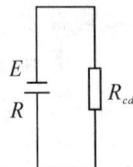

图 4-2-25

解答 2:

绘制等效电路,如图 4-2-26 所示,ce、ef、fd 三个电阻串联,cg、gh、hd 三个电阻串联,然后与 cd 并联。

由并联电阻计算规律得

$$\frac{1}{R_{外}} = \frac{1}{3R} + \frac{1}{3R} + \frac{1}{R}$$

从而可得 $R_{外} = \frac{3}{5}R$,所以回路总电阻为 $R_{总} = \frac{8}{5}R$。

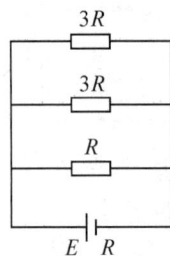

图 4-2-26

展有所获

师:如何评价以上两种解答?

生1:解答1没有正确分析电阻结构,只是简单考虑了数量,没有分析电阻的串并联关系。

生2:解答2对于题目中立体结构的分析是准确的,可以先判断出哪些电阻串联,然后确定并联的各条支路,最后计算总电阻。

师:对于立体的结构,如何确定电阻关系?

生3:观察结构的对称性,可以看到 $cefd$、$cghd$ 两部分是对称的,应该是并联结构,这点观察出来之后,整体结构就变得简单了。

生4:立体结构最终还是要转化为平面结构,这样更容易寻找电阻关系。转化为平面结构后,可以发现 c、d 两点之间连接有三个部分的电阻,这三个部分是并联结构也就清楚了。

生5:我是利用电流流动的办法,电流从电源正极出发,到达 d 点后出现了三个分支的选择,可以发现是三个并联电阻,由此确定电阻的关系。

师:对于电阻结构的确定关键在于准确判断各个电阻之间的串并联关系,可以通过观察电路对称性、寻找等电势点间的电阻等办法,还需要绘制等效电路图。

评有成果

师:通过上面的例子,你对回路中的电阻分析有哪些认识?

生6:电阻分析是电路结构分析中的重要一环,没有准确分析电阻关系常常导致后续各类计算错误。

生7:电阻分析的关键是在电源分析的基础上,准确识别干路与支路,判断各电阻的串并联关系。

生 8：对于一些隐藏较深的电阻，如金属杆的电阻、线框的电阻等不能忽略，需要更加细致地分析。

问题情境 2　内外电路识别困难的变化情境

如图 4-2-27 所示，自行车后轮由半径为 r_1 的金属内圈、半径为 r_2 的金属外圈和绝缘辐条构成。后轮的内、外圈之间等间隔地接有 4 根金属条，每根金属条的中间均串联有一电阻值为 R 的小灯泡。在支架上装有磁铁，形成了磁感应强度为 B、方向垂直于纸面向外的扇形匀强磁场，张角为 θ。后轮以角速度 ω 相对转轴转动。

如图 4-2-28 所示，边长为 L 的正方形区域 $abfe$ 内存在随时间均匀增大的磁场，磁感应强度 B 满足 $B = B_0 + kt$。

在上述两种情况下，画出等效电路图（标注电源，计算各部分电阻）。

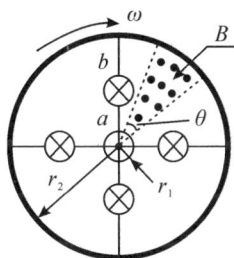 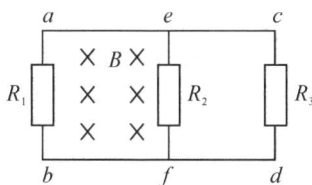

图 4-2-27　　　　　　　　　图 4-2-28

▶ **参考案例**

展示图 4-2-28 对应问题的学生解答。

解答 1：

绘制等效电路，如图 4-2-29 所示，该回路中是感生电动势，利用法拉第电磁感应定律计算可得 $E = \dfrac{\Delta B}{\Delta t}S = kL^2$，电阻为并联电阻。

解答 2：

绘制等效电路，如图 4-2-30 所示，电源电动势 $E = \dfrac{\Delta B}{\Delta t}S = kL^2$，磁场分布在正方形 $abfe$ 区域，因此 $abfe$ 应该为内电路，cd 为外电路，也就是 R_1 和 R_2 并联，再与 R_3 串联。

解答 3：

绘制等效电路，如图 4-2-31 所示，电源电动势 $E = \dfrac{\Delta B}{\Delta t}S = kL^2$，将 R_2 和 R_3 视为并联，再与 R_1 串联。

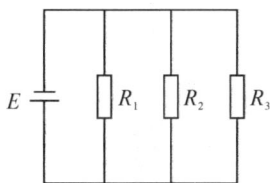 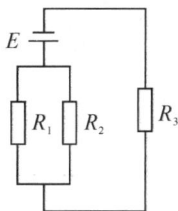 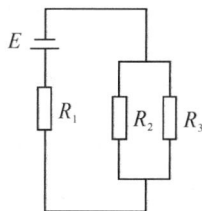

图 4-2-29　　　　　　图 4-2-30　　　　　　图 4-2-31

师：如何评价以上三种解答？

生1：解答1的电路分析是不合理的，通过观察可以发现，三个电阻的地位并不是完全等价的，将三者视为并联是不合理的。

生2：虽然磁场分布在正方形 $abfe$ 区域，但在全空间都能形成感生电场，简单地认为 $abfe$ 为内电路，cd 为外电路是不合理的，因此解答2错误。我们可以发现 $efdc$ 回路中是没有感生电动势的，因此将 R_2 和 R_3 视为并联，再与 R_1 串联是合理的，因此解答3是正确的。

▶ **评有成果**

师：通过上面的例子，你对内、外电路的识别有哪些认识？

生3：多杆旋转切割时，需在判断电源结构的基础上，先识别内、外电路，再判断外电路电阻关系，由此进行电路图的绘制。尤其是多根杆子看似相同，但有些是电源，有些是电阻，在电路中的作用大不相同，需要细致分析。

生4：绘制电路时全回路电动势需集中到一处，再判断电阻结构。电阻串并联关系可以根据各点电势高低情况进行判断。

问题情境3　多过程多电路的变化情境

间距为 l 的两平行金属导轨由水平部分和倾斜部分平滑连接而成，空间存在两部分磁场，其大小、方向如图4-2-32所示。水平导轨上的无磁场区间静止放置一质量为 $3m$ 的"联动双杆"（由两根长为 l 的金属杆 cd 和 ef，用长度为 L 的刚性绝缘杆连接构成）。ab 进入水平导轨后，与"联动双杆"发生碰撞，碰后杆 ab 和 cd 粘在一起形成"联动三杆"，"联动三杆"继续沿水平导轨进入磁场Ⅱ。

如图4-2-33所示，间距为 L 的平行长直导轨置于水平桌面上，导轨中 NO 和 $N'O'$ 段用绝缘材料制成，其余部分均为导电金属材料。导轨左侧与匝数为 n、半径为 r 的圆形线圈相连，线圈内存在垂直于线圈平面的匀强磁场。电容为 C 的电容器通过单刀双掷开关与导轨相连。在轨道间 $MPP'M'$ 矩形区域内存在垂直于桌面向上的匀强磁场，磁感应强度为 B。磁场右侧边界 PP' 与 OO' 间的距离为 a。

如图4-2-34所示，在水平面内有两根间距为 l 的金属导轨平行放置，导轨末端通过一小段塑料接口与倾斜平行金属导轨平滑连接，倾角为 θ。在区域Ⅰ、Ⅲ和Ⅳ中，存在垂直于导轨向上的匀强磁场，磁感应强度分别为 B_1、B_2 和 B_3；区域Ⅱ中的导轨粗糙，宽度为 d，其余区域的导轨均光滑。磁场边界 AA' 上放置金属棒 a，磁场边界 CC' 右侧附近静止放置金属棒 b，倾斜导轨足够远处连接有电感为 L 的电感线圈。

在上述三种情况下，画出各阶段的等效电路图。

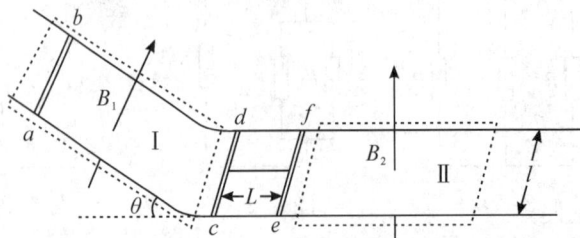

图 4-2-32

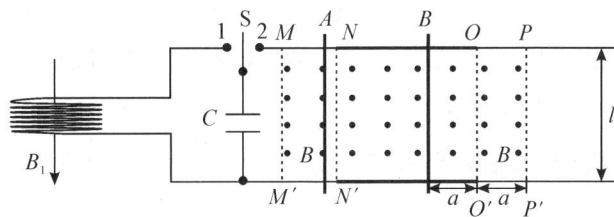

图 4-2-33

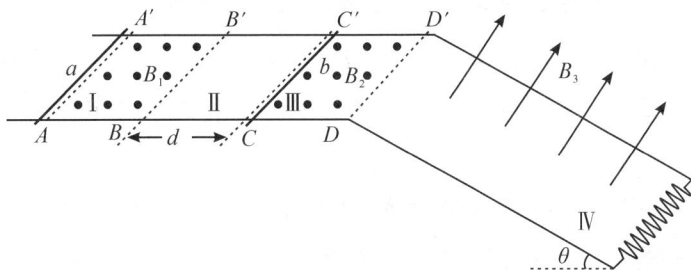

图 4-2-34

▶ **参考案例**

展示图 4-2-32 对应问题的学生解答。

解答 1:

物体运动共分为三个阶段。

ab 在斜面上运动:ab 在磁场中运动,是电源,cd、ef 视为并联结构,等效电路如图 4-2-35 所示。

进入磁场Ⅱ:ef 在磁场中运动,是电源,cd 是外电路,等效电路如图 4-2-36 所示。

离开磁场Ⅱ:cd 在磁场中运动,是电源,ef 是外电路,等效电路如图 4-2-37 所示。

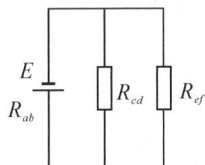

图 4-2-35

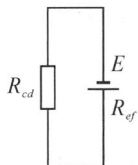

图 4-2-36

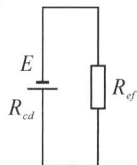

图 4-2-37

解答 2:

第一阶段与解答 1 相同。

进入磁场Ⅱ:ef 在磁场中运动,是电源,ab、cd 视为并联结构,等效电路如图 4-2-38 所示。

离开磁场Ⅱ:ab、cd 都是电源,两者是并联结构,可视为一个电源,电阻即为两者的并联电阻,等效电路如图 4-2-39 所示。

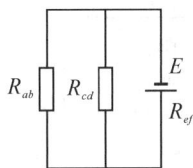

图 4-2-38

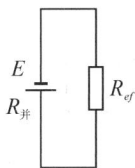

图 4-2-39

▶ **展有所获**

师: 如何评价以上两种解答?

生 1: 解答 1 在 ab 与"联动双杆"碰撞之后完全忽视了杆 ab 对电路的影响,这是不正确的。

143

生2：碰撞之后，ab 与 cd 粘在一起，可以认为两者是并联结构，解答2是正确的。

师：多过程问题如何正确划定阶段？解答2正确的原因是什么？

生3：我一般先将整体运动情境像放电影一样在脑袋中过一遍，然后找到一些关键的节点进行划分，一般来说有结构进入或离开磁场常常作为一个阶段分界点，对这些关键点前后进行分析就可以确定阶段。

生4：我通常还会再检验一下，分出来的阶段内部电路结构等是不是唯一的，如果阶段内还可以再分，就说明原来阶段的划分是不彻底的，可以继续细分。

生5：两根杆子发生非完全碰撞合为一根后，实际上我们的研究对象就发生了改变，这些改变不仅是质量等力学量上的改变，两根杆子的电阻相当于是并联了，这些也都应该考虑到，这是非常容易出错的。

师：多过程问题的关键在于阶段的正确划分与选择，一般以运动的重要节点进行分段，每个阶段分析都必须重新进行，切不可随意简化流程导致错误。涉及非弹性碰撞等情境时，研究对象较题目中的发生了变化，需要认识到这些变化，不能再使用之前的信息。

▶ 评有成果

师：通过上面的例子，你对多过程多电路的情境有哪些认识？

生6：此类问题的关键在于过程的选择，通常可以把某一结构进入、离开磁场的时刻作为不同阶段的分界点。

生7：不同阶段的电路结构可能完全不同，每个阶段都需要单独进行电路分析。

生8：如果出现"绝缘"结构，需要把整个结构分成几个部分，分别进行分析。

生9：电路中的其他元器件可能起到的一些作用有：电容器在稳恒电路中相当于断路，但在变化电路中，会出现充、放电电流；电感在稳恒电路中相当于电阻，但在变化电路中，会出现自感电动势。

▶ 小结

如图 4-2-40 所示，不同情境下电路结构的分析主要分成三个步骤：识别内外电路—判断电阻串、并联关系—计算各部分电阻。

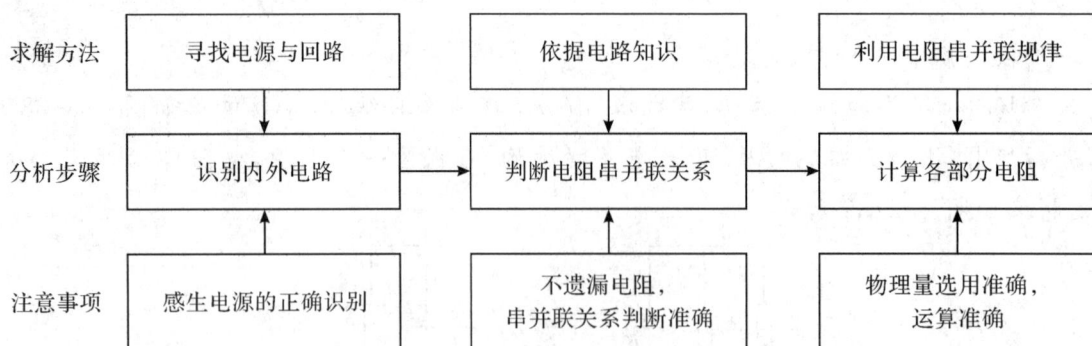

求解方法	寻找电源与回路	依据电路知识	利用电阻串并联规律
分析步骤	识别内外电路	判断电阻串并联关系	计算各部分电阻
注意事项	感生电源的正确识别	不遗漏电阻，串并联关系判断准确	物理量选用准确，运算准确

图 4-2-40

（三） 巩固性练习

1. 如图 4-2-41 所示，半径分别为 $2d$ 和 d 的光滑半圆弧导轨放在竖直面内，两半圆弧的圆心均在 O 点，导轨右端接有阻值为 R 的电阻。一质量为 m、电阻为 R、长为 d 的金属棒 AB 搭在导轨的左端且处于水平状态，金属棒 AB 通过绝缘轻杆连在 O 点的固定转轴上，两导轨间充满垂直于导轨平面向里、磁感应强度大小为 B 的匀强磁场。将金属棒由静止释放，金属棒绕 O 点转动，不计转轴处摩擦，不计导轨电阻，金属棒在转动过程中始终与导轨接触良好，当金属棒 AB 第一次转到竖直位置时，金属棒转动的角速度为 ω，则下列说法正确的是 （   ）

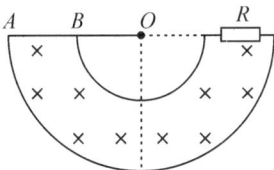

图 4-2-41

A. 金属棒转动过程中，A 点电势始终高于 B 点电势

B. 金属棒第一次转到竖直位置时，金属棒 AB 两端的电压为 $\dfrac{3}{2}Bd^2\omega$

C. 从静止开始到金属棒第一次转到竖直位置的过程中，通过电阻 R 的电荷量为 $\dfrac{3\pi Bd^2}{8R}$

D. 从静止开始到金属棒第一次转到竖直位置的过程中，电流大小不变

2. 如图 4-2-42 所示，两根间距为 $20\sqrt{2}$ cm 的无限长光滑金属导轨，电阻不计，其左端连接一阻值为 $10\,\Omega$ 的定值电阻，两导轨之间存在磁感应强度为 1 T 的匀强磁场，磁场边界虚线为正弦曲线的一部分，一阻值为 $10\,\Omega$ 的光滑导体棒在外力作用下以 10 m/s 的速度匀速向右运动（接触电阻不计），交流电压表和交流电流表均为理想电表，则 （   ）

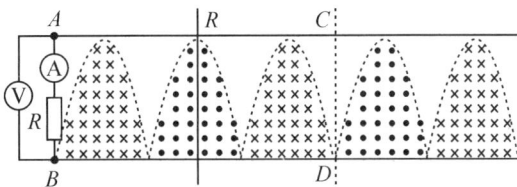

图 4-2-42

A. 电流表示数是 $0.1\sqrt{2}$ A

B. 导体棒上消耗的热功率为 0.1 W

C. 导体棒运动到图示虚线位置时，电流表示数为 0

D. 电压表的示数是 2 V

3. 如图 4-2-43 所示，在光滑水平面上，固定的光滑导体棒 MN 的右侧存在竖直向下的匀强磁场，磁感应强度为 B，导体棒的左侧紧靠导体棒对称放置"V"形框架，"V"形框架的顶角 $\theta = 60°$。现用一水平向右的力以速度 v 匀速拉动框架进入磁场，框架与导体棒接触良好，"V"形框架和导体棒 MN 的材料和粗细完全相同，已知"V"形框架的两边长度均为 L，单位长度的电阻为 k，求：

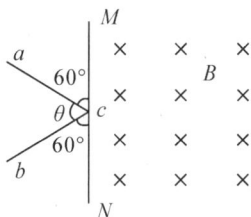

图 4-2-43

(1)当 ac 边一半长度进入磁场时,导体棒与"V"形框架两接触点的电势差;

(2)当 ac 边刚好完全进入磁场时,回路内的发热功率。

4. 如图 4-2-44 所示,两根足够长的"折线型"光滑金属导轨固定在同一水平面上,左端有定值电阻 R 和电容器 C,开始时,电阻 R 接入电路,电容器 C 与电路断开,整个导轨处在方向竖直向下的匀强磁场中。长度与导轨间距相等的两匀质金属杆 a、b 垂直于导轨放置,且与导轨接触良好,杆 b 锁定在导轨上。已知导轨间距 $d_1=0.5$m, $d_2=1.5$m,金属杆 a、b 的质量分别为 $m_a=0.1$kg, $m_b=0.2$kg,电阻分别为 $r_a=0.5\Omega$, $r_b=1.0\Omega$,电阻 $R=1.0\Omega$,电容器电容 $C=0.1$F,磁感应强度大小 $B=0.2$T,其余电阻均不计。在杆 a 的中点施加一个垂直于金属杆的水平向右的拉力 F,使其由静止开始运动,拉力 F 的功率 $P=0.25$W 保持不变,金属杆达到最大速度时,撤去拉力 F。

(1)求金属杆 a 的最大速度;

(2)若撤去拉力 F 的同时对金属杆 b 解除锁定,且同时将切换开关 S 打到电容器 C,求电容器 C 最终的带电量。

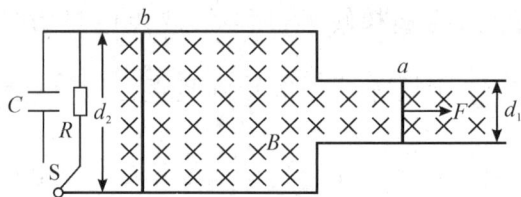

图 4-2-44

三、横向主题二:力与运动分析

(一) 课时学习目标

核心素养	具体目标
物理观念	具有力与运动的相互作用观,知道安培力与速度相关的特点
	知道电容器在稳态直流电路中相当于断路,在非稳态直流电路中会分析并计算电容器充、放电时的电流
	知道电流的电荷量 q 与电容器电荷量变化量 ΔQ 的关系
	知道在单杆电感模型中动生电动势等于自感电动势
科学思维	经过分析不同情境下金属杆(框)所受安培力、合力的变化情况,以及运动过程中的速度、加速度变化情况,能正确判断金属杆的运动过程情况和运动终态
	经过对单杆、双杆问题情境的学习,会利用牛顿第二定律推导变力作用下的单杆、恒力作用下的双杆可能做匀变速直线运动
	经过对单杆电容问题情境的学习,会计算感应电流的大小并通过牛顿第二定律判断恒力作用下的单杆可能做匀加速直线运动
	经过对单杆电感情境的学习,会利用微分法计算感应电流的大小并能推导出单杆做简谐运动

(二) 课时学习设计

任务1:"单杆(框)+电阻"情境中的力与运动分析

问题情境 1 "单杆+电阻"情境中的力和运动分析

金属棒在间距为 L 的水平光滑导轨上运动。图 4-3-1 中金属杆获得初速度 v_0,图 4-3-2 中金属杆受到恒力 F,图 4-3-3 中拉力 $F=kv+b$,其中 $k=\dfrac{B^2L^2}{R+r}$,分析金属杆的运动情况。

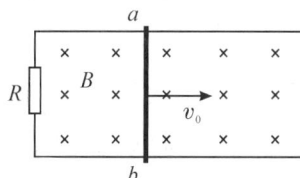 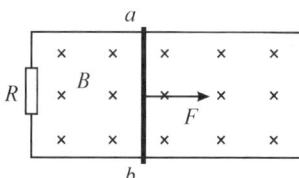 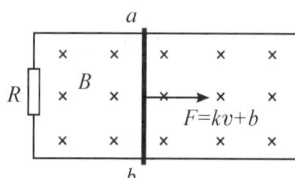

图 4-3-1　　　　　　图 4-3-2　　　　　　图 4-3-3

▶ **参考案例**

展示情境 1 的学生解答。

解答 1(图 4-3-1):

受力分析图和运动分析图如图 4-3-4 所示,安培力水平向左,$F_合$ 与 v 反向→v 减小→$F_安$ 减小→a 减小,所以杆做加速度减小的减速运动,终态时杆静止。

解答 2(图 4-3-2):

受力分析图和运动分析图如图 4-3-5 所示,安培力向左,恒力 F 向右,合力向右。$F_合$ 与 v 同向→v 增大→$F_安$ 增大→a 减小,所以杆做加速度减小的加速运动,终态时恒力等于安培力,加速度为 0,杆做匀速直线运动。

解答 3(图 4-3-3):

受力分析图和运动分析图如图 4-3-6 所示,安培力向左,外力 F 向右,合力向右。$F_合$ 与 v 同向→v 增大→$F_安$ 和外力 F 均增加,合力的大小变化很难判断,只能判断杆是做加速运动的。

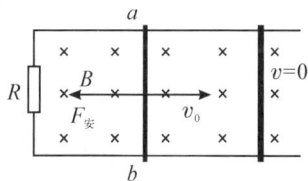 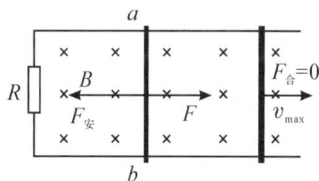 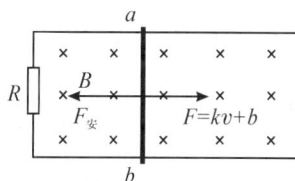

图 4-3-4　　　　　　图 4-3-5　　　　　　图 4-3-6

▶ **展有所获**

师:请同学们对展示的解答进行评价。

生1:三位学生解答的方法、思路都是正确的。先对金属杆受力分析,再根据安培力、合力的变化情况来判断速度、加速度的变化情况,最终得出金属杆的运动过程和运动的终态。对于图 4-3-3 的金属杆的合力变化情况无法定性判断,可以利用牛顿第二定律来判断,$F-F_安=ma$,代入得 $\dfrac{B^2L^2}{R+r}v+b-\dfrac{B^2L^2}{R+r}v=ma$,即 $a=\dfrac{b}{m}$ 是常数,杆做匀加速直线运动。

师:图 4-3-3 中的外力随速度增加而增大,在这个特殊的外力作用下,金属杆做匀加速直线运动。其实类似的情况还有：$F-t$、$E-t$、$I-t$、$F_安-t$ 满足线性关系(或均匀变化)时，金属杆也做匀变速直线运动。同学们可以在课后自己推导证明。

▶ 评有成果

师：通过上面三个例子的分析，你对"单杆＋电阻"情境下的力与运动的分析有什么认识？

生2：关键是对安培力、合力的变化分析，进而判断出速度、加速度的变化情况。在无法定性判断的情况下，可以利用牛顿第二定律等规律计算来判断。

问题情境2 "框＋电阻"情境中的力和运动分析

如图4-3-7所示，图中正方形金属框从静止开始自由下落，穿过下方的匀强磁场区域($d>L$)。分析金属框穿过磁场区域时可能的运动情况。

如图4-3-8所示，金属杆 ab 从倾斜金属导轨由静止开始下滑(到达水平导轨前速度已经达到最大)，与水平导轨上的金属杆 cd 发生碰撞，通过绝缘杆 e 粘在一起后穿过右侧磁场区域。分析金属杆的运动情况。

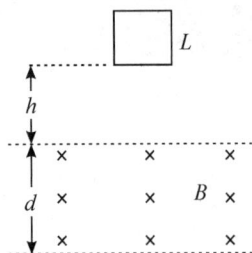

图4-3-7

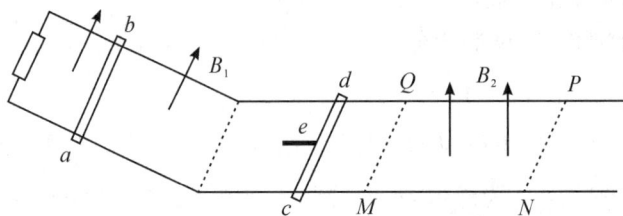

图4-3-8

▶ 参考案例

展示图4-3-7对应问题的学生解答。

解答：

受力分析图和运动分析图如图4-3-9所示。整个运动过程分为 1→2,2→3,3→4,4→5,5 这几个阶段。其中 1→2,3→4,5 只受重力，金属框做自由落体运动。金属框进磁场的时候受到重力和安培力，但是不知道重力和安培力的大小关系，所以要分类讨论 2→3 的运动情况：

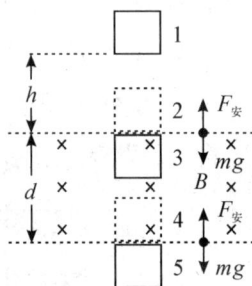

图4-3-9

① 当 $mg=\dfrac{B^2L^2v}{R}$，即 $v=\dfrac{mgR}{B^2L^2}$ 时，金属框匀速进入磁场；

② 当 $mg<\dfrac{B^2L^2v}{R}$，即 $v>\dfrac{mgR}{B^2L^2}$ 时，金属框减速进入磁场；

③ 当 $mg>\dfrac{B^2L^2v}{R}$，即 $v<\dfrac{mgR}{B^2L^2}$ 时，金属框加速进入磁场。

这三种情况如果用 $v-t$ 图像来表示，就如图4-3-10所示。

出磁场的情况对应入磁场的情况也有三种可能：

① 若金属框匀速进磁场，一定是减速出磁场。因为 3→4 是自由落体运动，金属框的速度增加，出磁场时 $mg<F_安$。

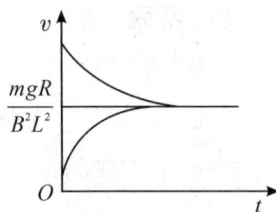

图4-3-10

② 若金属框减速进磁场，一定是减速出磁场。因为 3→4 是自由落体运动，金属框的速度增加，出磁场时 $mg<F_安$。

③若金属框加速进磁场,出磁场时可能匀速,可能加速,可能减速。因为3→4加速以后离开磁场的速度大小 v_4 不确定。

▶ **展有所获**

师:通过对图 4-3-7 的解答,你对"杆(框)＋电阻"情境中的力与运动分析是否有新的认识?

生1:通过对这个题目的解答,我有两点收获。一是框相比于单杆,在通过磁场的时候更为复杂,要分两种情况分析:①框进入磁场或出磁场;②框完全在磁场里面。二是安培力的大小与速度大小息息相关,在不清楚速度或安培力大小的情况下要注意分类讨论来判断合力的大小情况,再分类分析运动情况。

▶ **评有成果**

师:通过对任务 1 两个问题情境的分析,你对"杆(框)＋电阻"情境下的力与运动分析有哪些认识? 能否总结出一些有用的观点?

生2:由于安培力的大小与速度有关,力与运动分析的关键在于安培力的分析。安培力变化会导致合力变化,进而导致加速度、速度变化。对于杆的终态分析,要依据牛顿运动定律分析最终的合外力情况来确定。

生3:对于其他物理量(如电动势、电流等)随时间均匀变化的情境,需要利用牛顿定律对金属杆的运动情况进行分析。在涉及多过程的问题中,还需进行分类讨论。

▶ **小结**

"单杆(框)＋电阻"情境下力和运动分析的步骤如图 4-3-11 所示。

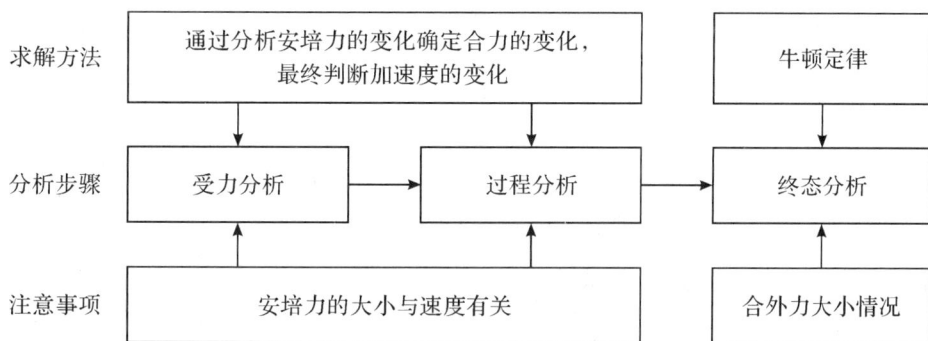

图 4-3-11

任务 2:"双杆＋电阻"情境中的力与运动分析

问题情境 **"双杆＋电阻"和变式情境**

ab、cd 两根金属杆在水平光滑导轨上从静止开始运动。图 4-3-12、图 4-3-13 的杆 ab 获得初速度 v_0,图 4-3-14、图 4-3-15 的杆 ab 受到恒力 F 的作用,分析两根金属杆的运动情况。

如图 4-3-16 所示,杆 a 静止在水平导轨上,杆 b 由静止开始下滑。杆 b 到达水平导轨某处后,杆 a 速度达到最大后进入右侧圆轨并从轨道最高点飞出。导轨光滑且只有水平导轨有磁场,分析金属杆的运动情况。

如图 4-3-17 所示,完全相同的金属杆 ab、cd 并齐放置在 PM 中间位置,中间夹一长度不计的轻质压缩弹簧,P、Q 为两个挡块。现释放弹簧(不拴接),ab 与挡块的碰撞为弹性碰撞,不计摩擦,MN 右侧有一匀强磁场,分析金属杆的运动情况。画出"双杆"的受力分析图和运动分析图。

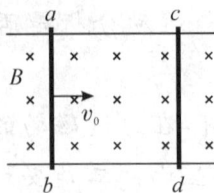 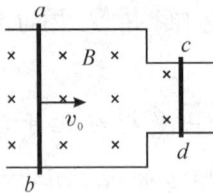 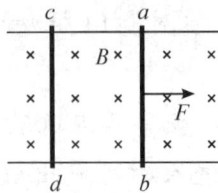 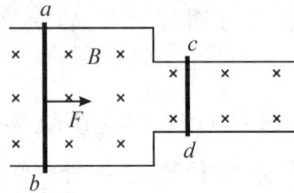

图 4-3-12　　　　图 4-3-13　　　　图 4-3-14　　　　图 4-3-15

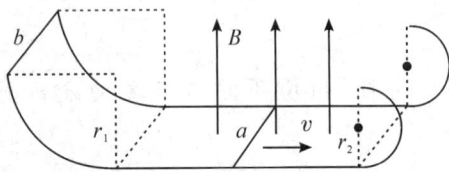

图 4-3-16

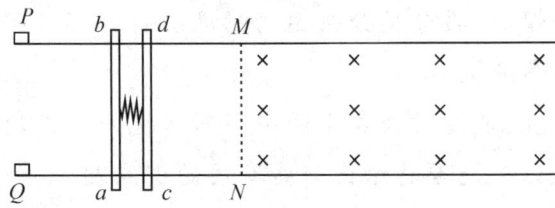

图 4-3-17

▶ **参考案例**

展示情境 3 的学生解答。

解答 1(图 4-3-12):

受力分析图和运动分析图如图 4-3-18 所示。接下来 ab 做减速运动,cd 做加速运动。两杆切割产生的电动势相互抵消,$E_合 = E_{ab} - E_{cd}$,E_{ab} 减小,E_{cd} 增大。当 $E_{ab} = E_{cd}(v_{ab} = v_{cd})$ 时,$E_合 = 0$,电流为 0,安培力为 0,终态时两杆以相同的速度做匀速直线运动。

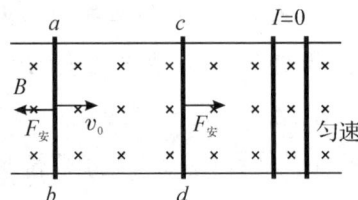

图 4-3-18

解答 2(图 4-3-13):

受力分析图和运动分析图如图 4-3-19 所示。接下来 ab 做减速运动,cd 做加速运动。$E_合 = E_{ab} - E_{cd}$,E_{ab} 减小,E_{cd} 增大。当 $E_{ab} = E_{cd}(v_{ab} \neq v_{cd})$ 时,$E_合 = 0$,电流为 0,安培力为 0,终态时两杆均做匀速直线运动。但是由于 $L_{ab} \neq L_{cd}$,所以有 $\dfrac{v_{ab}}{v_{cd}} = \dfrac{L_{cd}}{L_{ab}}$。

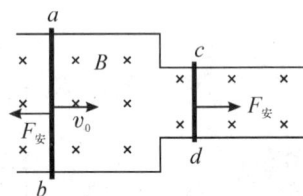

图 4-3-19

解答 3(图 4-3-14): 受力分析图和运动分析图如图 4-3-20 所示。两杆开始加速运动,等效电源 $E = E_{ab} - E_{cd} = BL(v_{ab} - v_{cd})$,回路电流 $I = \dfrac{E}{R_总} = \dfrac{BL}{R_总}(v_{ab} - v_{cd})$,当 $v_{ab} - v_{cd} =$ 定值时,电流 I 恒定,达到稳定状态。电流不变即电流的变化率为 0,电流的变化率 $\dfrac{\Delta I}{\Delta t} = \dfrac{\Delta E}{\Delta t R_总} = \dfrac{BL(\Delta v_{ab} - \Delta v_{cd})}{\Delta t R_总} = \dfrac{BL}{R_总}\left(\dfrac{\Delta v_{ab}}{\Delta t} - \dfrac{\Delta v_{cd}}{\Delta t}\right) = \dfrac{BL}{R_总}(a_{ab} - a_{cd})$,当 $a_{ab} = a_{cd}$ 时,$\dfrac{\Delta I}{\Delta t} = 0$,即电流不变。所以,最后双杆以相同的加速度做匀加速直线运动。

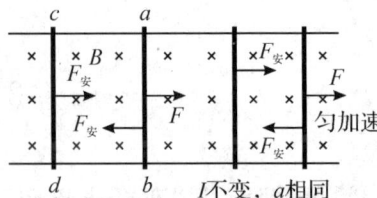

图 4-3-20

▶ **评有成果**

师：通过对情境 3 的分析，你对"双杆+电阻"情境下的力与运动分析有哪些认识？能否总结出一些有用的观点？

生 1：双杆情境相比单杆情境最大的区别是双电源。要分析清楚双电源的连接情况并会计算电源总电动势和电流。

生 2：受力分析时要分别分析两个杆，并抓住两个杆的联系桥梁——电流。双杆的终态分析，关键在于分析双电源的总电动势的变化和总电流的变化。

▶ **小结**

"双杆+电阻"情境下力与运动分析的步骤如图 4-3-21 所示。

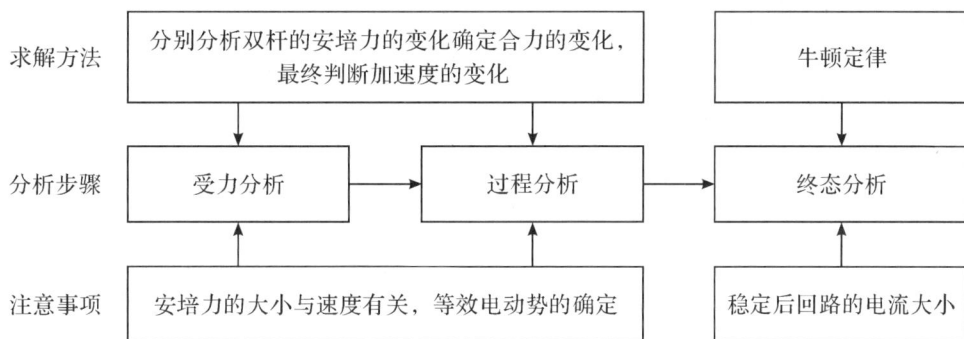

图 4-3-21

任务 3："单杆+电容"情境中的力与运动分析

问题情境 "单杆+电容"和变式情境

金属杆在水平光滑导轨上运动。图 4-3-22 中金属杆获得初速度 v_0；图 4-3-23 中开关先打在 1，充满电后再打在 2；图 4-3-24 中金属杆受到恒力 F；图 4-3-25 中开关先打在 1，充满电后再打在 2，杆 M 被弹出后，与杆 N 碰撞后粘在一起。分析金属杆的运动情况。

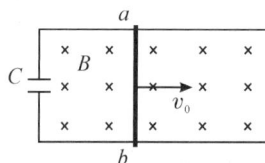

图 4-3-22

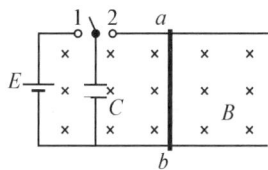

图 4-3-23

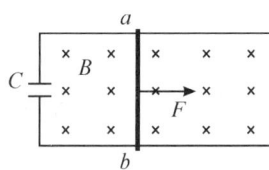

图 4-3-24

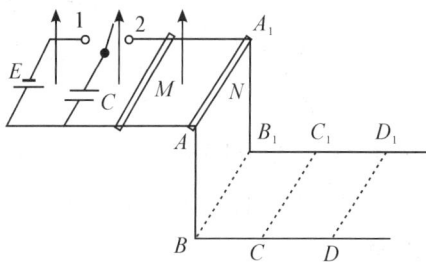

图 4-3-25

▶ **参考案例**

展示图 4-3-22 和图 4-3-24 对应问题的学生解答。

解答 1（图 4-3-22）：

受力分析图和运动分析图如图 4-3-26 所示。电容器在直流电流中相当于断路，回路没有电流。但是,在充、放电的时候会有电流。金属杆向右切割产生感应电动势,会对电容器进行充电,回路出现电流,金属杆受到向左的安培力,所以金属杆做减速运动,最后速度减小到0。

解答2(图 4-3-22):

受力分析图和运动分析图如图 4-3-27 所示。金属杆切割产生的电动势用于对电容器充电,开始时 $U_C < U_{杆}$。金属杆由于减速,两端电压减小,电容器由于充电,两极板电压增大,当 $U_C = U_{杆}$ 时,充电结束,回路中无电流,最后金属杆做匀速直线运动。

解答3(图 4-3-24):

受力分析图和运动分析图如图 4-3-28 所示。金属杆速度 v 增加,金属杆两端电压 $U_{杆}$ 增加,电容器充电 U_C 增加。两个电压都增加,不好判断等效电压,考虑定量计算判断:

对金属杆列牛顿第二定律得

$$F - BIL = ma$$

又因为 $I = \dfrac{q}{t}$, $q = \Delta Q$, $U = E$, 所以有

$$\Delta U = \Delta E = BL\Delta v$$

代入得

$$I = \frac{q}{t} = \frac{\Delta Q}{t} = \frac{C\Delta U}{t} = \frac{C\Delta E}{t} = \frac{CBL\Delta v}{t} = CBLa$$

将 $I = CBLa$ 代入牛顿第二定律,得

$$a = \frac{F}{m + B^2 L^2 C}$$

由此可知金属杆的加速度是恒定的,即做匀加速直线运动。

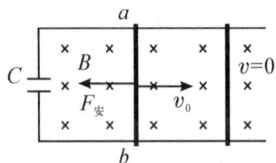 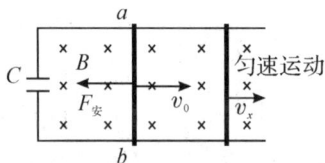 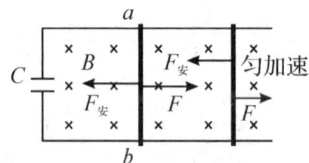

图 4-3-26 图 4-3-27 图 4-3-28

▶ **展有所获**

师:请同学们评价上面的解答。

生1:图 4-3-22 的解答1有一个错误,认为电源一直对电容器充电。其实电源要对电容器充电,必须满足电源电压大于电容器两端电压。所以,当电压相等时,充电就结束了,回路的电流为0,解答2才是正确的。

生2:图 4-3-24 的解答中,$q = \Delta Q$ 是怎么来的?

生3:金属杆对电容器进行充电,回路中的电荷 q 都充到电容器里了,所以 $q = \Delta Q$。

▶ **评有成果**

师:通过对任务3问题情境的分析,你对"单杆+电容"情境下的力与运动分析有哪些认识?能否总结出一些有用的观点?

生4:电容电路与电阻电路的电流产生机制是不一样的。电容电路的电流是充、放电产生的,充、放电的条件是 $U_{杆} \neq U_C$。分析时要抓住电压相等时电流为0这个关键点。

生5:恒力作用下的单杆电容需要定量分析。重点在于 $q = \Delta Q$ 以及充、放电流的计算。对于杆

的终态分析,要抓住充、放电的电流变化情况;若电流为0,则无安培力;若电流不变,则安培力不变。

▶ **小结**

"单杆＋电容"情境下力与运动分析的步骤如图4-3-29所示。

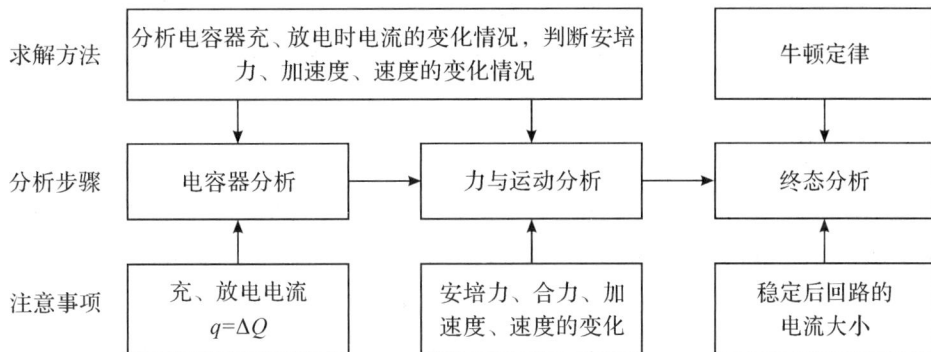

图4-3-29

任务4:"单杆＋电感"情境中的力与运动分析

问题情境 "单杆＋电感"和变式情境

金属杆在水平光滑导轨上运动。图4-3-30中导轨间接电感线圈,不计一切电阻,金属杆获得初速度v_0;图4-3-31中导轨间接电感线圈,不计一切电阻,金属杆受到恒力F;图4-3-32中导轨间接一恒流源,恒流源电流方向如图4-3-32所示,磁场满足$B=-kx$;图4-3-33中导轨是长方形$MNPQ$的对角线,MN间接一恒流源,恒流源电流方向如图4-3-33

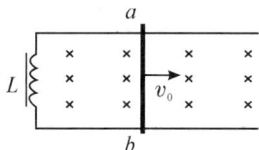

图4-3-30

所示,杆MP在对角线交点O处有一小段绝缘涂层,杆ab在运动过程中始终与MN平行。分析金属杆的运动情况。

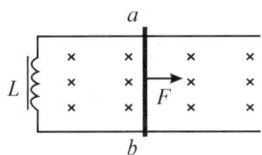

图4-3-31

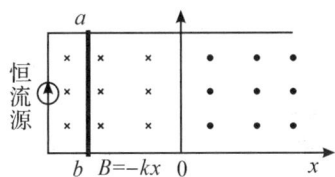

图4-3-32

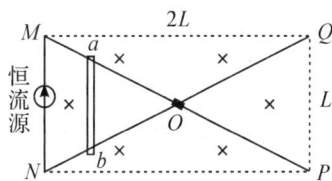

图4-3-33

▶ **参考案例**

展示图4-3-30对应问题的学生解答。

解答(错误答案):受力分析图和运动分析图如4-3-34所示。变化的电流通过线圈时会有自感现象,对电流有阻碍作用。金属杆切割磁场$\rightarrow E_{动} \rightarrow E_{自}=L\dfrac{\Delta I}{\Delta t} \rightarrow$电流变化$\rightarrow$有电流$\rightarrow$有安培力。金属杆会做减速运动,最后速度减小到0。

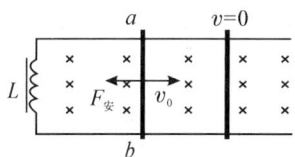

图4-3-34

▶ **展有所获**

师:请同学们评价上面的解答。

生1:杆最终不是静止的。因为回路电阻等于0,没有产生焦耳热,所以电感线圈会储存能量。随着能量的释放,杆会再次运动,但是不太清楚电流情况,不确定杆的运动情况。

师:生1分析得很到位,问题中有一个很关键的条件是回路无电阻。那杆做什么运动?

生2:要分析运动肯定是从杆的受力情况入手,受力分析刚才已经讨论过了,但是只是做定性讨论,我们应该用定量计算来分析运动情况。回路的电流怎么计算?

生3:可以类比"单杆+电容"情境中计算电流的方法,线圈也是非纯电阻元件,可以用 $I=\frac{q}{t}$ 来计算。

生4:思路没错,在电容器中可以用 $q=\Delta Q$ 来解决,电感线圈中 q 怎么算?

师:两位同学用类比电容器的方法来处理的思路值得肯定,但是 q 很难求出,换个思路,思考下动生电动势 $E_动$ 与自感电动势 $E_自$ 之间有什么关系。

生5:根据楞次定律,自感电动势总是阻碍动生电动势,但阻碍不是阻止,所以 $E_动>E_自$。

师:其他人的意见呢?

生6:根据楞次定律,没问题。

师:整个闭合回路是没有电阻的,此时谁是电源? 谁是负载? 它们两端的电压分别是多少?

生7:金属杆是电源,由于没有电源的内阻,因此产生的电动势为 $E_动=U_{路端电压}$。电感线圈是负载,虽然它没有电阻,但是由于自感,它两端的电压为 $E_自=U_{路端电压}$,所以 $E_动=E_自$。

师:这位同学从路端电压的角度来分析是个很好的思路,但是没抓住本质原因,为了解释该问题,老师先给大家介绍一个课外的内容,基尔霍夫电压定律:在任何一个闭合回路中,各元件上的电压降的代数和等于电动势的代数和。虽然该定律是超纲内容,但是理解起来问题不大。根据该定律,由于回路无电阻,电压只有在电感线圈上降低,所以线圈上降低的电压等于电动势,即 $E_动=E_自$。

生8:$E_动=E_自$? 但是电动势相等不是完全抵消了吗? 怎么会有电流?

师:这里对同学们来说是一个知识盲区,在无电阻的情况下电动势抵消不等于电流为0。从通用技术角度理解,电感线圈相当于一个"坎"或"坑",电流流过首先要填满这个坑,流过的电能刚好全转化为磁场能填满这个坑。现在请同学们计算感应电流大小和安培力大小。

生9:根据 $E_动=E_自$,得 $Blv=L\frac{\Delta I}{\Delta t}$,再利用微分法,两边同时乘以 Δt,得到 $Blv\Delta t=L\Delta I$。

两边求和累加 $\sum Blv\Delta t=\sum L\Delta I$,得到 $Blx=LI$,即 $I=\frac{Blx}{L}$。再把求出的电流代入安培力公式,规定初速度方向为正方向,得到 $F_合=F_安=-\frac{B^2l^2}{L}x$。合力大小和位移大小成正比,方向和位移方向相反。所以金属杆之后做简谐运动。

▶ 评有成果

师:通过任务4问题情境的分析,你对"单杆+电感"情境下的力与运动分析有哪些认识? 能否总结出一些有用的观点?

生10:自感电路的难点是理解在无电阻情况下自感电动势等于动生电动势。

生 11:就算知道了 $E_动 = E_自$,利用微分法计算感应电流的大小也是个难点,同时需要清楚简谐运动的相关知识。

▶ 小结

"单杆+电感"情境下力与运动分析的步骤如图 4-3-35 所示。

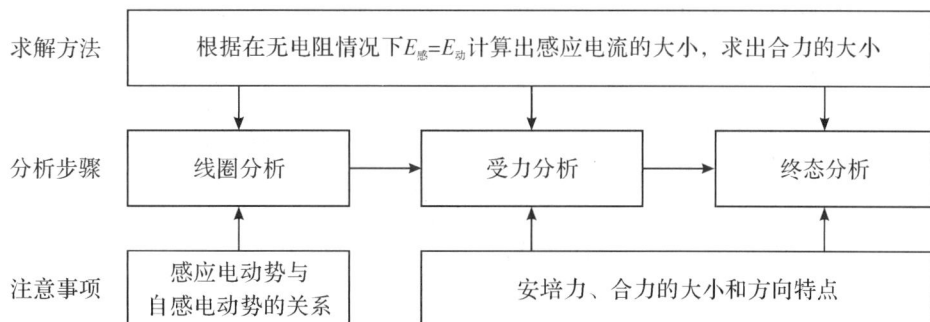

图 4-3-35

(三) 巩固性练习

1. 如图 4-3-36 所示,CDE 和 MNP 为两根足够长且弯折的光滑平行金属导轨,CD、MN 部分与水平面平行,导轨间有垂直导轨向上的匀强磁场。开始时,棒 a、b 均静止在导轨上,除导体棒外其余电阻不计,运动过程中棒 a、b 始终不脱离导轨,棒 b 始终在水平导轨上运动,分析棒 a 和棒 b 的运动情况。

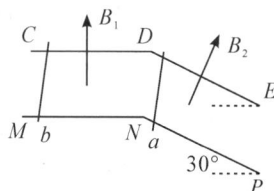

图 4-3-36

2. 两光滑平行水平金属导轨间存在方向垂直于纸面(向内为正)的磁场,磁感应强度分布沿 y 轴方向不变,沿 x 轴方向大小如图 4-3-37 所示。导轨间通过开关 S 连接恒流源,电流方向如图 4-3-37 所示。金属棒 ab

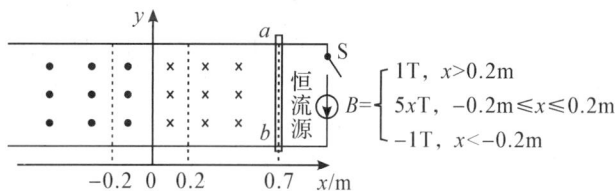

$$B = \begin{cases} 1T, & x>0.2m \\ 5xT, & -0.2m \leq x \leq 0.2m \\ -1T, & x<-0.2m \end{cases}$$

图 4-3-37

垂直于导轨静止放置。开关 S 与恒流源接通后,棒 ab 从静止开始运动。已知棒 ab 在运动过程中始终与导轨垂直,分析金属棒的运动情况。

3. 如图 4-3-38 所示,平行长直导轨置于水平桌面上,导轨 NO 和 $N'O'$ 段用绝缘材料制成,其余部分均为导电金属材料,由两种材料制成的导轨平滑连接,导轨左侧与圆形线圈相连,电容器通过单刀双掷开关与导轨相连。在导轨间 $MPP'M'$ 矩形区域内存在垂

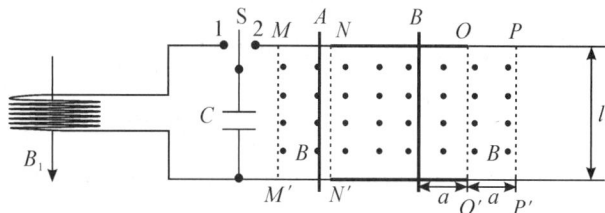

图 4-3-38

直于桌面向上的匀强磁场,初始时金属棒 A 处于 NN' 左侧某处,金属棒 B 处于 OO' 左侧。当开关与 1 连接时,圆形线圈磁场随时间均匀变化,稳定后将开关拨向 2,金属棒 A 被弹出,与金属棒 B 相碰,并在棒 B 刚出磁场时棒 A 刚好运动到 OO' 处,最终棒 A 恰在 PP' 处停住。金属棒与金属导轨接触良好。分析金属棒 A 的运动情况。

4. 如图 4-3-39 所示,有一光滑平行金属导轨,两侧倾斜轨道足够长,各部分平滑连接。左侧倾

斜轨道顶端接了一个理想电感器,M、N 两处用绝缘材料连接。在水平轨道上放置一个"]"形金属框 $edcf$;在金属框右侧长为 l_3、宽为 l_1 的区域存在竖直向上的匀强磁场;右侧轨道顶端接了一个电阻。现将金属棒 ab 从左侧倾斜轨道上某处由静止释放,滑上水平轨道后与长 $l_2(l_2<l_3)$ 的"]"金属框相碰并粘在一起形成闭合框 $abcd$,线框刚好穿过磁场。在整个滑动过程中,棒 ab 始终与轨道垂直且接触良好。电感器、棒 ab 和导轨无电阻,"]"形金属框有电阻。分析金属棒的运动情况。

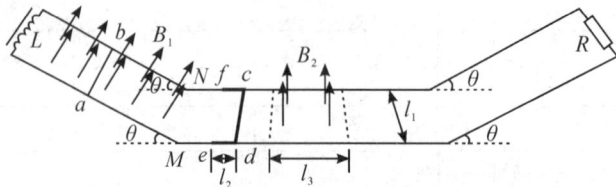

图 4-3-39

四、横向主题三:能量分析

(一) 课时学习目标

核心素养	具体目标
物理观念	知道功是能量转化的量度,知道动能定理
	知道系统内能量在转化但总量是守恒的,知道能量守恒定律
	知道电路中的焦耳热按电阻来分配
	知道 F-x 图像中所围成的面积表示力做功的大小
科学思维	通过安培力做正、负功情境对比,推理出安培力做功与焦耳热的关系
	结合问题经过从已知到未知的分析与总结,建构涉及焦耳热的几种能量分析模型
	通过对复杂情境的分析,经历质疑与创新,合理选用能量守恒或功能关系解决问题

(二) 课时学习设计

任务1:安培力做功与能量转化的关系分析

问题情境　安培力做功情境

如图 4-4-1 所示,电阻为 R 的金属杆放在水平光滑导轨上,金属杆初速度为 v_0,最后停下;

如图 4-4-2 所示,导轨接电源(E,r),杆从静止开始运动,稳定后速度为 v;

如图 4-4-3 所示,两杆的初速度关系为 $v_1<v_2$,两杆稳定时速度都为 v。

分别写出三种情况下安培力做功与对应能量转化的关系式。

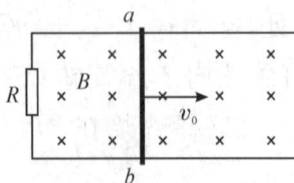　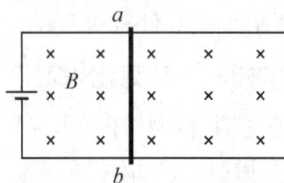　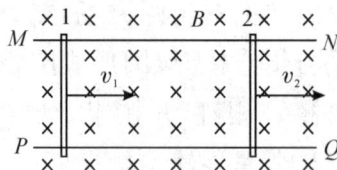

图 4-4-1　　　　　　　图 4-4-2　　　　　　　图 4-4-3

▶ **参考案例**

师：同学们根据图 4-4-1、4-4-2、4-4-3 展示的不同情境，选择研究对象，分别写出了安培力做功与对应能量转化的关系式，接下来展示部分同学的解答。

典型错误展示：

图 4-4-2 对应问题生 1 解答展示：

$$W_{安} = \frac{1}{2}mv^2 = Q_{总}$$

图 4-4-3 对应问题生 2 解答展示：

对杆 1，有

$$W_{安1} = \frac{1}{2}mv^2 - \frac{1}{2}mv_1^2 = Q_1$$

对杆 2，有

$$W_{安2} = \frac{1}{2}mv_2^2 - \frac{1}{2}mv^2 = Q_2$$

正确分析展示：

图 4-4-1 对应问题生 3 解答展示：

$$W_{安} = \frac{1}{2}mv_0^2 = Q_{总}$$

图 4-4-2 对应问题生 4 解答展示：

$$W_{安} = \frac{1}{2}mv^2 = E_{电} - Q_{总}$$

图 4-4-3 对应问题生 5 解答展示：

对杆 1，有

$$W_{安1} = \frac{1}{2}mv^2 - \frac{1}{2}mv_1^2 = E_{电} - Q_{总}$$

对杆 2，有

$$W_{安2} = \frac{1}{2}mv^2 - \frac{1}{2}mv_2^2 = -E_{电}$$

对两杆，有

$$W_{安1} + W_{安2} = \frac{1}{2}mv^2 - \left(\frac{1}{2}mv_2^2 + \frac{1}{2}mv_1^2\right) = -Q_{总}$$

▶ **展有所获**

对图 4-4-1 情境中能量转化关系的评价：

师：同学们都能直接写出动能转化为电热的关系式。如果导轨间接有电动机，杆运动时，电动机能转动，那么 $W_{安} = \frac{1}{2}mv_0^2 = Q_{总}$ 还正确吗？如果不正确，那么安培力做功与什么能对应？

生 1：不正确。电动机转动起来，说明回路电能有部分转化为电机的机械能，电能最终也来自杆的动能。所以，安培力做负功把杆的动能转化为电能，如果是纯电阻回路，则电能全部转化为电热，关系式为 $W_{安} = \frac{1}{2}mv_0^2 = E_{电} = Q_{总}$。

师:如果导轨不光滑,安培力做功与能量转化情况还一样吗?

生2:根据动能定理来看,$W_安+W_f=0-\frac{1}{2}mv^2$,安培力做功与能量转化和光滑时比较略有不同。

生3:通过安培力做负功把一部分动能转化为电能,通过摩擦力做功把另一部分动能转化为摩擦热。与光滑时相比,区别在于杆的机械能没有全部转化为电能,但克服安培力做功的大小都等于回路产生的电能大小,这一点是一样的。

对图4-4-2情境中能量转化关系的评价:

生1:通过安培力做功,金属杆的动能增加,也等于电路的电热。

生2:从能量守恒角度看,能量转化必定是一增一减。如果按生1的说法,金属杆的动能增加,电热也增加,则能量不守恒。

师:那么金属杆的动能、电路的电热、安培力做的功三者之间是什么关系呢? 导轨间接的电源有什么作用呢?

生3:安培力做正功把电能的一部分转化为金属杆的动能,电能的另一部分通过电流做功发热,也就是安培力做的功与电路的电热之和等于电源电能的减少量。

师:如果导轨不光滑,有一定的摩擦力,通电后杆能运动起来,稳定时速度为 v,安培力做功与能量转化情况还一样吗?

生4:根据动能定理来看,$W_安-W_f=\frac{1}{2}mv^2$,安培力做正功把电能转化为金属杆的动能,金属杆的部分动能又通过摩擦力做功转化为摩擦热,这些能量都来自电源电能的减少量。

对图4-4-3情境中能量转化关系的评价:

生1:原来的想法是杆1与杆2的电热和杆受的安培力做功相等且等于各杆的动能变化量,通过对图4-4-2对应问题的分析,我认识到这样是不对的,但还没想清楚怎么说。

师:这里同时有两个安培力做功,一个做正功,一个做负功,动能有增有减,电路中还有电热,前面的方法还能用吗? 这个不同会产生怎样的区别?

生2:杆2的安培力做负功,把杆2的动能转化为电路的电能,杆2相当于一个电源。一部分电能通过杆1的安培力做正功转化为杆1的动能,另一部分电能通过电流做功发热。

▶ 评有成果

师:经过同学们的展示和分析,我们一起总结安培力做功与对应能量转化的观点。

(1)当安培力做负功时,它的功率大小时刻等于电路中的电功率,机械能转化为电能。如果是纯电阻电路,电功率等于热功率,此为发电类型。

(2)当安培力做正功时,电源释放出来的能量一部分转化为电路中的电能,另一部分通过安培力做功转化为机械能,此时安培力的功率和电路中的电功率是并列的关系,它们都源于电源释放的能量,此为电动类型。

(3)如果是双杆情境,速度大的杆受安培力做负功把动能转化为回路电能,此电能一部分消耗在发热上,另一部分通过速度小的杆受安培力做正功转化为机械能,两个安培力做功之和为电路的总电热,即一杆发电,另一杆电动,耗散电热。

任务 2：涉及焦耳热的能量关系分析

问题情境 1 利用功能关系分析涉及焦耳热的问题

如图 4-4-4 所示，图(a)中 MN 在外力作用下沿 CDE 轨道向右运动，图(b)表示 $0 \sim L_1$ 过程受到的安培力与运动距离的关系图。（图中所标量均已知。）

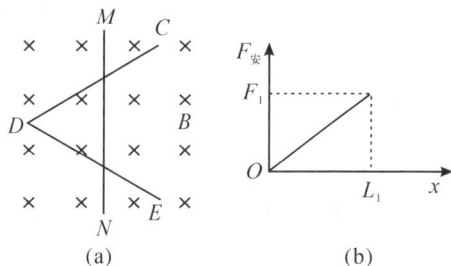

图 4-4-4

如图 4-4-5 所示，导轨宽度为 L，电阻为 r 的棒 ab 在沿 x 轴正方向的外力 F 作用下从 $x=0$ 处由静止开始沿斜面向上运动，其速度与位移 x 满足 $v=5x$，从 $x=0.2\text{m}$ 到 $x=0.8\text{m}$ 的过程运动时间为 t。（图中所标量均已知。）

如图 4-4-6 所示，右侧为半径为 r 的四分之一圆弧轨道区有均匀分布的辐向磁场，金属杆 P 始终受大小等于 $mg\tan\alpha$ 的水平向右的外力 F 的作用，从圆弧最低点以初速度 v 开始沿圆弧运动，轨道阻力大小恒为 f，此过程中杆与圆心连线方向和竖直方向的夹角最大只能达到 $60°$。（图中所标量均已知。）

分别写出三种情况下对应过程导体上焦耳热的表达式。

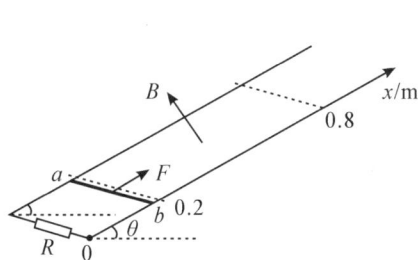

图 4-4-5

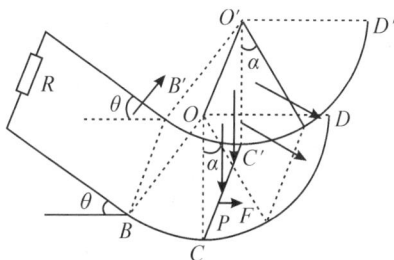

图 4-4-6

▶**参考案例**

师：同学们根据图 4-4-4、图 4-4-5、图 4-4-6，写出三种情境下导体上焦耳热的表达式，接下来展示大家的解答。

典型错误展示：

图 4-4-5 对应问题生 1 解答展示：

根据 $W_安 + W_G + W_F = \frac{1}{2}mv_2^2 - \frac{1}{2}mv_1^2$，

因为安培力做负功，$W_安 = Q$，

或根据 $E = \frac{\Delta\Phi}{t} = \frac{L(0.8-0.2)}{t}$，$I = \frac{E}{R+r}$，得 $Q = I^2(R+r)t$。

图 4-4-6 对应问题生 2 解答展示：

$$\frac{1}{2}mv^2 = Q_总$$

或根据

$$W_安 + W_G + W_F + W_f = \frac{1}{2}mv^2$$

但是 W_F 不知道怎么求。

正确分析展示：

图 4-4-4 对应问题生 3 解答展示：

因为安培力做负功，有

$$Q_总 = W_安 = \frac{1}{2}F_1L_1$$

图 4-4-5 对应问题生 4 解答展示：

因为安培力做负功，有

$$Q_总 = W_安, \quad F_安 = \frac{5B^2L^2x}{R+r}$$

则

$$W_安 = \frac{5B^2L^2 \times 0.2 + 5B^2L^2 \times 0.8}{2(R+r)} \times (0.8 - 0.2)$$

电阻 R 上的电热为 $Q_R = Q_总 \dfrac{R}{R+r}$。

图 4-4-6 对应问题生 5 解答展示：

对金属杆 P 受力分析，如图 4-4-7 所示，则

$$W_安 + W_f = \frac{1}{2}mv^2$$

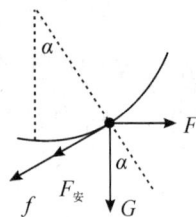
图 4-4-7

其中

$$W_f = f\frac{1}{3}\pi r$$

可得 $Q_总 = W_安$。

▶ **展有所获**

教师先让出现错误的学生来自评，再让其他同学点评，教师在适当的时候引导。

对图 4-4-5 情境中相关分析的评价：

生 1：根据动能定理得，拉力、重力、安培力做的功之和为动能增量，安培力做负功，所以电热等于安培力做功大小。

生 2：拉力做的功无法确定，而且导轨是否光滑也未定，导致安培力做功无法确定，根据动能定理无法得出电热大小。

生 3：从 $x = 0.2\text{m}$ 到 $x = 0.8\text{m}$ 过程的磁通量变化量已知，此过程时间也已知，根据法拉第电磁感应定律求出电动势，进而得到电流，再通过焦耳定律求出电阻上的电热。

生 4：由法拉第电磁感应定律求出电动势进而得到的电流是平均值，变化电流的电热求解应该用有效值，不能用平均值。

生5:根据 $v=5x$ 导出安培力与位移成正比,可以通过图像面积法求出功。安培力做负功,回路电热等于安培力做功大小,再结合电阻分配关系分析各部分电阻上的电热。

对图 4-4-6 情境中相关分析的评价:

生1:金属杆 P 的速度从 v 减至 0,动能减少量即为回路电热。

生2:还有外力做功使其他能量转化,重力做功使重力势能增加,摩擦力做功使轨道发热等,回路电热不会等于动能减少量。

师:能否求出除安培力外各力做的功呢?

生3:因为 $F=mg\tan\alpha$,所以 F 与 G 的合力沿半径方向,过程中不做功。f 的方向始终沿切线方向,用 f 与弧长的乘积表示功,再利用动能定理求出安培力做的功,得出回路电热。

▶ **评有成果**

师:经过同学们的展示和分析,我们一起总结利用功能关系分析涉及焦耳热问题的策略。

(1)当安培力做负功时,如果是纯电阻电路,电功率等于热功率,与导体棒的运动状态、是否受摩擦力等因素无关。

(2)利用功能关系分析涉及焦耳热问题的策略如图 4-4-8 所示。

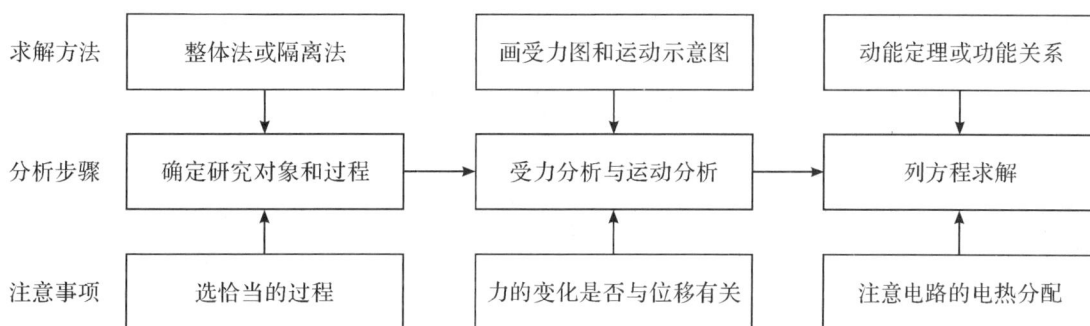

图 4-4-8

问题情境 2 利用能量守恒分析涉及焦耳热的问题

如图 4-4-9 所示,初始时刻,弹簧恰处于自然长度,导体棒 m 具有水平向右的初速度 v_0 沿光滑水平导轨往复运动最终停下,导体棒始终与导轨垂直并保持良好接触。

如图 4-4-10 所示,图中轨道光滑,所标量均已知,棒 ab 电阻为 r,质量为 m,当物体 M 下落 h 高度后以速度 v 匀速运动。

如图 4-4-11 所示,两个完全相同的正方形匀质金属框,边长为 L,通过长为 L 的绝缘轻质杆相连,距组合体下底边 H 处有一匀强磁场,高度为 L。把组合体在垂直于磁场的平面内以初速度 v_0 水平无旋转抛出,正好匀速通过磁场,空气阻力不计。

分别写出三种情况下对应过程导体上焦耳热的表达式。

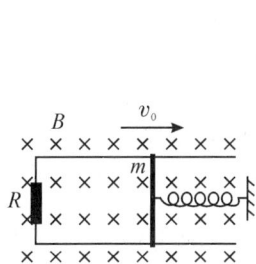

图 4-4-9

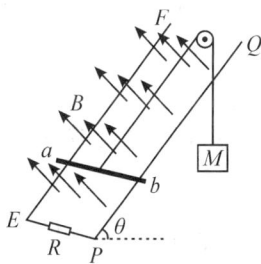

图 4-4-10

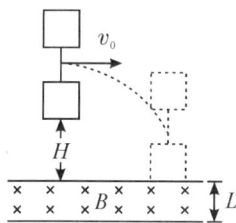

图 4-4-11

▶ **参考案例**

师:同学们根据图 4-4-9、图 4-4-10、图 4-4-11,写出三种情境中导体上焦耳热的表达式,接下来展示大家的解答。

典型错误展示:

图 4-4-10 对应问题生 1 解答展示:

$$Mgh - mgh\sin\theta = Q_\text{总} + \frac{1}{2}mv^2$$

图 4-4-11 对应问题生 2 解答展示:

$$Q_\text{总} = mg3L$$

正确分析展示:

图 4-4-9 对应问题生 3 解答展示:

最终静止时弹簧处于原长,整个过程中动能转化为电热,得

$$Q_\text{总} = \frac{1}{2}mv_0^2$$

图 4-4-10 对应问题生 4 解答展示:

对棒和物体 M 系统分析,有

$$Mgh - mgh\sin\theta = Q_\text{总} + \frac{1}{2}(M+m)v^2$$

电阻 R 上的电热为

$$Q_R = Q_\text{总}\frac{R}{R+r}$$

图 4-4-11 对应问题生 5 解答展示:

金属框匀速通过磁场区,得

$$Q_\text{总} = mg4L$$

▶ **展有所获**

教师先让解答错误的学生来自评,再让其他学生点评,教师在适当的时候引导。

对图 4-4-10 情境中相关分析的评价:

生 1:对棒 ab 分析,根据动能定理,由拉力和重力的做功情况求出安培力做的功,即得电路电热。

生 2:拉力做的功不等于 Mgh,还要对物体 M 进行功能分析,拉力做的功小于 Mgh。

生 3:可以用能量守恒思想,棒 ab 和物体 M 组成的系统的重力势能转化为系统的动能和回路电热,各部分的电热再按电阻大小分配。

师:这道题的能量分析用功能关系方便还是能量守恒方便呢?同学们分别用这两种方法把表达式都列一遍,感受一下。

对图 4-4-11 情境中相关分析的评价:

生 1:金属框匀速通过磁场,动能不变,重力势能减少,转化为回路电热,$Q_\text{总} = mg3L$。

生 2:此过程的下落高度为 4L。

师:如果 H、v_0、B 可调,但金属框仍匀速通过磁场,金属框上的电热会怎样变化?

生 3:只要金属框还是匀速的,重力势能就减少,转化为回路电热,电热不发生变化。

▶ **评有成果**

师：经过同学们的展示和分析，我们一起总结利用能量守恒分析涉及焦耳热的问题的策略。

(1)多过程或多对象问题，如果能确定初、末状态能量值的，用能量守恒分析涉及焦耳热问题更方便些。

(2)利用能量守恒关系分析涉及焦耳热问题的策略如图 4-4-12 所示。

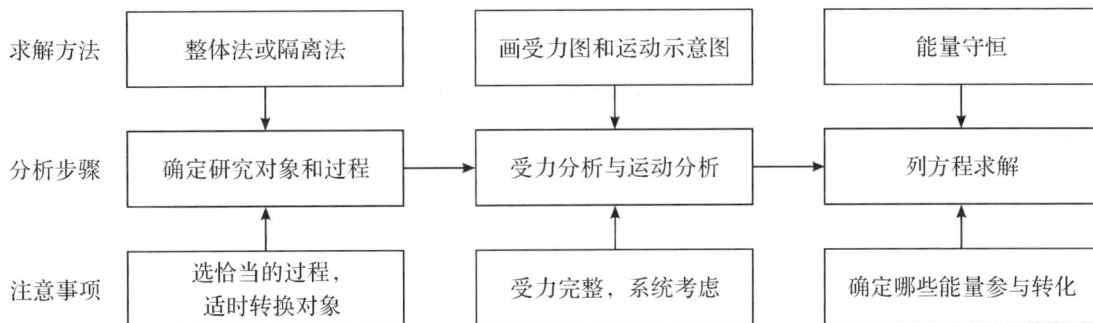

图 4-4-12

任务 3：力、电复杂情境中的功能关系分析

问题情境 利用功能类比分析问题

如图 4-4-13 所示，底部有理想电感线圈的光滑倾斜导轨上金属棒从静止释放，一切电阻都不计，金属棒做简谐运动。

如图 4-4-14 所示，光滑水平导轨间有竖直方向的匀强磁场，金属棒在拉力 F 的作用下从图示位置由静止开始做简谐运动，O 点为平衡位置。

如图 4-4-15 所示，在平行于光滑导轨向上的力 F 作用下，棒 a 以速度 v 沿导轨向上匀速运动。棒 b 由静止释放后向下运动，经过一段时间，F 做的功为 W_F，两棒的运动位移分别为 x_a 和 x_b，此时棒 b 的速度为 v_b。两棒电阻都为 R，质量都为 m。

分别指出图 4-4-13 和图 4-4-14 中能量的转化情况，写出图 4-4-15 对应过程中棒 b 的电热表达式。

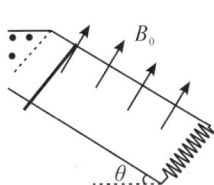
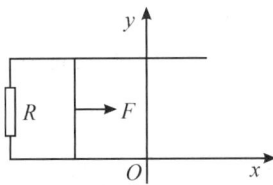
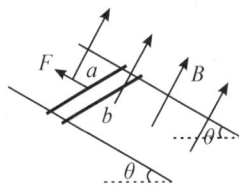

图 4-4-13　　　　图 4-4-14　　　　图 4-4-15

▶ **参考案例**

师：同学们根据不同的情境图，指出图 4-4-13 和图 4-4-14 中能量的转化情况，写出图 4-4-15 对应过程中棒 b 的电热表达式，接下来展示大家的解答。

典型错误展示：

图 4-4-13 对应问题生 1 解答展示：

棒的机械能与电能相互转化。

图 4-4-14 对应问题生 2 解答展示：

外力做功，外界其他能转化为棒的动能和回路的电热。

图 4-4-15 对应问题生 3 解答展示：

$$mgx_b\sin\theta - W_{安b} = \frac{1}{2}mv_b^2$$

安培力对棒 b 做负功，$Q_b = W_{安b}$。

正确分析展示：

图 4-4-13 对应问题生 4 解答展示：

棒的机械能→回路电能→电感线圈的磁场能→回路电能→棒的机械能，循环转化。

图 4-4-14 对应问题生 5 解答展示：

通过外力做功，外界输入的能量的一部分与棒的机械能在相互转化但总量不变，另一部分转化为回路的电热。

图 4-4-15 对应问题生 6 解答展示：

对棒 b，有

$$mgx_b\sin\theta - W_{安b} = \frac{1}{2}mv_b^2$$

对棒 a，有

$$W_F - mgx_a\sin\theta - W_{安a} = 0$$

电路总电热为 $W_{安b} + W_{安a}$，两棒各分一半。

▶ **展有所获**

教师先让解答错误的学生来自评，再让其他学生点评，教师在适当的时候引导。

对图 4-4-13 情境中相关分析的评价：

生 1：图 4-4-13 中棒做简谐运动，一切电阻都不计，则没有发热，棒的机械能与回路电能相互转化。

生 2：电感线圈能把电能与磁场能相互转化。

师：如果回路导体电阻不能忽略，能量转化关系又是怎样的？

生 3：棒做阻尼振动，在机械能、电能、磁场能相互转化的过程中，部分电能通过电热耗散，最终停在底部。

对图 4-4-14 情境中相关分析的评价：

生 1：外力做功把能量输入，转化为棒的机械能和电热。

师：外力 F 对棒一直做正功吗？

生 2：不是的。棒做简谐运动，机械能在一个周期内是不变的，外力 F 对棒有做正功和负功的时候。

生 3：跟图 4-4-13 中的情境类似，外界有一部分能量与棒的机械能相互转化，但整体守恒。同时因为回路电阻的发热，外界有一部分能量不断输入转化为电热。

对图 4-4-15 情境中相关分析的评价：

生 1：对棒 b 分析，由动能定理得安培力做功大小，即为 b 棒上的电热。

师：棒 a 与棒 b 上的电热相同吗？

生 1：棒 a 与棒 b 是串联关系，电流相同，电阻也相同，在相同过程中电热必定也相同。

师：棒 a 与棒 b 受安培力做的功相同吗？

生2：每根棒受安培力做负功的大小对应电路的电能，而不是棒本身的电热。对两棒分别用动能定理可以求出两个安培力做的功，两功之和是电路的总电热，两棒按电阻关系分配电热。

生3：也可由能量守恒关系分析，外力做功输入能量，使两棒机械能变化，回路产生电热。

▶**评有成果**

师：经过同学们的展示和分析，我们一起总结力、电复杂情境中功能关系分析的观点。

（1）对于力、电情境中简谐运动的能量关系，可以与弹簧振子运动能量关系类比来理解。有个等效类势能与杆动能相互转化，总能量不变。这个类势能可能就是磁场能（见图4-4-13），也可能是其他能（见图4-4-14）。

（2）易错点：两杆切割情况下分析能量关系时，往往以某单个物体为对象研究，误以为它克服安培力做的功就等于本身产生的焦耳热。原因是对于电磁感应中能量的流向不清楚，没有掌握克服安培力做的功等于整个电路电能的本质。

（三）巩固性练习

1. 如图4-4-16所示，在外力 F 作用下，条形磁体竖直向上做匀速运动。某段过程中，外力 F 做的功为 W_F，磁体克服磁场力做的功为 W_1，重力对磁体做的功为 W_G，导体棒获得的动能为 E_k。求出该过程中回路的焦耳热。

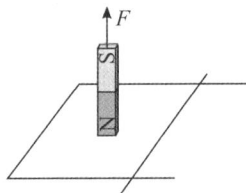

图 4-4-16

2. 如图4-4-17所示，在 $t=0$ 时刻，一个质量为 m，边长为 L 的导线框的上边恰好与磁场的下边界重合（图中位置 I），导线框的速度为 v_0，经历一段时间后，当导线框的下边恰好与磁场的上边界重合时（图中位置 II），导线框的速度刚好为 0。求此过程中导体的焦耳热。

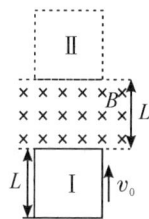

图 4-4-17

3. 如图4-4-18(a)所示，两条相距 $l=1$m 的水平粗糙导轨左端接一定值电阻。$t=0$s 时，一质量 $m=1$kg、阻值 $r=0.5\Omega$ 的金属杆，在水平外力的作用下由静止开始向右运动，5s 末到达 MN，MN 右侧为一匀强磁场，磁感应强度 $B=1$T，方向垂直于纸面向内。当金属杆到达 MN 后，保持外力的功率不变，金属杆进入磁场，8s 末开始做匀速直线运动。整个过程中金属杆的 $v-t$ 图像如图4-4-18(b)所示。若导轨电阻忽略不计，R 为 1Ω，杆和导轨始终垂直且接触良好，两者之间的动摩擦因数 $\mu=0.5$，重力加速度 $g=10$m/s²，前 8s 金属杆克服摩擦力做功 127.5J，试求这段时间内电阻 R 上产生的热量。

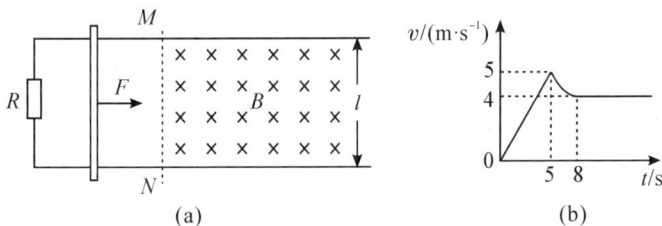

(a)   (b)

图 4-4-18

4. 如图 4-4-19 所示，间距为 d 的导轨水平部分有匀强磁场 B，右边部分为半径为 r 的竖直半圆，导轨电阻不计。长度均为 d 的金属棒 $ab(m,R)$，$cd(2m,2R)$ 均垂直于导轨置于水平导轨上，现让棒 ab 以 v_0 的初速度水平向右运动，棒 cd 进入圆轨道后，恰好能通过轨道最高点 PP'，棒 cd 进入圆轨道前两棒未相碰。此过程中金属棒 cd 上的电热是多少？

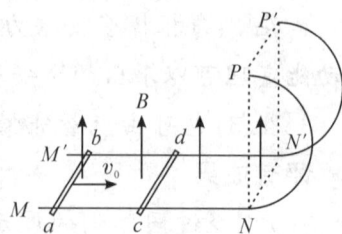

图 4-4-19

五、横向主题四：动量分析

（一）课时学习目标

核心素养	具体目标
物理观念	具有冲量是动量转化量度的观念，知道动量定理
	具有守恒的思想，知道动量守恒定律
	知道动量定理可用于单物体，也可用于系统
	知道动量守恒定律的条件，适用于系统
	知道应用动量定理能求解的物理量和应用动量守恒定律能求解的物理量
科学思维	经过对导体杆、导体框模型的某过程分析，能列出动量定理的主方程，并能推导出与电荷量、速度、距离和时间的关系式
	经过对双杆、多杆、杆框模型的分析，拥有判定守恒条件的能力，并能正确应用动量守恒定律列方程
	经过对复杂情境动量的分析，会根据模型正确选择动量定理或动量守恒定律解决综合问题

（二）课时学习设计

任务1：选择用动量定理寻找关系式

问题情境 1　应用动量定理寻找有关电荷量的关系式

如图 4-5-1 所示，宽度为 L 的光滑水平 U 形导轨处于竖直向下的匀强磁场中，磁感应强度为 B，导轨上接有电源。导轨右端放有静止电阻为 R 的导体棒，离地面高 h，在开关 S 接通后，导体棒做平抛运动，水平射程为 x，求开关 S 闭合瞬间通过导体棒的电荷量。

问题情境 2　应用动量定理寻找有关速度的关系式

如图 4-5-2 所示，光滑的水平 U 形导轨间距为 L，导轨上接有电阻 R，处于匀强磁场中，磁感应强度为 B。一导体棒水平放在导轨上，以一初速度 v_0 向右运动，通过位置 a 时速率为 v_a，到位置 c 时恰好停止。导轨与棒的电阻均不计，ab 与 bc 的间距相等，求导体棒经过位置 b 时的速度。

问题情境 3　应用动量定理寻找有关距离的关系式

如图 4-5-3 所示，质量为 m、电阻为 R 的导体棒 ab 沿一光滑水平 U 形金属导轨以初速度 v_0 开始运动，导轨间距为 L，不计金属导轨的电阻。导轨处于竖直向上的匀强磁场中，磁感应

强度为 B。试求导体棒 ab 从开始运动直到停止过程中的位移。

如图 4-5-4 所示，质量为 m、宽度为 d、长度为 L、电阻为 R 的矩形导体线框紧贴高度为 h 的磁场区域的上边缘由静止竖直下落，匀强磁场的磁感应强度为 B，当线框的 cd 边到达磁场下边缘时，恰好开始匀速运动，试求线框穿越磁场区域经历的时间。

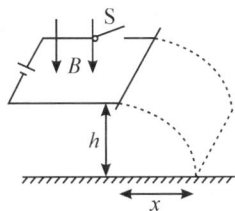 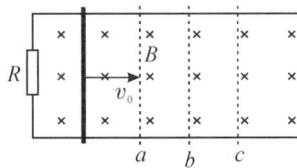 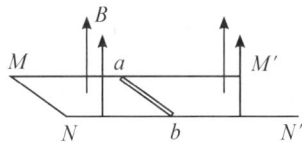 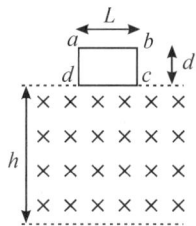

图 4-5-1　　　　　　图 4-5-2　　　　　　图 4-5-3　　　　　图 4-5-4

▶ **参考案例**

展示图 4-5-1 对应问题的学生解答。

解答 1：

可以用电流平均值：$q = \bar{I}t = \dfrac{BL\bar{v}}{R}t = \dfrac{BLx}{R}$ 或者 $q = \bar{I}t = \dfrac{\Delta\Phi}{R} = \dfrac{BLx}{R}$。

解答 2：

电流恒定与否未知，时间也无法获知，可以用平均值 $q = \bar{I}t$，或者微积分 $q = \sum i\Delta t$。从动量定理中可以找到 q 的身影，从开关接通到导体棒飞出这一短暂过程有安培力冲量等于动量的变化：$\sum BiL\Delta t = mv - 0 \Rightarrow qBL = mv$，再利用平抛运动规律获得 $v = x\sqrt{\dfrac{g}{2h}}$，即可求出电荷量 $q = \dfrac{mv}{BL} = \dfrac{mx}{BL}\sqrt{\dfrac{g}{2h}}$。

▶ **展有所获**

师：对于以上解答，同学们有什么看法吗？

生 1：解答 1 用了电流的平均值的做法，应该是正确的，但是过程选择错误，应该选用开关闭合到导体棒抛出这一短暂过程的磁通量变化来求解。

生 2：解答 2 中方法和过程的选择应该都是合理的。

师：给出解答 2 的同学是怎样做到正确判断的？

生 3：给出解答 2 的同学通过运动和力的分析，正确判断出导体杆的运动，然后选择正确的过程应用动量定理，再对动量定理中的安培力冲量表达式进行变式推导，找到含有速度的关系式，求解速度。

生 4：给出解答 2 的同学对物理思想方法掌握得很熟练，而且对于物理量之间的关系也十分熟悉，清楚选择怎样的过程应用动量定理。

展示图 4-5-2 对应问题的学生解答。

解答 1：

$$v_b = \frac{v_a + v_c}{2} = \frac{v_a}{2}$$

解答 2：

$$v_b=\sqrt{\frac{v_a^2+v_c^2}{2}}=\sqrt{\frac{v_a^2}{2}}$$

解答 3：

导体棒做变加速直线运动,运动学公式不适用。可以在动量定理中寻找有关速度的关系式。导体棒从位置 a 到位置 b 的过程,列动量定理方程：

$$-\sum BiL\Delta t_1=mv_b-mv_a \qquad ①$$

其中 $\sum BiL\Delta t_1=\dfrac{B^2L^2}{R}x$($x$ 为 ab 的间距)。

导体棒从位置 a 到位置 c 的过程,列动量定理方程：

$$-\sum BiL\Delta t_2=0-mv_a \qquad ②$$

其中 $\sum BiL\Delta t_2=\dfrac{B^2L^2}{R}2x$。

联立式①②,解得 $v_b=\dfrac{v_a}{2}$。

▶ **展有所获**

师：对于以上解答,同学们有什么看法吗？

生1：解答1的理由是什么？为什么 v_b 等于初、末速度的平均值？就算结果正确,也让人怀疑其解题过程的正确性。

生2：解答2也直接将导体棒的运动当成匀变速直线运动处理,很明显这是错误的。

生3：解答3的依据充分、合理,没有破绽,应该是正确的。

师：解答3的同学是怎样做到正确判断的？

生4：解答3的同学通过运动和力的分析,正确判断出导体棒的运动,然后选择适合的动量定理,再对动量定理中的安培力冲量表达式进行变式推导,利用不同过程找到含有速度的多个关系式,求解速度。

生5：解答3的同学对物理思想方法掌握得很熟练,而且对于物理量之间的关系也十分熟悉,清楚选择不同的过程应用动量定理。

展示图 4-5-3 对应问题的学生解答。

解答 1：

由 $0-v_0^2=-2ax$,$x=\dfrac{v_0^2}{2a}$,其中 $a=\dfrac{B^2L^2v_0}{mR}$,即可求得 $x=\dfrac{mv_0R}{2B^2L^2}$。

解答 2：

将导体棒的运动过程等效为匀减速直线运动,由 $0-v_0^2=-2ax$,$x=\dfrac{v_0^2}{2a}$,其中加速度为平均加速度,$a=\dfrac{B^2L^2\overline{v}}{mR}=\dfrac{B^2L^2v_0}{2mR}$,即可求得 $x=\dfrac{mv_0R}{B^2L^2}$。

解答 3：

安培力与电流有关,电流与速度有关,所以安培力是变力,导体棒做变加速直线运动,公式

$0 - v_0^2 = -2ax$ 不适用。从理论上说,速度不恒定,可以用微积分 $x = \sum v \Delta t$。从动量定理中可以找一找位移,导体棒减速过程中有安培力的冲量等于动量的变化: $-\sum BiL\Delta t = 0 - mv_0$,其中 $\sum BiL\Delta t = \sum B\dfrac{BLv}{R}L\Delta t = \dfrac{B^2L^2}{R}\sum v\Delta t = \dfrac{B^2L^2}{R}x$,即可求得 $x = \dfrac{mv_0R}{B^2L^2}$。

▶ **展有所获**

师:对于以上解答,同学们有什么看法吗?

生1:解答1直接将导体棒的运动当成匀减速直线运动处理,这很明显是错误的。

生2:解答2将导体棒的运动等效成匀减速直线运动,加速度也用平均加速度,感觉应该可行。

生3:解答2的答案应该是对的,就是怀疑等效法、平均法能否在此类题型中都成立? 成立的条件是什么? 个人比较赞同解答3。

师:给出解答3的同学是怎样做到正确判断的?

生4:给出解答3的同学通过运动和力的分析,正确判断出导体棒的运动,然后选择适合的动量定理,再对动量定理中的安培力冲量表达式进行变式推导,找到含有位移 x 的关系式,求解位移。

生5:给出解答3的同学对物理思想方法掌握得很熟练,而且对于物理量之间的关系也十分熟悉。

展示图 4-5-4 对应问题的学生解答。

解答 1:

根据线框最后匀速出磁场得 $mg = \dfrac{B^2L^2v_2}{R}$,解得 $v_2 = \dfrac{mgR}{B^2L^2}$;线框在磁场中做加速度为 g 的匀加速直线运动,根据 $v_2^2 - v_1^2 = 2g(h-d)$ 获得线框 ab 边刚进入磁场的速度 v_1;将线框进入磁场的过程等效成匀加速直线运动, $mg - \dfrac{B^2L^2\overline{v}}{R} = mg - \dfrac{B^2L^2v_1}{2R} = m\overline{a}$,又 $t_1 = \dfrac{v_1}{a}$,所以线框下落总时间 $t = \dfrac{v_1}{a} + \dfrac{v_2 - v_1}{g} + \dfrac{d}{v_2} = \cdots$。

解答 2:

如果有恒力的冲量,就可以找到动量与时间的关系,本题的重力就是恒力。本题中安培力的总冲量为 $-\sum BiL\Delta t = -\sum B\dfrac{BLv}{R}L\Delta t = -\dfrac{B^2L^2}{R}\sum v\Delta t = -2\dfrac{B^2L^2}{R}d$,所以根据动量定理列式: $-2\dfrac{B^2L^2}{R}d + mgt = mv_{\hat{\times}} - 0$,借助恒力冲量找到动量与时间 t 的关系。根据最后线框匀速出磁场得 $mg = \dfrac{B^2L^2v_{\hat{\times}}}{R}$,解得 $v_{\hat{\times}} = \dfrac{mgR}{B^2L^2}$,即可求得时间 t。

▶ **展有所获**

师:对于以上解答,同学们有什么看法吗?

生1:我对解答1线框进入磁场过程的时间计算持怀疑态度,等效法、平均法在此题是否成立?

生2:解答2中方法和过程的选择很合理,而且解答过程也很简洁。

师:给出解答2的同学是怎样做到正确判断的?

生3:给出解答2的同学通过运动和力的分析,正确判断出导体棒的运动,然后利用动量定理,对动量定理中的安培力冲量表达式进行变式推导,发现找不到动量与时间的关系,借助另外恒力的冲量找到含有时间的关系式,求解时间。

生4:给出解答2的同学对物理思想方法掌握得很熟练,知道通过恒力来寻找动量与时间的关系。

▶ 评有成果

师:通过同学们的展示,你对求解电荷量问题有哪些认识?

生5:当电流不恒定或时间无法确定,而某一过程的初、末速度能确定时,采用动量定理列式,找到与电荷量的关系。

师:通过同学们的展示,你对求解速度问题有哪些认识?

生6:确定对象再研究过程中各力的冲量,采用动量定理找到与速度的关系。

师:通过同学们的展示,你对求解距离问题有哪些认识?

生7:当速度不恒定或时间无法确定,而某一过程的初、末速度能确定时,采用动量定理结合积分列式,找到与距离的关系。

师:通过同学们的展示,你对求解时间问题有哪些认识?

生8:当除安培力外,还有恒力的冲量,而某一过程的初、末速度能确定时,结合微元求和,采用动量定理列式,找到动量与时间的关系。

师:针对以上四种情境和问题要做到正确解答,同学们要认真观察,认清情境,明确对象和研究过程,根据动量定理列基本方程,找到与相关物理量的关系。

▶ 小结

电磁感应中应用动量定理的一般程序和步骤如图4-5-5所示。

(1)电磁感应现象中应用动量定理没有限制条件,对象为单杆、单线圈居多,但必须选择一个过程应用。

(2)应用动量定理时,必须先进行受力分析和运动分析,才能正确计算力的冲量和动量的变化。

(3)利用动量定理分析解题,可以避开复杂过程细节的分析及变力冲量的计算,还能转换成求解电量、速度、距离、时间等的问题。可见抓住事物变化的本质规律和特征,会对物理问题有更深刻的理解。

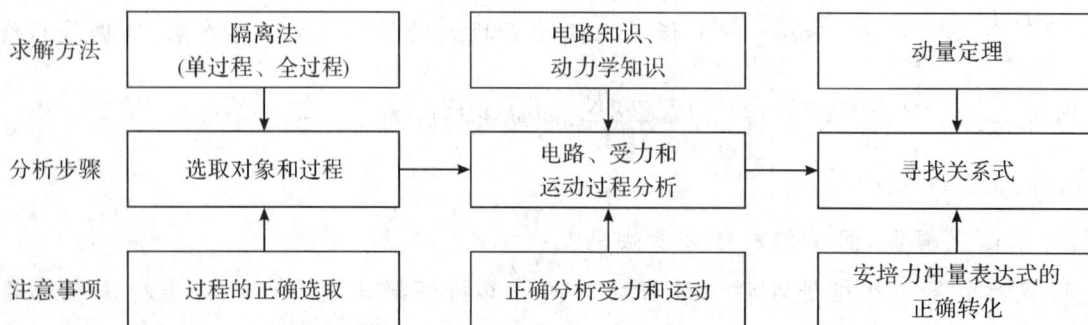

图4-5-5 应用动量定理的一般程序和步骤

任务 2:选择用动量守恒定律寻找关系式

问题情境 1 判断是否满足动量守恒条件

如图 4-5-6~4-5-11 所示的水平导轨均光滑且不计电阻,导体棒或导体框的电阻均为 R,导体棒和导体框均固定。分析判断下列情况是否满足动量守恒的条件,并说明理由。

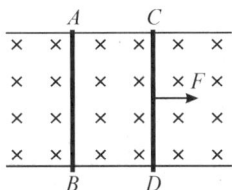

图 4-5-6

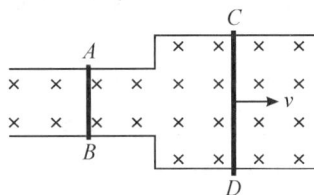

图 4-5-7

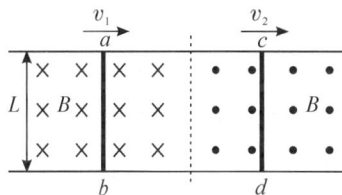

图 4-5-8

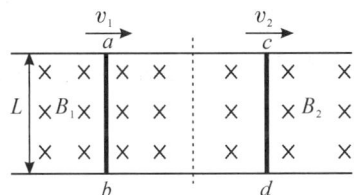

图 4-5-9

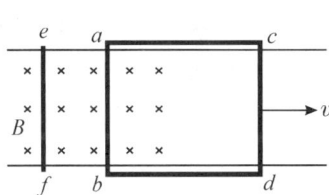

图 4-5-10

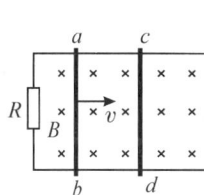

图 4-5-11

▶ **参考案例**

展示图 4-5-6~4-5-11 对应问题的学生解答。

解答 1:

图 4-5-6 中两棒构成的系统受到外力 F 作用,所以系统所受合外力不为 0,动量不守恒。其余五幅情境图中两棒构成的系统或棒、框构成的系统,动量均守恒。

解答 2:

图 4-5-6 中两棒构成的系统受到外力 F 作用,所以系统所受合外力不为 0。图 4-5-7 中两棒的安培力反向,但导体棒长度不同,所以系统所受安培力合力不为 0。图 4-5-8 中两棒的安培力同向,系统安培力合力向左。图 4-5-9 中两棒的安培力反向、不等大,系统安培力合力不为 0。图 4-5-10 的情境中,因为棒 ef 和框的 ab 边的电流不等大,系统安培力合力不为 0。所以六幅情境图中的系统动量均不守恒。

▶ **展有所获**

师:对于以上解答,同学们有什么看法吗?

生1:解答1没有考虑安培力,我觉得解答2的分析合理、正确。

生2:安培力难道不是系统的内力吗? 应该不用考虑吧?

生3:安培力不是内力,是磁场给导体棒或导体框的,系统又不包括磁场。

师:给出解答2的同学是怎样做到正确判断的?

生4:给出解答2的同学明确了系统的内力和外力,通过运动和力的分析,尤其是正确分析了导体棒上安培力的大小和方向,最终正确判断出系统受到的合外力是否为0。

师:要做到正确判断,就要认真观察,认识到情境的变化。对动量守恒条件"系统受到的合外力为0"进行分析论证,首先要确定研究的系统和过程;然后明确内力与外力,尤其是注意不同情境下的安培力；最后判断系统的合外力如何。

▶ **评有成果**

师：那通过上面的分析，你对动量守恒条件的判断有哪些认识？

生6：明确研究的系统和过程，分析系统的所有外力，只有满足矢量和为0或者某一方向上合力为0时，才能应用动量守恒定律列方程。

问题情境 2 寻找满足动量守恒条件的系统，并列动量守恒定律方程

如图 4-5-12 所示，光滑轨道的水平部分有竖直向下的匀强磁场，圆弧部分无磁场，且轨道足够长，质量均为 m 的水平棒 a、b 与轨道垂直静止放置。开始给棒 a 一水平向左的初速度 v_0，金属棒 a、b 与轨道始终接触良好，且棒 a 与棒 b 始终不相碰。棒 b 在水平部分稳定后，冲上圆弧轨道，返回到水平轨道前，棒 a 已静止在水平轨道上，且棒 b 与棒 a 不相碰，然后达到新的稳定状态。金属棒 a、b 构成的系统动量是否守恒？金属棒 a、b 的最终稳定速度如何？

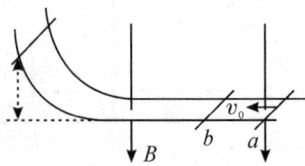

图 4-5-12

▶ **参考案例**

展示图 4-5-12 对应问题的学生解答。

解答 1：

金属棒 a、b 构成的系统动量守恒，最终两棒速度相同，所以根据运动全程列动量守恒方程：$mv_0 = 2mv$，得到棒 a、b 的最终稳定速度 $v = \dfrac{v_0}{2}$，方向向右。

解答 2：

根据金属棒 a、b 在磁场中运动列动量守恒方程：$mv_0 = 2mv_1$；金属棒 b 重回磁场后，因为棒 b 的机械能守恒，重回磁场的速度大小为 v_1，棒 a、b 再次在磁场中运动，列动量守恒方程：$mv_1 = 2mv_2$；联立上述方程得到棒 a、b 的最终稳定速度 $v_2 = \dfrac{v_0}{4}$，方向向右。

▶ **展有所获**

师：对于以上解答，同学们有什么看法吗？

生1：既然金属棒 a、b 构成的系统动量守恒，那么像解答1这样对运动全程用动量定理列式更加快捷。

生2：金属棒 b 离开磁场后，系统动量就不守恒了，所以只有两棒均在磁场中时才能应用动量守恒定律。解答2才是合情合理的。

师：给出解答2的同学是怎样想到并正确求解的呢？

生3：给出解答2的同学通过对金属棒 a、b 不同过程的运动和力进行分析，正确判断动量守恒的过程，然后利用动量守恒定律完成求解。

生4：给出解答2的同学对应用动量守恒定律前的条件判断十分严谨。

师：针对以上情境中的问题要做到正确解答，同学们首先要认真观察，认清情境中的对象和过程，判断满足动量守恒条件的系统和过程；然后根据动量守恒定律列方程；最后找到解决问题的正确关系式。

▶ **评有成果**

师：通过上面的例子，你对应用动量守恒定律有哪些认识？

生5：当有多对象、多过程时，可以某个方向满足的条件应用动量守恒定律，或以某个过程满足的条件应用动量守恒定律。要选择对象和研究过程，明确系统初、末动量，只有研究的系统受到的合外力为0，才可列动量守恒方程。

▶ **小结**

电磁感应中应用动量守恒定律的一般步骤和策略如图4-5-13所示。

(1)首先确定对象和过程，分析是否满足动量守恒成立的条件。

(2)建构正确的模型，应用动量守恒定律，感受应用过程中的收获。

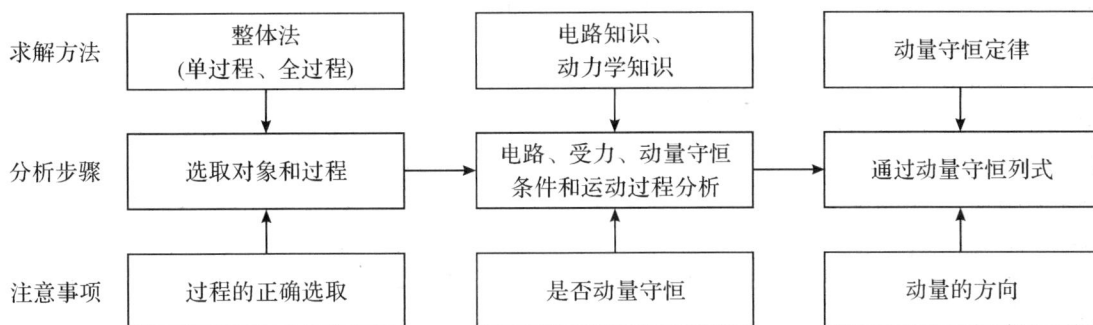

求解方法	整体法 （单过程、全过程）	电路知识、 动力学知识	动量守恒定律
分析步骤	选取对象和过程	电路、受力、动量守恒 条件和运动过程分析	通过动量守恒列式
注意事项	过程的正确选取	是否动量守恒	动量的方向

图 4-5-13

任务3：灵活应用动量分析解决综合问题

问题情境1　分析不同条件下的动量，并列相关方程解决问题

如图4-5-14所示，间距为 L 的两平行光滑金属导轨水平放置在磁感应强度为 B 的匀强磁场中，与磁场垂直。质量均为 m 的杆1和杆2垂直于金属导轨放置，两杆的电阻均为 R，杆1以初速度 v_0 向右开始运动。为使两杆不相碰，在杆2固定和不固定两种不同的情况下，分别求最初摆放两杆时两杆间的最小距离。

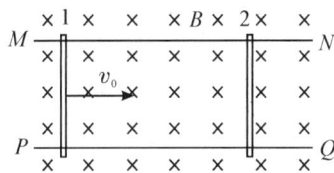

图 4-5-14

▶ **参考案例**

展示图4-5-14对应问题的学生解答。

解答1：

将杆1等效成匀减速运动，$x = \dfrac{v_0^2}{2a}$，加速度 a 取平均加速度，所以 $a = \dfrac{B\bar{I}L}{m} = \dfrac{B^2L^2v_0}{4mR}$，解得 $x = \dfrac{2mRv_0}{B^2L^2}$，即为两杆间最小距离。

解答2：

杆2固定，两杆构成的系统动量不守恒，但可以对杆1用动量定理。对杆1用动量定理列式：$-\sum BiL\Delta t = 0 - mv_0$，其中 $\sum BiL\Delta t = \dfrac{B^2L^2}{2R}x$，求得 $x = \dfrac{2mRv_0}{B^2L^2}$，即为两杆间最小距离。

解答 3：

杆 2 固定，两杆构成的系统动量不守恒。杆 1 做减速运动，到达杆 2 时速度刚好为 0，两杆就不会相撞了。对杆 1 用动能定理列式：$-\bar{F}x = 0 - \frac{1}{2}mv_0^2$，其中 $\bar{F} = \frac{B^2L^2v_0}{4R}$，求得 $x = \frac{2mRv_0}{B^2L^2}$，即为两杆间最小距离。

解答 4：

杆 2 不固定，两杆的相对位移也就是两杆间最初的最小距离。杆 1 将做减速运动，杆 2 将做加速运动。先将两杆的运动均等效成匀变速运动。若两杆恰好碰不上，利用甲相对乙做匀减速运动，v_0 也就是甲相对乙的初速度，所以 $x_{相对} = \frac{v_0^2}{2a}$，加速度 a 取平均相对加速度，所以 $a = 2\frac{B\bar{I}L}{m} = \frac{B^2L^2v_0}{2mR}$，解得 $x = \frac{mRv_0}{B^2L^2}$，即为两杆间最小距离。

解答 5：

杆 2 不固定，两杆构成的系统动量守恒，因最终两杆速度相同，对该系统列动量守恒方程：$mv_0 = 2mv \Rightarrow v = \frac{v_0}{2}$。再对杆 1 用动量定理列式：$-\frac{B^2L^2}{2R}x_{相对} = mv - mv_0$，解得 $x_{相对} = \frac{mRv_0}{B^2L^2}$；或对杆 2 用动量定理列式：$\frac{B^2L^2}{2R}x_{相对} = mv - 0$，解得 $x_{相对} = \frac{mRv_0}{B^2L^2}$，结果一样。

解答 6：

杆 2 不固定，两杆构成的系统动量守恒，因最终两杆速度相同，对该系统列动量守恒方程：$mv_0 = 2mv \Rightarrow v = \frac{v_0}{2}$。再对杆 1 用动能定理列式：$-\frac{1}{2}\left(\frac{B^2L^2v_0}{2R}\right)x_1 = \frac{1}{2}mv^2 - \frac{1}{2}mv_0^2$，解得 $x_1 = \frac{3mRv_0}{2B^2L^2}$；对杆 2 用动能定理列式：$\frac{1}{2}\left(\frac{B^2L^2v_0}{2R}\right)x_2 = \frac{1}{2}mv^2$，解得 $x_2 = \frac{mRv_0}{2B^2L^2}$，两杆间最小距离 $\Delta x = x_1 - x_2 = \frac{mRv_0}{B^2L^2}$。

▶ **展有所获**

师：对于以上解答，同学们有什么看法吗？

生 1：当棒 2 固定时，棒 1 做变加速直线运动，无法用匀变速直线运动的公式求解，而给出解答 1 的同学将其等效成匀减速直线运动，加速度也用了平均加速度，平均加速度用的是最大加速度的一半，答案是对的，但这样是否合理，有待商榷。除非能证明加速度随时间均匀减小。

生 2：当棒 2 固定时，棒 1 和棒 2 构成的系统动量不守恒，所以无法用动量守恒定律，但是可以用动量定理找到有关距离的关系式后求解，我觉得解答 2 合情合理。

生 3：当棒 2 固定时，棒 1 和棒 2 构成的系统无法用动量守恒定律，但可以用动能定理找到有关距离的关系式求解，我觉得解答 3 也合情合理。

生 4：当棒 2 不固定时，棒 1 和棒 2 均做变加速直线运动，无法用匀变速直线运动的公式求解，而给出解答 4 的同学将其等效成匀减速直线运动，且用相对运动来求解。加速度用了平均相对加速度，平均相对加速度用的是最大相对加速度的一半，答案是对的，但这样是否合理，有待商榷。除非能证明相对加速度随时间均匀减小。

生5：当棒2不固定时,棒1和棒2构成的系统动量守恒,再用动量定理找到有关相对距离的关系式后求解,我觉得解答5合情合理。

生6：当棒2不固定时,棒1和棒2构成的系统动量守恒,再用动能定理找到有关距离的关系式后求解最小距离,我觉得解答6也合情合理。

师：同学们的评价都有道理,其实同学们对用动量定理和动量守恒定律的解答的意见是统一的,就是对用动能定理的解答不确定。原因是安培力是变力,用平均安培力是否合理? 这要看安培力是与位移还是与时间呈线性关系,本题中速度与位移呈线性关系(从动量定理可以看出),安培力又与速度成正比,则安培力也与位移呈线性关系,所以列动能定理方程时用平均安培力是可以的。

师：解答正确的同学是怎样想到并正确求解的呢?

生7：解答正确的同学主要根据情境,通过力和运动的分析后,确定可以通过动量分析或动能定理来解决问题。

生8：解答正确的同学主要根据该情境,发现无法简单应用运动学知识求解,通过动量分析或动能定理来解决问题更加具有普适性,然后通过正确过程的选择,根据动量守恒、动量定理或动能定理列方程,必要时进行变式推导,找到相应物理量的关系式。

师：针对以上两种不同情境下的问题要做到正确解答,同学们首先要认真观察,认清情境条件、对象和过程;然后选择动量定理或动量守恒定律;最后找到解决问题的正确关系式。如果要用到动能定理等其他方法,要注意适用性。

▶ 评有成果

师：通过上面的例子,你对应用动量分析解决复杂情境中的综合问题有哪些认识?

生9：单杆模型均可用动量定理,双杆系统要先考虑动量守恒的条件。

生10：在单杆切割中,对单杆用动量定理时,能获得与绝对距离的关系;在双杆切割中,对单杆用动量定理时,能获得与相对距离的关系。

问题情境2 分析不同过程中的动量,并列相关方程解决问题

如图 4-5-15 所示,平行的倾斜光滑金属导轨与间距相同的水平光滑导轨平滑连接,电阻均不计,导轨与水平面的倾角为 $\theta=30°$,导轨间距 $L=0.5m$,倾斜导轨平面存在垂直于斜面向下的匀强磁场 B_2,导轨上端与 $N=100$ 匝的线圈相连,线圈面积 $S=0.01m^2$,线圈电阻 $R_0=0.04\Omega$,线圈内存在一垂直于平面向下的磁场,磁感应强度随时间的变化为 $B_1=0.6t+0.2$ (T)。用同种材料制作成一边长为 L、粗细均匀的正方形导体线框放在水平导轨上,质量为 $m_2=0.4kg$,电阻为 $R_2=0.08\Omega$,其中 AB 边(包括 A、B)的绝缘漆被刮去,其他三边有绝缘漆,两边与水平导轨相接触。假设水平导轨离地面的高度足够大,在水平地面存在竖直方向的相间的匀强磁场 $B_3=0.2T$,磁场宽度为 L,相邻磁场的间距也为 L,现在在倾斜导轨上垂直放置一导体棒 PQ,棒长为 L,质量 $m_1=0.1kg$,电阻 $R_1=0.02\Omega$,若闭合开关 K_1,断开开关 K_2,导体棒 PQ 恰好能静止在导轨上,然后断开 K_1,闭合 K_2,导体棒由静止下滑,达到匀速后进入水平导轨并与正方形导体线框相碰,相碰后不分开一起向右运动,然后从导轨水平飞出,假设线框在空中运动过程中保持水平,不发生翻转,最后穿过竖直磁场落在水平地面上。求：

(1)正方形线框飞出到落地的水平位移;

(2)正方形线框从飞出到落地过程中,CD边的速度与水平位移x的函数关系。

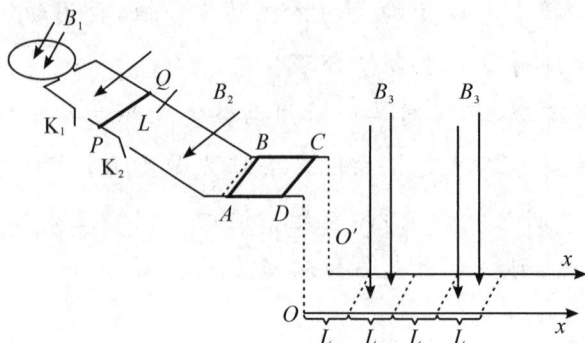

图 4-5-15

▶ **参考案例**

展示图 4-5-15 对应问题的学生解答。

解答 1:

(1)由法拉第电磁感应定律可得

$$E = N\frac{\Delta \Phi}{\Delta t} = N\frac{\Delta B}{\Delta t}S = 100 \times 0.6 \times 0.01 = 0.6 \text{V}$$

根据闭合电路的欧姆定律可得

$$I = \frac{E}{R_0 + R_1} = 10 \text{A}$$

根据平衡条件可得

$$m_1 g \sin 30° = B_2 IL$$

解得 $B_2 = 0.1 \text{T}$。

棒 PQ 匀速下滑,根据平衡条件,有

$$m_1 g \sin 30° = B_2 I' L$$

根据闭合电路的欧姆定律可得

$$I' = \frac{B_2 L v_0}{R_2 + R_1}$$

解得 $v_0 = 5 \text{m/s}$。

当棒 PQ 与线框相碰达到共速,根据动量守恒定律可得

$$m_1 v_0 = (m_1 + m_2)v_{共}$$

解得 $v_{共} = 1 \text{m/s}$。

当棒与线框整体一起飞出后,根据动量定理可得

$$B_3 \bar{I} L \Delta t = (m_1 + m_2)v_{共}$$

根据电荷量的计算公式可得

$$q = \bar{I}\Delta t = \frac{B_3 L \Delta x}{\dfrac{R_1 R_2}{R_1 + R_2}}$$

解得 $\Delta x = 0.8 \text{m}$。

故线框落地时离飞出时的水平位移为

$$x = \Delta x + L = 1.3\text{m}$$

(2)装置在运动过程中只有水平速度分量在切割磁感线,且左右边交换切割,故装置在运动过程中,根据动量定理可得

$$\frac{B_3^2 L^2 \Delta x}{\dfrac{R_1 R_2}{R_1 + R_2}} = (m_1 + m_2) \Delta v$$

解出 Δv,且 $\Delta v = v_{共} - v$,即可获得 v 与 Δx 的关系式,结合 $x = \Delta x + L$,再进一步获得 v 与 x 的关系式。

解答 2:

(1)由法拉第电磁感应定律可得

$$E = N\frac{\Delta \Phi}{\Delta t} = N\frac{\Delta B}{\Delta t}S = 100 \times 0.6 \times 0.01 = 0.6\text{V}$$

根据闭合电路的欧姆定律可得

$$I = \frac{E}{R_0 + R_1} = 10\text{A}$$

根据平衡条件可得

$$m_1 g \sin 30° = B_2 I L$$

解得 $B_2 = 0.1\text{T}$。

棒 PQ 匀速下滑,根据平衡条件,有

$$m_1 g \sin 30° = B_2 I' L$$

根据闭合电路的欧姆定律可得

$$I' = \frac{B_2 L v_0}{\dfrac{1}{2}R_2 + R_1}$$

解得 $v_0 = 7\text{m/s}$。

当棒 PQ 与线框相碰达到共速,根据动量守恒定律可得

$$m_1 v_0 = (m_1 + m_2) v_{共}$$

解得 $v_{共} = 1.4\text{m/s}$。

当棒与线框整体一起飞出后,根据动量定理可得

$$B_3 \overline{I} L \Delta t = (m_1 + m_2) v_{共}$$

根据电荷量的计算公式可得

$$q = \overline{I} \Delta t = \frac{B_3 L \Delta x}{R_{总}} \quad (\text{其中 } R_{总} = \frac{1}{2}R_1 + \frac{3}{4}R_2)$$

解得 $\Delta x = 4.9\text{m}$。

故线框落地时离飞出时的水平位移为

$$x = \Delta x + L = 5.4\text{m}$$

(2)装置在运动过程中只有水平速度分量在切割磁感线,且左右边交换切割,故装置在运动过程中,根据动量定理可得

$$\frac{B_3^2 L^2 \Delta x}{R_{\text{总}}} = (m_1 + m_2) \Delta v$$

得 $\Delta v = \dfrac{2}{7} \Delta x = v_{\text{共}} - v$，故

$$v = 1.4 - \frac{2}{7} \Delta x = 1.4 - \frac{2}{7}(x - L)$$

▶ **展有所获**

师：对于以上解答，同学们有什么看法吗？

生1：这道题目的电路比较复杂，而且中间还有多次转换。解答1就没有厘清电路结构。

生2：该题除了电路复杂，运动过程也多样，用到平衡知识，杆与框相互碰撞时用到动量守恒定律，一起飞出切割磁感线时又用到动量定理，还要通过关系式的转化找到与未知量的关系。我觉得解答2思路清晰，过程严谨，应该正确。

师：针对如此复杂的情境和问题，给出解答2的同学是怎样想到并能正确求解的呢？

生3：该同学对复杂过程和情境进行了分解处理，对每个过程都进行了电路、力和运动、动量、能量等分析，根据不同过程的情况，分别采用电路的知识、平衡的知识、运动的知识、动量的知识等解决问题。

生4：对于应用动量的知识，能正确区分应用动量守恒定律还是动量定理求解，而且明确各物理量之间的关联。

▶ **评有成果**

师：通过上面的例子，你对应用动量分析解决复杂情境中的综合问题有哪些认识？

生：针对该情境和问题，要做到正确解答，同学们首先要认真观察情境，明确对象和分解研究的过程；然后根据问题列出相关表达式或方程；最后用反推法寻找与所需量有关的定理或定律，并筛查出可行的关系式。

▶ **小结**

电磁感应中分析动量和应用动量的一般步骤和策略如下。

（1）应用动量定理时，往往以单杆、线框为对象研究；应用动量守恒定律往往以相互作用的系统为对象研究，先判断成立的条件是否满足。

（2）无论是动量定理还是动量守恒定律都要先对研究对象进行受力分析和运动分析，再分别建立正确的应用模型。

（3）用动量定理和动量守恒定律解决的都是动力学有关的物理量，再结合其他电学知识、能量关系，解决问题。

（三）巩固性练习

1. 图 4-5-16(a) 中，质量 $m = 3.0 \times 10^{-3}$ kg 的"⊓"形金属细框竖直放置在两个水银槽中，"⊓"形框的水平细杆 CD 长 $l = 0.20$ m，处于磁感应强度大小 $B_1 = 1.0$ T、方向水平向右的匀强磁场中。有一匝数 $N = 300$ 匝、面积 $S = 0.01$ m^2 的线圈通过开关 S 与两个水银槽相连，线圈处于与线圈平面垂直的、沿竖直方向的匀强磁场 B_2 中，其磁感应强度 B_2 的大小随时间 t 变化的关系如图 4-5-16(b)（向上为 B_2 正方向）所示。$t = 0.22$s 时，闭合开关 S，细杆 CD 受到的

安培力远大于重力,细杆跳起的最大高度 $h=0.20\text{m}$,求通过细杆 CD 的电荷量。

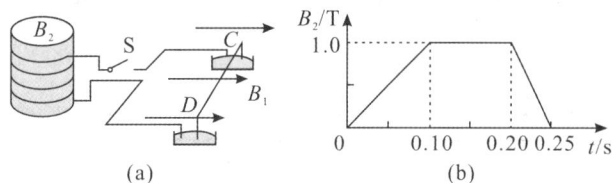

图 4-5-16

2. 如图 4-5-17 所示,质量为 m 的金属框 $abcd$ 放在质量为 M 的小车上,小车右边有一磁感应强度为 B 的匀强磁场。小车沿光滑水平面向右运动,金属框 bc 边进入磁场时的速度为 v_0,金属框 ad 边出磁场时的速度为 v_1。已知金属框的电阻为 R,bc 边长为 l,试求金属框 ad 边进入磁场时的速度大小。

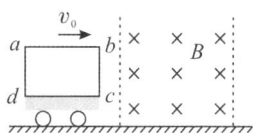

图 4-5-17

3. 如图 4-5-18 所示,一匀强磁场垂直于倾斜的粗糙 U 形金属导轨 $MPQN$,质量为 m、电阻为 R 的金属棒 ab 由静止沿导轨下滑,经 t 时间达到稳定速度 v,棒 ab 与导轨间的动摩擦因素为 μ,导轨上接有电阻 R,导轨倾角为 θ,不计金属导轨的电阻。试求金属棒 ab 从开始运动直到匀速过程的位移。

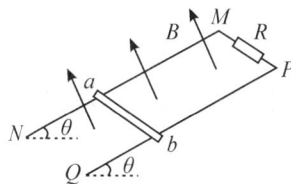

图 4-5-18

4. 如图 4-5-19 所示,质量为 m、电阻为 R 的金属棒沿一光滑的 U 形竖直金属导轨运动,导轨间宽度为 L,垂直于导轨平面分布着 100 个场强为 B 的条形匀强磁场,从离磁场上边界 $2a$ 处由静止开始释放。金属棒穿过各段磁场时,发现通过回路的电流随时间以固定周期做周期性变化,不计金属导轨的电阻。试求金属棒穿过每个磁场区域的时间。

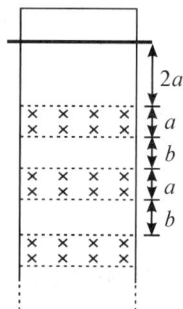

图 4-5-19

5. 如图 4-5-20 所示,平行的倾斜光滑导轨与足够长的水平光滑导轨平滑连接,导轨电阻不计。质量分别为 m 和 $0.5m$ 的金属棒 b 和 c 静止放在水平导轨上,b、c 两棒均与导轨垂直。图中虚线 de 往右有范围足够大、方向竖直向上的匀强磁场。质量为 m 的绝缘棒 a 垂直于倾斜导轨由静止释放,释放位置与水平导轨的高度差为 h。已知绝缘棒 a 滑到水平导轨上与金属棒 b 发生弹性正碰,金属棒 b 进入磁场后始终未与金属棒 c 发生碰撞,试求金属棒 a、b、c 最终的速度。

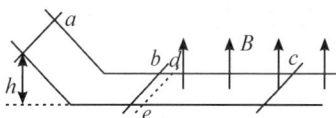

图 4-5-20

六、纵向主题：宏观物体力、电综合问题求解思维展示

（一）课时学习目标

核心素养	具体目标
物理观念	具有"力决定运动,运动反映力"的运动与相互作用观
	知道通过克服安培力做功将其他形式的能转化为电能,再通过电流做功转化为焦耳热及其他形式的能
	知道矢量的方向性会导致多解性
科学思维	经过对综合类问题的分析解决,掌握解决力、电综合问题的一般思路:电路分析—力与运动分析—能量分析—动量分析,并明确其中的关键步骤
	经过对电流变化情境下焦耳热的求解,灵活选择克服安培力做功、能量守恒、电流有效值等方法求解焦耳热
	经过对能量与动量综合应用问题的分析,能根据需要选择动量定理与能量守恒解决问题

（二）课时学习设计

任务 1：框的力、电综合

问题情境 1 导体框匀速进入磁场的力、电分析

如图 4-6-1 所示,在竖直平面内建立 xOy 坐标系,在 $0 \leqslant x \leqslant 0.65\text{m}, y \leqslant 0.40\text{m}$ 范围内存在一具有理想边界、方向垂直于纸面向里的匀强磁场区域。一边长为 $L = 0.10\text{m}$、质量 $m = 0.02\text{kg}$、电阻 $R = 0.40\Omega$ 的匀质正方形刚性导线框 $abcd$ 处于如图 4-6-1 所示位置,其中心的坐标为$(0, 0.65)$。现将线框以初速度 $v_0 = 2\text{m/s}$ 水平向右抛出,线框在进入磁场过程中速度保持不变。求磁感应强度 B 的大小。

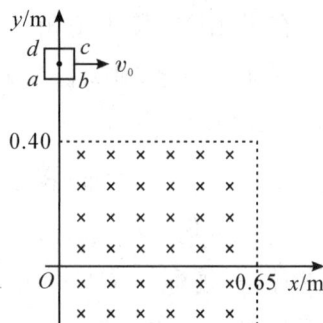

图 4-6-1

▶ **参考案例**

展示情境 1 的学生解答。

解答 1：

线框进入磁场前做平抛运动,竖直方向上的位移 $y = 0.2\text{m}$。

由平抛运动规律得

$$v_y = \sqrt{2gy} = 2\text{m/s}, \quad v = \sqrt{v_x^2 + v_y^2} = 2\sqrt{2}\,\text{m/s}$$

线框进入磁场后,因为速度保持不变,所以所受安培力等于重力,有

$$BIL = mg$$

又 $I = \dfrac{BLv}{R}$,联立可得

$$\frac{B^2 L^2 v}{R} = mg$$

解得 $B = \sqrt{2\sqrt{2}}$ T。

解答 2：

线框进入磁场前的过程同解答 1。

线框进入磁场后，画出线框进入磁场后某一时刻的状态，如图 4-6-2 所示。

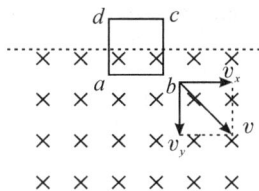

图 4-6-2

ab 边、ad 边与 bc 边进入磁场部分均在切割磁感线，都会产生动生电动势。其中 ab 边的有效切割速度为 v_y，ad 边与 bc 边进入磁场部分的有效切割速度为 v_x。

绘制等效电路图，如图 4-6-3 所示，回路中共有三个电源，其中 ad 边与 bc 边上的电源电动势相等且相互抵消，因此全回路可视为只有 ab 边上的电源，电动势为

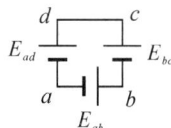

图 4-6-3

$$E_{ab} = BLv_y$$

回路中产生逆时针电流，电路中电流大小为

$$I = \frac{E}{R} = \frac{BLv_y}{R}$$

ab 边、ad 边与 bc 边进入磁场部分均受到安培力的作用。其中 ad 边与 bc 边进入磁场部分所受安培力等大、反向，合力为 0，不影响线框运动。ab 边所受安培力竖直向上，大小为

$$F_A = BIL$$

因为物体进入磁场后速度保持不变，所以所受安培力等于重力，有

$$BIL = mg$$

解得 $B = 2$T。

▶ **展有所获**

师：如何评价以上两种解答？

生 1：解答 1 没有严格遵循分析的步骤。谁在切割？谁是电源？哪条边受力？受力情况如何？这些问题都没有考虑，直接进行列式求解是不正确的，应该严格按照"电路分析—力与运动分析"的步骤进行。

生 2：解答 2 中关于 ad 边、bc 边的电动势、安培力的分析，虽然并不影响求解本题的结果，但对线框的分析也是重要的。

师：如何避免解答 1 的错误？

生 3：一定要严格遵循分析步骤，不能一看到题目中有"匀速"二字，就马上提笔写" $\frac{B^2L^2v}{R} = mg$ "，从而导致错误。

生 4：当看到线框做平抛运动时，就应该意识到这是不同于之前线框做直线运动的情境的，借鉴平抛等曲线运动的分析手段，速度分解就是必不可少的步骤。

师：在解题过程中，我们常会因为获得一些解决问题的信息而忽视了对题目的系统分析，这样往往会导致错误。只有一丝不苟地严格分析才能保证分析的正确性。

▶ **评有成果**

师：通过以上这些情境的分析以及学生解答的比较，你有哪些收获？

生 5：力、电综合问题必须严格绘制等效电路图与受力图开展分析。

生6：使用公式 $E=BLv$ 时，各个物理量要保证正确，尤其是涉及有效长度、有效速度的问题。

问题情境2 导体框进出磁场的能量分析

接情境1，线框以水平分速度 $v_x=2\text{m/s}$，竖直分速度 $v_y=2\text{m/s}$，进入磁感应强度 $B=2\text{T}$ 的匀强磁场区域，然后在磁场中运动，最后从磁场右边界离开磁场区域，完成运动全过程，线框在全过程中始终处于 xOy 平面内，其 ab 边与 x 轴保持平行。求线框在全过程中产生的焦耳热 Q。

▶ **参考案例**

展示情境2的学生解答。

解答1：

线框的运动很复杂，进入磁场是斜向下的匀速运动，在磁场中是斜抛运动的一部分，出磁场又是变加速运动，没法下手。

解答2：

线框进入磁场阶段：由情境1可知 $I=\dfrac{E}{R}=\dfrac{BLv_y}{R}$，由焦耳定律得

$$Q_1=I^2Rt=\frac{B^2L^2v_y^2}{R^2}R\frac{L}{v_y}=0.02\text{J}$$

线框完全在磁场中运动阶段：由于回路中磁通量未发生改变，因此全回路电动势为0，回路中没有电流，也就没有产生焦耳热。

因此这个阶段线框只受重力作用，竖直方向上的速度持续增大，水平方向上的速度保持不变，$v_x=2\text{m/s}$。

线框离开磁场阶段：画出线框出磁场后某一时刻的状态，如图4-6-4所示。

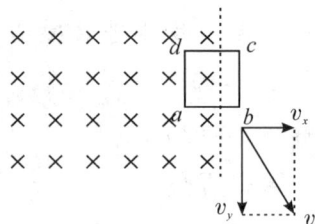

图 4-6-4

此时，ad 边、ab 边与 cd 边进入磁场部分均在切割磁感线，都会产生动生电动势。其中 ad 边的有效切割速度为 v_x，ab 边与 cd 边进入磁场部分的有效切割速度为 v_y。

绘制等效电路图，如图4-6-5所示，回路中共有三个电源，其中 ab 边与 cd 边上的电源电动势相等且相互抵消，因此全回路可视为只有 ad 边上的电源，电动势为

$$E_{ad}=BLv_x$$

图 4-6-5

回路中产生顺时针电流，电路中电流大小为

$$I=\frac{E}{R}=\frac{BLv_x}{R}$$

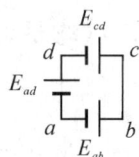

ad 边、ab 边与 cd 边进入磁场的部分均受到安培力的作用。其中 ab 边与 cd 边进入磁场部分所受安培力等大、反向，合力为0，不影响线框运动。ad 边所受安培力水平向左，大小为

$$F_A=BIL$$

能量求解比较难，没有思路。

解答3:

线框离开磁场阶段:在竖直方向上只受重力作用,在竖直方向上做匀变速直线运动。

设竖直方向的位移为 h,则有

$$v_{y2}^2 - v_{y1}^2 = 2gh$$

由于线框在水平方向上只受安培力,水平方向速度减小。水平方向上的末速度采用动量定理进行求解,有

$$-BL\Delta q = mv - mv_0$$

其中

$$\Delta q = \frac{BL^2}{R}$$

解得 $v = 1.5\text{m/s}$。

由能量守恒得

$$Q_2 = mgh + \frac{1}{2}m(v_0^2 + v_{y1}^2) - \frac{1}{2}m(v^2 + v_{y2}^2)$$

解得 $Q_2 = 0.0175\text{J}$,故全过程中,$Q = Q_1 + Q_2 = 0.0375\text{J}$。

▶ **展有所获**

师:解答2是如何想到的?

生1:线框的运动过程很多,而且非常复杂,面对复杂的多过程问题,可以分阶段来分析。题目要求的是全过程中产生的焦耳热 Q,我们不妨先找到哪些阶段产生了焦耳热,分别计算求解。

生2:线框进入磁场阶段是有焦耳热产生的,这一阶段是匀速运动,且回路中电流恒定,这一阶段产生的焦耳热有两种求解思路。

一是利用能量守恒,由于动能不变,重力势能的减少量等于产生的焦耳热,有

$$Q_1 = mgL = 0.02\text{J}$$

二是利用恒定电流这一特点采用焦耳定律求解,由情境1可知

$$I = \frac{E}{R} = \frac{BLv_y}{R}$$

由焦耳定律得

$$Q_1 = I^2Rt = \frac{B^2L^2v_y^2}{R^2}R\frac{L}{v_y} = 0.02\text{J}$$

师:这两种思路求解 Q_1,哪种比较简单?为什么?

生3:利用能量守恒更简单,因为能量转化中涉及的能量较少且计算简单。

师:解答3是如何想到的呢?

生4:线框在出磁场阶段,运动比较复杂,可以先利用牛顿运动定律和动量定理分别求解水平和竖直两个方向上的初、末速度,两个方向上的分速度合成也就有了合速度,再利用能量守恒定律即可得出产生的焦耳热。值得注意的是,能量不是矢量,因此不能对单方向使用能量守恒定律。

师:对于复杂的多过程问题,我们在明确划分各阶段的基础上,需要根据各阶段的关键特点灵活选用方法。匀速运动等简单的运动情况求解相对容易,可以利用运动学规律与简单的

电学知识。对于变速运动等较为复杂的运动情况,一般需要用到能量与动量的知识,利用初、末状态进行求解。

▶ **评有成果**

师:通过以上这些情境的分析以及学生解答的比较,对于解决此类问题,你有哪些收获?

生6:多过程焦耳热求解,需明确划分各个阶段进行分析。

生7:求解焦耳热的三种方法:一是焦耳定律,常用于恒定电流;二是能量守恒,常用于简单的能量转化或安培力为变力等情况,其中常还需通过动量定理求解出末速度后,再计算产生的焦耳热;三是当电流满足正弦关系变化时,常利用交流电中有效值的概念进行求解。

问题情境3 导体框进出磁场的电势差分析

接情境2,在全过程中,cb 边两端得到电势差 U_{cb} 与线框中心位置的 x 坐标的函数关系是什么?

▶ **参考案例**

展示情境3的学生解答。

解答1:

导体框的运动分为四个阶段,cd 边未进入磁场—cd 边进入磁场阶段—cd 边全部位于磁场中—cd 边离开磁场阶段。

cd 边未进入磁场:没有发生电磁感应现象,$U_{cb}=0$。

cd 边进入磁场阶段:cb 边中有电流通过,$U_{cb}=-I\dfrac{R}{4}=-1.7\text{V}$。

cd 边全部位于磁场中:回路中没有感应电流,$U_{cb}=0$。

cd 边离开磁场阶段:$U_{cb}=I\dfrac{R}{4}$,但 I 在变化,无法求解。

解答2:

导体框的运动分为四个阶段:cd 边未进入磁场时,$x\leqslant0.4\text{m}$;cd 边进入磁场阶段,$0.4\text{m}<x\leqslant0.5\text{m}$;$cd$ 边全部位于磁场中,$0.5\text{m}<x\leqslant0.6\text{m}$;$cd$ 边离开磁场阶段,$0.6\text{m}<x\leqslant0.7\text{m}$。

cd 边未进入磁场时:$U_{cb}=0$。

cd 边进入磁场阶段:$U_{cb}=Bv_0v_yt-I\dfrac{R}{4}=(4x-1.7)\text{V}$。

cd 边全部位于磁场中:$U_{cb}=BLv_x=0.4\text{V}$。

cd 边离开磁场阶段:由动量定理得 $-BL\Delta q'=mv_x-mv_0$,解得 $v_x=5(1-x)\text{m/s}$,可得 $U_{cb}=\dfrac{Bv_xL}{R}\times\dfrac{R}{4}=\dfrac{1-x}{4}\text{V}$。

▶ **展有所获**

师:如何评价以上两种解答?

生1:cd 边进入磁场时,不仅电流会影响 cb 边的电势差,而且 cb 边切割磁感线产生动生电动势,虽然不会影响全回路的电动势,但会影响 cb 边的电势差,需要把它考虑进去。

生2:cd 边全部位于磁场中,虽然回路中没有感应电流,但 cb 边在切割磁感线时产生的动生电动势会影响 cb 边的电势差,解答2是正确的。

师：解答 2 是如何想到的？

生 3：对于阶段的划分，一般可以通过坐标的变化进行描述，不然呈现出来的答案非常烦琐且不清晰。

生 4：解答 1 出错还是因为没有意识到电动势与电势差的区别，尤其是有无电流流过时对电源两端电势差的影响。不同阶段 cb 边的"身份"是不同的，有时是电源，有时是电阻，需要进行识别后利用不同的方法求解。

▶ **评有成果**

师：通过以上这些情境的分析以及学生解答的比较，你有哪些收获？

生 5：电势差的计算需先识别该部分是电源还是电阻，在电路中的"身份"不同，采取的计算方式不同。

生 6：部分动生电动势虽不影响回路的电动势，但对该部分的电势差确实有影响。

生 7：多过程问题分好阶段是解决问题的关键一步。

任务 2：杆的力、电综合

问题情境 1 导体棒所受的安培力分析

如图 4-6-6(a)所示，在 xOy 水平面内，固定放置着间距为 l 的两根平行金属直导轨，其间连接有阻值为 R 的电阻，电阻两端连接示波器（内阻可视为无穷大），可动态显示电阻 R 两端的电压。两导轨间存在大小为 B、方向垂直于导轨平面的匀强磁场。$t=0$ 时，一质量为 m、长为 l 的导体棒在外力 F 作用下从 $x=x_0$ 位置开始做简谐运动，示波器显示的电压随时间变化的波形是如图 4-6-6(b)所示的正弦曲线。取 $x_0=-\dfrac{U_m T}{2\pi Bl}$，则简谐运动的平衡位置在坐标原点 O。不计摩擦力和其他电阻，导体棒始终垂直于导轨运动。求导体棒所受到的安培力 F_A 随时间 t 的变化规律。

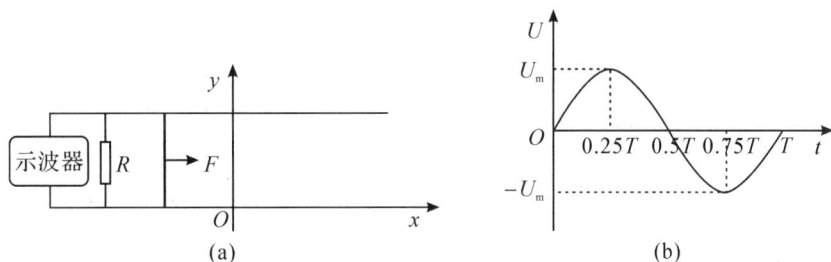

图 4-6-6

▶ **参考案例**

展示情境 1 的学生解答。

解答 1：

通过图像得到电阻 R 两端电压随时间 t 变化的表达式

$$U=U_m\sin\left(\frac{2\pi}{T}t\right)$$

利用欧姆定律得

$$I = \frac{U}{R} = \frac{U_m}{R}\sin\left(\frac{2\pi}{T}t\right)$$

安培力的表达式为

$$F_A = BIl = \frac{BlU_m}{R}\sin\left(\frac{2\pi}{T}t\right)$$

解答 2：

电压与电流的表达式同解答 1。

$0 \sim 0.25T$ 时速度方向、电流方向、安培力方向分析如

图 4-6-7 所示。

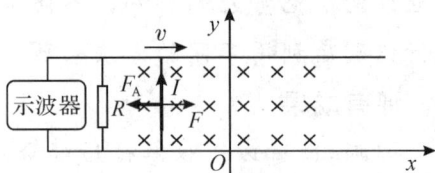

图 4-6-7

此时安培力方向沿 x 轴负方向，因此

$$F_A = -BIl = -\frac{BlU_m}{R}\sin\left(\frac{2\pi}{T}t\right)$$

▶ **展有所获**

师：解答 2 是如何想到的？

生 1：我首先也是按照解答 1 完成的，完成后我突然意识到力是矢量，解答 1 中只考虑了力的大小问题，没有考虑力的方向，求解有误，需要把力的方向考虑进去，那就需要用正负来反映方向，对解答 1 就有了进一步的补充。

师：对于力的方向的体现，一般有两种方式：第一种是和解答 1 一样先写出力的大小的表达式，然后判断力的方向，再在表达式里体现，这种方法在静电场里使用得多一些，在一般问题里面如果事后分析很容易遗忘；第二种，与解答 2 相同，一开始进行安培力分析的时候，就要把磁场方向、电流方向等判断出来，画在图上进行分析，避免出错。

▶ **评有成果**

师：通过以上这些情境的分析以及学生解答的比较，你有哪些收获？

生 2：对于物理量的分析，要关注矢量的方向性。

生 3：在题目所给图中标注关键物理量，严格按照步骤分析是避免遗漏与错误的重要方法。

问题情境 2　导体棒所受外力的冲量分析

接情境 1。求在 $0 \sim 0.25T$ 时间内外力 F 的冲量。

▶ **参考案例**

展示情境 2 的学生解答。

解答 1：

由牛顿第二定律得

$$F + F_A = ma$$

从而得

$$F = ma - F_A$$

电源电动势为

$$E = U = U_m\sin\left(\frac{2\pi}{T}t\right)$$

由动生电动势 $E=Blv$,可得

$$v=\frac{U_\mathrm{m}}{Bl}\sin\left(\frac{2\pi}{T}t\right)$$

对 v 关于时间 t 求导,可得

$$a=\frac{2\pi U_\mathrm{m}}{TBl}\cos\left(\frac{2\pi}{T}t\right)$$

代入可得

$$F=ma-F_\mathrm{A}=\frac{2\pi m U_\mathrm{m}}{TBl}\cos\left(\frac{2\pi}{T}t\right)+\frac{Bl U_\mathrm{m}}{R}\sin\left(\frac{2\pi}{T}t\right)$$

利用微元法与相关数学知识可以解得

$$I_\mathrm{F}=\frac{TBl U_\mathrm{m}}{2\pi R}+\frac{m U_\mathrm{m}}{Bl}$$

解答 2:

对导体棒进行分析,$0\sim0.25T$ 时间内棒受到向左的安培力和向右的拉力,速度从 0 变化为 v_m,由动生电动势 $E=Blv$,可得

$$v_\mathrm{m}=\frac{U_\mathrm{m}}{Bl}$$

由动量定理得

$$I_\mathrm{F}+I_\mathrm{A}=mv_\mathrm{m}-0$$

$$I_\mathrm{A}=-qBl=\frac{B^2|x_0|l^2}{R}$$

代入动量定理可得

$$I_\mathrm{F}=\frac{TBl U_\mathrm{m}}{2\pi R}+\frac{m U_\mathrm{m}}{Bl}$$

▶ **展有所获**

师:以上两种解答是如何想到的?

生 1:求解冲量首先想到的就是使用冲量的定义,这在思路上是正确的,也是直接的。我们应该先找到力的特点,如果是恒力最好,如果是变力就尝试写出力的表达式,然后利用数学手段。当然,这里涉及的数学手段有些复杂,如果我们有比较高的数学水平是可以选择这种方法的,但这种方法更适用于恒力做功与线性变力做功,利用图像法求解冲量。

生 2:求解变力冲量的常用方法是利用动量定理求解冲量,通过求解其他易求力的冲量与物体的动量变化,从而间接解出变力的冲量。在电磁感应中,安培力的冲量利用 $I_\mathrm{A}=qBl=\frac{B^2xl^2}{R}$ 就可以求出,这坚定了我们使用动量定理的信心。

师:变力冲量的求解是一个难点问题,在大多数情况下我们选择动量定理求解。通过分析其他力的冲量以及物体动量的变化倒推某个力的冲量。在数学水平较高的情况下我们也可以直接选用微积分的办法求解。

▶ **评有成果**

师:通过以上这些情境的分析以及学生解答的比较,你有哪些收获?

生3:利用定义求解冲量,在恒力或力随时间线性变化的情境中适用,其他情况大多需要使用微积分等数学手段。

生4:使用动量定理时,要规定正方向,分析冲量和动量的方向,注意式子中各个量的正负问题。

问题情境3 简谐运动情境下导体棒的力、电分析

$t=0$ 时,外力 $F_0=1\text{N}$,$l=1\text{m}$,$T=2\pi\text{s}$,$m=1\text{kg}$,$R=1\Omega$,$U_m=0.5\text{V}$,$B=0.5\text{T}$。求外力与安培力大小相等时导体棒的位置坐标和速度。(提示:可以用 F-x 图像下的"面积"代表力 F 所做的功。)

▶ **参考案例**

展示情境3的学生解答。

解答1:

外力与安培力大小相等时,导体棒的加速度为 0。因为导体棒做简谐运动,加速度为 0 时,位于平衡位置 $x=0$,速度达到最大,有

$$v_m=\frac{U_m}{Bl}=1\text{m/s}$$

解答2:

外力与安培力大小相等,分为方向相同与方向相反两种情况。

方向相反:同解答1。

方向相同:由简谐运动初始条件 $F_0=-kx_0$,解得 $k=1\text{N/m}$,因此导体棒的运动等效于与劲度系数 $k=1\text{N/m}$ 的弹簧相连在光滑水平面上的简谐运动。

设外力与安培力大小相等、方向相同时,导体棒所处坐标为 x',有

$$F_A+F=-kx'$$

则

$$F_A=-\frac{1}{2}kx'$$

与

$$F_A=-BIl=-\frac{B^2l^2v'}{R}$$

联立可得 $2x'=v'$。

由动能定理,挑选导体棒从 x_0 至 x' 位置的部分,画出合外力 F 与 x 的图像,通过图像得出合外力做的功

$$W_合=\frac{1}{2}kx_0^2-\frac{1}{2}kx'^2$$

由动能定理得

$$\frac{1}{2}kx_0^2-\frac{1}{2}kx'^2=\frac{1}{2}mv'^2-0$$

解得

$$x_1'=\frac{\sqrt{5}}{5}\text{m},\quad v_1'=\frac{2\sqrt{5}}{5}\text{m/s}$$

$$x'_2 = -\frac{\sqrt{5}}{5}\text{m}, v'_2 = -\frac{2\sqrt{5}}{5}\text{m/s}$$

解答 3:

前部分同解答 $2 : 2x' = v'$。

导体棒的运动等效为与劲度系数 $k = 1\text{N/m}$ 的弹簧相连的简谐运动。

由能量守恒，可得

$$\frac{1}{2}kx_0^2 - \frac{1}{2}kx'^2 = \frac{1}{2}mv'^2 - 0$$

解答 4:

前部分同解答 $2 : 2x' = v'$。

对棒的简谐运动进行分析可得：振幅 $A = |x_0| = 1\text{m}$，角频率 $\omega = \frac{2\pi}{T} = 1\text{rad/s}$ 或 $\omega = \sqrt{\frac{k}{m}} = 1\text{rad/s}$。

由简谐运动的运动学特点得

$$x^2 + \left(\frac{v}{\omega}\right)^2 = A^2$$

与 $2x' = v'$ 联立可得

$$x'_1 = \frac{\sqrt{5}}{5}\text{m}, v'_1 = \frac{2\sqrt{5}}{5}\text{m/s}$$

$$x'_2 = -\frac{\sqrt{5}}{5}\text{m}, v'_2 = -\frac{2\sqrt{5}}{5}\text{m/s}$$

▶ **展有所获**

师：如何评价以上四种解答？

生1：解答1没有考虑到矢量的方向性，导致缺漏。

生2：解答2在变力做功的处理中采用 $F-x$ 图像围成的面积，解答3采用等效势能的思想，两者内在是统一的。

师：解答2、3、4是如何想到的？

生3：根据题目所给信息得到了一个速度与位移的关系，因此接下来的关键步骤是寻找两者的关联，从题干中所给的条件"可以用 $F-x$ 图像下的'面积'代表力 F 所做的功"，可以通过尝试想到解答2。

在想到解答2之后，我就发现其实这个式子可以不用功能关系寻找，利用简谐运动的能量关系就可以了，于是就想到了解答3。

生4：位移与速度的关系之前在匀变速直线运动里面就有" $v^2 - v_0^2 = 2ax$ "，那简谐运动的运动学公式里面应该也有类似的关系，去寻找就发现 $x^2 + \left(\frac{v}{\omega}\right)^2 = A^2$，也就想到了解答4。

师：在难度较大的问题求解中，我们要善于把握题目给我们的提示，作为我们解题的突破口。寻找不同物理量的关系时，我们常常可以从运动学规律、动力学规律、能量规律、动量规律等角度尝试寻找。

► **评有成果**

师:通过以上这些情境的分析以及学生解答的比较,你有哪些收获?

生5:涉及矢量相等的问题时,需关注题目的多解性。

生6:深入认识简谐运动的能量与运动学规律可以帮助我们更好地解决这类问题。

生7:简谐运动问题中,速度与电动势相关,回复力与安培力相关,能量守恒定律与动量定理是解决该类问题的关键规律。

(三) 巩固性练习

1. 两个完全相同的正方形匀质金属框,边长为 L,通过长为 L 的绝缘轻质杆相连,构成如图 4-6-8 所示的组合体。距离组合体下底边 H 处有一方向水平、垂直于纸面向里的匀强磁场。磁场区域上、下边界水平,高度为 L,左、右宽度足够大。把该组合体在垂直于磁场的平面内以初速度 v_0 水平无旋转抛出,设置合适的磁感应强度大小 B 使其匀速通过磁场,不计空气阻力。下列说法正确的是 ( )

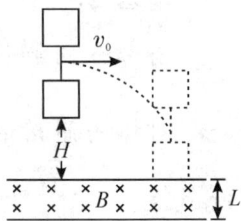
图 4-6-8

A. B 与 v_0 无关,与 $\sqrt{H}$ 成反比

B. 通过磁场的过程中,金属框中电流的大小和方向保持不变

C. 通过磁场的过程中,组合体克服安培力做功的功率与重力做功的功率相等

D. 调节 H、v_0 和 B,只要组合体仍能匀速通过磁场,则其通过磁场的过程中产生的热量不变

2. 如图 4-6-9 所示,倾角 $\theta = 37°$、间距 $l = 0.1\mathrm{m}$ 的足够长的金属导轨底端接有阻值为 $R = 0.1\Omega$ 的电阻,质量 $m = 0.1\mathrm{kg}$ 的金属棒 ab 垂直于导轨放置,与导轨间的动摩擦因数 $\mu = 0.45$。建立原点位于底端、方向沿导轨向上的坐标轴 x。在 $0.2\mathrm{m} \leqslant x \leqslant 0.8\mathrm{m}$ 区间有垂直于导轨平面向上的匀强磁场。从 $t = 0$ 时刻起,棒 ab 在沿 x 轴正方向的外力 F 作用下,从 $x = 0$ 处由静止开始沿斜面向上运动,其速度 v 与位移 x 满足 $v = kx$(可导出 $a = kv$),$k = 5\mathrm{s}^{-1}$。当棒 ab 运动至 $x_1 = 0.2\mathrm{m}$ 处时,电阻 R 消耗的电功率 $P = 0.12\mathrm{W}$,运动至 $x_2 = 0.8\mathrm{m}$ 处时撤去外力 F,此后棒 ab 将继续运动,最终返回至 $x = 0$ 处。棒 ab 始终保持与导轨垂直,不计其他电阻,求:

(1)磁感应强度 B 的大小;

(2)外力 F 随位移 x 变化的关系式;

(3)在棒 ab 整个运动过程中,电阻 R 产生的焦耳热 Q。

提示:可以用 $F-x$ 图像下的"面积"代表力 F 做的功,$\sin 37° = 0.6$。

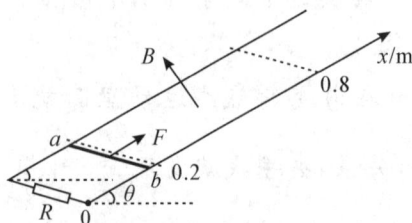
图 4-6-9

3. 如图 4-6-10 所示,在间距 $L = 0.2\mathrm{m}$ 的两光滑平行水平金属导轨间存在方向垂直于纸面(向内为正)的磁场,磁感应强度分布沿 y 轴方向不变,沿 x 轴方向如下:

$$B=\begin{cases} 1\text{T}, & x>0.2\text{m} \\ 5x\text{T}, & -0.2\text{m}\leqslant x\leqslant 0.2\text{m} \\ -1\text{T}, & x<-0.2\text{m} \end{cases}$$

导轨间通过单刀双掷开关 S 连接恒流源和电容 $C=1\text{F}$ 的未充电的电容器,恒流源可为电路提供恒定电流 $I=2\text{A}$,电流方向如图 4-6-10 所示。有一质量 $m=0.1\text{kg}$ 的金属棒 ab 垂直于导轨静止放置于 $x_0=0.7\text{m}$ 处。开关 S 掷向 1,棒 ab 从静止开始运动,到达 $x_3=-0.2\text{m}$ 处时,开关 S 掷向 2。已知棒 ab 在运动过程中始终与导轨垂直。求：

(1)棒 ab 运动到 $x_1=0.2\text{m}$ 时的速度 v_1；

(2)棒 ab 运动到 $x_2=-0.1\text{m}$ 时的速度 v_2；

(3)电容器最终所带的电荷量 Q。

提示:可以用 $F-x$ 图像下的"面积"代表力 F 所做的功。

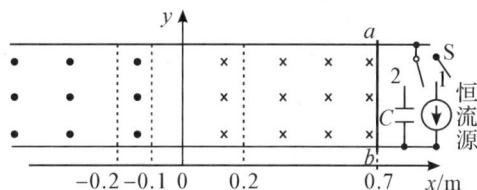

图 4-6-10

专题五：力、电综合——微观粒子运动

一、专题综述

1.试题情境

在近几年浙江省高考题中,力、电综合——微观粒子运动问题的研究对象绝大多数是从粒子源发射出的多粒子,问题情境主要在现代科技的背景下,以带电粒子在组合场中的运动为主,个别年份也有带电粒子在单个磁场中的运动情境。

试题求解要求主要集中在以下几个方面:①结合带电粒子在磁场中做圆周运动的轨迹处理与其半径、周期相关的几何问题;②通过带电粒子在磁场中运动的临界条件判断计算磁感应强度、速度大小、速度方向的极值;③通过多粒子运动轨迹规律的分析推理出带电粒子打在收集板上的位置;④通过多粒子运动轨迹规律的分析计算对带电粒子的收集率;⑤结合动量定理计算带电粒子打在收集板上时对板的作用力。

浙江省高考题中力、电综合——微观粒子运动问题的试题配图如图 5-1-1～5-1-6 所示。

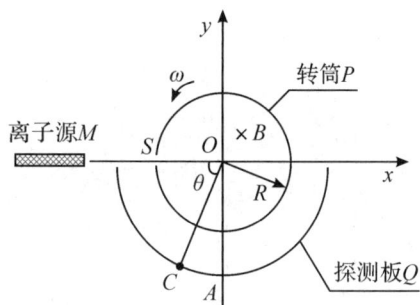

图 5-1-1

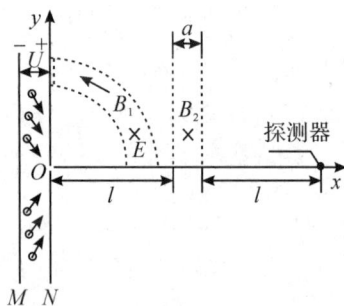

图 5-1-2

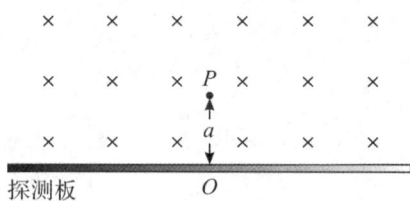

图 5-1-3

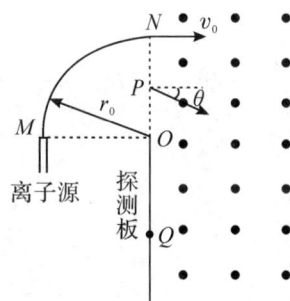

图 5-1-4

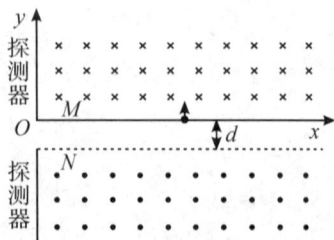

(a)

图 5-1-5

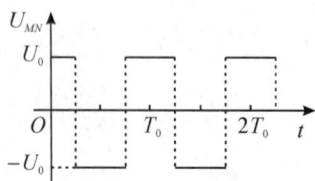

(b)

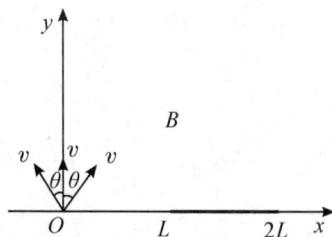

图 5-1-6

2.特征分析

力、电综合——微观粒子运动问题贯彻以物理观念为基础、科学思维为评价导向的主要理念,其试题的特征如下。

(1)以物理观念为基础

求解带电粒子在磁场中的运动问题,需要明确粒子的电荷量、质量等物质特性,需要进行受力与运动情况分析,有的还涉及能量、动量的分析和计算,体现了对物质观、运动与相互作用观和能量观的考查。

(2)情境复杂丰富

情境以现代科技为背景,渗透典型的带电粒子在磁场中运动的物理模型。

一般以粒子源射出的多粒子为主要研究对象,需要学生把多粒子的运动转变成单粒子的运动,其多粒子源可分为点粒子源、线粒子源、面粒子源。速度变化还可分为:速度大小变,方向不变;方向变,大小不变;大小、方向都变。

运动过程由于受力情况变化,一般为多过程情境,需要准确划分阶段开展分析,主要体现粒子经过的场的空间变换(电场+磁场,磁场+磁场等)和随时间变化。

针对不同的粒子源和不同的场,需要学生会分析其轨迹变化的规律,并能分辨出其运动的模型,掌握处理不同模型的方法。

涉及的运动模型丰富,有匀速直线运动、匀变速直线运动、抛体运动、匀速圆周运动、立体螺旋性运动等。

(3)科学思维要求高

需要学生能在具体的问题情境中,高质量地认识问题、分析问题、解决问题,注重考查物理建模、科学推理、科学论证等。

需要学生会在实际情境中运用方法解决问题,如旋转圆法、平移圆法、放缩圆法、对称方法等。

需要学生会在实际情境中建立运动模型,如圆周运动、磁聚焦、磁发散、等距螺旋模型等。

需要学生有较强的分析和推理演绎思维,能从带电粒子的轨道变化规律中准确获取临界状态的粒子轨迹。

需要学生具有较强的质疑论证思维,能利用综合知识论证自己的猜测的正确性。

需要学生能用数学方法处理带电粒子的运动,主要的数学方法涉及平面几何、分段函数、极值方法等。

需要学生具有一定的空间想象能力,并能把立体空间问题转化为平面问题。

综合应用物理规律求解物理量,需要思路开阔,灵活选择方向和切入点。

(二) 学生思维障碍分析

1.对于陌生情境、复杂情境处理有困难

力、电综合——微观粒子运动问题情境以现代科技为背景,展示的情境既陌生又复杂,学生面对陌生的情境时难以提取有效的信息建立物理模型,面对复杂的情境时没有较强的综合分析和推理能力确定物体的运动特征,缺少有效解决问题的方法。

2. 科学思维上的障碍

由于力、电综合——微观粒子运动问题综合性较强，对物理建模、科学推理、科学论证等科学思维水平要求较高，学生虽然已经掌握相关基础知识与基本规律，但尚未掌握有效的解决问题的思维流程和思维方法，因此在问题解决上常常显得束手无策。

由于力、电综合——微观粒子运动问题综合性较强，还对学生数学方法的应用和立体问题转化为平面问题的思维要求很高，学生虽然能建立正确的模型，可能最后在数学方法的应用上出现困难，导致问题解决功亏一篑。

力、电综合——微观粒子运动问题综合性较强，需要学生具有质疑创新的思维，而学生在对新情境、新问题的处理中缺乏独立思考，在解决问题时受到思维定式和权威效应的影响，不能提出有创新性的解题方法和解题思路。

3. 欠缺严谨、细致的科学态度

不少学生由于平时没有养成良好的解决问题的习惯，没有把解题规范通过有序训练内化为自己的行为，导致出现不少易错点。如带电粒子在磁场中运动的处理需要画轨迹、找圆心、确定半径，学生往往没有按照流程正确处理，不能准确把握粒子的运动状态。在运用平面几何方法求解半径、圆心、圆心角时，不能准确地画出图，致使有些参量理解错误。在处理带电粒子多过程运动问题时，没有对带电粒子在不同空间运动的转折点的联系进行分析，致使找不到前后运动之间的关联，导致解题困难。

（三）求解思维导图

求解思维导图如图 5-1-7 所示。

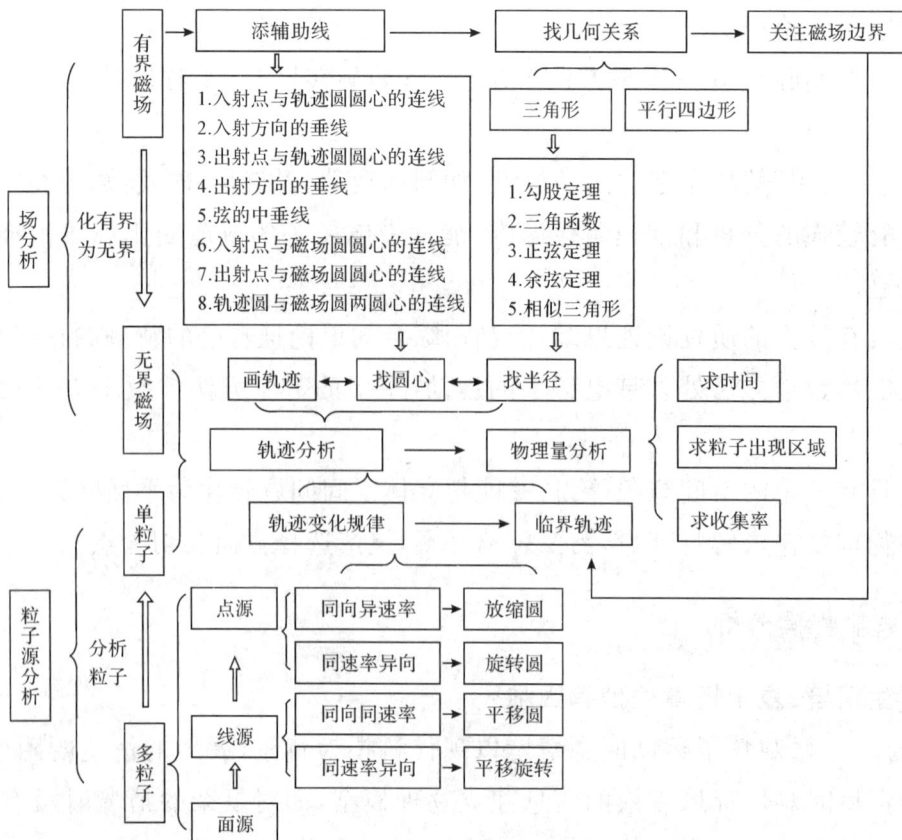

图 5-1-7

（四） 专题学习目标

素养指向	具体目标
物理观念	能明确带电粒子的电荷量、电性，能对带电粒子进行受力分析和运动分析，用物质观、运动和相互作用观、能量观对带电粒子进行综合分析
	知道研究带电粒子在匀强磁场中做圆周运动的这类问题的核心是画轨迹、找圆心、定半径，确定粒子出现的区域
科学思维	能结合有界磁场的几何特征分析出粒子源发射的带电粒子运动的几何规律，能用推理演绎的方法对旋转圆、放缩圆、平移圆进行分析，分析其轨迹变化规律，找出对应问题的临界条件
	对于发射带电粒子的粒子源，能通过分析把较复杂的"面源"问题等效地转化成"线源"或者"点源"问题，或者把"多粒子"问题转化成"单粒子"问题，建立合理的物理模型
	能综合运用数学知识处理与物理量相关联的几何关系，如半径、圆心角等，并且能够"追本溯源"计算相关粒子的"收集率"以及粒子对收集板的"平均打击力"等综合应用类问题
	能通过立体模型的建立，培养把立体问题转化为平面模型的科学思维
科学态度与责任	通过学习能体会到解决问题要坚持理性的思维，找到事物发展的规律，通过现象看本质，层层剖析，化解难题
	通过对带电粒子在电磁场中运动的分析，感受到有时候面对困难，可以灵活地改变思路，抓住问题的主要矛盾，就会有利于解决问题

（五） 专题细分及课时规划

	专题细分	课时规划
横向主题	主题一：不同类型粒子源的轨迹确定问题	2 课时
	主题二：解决带电粒子在匀强磁场中运动问题的数学方法	1 课时
	主题三：带电粒子运动中的立体问题	1 课时
纵向主题	主题一：带电粒子在磁场中的运动（一）	2 课时
	主题二：带电粒子在磁场中的运动（二）	2 课时

二、横向主题一：不同类型粒子源的轨迹确定问题

（一） 课时学习目标

核心素养	具体目标
物理观念	知道有不同的粒子源，包括点源、线源、面源等
	知道带电粒子在磁场中的运动的轨迹圆特点，包括"放缩圆""旋转圆""平移圆"等
	知道得出带电粒子在磁场中运动轨迹半径的方法，包括数学几何法、函数法、对称法等
科学思维	通过分析定点异速率同向运动的带电粒子在磁场中的运动，建立"放缩圆"模型，确定其轨迹
	通过分析定点同速率异向运动的带电粒子在磁场中的运动，建立"旋转圆"模型，确定其轨迹
	通过分析定点异速率异向运动的带电粒子在磁场中的运动，学会利用"放缩圆""旋转圆"模型的处理方法确定其轨迹
	通过分析定线、定面的带电粒子进入磁场的运动，建立"平移圆"模型，确定其轨迹
	通过分析带电粒子在圆形磁场的运动，建立"磁聚焦"模型，确定其轨迹
	通过分析带电粒子在空间变化磁场和时间变化磁场中的运动，利用运动的合成和分解的方法确定其轨迹
	通过分析"放缩圆""旋转圆""平移圆""磁聚焦"的模型，学会分析粒子运动轨迹的变化规律，推演出其临界条件下的轨迹

(二) 课时学习设计

<h3 style="text-align:center">任务1:定点的带电粒子进入磁场的运动</h3>

问题情境1 **定点异速率同向运动的带电粒子**

如图5-2-1所示,垂直于纸面向里的匀强磁场分布在正方形abcd区域内,O点是cd边的中点.一个带正电的粒子仅在磁场力的作用下,从O点沿纸面以垂直于cd边的速度射入正方形内,经过时间t_0后刚好从c点射出磁场。现设法使该带电粒子从O点沿纸面以与Od成30°角的方向,以大小不同的速率射入正方形内,分析该带电粒子在磁场中射出各边的时间范围。

一台质谱仪的工作原理如图5-2-2所示,电荷量均为+q、质量不同的离子飘入电压为U_0的加速电场,其初速度几乎为0。这些离子经加速后通过狭缝O沿着与磁场垂直的方向进入磁感应强度为B的匀强磁场,最后打在底片上,分析粒子打在底片上的位置到O点的距离x与质量m的关系。

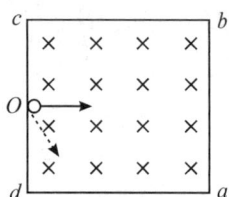
图5-2-1

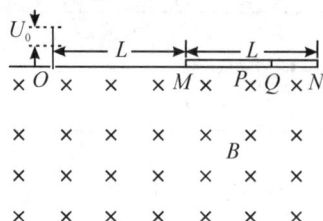
图5-2-2

▶ **参考案例**

展示图5-2-1对应问题的学生解答。

解答1:

轨迹圆如图5-2-3所示,随意画出一个轨迹,没有从速度大小的变化分析轨迹的变化。

解答2:

轨迹圆如图5-2-4所示,轨迹圆只画了部分情况。

解答3:

轨迹圆如图5-2-5所示,当带电粒子从O点沿纸面以与Od成30°角的方向,以大小不同的速率射入正方形内,则根据速率从小到大,先画一个小圆③从dc边射出,再扩大圆的轨迹直到与ba、bc、ad均相切,如图5-2-5中的轨迹①、②和④所示。

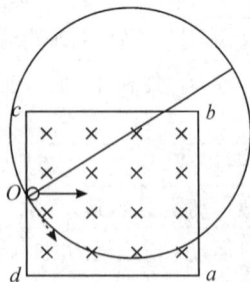
图5-2-3

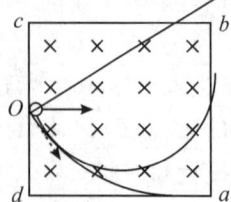
图5-2-4

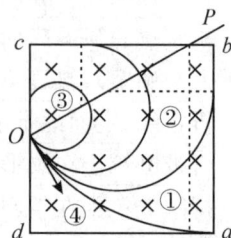
图5-2-5

▶ **展有所获**

师:如何评价以上三种解答?

生1:我发现解答1没有注意到粒子速度大小变化时粒子的半径也会发生变化,画出了一个没有任何变化规律的圆。

生2:我发现解答2认为以大小不同的速率射入正方形内时,轨迹圆从ad、dc、cb、ba射出的可能结果很多,但不知道该如何分析轨迹圆的变化规律,只是凭感觉画不同半径的圆的轨迹,所以也就导致其无法分析轨迹变化规律,无法找到临界条件下的圆的轨迹。

生3:我发现解答3的思维比较科学,知道按照圆心位置在一条直线上,而半径大小变化的特征,由小圆逐渐扩大,找到与各边界相切的各个轨迹圆,建立"放缩圆"的模型,并分析其临界条件求解。

▶ **评有成果**

师:通过以上例子,你对定点异速率同向运动的带电粒子进入磁场问题有哪些认识?

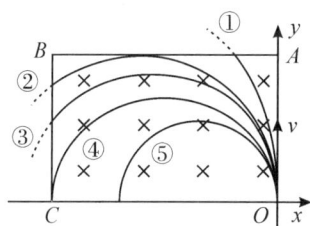

图 5-2-6

生4:我发现定点异速率同向运动的带电粒子的轨迹圆,可以按程序法,速率逐渐增大,则轨迹圆从小圆逐步扩大,或速率逐步减小,轨迹圆从大圆逐渐减小,即用"放缩圆"的方法来画轨迹(如图5-2-6所示),通过放缩圆轨迹的特征确定临界的轨迹圆。

问题情境 2 定点同速率异向运动的带电粒子

如图5-2-7所示,粒子源S在匀强磁场中,且可以向纸面内各个方向以相同速率发射同种带电粒子(以图中带负电粒子的运动轨迹为例),求粒子打在直线边界上的痕迹长度。

如图5-2-8所示,x轴上方存在垂直于纸面向外的匀强磁场,坐标原点处有一正离子源,单位时间在xOy平面内发射n_0个速率为v的离子,分布在y轴两侧各为θ的范围内。在x轴上放置长度为L的离子收集板,其右端点距坐标原点的距离为$2L$,当磁感应强度为B_0时,沿y轴正方向入射的离子,恰好打在收集板的右端点。整个装置处于真空中,不计重力,不考虑离子间的碰撞,忽略离子间的相互作用。假设离子到达x轴时沿x轴均匀分布。当$\theta=37°$,磁感应强度在$B_0 \leq B \leq 3B_0$的区间取不同值时,求单位时间内收集板收集到的离子数n与磁感应强度B之间的关系(不计离子在磁场中运动的时间)。

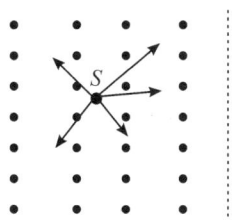

图 5-2-7

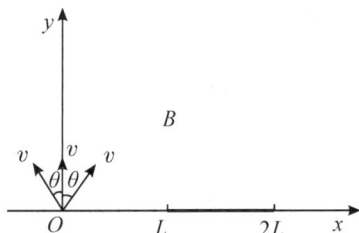

图 5-2-8

▶ **参考案例**

展示图5-2-7对应问题的学生解答。

解答1:

轨迹圆如图5-2-9所示,由于速率方向不同,可以画出无数个与直线边界相交的轨迹圆,无法确定最远的两个点在哪里,所以粒子打在直线边界上的痕迹长度无法确定。

解答 2:

轨迹圆如图 5-2-10 所示,由于速率方向不同,各带电粒子轨迹圆的圆心分布在以粒子源 O 为圆心、半径为 R 的一个圆周上,取不同的圆心画圆,发现圆轨迹会与边界相切,根据几何关系,轨迹与边界相切的两个点为带电粒子射出边界的临界点。

解答 3:

轨迹圆如图 5-2-11 所示,各带电粒子轨迹圆的圆心分布在以粒子源 O 为圆心、半径为 R 的一个圆周上,按一定方向旋转画出轨迹圆后,分析粒子的旋转方向,确定其临界条件分别是直径与边界相交的点 b 和轨迹与边界相切的点 a。

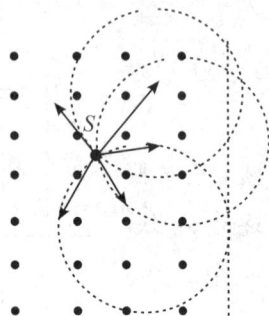 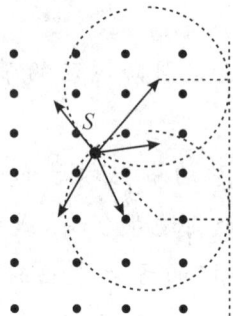 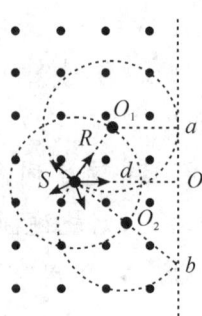

图 5-2-9   图 5-2-10   图 5-2-11

▶**展有所获**

师:解答 1 和解答 2 存在什么问题?

生:1:解答 1 由于粒子速度方向不确定,有很多轨迹圆可以画,不知道分析其圆的轨迹变化的规律。

生 2:解答 2 找到了圆心所在轨迹圆,可以画出所有圆的轨迹,并通过旋转的方法,发现轨迹与边界存在空间上的关系,但是没有仔细分析粒子的旋转方向,导致找错了临界轨迹。

▶**评有成果**

师:通过以上这些情境的分析以及学生解答的比较,对于解决此类问题,你有哪些收获?

生 3:我发现定点同速率异向运动的带电粒子进入磁场时,半径都是相同的,首先找到圆心所在的圆弧位置,从某一速度方向出发画出轨迹圆,然后按一定方向旋转多画一些轨迹圆,建立"旋转圆"的模型,逐步找出所有轨迹圆经过的位置,找到其轨迹变化规律。

生 4:按一定旋转方向画出圆后还要分析粒子做圆周运动的旋转方向,才能找到圆的轨迹和边界的关系,确定临界条件。

师:大家总结得非常好,建立"旋转圆"的基本模型,会利用圆心位置按一定的旋转方向画圆,并分析粒子做圆周运动的方向,这是处理"旋转圆"的科学解题流程。

问题情境 3   定点异速率异向运动的带电粒子

核聚变反应需要几百万度以上的高温,为把高温条件下高速运动的粒子约束在小范围内(否则不可能发生核反应),通常采用磁约束的方法(托卡马克装置)。如图 5-2-12 所示,环状匀强磁场围成的中空区域中的带电粒子只要速度不是很大,都不会穿出磁场的外边缘而被约束在该区域内. 设环状磁场的内半径 $R_1=0.5m$,外半径 $R_2=1.0m$,磁场的磁感应

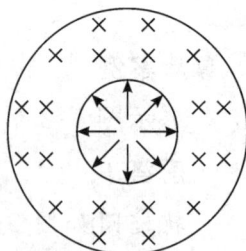

图 5-2-12

强度 $B=1.0T$,若被束缚的带电粒子的荷质比$\frac{q}{m}=4\times10^7C/kg$,中空区域内,带电粒子具有各个方向的速度,试计算所有粒子不能穿越磁场的最大速度。

▶ **参考案例**

展示图 5-2-12 对应问题的学生解答。

解答 1:

轨迹圆如图 5-2-13 所示,中空区域内,带电粒子具有各个方向的速度,所以圆心位置不确定,速度大小不同,所以半径大小不同,不知道如何去画轨迹圆,随便画一下猜测一下。

解答 2:

轨迹圆如图 5-2-14 所示,中空区域内,带电粒子具有各个方向的速度。沿着半径方向射入磁场的带电粒子最容易射出磁场,其轨迹与外圆相切是其临界条件。

解答 3:

轨迹圆如图 5-2-15 所示,从内圆 M 射入的粒子,速度大小、方向各不相同,用控制变量法分两步分析。第一步,对速度大小相同、方向不同的带电粒子确定其最易射出磁场的方向,过 O 点沿径向作直线 OP。速度为 v_1 的粒子看作由直线边界 PM 沿各个方向射入磁场,易得沿垂直于 PM 方向(与内圆相切)射入磁场的带电粒子的径向距离最大(如图中以 O_2 为圆心的圆),最易射出磁场。第二步,对沿内圆相切方向射出的速度大小不同的带电粒子(如 v_1,v_2)确定其不射出磁场的最大速度,我们由"放缩圆法"可知,轨道与外圆相切时对应的速度 v_2 是所有粒子射不出磁场的最大速度,从而确定其临界轨迹。

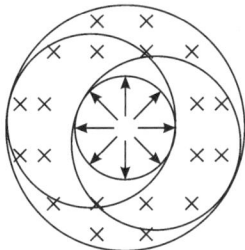
图 5-2-13

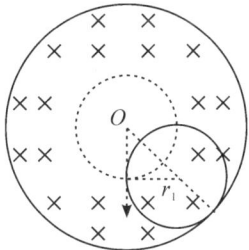
图 5-2-14

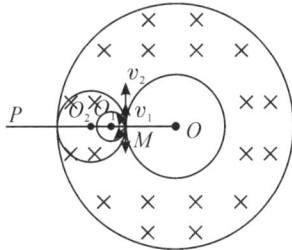
图 5-2-15

▶ **展有所获**

师:解答 1 和解答 2 无法找到临界轨迹的原因是什么呢?

生1:解答 1 完全不能用合理的思维方法解决这类问题。

生2:解答 2 的方法对于最易射出磁场的粒子速度方向分析不到位,只是凭感觉以为沿半径方向射入磁场的粒子就是最易射出磁场的粒子。

生3:我是按照清晰的流程解决问题的,先通过"旋转圆"确定粒子最易射出磁场的方向,然后通过"放缩圆法"找到与外圆相切的轨迹圆,从而由几何关系得出 r_2。

▶ **评有成果**

师:通过以上这些情境的分析以及学生解答的比较,对于解决此类问题,你有哪些收获?

生4:我发现对于速度大小和方向都在变化的粒子源,处理其轨迹特征时,一定要按照流程解决问题,先通过确定速度大小,改变速度方向,以"旋转圆"的方法确定粒子射出磁场方向的临界状态;再通过改变速度大小,利用"放缩圆"的方法分析轨迹的变化情况,从而确定临界轨迹。

师:通过这么清晰的流程,本来很复杂的问题就能迎刃而解了。

问题情境 4 定点同速率同向带电粒子在变化磁场的运动

如图 5-2-16(a)所示,空间站上某种离子推进器由离子源、间距为 d 的中间有小孔的两平行金属板 M、N 和边长为 L 的立方体构成,其后端面 P 为喷口。以金属板 N 的中心 O 为坐标原点,垂直于立方体侧面和金属板建立 x、y 和 z 坐标轴。M、N 板之间存在场强为 E、方向沿 z 轴正方向的匀强电场;立方体内存在磁场,其磁感应强度沿 z 轴方向的分量始终为 0,沿 x 轴和 y 轴方向的分量 B_x 和 B_y 随时间周期性变化的规律如图 5-2-16(b)所示,图中 B_0 可调。氙离子(Xe^{2+})束从离子源小孔 S 射出,沿 z 轴方向匀速运动到 M 板,经电场加速进入磁场区域,最后从端面 P 射出,测得离子经电场加速后在金属板 N 中心点 O 处相对推进器的速度为 v_0。已知单个离子的质量为 m,电荷量为 $2e$,忽略离子间的相互作用,且射出的离子总质量远小于推进器的质量。不考虑在磁场突变时运动的离子,调节 B_0 的值,使得从小孔 S 射出的离子均能从喷口后端 P 射出,求 B_0 的取值范围。

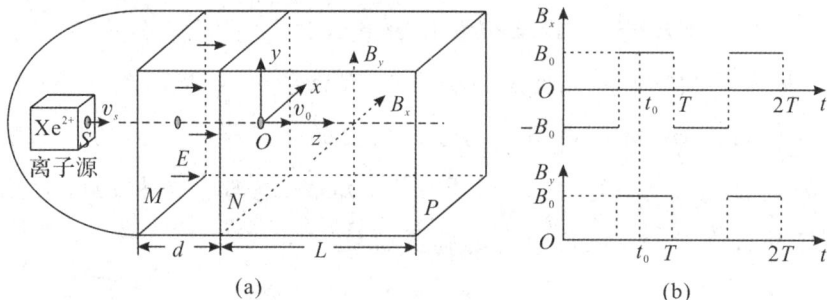

图 5-2-16

▶ 参考案例

展示图 5-2-16 对应问题的学生解答。

解答 1:

由于 x 轴和 y 轴方向均有磁场且磁场在发生变化,粒子进入磁场的轨迹并不是圆的轨迹的部分,这个轨迹是螺旋状的,那么如何画这个轨迹呢? 画不出轨迹圆就无法找到对应的半径,求不出磁场 B_0 的取值范围,此题不会写。

解答 2:

粒子进入磁场时不考虑磁场突变,所以粒子运动时其磁场不变,但是有两个方向的磁场,此粒子的运动是立体的,不知道怎么画轨迹。

解答 3:

粒子运动时磁场不变,磁感应强度越大,其越难射出磁场,所以应该找到磁感应强度最大的状态。所以当 x 轴和 y 轴方向均取最大值时,粒子最难射出磁场。由于其运动轨迹是在磁场区域的对角线方向的,所以需要画出对角线方向的面进行分析,因此得到如图 5-2-17 的运动轨迹,找到其射出的临界轨迹。

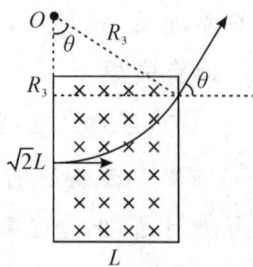

图 5-2-17

▶ **展有所获**

师:你对解答1和解答2体现的思维有什么认识?

生1:解答1将问题复杂化了,虽然 x 轴和 y 轴方向均有磁场且在发生变化,但不考虑磁场突变,所以不需要考虑其磁场的变化。解答2对空间中存在两个方向磁场的情境没有用合理的方法解决。而我能够把立体模型拆解为平面模型,即虽然 x 轴和 y 轴方向都有磁场,但可以通过运动的独立性来解释,只要能从 x 轴方向通过磁场, y 轴方向就必然可以通过磁场,则粒子一定能从喷口 P 射出。同时这个看似立体的问题通过转化视角,画出平面图就可以解决了。

▶ **评有成果**

师:通过以上这些情境的分析以及学生解答的比较,对于解决此类问题,你有哪些收获?

生2:我发现在变化的磁场中,一定要分析清楚磁场的大小、方向究竟是怎么变化的。

生3:空间中存在多个磁场时,需要利用运动的合成和分解的方法,根据不同方向的独立性,同时需要发现粒子在立体环境中运动的轨迹剖面并不是我们所想象的那么复杂,化立体为平面,这样就能画出粒子轨迹了。

师:粒子在立方体磁场中运动,关键点是建构粒子运动的物理学模型,而粒子在各方向的独立性,可以通过单一方向的运动直接得出。再根据几个方向的轨迹剖面,化立体为平面,确定粒子轨迹。

任务2:定线的带电粒子进入磁场的运动

问题情境1 定线同向同速率进入直线边界磁场

如图 5-2-18 所示,有界匀强磁场的磁感应强度为 B,方向垂直于纸面向里,MN 为其左边界,磁场中放置一半径为 R 的圆柱形金属圆筒,圆心 O 到 MN 的距离 $OO_1 = 2R$,圆筒轴线与磁场平行。圆筒用导线通过一个电阻 r_0 接地,最初金属圆筒不带电。现有范围足够大的平行电子束以速度 v_0 从很远处沿垂直于左边界 MN 向右的方向射入磁场区,已知电子质量为 m,电荷量为 e。若电子初速度满足 $v_0 = \dfrac{3eBR}{m}$,则在最初圆筒上没有带电时,能够打到圆筒上的电子对应 MN 边界上 O_1 两侧的范围是多大?

如图 5-2-19 所示,在 xOy 平面的第Ⅰ、Ⅳ象限内有一圆心为 O、半径为 R 的半圆形匀强磁场,线状粒子源从 y 轴左侧平行于 x 轴正方向不断射出质量为 m、电荷量为 q、速度大小为 v_0 的带正电粒子。磁场的磁感应强度大小为 $\dfrac{mv_0}{2qR}$,方向垂直于平面 xOy 向里。不考虑粒子间的相互作用,不计粒子受到的重力。所有从不同位置进入磁场的粒子中,在磁场中运动的时间最长为多少?

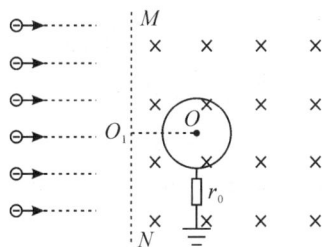

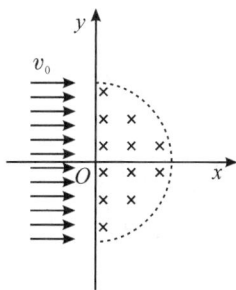

图 5-2-18   图 5-2-19

▶ **参考案例**

展示图 5-2-18 对应问题的学生解答。

解答 1：

如图 5-2-20 所示，电子定线同向同速率进入直线边界磁场，轨迹圆的半径相同且在同一直线上，画出轨迹圆，轨迹圆与圆筒上半部分相切。

解答 2：

电子定线同向同速率进入直线边界磁场，轨迹圆半径相同且在同一直线上，按程序法从上到下进入磁场画出轨迹圆，从不与圆筒接触到与圆筒相切，相交，再相切(如图 5-2-21 所示)。同理可得：从 O_1 下方 Q 点射入的电子也刚好擦过圆筒。

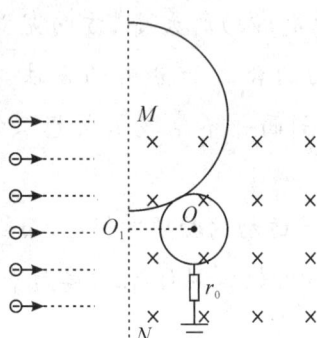

图 5-2-20

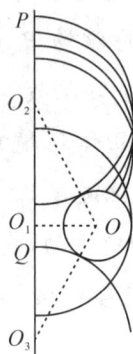

图 5-2-21

▶ **展有所获**

师：你如何评价以上两种解答？

生 1：我发现解答 1 根据轨迹圆与圆筒相交，画出平面轨迹图，找到相切点。但是解答 1 遗漏了轨迹圆下半部分，对于"平移圆"的模型不清楚。解答 2 用"平移圆"的思维方式，按程序法逐步下移，把与圆筒的几个相切点全部找到，并画出相关轨迹图像，从图像上可以直观反映出打到圆筒的粒子范围。

▶ **评有成果**

师：通过以上这些情境的分析以及学生解答的比较，对于解决此类问题，你有哪些收获？

生 2：我发现粒子定线同向同速率进入直线边界磁场，轨迹圆的半径相同且在同一直线上，可以通过平移思维画出轨迹图，按程序法逐步平移，找到轨迹的相关临界位置。

生 3：我发现要清晰地解决问题，需要从物理模型的角度入手，处理物理模型需要按照一定的科学思维流程。

问题情境 2　定线同向同速率进入圆形边界磁场

如图 5-2-22 所示，在 xOy 平面内，有一电子源持续不断地沿 x 轴正方向每秒发射出 N 个速率均为 v 的电子，形成宽为 $2b$、在 y 轴方向均匀分布且关于 x 轴对称的电子流。电子流沿 x 轴方向射入一个半径为 R、圆心位于原点 O 的圆形匀强磁场区域，磁场方向垂直于 xOy 平面向里，电子经过磁场偏转后均从 P 点射出。在磁场区域的正下方有一对平行于 x 轴的金属平行板 K 和 A，其中 K 板与 P 点的距离为 d，中间开有宽度为 $2l$ 且关于 y 轴对称的小孔。

已知 $b=\dfrac{\sqrt{3}}{2}R,d=l$，电子质量为 m，电荷量为 e，忽略电子间相互作用。求电子流从 P 点射出

时与 y 轴反方向的夹角 θ 的范围。

如图 5-2-23 所示,半径为 R 的图形区域内存在方向垂直于纸面向里、磁感应强度大小为 B 的匀强磁场（圆形区域上半圆半径略小于下半圆半径）。一群质量为 m、电荷量为 $+q$ 的带电粒子从 A 点沿平行于纸面的任意方向射入磁场,粒子射入磁场的速度大小为 $v=\dfrac{qBR}{m}$,不计粒子重力及粒子间相互作用,当粒子离开磁场时,动量变化量一定相同吗?

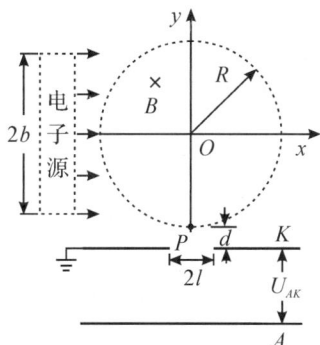
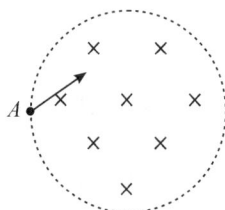

图 5-2-22   图 5-2-23

▶ 参考案例

展示图 5-2-22 对应问题的学生解答。

解答 1:

如图 5-2-24 所示,电子定线同向同速率进入圆形边界磁场,都从同一点 P 射出,从粒子源上边界画出一个电子的轨迹图,由几何关系得到轨迹圆半径等于磁场圆半径,找到与 y 轴方向的夹角,但是角度算不出来。

解答 2:

如图 5-2-25 所示,画出轨迹圆,通过计算发现轨迹圆半径等于磁场圆半径且符合磁聚焦模型,找到并根据临界关系轨迹,连接入射位置、出射位置和轨迹圆圆心、磁场圆圆心,建构出菱形 $AOBO'$,根据几何关系确定电子与 y 轴方向的夹角为 $60°$,由对称关系得到夹角为 $120°$。

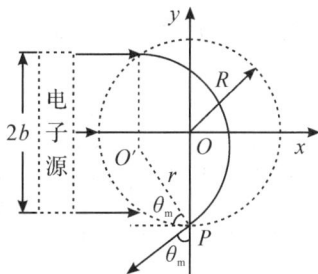
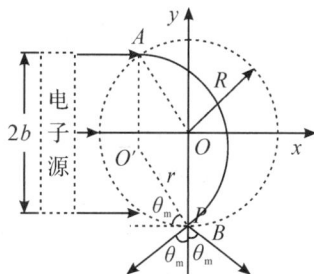

图 5-2-24   图 5-2-25

▶ 展有所获

师:在解答 1 中,我们可以看到大家已经比较熟悉"磁聚焦"模型了,那么问题在哪里呢?

生 1:我发现解答 1 能确定粒子的临界轨迹图像,也能通过半径关系发现轨迹圆半径等于磁场圆半径,但是其缺乏对"磁聚焦"问题的解决方法。我们需要添加辅助线,在其中找到可以处理的平行四边形或者三角形进行几何处理。

生 2:解答 2 从轨迹圆入手,通过计算发现符合"磁聚焦"模型,按照程序法找到临界位置,通过几何关系确定夹角,并逐步作出各轨迹圆,利用一定的几何关系,确定角度,又用对称关系找

到与 y 轴右侧的临界角度,利用对称关系得到夹角为120°。

▶ **评有成果**

师:通过以上这些情境的分析以及学生解答的比较,对于解决此类问题,你有哪些收获?

生3:我发现带电粒子进入圆形磁场后,若粒子轨迹圆半径与磁场区域圆半径相等,那么这些粒子磁偏转后才能到达同一点。这就是"磁聚焦"现象。"磁发散"与"磁聚焦"现象如图5-2-26所示。

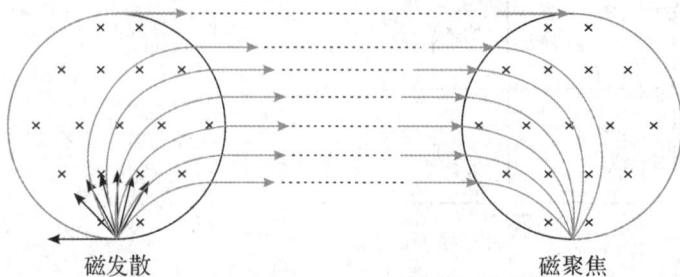

磁发散　　　　　　　　　　磁聚焦

图 5-2-26

生4:处理"磁聚焦"模型时一定要添加辅助线,连接粒子入射位置、出射位置和轨迹圆圆心、磁场圆圆心,建构一个菱形很重要。这是处理"磁聚焦"模型的很重要的方法。

生5:我们还可以得到"磁聚焦"的逆过程——"磁发散":从圆形匀强磁场边界上某一点垂直进入磁场的电性相同的粒子,若其轨迹圆的半径与磁场边界圆的半径相等,则无论粒子在磁场内的速度方向如何,射出磁场的速度方向都与入射点的切线平行。

▶ **小结**

带电粒子在磁场中的运动问题综合性较强,学生对不同类型粒子源的轨迹确定问题分析起来较为困难。在教学中从粒子源的"点源""线源""面源"等多维度进行探析,结合其所处的磁场特征,利用洛伦兹力、圆周运动的知识,建构粒子运动的物理学模型(如"放缩圆""旋转圆""平移圆""旋转放缩圆""磁聚焦"等),分析带电粒子运动的轨迹特征和变化规律,演绎推理出临界状态轨迹,最后通过几何方法解决问题。我们可以总结出如图5-2-27所示的解题科学流程。

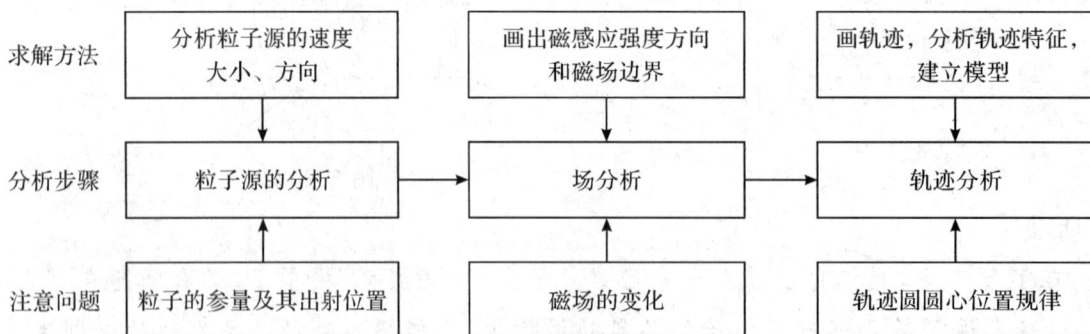

图 5-2-27

（三） 巩固性练习

1. 如图 5-2-28 所示，虚线所示的圆形区域内存在一垂直于纸面的匀强磁场，P 为磁场边界上的一点，大量相同的带电粒子以相同的速率经过 P 点，在纸面内沿不同方向射入磁场。若粒子射入速率为 v_1，这些粒子在磁场边界的出射点分布在六分之一圆周上；若粒子射入速率为 v_2，相应的出射点分布在三分之一圆周上。不计重力及带电粒子之间的相互作用，则 $v_2 : v_1$ 为 （　　）

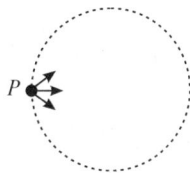

图 5-2-28

A. $\sqrt{3} : 2$ 　　　　B. $\sqrt{2} : 1$ 　　　　C. $\sqrt{3} : 1$ 　　　　D. $3 : \sqrt{2}$

2. 离子推进器是太空飞行器常用的动力系统。某种推进器设计的简化原理如图 5-2-29（a）所示，截面半径为 R 的圆柱腔分为两个工作区。Ⅰ为电离区，将氙气电离获得 1 价正离子；Ⅱ为加速区，长度为 L，两端加有电压，形成轴向的匀强电场。Ⅰ区产生的正离子以接近 0 的初速度进入Ⅱ区，被加速后以速度 v_M 从右侧喷出。Ⅰ区内有轴向的匀强磁场，磁感应强度大小为 B，方向垂直于纸面向外，在离轴线 $\dfrac{R}{2}$ 处的 C 点持续射出一定速率范围的电子。假设射出的电子仅在垂直于轴线的截面上运动，截面如图 5-2-29（b）所示（从左向右看）。电子的初速度方向与中心 O 点和 C 点的连线成 α 角（$0 < \alpha \leqslant 90°$）。推进器工作时，向Ⅰ区注入稀薄的氙气。电子使氙气电离的最小速率为 v_0，电子在Ⅰ区内不与器壁相碰且能到达的区域越大，电离效果越好。已知离子质量为 M，电子质量为 m，电荷量为 e。求要取得好的电离效果，射出的电子的最大速率 v_{max} 与 α 角的关系。

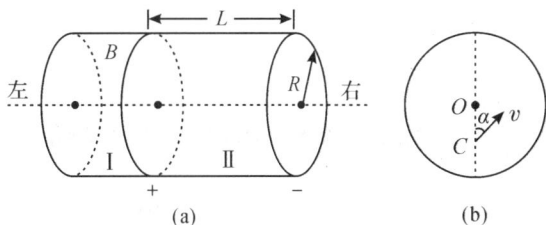

图 5-2-29

3. 在芯片制造过程中，离子注入是其中一道重要的工序。离子注入的工作原理如图 5-2-30 所示，离子经加速后沿水平方向进入速度选择器，然后通过磁分析器，选择出特定比荷的离子，经偏转系统后注入处在水平面内的晶圆（硅片）。速度选择器、磁分析器和偏转系统中的匀强磁场的磁感应强度大小均为 B，方向均垂直于纸面向外；速度选择器和偏转系统中的匀强电场场强大小均为 E，方向分别为竖直向上和垂直于纸面向外。磁分析器截面是内、外半径分别为 R_1 和 R_2 的四分之一圆环，其两端中心位置 M 和 N 处各有一个小孔；偏转系统中电场和磁场的分布区域是同一边长为 L 的正方体，其速度选择器底面与晶圆所在水平面平行，间距也为 L。当偏转系统不加电场及磁场时，离子恰好竖直注入晶圆上的 O 点（即图中坐标原点，x 轴垂直于纸面向外）。整个系统置于真空中，不计离子重力，打在晶圆上的离子经过电场和磁场偏转的角度都很小。当 α 很小时，有 $\sin\alpha \approx \tan\alpha \approx \alpha$，$\cos\alpha \approx 1 - \dfrac{\alpha^2}{2}$。求偏转系统仅加磁场时离子注入晶圆的位置，用坐标 (x, y) 表示。

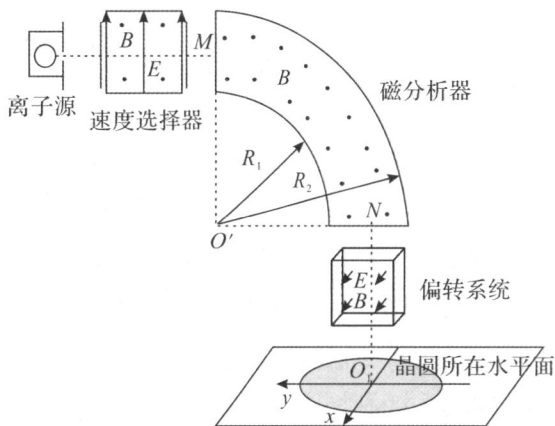

图 5-2-30

三、横向主题二：解决带电粒子在匀强磁场中运动问题的数学方法

（一） 课时学习目标

核心素养	具体目标
物理观念	具有"带电粒子在匀强磁场中受到洛伦兹力，做匀速圆周运动"的力与运动观
	具有区分带电粒子中"单粒子""群粒子"的物质观
	具有带电粒子的运动轨迹"对称"的运动观
科学思维	通过对带电粒子在磁场中运动的分析，掌握解决运动的一般思路：确定研究对象—确定运动轨迹—分析临界条件—建构几何关系，并明确其中的关键步骤
	会运用平面几何方法解决粒子在磁场中运动涉及的各种问题
	通过分析粒子在磁场中运动的各种可能情形，能运用分段函数表达结果

（二） 课时学习设计

任务1：平面几何知识的应用

问题情境1　聚焦类的几何图形特征

如图 5-3-1 所示，在一个放射源水平放射出速率不同的 β 粒子，垂直射入磁场。区域Ⅰ和Ⅱ的宽度均为 d，各自存在垂直于纸面的匀强磁场，两区域的磁感应强度大小 B 相等，方向相反（粒子运动不考虑相对论效应）。请设计一种方案，能使离开区域Ⅱ的 β 粒子束在右侧聚焦且水平出射，作出粒子的运动轨迹图，注意标明圆心位置。

如图 5-3-2 所示，在以 O 为圆心，OH 为对称轴，夹角为 2α 的扇形区域内分布着方向垂直于纸面的匀强磁场。对称于 OH 轴的 C 和 D 分别是离子发射点和收集点。现从 C 以小发散角 θ（纸面内）射出一正离子束，这些离子在 CM 方向上的分速度均为 v_0，CM 垂直磁场左边界于 M，若该离子束都能汇聚到 D 点，试作出沿着 CM 和 CN 方向射入的离子的运动轨迹图，注意标明圆心位置。

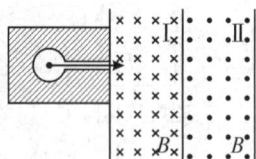

图 5-3-1

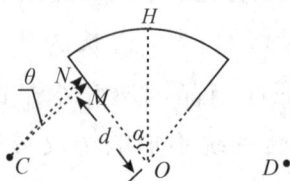

图 5-3-2

如图 5-3-3 所示，沿半径方向的加速电场区域边界 AB、CD 为两个同心半圆弧面，圆心为 O_1，外圆弧面 AB 的电势为 φ_1，内圆弧面的电势为 φ_2。在 O_1 点右侧有一与直线 CD 相切于 O_1、半径为 R 的圆，圆心为 O_2，圆内（及圆周上）存在垂直于纸面向外的匀强磁场。质量为 m、电荷量为 q 的带正电粒子均匀地吸附到 AB 圆弧面上，并被加速电场从静止开始加速到 CD 圆弧面上，再由 O_1 点进入磁场偏转，其中沿 O_1O_2 连线方向入射的粒子经磁场偏转后恰好从圆心 O_2 的正下方 G 点射出磁场。请证明这束带电粒子射出磁场时速度方向都互相平行。

如图 5-3-4 所示，如果将圆形磁场向右平移，使得 $O_1O_2 = \sqrt{3}R$，其他条件与上一题相同，以 O_2 为坐标原点，O_1O_2 方向为 x 轴正方向，平行于 OA 方向为 y 轴正方向建立坐标系。当粒子以与 x 轴成一小角度 θ 进入磁场时，试证明粒子能汇聚到一点（已知 θ 很小时，$\cos\theta \approx 1$，$\sin\theta \tan\theta \approx \theta$）。

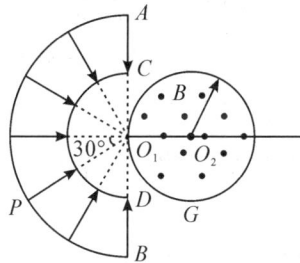
图 5-3-3

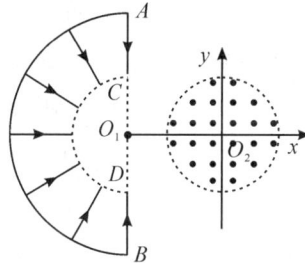
图 5-3-4

▶ **参考案例**

展示图 5-3-1 对应问题的学生解答。

解答 1：

基本思路：已知粒子运动方向、受力方向，画出如图 5-3-5 所示的轨迹。

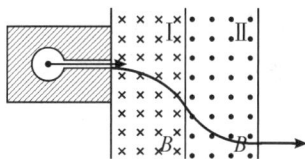

图 5-3-5

解答 2：

基本思路：放射源水平放射出速率不同的粒子，至少画两条轨迹。根据粒子运动方向、受力方向，画出如图 5-3-6 所示的轨迹。

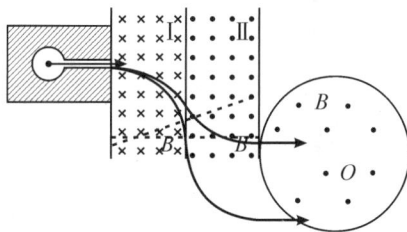

图 5-3-6

解答 3：

基本思路：放射源水平射出速率不同的粒子，至少画两条轨迹。"在右侧聚焦且水平出射"不能用圆形磁场，由左边轨迹对称得到右边轨迹（或逆向思维），可得到如图 5-3-7 所示的轨迹。

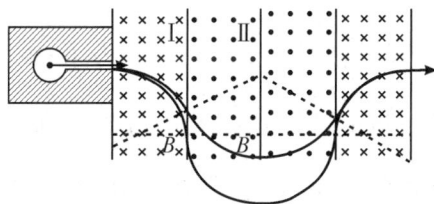

图 5-3-7

▶ 展有所获

师:如何评价以上三种解答?

生1:解答1没有关注题目给出的"放射源水平放射出速率不同的粒子""在右侧聚焦且水平出射",只画出了其中某一个粒子的轨迹,且没有按照作图的规范先找圆心、定半径再作轨迹,由于只有一个粒子的轨迹,也就无法得知能否聚焦所有粒子,是不正确的。

生2:解答2注意到了题目中"放射源水平放射出速率不同的粒子",画出了多条轨迹,也注意到了题目中"在右侧聚焦且水平出射",搬用了经典的聚焦模型(对平行粒子用圆形磁场实现聚焦),虽然能够聚集,但无法满足水平出射。

生3:解答3注意到了题目中"放射源水平放射出速率不同的粒子",画出了多条轨迹,也注意到了题目中"在右侧聚焦且水平出射",可能之前尝试了经典的聚焦模型(对平行粒子用圆形磁场实现聚焦),发现无法使聚集的粒子从水平方向出射,最后通过对称思维(或逆向思维)解决了问题。

师:你觉得解答3能做正确,有哪些原因呢?

生4:要仔细审题,理解题意,解答3注意到了题目中"放射源水平放射出速率不同的粒子",画出了多条轨迹,也注意到了题目中"在右侧聚焦且水平出射"。

生5:具有扎实的基础知识,无论是受力分析和运动分析,还是先找圆心、定半径再用圆规做好轨迹图都能做正确。

师:解答3能够全面认识条件,如"在右侧聚焦且水平出射",认识到圆形磁场虽然能够聚集,但不能做到水平射出,在意识到直接利用圆形磁场聚集模型无法解决问题时,能够用思维方法,如转换、对称、逆向进行思考,利用对称性在右侧设置新的磁场,解决了问题。

▶ 评有成果

师:通过以上这些情境的分析以及学生解答的比较,对于解决此类问题,你有哪些收获?

生6:带电粒子在磁场中的运动问题的分析基础是要按要求做好轨迹图,作好图的前提是进行正确的受力分析,找圆心、定半径。

生7:多粒子的问题要一般与特殊结合,先确定一个比较特殊的粒子的运动情况(相对简单),在此基础上至少再确定一个粒子的运动(代表一般),不能只研究特殊情况,用片面分析代替对全局的认识。

生8:当原来所学的知识、模型不能直接运用时,要善于通过组合、转化、对称、逆向、等效替换等方法尝试解决问题。

问题情境2 平面几何关系的应用

如图5-3-8所示,在图5-3-2作好轨迹图后,又已知 $OM=d$,$\angle MOH=\alpha$,试求线段 CM 的长度。

圆柱形容器内有轴向的匀强磁场,磁感应强度大小为 B,截面图如图5-3-9所示。在离轴线 $\frac{R}{2}$ 处的 C 点持续射出一定速率范围的电子。假设射出的电子仅在垂直于轴线的截面上运动,电子的初速度方向与中心 O 点和 C 点的连线成 α 角($0<\alpha\leqslant90°$),要求电子不与器壁相碰且能到达的区域最大。已知电子质量为 m,电荷量为 e(电子碰到器壁即被吸收,不考虑电子

间的碰撞），求要取得好的电离效果，射出的电子最大速率 v_{max} 与 α 角的关系。

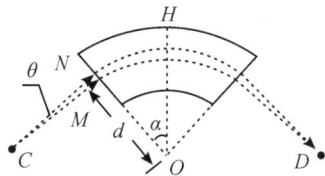
图 5-3-8

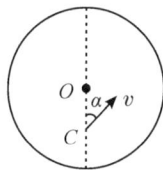
图 5-3-9

▶ **参考案例**

展示图 5-3-8 对应问题的学生解答。

解答 1：

如图 5-3-10 所示，根据前面的提示，知道沿着 CM 方向进入磁场的粒子以 O 为圆心，半径 $r=d$ 做匀速圆周运动，沿着 CN 方向进入磁场的粒子以 O_1 为圆心，半径 $r=d$ 做匀速圆周运动。

根据几何关系，还能得到 $\angle ONO_1 = \theta$，但是接下来怎么做来求 CM 就不知道了，没办法利用已知条件来建立几何关系。

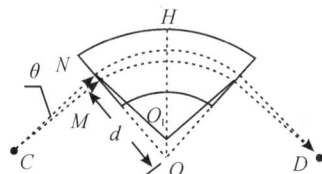
图 5-3-10

解答 2：

如图 5-3-11 所示，已知 $MO=d$，要求 CM，可连接 CO 建构直角三角形。

在直角三角形 CMO 里，有

$$CM = \frac{d}{\sin\angle MCO}$$

因为

$$\angle MCO + \angle MOC = \angle MOC + \alpha$$

所以

$$\angle MCO = \alpha$$

故

$$CM = \frac{d}{\tan\alpha}$$

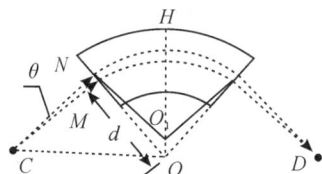
图 5-3-11

解答 3：

如图 5-3-12 所示，根据几何关系可知，粒子在磁场中的半径都为 $r=d$。

在 $\triangle NOO_1$ 中，根据正弦定理有

$$\frac{MN+d}{\sin(\alpha+\theta)} = \frac{NO_1}{\sin\alpha} = \frac{d}{\sin\alpha}$$

解得

$$CM = \frac{d[\sin(\alpha+\theta) - \sin\alpha]}{\sin\alpha \cdot \tan\theta}$$

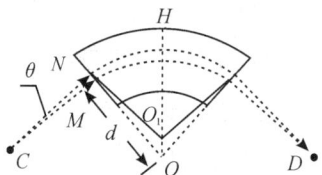
图 5-3-12

解答 4：

设沿 CN 运动的粒子速度大小为 v，在磁场中的轨道半径为 R'。

根据题意，这些粒子在 CM 方向上的分速度均为 v_0，可得

$$v\cos\theta = v$$

$$R' = \frac{mv}{qB} = \frac{d}{\cos\theta}$$

在$\triangle NOO_1$中,根据正弦定理有

$$\frac{MN+d}{\sin(\alpha+\theta)} = \frac{R'}{\sin\alpha}$$

解得

$$MN = \frac{d\tan\theta}{\tan\alpha}$$

又在$\triangle CMN$中

$$CM = \frac{MN}{\tan\theta}$$

可得

$$CM = \frac{d}{\tan\alpha}$$

▶ **展有所获**

师:如何评价解答2和解答3?

生1:解答2凭空假设了一个从图中"看起来成立"的重要前提——$CO \perp OH$,但是题目中并没有这一条件,且这一结论的证明比较复杂,计算结果碰巧正确了,属于未理解题意。

生2:解答3没有注意到题中条件"这些离子在CM方向上的分速度均为v_0",说明这些离子的合速度大小不等,且$v_{CN}\cos\theta = v$,再根据半径公式可得$R_{CN} = \frac{d}{\cos\theta}$。

师:你是怎么想到用正弦定理解题的?

生4:我注意到要求CM,先尝试求MN,MN没有处在现成的直角三角形中,且$\angle\alpha$已知,$\angle ONO_1 = \theta$,$NO_1 = \frac{d}{\cos\theta}$,由已知条件刚好可以列出$\triangle NOO_1$的正弦定理。

▶ **评有成果**

师:通过上面的例子,你对运用几何方法处理带电粒子在磁场中的运动有哪些认识?

生3:首先正确作图是解决问题的第一步,然后要熟悉圆和三角形的几何知识,以便在解题时能灵活运用。当几何关系中存在直角三角形时,结合题目条件可以选择勾股定理、三角函数等几何方法解题;当没有现成的直角三角形时,可以通过添加辅助线的方法建构直角三角形,也可以利用正弦定理、余弦定理解一般三角形问题。

▶ **参考案例**

展示图 5-3-9 对应问题的学生解答。

解答 1:

要使得粒子到达的区域最大且不与器壁碰撞,粒子运动的轨迹和容器壁相切时为其最大半径,对应粒子的最大速率v_{max}。

如图 5-3-13 所示,作速度v的垂线,由于不知道粒子做圆周运动的半径,先在垂线的适当位置上大致确定圆周运动的圆心A,根据"两个圆相切时,两

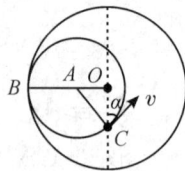

图 5-3-13

圆心和相切点这三个点在同一条直线上",连接磁场圆圆心 O、轨迹圆圆心 A、相切点 B,且看起来此连线和竖直虚线垂直,则可得

$$R = r + r\sin\left(\frac{\pi}{2} - \alpha\right)$$

又根据洛伦兹力提供向心力 $Bev = m\dfrac{v^2}{r}$,可得

$$r = \frac{mv_{\max}}{Be}$$

联立上述式子解得

$$v_{\max} = \frac{BeR}{m(1+\cos\alpha)}$$

解答 2:

如图 5-3-14 所示,根据"两个圆相切时,两圆心和相切点这三个点在同一条直线上",在速度 v 的垂线上大致找到点 A,使得 $AC = AB = r$,且 B、A、O 三点共线,可知 $\angle ACO = 90° - \alpha$,但是由于 $\triangle AOC$ 不是直角三角形,后面就不知道如何解了。

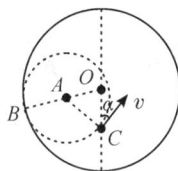

图 5-3-14

解答 3:

在解答 2 的基础上,发现 $OA = R - r$,$OC = \dfrac{R}{2}$,$AC = r$,且 $\angle ACO = 90° - \alpha$,符合余弦定理的形式,列式

$$\cos\left(\frac{\pi}{2} - \alpha\right) = \frac{r^2 + \left(\dfrac{R}{2}\right)^2 - (R-r)^2}{2r \cdot \dfrac{R}{2}}$$

可得

$$r = \frac{3R}{4(2 - \sin\alpha)}$$

又因为 $eBv = m\dfrac{v^2}{r}$,解得

$$v_{\max} = \frac{3eBR}{4m \cdot (2 - \sin\alpha)}$$

▶ **展有所获**

师:如何评价以上解答?

生1:解答 1 注意到了"两个圆相切时,两圆心和相切点这三个点在同一条直线上",为了解题又"臆想"了 $BO \perp OC$,该解答是错误的。

生2:解答 2 虽然作出了正确的轨迹图,但是因为对余弦定理的应用不熟悉,没有完成解答。

师:解答 3 为什么要把相切点 B 和两圆的圆心连起来?

生3:为了尝试寻找 R 和 r、OC 之间的几何关系。

师:解答 3 是怎么想到用余弦定理求 r 的?

生4:虽然 $\triangle AOC$ 不是直角三角形,但是容易发现 $\triangle AOC$ 三条边都可用已知量 R 和待求量 r 表示,且 $\angle ACO = 90° - \alpha$,符合余弦定理的形式。

▶ 评有成果

师：通过以上这些情境的分析以及学生解答的比较，对于解决此类问题，你有哪些收获？

生5：带电粒子在磁场中的运动问题的分析基础是按要求做好轨迹图，作好图的前提是进行正确的受力分析，找圆心、定半径。

生6：当磁场边界为圆弧形时，要注意轨迹圆和磁场边界圆相切时，相切点和两个圆的圆心在一条直线上。

生7：要熟悉常见的平面几何知识，比如直角三角形的勾股定理和三角函数关系，一般三角形的正弦定理和余弦定理，轨迹圆在直线边界、矩形边界、圆弧形边界等的相切、相交时的特征，并能添加辅助线主动建构上述关系，从而进行求解。

任务2：函数的应用

问题情境　分段函数的表达

某种离子诊断测量简化装置如图5-3-15所示。竖直平面内存在边界为矩形 $EFGH$、方向垂直于纸面向外、磁感应强度大小为 B 的匀强磁场，探测板 CD 平行于 HG 水平放置，能沿竖直方向缓慢移动且接地。a、b、c 三束宽度不计、间距相等的离子束中的离子均以相同速度持续从边界 EH 水平射入磁场，b 束中的离子在磁场中沿半径为 R 的四分之一圆弧运动后从下边界 HG 竖直向下射出，并打在探测板的右边缘 D 点。已知每束每秒射入磁场的离子数均为 N，离子束间的距离均为 $0.6R$，探测板 CD 的宽度为 $0.5R$，离子质量均为 m、电荷量均为 q，不计重力及离子间的相互作用。

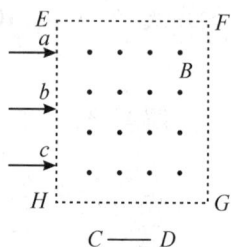

图 5-3-15

若打到探测板上的离子会被全部吸收，求离子束对探测板的平均作用力的竖直分量 F 与板到 HG 的距离 L 的关系。

▶ 参考案例

展示图5-3-15对应问题的学生解答。

解答1：

如图5-3-16所示，由题意知道 b 束离子从距离 H 点 R 处位置竖直向下离开磁场，作出 b 束离子的轨迹图，发现 b 束离子斜向下射出磁场，对离子斜碰时的作用力问题感觉很陌生和复杂，以为探测板可以移动到磁场里面，无从下手。

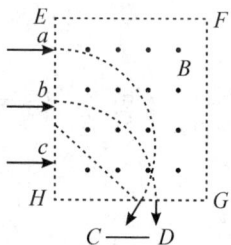

图 5-3-16

解答2：

首先要求出三束离子各自离开磁场时的位置和方向。

如图5-3-17所示，令 c 束中的离子运动轨迹对应的圆心为 O，从磁场边界 HG 边的 Q 点射出，则由几何关系可得

$$OH=0.6R, s=HQ=\sqrt{R^2-(0.6R)^2}=0.8R$$

a 束中的离子运动轨迹对应的圆心为 O'，从磁场边界 HG 边射出时距离 H 点的距离为 x，由几何关系可得

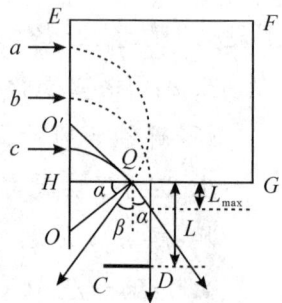

图 5-3-17

$$HO' = aH - R = 0.6R$$

$$x = \sqrt{R^2 - HO'^2} = 0.8R$$

a、c 束中的离子从同一点 Q 射出，离开磁场的速度分别与竖直方向的夹角为 β、α，且 $\alpha = \beta$，则 a、c 束离子要么同时打到探测板上，要么同时打不到探测板上。又

$$\tan\alpha = \frac{R - s}{L_{\max}} = \frac{OH}{s}$$

得

$$\alpha = \beta = 37°$$

当 a、c 束中的离子恰好打到探测板的两端边缘时，有

$$L = \frac{R - HO}{\tan\alpha} = \frac{4}{15}R$$

则可进行如下分类：

当 $0 < L \leqslant \frac{4}{15}R$ 时，所有离子都打在探测板上，故单位时间内离子束对探测板的平均作用力为

$$F_1 = Np + 2Np_z = 2.6NqBR$$

当 $L > \frac{4}{15}R$ 时，只有 b 束中的离子打在探测板上，则单位时间内离子束对探测板的平均作用力为

$$F_3 = Np = NqBR$$

解答 3：

在解答 2 的基础上，虽然 a、c 束中的离子从同一点 Q 射出，离开磁场的速度分别与竖直方向的夹角为 $\alpha = \beta = 37°$，但是由于探测板的中心并不是位于 Q 点的正下方，所以 a、c 束离子不能同时打到探测板的边缘处。

若能探测到三束离子，则 c 束中的离子恰好打到探测板的 D 点时，探测板与边界 HG 的距离最小，且

$$L_1 = \frac{R - HQ}{\tan\alpha} = \frac{4}{15}R$$

若能探测到 b、c 两束离子，则 c 束中的离子恰好打到探测板的 C 点时，探测板与边界 HG 的距离最小，且

$$L_2 = \frac{0.5R - 0.2R}{\tan\alpha} = 0.4R$$

a 或 c 束中每个离子动量的竖直分量为

$$p_z = p\cos\alpha = 0.8qBR$$

当 $0 < L < \frac{4}{15}R$ 时，所有离子都打在探测板上，故单位时间内离子束对探测板的平均作用力为

$$F_1 = Np + 2Np_z = 2.6NqBR$$

当 $\frac{4}{15}R \leqslant L \leqslant 0.4R$ 时，只有 b 和 c 束中的离子打在探测板上，则单位时间内离子束对探测

板的平均作用力为

$$F_2 = Np + Np_z = 1.8NqBR$$

当 $L > 0.4R$ 时,只有 b 束中的离子打在探测板上,则单位时间内离子束对探测板的平均作用力为

$$F_3 = Np = NqBR$$

▶ 展有所获

师:如何评价解答 2?

生 1:解答 2 运用正确的知识方法求出了粒子射出磁场的位置和方向,并且发现 a、c 束离子出射时和竖直方向的夹角相等,立即联想到了左右对称性——它们会同时射到探测板的两边缘处,但是解答 2 没有注意这一对称性成立的前提是探测板中心必须位于 Q 点正下方,得到了错误的结论。

师:求离子束对探测板的平均作用力的竖直分量 F 与板到 HG 的距离 L 的关系时,你为什么想到要分类讨论?具体怎么讨论呢?

生 2:函数的表达式和定义域都是函数成立不可缺少的要素,在求解物理量之间的函数关系时,应该全面讨论函数关系成立的各种情形,这样才能写出完整的关系式。我发现三束离子离开磁场的位置和方向不尽相同,离开磁场之后离子各自做直线运动,可能会发生汇聚或者发散,由于探测板的长度有限,不能保证离子都能打到探测板上,这样打到探测板上的离子束的条数和探测板与 HG 边界的距离 L 有关,需要对 L 的大小进行分类讨论。

生 3:为了将各种情况分类,要计算"临界值"——每束离子刚好打到探测板时的距离 L。

▶ 评有成果

师:解决这道题的基本思路是怎样的?

生 4:由于三束离子的入射位置不同,它们离开磁场边界的位置和速度方向也可能不同,考虑到收集板只能竖直移动,将本题的解题过程分解如下。①计算每一束离子离开磁场的位置和速度方向;②用极限思维推演其由最上端移动至无穷远过程中可能出现的情况;③计算收集板恰能收集每束离子时的临界距离 L;④按距离 L 进行分类;⑤按照每个分类进行计算。

▶ 小结

带电粒子在磁场中运动的数学问题求解思路如图 5-3-18 所示。

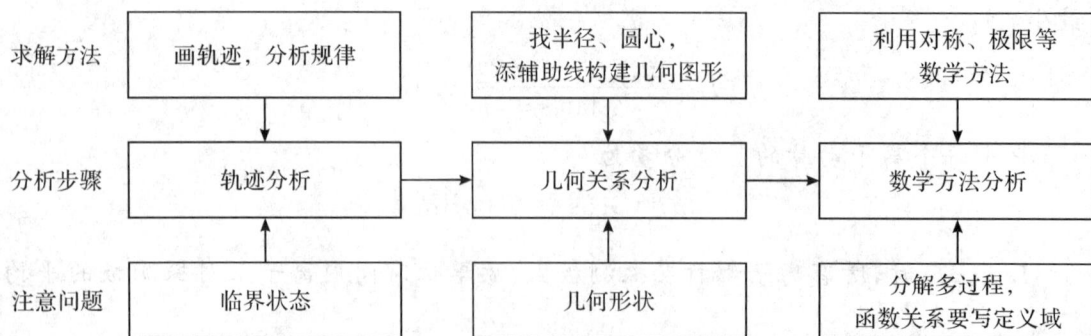

图 5-3-18

(三) 巩固性练习

1. 某种质谱仪由偏转电场和偏转磁场组成,其示意图如图 5-3-19 所示,整个装置置于真空中,在第二象限的左侧足够远处存在一线状粒子发射器,该线状粒子源底端处于 x 轴上,高度为 L,在单位时间内线性均匀发射 n 个初速度为 v_0 的电子,电子的质量为 m,电子的电荷量绝对值为 e。偏转电场方向竖直向上,偏转电场处于第一和第二象限的虚线内部(忽略电场的边缘效应),电场强度大小为 $E = \dfrac{mv_0^2}{2eL}$。在 x 轴下方第四象限存在一匀强磁场,磁场方向垂直于纸面,磁感应强度大小为 $B = \dfrac{2mv_0}{eL}$,图中未标出,在 x 轴下方存在一足够长的直线型金属板(极板厚度不计),当电子打到金属板后会立即被金属板吸收,并立即被导走,其接地导线的电流大小为 I。不计电子重力和电子间相互作用力。

(1)若所有电子经过电场区域后,能聚焦于原点 O 点,求该虚线的曲线方程 $y = f(x)$。

(2)当所有电子经过 O 点进入第四象限以后,在磁场的作用下立即做匀速圆周运动直至垂直地打在直线型金属板上,金属板应如何放置?

(3)在第(2)问的前提下,求所加磁场的最小面积。

(4)按第(2)问金属板的放置方式和施加同样的磁场,金属板可以水平左右移动,将金属板左端放置于横坐标为 x_0 处,金属板右端延伸至无穷远,求电流 I 与 x_0 的函数关系。

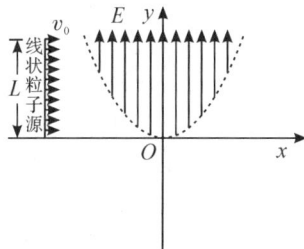

图 5-3-19

2. 小明受回旋加速器的启发,设计了如图 5-3-20 所示的"回旋变速装置"。两块相距为 d 的平行金属栅极板 M、N,板 M 位于 x 轴上,板 N 在板 M 的正下方。两板间加上如图 5-3-21 所示的幅值为 U_0 的交变电压,周期 $T_0 = \dfrac{2\pi m}{qB}$。板 M 上方和板 N 下方有磁感应强度大小均为 B、方向相反的匀强磁场。粒子探测器位于 y 轴处,仅能探测到垂直射入的带电粒子。

有一沿 x 轴可移动、粒子出射初动能可调节的粒子发射源,沿 y 轴正方向射出质量为 m、电荷量为 $q(q>0)$ 的粒子。$t=0$ 时刻,发射源在 $(x,0)$ 位置发射一带电粒子。忽略粒子的重力和其他阻力,粒子在电场中运动的时间不计。

若粒子两次进出电场区域后被探测到,求粒子发射源的位置 x 与被探测到的位置 y 之间的关系。

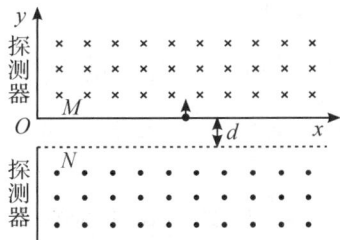

图 5-3-20

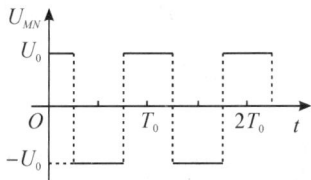

图 5-3-21

四、横向主题三：带电粒子运动中的立体问题

(一) 课时学习目标

核心素养	具体目标
物理观念	知道带电粒子在匀强磁场中运动时,若初速度与磁感应强度成一定角度,则做等距螺旋运动
	知道带电粒子在匀强磁场中做等距螺旋运动时轨道半径与速度的关系
	知道带电粒子在互相平行的匀强磁场和匀强电场中,做螺距增大或缩小的螺旋运动;知道用运动的分解处理此类问题
	知道前两类螺旋运动中分运动具有等时性、周期性
	知道平移对称、旋转对称等对称性
科学思维	带电粒子在匀强磁场中运动时,若初速度与磁感应强度成角度,会将运动分解成匀速直线运动和匀速圆周运动,并会计算粒子的位置、速度等
	当粒子源是面源时,会采用分解、对称性等思想,将粒子源拆分为点粒子源、线状粒子源等,并领会各种拆解对问题分析的简化作用
	会对粒子运动连续变化的情况(发射角度连续变化、速度大小连续变化等)进行分析,从而判定临界轨迹或临界粒子,从而定量求解
	掌握一些常见的粒子运动模型,比如直线边界聚焦模型、圆形磁场聚焦模型等,会在相应的情境中运用这些模型
	处理复杂带电粒子的三维运动问题时,能运用分解的思想,能将面、线粒子源分解为点源,能将初状态不同的粒子分解为单个状态的粒子,能将三维运动分解为一维运动,能将多过程分解为单过程

(二) 课时学习设计

任务:初探三维运动,体会分解思想

问题情境 1 磁场中粒子的三维运动

如图 5-4-1 所示,在 A 端截面发射一半径为 R 的圆柱形粒子束,理想状态下所有粒子的速度均与轴线方向平行,但实际在 A 端注入粒子时由于技术原因,部分粒子的速度方向并没有沿轴线方向,而是与轴线成一定的夹角 θ,致使部分粒子发散开来。为解决此问题,可加与圆柱的轴平行的同轴圆柱形匀强磁场,将所有粒子都约束在磁场范围内

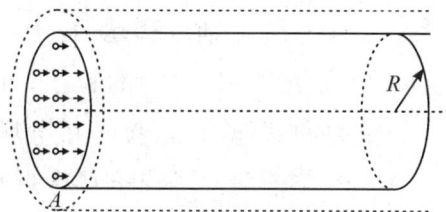

图 5-4-1

(磁场范围足够大)。已知匀强磁场的磁感应强度为 B,带电粒子的质量为 m,电荷量为 e,速度偏离轴线方向的角度 θ 不大于 $6°$,且满足速度方向偏离轴线 θ 时,速度大小为 $v = \dfrac{eRB}{\pi m \cos\theta}$。在距离粒子入射端 $\dfrac{8R}{3}$ 的地方垂直于轴放置一足够大的荧光屏,带电粒子到达荧光屏时可使荧光屏发光。不考虑粒子的重力以及粒子间的相互作用,$\tan 6° \approx 0.1$,求荧光屏上的亮斑面积。

► 参考案例

解答1:

粒子在平行于轴的方向做匀速直线运动,在垂直于轴的方向做匀速圆周运动,故有

$$ev_{\perp}B = m\frac{v_{\perp}^2}{r}$$

$$r_{max} = \frac{mv_{max}}{eB} = \frac{R}{10\pi}$$

粒子打到屏幕上时,屏幕上的亮斑呈圆形,其半径为

$$r = R + 2r_{max} = R + \frac{R}{5\pi}$$

荧光屏上亮斑的面积为

$$S = \pi r^2 = \pi\left(R + \frac{R}{5\pi}\right)^2$$

解答2:

粒子在平行于轴的方向做匀速直线运动,在垂直于轴的方向做匀速圆周运动,运动时间由平行轴的分运动决定,故有

$$t = \frac{\frac{8}{3}R}{v_{/\!/}} = \frac{8\pi m}{3eB}$$

粒子在垂直于电场和磁场的方向上做匀速圆周运动,可得

$$ev_{\perp}B = m\frac{v_{\perp}^2}{r} \rightarrow r_{max} = \frac{mv_{max}}{eB} = \frac{R}{10\pi}$$

带电粒子做匀速圆周运动的周期 $T = \frac{2\pi m}{eB}$,故

$$t = \frac{8\pi m}{3eB} = \frac{4}{3}T$$

粒子打到屏幕上时,屏幕上的亮斑呈圆形,其半径为

$$r = R + 2r_{max}\sin 60° = R + \frac{\sqrt{3}R}{10\pi}$$

荧光屏上亮斑的面积为

$$S = \pi r^2 = \pi\left(R + \frac{\sqrt{3}R}{10\pi}\right)^2$$

► 展有所获

师:如何评价解答1?

生1:给出解答1的同学已清楚带电粒子的运动规律,并运用运动的分解,将带电粒子的运动分解为沿磁场方向的匀速直线运动和垂直于磁场方向的匀速圆周运动。然后根据匀速圆周运动的规律求解出带电粒子做匀速圆周运动的半径。

生2:给出解答1的同学求错了亮斑的半径。他认为粒子恰好运动了半个周期,或者就没有考虑粒子运动的时间,认为是求粒子运动的"最大"范围,致使分析出错或分析的目标出错,从而导致结果出错。

师:解答1出错的根本原因可能是什么?

生3:解答1出错的直接原因是给出解答1的同学分析时未考虑粒子的运动时间由匀速直线运动决定,故未考虑到粒子做圆周运动的位置也由此时间决定。往深层次分析,应是对两分运动之间的关系没有建立完整而准确的认识,只想到了"分",未考虑到"合"。虽然如此,但是该同学已经掌握了相关的基本概念和规律、粒子三维运动的处理方法和粒子运动分析的基本逻辑,非常难得。

师:解答2是如何得到正确答案的?

生4:无论是从哪个点释放的粒子,均做等距螺旋线运动,计算时将运动分解成沿 B 方向的匀速直线运动和垂直于 B 方向的匀速圆周运动。要讨论屏幕上的亮点,就要清楚知道粒子运动的位置,而其运动的时间显然由平行于 B 方向的分运动决定,圆周运动的位置也由该时间决定;而要清楚知道运动到圆的哪个位置,就需要知道运动时间与圆周周期的定量关系。粒子源是圆形的,显然粒子源具有任意角度的旋转对称性,同时屏幕也关于粒子源的轴具有任意角度的旋转对称性,因此屏幕上的亮点必然也绕轴具有任意角度的旋转对称性,故而应为圆形。求半径就是要找打到屏时离中轴最远的粒子,由于粒子源可拆分成点源,而每个点源辐射粒子的情况是完全相同的,唯一不同之处是它们的位置,因此每个点源形成的亮斑必然也是相同的,只是位置不同,只要研究位于发射源最边缘的任意点源即可。因为圆周运动的周期与速度无关,与半径大小也无关,所有粒子运动的时间都相同,每个粒子做圆周运动转过的角度也相同(打到板上时,如图5-4-2所示),那半径最大的粒子才可能打到最外面。由于点源朝各个方向都发射粒子(与轴向夹角小于6°),只讨论垂直于轴的分速度最大的粒子,再由旋转对称性,可得如图5-4-3所示(O 为系统中轴,O_1 为边缘的点源,O_2 为打到屏上时离中轴最远的点)的情景。

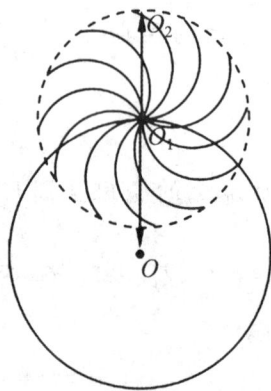

图5-4-2   图5-4-3

▶ 评有成果

师:通过该题目,我们有哪些收获?

生1:学会将一个复杂的问题拆分为简单的问题。①粒子做什么运动;②粒子发射位置不同带来的影响;③同一位置不同发射方向的粒子的影响;④确定亮斑尺寸由哪种粒子决定并计算。

生2:合理地使用物理思想和物理模型。①分析粒子复杂运动时,应用运动的合成与分解;②将圆形发射源分解为点发射源,应用平移对称性或旋转对称性的思想;③分析同一位置不同方向的粒子的影响时,由于辐射方向是旋转对称的,也采用了旋转对称性;④分析的过程中先定性分析,大致了解粒子运动及打到屏上的位置,再分解运动和圆形发射源,半定量分析亮斑形状并确定应分析哪个位置的发射源,最后定量分析并计算边缘的点源打到屏上的位置。

生3:对于粒子的三维运动,要善用、多用分解的思想。对一般粒子轨迹为三维曲线的情形,采用运动的合成和分解,并利用分运动的等时性来计算;对于由于粒子源呈面状分布,整群粒子的轨迹占据一定空间的情况,将面粒子源拆分为点粒子源逐一分析,并尽可能地利用对称性。

问题情境 2 复合场中的三维运动

利用电场和磁场控制带电粒子的运动,在现代科学实验和技术设备中有广泛的应用。如图 5-4-4 所示,一粒子源不断释放质量为 m,带电量为 $+q$ 的带电粒子,其初速度为 v_0,经过可调的电压 $U\left(0 \leqslant U \leqslant \dfrac{3mv_0^2}{2q}\right)$ 加速后,以一定速度垂直于平面 MNN_1M_1 射入边长为 $2L$ 的正方体区域 $MNPQ\text{-}M_1N_1P_1Q_1$。可调整粒子源及加速电场位置,使带电粒子在长方形 $MHIJ$ 区域($MH = \dfrac{3L}{2}$,$MJ = L$)内入射。在正方体 $MNPQ\text{-}M_1N_1P_1Q_1$ 区域内同时加上沿 x 轴正方向的电场和磁场,且电场强度为 $E = \dfrac{4mv_0^2}{\pi^2 qL}$,磁场的磁感应强度为 $B = \dfrac{mv_0}{qL}$,不计粒子重力及其相互作用,画出在平面 NPP_1N_1 上有粒子打到的区域的边界,并求出面积。(说明:本题中为了计算方便,取 $\cos 36° = 0.8$,$\sin 36° = 0.6$。)

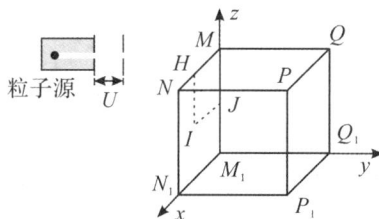

图 5-4-4

▶ **参考案例**

解答 1:

粒子以一定初速度射入正方体区域,在 E 和 B 的共同作用下,沿 x 轴方向做匀加速直线运动,在垂直于 x 轴平面内做匀速圆周运动。

粒子经电场加速,有

$$qU = \frac{1}{2}mv^2 - \frac{1}{2}mv_0^2$$

可得粒子射入正方体 $MNPQ\text{-}M_1N_1P_1Q_1$ 区域前的速度范围为 $v_0 \leqslant v \leqslant 2v_0$。

粒子在垂直 x 轴方向做圆周运动,有

$$qvB = m\frac{v^2}{r}$$

可得带电粒子做圆周运动的半径范围为 $L \leqslant r \leqslant 2L$。

粒子做匀速圆周运动的周期为

$$T = \frac{2\pi m}{qB} = \frac{2\pi L}{v_0}$$

粒子在 x 轴方向上做匀加速直线运动,故有

$$x = \frac{1}{2}\frac{qE}{m}t^2$$

不同位置发射的粒子沿 x 轴方向的分位移范围为 $\dfrac{L}{2} \leqslant x \leqslant 2L$,由此可得粒子运动的时间

范围：$\frac{\pi L}{2v_0} \leqslant t \leqslant \frac{\pi L}{v_0}$，即 $\frac{T}{4} \leqslant t \leqslant \frac{T}{2}$。

考虑一些特殊点的特定粒子：从 H 点发射的粒子，其中速率为 v_0 的粒子，半径为 $r=L$，经时间 $t=\frac{T}{4}$ 打到平面 NPP_1N_1，恰好打中图 5-4-5 中 O 点；速率为 $2v_0$ 的粒子，圆周运动的半径为 $r=2L$，经时间 $t=\frac{T}{4}$ 打到平面 NPP_1N_1，恰好打中图 5-4-5 中 P_1 点。

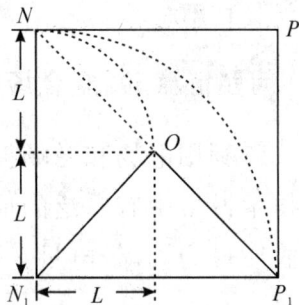

图 5-4-5

从 M 点发射的粒子，其中速率为 v_0 的粒子，半径为 $r=L$，经时间 $t=\frac{T}{2}$ 打到平面 NPP_1N_1，恰好打中图 5-4-5 中 N_1 点；速率为 $2v_0$ 的粒子，圆周运动的半径为 $r=2L$，经时间 $t=\frac{T}{2}$ 打到平面 NPP_1N_1，恰好打中图 5-4-5 中 P_1 点；MN 之间和 MN 下方发射的粒子，应打中直线段 ON_1 和 OP_1 下方，故得到粒子打中的范围应为图 5-4-5 中 $\triangle ON_1P_1$ 的范围，故其面积为 $S=L^2$。

解答 2：

粒子以一定初速度射入正方体区域，在 E 和 B 的共同作用下，沿 x 轴方向做匀加速直线运动，垂直 x 轴平面内做匀速圆周运动。

粒子经电场加速，有

$$qU = \frac{1}{2}mv^2 - \frac{1}{2}mv_0^2$$

可得粒子射入正方体 $MNPQ\text{-}M_1N_1P_1Q_1$ 区域前的速度范围为 $v_0 \leqslant v \leqslant 2v_0$。

粒子在垂直 x 轴方向做圆周运动，有

$$qvB = m\frac{v^2}{r}$$

可得带电粒子做圆周运动的半径范围为 $L \leqslant r \leqslant 2L$。

粒子做匀速圆周运动的周期为

$$T = \frac{2\pi m}{qB} = \frac{2\pi L}{v_0}$$

粒子在 x 轴方向上做匀加速直线运动，故有

$$x = \frac{1}{2}\frac{qE}{m}t^2$$

不同位置发射的粒子沿 x 轴方向的分位移范围为 $\frac{L}{2} \leqslant x \leqslant 2L$，由此可得粒子运动的时间范围：$\frac{\pi L}{2v_0} \leqslant t \leqslant \frac{\pi L}{v_0}$，即 $\frac{T}{4} \leqslant t \leqslant \frac{T}{2}$。

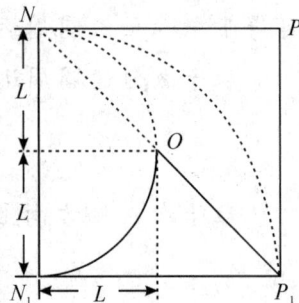

图 5-4-6

从 H 点发射的粒子中，各速率的粒子的运动时间均为 $t=\frac{T}{4}$，速率为 v_0 的粒子恰好打到图 5-4-6 中 O 点，速率为 $2v_0$ 的粒子恰好打到图 5-4-6 中 P_1 点，由既有模型，可知从 H 点发射、不同速率的粒子依次打到 OP_1 直线上。由平移对称性可知，HI 之间的粒子打中的范

围可看作 OP_1 向下平移与平面 NPP_1N_1 相交的区域。沿 HM 方向上，粒子运动的时间连续增加，故做圆周运动（半径为 L 的粒子）的时间连续增加，可得 HM 方向上速率均为 v_0 的粒子依次打到圆弧 $\overset{\frown}{ON_1}$ 上，再由平移对称性可得平面 NPP_1N_1 上有粒子打到的区域的边界如图 5-4-6 所示。圆弧 $\overset{\frown}{ON_1}$、直线段 OP_1、直线段 N_1P_1 所围区域即题目所求之区域的边界。

故平面 NPP_1N_1 上有粒子打到的区域面积为

$$S=\frac{3}{2}L^2-\frac{1}{4}\pi L^2$$

▶ 展有所获

师：如何评价这两种解答？

生1：解答1已经得出特定粒子打到平面上的位置，且是正确的。这表明给出解答1的同学已经分析出粒子做螺距增大的螺旋运动，还将其分解为沿电场方向的匀加速直线运动和垂直于电场方向的匀速圆周运动，并且算出了运动时间、圆周半径等。这些表明该同学基础比较扎实。

生2：由给出解答1的同学的解答过程来看，他也掌握了分析这种多粒子三维问题的基本思想方法，先从某个粒子入手，由初始条件和运动规律确定该粒子的最终位置，再逐渐拓展至其他速率的粒子和其他位置的粒子。该同学按照由简单到复杂、由特殊到一般、由易到难的思路，基本消除了巨大的难度梯度。

生3：给出解答1的同学最终的分析和答案是错误的。该同学相当于只分析了从 H 和 M 点出射的粒子，且只考虑了这些位置速率为 v_0 和 $2v_0$ 的粒子，其余速率和其他位置发射的粒子均未予以分析。如此则根据 O、N_1、P_1 三点得出边界为直线边界，$\triangle ON_1P_1$ 的面积为所求面积，这样的分析和判断显然以偏概全，是不妥的，极有可能是错误的。那么该同学为什么不进行更加全面仔细的分析呢？可能是因为来不及了，也可能是怕麻烦，更有可能是头脑里没有形成全面分析的习惯和思维。

生4：解答2与解答1都已分析出粒子的运动，会根据粒子的运动计算粒子的最终位置。不同之处在于，给出解答2的同学不仅基础扎实，思维和习惯也更加完善。该同学也首先计算 H 点速度为 v_0 的粒子的最终位置，根据该粒子，借助熟悉的粒子模型，得出 H 点发射的速率为 $v_0\sim 2v_0$ 的粒子依次打中 O 和 P_1 之间的直线段（如图 5-4-7 所示）；再讨论 H 点下方的粒子源，又巧妙地使用平移对称性，得出打到直线段 OP_1 下方区域（如图 5-4-7 中 $O'P_1'$ 线段）；然后讨论 HM 之间速率为 v_0 的粒子，由连续性粒子恰好打中圆弧 $\overset{\frown}{ON_1}$ 上；最后使用平移对称性得出 HM 下方的粒子依次打中圆弧 $\overset{\frown}{ON_1}$ 下方。很明显该同学思维更连续、更完善，应用物理的现有模型和对称性也更积极和得心应手。

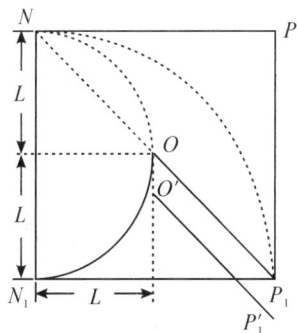

图 5-4-7

▶ 评有成果

师：通过该题目，我们有哪些收获？

生1：应该熟练掌握教学时出现的典型物理模型，理解其条件、结论等，并能根据题目的特点和条件适时调用。当然基础的匀速圆周运动、匀变速直线运动、运动的合成与分解等更应该熟练地掌握。只有熟练而深刻地掌握了这些基础的东西，才能在综合性问题的处理中信手拈来。

生2:针对这类问题,分解或拆解的思想也非常有用。对带电粒子的运动问题,下列几种情况可以拆解:①复杂粒子源的问题。常见的粒子源不是点,而是线状或面状,往往拆解为点或线;粒子源发射粒子时有多种速率,则将其拆解为单速率问题;粒子源发射速度方向多样时,拆解为单一角度或按相同角度拆解等;粒子源的粒子质量不同时,拆解为单一质量……这类问题中的拆解往往再结合对称性来处理,可以大大简化问题。②粒子的运动过程复杂的问题。第一种,就如本题中粒子做三维运动的,利用运动的合成和分解拆解为直线运动或平面内的运动;第二种,粒子在运动过程中会经历先后不同的场(常常分为空间组合场和时间组合场),那么可以拆解为数个单一场中的运动。这些非物理的经验都值得我们学习、体会和思考。

生3:"由点及面"的思想也值得学习。我们面对这种复杂问题时,往往不知道如何下手,生2给了我们一个很好的启示。面对复杂的问题时,往往可以抓住一个"点",先弄清这个"点"的情况,再以该"点"为基础逐次讨论其余的"点"、其余的情况,往往可解决问题。

生4:灵活地应用对称性也值得我们学习。复杂的问题往往还有一定的对称性,比如轴对称、旋转对称、轮换对称、镜像对称、平移对称等,理解、掌握这些对称性并在题目中灵活应用可以大大地简化问题的分析和计算。

▶ 小结

解决此类立体问题可按如图 5-4-8 所示的流程。

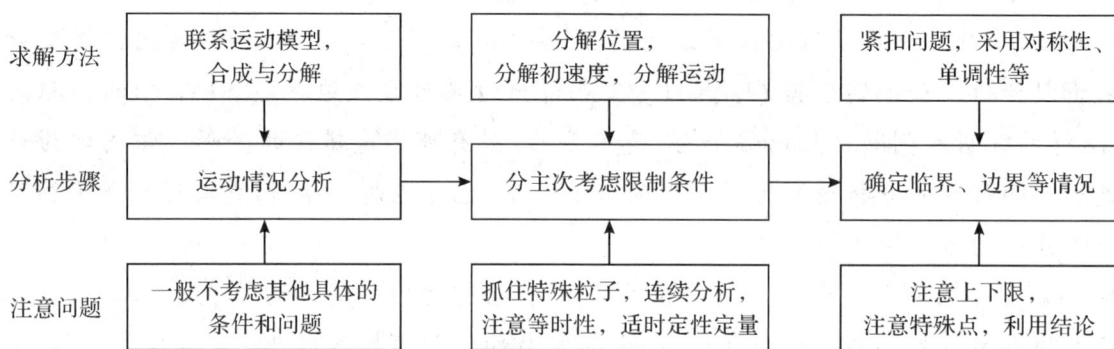

图 5-4-8

(三) 巩固性练习

1. 图 5-4-9 为一种新型粒子收集装置,一个绕竖直轴以速度 $\omega = 20\pi\,\text{rad/s}$ 逆时针转动的粒子源放置在边长为 $L = 0.1\text{m}$ 的立方体 $abcd\text{-}a'b'c'd'$ 的中心,立方体四个侧面均为荧光屏,上、下底面 $aa'b'b$、$cc'd'd$ 为空,立方体处在竖直向下的磁感应强度 $B = 0.2\text{T}$ 的匀强磁场中。在 $t = 0$ 时刻,粒子源的发射方向恰好水平向右指向 $bb'c'c$ 的中心,并发射一种比荷为 $\dfrac{q}{m} = 1 \times 10^8\text{C/kg}$ 的带正电粒子。已知每秒发射的粒子总数为 n_0,粒子源发射的粒子数量随速度的平方均匀分布,即不同速度的粒子数量相同。粒子打到荧光屏上后被荧光屏所吸收,不考虑粒子间的相互作用和荧光屏吸收粒子后的电势变化,不考虑粒子源的尺寸大小,重力忽略不计。

(1)若无粒子打到荧光屏上,求粒子源发射的粒子的速度大小范围;

(2)若使粒子源发射的粒子全部打在荧光屏上,求粒子源发射的粒子的速度大小范围;

(3)撤去磁场,在立方体内施加一个竖直向下的匀强电场,电场强度为 $E=750\mathrm{N/C}$,若粒子源发射的粒子速度范围为 $5\times10^4\mathrm{m/s}\leqslant v_0\leqslant1\times10^5\mathrm{m/s}$,求每秒打在荧光屏上的粒子数量 n。

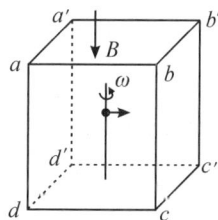

图 5-4-9

2. 某粒子分析装置如图 5-4-10 所示,其基本结构由发射筛选装置 Ⅰ 以及分析装置 Ⅱ 组成。装置 Ⅰ 中粒子源 S 持续地沿速度选择器 AC 的中心线射出质量为 m,电荷量为 q 的带正电粒子,粒子经点 D_1,沿与平面 $D_1E_1E_2D_2$ 平行的方向射入装置 Ⅱ。由于装置 Ⅰ 可在平面内绕 D_1 转动,因而粒子飞入 D_1 点时与 D_1D_2 的夹角 θ 可发生变化,已知粒子飞入 D_1 点的速度 v 与夹角 θ 的关系为 $v=\dfrac{3dqB}{2\pi m\cos\theta}$,$\theta$ 可在 $0°$ 和 $60°$ 之间变化,且飞入 D_1 点的粒子数按角度均匀分布。分析装置 Ⅱ 中有两个平行于 xOy 平面的正方形平面 $D_1E_1F_1G_1$ 与 $D_2E_2F_2G_2$,边长为 $\dfrac{9d}{4\pi}$,两平面间的距离为 d。平面间存在一沿 z 轴负方向的匀强磁场,其磁感应强度大小为 B。平面 $D_2E_2F_2G_2$ 是粒子接收屏,粒子击中屏幕后会发出荧光,从而获得分析粒子的相关数据。不计粒子重力及其相互作用。(提示:合运动我们经常会使用运动分解的方式来简化模型。)

(1)已知速度选择器中的电场强度 E 不变,为保证粒子在速度选择器中做匀速直线运动,求速度选择器中磁场的磁感应强度 B_0 与 θ 的关系;

(2)求 $\theta=30°$ 时,粒子击中位置与 D_2 点的距离;

(3)求打到屏幕上的粒子数与飞入 D_1 的粒子数的比值。

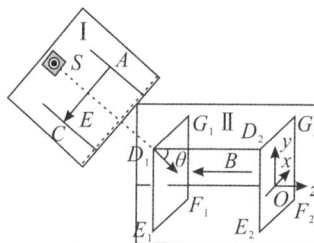

图 5-4-10

3. 如图 5-4-11 所示,一粒子源可射出一些质量为 m、电荷量为 $+q$ 的带电粒子(速度可视为 0)。经过一段加速电场 U 后,粒子以一定的水平初速度从 $MNTS$ 表面内的任意一点射出,进入正方体电磁修正区内(内部有垂直于面 $MPRG$ 的匀强磁场 B 与匀强电场 E)。现以向下正对正方体底面中心 O,长度为 L 的点建立与正方体底面平行的直角坐标系(其中 x 轴与 GR 平行)。若在这些带电粒子中,粒子最长经过 $\dfrac{\pi m}{2qB}$ 的时间后才从正方体底面离开,不计粒子重力,正方体边长为 L,N 为 MG 的中点,粒子不会从正方体(除了底面)的地方射出。

(1)求粒子射出正方体电磁修正区后的最大速度;

(2)若满足关系式 $E=\sqrt{\dfrac{8qUB^2}{\pi^2m}}$,求粒子从 M 点出发经过直角坐标系时的坐标;

（3）在图 5-4-12 中直接画出粒子轨道在面 $MPRG$ 上的投影面积图（可保留作图痕迹，阴影部分用线或涂色表示）。

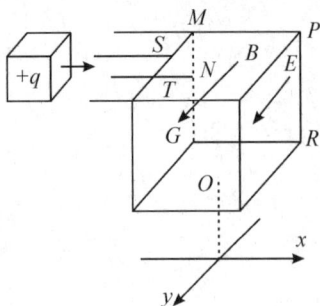

图 5-4-11

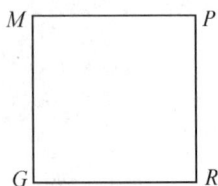

图 5-4-12

五、纵向主题一：带电粒子在磁场中的运动（一）

（一）课时学习目标

核心素养	具体目标
物理观念	具有"带电粒子在匀强磁场中受到洛伦兹力，做匀速圆周运动"的运动与相互作用观
	会分析带电粒子中"单粒子、多粒子、磁场、复合场、组合场"等的不同特征，体现科学素养中的物质观
	掌握处理带电粒子在磁场中运动的核心处理方法：画轨迹，找圆心，定半径
科学思维	通过对带电粒子在磁场中运动的分析，掌握解决运动的一般思路：确定研究对象—确定运动轨迹—分析临界条件—建构几何关系，并明确其中的关键步骤
	通过对多粒子在磁场中的运动轨迹的分析，建立典型的物理模型"旋转圆""放缩圆""磁聚焦"等
	通过对带电粒子在磁场中运动轨迹特征的分析，能够推理演绎出临界条件下的带电粒子运动的轨迹
	通过对带电粒子在电磁场中的受力特征，利用假设推理的方法判断粒子的运动轨迹并进行综合论证
	能综合运用数学方法处理与物理量相关联的几何关系，如半径、圆心角、轨迹范围等
	能对已有的结论或者推理演绎得到的结论进行质疑，并能提出科学独立的见解

（二）课时学习设计

任务 1：带电粒子在磁场中的几何关系的应用

为了进一步提高回旋加速器的能量，科学家建造了"扇形聚焦回旋加速器"。在扇形聚焦过程中，离子能以不变的速率在闭合平衡轨道上周期性旋转。扇形聚焦磁场分布的简化图如图 5-5-1 所示，圆心为 O 的圆形区域等分成六个扇形区域，其中三个为峰区，三个为谷区，峰区和谷区相间分布。峰区内存在方向垂直于纸面向里的匀强磁场，磁感应强度为 B，谷区内没有磁场。质量为 m、电荷量为 q 的正离子，以不变的速率 v 旋转，其闭合平衡轨道如图 5-5-1 中虚线所示。

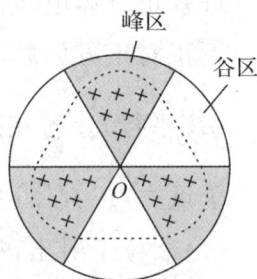

图 5-5-1

问题情境 1 | 画轨迹，找圆心，定半径

求轨道在一个峰区内圆弧的圆心角 θ，及离子绕闭合平衡轨道旋转的周期 T。

▶ **参考案例**

展示情境 1 的学生解答。

解答 1：

由于离子以不变的速率在闭合平衡轨道上周期性旋转，因此其圆心就在 O 点，虚线即离子的运动轨迹，所以轨道在每个峰区内圆弧的圆心角为 $60°$。

离子在峰区内经历的时间为

$$t_1 = \frac{2\pi m}{qB} \times \frac{1}{2} = \frac{\pi m}{qB}$$

由于离子的半径为 $r = \frac{mv}{qB}$，所以在一个谷区内的位移为 $s = \frac{mv}{qB}$，则离子在谷区中经历的时间为

$$t_2 = \frac{s}{v} \times 3 = \frac{3m}{qB}$$

从而得到离子绕闭合平衡轨道旋转的周期为

$$T = \frac{\pi m}{qB} + \frac{3m}{qB}$$

解答 2：

离子在峰区内做匀速圆周运动，速度方向与半径方向垂直，画出入射速度和出射速度的垂线，这两条线的交点 O' 就是其轨迹的圆心，如图 5-5-2 所示。根据离子能在闭合平衡轨道上周期性旋转，其转一周速度偏向角为 $360°$，所以在一个峰区中离子的速度偏向角为 $120°$，也就是轨道在一个峰区内圆弧的圆心角为 $120°$，所以离子在峰区内经历的时间为

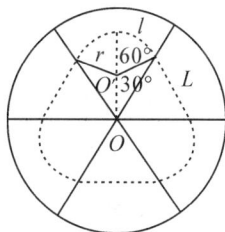

图 5-5-2

$$t_1 = \frac{2\pi m}{qB}$$

由于离子的半径为 $r = \frac{mv}{qB}$，所以在一个谷区内的位移为 $L = \sqrt{3}\frac{mv}{qB}$，则离子在谷区中经历的时间为

$$t_2 = \frac{L}{v} \times 3 = \frac{3\sqrt{3}\,m}{qB}$$

从而得到离子绕闭合平衡轨道旋转的周期为

$$T = \frac{\pi m}{qB} + \frac{3\sqrt{3}\,m}{qB}$$

▶ **展有所获**

师：生 1（给出解答 1 的同学），为什么你认为在峰区里轨道圆心不在其原来的 O 点呢？

生 1：我先画出轨迹，找到圆心和半径，通过两个速度方向的垂线交点确定圆心，得到圆心的位置。

我还利用了离子做圆周运动的周期性和速度偏向角的特点来确定其圆心,因为离子在闭合轨迹上周期性运动,转一周的速度偏向角为$360°$,如果圆心在O点,那么其偏向角为$180°$,显然是错误的。

师:解答1错误的原因是什么?

生2:他没有按照解决带电粒子在磁场中运动的基本流程解题,必须按照题目条件画出轨迹之后用规范的方法确定轨迹的圆心和半径。

▶ **评有成果**

师:通过以上这些情境的分析以及学生解答的比较,你有哪些收获?

生3:解决带电粒子在磁场中运动的问题时,规范解题很重要,解题的基本流程是:画轨迹,找圆心,定半径,然后根据情境解决关于粒子运动时间、粒子出现区域的问题,不能凭感觉解题。

生4:我们确定圆心出错时,还可以利用带电粒子运动的速度偏向角和轨迹对应的圆心角的关系验证我们的方法或结论是否正确。

师:同学们总结得很好,规范的解题流程很重要,一定要按照解题流程"画轨迹,找圆心,定半径"解题,同时我们需要具备较强的思维能力,综合利用已学知识来论证结论的正确性。

问题情境2 建构三角形,灵活运用三角函数

在谷区也施加垂直于纸面向里的匀强磁场,磁感应强度为B',新的闭合平衡轨道在一个峰区内的圆心角θ变为$90°$,求B'和B的关系。已知:$\sin(\alpha \pm \beta) = \sin\alpha\cos\beta \pm \cos\alpha\sin\beta$,$\cos\alpha = 1-2\sin^2\dfrac{\alpha}{2}$。

▶ **参考案例**

展示情境2的学生解答。

解答1:

我需要画出在峰区和谷区离子的轨迹并找到其圆心和半径,但是很难画出离子绕一圈的封闭稳定轨迹,我画出的轨迹如图5-5-3所示,这样的离子不可能在一个闭合的轨道中完成一周的运动,所以不能解决这个问题。

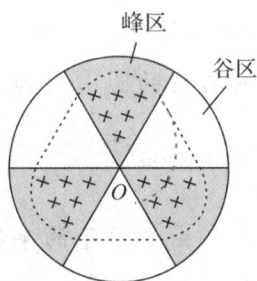

图 5-5-3

解答2:

第一步,利用对称性和离子需要做周期性旋转,可得离子每次进出峰谷区的位置到O点的距离相等,所以得到如图5-5-4所示的轨迹局部图。

第二步找圆心,我利用两个速度的垂线交点就是其圆心所在位置,同时利用粒子从峰区到谷区速度大小、方向没变,就可以得到在峰区和谷区中的圆心是在同一条直线上的,可得峰区中的圆心(O_1)和谷区中的圆心(O_2)。

第三步找半径,我先建构三角形,由峰区和谷区中的弦长与各自区中的半径就能建构出三角形($\triangle AO_1C$和$\triangle AO_2D$),如图5-5-4所示。

接下来,要求出峰、谷区的磁感应强度之间的关系,我得找到峰区和

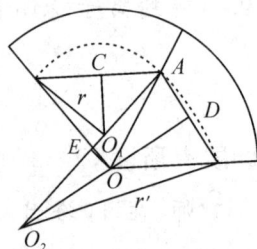

图 5-5-4

谷区半径之间的关系,但是我的几何能力限制了我的解题,所以我无法解出答案。

解答3：

我画出的运动轨迹也如图 5-5-4 所示,并找到圆心、半径,同时得到圆心角分别是 $90°$ 和 $30°$,峰区和谷区中轨迹圆弧所对弦长相等,运用三角函数可以得到以下关系。

设 r 为粒子在峰区中的半径,r' 为粒子在谷区中的半径,由题知 $\angle CO_1A=45°$,$\angle AO_2D=15°$,且 $CA=AD$,所以得

$$r\sin45°=r'\sin15°$$

$$r=\frac{mv}{qB}, r'=\frac{mv}{qB'}$$

从而可得

$$\frac{B}{B'}=\frac{\sqrt{3}-1}{2}$$

解答4：

我采用的几何方法和生 3 的不一样,我是利用正弦定律解决的。

在 $\triangle O_2AO$ 中,$\angle AOO_2=150°$,$\angle AO_2O=15°$,所以根据正弦定理,有

$$\frac{r'}{\sin150°}=\frac{\sqrt{2}r}{\sin15°}$$

$$r=\frac{mv}{qB}, r'=\frac{mv}{qB'}$$

从而可得

$$\frac{B}{B'}=\frac{\sqrt{3}-1}{2}$$

▶ **展有所获**

师：本情境中离子的运动轨迹是如何确定的？为什么解答 1 画不出离子的运动轨迹呢？

生 1：首先离子在谷区和峰区都做圆周运动,另外离子需要在闭合平衡轨道上周期性旋转,所以每次进出峰谷边界的位置到圆心的距离是相同的,这样才能形成一个闭合的轨道。解答 1 没有从题目中抓住这个突破口画图,画图太随意。

师：怎么寻找带电粒子在两个场中的偏转圆心角之间的关系？

生 2：由于从峰区到谷区速度没有发生改变,只是磁场的大小发生了改变,所以其圆心在一条直线上。这是带电粒子从一个磁场到另一个磁场运动的重要特征。找到了半径之间的关系后,要通过找圆心的方法确定圆心位置,在一组峰区和谷区之间粒子偏转角度为 $120°$,所以得到在峰区中的偏转圆心角为 $90°$,谷区中的偏转圆心角为 $30°$。

师：怎么寻找带电粒子在磁场中运动的半径之间的关系？

生 3：求带电粒子在磁场中运动的半径的基本思路是建构三角形,再利用三角形中的几何特征求解问题。根据在两个场中运动轨迹所对应的弦是相同的,在三角形中利用弦长和圆心角之间的关系表示半径,就可以求出两个磁场中半径的关系了。

师：解答 1 和解答 2 的问题在哪里呢？

生 4：他们在画轨迹时对轨迹的对称性和周期性没有很好地把握。在画出轨迹后,也是在

用几何关系解决问题时建构三角形，找到带电粒子在两个场中运动的联系点解决问题。

▶ **评有成果**

师：通过学生解答的比较，你对解决带电粒子在组合场中的运动问题有什么收获呢？

生5：画轨迹时我们需要利用对圆周运动对称性、周期性的特征，结合规范找圆心、半径的方法把轨迹确定下来。

生6：带电粒子在组合场中运动时，重视电荷从一个磁场到另一个磁场运动转折点的联系，如速度联系、弦长联系和圆心角之间的联系等。

生7：扎实的数学方法非常重要，我们一定要有意识和目的性地建立三角形，几何关系中直角三角形、菱形对角线的处理方法要掌握，正弦定理、余弦定理都是我们需要掌握的处理几何问题的数学方法。

师：大家总结得很好，在基本流程"画轨迹，找圆心，定半径"的基础上，我们要积累方法。利用圆周运动的对称性、周期性结合规范作图就可以把轨迹确定下来；找半径时是需要利用解三角形的方法处理的，需掌握数学几何方法。

任务2：带电粒子在磁场中运动的临界问题

如图 5-5-5 所示，直角坐标系 xOy 平面内的 $y<0$ 区域存在垂直于纸面向外的圆形匀强磁场 I，磁感应强度大小为 B，O、A、O'、C 点分别为磁场 I 的最高点、最低点、圆心及与圆心等高点；$y>0$ 的无限大区域内存在垂直于纸面向外的匀强磁场 II，磁感应强度大小也为 B。探测板 MN 位于 x 坐标为 $1.5L$ 的直线上，长度为 L 的收集板 PQ 位于 x 轴上。A 点有一正粒子源，单位时间内发射 n_0 个速度大小相同的正粒子，粒子均匀分布在 y 轴两侧各为 $60°$ 的范围内。其中沿 y 轴正方向射入的粒子经偏转后从 C 点射出圆形磁场。若粒子与探测板 MN 碰撞后速度等大反向，打在收集板 PQ 的粒子将被吸收，已知粒子质量为 m，电荷量为 $q(q>0)$，圆形磁场半径为 L。不计粒子重力及粒子间的相互作用。

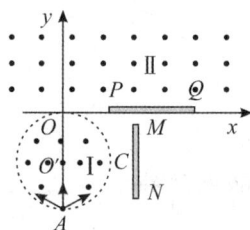

图 5-5-5

问题情境 1 利用旋转圆模型，确定临界轨迹

若射出圆形磁场的粒子均与探测板 MN 碰撞，则探测板 MN 的最小长度 l 及稳定后粒子对探测板 MN 的作用力大小 F 分别为多少？

▶ **参考案例**

展示情境 1 的学生解答。

解答 1：

由题意，带电粒子在磁场中的半径 $r=R$，根据磁聚焦模型的逆过程，所有粒子从 A 点射入磁场后经磁场偏转可以得到所有粒子都是水平射出磁场边界。由图 5-5-6 可得粒子沿 y 轴右侧与 y 轴成 $60°$ 角方向射入磁场的粒子打在最下端，沿 y 轴左侧与 y 轴成 $60°$ 角方向射入磁场的粒子打在最上端，所以 MN 的最小长度是这两个位置之间的距离。但是这两个位置怎么确定，我不会。

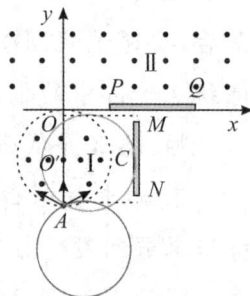

图 5-5-6

解答 2：

由图 5-5-7 可得，最低点离 O' 的竖直高度差为

$$y_1 = L\cos 30°$$

最高点离 O' 的竖直高度差为

$$y_2 = L\cos 30°$$

可得

$$l = y_1 + y_2 = \sqrt{3}L$$

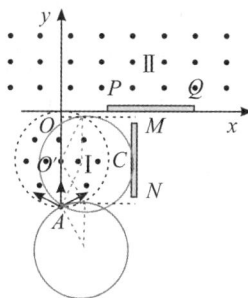

图 5-5-7

粒子打在探测板上的速度水平，且发生弹性碰撞，得

$$Ft = n_0 tmv - n_0 tm(-v)$$

所以

$$F = 2n_0 qBL$$

▶ **展有所获**

师：你们是怎么得到所有粒子从 A 点以不同角度出发进入磁场都会水平向右射出磁场的？

生 1：根据条件，粒子在磁场中运动的轨道半径与磁场半径相等，这是我们非常熟悉的磁聚焦模型，因此我用磁聚焦模型确定粒子都是水平射出磁场的。

师：在处理探测屏的最小长度时，需要怎么解决这个问题？

生 2：在处理磁聚焦模型下的圆轨迹时，一定要连接圆形磁场的圆心、轨迹圆的圆心以及入射点和出射点四个点，形成如图 5-5-7 所示的菱形，在这个菱形中利用平面几何关系解决问题。

师：生 1 遇到的问题是什么呢？

生 3：生 1 主要是不会处理磁聚焦问题下的轨迹，不会建立几何关系解决问题。

▶ **评有成果**

师：通过以上情境的分析以及学生解答的分析，你有哪些收获？

生 4：在多粒子中会出现磁聚焦模型、放缩圆、旋转圆等基本模型，我们在平时学习中要分析这些模型的特征，掌握处理这些模型的方法。

生 5：虽然这道题是多粒子的运动情况，但是我们在处理问题时要分析所有粒子的轨迹变化特征，经过推理演绎得到边界轨迹或者临界条件下的轨迹，这样本来是多粒子的问题就可以转化成单个粒子在磁场中运动的常规问题。

师：在解决多粒子问题时，需要学生对典型的物理模型特征掌握清晰，同时熟练掌握处理这些模型的方法；需要学生能分析所有粒子的轨迹变化规律，进而推理演绎出在临界条件下的粒子的轨迹。

问题情境 2 演绎推理轨迹特征，确定临界轨迹

求收集板 PQ 的收集率 η 与 P 点的横坐标 x 之间满足的关系。

▶ **参考案例**

展示情境 2 的学生解答。

解答1:

从 MN 板反弹的粒子进入磁场后又发生偏转,全部汇聚到坐标原点 O 上,得到在 O 点向磁场 Ⅱ 射入的速度范围与 A 点的速度范围是一样的,所以经过作图(如图5-5-8所示)可知粒子打在 x 轴的位置到 O 点的距离,得

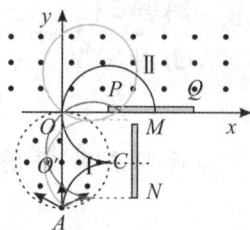

图 5-5-8

$$x_{\max}=2L, x_{\min}=L$$

当 $x \leqslant 0$ 或 $x \geqslant 2L$ 时,$n=0$;

当 $0 < x < 2L$ 时,收集到的粒子数与 x 的关系不知道怎么表示。

解答2:

从 MN 板反弹的粒子进入磁场后又发生偏转,全部汇聚到坐标原点 O 上,得到在 O 点向磁场 Ⅱ 射入的速度范围与 A 点的速度范围是一样的,所以经过作图(如图5-5-9所示)可知粒子打在 x 轴的位置到 O 点的距离,得

$$x_{\max}=2L, x_{\min}=L$$

当 $x=L$ 时,$n=n_0$;

当 $0 < x \leqslant L$ 时,$n=\dfrac{x}{L}n_0$;

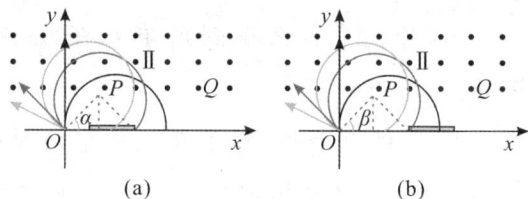

图 5-5-9

当 $L < x < 2L$ 时,$n=\dfrac{2L-x}{L}n_0$;

当 $x \leqslant 0$ 或 $x \geqslant 2L$ 时,$n=0$。

解答3:

从 MN 板反弹的粒子进入磁场后又发生偏转,全部汇聚到坐标原点 O 上,得到在 O 点向磁场 Ⅱ 射入的速度范围与 A 点的速度范围是一样的,所以经过作图(如图5-5-9所示)可知粒子打在 x 轴的位置到 O 点的距离,得

$$x_{\max}=2L, x_{\min}=L$$

当 $0 < x \leqslant L$ 时,$n=\dfrac{\pi-3\alpha}{\pi}n_0$,$\cos\alpha=\dfrac{x+L}{2L}$;

当 $L < x < 2L$ 时,$n=\dfrac{3\beta}{\pi}n_0$,$\cos\beta=\dfrac{x}{2L}$;

当 $x \leqslant 0$ 或 $x \geqslant 2L$ 时,$n=0$。

▶ **展有所获**

师:为什么用打在收集板上的粒子的角度范围与所有粒子的角度的比值来求其比例关系?

生1:因为题中条件说明粒子从 A 点射出就是按角度均匀分布的,粒子经过磁聚焦和磁发散,在 O 点射入磁场2时也是按角度均匀分布的,而打在收集板上的粒子按长度分布是不均匀的。

师:在 $0 < x < 2L$ 的区间内,为什么需要分类讨论?

生2:因为在 $0 < x \leqslant L$ 和 $L < x < 2L$ 两个不同的区间内,打在收集板上的粒子所在角度范围的规律并不是相同的,必须用不同的表达式表示。

师:解答1和解答2错在哪里?

生3：解答1通过打在收集板的长度推导角度时没有进行找圆心、找半径的基本流程，所以会出现思维混乱，同时对分类讨论，写分段函数的意识很淡薄。解答2的问题主要体现在没有判断打在收集板上的粒子按长度分布是否均匀。

▶ 评有成果

师：通过对以上情境的分析以及学生解答的比较，你有哪些收获？

生4：我们需要掌握每一个物理模型的分析和处理方法，才能在解决新问题时建构出物理模型并正确地解决问题。同时在这么多粒子的轨迹中要分析粒子轨迹的特征，通过推理演绎找到临界轨迹非常重要。

生5：求解收集率时一定要注意多粒子的分布情况，按角度均匀分布还是按长度均匀分布。

师：解决收集率问题时，需要储备求收集率的不同途径，并且从题目情境中分析是按带电粒子的出射角度分布分析，还是按带电粒子出射位置、粒子打在接收屏的位置分析。

任务3：带电粒子在磁场中运动的极值问题

研究光电效应的装置如图 5-5-10 所示，该装置可用于分析光子的信息。在 xOy 平面(纸面)内，垂直于纸面的金属薄板 M、N 与 y 轴平行放置，板 N 中间有一小孔 O。有一由 x 轴、y 轴和以 O 为圆心、圆心角为 $90°$ 的半径不同的两条圆弧所围的区域 Ⅰ，整个区域 Ⅰ 内存在大小可调、方向垂直于纸面向里的匀强电场和磁感应强度大小恒为 B_1、磁感线与圆弧平行且逆时针方向的磁场。区域 Ⅰ 右侧还有一左边界与 y 轴平行且相距 l、下边界与 x 轴重合的匀强磁场

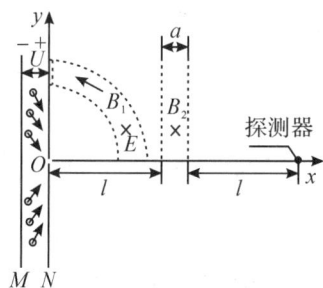

图 5-5-10

区域 Ⅱ，其宽度为 a，长度足够长，其中的磁场方向垂直于纸面向里，磁感应强度大小可调。光电子从板 M 逸出后经极板间电压 U 加速(板间电场视为匀强电场)，调节区域 Ⅰ 的电场强度和区域 Ⅱ 的磁感应强度，使电子恰好打在坐标为 $(a+2l,0)$ 的点上，被置于该处的探测器接收。已知电子质量为 m、电荷量为 e，板 M 的逸出功为 W_0，普朗克常量为 h。忽略电子的重力及电子间的作用力。

问题情境 1　带电粒子与光电效应的结合

当频率为 ν 的光照射板 M 时有光电子逸出，求逸出光电子的最大初动能 E_{km}，并求光电子从 O 点射入区域 Ⅰ 时的速度 v_0 的大小范围。

▶ 参考案例

展示情境1的学生解答。

解答1：

根据光电效应原理，光电子的最大初动能为

$$E_{km}=h\nu-W_0$$

其经过 O 点的动能和速度大小为

$$E_{kO}=h\nu-W_0+eU$$

$$v=\sqrt{\frac{2h\nu-2W_0+2eU}{m}}$$

解答 2：

根据光电效应原理,光电子的最大初动能为

$$E_{km}=h\nu-W_0$$

光电子逸出金属的初动能范围为 $0\leqslant E_k\leqslant h\nu-W_0$,所以,光电子在电场中由于电场力做功,运动到 O 点的动能范围为

$$eU\leqslant E_{kO}\leqslant h\nu-W_0+eU$$

其运动到 O 点的速度范围为

$$\sqrt{\frac{2eU}{m}}\leqslant v_O\leqslant\sqrt{\frac{2h\nu-2W_0+2eU}{m}}$$

▶ **展有所获**

师:解答1的错误原因是什么?

生1:因为我们用光电效应原理算出来的是金属表面的电子克服逸出功后的最大初动能,而光电效应中金属内层的电子逸出时克服的外力做功大于逸出功,所以,光电子逸出时的动能范围应该是在0和最大初动能之间。生1主要是误以为所有光电子逸出的初动能是相同的,所以做出的答案是唯一的值。

▶ **评有成果**

师:通过以上学生解答的比较和学生的思维过程的比较,你有哪些收获?

生2:我们平时学习物理概念、规律的时候,一定要建立准确、清晰的物理概念和规律,不能一知半解,否则关键时刻就会影响整个运动过程的理解。

师:确实如此,情境1是非常简单的一个问题,对于我们学生的能力要求不高,但是决定了后面题目的答案是否正确,所以学生必须具备准确、清晰的物理观念,对物理概念、规律内容、条件和应用都掌握清楚。

问题情境2 运用对称思想,确定运动轨迹

若区域Ⅰ的电场强度大小 $E=B_1\sqrt{\dfrac{3eU}{m}}$,区域Ⅱ的磁感应强度大小 $B_2=\dfrac{\sqrt{emU}}{ea}$,求被探测到的电子刚从板 M 逸出时速度 v_M 的大小及与 x 轴的夹角 β。

▶ **参考案例**

展示情境2的学生解答。

解答1：

电子从 O 点出发,进入区域Ⅰ受到垂直于纸面向外的电场力和向内的洛伦兹力,电场力和洛伦兹力的大小关系无法确定。若洛伦兹力与电场力大小相等,电子做直线运动。若洛伦兹力与电场力不相等,电子在垂直于纸面方向做曲线运动。我无法判断这个电子是否有可能在垂直于纸面方向运动,可能先在垂直于纸面方向向外或向里运动,然后沿反方向回到纸面平面内,形成一个立体的复杂的运动,我没有能力解决这个问题。

解答2：

在区域Ⅰ中,电子做直线运动,得

$$ev_0B_1=eE, v_0=\frac{E}{B_1}=\sqrt{\frac{3eU}{m}}$$

由 $\frac{1}{2}mv_0^2-\frac{1}{2}mv_M^2=eU$，得

$$v_M=\sqrt{\frac{eU}{m}}$$

在区域Ⅱ中，有

$$B_2ev_0=\frac{mv_0^2}{R}$$

由在磁场中电子经磁场偏转能够恰好打在坐标 $(a+2l,0)$ 上，其在磁场中运动的轨迹应如图 5-5-11 所示。

整个运动过程以区域Ⅱ中轴线为对称轴左右对称，所以得

$$R\sin\alpha=\frac{a}{2}$$

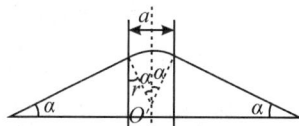

图 5-5-11

解得

$$\alpha=\sin^{-1}\frac{\sqrt{3}}{6}$$

此即为所求解 β。

解答 3:

由 $ev_0B_1=eE$ 得

$$v_0=\frac{E}{B_1}=\sqrt{\frac{3eU}{m}}$$

$$\frac{1}{2}mv_0^2-\frac{1}{2}mv_M^2=eU, v_M=\sqrt{\frac{eU}{m}}$$

如图 5-5-12 所示，由几何关系得

$$\frac{mv_0}{eB_2}\sin\alpha=\frac{a}{2}$$

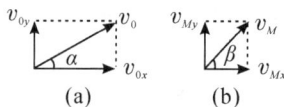

图 5-5-12

再由 $v_M\sin\beta=v_0\sin\alpha$，得 $\beta=30°$。

▶ **展有所获**

师：情境 2 中最关键的是电子的运动轨迹是怎样的，为什么在区域Ⅰ中一定是直线运动呢？

生 1：因为只有让电子经过区域Ⅰ范围在纸面这个平面内运动，才能让它被探测器接收，如果电子不在纸面所在平面内运动，在电场力和洛伦兹力的作用下其会越来越脱离纸面这个平面，其右侧空间没有力让电子回到探测器上，所以在经过区域Ⅰ时电子一定是在纸面所在平面内运动，因此不需要考虑复杂的空间立体情况。

师：在区域Ⅱ中的运动轨迹是怎么判断呢？

生 2：我们只知道轨迹的半径大小，并不知道半径方向，但是由于 O 点和探测器关于区域Ⅱ中心线左右对称，而在区域Ⅱ左右的空间内，电子都是在做直线运动的，所以在区域Ⅱ中的轨迹一定也关于区域Ⅱ中心线左右对称，我们通过轨迹的对称性精确作图来确定电子在区域Ⅱ中的轨迹。

师:解答1和解答2的错误原因是什么呢?

生3:解答1在判断带电粒子在区域Ⅰ的轨迹时,误以为粒子可以在垂直于纸面的空间内运动,所以在自己的假设下没有通过推理的方法进行论证。

生4:解答2的错误主要是审题出现问题。

▶ 评有成果

师:通过以上情境的分析以及学生解答的比较,你有哪些收获?

生5:我通过情境2的分析收获了带电粒子在复杂的电场和磁场作用下如何准确地画出其轨迹。画带电粒子的运动轨迹时还是需要从受力和运动的关系出发,确定其受到的力的大小和方向,当通过力与运动无法确定其运动形式时,我们要深挖情境中的信息推理猜测粒子可能的运动形式,再推理论证猜测是否正确。我们在确定带电粒子在磁场中运动的情境中还需要抓住轨迹的对称性进行推理,这是圆周运动的基本特征。

师:同学们总结得非常好,对带电粒子在磁场中运动的综合性问题,我们需要非常清晰带电粒子的受力特征、运动特征,并在此基础上利用科学思维进行推理、质疑和论证,最终在纷繁复杂的可能性中找到符合情境的轨迹。

问题情境3 运用对称思想,确定临界条件

为了使从 O 点以各种大小和方向的速度射向区域Ⅰ的电子都能被探测到,需要调节区域Ⅰ的电场强度 E 和区域Ⅱ的磁感应强度 B_2,求 E 和 B_2 的最大值。

▶ 参考案例

展示情境3的学生解答。

解答1:

由 $Ee = B_1 ev$ 得

$$E_m = B_1 \sqrt{\frac{2Ue + 2h\nu - 2W_0}{m}}$$

无法分析 B_2 的值与哪些因素有关,所以无法解出 B_2 的最大值。

解答2:

由 $Ee = B_1 ev$ 得

$$E_m = B_1 \sqrt{\frac{2Ue + 2h\nu - 2W_0}{m}}$$

在区域Ⅱ中 $R = \dfrac{mv}{eB_2}$,得

$$B_2 = \frac{mv}{Re}$$

如图 5-5-13 所示,由几何关系 $R\sin\theta = \dfrac{a}{2}$,$R = \dfrac{a}{2\sin\theta}$,得

$$B_2 = \frac{2mv\sin\theta}{ae}$$

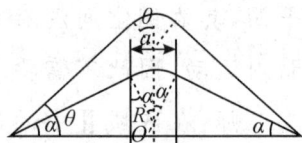

图 5-5-13

当 θ 和 v 取最大值时,B_2 达到最大值,由于 $\theta \in \left[0, \dfrac{\pi}{2}\right]$,$v_M \leqslant \sqrt{\dfrac{2h\nu - 2W_0 + 2eU}{m}}$,所以得

$$B_{2m} = \frac{2\sqrt{2Uem + 2h\nu m - 2mW_0}}{ae}$$

解答 3:

由 $Ee = B_1 ev$ 得

$$E_m = B_1 \sqrt{\frac{2Ue + 2h\nu - 2W_0}{m}}$$

在区域 Ⅱ 中,$R = \dfrac{mv}{qB_2}$,得

$$B_2 = \frac{mv}{Re}$$

如图 5-5-13 所示,由几何关系 $R\sin\theta = \dfrac{a}{2}$,$R = \dfrac{a}{2\sin\theta}$,得

$$B_2 = \frac{2mv\sin\theta}{ae}$$

当 θ 和 v 取最大值时,B_2 达到最大值,θ 最大值对应的光电子状态是其从 M 极板上逸出时的速度方向恰好沿 M 极板平行,所以

$$\sin\theta_m = \frac{v_M}{v_{0M}} = \sqrt{\frac{h\nu - W_0}{h\nu - W_0 + eU}}$$

得

$$B_{2m} = \frac{2\sqrt{2h\nu m - 2mW_0}}{ae}$$

▶ **展有所获**

师:本情境中 B_2 的最大值的确定要经历哪些推理过程?

生1:要从磁感应强度对电子在磁场中的运动半径的影响得到磁感应强度越大,其半径越小,轨迹的偏转程度越明显,所以我们要求半径的最小值,而通过带电粒子在磁场中运动的轨迹和半径关系得到半径与从 O 点射出的电子的方向有关,从 O 点射出的电子的速度方向与水平方向夹角越大,其半径越小,那么当电子速度达到最大值时,θ 越大,其磁感应强度越大。

师:为什么 θ 的最大值不是 $\dfrac{\pi}{2}$?

生2:在确定这个角度的最大值时,不能想当然地认为这个角度可以无限增大,一直增大到 $\dfrac{\pi}{2}$,因为从 O 点射出的带电粒子的速度与电场中的运动有关,所以我想到通过其在电场中的运动分析 θ 的最大值。若逸出时的粒子的速度竖直向上,则从 O 点射出的粒子的速度的夹角 β 是最大的。

师:解答1错在哪里?

生3:解答1没有抓住带电粒子在电场中和电场外的运动的联系,孤立地分析了物体的运动。

▶ **评有成果**

师:通过以上这些情境的分析以及学生解答的比较,你有哪些收获?

生4:求极值问题需要我们利用物理规律,本题就是利用带电粒子在磁场中运动的轨迹、半径、磁感应强度大小的关系,再结合逻辑推理推断出现极值的状态,我觉得这个推理过程对我很有启发。

生5:带电粒子在组合场和复合场的运动过程中,我们要分析每个过程中的运动特点,同时,我们还需要对每个过程的联系点如转折点的受力、速度等运动学物理量进行分析。

师:同学们总结得很到位,这道题对用数学逻辑推理物理状态的极值问题要求比较高,当然还是建立在我们对带电粒子在磁场中运动轨迹的特征的分析上,所以同学们确实需要严密的逻辑思维的培养,分析多粒子在运动过程中速度、轨迹、时间等的变化规律。

(三) 巩固性练习

1. 一匀强磁场的磁感应强度大小为 B,方向垂直于纸面向外,其边界如图 5-5-14 中虚线所示,$\overset{\frown}{ab}$ 为半圆,ac、bd 与直径 ab 共线,ac 间的距离等于半圆的半径。一束质量为 m、电荷量为 $q(q>0)$ 的粒子,在纸面内从 c 点垂直于 ac 射入磁场,这些粒子具有各种速率。不计粒子之间的相互作用。在磁场中运动时间最长的粒子,其运动时间为   (   )

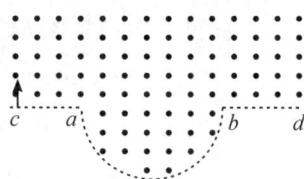

图 5-5-14

A. $\dfrac{7\pi m}{6qB}$ B. $\dfrac{5\pi m}{4qB}$ C. $\dfrac{4\pi m}{3qB}$ D. $\dfrac{3\pi m}{2qB}$

2. 如图 5-5-15 所示,匀强磁场的磁感应强度大小为 B。磁场中的水平绝缘薄板与磁场的左、右边界分别垂直相交于 M、N,$MN=L$,粒子打到板上时会被反弹(碰撞时间极短),反弹前后水平分速度不变、竖直分速度大小不变、方向相反。质量为 m、电荷量为 $-q$ 的粒子速度一定,可以从左边界的不同位置水平射入磁场,在磁场中做圆周运动的半径为 d,且 $d<L$,粒子重力不计,电荷量保持不变。

(1) 求粒子运动速度的大小 v;

(2) 欲使粒子从磁场右边界射出,求入射点到 M 的最大距离 d_{m};

(3) 从 P 点射入的粒子最终从 Q 点射出磁场,$PM=d$,$QN=\dfrac{d}{2}$,求粒子从 P 到 Q 的运动时间 t。

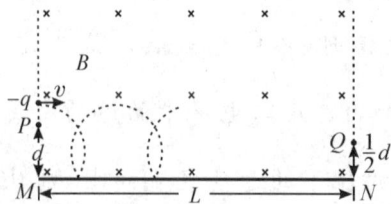

图 5-5-15

3. 离子速度分析器截面如图 5-5-16 所示。半径为 R 的空心转筒 P,可绕过 O 点、垂直于 xOy 平面(纸面)的中心轴逆时针匀速转动(角速度大小可调),其上有一小孔 S。整个转筒内部存在方向垂直于纸面向里的匀强磁场。转筒下方有一与其共轴的半圆柱面探测板 Q,板 Q

与 y 轴交于 A 点。离子源 M 能沿着 x 轴射出质量为 m、电荷量为 $-q(q>0)$、速度大小不同的离子,其中速度大小为 v_0 的离子进入转筒,经磁场偏转后恰好沿 y 轴负方向离开磁场。落在接地的筒壁或探测板上的离子被吸收且失去所带电荷,不计离子的重力和离子间的相互作用。

(1)求磁感应强度 B 的大小。

(2)若速度大小为 v_0 的离子能打在板 Q 的 A 处,求转筒 P 角速度 ω 的大小。

(3)较长时间后,转筒 P 每转一周有 N 个离子打在板 Q 的 C 处,OC 与 x 轴负方向的夹角为 θ,求转筒转动的角速度。

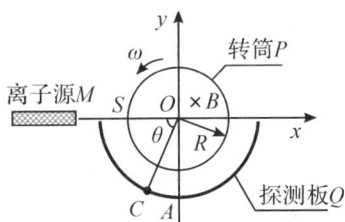

图 5-5-16

六、纵向主题二:带电粒子在磁场中的运动(二)

课时学习目标

核心素养	具体目标
物理观念	具有"力决定运动状态变化,运动状态变化反映力"的观念
	具有"多粒子的问题要转化为单粒子的问题去分析"的观念
	具有"带电粒子可以在电场获得能量,而磁场中洛伦兹力不做功"的观念
科学思维	通过对带电粒子在磁场中受力运动的分析,掌握解决这类匀速圆周运动的一般思路:确定对象—画出运动轨迹—找圆心,定半径—建构几何关系
	通过对多粒子在磁场中的运动问题的分析求解,能把多粒子按空间变化或按时间变化的问题转化为单粒子问题,再根据变化规律选择临界轨迹,找到临界条件
	通过对回旋加速器的分析,能解决带电粒子的周期性问题

(二)课时学习设计

任务 1:单粒子在磁场中做匀速圆周运动

问题情境 1 画轨迹,找圆心,找半径

使用回旋加速器的实验需要把离子束从加速器中引出,引出离子束的方法有磁屏蔽通道法和静电偏转法等。质量为 m、速度为 v 的离子在回旋加速器内旋转,旋转轨道是半径为 r 的圆,圆心在 O 点,轨道在垂直于纸面向外的匀强磁场中,磁感应强度为 B。

为引出离子束,使用磁屏蔽通道法设计引出器。引出器原理如图 5-6-1 所示,一对圆弧形金属板组成弧形引出通道,通道的圆心位于 O' 点(O' 点在图中未画出)。引出离子时,令引出通道内磁场的磁感应强度降低,从而使离子从 P 点进入通道,沿通道中心线从 Q 点射出,已知 OQ 长度为 L,OQ 与 OP 的夹角为 θ。离子从 P 点进入,Q 点射出,通道内匀强磁场的磁感应强度应降为 B',求 B' 的大小。

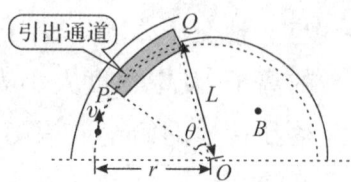

图 5-6-1

▶ **参考案例**

展示情境 1 的学生解答。

解答 1:

离子在磁屏蔽通道内做圆周运动,只要求出新半径的大小,就能计算该区域内的磁感应强度 B'。

连接 PQ,构成三角形 OPQ,如图 5-6-2 所示,试图在三角形里找到几何关系。但无法确定半径,更别说求出 R 了。于是又尝试做 PQ 的中垂线,得到直角三角形,依然一无所获。

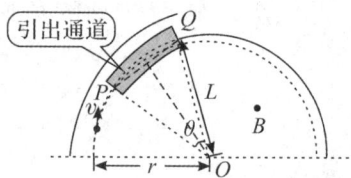

图 5-6-2

解答 2:

离子在磁屏蔽通道内做圆周运动的圆心 O' 在 PO 这条直线的延长线上,连接 QO',如图 5-6-3 所示,QO' 的长度即半径大小。但找不到 R、L、r 之间的关系,求不出半径的具体大小,只好放弃。

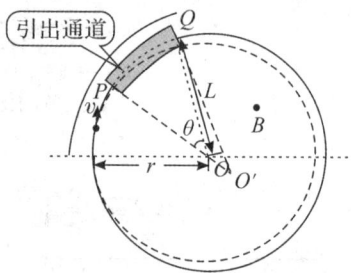

解答 3:

离子在回旋加速器内做圆周运动,半径为 r,由 $Bqv=\dfrac{mv^2}{r}$,得

$$q=\frac{mv}{Br}$$

图 5-6-3

正电荷离子在磁屏蔽通道内做圆周运动的圆心 O' 在 PO 这条直线的延长线上,连接 QO',QO' 的长度即为半径大小。如图 5-6-4 所示,其中

$$O'Q=R,OQ=L,O'O=R-r$$

根据余弦定理得

$$\cos(\pi-\theta)=\frac{L^2+(R-r)^2-R^2}{2L(R-r)}$$

所以

$$R=\frac{r^2+L^2-2rL\cos\theta}{2r-2L\cos\theta}$$

图 5-6-4

由圆周运动得

$$B'qv=\frac{mv^2}{R}$$

所以

$$B'=\frac{mv}{qR}=\frac{Br(2r-2L\cos\theta)}{r^2+L^2+2rL\cos\theta}$$

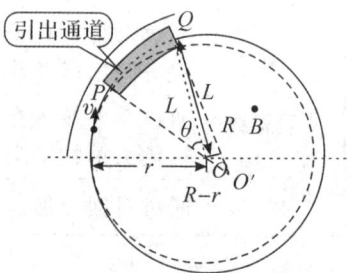

▶ **展有所获**

师:怎么想到像解答 3 那样添加辅助线画图的?

生1:处理"带电粒子在匀强磁场中的运动"的一般流程是:画轨迹—找圆心—确定半径,所以需要画出圆心并标出半径。

师:解答1错误地以为圆心就是O点,你是怎么判断出圆心在PO这条直线的延长线上的?

生2:洛伦兹力方向垂直于速度方向,即半径方向垂直于速度方向。可以通过前面一段的圆周运动的半径r推出离子在两个阶段联系点的速度方向,即切点、圆心O、圆心O'在同一直线上。

师:怎么想到用余弦定理求R?

生3:我没有找到直角三角形等特殊三角形,所以我把各边都用已知量或待求的物理量R标在图上,发现有个三角形标出了三条边和一个角,刚好符合余弦定理。

▶ **评有成果**

生4:处理"带电粒子在匀强磁场中的运动"时,要按规范解题流程做:画轨迹,找圆心,定半径。

生5:作图要到位,尝试添加辅助线,最好在图上标出已知物理量和待求物理量R,然后不断尝试用各种规律去确定几何关系,不要轻易放弃。

师:我们总结一下解题流程以及常用的辅助线和几何关系。

生6:常用的辅助线有速度方向的垂线、弦的中垂线、轨迹上的点和轨迹圆圆心的连线或和磁场圆圆心的连线;常用的几何关系有三角形关系(如勾股定理、正余弦定理、相似三角形等)、平行四边形关系(如菱形的特点等)。

问题情境2　关注场的特点

接情境1,换用静电偏转法引出离子束,维持通道内的原有磁感应强度B不变,在内外金属板间加直流电压,两板间产生径向电场,忽略边缘效应。为使离子仍从P点进入,Q点射出,求通道内引出轨迹处电场强度E的方向和大小。

▶ **参考案例**

展示情境2的学生解答。

解答1:

通道内原有磁感应强度B不变,在两金属板间加电场,离子在洛伦兹力的作用下做圆周运动,在电场力的作用下做加速运动。

由圆周运动得

$$t=\frac{\theta}{2\pi}\cdot\frac{2\pi r}{v}$$

由加速运动得

$$Eq=ma$$

离子向背离圆心的方向运动的距离为$x=L-r$,如图5-6-5所示。

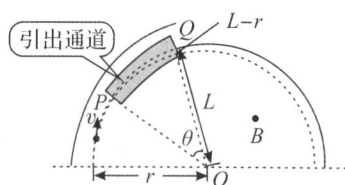

图5-6-5

由运动学公式得

$$x=\frac{1}{2}at^2$$

解得

$$E=\frac{2(L-r)Bv}{r\theta^2}$$

方向沿径向向外。

解答 2:

离子在通道内继续做圆周运动,半径和情境 1 中计算的一样,为

$$R=\frac{r^2+L^2-2rL\cos\theta}{2r-2L\cos\theta}$$

由电场力提供向心力,可得

$$Eq=m\frac{v^2}{R}$$

解得

$$E=\frac{Brv(2r-2L\cos\theta)}{r^2+L^2-2rl\cos\theta}$$

方向沿径向向内。

解答 3:

离子在通道内继续做圆周运动,半径和情境 1 中计算的一样,为

$$R=\frac{r^2+L^2-2rL\cos\theta}{2r-2L\cos\theta}$$

由电场力和洛伦兹力的合力提供向心力,由于离子做圆周运动的半径变大,说明提供向心力的合力变小,所以电场力的方向沿径向向外,因而电场强度方向沿径向向外。

由圆周运动得

$$Bqv-Eq=\frac{mv^2}{R}$$

$$E=Bv-\frac{Brv(2r-2L\cos\theta)}{r^2+L^2-2rl\cos\theta}$$

▶ **展有所获**

师:如何得出加了电场后,离子仍然做匀速圆周运动的?

生 1:受情境 1 的启发,"离子仍从 P 点进入,Q 点射出",和情境 1 中轨迹相同;并且这里是"径向电场",洛伦兹力和电场力的合力在半径方向上。

师:解答 1 认为洛伦兹力让它偏转,电场力让它加速,而解答 2 漏了洛伦兹力,认为只有电场力提供向心力。解答 3 是怎么判断是洛伦兹力和电场力的合力提供向心力的?

生 2:画受力分析图,径向电场产生的电场力的方向、洛伦兹力的方向都和速度方向垂直。

▶ **评有成果**

生 3:处理"带电粒子在匀强磁场中的运动"要从场的特点(如场的大小、方向)出发去分析。

生 4:处理"带电粒子在匀强磁场中的运动"还要从粒子的特点(如粒子的受力、运动)出发去分析。

师:审题的突破点是"场"和"粒子",由场和粒子的特点画出轨迹圆。

任务 2：多粒子在磁场中的运动

多粒子转化为单粒子

通过测量质子在磁场中的运动轨迹和打到探测板上的计数率（即打到探测板上的质子数与衰变产生的总质子数 N 的比值），可研究中子（${}_0^1 n$）的 β 衰变。如图 5-6-6 所示，位于 P 点的静止中子经衰变可形成一个质子源，该质子源在纸面内各向均匀地发射 N 个质子。在 P 点下方放置有长度 $L=1.2\mathrm{m}$ 以 O 为中点的探测板，P 点到探测板的垂直距离 OP 为 a。在探测板的上方存在方向垂直于纸面向里，磁感应强度大小为 B 的匀强磁场。若质子的动量 $p=4.8\times10^{-21}\mathrm{kg \cdot m \cdot s^{-1}}$，当 $a=0.15\mathrm{m}$，$B=0.1\mathrm{T}$ 时，求计数率。

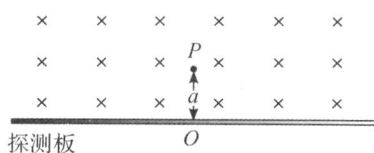
图 5-6-6

▶ **参考案例**

展示情境 1 的学生解答。

解答 1：

由 $Bqv=\dfrac{mv^2}{r}$ 得，质子的运动半径为

$$R=\frac{mv}{qB}=0.3\mathrm{m}$$

画出几个朝不同方向射出的质子的轨迹，得到质子运动的两临界轨迹分别是到达探测板最左端和最右端对应的轨迹，如图 5-6-7 所示。

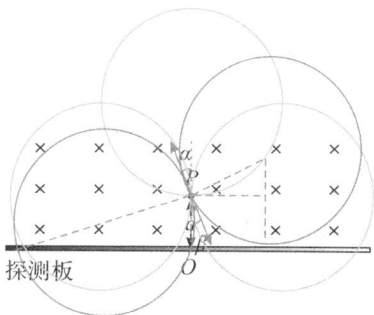
图 5-6-7

到达探测板最左端的质子发射速度和竖直方向成 α 角，由几何关系得

$$\sin\alpha=\frac{a}{2R}=\frac{1}{4}$$

到达探测板最右端的质子发射速度和竖直方向成 β 角，由几何关系得

$$\sin\beta=\frac{R-a}{R}=\frac{1}{2}$$

计数率为

$$\eta=\frac{\pi-\alpha+\beta}{2\pi}$$

解答 2：

由 $Bqv=\dfrac{mv^2}{r}$ 得，质子的运动半径为

$$R=\frac{mv}{qB}=0.3\mathrm{m}$$

画出几个朝不同方向射出的质子的轨迹，由轨迹的变化规律得到质子恰好与探测板相切的临界轨迹，如图 5-6-8 所示。

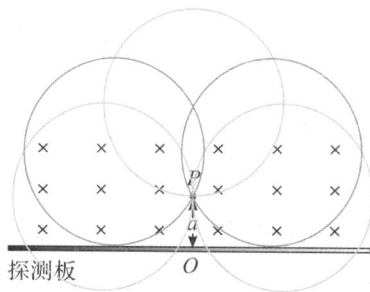
图 5-6-8

但不知道分析哪个量来求计数率,好像是求相应轨迹对应的角度,也求不出来。

解答 3：

由 $Bqv=\dfrac{mv^2}{r}$ 得,质子的运动半径为

$$R=\frac{mv}{qB}=0.3\text{m}$$

画出几个朝不同方向射出的质子的轨迹,由轨迹的变化规律得到质子恰好与探测板相切的临界轨迹,如图 5-6-9 所示。

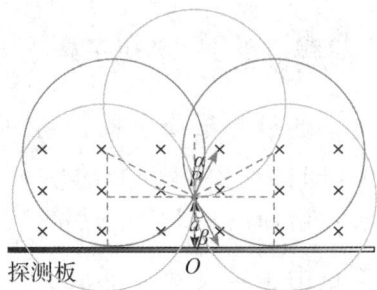

图 5-6-9

开始能打到探测板的质子发射速度和竖直方向成 α 角,最后打到探测板的质子发射速度和竖直方向成 β 角,由几何关系得

$$\sin\alpha=\sin\beta=\frac{R-a}{R}=\frac{1}{2}$$

所以

$$\alpha=\beta=\frac{\pi}{3}$$

可得质子计数率为

$$\eta=\frac{\dfrac{4\pi}{3}}{2\pi}=\frac{2}{3}$$

▶ **展有所获**

师：能打在屏上的质子的临界轨迹是怎么确定的?

生1：质子的速度大小不变,方向改变,这是一个典型的旋转圆的问题,根据所有质子半径长度不变,圆心在以 O 点为圆心、半径为 0.3m 的圆周轨迹上,以不同的速度方向画圆,观察这些圆轨迹与探测板的位置关系就可以得到打在屏上的质子的临界轨迹为与屏相切的两个圆轨迹。这样大量质子的问题就可以转化为某些或某个特殊大小或特殊方向的质子的问题了。

师：解答1认为临界轨迹是打到探测板最左端和最右端对应的轨迹,这种想法错在哪里?

生2：通过轨迹的变化规律可知,打到探测板最远的质子不是恰好打到探测板的质子。

师：为什么要找恰好打到板上的质子的轨迹作为临界轨迹?

生3：计数率是能打到板上的质子数占总质子数的百分比。

师：为什么能用速度的方向范围来计算其打在探测板上的质子的计数率?

生4：从题干中可以得到"质子源在纸面内各向均匀地发射 N 个质子",因此打在收集板上的质子的收集率可用打在板上质子的出射速度的角度范围与所有质子出射速度的角度范围的比值来确定。

师：解答3是如何确定这些质子的速度方向对应的角度呢?

生5：把确定速度方向转化为确定对应的半径方向来处理,需要添加辅助线,利用几何关系。

▶ **评有成果**

生6：对于大量粒子在磁场中运动的问题,通过分析粒子的速度特点画出轨迹,而且需要判断粒子的轨迹存在的规律,从而确定临界条件轨迹,转变成单粒子运动。从轨迹变化规律可

知,能不能打到板上,和打到板的远近是不同的概念。

生7:已知速度方向,可以确定圆心,从而求出半径,反过来,已知圆心和半径,可以确定速度方向。所以找到临界轨迹后,一定要按照单粒子在磁场中运动的流程进行解题。

师:解决多粒子在匀强磁场中的运动,要把"面源"转化为"线源",把"线源"转化为"点源",然后通过分析单粒子得到多粒子轨迹的变化规律,从而找到临界轨迹。

问题情境 2 临界问题

接情境1,若 a 取不同的值,可通过调节 B 的大小获得与情境1中同样的计数率。求 B 与 a 的关系并给出 B 的取值范围。

▶ **参考案例**

展示情境2的学生解答。

解答 1:

磁感应强度 B 变化,半径大小也跟着变化,速度的方向又朝各个方向都有,情况太过复杂,所以无从下手。

解答 2:

如图 5-6-10 所示,a 变化,但是要保证收集率不变,能打在板上的质子的速度方向范围还是为 $\frac{2}{3}\pi$,因此半径与 a 的几何关系不变,得到

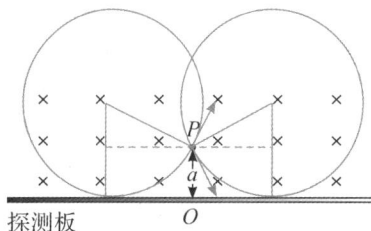

图 5-6-10

$$\sin\frac{\pi}{6}=\frac{R-a}{R},R=2a$$

解得

$$B=\frac{3}{200a}\text{T}$$

解答 3:

a 变化,但是要保证收集率不变,能打在板上的质子的速度方向范围还是为 $\frac{2}{3}\pi$,因此半径与 a 的几何关系不变,得到

$$\sin\frac{\pi}{6}=\frac{R-a}{R},R=2a$$

从而得

$$B=\frac{3}{200a}\text{T}$$

当质子恰能打到探测板左边界时,如图 5-6-11 所示,解得轨道半径的最大值为

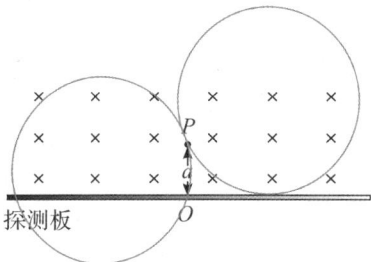

$$(2R)^2=a^2+\left(\frac{L}{2}\right)^2$$

而此时对应的磁场的最小值为

图 5-6-11

$$B_{min} = \frac{\sqrt{15}}{15}\text{T}$$

所以

$$B = \frac{3}{200a}\text{T}\left(B \geqslant \frac{\sqrt{15}}{15}\text{T}\right)$$

▶ **展有所获**

师：解答 3 是如何想到从半径和 a 的关系入手的？

生 1：受情境 1 的启发，要计数率保持不变，对应的临界轨迹的情况不变，能打到板上的质子的初速度方向不变，半径和 a 对应的几何关系不变。

师：解答 3 是如何想到该关系式存在一个范围的？

生 2：求物理量之间关系的表达式时，要思考自变量的取值范围。本题能打到板上的质子对应的角度范围一样，而情境 1 中所有质子都能打到板上，那么要求情境 2 中半径变大时所有质子也都打到板上计数率才会一样。

▶ **评有成果**

生 3：问题复杂、很多量变化时，要思考哪些是不变量。而带电粒子临界速度的大小、方向会和半径对应的几何关系有关。有关带电粒子的题都要从几何关系去思考。

生 4：把表达式写出来，思考取值范围。这个题目中有两个临界问题，能否打到和打到的范围，对应的条件并不相同。

任务 3：多粒子在磁场中运动的时间

问题情境 1　多粒子转化为单粒子

回旋加速器的工作原理如图 5-6-12 所示，置于真空中的 D 形金属盒半径为 R，两盒间狭缝的间距为 d，磁感应强度为 B 的匀强磁场与盒面垂直，被加速的粒子的质量为 m，电荷量为 $+q$，加在狭缝间的交变电压如图 5-6-12 所示，电压值的大小为 U_0，周期 $T = \frac{2\pi m}{qB}$。一束该种粒子在 $t = 0 \sim \frac{T}{2}$ 时间内从 A 处均匀地飘入狭缝，其初速度视为 0。现考虑粒子在狭缝中运动的时间，假设能够出射的粒子每次经过狭缝均做加速运动，不考虑粒子间的相互作用。求粒子从飘入狭缝至动能达到 E_m 所需的总时间 t_0。

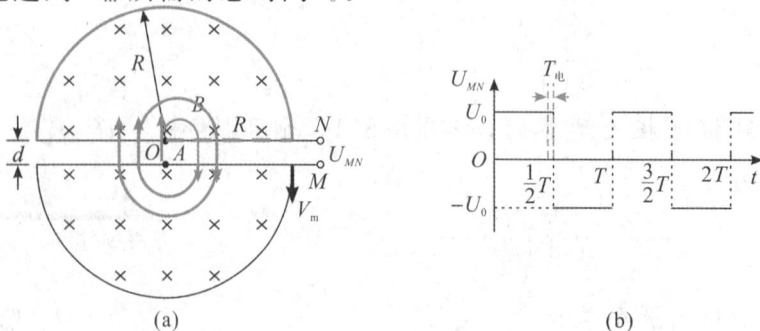

(a)　　　　　　　　　(b)

图 5-6-12

▶ **参考案例**

展示情境 1 的学生解答。

解答 1：

如图 5-6-13 所示，粒子运动半径为 R 时，速度最大。

由 $Bqv = m\dfrac{v^2}{R}$，得

$$v = \frac{qBR}{m}$$

粒子每次经过狭缝时，有

$$\Delta E_k = U_0 q = \frac{1}{2} m (\Delta v)^2$$

每次速度增加量为

$$\Delta v = \sqrt{\frac{2U_0 q}{m}}$$

需加速次数为

$$n = \frac{v}{\Delta v} = \sqrt{\frac{qB^2 R^2}{2mU_0}}$$

粒子在磁场中运动的时间为

$$t_{磁} = n \cdot \frac{T}{2}$$

粒子在狭缝中运动的时间为

$$t_{电} = n \cdot \frac{\Delta v}{a}$$

解答 2：

粒子运动半径为 R 时，速度最大。

由 $Bqv = m\dfrac{v^2}{R}$，得

$$v = \frac{qBR}{m}$$

所以粒子最后离开回旋加速器的动能为

$$E_{km} = \frac{q^2 B^2 R^2}{2m}$$

粒子被加速 n 次达到动能 E_{km}，则

$$E_{km} = nqU_0$$

粒子在狭缝间的整个运动可以连起来看成匀加速直线运动，设粒子 n 次经过狭缝间的总时间为 $t_{电}$，加速度为

$$a = \frac{qU_0}{md}$$

由匀加速直线运动得

$$nd = \frac{1}{2} a \cdot t_{电}^2$$

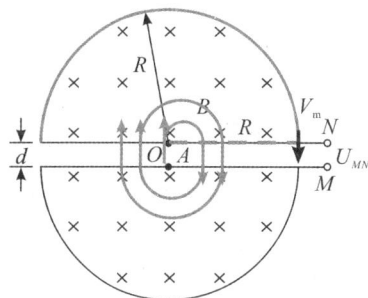

粒子在磁场中运动的时间为

$$t_磁 = n \cdot \frac{T}{2}$$

所需的总时间为

$$t_0 = \frac{\pi BR^2 + 2BRd}{2U_0}$$

解答3：

粒子运动半径为 R 时，速度最大。

由 $Bqv = m\dfrac{v^2}{R}$，得

$$v = \frac{qBR}{m}$$

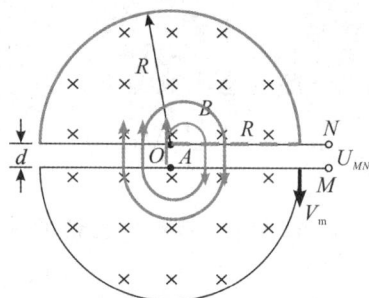

图 5-6-14

所以粒子最后离开回旋加速器的动能为

$$E_{km} = \frac{q^2 B^2 R^2}{2m}$$

粒子被加速 n 次达到动能 E_{km}，如图 5-6-14 所示，则

$$E_{km} = nqU_0$$

粒子在狭缝间的整个运动可以连起来看成整段匀加速直线运动，设粒子 n 次经过狭缝间的总时间为 $t_电$，加速度为

$$a = \frac{qU_0}{md}$$

由匀加速直线运动得

$$nd = \frac{1}{2}a \cdot t_电^2$$

粒子在磁场中运动的时间为

$$t_磁 = (n-1) \cdot \frac{T}{2}$$

所需的总时间为

$$t_0 = \frac{\pi BR^2 + 2BRd}{2U_0} - \frac{\pi m}{qB}$$

▶**展有所获**

师：怎么想到用能量来计算加速次数的？解答1用速度变化量来计算，错在哪里？

生3：根据回旋加速器的基本工作原理，粒子在电场中加速获得动能 $E = qU_0 = \dfrac{1}{2}mv^2$，在磁场中做匀速圆周运动满足 $Bqv = m\dfrac{v^2}{R}$，所以粒子最后的速度既和加速获得的总能量有关，又和 D 形盒半径有关，并且每次加速增加的动能是相同的。而 $v^2 - v_0^2$ 相同不代表 $v - v_0$ 相同。

师：怎么想到把电场中各段运动合成整段匀加速直线运动的？

生3：粒子经过狭缝的总时间是多次经过狭缝时间的累积。粒子在磁场中运动只改变了速度的方向，没有改变速度的大小，电场中前一阶段的末速度就是后一阶段的初速度，把磁场运动去掉不影响。

师：为什么磁场中运动了 $(n-1)$ 个半周期，而不是解答2认为的 n 个半周期？

生3：前面粒子都是一次加速一个半圈为一个周期，粒子最后一次加速还会不会转半圈呢？这和回旋加速器的引出端在电场中哪里有关，可是题目中没有告知。仔细看才发现，题中间"至动能达到 E_m 所需的总时间 t_0"，所以计算时间时只需算到最后一次粒子在电场中加速的时刻，不用计算在磁场中的最后半圈所需的时间。

▶ **评有成果**

生4：整段运动可以分阶段，而电场中各阶段的运动，由于洛伦兹力不改变速度大小，可以合成整段匀加速运动。关键要找到带电粒子在各种场中运动的特点及相互关系。

生5：读题还要再仔细一些。周期性问题要关注最后一个周期有没有完整地完成。

问题情境 2　临界问题

接情境1，要使飘入狭缝的粒子中超过99%能射出，d 应满足的条件是什么？

▶ **参考案例**

展示情境2的学生解答。

解答1：

无法建立"飘入狭缝的粒子中超过99%能射出"和狭缝间距 d 的关系，完全不知道从哪里下手。

解答2：

"99%"是指绝大部分粒子或全部不能通过，所以粒子通过狭缝的时间可忽略，即 $t_电 \ll t_磁$。

由粒子做匀加速直线运动得

$$nd = \frac{1}{2}a \cdot t_电^2$$

粒子在磁场中运动的时间为

$$t_磁 = (n-1) \cdot \frac{T}{2}$$

得

$$d \leqslant \left(\frac{qB^2R^2}{2mU_0} - 1\right) \cdot \frac{\pi mU_0}{qB^2R}$$

解答3：

只有在 $0 \sim \left(\dfrac{T}{2} - t_电\right)$ 时间内飘入的粒子才能每次均被加速，如图 5-6-15 所示，则

$$\frac{T}{2} \cdot 99\% = \frac{T}{2} - t_电$$

且

$$t_电 = \frac{BRd}{U_0}$$

得

$$d = \frac{\pi mU_0}{100qB^2R}$$

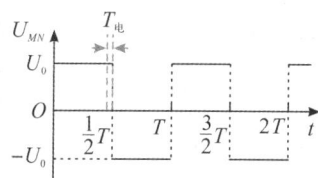

图 5-6-15

展有所获

师：解答 2 认为"99%"是指绝大部分粒子或全部不能通过,为什么解答 3 认为只有在 $0 \sim$ $\left(\dfrac{T}{2} - t_{电}\right)$ 时间内飘入的粒子才能每次均被加速?

生 1：能射出的粒子在电场中的加速时间 $t_{电}$ 都是一样的,每一个粒子进入下一个电场的时间都会滞后,并且时间累计起来。先射入的粒子最后仍然进入加速电场,而后射入的粒子因为射入得晚,再加上电场累计的时间,会拖到后面半个周期的电场,电场方向改变,无法被加速。所以粒子进入前耽搁的时间加上在电场中耽搁的时间等于半个周期时,这部分粒子就无法同步加速离开回旋加速器了。

师：解答 3 是根据什么把射出粒子数目和时间对应起来的?

生 2：解答 3 根据"一束该种粒子在 $t = 0 \sim \dfrac{T}{2}$ 时间内从 A 处均匀地飘入狭缝","均匀"二字是关键。

评有成果

生 3：当粒子在某段时间内均匀地射出,也是多粒子问题,也要转化为某个时刻的某个粒子来分析,并且根据时间变化对比分析不同粒子的运动,找到临界粒子,以及对应的临界条件。

（三）巩固练习

1. 如图 5-6-16(a)所示,回旋加速器的圆形匀强磁场区域以 O 点为圆心,磁感应强度大小为 B,加速电压的大小为 U、质量为 m、电荷量为 q 的粒子从 O 点附近飘入加速电场,多次加速后粒子经过 P 点绕 O 点做圆周运动,半径为 R,粒子在电场中的加速时间可以忽略。为将粒子引出磁场,在 P 位置安装一个"静电偏转器",如图 5-6-16(b)所示,偏转器的两极板 M 和 N 厚度均匀,构成的圆弧形狭缝圆心为 Q,圆心角为 α,当 M、N 间加有电压时,狭缝中产生电场强度大小为 E 的电场,使粒子恰能通过狭缝,粒子在再次被加速前射出磁场,不计 M、N 间的距离。求：

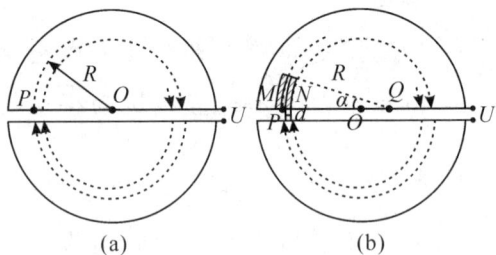

图 5-6-16

(1)粒子加速到 P 点所需要的时间 t；

(2)极板 N 的最大厚度 d_{m}；

(3)磁场区域的最大半径 R_{m}。

2. 如图 5-6-17 所示,以 O 为原点建立平面直角坐标系 xOy,在 $x \geqslant 0, 0 \leqslant y \leqslant L$ 的区域内有垂直于纸面向外的匀强磁场,磁感应强度为 B。原点 O 处有一个粒子源,能连续放出质量为 m、电荷量为 q 的正离子,正离子只射向第一象限,入射方向与 x 轴正方向的夹角 θ 可在 $0 \sim \dfrac{\pi}{2}$ 调节,正离子的速率可在 0 到最大值 $v_{\mathrm{m}}\left(v_{\mathrm{m}} = \dfrac{3qBL}{m}\right)$ 的范围内调节。不计离子之间的相互作用,也不计离子的重力。

(1)若 $\theta = \dfrac{\pi}{3}$,粒子源发出各种速率的正离子,求正离子打到 x 轴上的范围；

(2)若 $\theta=\dfrac{\pi}{3}$，粒子源单位时间内共放出 N 个速率为 $0\sim v_{\mathrm{m}}$ 的正离子，且离子数量按速率均匀分布，在磁场边界 $y=L$ 取一点 P，OP 与 x 轴正方向的夹角 $\alpha=\dfrac{\pi}{12}$，沿 OP 线段放置一收集板 S_1（离子到板即被吸收，不反弹），求这些正离子对收集板 S_1 的垂直冲击力；

(3)若粒子源在 $\dfrac{\pi}{6}<\theta<\dfrac{\pi}{2}$ 范围内连续放出速率均为 $\dfrac{1}{3}v_{\mathrm{m}}$ 的正离子，而且离子数量按角度均匀分布，在 x 轴上放置一块长为 L、可沿 x 轴平移的收集板 S_2（此时磁场内已无 S_1），求收集板 S_2 的收集率 η 与板左端坐标 x 的定量关系。（可用 $\eta=\dfrac{\theta}{\dfrac{\pi}{3}}$，其中 $\sin\theta=\dfrac{x}{b}$ 形式表示，或用反正弦函数表示。）

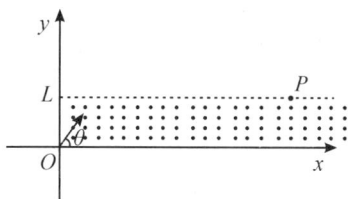

图 5-6-17

3. 科研人员经常利用电场和磁场控制带电粒子的运动。如图 5-6-18(a)所示，在坐标系 xOy 的第三象限内平行于 x 轴放置一对平行金属板，上极板与 x 轴重合，板长和板间距离均为 $2d$，极板的右端与 y 轴距离为 d，两板间加有如图 5-6-18(b)所示的交变电压。以 $O_1(0,-d)$ 为圆心、半径为 d 的圆形区域内存在垂直于坐标平面向里的匀强磁场（图中未画出）。在 $P(-3d,-d)$ 点处有一个粒子源，沿 x 轴正方向连续不断地发射初速度大小为 $v=\dfrac{2d}{T}$、质量为 m、电荷量为 $+q$ 的带电粒子。已知 $t=0$ 时刻入射的粒子恰好从下极板右边缘飞出；$t=\dfrac{T}{4}$ 时刻入射的粒子进入圆形磁场区域后恰好经过原点 O。在第一、二象限某范围内存在垂直于纸面向外的匀强磁场（图中未画出），不计粒子重力及粒子之间的相互作用力。

(1)求 U_0；

(2)求圆形区域内匀强磁场的磁感应强度；

(3)为了使所有粒子均能打在位于 x 轴的粒子接收器上的 $0\sim3d$ 范围内，求在第一、二象限内所加磁场的磁感应强度的大小和磁场区域的最小面积。

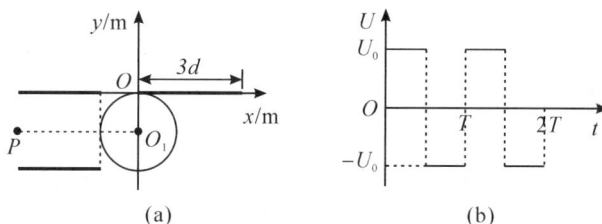

(a)　　　　(b)

图 5-6-18

专题六：力、电综合 —— 装置与场分析

一、专题综述

1. 试题情境

如图 6-1-1 ～ 6-1-6 所示，力、电综合 —— 装置与场分析问题较多以一定实际应用情境，即科技装置为载体，比如粒子变速类装置（回旋加速器、回旋变速器）、粒子探测与控制器（注入、推进、探测、实验等）、质谱仪、霍尔元件、磁流体发电机等。考查带电粒子在电场、磁场、电磁组合场、电磁复合场中的运动，根据粒子源的特性（来源、种类、电性、电荷量、速度大小和方向、分布范围等）不同、场的形状及分布（无界、有界等）、组合方式、场强是否变化等，分析粒子的受力及运动情况，求解运动学物理量、流速、转速、位置坐标及关系、电学量、能量、动量、角度、收集率等。

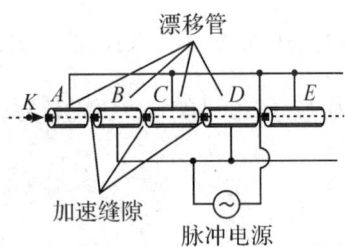

图 6-1-1

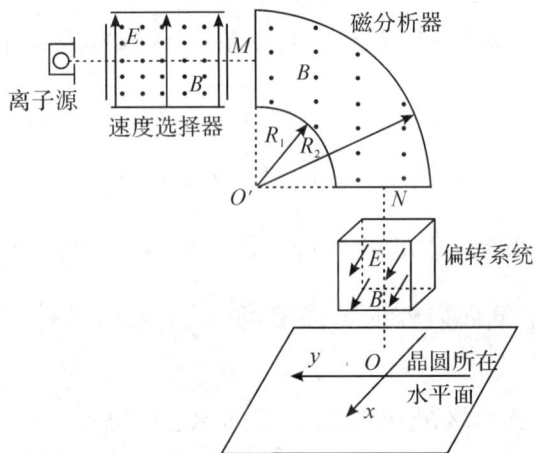

图 6-1-2

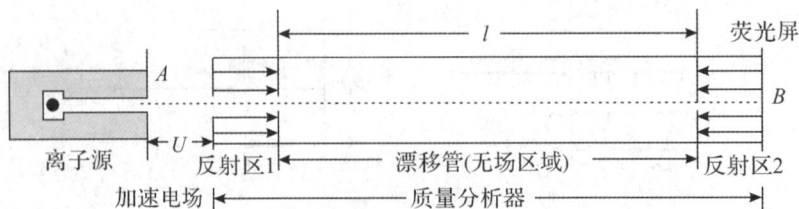

图 6-1-3

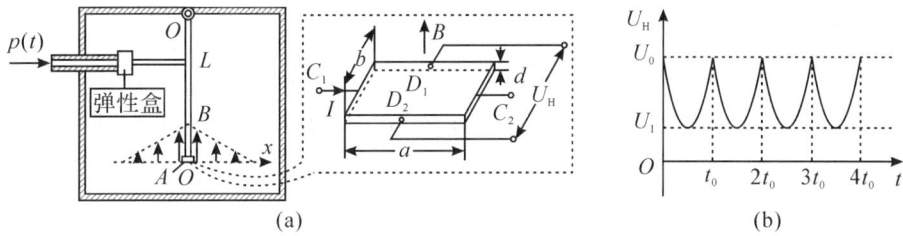

图 6-1-4

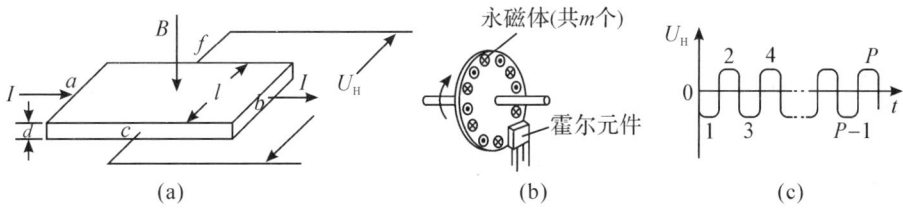

图 6-1-5

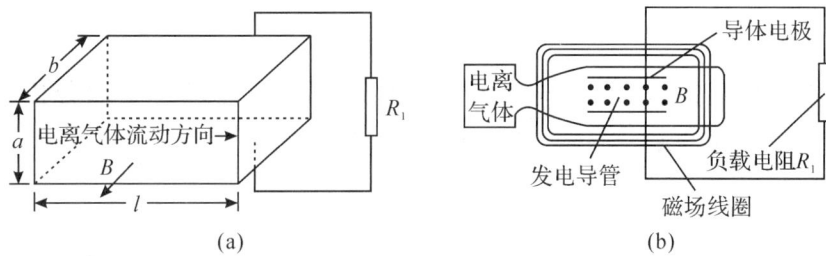

图 6-1-6

2.特征分析

力、电综合 —— 装置与场分析的试题特征如下。

（1）凸显应用性

真实情境下的科技装置，电磁场的实际应用性强。比如按功能分，有粒子变速类装置（回旋加速器、回旋变速器）、粒子探测与控制器（注入、推进、探测、实验等）、质谱仪、霍尔元件、磁流体发电机等应用。

（2）知识综合性

试题涉及原子物理内容中的微观粒子特性、放射性元素的衰变、光电效应等知识。还有电磁场中的电场力、洛伦兹力等；电路中的电阻定律、欧姆定律、焦耳定律等规律的运用；力与运动中的多种模型，如匀速直线运动、匀速圆周运动、抛体运动以及运动的合成与分解；多种运动学规律的应用，如动力学规律、动能定理、能量守恒定律等。

（3）情境多变性

由于粒子源特征不同，粒子的来源、种类、电性、电荷量、速度大小和方向、数量（单粒子、多粒子）、分布范围（点源、线源、面源）等不同。场的特征不同，分为匀强、非匀强（是随空间变化还是随时间变化等）、无界、有界（直线边界、矩形、圆形、环形、扇形、三角形、柱状），场的组成方式也不同（电场与电场组合、磁场与磁场组合、电场与磁场组合、电场与磁场复合）。初始状态的不同造成运动分析更复杂、更有难度。

（4）考查多向性

在力与运动方面考查力的方向与大小、时间、速度范围、流速、转速、位置坐标及关系、距离、次数、角度、收集率；在电磁学方面考查电势高低，电动势大小，电场强度和磁感应强度大小、范围及分布面积；在能量方面考查动能、功率等。

（5）解答易错性

由于题设是科技装置，实际应用情境类问题是学生的短板，从审题、建模、规律理解、思维、规范、数学能力上都进行了一定的考查。学生在解决实际问题的过程中极易出现这样那样的问题。

（三）　学生思维障碍

1. 审题能力上

物理量众多，过程繁多，学生在有限时间内提取关键信息的能力较弱，混淆相近物理量，不注意区别某些量，如电流与粒子运动速度的区别、载流子的种类等，"凭感觉，想当然"。

2. 模型建构上

学生面对新颖的真实情境，装置复杂，不能静下心分析，无法较快地分析、建立模型，将陌生情境归一到熟悉的基本情境，立体模型转化为平面模型的建构能力弱。

3. 规律理解上

学生对相近概念、规律理解不充分，易混淆，比如在定量计算时对转速等概念理解不清，电动势与路端电压混淆不分，不能从本质上理解产生电源的机理，导致闭合电路欧姆定律的规律用错，电流的微观表达式理解不充分。

4. 思维严谨上

学生容易顾此失彼，如受力分析时漏力、画错力的方向等，导致运动模型建立错误，运动规律运用错误，如有几个力做功，做了什么功，冲量有哪些。多过程问题无法清晰找到衔接两过程的物理量，列式求解困难。

5. 解题规范上

学生在运用运动学和动量定理解题时务必记住是矢量式，注意动量、冲量的方向性。在用动能定理解决问题时注意功的正负的判断。

6. 数学能力上

学生对平面几何、立体几何、二次函数、三角函数、不等式求解极值、范围和临界、等比数列求和、等差数列求和、数学归纳法等运用能力弱。

（四）　求解思维导图

求解思维导图如图 6-1-7 所示。

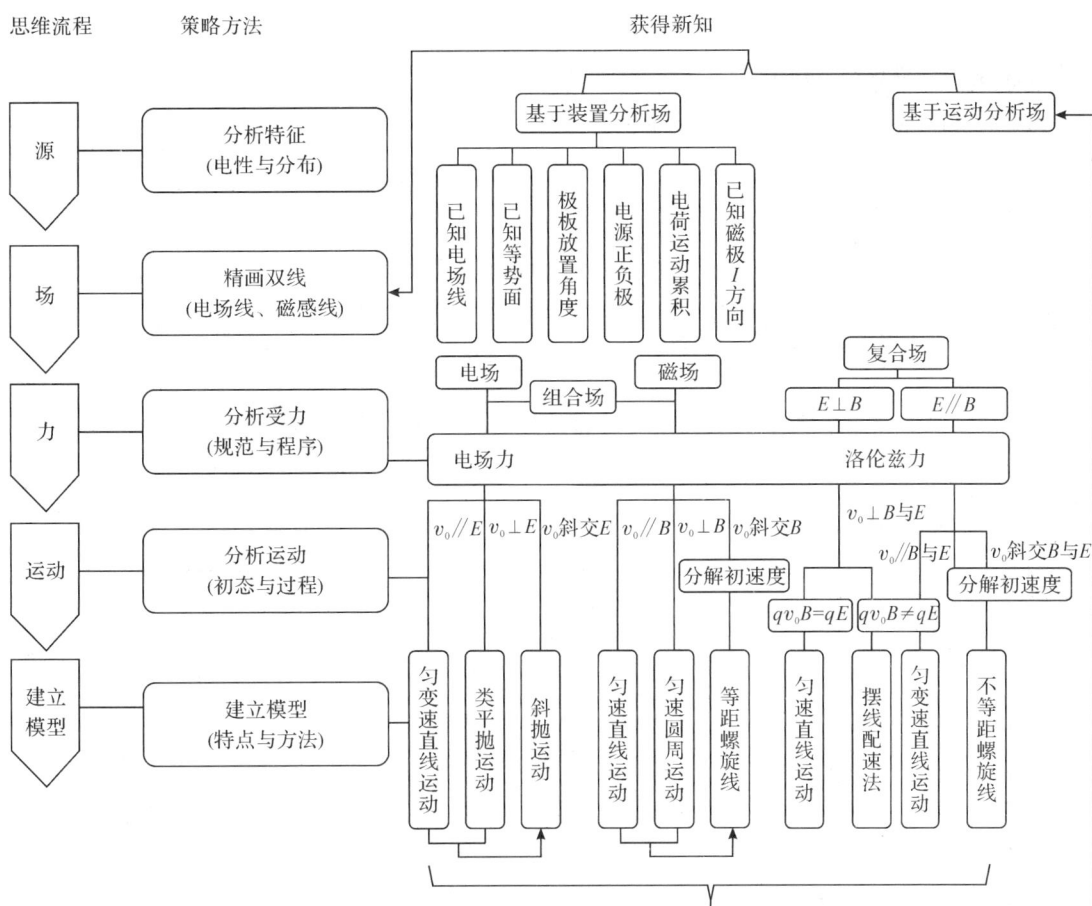

思维流程　　　　策略方法　　　　　　　　　　　　获得新知

基于装置分析场　　　　　　基于运动分析场

源	分析特征 (电性与分布)
场	精画双线 (电场线、磁感线)
力	分析受力 (规范与程序)
运动	分析运动 (初态与过程)
建立模型	建立模型 (特点与方法)

已知电场线　已知等势面　极板放置角度　电源正负极　电荷运动累积　已知磁极 I 方向

电场　组合场　磁场　　复合场　　$E \perp B$　$E /\!/ B$

电场力　　　　洛伦兹力

$v_0 /\!/ E$　$v_0 \perp E$　v_0斜交E　$v_0 /\!/ B$　$v_0 \perp B$　v_0斜交B　　$v_0 \perp B$ 与 E

分解初速度　　　　$v_0 /\!/ B$ 与 E　　v_0斜交B 与 E

$qv_0B = qE$　$qv_0B \neq qE$　　分解初速度

匀变速直线运动　类平抛运动　斜抛运动　匀速直线运动　匀速圆周运动　等距螺旋线　匀速直线运动　摆线配速法　匀变速直线运动　不等距螺旋线

图 6-1-7

（五）　专题学习目标

素养类别	具体目标
物理观念	知道带电粒子的来源、种类及特性，电场与磁场的大小及方向、时空分布及组成方式
	知道洛伦兹力与速度相关的特点，知道在电磁组合场、电磁复合场中的受力与运动情况的关系，深化"力决定运动，运动反映力"的运动与相互作用观
科学思维	掌握情境复杂的原因：多个基本元件组合、区域形状及时空分布变化、粒子的种类与初态不同
	归纳粒子来源的多种渠道，能熟练区分粒子的种类、特性，熟练应用光电效应方程、衰变方程规律
	认识并区分场及复杂场的组合等，会分析装置结构与放置角度等不同导致的场的不同，会辨析从不同的视角观察呈现的场
	认识电磁场组合与科技装置中装置结构与场的分析的重要性，掌握进行装置结构与场的分析的一般步骤
	辨析粒子运动方向与电流方向的区别，辨析不同载流子对于受力的不同，区分实际问题与理想模型的差异
	会分析在电场、磁场以及电磁组合场中的复杂运动。结合初态绘制受力分析图，进行过程分析，准确分解初速度，分方向建立运动的模型
	会分辨实际情境中不同形状的复合场，改变复合场中一定是 E 与 B 垂直的思维定式。学会在复合场中结合初态、受力分析、过程分析运用运动的合成与分解准确建立运动的模型
	学会在复杂场中分解初速度，进行完整的受力分析和过程分析，分方向考虑，解决立体问题。实现平面内的运动模型与立体空间运动模型的自由转换
科学态度 与责任	能认识到画图分析是提升思维效率的重要方法，在画图过程中养成严谨的学习态度
	通过对科技装置实际应用的学习，激发学生努力学习，为科技进步而不断前进

(六) 专题细分及课时规划

专题细分		课时规划
横向主题	主题一:基于装置特征分析场	1.5 课时
	主题二:基于粒子运动分析场	1.5 课时
纵向主题	主题一:装置与场分析(一)	1 课时
	主题二:装置与场分析(二)	1 课时

二、横向主题一:基于装置特征分析场

(一) 课时学习目标

素养类别	具体目标
物理观念	知道带电粒子的来源、种类及特性,电场、磁场、电磁组合场及复合场的大小、方向、形状、分布及组成方式
	知道洛伦兹力与速度相关的特点,知道在电磁组合场、电磁复合场中的受力与运动情况的关系,深化"力决定运动,运动反映力"的运动与相互作用观
科学思维	掌握情境复杂的原因:多个基本元件组合、区域形状及分布变化、粒子的种类与初态不同
	归纳粒子来源的多种渠道,熟练区分粒子源的特性,如点源、线源、面源、单方向,多角度等,熟练应用光电效应方程、衰变方程规律
	会分析装置结构与放置角度、电源极性、电流等不同导致的场的不同,会辨析从不同的视角观察呈现的场
	会根据已知电场线或等势面画出电场线,分析场的特征
	会根据电荷的运动累积,分析产生的电场的特征
	会分析已知磁极或电流的磁场的特征
	辨析粒子运动方向与电流方向的区别,辨析不同载流子对于受力的不同,区分实际问题与理想模型的差异
	认识电磁场组合和科技装置中装置结构与场的分析的重要性,掌握进行装置结构与场的分析的一般步骤
科学态度与责任	能认识到画图分析是提升思维效率的重要方法,在画图过程中养成严谨的学习态度
	通过对科技装置实际应用的学习,激发学生努力学习,为科技进步而不断前进

(二) 课时学习设计

任务 1:粒子源特征分析

问题情境 **分析粒子源特征**

图 6-2-1 是汤姆孙当时使用的气体放电管的示意图,由阴极 K 发出的带电粒子通过缝隙 A、B 形成一束细细的射线。它穿过两片平行的金属板 D_1、D_2 之间的空间,到达右端带有标尺的荧光屏上。

如图 6-2-2 所示，垂直于纸面的金属薄板 M、N 平行放置，已知板 M 的逸出功为 W_0，普朗克常量为 h。忽略电子的重力及电子间的作用力。当频率为 ν 的光照射板 M 时有光电子逸出。

如图 6-2-3 所示，放射源放入用铅做成的容器中，射线只能从容器的小孔射出，成为细细的一束。若在射线经过的空间施加磁场，可以发现射线分裂成三束。

如图 6-2-4 所示，将一束等离子体以一定速度垂直于磁场方向喷入磁感应强度为 B 的匀强磁场中，在相距为 d、宽为 a、长为 b 的两平行金属板间便产生电压。把上、下板和电阻 R 连接，上、下板就是一个直流电源的两极。稳定时，等离子体在两板间均匀分布，电阻率为 ρ，流过 R 的电流为 I，忽略边缘效应。

如图 6-2-5 所示，在半径为 R 的圆内有与 xOy 平面垂直的匀强磁场。在圆的左边放置一带电微粒发射装置，它沿 x 轴正方向发射出一束具有相同质量 m、电荷量 $q(q > 0)$ 和初速度 v 的带电微粒（不计重力）。发射时，这束带电微粒分布在 $0 < y < 2R$ 的区间内。

在上述五种情况下，写出粒子的电性、速度特征（单方向、多方向）、空间分布（点源、线源、面源）。

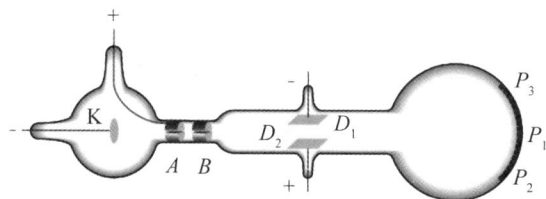

图 6-2-1

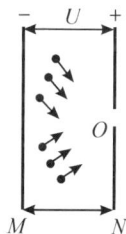

图 6-2-2

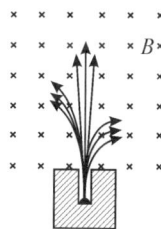

图 6-2-3

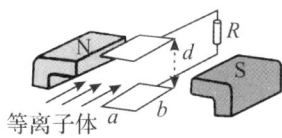

等离子体

图 6-2-4

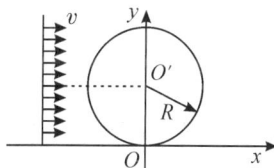

图 6-2-5

▶ **参考案例**

展示图 6-2-2 对应问题的学生解答。

解答 1：

电子带负电，速度方向不同，根据光电效应方程：$E_k = h\nu - W_0$，电子动能大小一样，速度大小一样。

解答 2：

电子带负电，速度方向分布在 M 板右侧的各个方向，速度大小不一样。

解答 3：

电子带负电，速度方向分布在 M 板右侧的各个方向，速度大小不一样，溢出时有最大初速度，所以速度范围在 0 和最大初速度之间。

▶ **展有所获**

师：以上三种解答是否正确，大家有什么想法？

生1：解答1认为电子的速度大小一样。其实 $E_k = h\nu - W_0$ 中的动能指最大初动能，因此电子溢出时初动能会有不同。

生2:解答2中的求解是正确的。

生3:解答3更完整。

▶ **评有成果**

师:为什么解答3能够准确说出粒子源的特征?

生4:解答3对于光电效应方程的理解是透彻的,成功避开"所有粒子初动能都一样"的误区。

师:我们可以把粒子源分为点源、线源、面源,判断速度是"单一方向"还是"方向各异",粒子的初速度随时间是否变化等。

▶ **小结**

如图6-2-6所示,不同情境下粒子源的分析主要分成三个步骤:分析粒子源空间分布 — 明确速度、空间分布 — 分析特殊粒子。

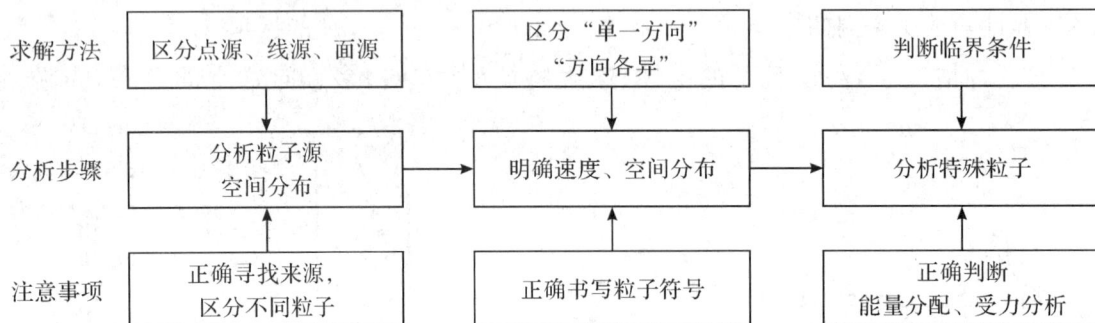

求解方法	区分点源、线源、面源	区分"单一方向" "方向各异"	判断临界条件
分析步骤	分析粒子源空间分布	明确速度、空间分布	分析特殊粒子
注意事项	正确寻找来源,区分不同粒子	正确书写粒子符号	正确判断能量分配、受力分析

图 6-2-6

任务 2:分析电场的特征

问题情境 1   已知电场线,分析电场的特征

不规则带电导体的电场线分布如图6-2-7所示。比较 a、c 两点的电场强度大小_____,a、c 两点的电势高低_____。

等量异号点电荷固定在水平向右的匀强电场中,电场分布如图 6-2-8所示,将同一负电荷先后置于 a、b 两点。a 点所在的实线是_____,虚线是_____,比较 a、b 两点的电场强度大小_____,比较 a、b 两点的电势高低_____。

某种气体-电子放大器的局部结构由两块夹有绝缘介质的平行金属薄膜构成,其上存在等间距小孔,其中相邻两孔截面上的电场线和等势线的分布如图6-2-9所示。a 点所在的线是_____,b 点所在的线是_____。

如图 6-2-10所示,一电子束焊接机中,K 为阴极,A 为阳极,两极之间的距离为 d,在两极之间加上高电压 U,两极之间形成了辐向分布的电场,带箭头的虚线代表电场线,B、C 是电场中两点。比较 B、C 两点的电场强度大小_____,电势高低_____。

如图 6-2-11所示,一离子以某一速度通过半径为 R_0 的 $\frac{1}{4}$ 圆弧形静电分析器(静电分析器通道内有均匀辐向分布的电场),离子的质量为 m,电荷量为 q,不计离子重力。比较 a、b 两点的电场强度大小_____,电势高低_____。

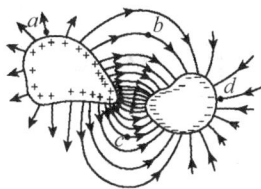
图 6-2-7

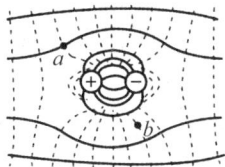
图 6-2-8

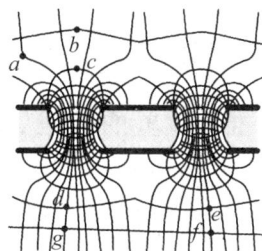
图 6-2-9

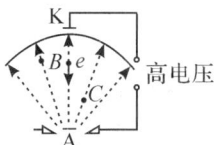
图 6-2-10

图 6-2-11

▶ **参考案例**

展示图 6-2-9 对应问题的学生解答。

解答 1：

如图 6-2-9 所示，b、c、d、g、e、f 所在横线均为电场线，所以 a 所在的线为等势线，b、c 所在的线为电场线。

解答 2：

如图 6-2-9 所示，因为导体表面是个等势面，因此电场线一定与表面垂直，因此，a、d、g、e、f 所在竖线均为电场线，b、c 所在的线为等势线。

▶ **展有所获**

师：大家对以上两种解答有什么想法？

生 1：解答 1 想当然地认为小孔的边缘也带了电荷，认为小孔中所画的横线为电场线。没有正确分析题干中"局部结构是由两块夹有绝缘介质的平行金属薄膜构成"这句话，结构中间是绝缘介质，所以孔边缘不可能带电，解答 1 考虑成异种电荷间的电场分布，是错误的。

生 2：解答 2 理解了题干中"局部结构是由两块夹有绝缘介质的平行金属薄膜构成"这句话，结构中间是绝缘介质，所以孔边缘不可能带电。对于等势面、电场线及两者关系的认识分析也是准确的，进而可以清晰地区分谁是电场线，谁是等势面。

▶ **评有成果**

师：通过上面的例子，你认为对电场特征的分析需用什么知识与方法？

生 3：分析电场特征时可以根据电场线的特点，从正电荷出发至无穷远，或从无穷远至负电荷，或从正电荷至负电荷。

生 4：一般电场线用实线表示，等势面用虚线表示，遇到特殊情况时要冷静思考。

师：如果不知道正负电性呢？就像上面，均画成实线了呢？

生 5：根据静电平衡导体的特点，导体表面是个等势面，可以通过电场线垂直于等势面（等势线）的关系分清两者。

师：不同的情境下，根据题意观察是用常见画法还是特殊画法，在无法第一眼区分是电场线还是等势面时，冷静思考，运用电场线与等势面的关系破解障碍。

问题情境 2　已知等势面(等势线),分析电场的特征

某种静电推进装置的原理如图 6-2-12 所示,发射极与吸板接在高压电源两端,两极间产生强电场,虚线为等势面。

图 6-2-13 为处于等边三角形顶点的两个正点电荷与一个负点电荷形成的电场的等势面。已知两个正点电荷的电荷量均为 Q_1,负点电荷的电荷量为 $-Q_2$,O 点为两个正点电荷连线的中点,A、O、B 及两点电荷在同一直线上,且 A、B 两点关于 O 点对称,以无穷远处为零等势面,A、B、C 分别在对应的等势面上,电势已在图中标注。

图 6-2-14 为静电透镜的结构,K 为平板电极,G 为中央带圆孔的另一平行金属板,现分别将它们的电势控制在一定数值,图中数据的单位为 V。根据实验测得的数据,虚线为等势面,带箭头的实线为其中一条电场线。

四个相同的半圆形金属导体的带电量及 a、b、c、d 的位置如图 6-2-15 所示。

在上述四种情况下,画出电场线,分析比较电场强度与电势。

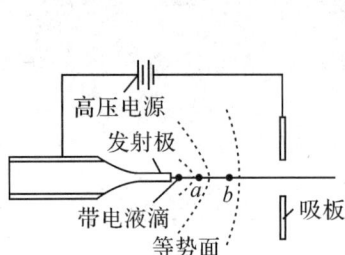
图 6-2-12

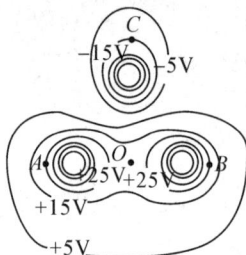
图 6-2-13

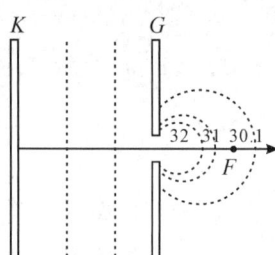
图 6-2-14

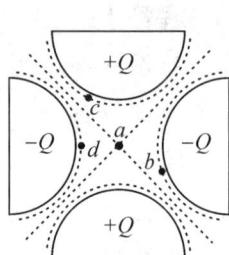
图 6-2-15

▶ 参考案例

展示图 6-2-15 对应问题的学生解答。

解答 1:

如图 6-2-16(a) 所示。

解答 2:

如图 6-2-16(b) 所示。

解答 3:

如图 6-2-16(c) 所示。

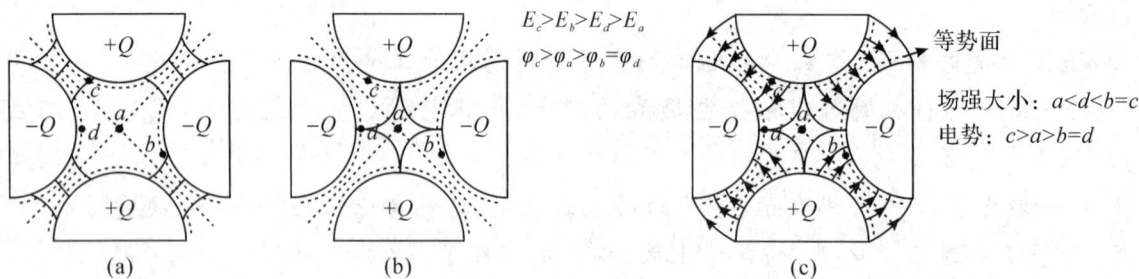

(a)　　　　　　　　(b)　　　　　　　　(c)

图 6-2-16

▶ 展有所获

师:大家对以上三种解答有什么想法?哪种正确?

生 1:解答 1 错误。电场线应该与等势面垂直。

生2：解答2中电场线画对了，电势高低也正确。电场强度与解答3不同，我不知道哪个对。

生3：我感觉解答3更好，因为题目中 b、d 两点的位置看上去类似，但电场强度大小关系不好说。电势关系可以肯定是相等的。

▶ **评有成果**

师：通过上面的例子，已知等势面的情况下，如何分析电场的特征？

生4：画电场线时，电场线可以从正电荷出发至无穷远，或从无穷远至负电荷，或从正电荷至负电荷。

生5：已知等势面的情况下，抓住电场线与等势面垂直的特征来分析电场。

师：已知等势面，根据电场线与等势面垂直准确画出电场线，并根据电势高低与电场线方向的关系画上箭头，明确电场方向。要有质疑精神，不能想当然，给出解答3的同学的做题痕迹说明他有质疑能力。

问题情境3 已知所加电压及极板放置的位置，分析电场的特征

如图 6-2-17 所示，水平金属板 A、B 分别与电源两极相连，带电油滴处于静止状态。现将 B 板右端向下移动一小段距离，两金属板表面仍为等势面。

某直线加速器的基本构造如图 6-2-18 所示，由沿轴线分布的一系列金属圆管组成，相邻金属圆管分别接在交变电源的两极。质子从 K 点沿轴线进入仪器，并依次向右穿过各金属圆管。

水平放置的有机玻璃上表面贴有 6 条铝箔（约 1.3cm 宽），用导线分别将铝箔连接到电源的正负极，将横截面为"⌐"形的有机玻璃轨道置于有机玻璃上，导电小球初始位置如图 6-2-19 所示，接通电源后，小球带正电，在静电力作用下，被相邻的铝箔吸引而加速运动。由于惯性作用，越过第 2 条铝箔后，小球带负电，又加速"跑"向下一个铝箔，如此循环下去，小球不断被加速。

在上述三种情况下，画出电场线。

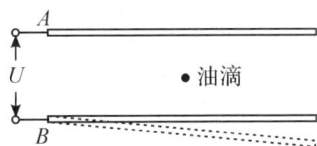

图 6-2-17

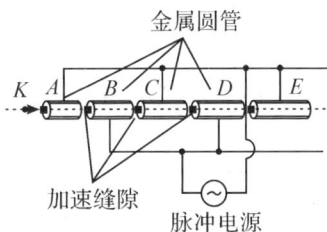

图 6-2-18

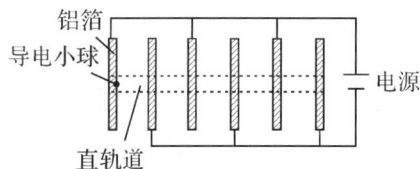

图 6-2-19

▶ **参考案例**

展示图 6-2-18 对应问题的学生解答。

解答1：

电场线如图 6-2-20 所示，粒子在管中做加速运动。

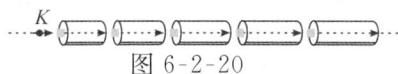

图 6-2-20

解答2：

如图 6-2-21 所示，金属管的静电屏蔽使管内场强处处为

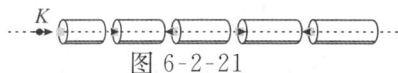

图 6-2-21

0，在管中做匀速直线运动。若金属圆管上端接电源的正极，则在 A、B 间，C、D 间缝隙中的电场

方向向右,做加速运动。在 B、C 间,D、E 间缝隙中的电场方向向左,做减速运动。以此类推,粒子在奇数的缝隙中加速,在偶数的缝隙中减速。

解答3:

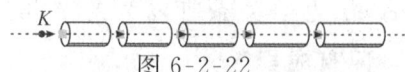

如图6-2-22所示,金属管的静电屏蔽使管内场强处处为0,
在管中做匀速直线运动。若金属圆管上端接电源的正极,则经过 A、B 间缝隙时粒子的电场方向向右,做加速运动;因为接的是"交变电源",在经过 B、C 间缝隙时电源的正负极改变,即金属圆管下端接电源的正极,上端接电源的负极,则 B、C 间缝隙中的电场方向向右,粒子继续加速。

图 6-2-22

▶ **展有所获**

师:请评价以上三种不同解答哪个正确。解决这类问题的关键是什么?

生1:解答1没有认真审题,对管中没有电场这一点不理解。

生2:解答2不正确,错在审题不仔细,想当然认为连接的电源是直流电,这样在管间不能一直加速了,没有领会"直线加速器"这样的关键词。

生3:解答3正确,质子带正电,要在管间被电场加速,电场方向需向右。当质子运动至 B、C 间时,交变电源已变换了正负极,使电场方向也水平向右。这样质子才能一直不断地加速运动下去。

▶ **评有成果**

师:已知电压和极板位置,对电场特征的分析需要注意哪些方面?

生4:一定要看清楚题意,是交流电还是直流电,若是交流电源,一定要看清电压是否随时间变化。

▶ **小结**

如图6-2-23所示,首先拿到题后应该根据题意的情境分析,电源特性决定了极板的带电情况,电源的正负极性的改变、极板位置的改变都会影响电场的分布,然后画出电场线,注意画出能清晰反应场的特征的截面图,再判断电场的大小与方向。

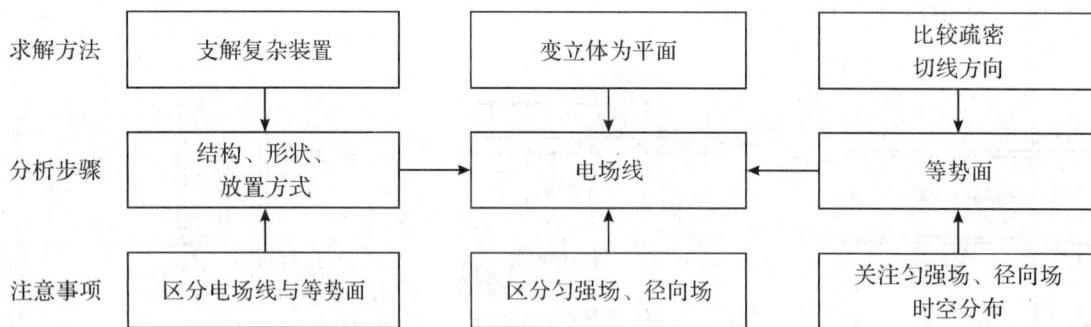

求解方法	支解复杂装置	变立体为平面	比较疏密 切线方向
分析步骤	结构、形状、 放置方式	电场线	等势面
注意事项	区分电场线与等势面	区分匀强场、径向场	关注匀强场、径向场 时空分布

图 6-2-23

▎**问题情境4** **根据电荷的运动累积,分析产生电场的特征**

一块宽为 a、长为 c 的矩形半导体霍尔元件如图6-2-24所示,元件内的导电粒子是电荷量为 e 的自由电子,通入方向向右的电流时,电子的定向移动速度为 v。当显示屏闭合时,元件处于垂直于上表面、方向向下的匀强磁场中,于是元件的前、后表面间出现电压 U。

如图6-2-25所示,将一束等离子体以一定速度垂直于磁场方向喷入磁感应强度为 B 的匀强磁场中,在相距为 d、宽为 a、长为 b 的两平行金属板间产生电压。把上、下板和电阻 R 连接,上、下板就是一个直流电源的两极。稳定时,等离子体在两板间均匀分布,电阻率为 ρ,流过 R 的电流为 I,忽略边缘效应。

如图 6-2-26 所示,电磁血流计由一对电极 a 和 b 以及磁极 N 和 S 构成,磁极间的磁场是均匀的。使用时,两电极 a、b 均与血管壁接触,两触点的连线、磁场方向和血流速度方向两两垂直。由于血液中的正、负离子随血流一起在磁场中运动,电极 a、b 之间会有微小电势差。在达到平衡时,血管内部的电场可看作匀强电场,a、b 之间电势差不变。

在上述三种情况下,画出初态、稳态时的场线(电场线、磁感线),比较电势高低,求解电压或电动势。

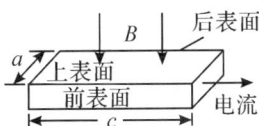

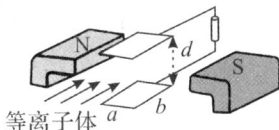

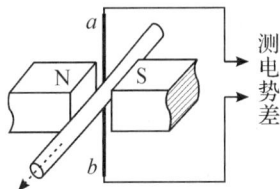

测电势差

图 6-2-24   图 6-2-25   图 6-2-26

▶ **参考案例**

展示图 6-2-24 对应问题的学生解答。

解答 1：

后表面电势高。

解答 2：

前表面电势高。

展示图 6-2-25 对应问题的学生解答。

解答 1：

等离子体在运动过程中的洛伦兹力和电场力平衡,有

$$F_{\text{洛}} = evB, F_{\text{电}} = eE = e\frac{U}{d}, U = Bdv$$

得电动势

$$E = U = Bdv$$

解答 2：

开关闭合前后,两板的(路端)电压不变,均是

$$U = Bdv$$

由于电源内部有电阻,所以

$$E' = U + Ir = Bdv + \frac{Bdv}{R}r = \frac{R+r}{R}Bdv > E$$

▶ **展有所获**

师：大家一起来评一评,谁正确?

生 1：解答 1 因为电流受的力指向后表面,而电流方向是正电荷定向移动方向,因此后表面积累正电荷,故后表面电势高。

生 2：我同意图 6-2-24 对应问题解答 1 的说法。电流受到的洛伦兹力指向后表面没有问

题,但里面能够自由移动的粒子是电子,因此电子将在后表面累积,所以后表面电势低,前表面电势高。

师:图 6-2-24 对应问题解答 2 是正确的,类似其他的还有什么不同的情境?做此类题时需要注意什么?

生 3:比如移动的是正电荷,结论正好相反。要注意看清题意。

师:半导体材料有两种:N 型和 P 型。N 型半导体材料中的载流子是电子,如上面一样,带的是负电荷;而 P 型半导体材料中的载流子是空穴,带的是正电荷。若图中的半导体是 P 型,则正电荷在后表面累积,后表面电势高。

师:如果要变式,除了改变半导体材料外,还可以有哪些情况?

生 4:改变电流方向。

生 5:如果将电流方向改为带电粒子的运动方向呢?比如将图 6-2-24 中电流方向改为速度方向,如图 6-2-27 所示,前、后表面的哪个面电势高呢?

生 6:后表面的电势高。

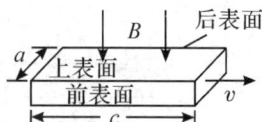

图 6-2-27

师:这样我们可以利用霍尔效应来鉴别半导体的类型。图 6-2-28 中哪个极板是发电机的正极?

生 7:等离子体从左侧射入磁场,正离子受到向下的洛伦兹力偏向下板,下板是磁流体发电机的正极,相应的上板积累负电荷,是电源的负极。

生 8:图 6-2-24 中霍尔元件可自由移动的载流子可能带正电,也可能带负电,要看半导体类型。而图 6-2-25 中等离子体中正、负电荷均有,且总体不显电性。关键是分析谁在运动,谁受力,受力方向如何,再来判断电势高低。

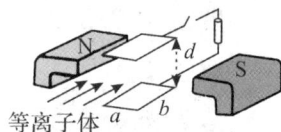

图 6-2-28

师:为什么图 6-2-25 对应问题有两种不同的答案?这两种解法究竟谁正确?谁错误?请其他同学来评价一下,你的立场是什么?

生 9:无论开关断开还是闭合,两极板间电压均为路端电压。只是断路时,路端电压等于电动势;闭合时,路端电压不等于电动势。

师:上述理解正确。那么结论是两次电动势不相同吗?

生 10:不相同。

师:电源的作用是什么?

生 11:电源是通过非静电力做功把其他形式的能转化为电能的装置。

师:本"电源"的非静电力是什么?电动势反映的是什么?

生 12:洛伦兹力提供非静电力。电动势反映的是电源把其他形式的能转化为电能的一种本领。

师:外电路的通断是否会影响电动势?会引起电动势的变化吗?比如,一节干电池是否接入电路,电动势都是 1.5V。我们回忆导体棒切割磁感线产生电动势的原理是什么。如图 6-2-29 所示,平行导轨宽也为 d,当导体棒向右匀速运动的过程中,开关闭合或断开,导体棒产生的电动势有变化吗?

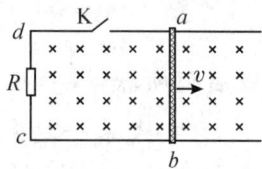

图 6-2-29

生 13:可得 $E = Bdv$,电阻是否接入都没有影响电动势。

师:那我们不妨从切割的角度理解磁流体发电机产生电动势的微观机理,发现两者均是洛伦兹力提供非静电力。可以将它与导体棒切割原理类比,求电动势与路端电压的大小。

生14:无论电阻R是否接入,电动势不变。因此发电机的电动势是$E=Bdv$。开关接通与断开,两板间的路端电压变化了。开关闭合时,有

$$I = \frac{Bdvab}{Rab + \rho d}$$

此时两板间的电压为

$$U = \frac{Bdvab}{Rab + \rho d}R$$

师:"对比""类比"的思维方法在解决物理问题时经常用到,在微观粒子的力、电平衡问题中抓住产生"电源"的机理不变,其他具体问题具体分析,以此解决更加综合的问题。

▶ 评有成果

师:通过上面的例子,你认为在分析粒子的偏转累积造成有电场及电势差时需要注意哪些方面?

生15:一定要看清楚题意,运动电荷是正电还是负电,半导体是P型还是N型,载流子是电子还是空穴。

生16:明确题中给的是电流方向还是电荷初始的定向移动方向。

生17:一定要准确运用左手定则判断洛伦兹力。

▶ 小结

如图6-2-30所示,不同的情境下,根据题意分析,注意区分电流方向与电荷运动方向,注意导体中自由移动的电荷的电性,注意左手定则中四指的指向代表电流的方向。这样才能准确无误地判断电势的高低,求解电场,另外要注意理解电动势概念。

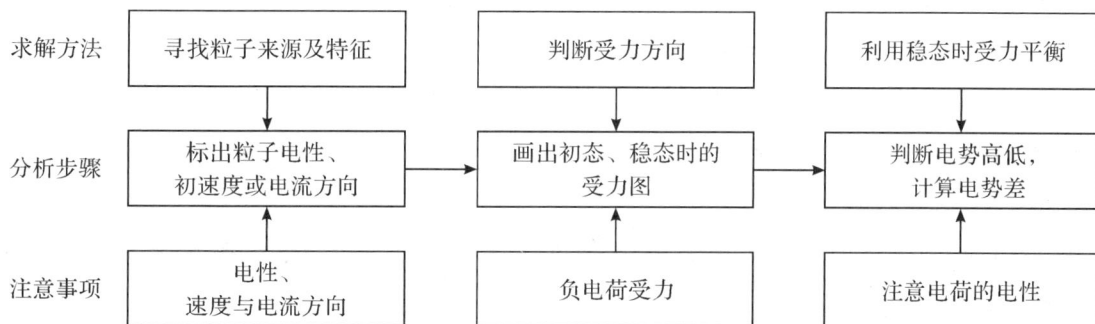

求解方法	寻找粒子来源及特征	判断受力方向	利用稳态时受力平衡
分析步骤	标出粒子电性、初速度或电流方向	画出初态、稳态时的受力图	判断电势高低,计算电势差
注意事项	电性、速度与电流方向	负电荷受力	注意电荷的电性

图 6-2-30

任务3:分析磁场的特征

问题情境 已知磁极或电流方向,分析磁场的特征

图6-2-31为说明电视机显像管偏转线圈作用的示意图。当线圈中通过图示方向的电流时,分析在O点附近的磁场特征。画出O点附近的磁感线。

如图6-2-32所示,蹄形磁铁和铁芯间的磁场均匀辐向分布。画出在磁铁与铁芯间的磁感线。

确定地下金属管线位置的一种探测方法如图 6-2-33 所示。首先给金属长直管线通上电流,然后用可以测量磁场强弱、方向的仪器进行以下操作:① 用测量仪在金属管线附近的水平地面上找到磁场最强的某点,记为 a;② 在 a 点附近的地面上,找到与 a 点磁感应强度相同的若干点,将这些点连成直线 EF;③ 在地面上过 a 点垂直于 EF 的直线上,找到磁场方向与地面夹角为 $45°$ 角的 b、c 两点,测得 b、c 两点间距离为 L,由此可确定金属管线。画出导线的侧视图,并标出 a、b、c 的位置及 b、c 处的磁场方向。

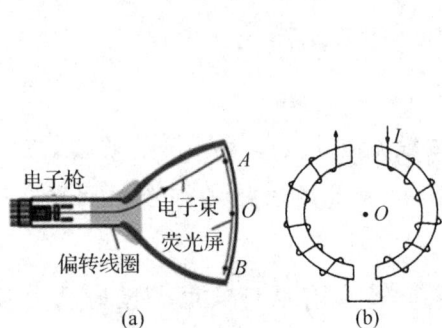

图 6-2-31

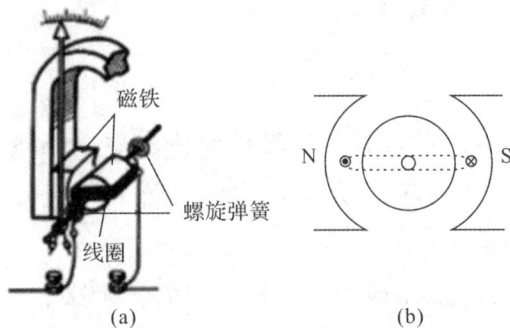

图 6-2-32

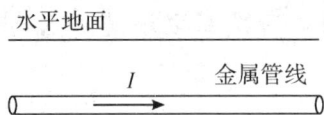

图 6-2-33

▶ **参考案例**

展示图 6-2-33 对应问题的学生解答。

解答 1:

立体图及各点位置如图 6-2-34(a) 所示。

解答 2:

立体图如图 6-2-34(b) 所示,a、E、F 点均在直导线正上方且与导线平行。

解答 3:

截面图如图 6-2-34(c) 所示,找到了 a 点,没有找到 b 点和 c 点。

解答 4:

截面图如图 6-2-34(d) 所示,a、E、F 点都在直导线的正上方,处在垂直于纸面的同一直线上,bc 连线与导线垂直。

解答 5:

截面图、其他对应点如图 6-2-34(e) 所示,方向如箭头所示。

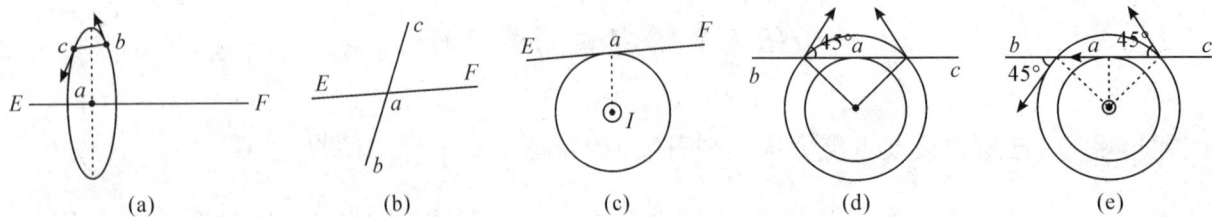

图 6-2-34

▶ **展有所获**

师:大家对以上五种解答有什么想法?

生1：图 6-2-34(a)中 a 点找错了。图 6-2-34(b)结合文字感觉是对的,就是需要想象,不够具体形象。

生2：图 6-2-34(c) 只找到了 a 点,图 6-2-34(d) 点找对了,但是磁场方向画错了。图 6-2-34(e) 是正确的。

▶ **评有成果**

师：为了能直观、清晰地反映磁场的特征,画什么图比较好呢?

生3：截面图。

师：画图时需要注意什么?

生4：用安培定则时,要看清电流方向,思维严密,完整描述磁场的分布。

▶ **小结**

如图 6-2-35 所示,与分析电场特征类似,首先分析磁场产生的原因,通常在截面图上画出磁感线,然后判断磁场特征。

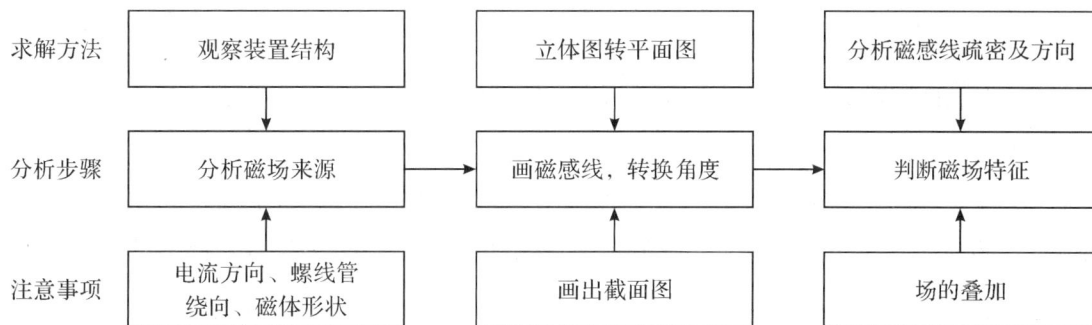

求解方法	观察装置结构	立体图转平面图	分析磁感线疏密及方向
分析步骤	分析磁场来源	画磁感线,转换角度	判断磁场特征
注意事项	电流方向、螺线管绕向、磁体形状	画出截面图	场的叠加

图 6-2-35

（三） 巩固性练习

1. 衍射现象限制了光学显微镜的分辨本领,最好的光学显微镜也只能分辨 200nm 大小的物体,而场致发射显微镜的分辨率大大提高。场致发射显微镜的原理如图 6-2-36 所示,在真空玻璃泡中心放置待测金属针(这根金属针的针尖即该显微镜的观察对象),泡的内壁涂有荧光导电膜,在金属针和荧光导电膜间加很高的电压,形成辐射状的电场。在泡内充以少量氦气,氦原子碰到针尖时会失去一个电子形成氦离子,然后向荧光屏运动,引起荧光材料发光,在荧光屏上就看到了针尖的某种像,如分辨率足够高,还可以分辨出针尖端个别原子的位置。若把氦离子改成电子,并将电极方向互换,打到荧光屏上的分辨率会降低。忽略氦离子和电子的重力,其初速度可视为0,不考虑运动过程中带电粒子间相互作用,下列说法中正确的是 （   ）

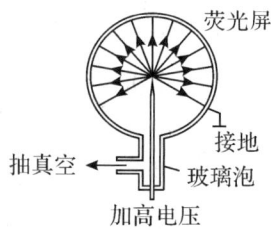

A. 氦离子运动过程中电势能不断增大

B. 到达泡内壁各点的氦离子动能相等

C. 氦原子变成氦离子是在导电膜附近发生的

D. 若所加电压为 U,玻璃泡的半径为 r,则距离针尖 $\frac{1}{2}r$ 处的电场强度大小为 $\frac{U}{r}$

2. (多选)如图 6-2-37 所示,导电物质为电子的霍尔元件样品置于磁场中,表面与磁场方向垂直,图中的 1、2、3、4 是霍尔元件上的四个接线端。当开关 S_1、S_2 闭合后,三个电表都有明显示数,下列说法正确的是 ( )

A. 通过霍尔元件的磁场方向向上

B. 若适当减小 R_1,增大 R_2,则电压表示数一定增大

C. 仅将电源 E_1、E_2 反向接入电路,电压表的示数不变

D. 接线端 2 的电势低于接线端 4 的电势

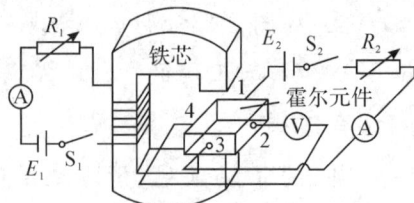

图 6-2-37

3. 已知某区域的地下埋有一根与地表面平行的直线电缆,电缆中通有变化的电流,在其周围有变化的磁场,因此可以通过地面上测量闭合试探线圈中的感应电动势来探测电缆的确切位置、走向和深度。当线圈平面平行于地面测量时,在地面上 a、c 两处测得试探线圈中的电动势为 0,b、d 两处线圈中的电动势不为 0;当线圈平面与地面成 $45°$ 夹角时,在 b、d 两处测得试探线圈中电动势为 0。经过测量发现,a、b、c、d 恰好位于边长为 1m 的正方形的四个顶角上,如图 6-2-38 所示。据此可以判定地下电缆在_____两点连线的正下方,离地表面的深度为_____m。

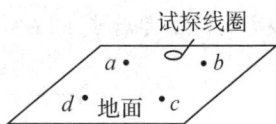

图 6-2-38

4. 研究光电效应的装置如图 6-2-39 所示,该装置可用于分析光子的信息。在 xOy 平面(纸面)内,垂直于纸面的金属薄板 M、N 与 y 轴平行放置,板 N 中间有一小孔 O。有一由 x 轴、y 轴和以 O 为圆心、圆心角为 $90°$ 的半径不同的两条圆弧所围的区域 Ⅰ,整个区域 Ⅰ 内存在大小可调、方向垂直于纸面向里的匀强电场和磁感应强度大小恒为 B_1、磁感线与圆弧平行且逆时针方向的磁场。区域 Ⅰ 右侧还有一左边界与 y 轴平行且相距为 l、下边界与 x 轴重合的匀强磁场区域 Ⅱ,其宽度为 a,长度足够长,其中的磁场方向垂直于纸面向里,磁感应强度大小可调。光电子从板 M 逸出后经极板间电压 U 加速(板间电场视为匀强电场),调节区域 Ⅰ 的电场强度和区域 Ⅱ 的磁感应强度,使电子恰好打在坐标为 $(a+2l,0)$ 的点上,被置于该处的探测器接收。已知电子质量为 m,电荷量为 e,板 M 的逸出功为 W_0,普朗克常量为 h。忽略电子的重力及电子间的作用力。当频率为 ν 的光照射板 M 时有光电子逸出。

(1) 求光电子从 O 点射入区域 Ⅰ 时的速度 v_0 的大小范围;

(2) 若区域 Ⅰ 的电场强度大小 $E=B_1\sqrt{\dfrac{3eU}{m}}$,区域 Ⅱ 的磁感应强度大小 $B_2=\dfrac{\sqrt{emU}}{ea}$,求被探测到的电子刚从板 M 逸出时速度 v_M 的大小及与 x 轴的夹角 β;

(3) 为了使从 O 点以各种大小和方向的速度射向区域 Ⅰ 的电子都能被探测到,需要调节区域 Ⅰ 的电场强度 E 和区域 Ⅱ 的磁感应强度 B_2,求 E 的最大值和 B_2 的最大值。

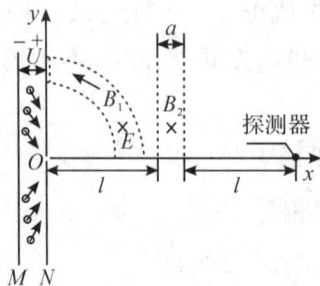

图 6-2-39

三、横向主题二:基于粒子运动分析场

素养类别	具体目标
物理观念	知道在电场、磁场、组合场、复合场中的受力与运动情况的关系,深化"力决定运动,运动反映力"的运动与相互作用观
科学思维	认识电磁场组合与科技装置中装置结构与场的分析的重要性,掌握进行装置结构与场的分析的一般步骤
	会在分析粒子运动轨迹(如直线运动、圆周运动、摆线运动、等距或不等距螺旋运动等)的基础上确定电场特征、磁场特征、复合场特征
	会在复杂场中通过画出运动轨迹分析场的特征
	会根据运动情况(直线运动、圆周运动、摆线运动、等距或不等距螺旋运动等)设计构建场
科学态度与责任	能认识到画图分析是提升思维效率的重要方法,在画图过程中养成严谨的学习态度
	通过对科技装置实际应用的学习,激发学生努力学习,为科技进步而不断前进

（二）课时学习设计

任务1:基于粒子运动分析电场

问题情境　在分析粒子运动轨迹的基础上确定电场的特征

如图 6-3-1 所示,静电分析器中有方向指向圆心 O、与 O 点等距离的各点的场强大小相同的径向电场,离子源发出速度为 v_0、电荷量为 q、质量为 m 的正离子束,从 M 点垂直于该点电场方向进入静电分析器。在静电分析器中,质量为 m 的离子沿半径为 r_0 的四分之一圆弧轨道做匀速圆周运动,从 N 点水平射出,P 是 ON 连线的中点。已知 $\overline{OP} = 0.5r_0$,N、P 两点间的电势差 $U_{NP} = \dfrac{mv_0^2}{q}$,不计重力和离子间相互作用。

如图 6-3-2 所示,在一柱形区域内有匀强电场,柱的横截面是以 O 为圆心,半径为 R 的圆,AB 为圆的直径。质量为 m,电荷量为 $q(q>0)$ 的带电粒子在纸面内自 A 点静止释放进入电场,自圆周上的 C 点以速率 v_0 穿出电场,AC 与 AB 的夹角 $\theta = 60°$。运动中粒子仅受电场力作用。

如图 6-3-3(a) 所示,一带电量为 q,质量为 m 的正电荷(不计重力)以速度 v 进入一柱形区域。柱的横截面是以 O 为圆心的圆,如图 6-3-3(b) 所示。电场是以 O 为圆心的径向电场,速度方向与水平方向的夹角为 θ,粒子在该电场中做等间距的螺旋线运动,螺旋线在底面的投影半径为 r。

在上述三种情况下,分析粒子运动轨迹,根据力与运动的关系,判断受力情况,画出电场线,求电场强度。

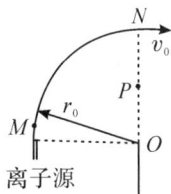

图 6-3-1

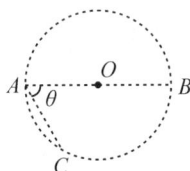

图 6-3-2

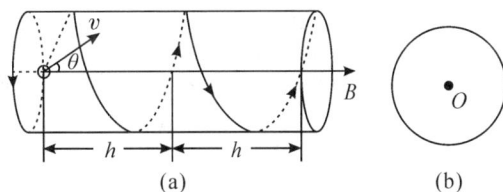

图 6-3-3

▶ **参考案例**

展示图 6-3-1 对应问题的学生解答。

解答 1：

因为 P 是 ON 的中点，所以 $U_{NO} = 2U_{NP} = 2\dfrac{mv_0^2}{q}$，再由 $E = \dfrac{U}{d}$ 便可以求得电场强度。

解答 2：

由电场力提供向心力有 $E_0 q = m\dfrac{v_0^2}{r_0}$，所以 $E_0 = m\dfrac{v_0^2}{qr_0}$。

▶ **展有所获**

师：大家对以上两种解答有什么想法？

生1：解答1想当然地认为是匀强电场，应该是径向电场。解答2正确。

师：在径向电场中如何分析场的特性？

生2：根据运动轨迹是匀速圆周运动，需要有力提供向心力，且这个力的大小不变，方向始终指向圆心。粒子在仅受电场力的前提下做匀速圆周运动，那么电场方向只能是径向的了。

▶ **评有成果**

师：通过上面的例子，你如何根据粒子的运动轨迹判断电场的特征？可以分为哪几种情况讨论？

生3：若粒子仅受电场力，且在电场中做匀变速直线运动，则电场一定是匀强电场，且电场方向与运动方向平行。

生4：若粒子仅受电场力，且在电场中做匀变速曲线运动（类平抛运动），则电场一定是匀强电场，且电场方向与运动方向垂直。

生5：若粒子仅受电场力，且在电场中做匀速圆周运动，则电场是径向或辐射场。

生6：若粒子仅受电场力，且在电场中做螺旋线运动，则电场是径向或辐射场，且电场方向与运动方向有一定夹角，不垂直也不平行。

▶ **小结**

同学们对于已知运动轨迹判断力的情况归纳得非常详细。对于不同情境下粒子的运动，我们要善于画出轨迹，根据轨迹分析运动与力的关系，进而分析并得到力，最后得到电场的特征（如图 6-3-4 所示）。

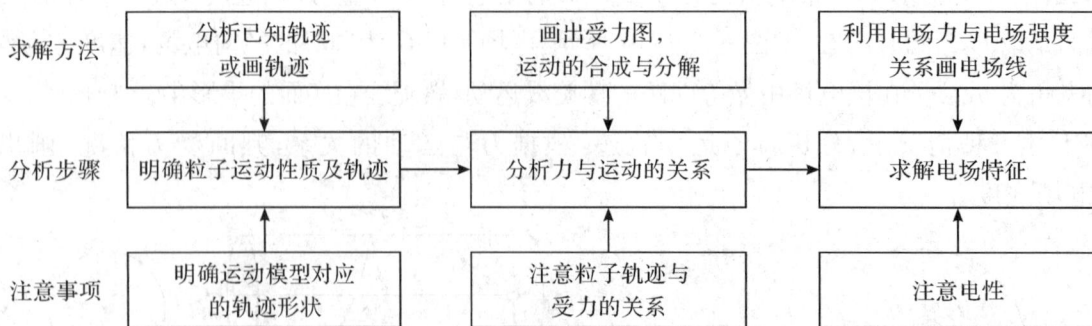

图 6-3-4

任务 2:基于粒子运动分析磁场

问题情境 **在分析粒子运动轨迹的基础上确定磁场的特征**

图 6-3-5(a) 是某种 CT 机主要部分的剖面图,其中 X 射线产生部分的示意图如图 6-3-5(b) 所示。图 6-3-5(b) 中 M、N 之间有一电子束的加速电场,虚线框内有匀强偏转磁场;经调节后,电子束从静止开始沿带箭头的实线方向前进,打到靶上,产生 X 射线(如图中带箭头的虚线所示);将电子束打到靶上的点记作 P 点。画出磁场的方向。

已知一带电量为 q、质量为 m 的正电荷(不计重力)以速度 v 进入一匀强磁场,速度与磁场方向的夹角为 θ,粒子在该磁场中做等间距的螺旋运动,轨迹如图 6-3-6 所示,螺距的大小为 h。求磁感应强度大小。

如图 6-3-7 所示,一立方体区域内存在磁场,其磁感应强度沿 z 轴方向的分量始终为 0。以金属板的中心 O 为坐标原点,垂直于立方体侧面建立 x、y 和 z 坐标轴。氙离子(Xe^{2+})束从 $AA'D'D$ 中心点 O 处以速度 v_0 沿 z 轴方向射出,在 $ABC'D'$ 平面内做匀速圆周运动至 B 点,忽略离子间的相互作用。画出轨迹和磁场方向。

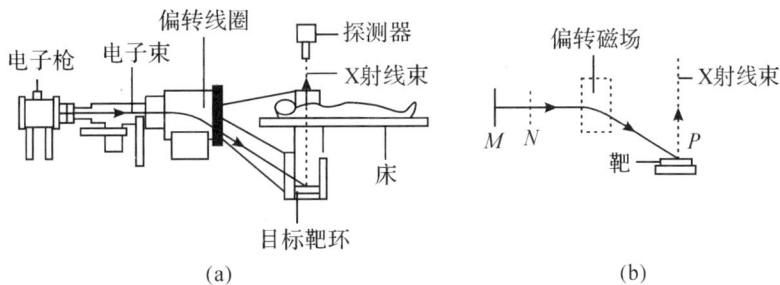

图 6-3-5

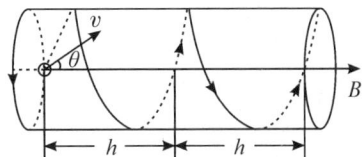

图 6-3-6

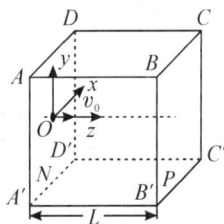

图 6-3-7

▶ **参考案例**

展示图 6-3-7 对应问题的学生解答。

解答 1:

如图 6-3-8(a) 所示。

解答 2:

如图 6-3-8(b) 所示。

解答 3:

如图 6-3-8(c) 所示。

解答 2:

如图 6-3-8(d) 所示。

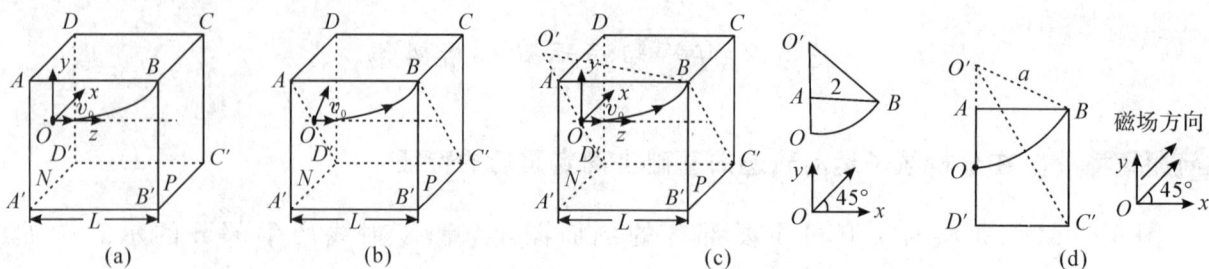

图 6-3-8

▶ **展有所获**

师：大家对以上四种解答有什么想法？

生1：解答1与2找到了轨迹平面，但找不到几何关系。

生2：解答3在立体图中画轨迹以外又在截面图中画轨迹。这样看起来边长关系很直观，画轨迹、找圆心、定半径，进而得到磁场的特征。

生3：解答4直接画了截面图，并且画出了在 xOy 平面的磁场方向。

▶ **评有成果**

师：通过上面的例子，如何根据粒子在磁场中的运动轨迹来判断磁场的特征？

生4：如果已知轨迹则先分析轨迹，再根据力与运动的关系，确定磁场大小和方向。

师：对比解答1、2与解答3、4，怎样画轨迹可以更直观地找到几何关系？

生5：画截面图，将立体图转为平面图，这样更直观。

▶ **小结**

如图 6-3-9 所示，画出轨迹时，注意将立体转平面，再分析轨迹，结合力与运动的关系确定磁场的特征。

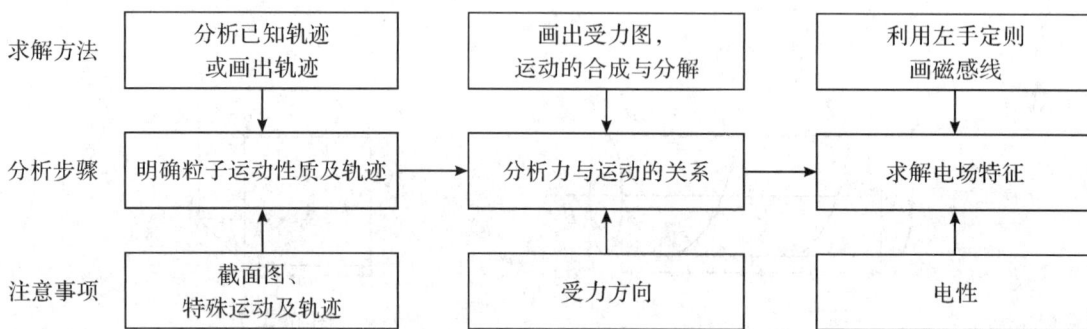

图 6-3-9

任务3：基于粒子运动分析复合场

问题情境　在分析粒子运动轨迹的基础上确定复合场的特征

如图 6-3-10 所示，有一由 x 轴、y 轴和以 O 为圆心、圆心角为 $90°$ 的半径不同的两条圆弧所围的区域 Ⅰ，整个区域 Ⅰ 内除了存在磁感应强度大小不变，磁感线在纸面的磁场 B_1（大小及方向未知）外，还存在方向垂直于纸面向里的匀强电场 E。由光电效应，从 M 板逸出的某粒子以速度 v 从 N 板小孔 O 点运动至第一象限，沿两圆弧的半径方向进入环形区域 Ⅰ，并在区域

Ⅰ 中做匀速直线运动。画出磁感线并写出 E 与 B 的关系的表达式。

如图 6-3-11 所示，匀强电场的方向竖直向下，匀强磁场的方向垂直于纸面向里，粒子质量为 m（重力不计），电荷量为 $+q$，以水平速度 v_0 从左侧射入，且 $qv_0B > qE$（E、B 大小未知）。粒子的运动轨迹如图 6-3-11 所示。已知粒子运动的最小速度为 v_{min}。写出 E 与 B 的关系的表达式。

如图 6-3-12 所示空间存在相互平行的匀强电场和匀强磁场，已知一带电量为 q、质量为 m 的正电荷（不计重力）以速度 v 进入，速度与磁场方向的夹角为 θ，粒子在该复合场中做不等间距的螺旋线运动，轨迹如图 6-3-12 所示，第 1、2 两个螺距的大小分别为 h_1、h_2，螺纹的半径为 r。求磁感应强度和电场强度。

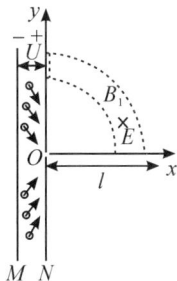 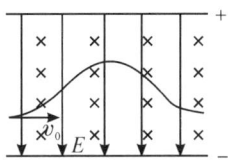 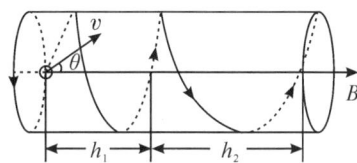

图 6-3-10   图 6-3-11   图 6-3-12

▶ **参考案例**

展示图 6-3-10 对应问题的学生解答。

解答 1：

如图 6-3-13 所示，$Bvq = Eq$，$Bv = E$。

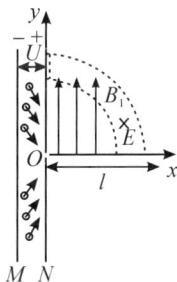

图 6-3-13

解答 2：

如图 6-3-14（a）所示，$Eq = qvB_1$，$E = vB_1$；如图 6-3-14（b）所示，$eE = B_1ev$，$eU = \dfrac{1}{2}mv^2$，

所以 $E = B_1 \cdot \sqrt{\dfrac{2eU}{m}}$；如图 6-3-14（c）所示，$eE = eB_1v$，$E = vB_1$。

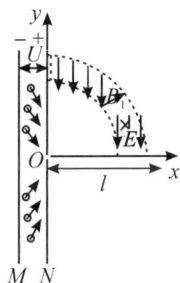 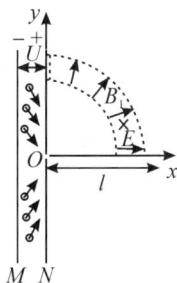 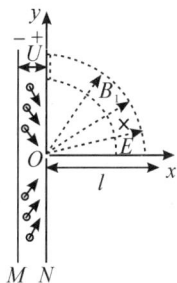

（a）   （b）   （c）

图 6-3-14

解答 3:

如图 6-3-15 所示，$Bqv - Eq = \dfrac{mv^2}{L}$。

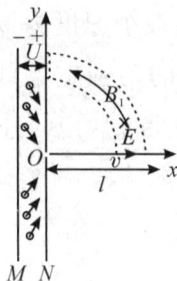

图 6-3-15

解答 4:

如图 6-3-16 所示，$qvB_1 = Eq$，所以 $\dfrac{E}{B_1} = v$。

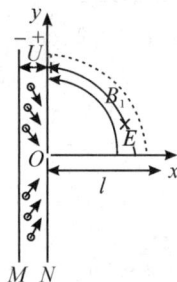

图 6-3-16

▶ **展有所获**

师：如何评价以上四种解答？

生1：给出解答1的同学根本没有仔细审题，磁场是在环形区域的。给出解答2的同学写的电场强度与磁感应强度的关系是正确的，但画错了磁场方向。对于题中"存在磁感应强度大小不变，磁感线在纸面的磁场 B_1（大小及方向未知）"这句话没有深刻地理解，若按照解答2，磁感线不均匀分布，磁感应强度的大小是不同的，只在同一半径对应的圆弧上才相等。

生2：解答3的磁场方向是正确的，但谁提供向心力没有搞明白，应该是没有认真进行受力分析导致的。

生3：解答4中磁场的画法应该是正确的，并且电场强度与磁感应强度的关系是正确的。

▶ **评有成果**

对于已知粒子运动情况，画出磁感线、判断磁场方向的这类问题应该用什么方法解决？

生4：审题一定要仔细，比如这里的磁场分布区域、磁场特点、粒子做什么运动等。

生5：画出磁感线后要回头看看是否符合题意，比如解答1、2与"存在磁感应强度大小不变"这句话不符。

生6：通过审题得到粒子"沿半径方向"做"匀速直线运动"，根据这两句话可以画出粒子的轨迹，然后根据匀速直线运动特点（受力平衡）进行受力分析。先判断得到电子受的电场力垂直于纸面向外,则必有其他力与之等大、反向。因此洛伦兹力方向与电场力方向等大、反向,得到洛伦兹力的方向垂直于纸面向里。已知粒子的运动方向和洛伦兹力方向,由左手定则得到正确的磁感应强度的方向。

师:在新情境中如何有效解决这类问题?

生7:对于新情境,一定要结合题意仔细分析粒子的运动情况、受力情况,再结合两者判断磁场的特征,画出磁感线,检验判断的正确性。

▶ 小结

我们之前进行过同一平面的运动分解与合成,如相互垂直的匀速直线运动与自由落体运动合成平抛运动。在复合场中,粒子可以做匀速直线运动、摆线运动、不等距螺旋运动等,因此根据题中所给的复杂情境进行分段分析,运用合成与分解,画出受力图,得到电场、磁场特征(如图6-3-17所示)。

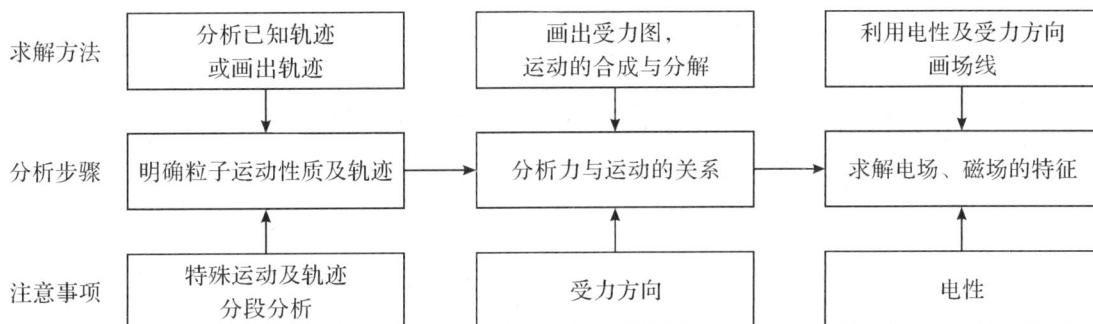

图 6-3-17

任务4　已知运动建构场

问题情境　**请加上合适的场,让粒子按题意运动**

如图6-3-18所示,一带正电的粒子(不计重力)以一水平向右的初速度v_0,从A点沿直线运动到B点。

如图6-3-19所示,一带正电的粒子(不计重力)以一水平向右的初速度v_0,从A点经三段圆弧轨迹到B点。

一带正电的粒子(不计重力)以速度v进入某一区域,速度与水平方向的夹角为θ,粒子在该区域中做等间距的螺旋运动,轨迹如图6-3-20所示,螺距的大小为h。

如图6-3-21所示,一带正电的粒子(不计重力)以一水平向右的初速度v_0,从A点沿摆线运动到B点。

如图6-3-22所示,长方形区域内存在正交的匀强电场和匀强磁场,一个质量为m、电荷量为q的小球以初速度v_0竖直向下进入该区域,且小球恰好沿直线下降。

图6-3-23(a)是示波管的原理图,管内抽成真空,给电子枪通电后,如果在偏转电极XX'和YY'上都没有加电压,电子束将打在荧光屏的中心O点。当XX'加如图6-3-23(b)所示的电压,YY'加一未知电压可使荧光屏显示如图6-3-23(c)所示的图案。

在上述六种情况下,根据运动特征,画出合适的场。

图 6-3-18

图 6-3-19

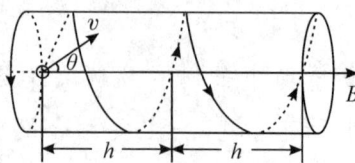
图 6-3-20

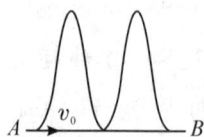
图 6-3-21

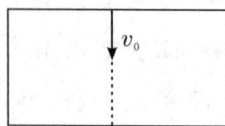
图 6-3-22

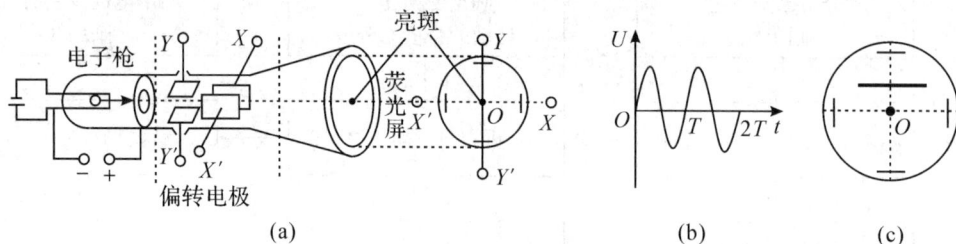
图 6-3-23

▶ **参考案例**

展示图 6-3-19 对应问题的学生解答(如图 6-3-24 ～ 6-3-30 所示)。

解答 1:

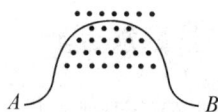
图 6-3-24

解答 2:

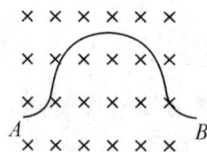
图 6-3-25

解答 3:

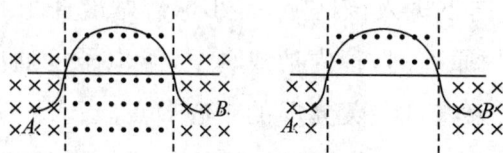
图 6-3-26

解答 4：

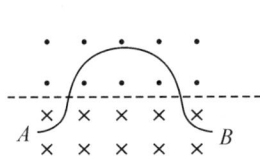 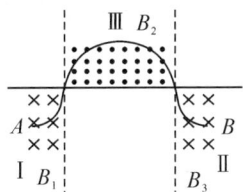

在区域 I 加垂直于纸面向里的匀强磁场 B_1，
在区域 II 加垂直于纸面向外的匀强磁场 B_2，
在区域 III 加垂直于纸面向里的匀强磁 B_3

图 6-3-27

解答 5：

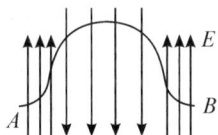

图 6-3-28

解答 6：

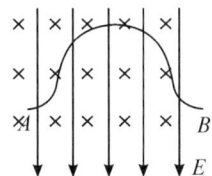

图 6-3-29

解答 7：

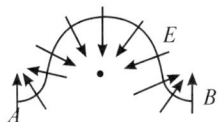

图 6-3-30

▶ **展有所获**

师：如何评价以上几种解答？

生 1：解答 1 只考虑了中间这一段轨迹的场的设置情况。解答 2 没有认真用左手定则判断力、速度与磁场三者的关系。

生 2：解答 4 正确。解答 3 没有说明是电场还是磁场，应该在旁边标明此处加的是磁场。因此解答 4 的右图相对比较完整、严密。

师：解答 5 可以吗？

生 3：不行，因为当速度方向与电场力方向垂直时的运动是类平抛运动，不是圆周运动，没有仔细审题。

生 4：解答 6 设置了正交的复合场，在电场力与洛伦兹力作用下粒子的轨迹不可能是圆。

生 5：解答 7 正确。径向的电场中，在同一圆弧上各点的电场强度大小相等，依靠电场力恰好提供向心力时，粒子做匀速圆周运动。

▶ **评有成果**

师：通过上面的例子，你们对于给定粒子初、末位置，再建构合适的场的这类问题有哪些认识？

生6：应该先熟悉几个在电场、磁场、电磁复合场中运动的典型模型，比如匀速直线运动、类平抛运动、匀速圆周运动等，然后根据需要分析。

生7：除了基本的运动以外，还要了解摆线、螺旋线等运动对应的场的特征。

生8：解决此类问题的关键在于结合受力分析及力与运动的关系，尝试添加场后再按照分析场、分析受力、判断运动的顺序来检验是否符合题意。

生9：可以按场的分类，尝试添加。比如添加电场能否实现这样的运动，画出电场后要一步步分析，这个过程中可以尝试改变电场的方向或者大小以满足题意。然后分析添加磁场是否可以实现这样的运动。再考虑电场与磁场的空间组合或者复合。

▶ **小结**

同学们说得都很好。已知运动建构场的过程实质就是已知场分析运动的递过程，因此根据已有的力与运动关系的储备来建构场是一种创造性的思维。我们利用尝试画出电场线或磁感线的方法来判断受力，进而检验运动的性质是否符合题意(如图6-3-31所示)。

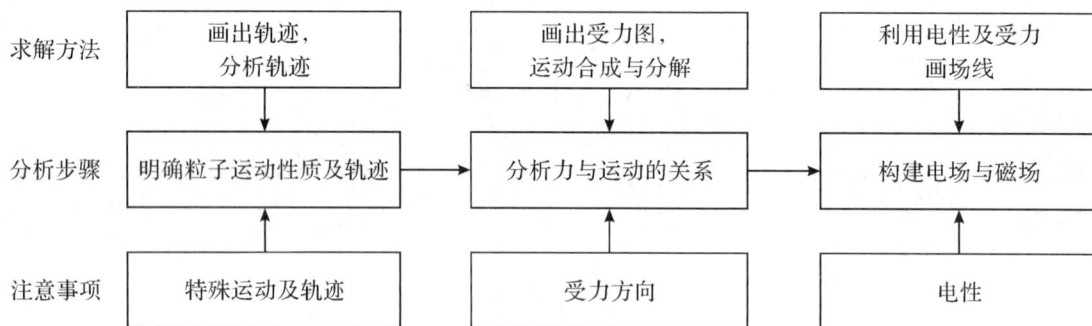

图 6-3-31

(三) 巩固性练习

1. 匀强电场的方向竖直向下，匀强磁场的方向垂直于纸面向里，质量为 m(重力不计)、电荷量为 $+q$ 的粒子从复合场中的 O 处由静止释放(重力不计)，粒子的运动轨迹如图6-3-32所示。已知粒子运动的最大速度为 v_{max}，用 E 与 B 表示 v_{max} 的关系表达式。

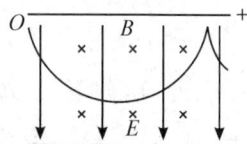

图 6-3-32

2. 在磁感应强度为 B 的水平匀强磁场中，一质量为 m、带正电 q 的小球在 O 点由静止释放，小球的运动曲线如图6-3-33所示。已知此曲线在最低点的曲率半径为该点到 x 轴距离的2倍，重力加速度为 g。求：

(1) 小球运动到任意位置 $P(x, y)$ 的速率 v；

(2) 小球在运动过程中第一次下降的最大距离 y_m；

(3) 当在上述磁场中加一竖直向上、场强为 $E\left(E > \dfrac{mg}{q}\right)$ 的匀强电场时，

小球从 O 点静止释放后获得的最大速率 v_m。

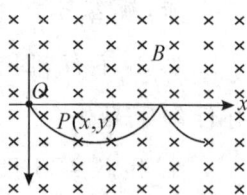

图 6-3-33

3. 一个放射源水平放射出 α、β 和 γ 三种射线,垂直射入如图 6-3-34 所示磁场。区域 Ⅰ 和 Ⅱ 的宽度均为 d,各自存在着垂直纸面的匀强磁场,两区域的磁感应强度大小 B 相等,方向相反(粒子运动不考虑相对论效应)。

(1) 若要筛选出速率大于 v_1 的 β 粒子进入区域 Ⅱ,求磁场宽度 d 与 B 和 v_1 的关系。

(2) 若 $B = 0.0034\text{T}$,$v_1 = 0.1c$(c 是光速),则可得 d;α 粒子的速率为 $0.001c$,计算 α 和 γ 射线离开区域 Ⅰ 时的距离;并给出去除 α 和 γ 射线的方法。

(3) 当 d 满足第(1)问所给关系时,请给出速率在 $v_1 > v > v_2$ 区间的 β 粒子离开区域 Ⅱ 时的位置和方向。

(4) 请设计一种方案,能使离开区域 Ⅱ 的 β 粒子束在右侧聚焦且水平出射。

已知:电子质量 $m_e = 9.1 \times 10^{-31}\text{kg}$,α 粒子质量 $m_\alpha = 6.7 \times 10^{-27}\text{kg}$,电子电荷量 $q = 1.6 \times 10^{-19}\text{C}$,$\sqrt{1+x} \approx 1 + \dfrac{x}{2}$(当 $x \ll 1$ 时)。

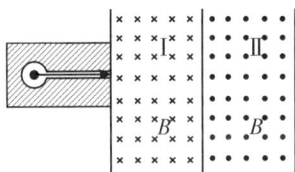

图 6-3-34

四、纵向主题一:装置与场分析(一)

(一) 课时学习目标

素养类别	具体目标
物理观念	能正确认识不同电场、磁场的时空分布特征,知道它们的作用,体现物质观
	通过电场力和洛伦兹力与运动的相关特点,深化力决定运动的观念,体现相互作用观
	通过电场力对带电粒子做功感悟电势能与机械能之间的相互转化,体现能量观
科学思维	通过对不同形态电磁场及已有科学仪器的再认识,深入体会电场和磁场对带电粒子运动的控制方式,并能应用在科学实践中
	能画出受力分析图和运动分析图,明确力与运动之间的关系,建立正确的运动模型
	深入理解不同特征的电场和磁场以及组合场对带电粒子运动控制的本质为力与运动的关系,回归到高中物理牛顿运动定律这个核心内容

(二) 课时学习设计

任务 1:花式回旋加速器

一种花瓣形电子加速器的简化示意图如图 6-4-1 所示,有三个同心圆 a、b、c 围成的区域,圆 a 内为无场区域,圆 a 与圆 b 之间存在辐射状电场,圆 b 与圆 c 之间有三个圆心角均略小于 90° 的扇环形匀强磁场区域 Ⅰ、Ⅱ 和 Ⅲ。各区域磁感应强度恒定,大小不同,方向均垂直于纸面向外。电子以初动能 E_{k0} 从圆 b 上 P 点沿径向进入电场,电场可以反向,保证电子每次进入电场即被全程加速,已知圆 a 与圆 b 之间的电势差为 U,圆 b 的半径为 R,圆 c 的半径为 $\sqrt{3}R$,电子质量为 m,电荷量为 e,忽略相对论效应,取 $\tan 22.5° = 0.4$。

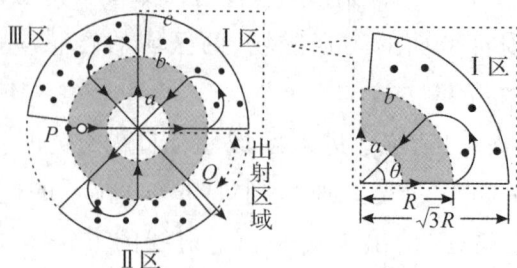

图 6-4-1

问题情境 1 　粒子在磁场中的运动时间和出射动能计算

当 $E_{k0} = 0$ 时，电子加速后均沿各磁场区边缘进入磁场，且在电场内相邻运动轨迹间的夹角 θ 均为 $45°$，最终从 Q 点出射，运动轨迹如图 6-4-1 中带箭头实线所示，求 Ⅰ 区的磁感应强度大小、电子在 Ⅰ 区磁场中的运动时间及在 Q 点出射时的动能。

▶ **参考案例**

展示情境 1 的学生解答。

解答 1：

由题意知，电子在磁场中做匀速圆周运动，分析运动轨迹，如图 6-4-2 所示，由几何关系得

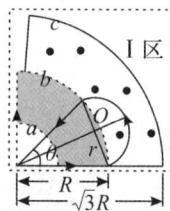

图 6-4-2

$$\left(\frac{r}{\tan 22.5°}\right)^2 + r^2 = R^2$$

由电场力做正功，结合动能定理得

$$eU = \frac{1}{2}mv_1^2$$

由带电粒子在磁场中做圆周运动的向心力公式得

$$ev_1B_1 = m\frac{v_1^2}{r}$$

联立得

$$B_1 = \frac{1}{R}\sqrt{\frac{29mU}{2e}}$$

电子在 Ⅰ 区磁场中的运动时间为

$$t = \frac{180°}{360°} \cdot \frac{2\pi m}{eB_1} = \frac{T}{2} = \frac{\pi m}{eB_1} = \pi R\sqrt{\frac{2m}{29eU}}$$

由进入磁场到在 Q 点射出的动能定理得

$$7eU = \frac{1}{2}mv_Q^2, \quad E_k = \frac{1}{2}mv_Q^2$$

联立得

$$E_k = 7eU$$

解答 2：

由题意知，电子在磁场中做匀速圆周运动，分析运动轨迹，如图 6-4-3 所示，由几何关系得

$$r = R\tan 22.5° = 0.4R$$

由电场力做正功,结合动能定理得

$$2eU = \frac{1}{2}mv_1^2$$

由电子在磁场中做圆周运动的向心力公式得

$$ev_1 B_1 = m\frac{v_1^2}{r}$$

联立得

$$B_1 = \frac{5}{R}\sqrt{\frac{mU}{e}}$$

电子在 I 区磁场中的运动时间为

$$t = \frac{225°}{360°} \cdot T = \frac{5}{8} \cdot \frac{2\pi r}{v_1} = \frac{\pi R}{4}\sqrt{\frac{m}{eU}}$$

由进入磁场到在 Q 点射出的动能定理得

$$8eU = \frac{1}{2}mv_Q^2 = E_{kQ}$$

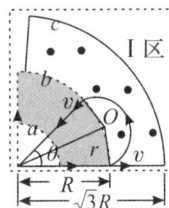

图 6-4-3

▶ **展有所获**

师:上述两个解答哪个错误?错误的解答存在哪些问题?这些问题的根源是什么?

生1:解答1错误。存在的问题是画错了轨迹图,没有找对几何关系,导致轨迹半径求错。这个问题的根源是没有按照定圆心、画轨迹、找半径的步骤认真规范地作图,误认为题图中的圆弧是一个半圆,直接两点连线当作直径处理。

生2:解答1错误。轨迹画错,导致半径求错,同时导致轨迹的圆心角弄错,所以电子在磁场中运动的时间也不对。

生3:解答1错误。给出解答1的同学审题不清,想当然地认为进入 I 区磁场的电子只被加速一次,没有看清电子是从 P 点位置开始发射的,即运动的初状态没有找对,也是解题步骤不严谨导致的,所以两处动能定理的电场力做功都少了一个 eU。

师:这个问题只要求我们求电子在磁场中运动的时间,那么电子在电场中的运动时间能求吗?

生4:不能求。因为这个情境中的辐向电场是非匀强电场,加速度是变的,无法求解电场中的运动时间。

▶ **评有成果**

师:通过以上展示和讨论,你认为处理带电粒子在磁场中做匀速圆周运动问题的关键是什么?

生5:处理带电粒子在磁场中做匀速圆周运动问题的关键是画好轨迹图,找对几何关系。

师:那怎样才能做好这一步骤呢?

生6:正确的步骤是先画出两点处的速度方向,再由左手定则判定洛伦兹力方向,即半径方向,两处半径方向的交点即为圆心,之后再作辅助线,由几何关系求解轨迹半径。其他定圆心、找半径的情况也必须按正确的步骤,规范地作图,切不可大意。

师:用动能定理解决问题时我们要注意哪些关键点?

生7:用动能定理解决问题时一定要找对初、末状态,弄清楚过程中所有力的做功情况,求对合力的功。

问题情境2　保证粒子能出射的初动能大小

已知电子只要不与Ⅰ区磁场外边界相碰,就能从出射区域出射。当 $E_{k0} = keU$ 时,要保证电子从出射区域出射,求 k 的最大值。

▶ 参考案例

展示情境2的学生解答。

解答1:

电子不与Ⅰ区磁场外边界相碰的条件是轨迹与Ⅰ区磁场外边界相切,如图6-4-3所示。

由几何关系得

$$r_m = \sqrt{3}R - R$$

由向心力表达式得

$$ev_m B_1 = m\frac{v_m^2}{r_m}$$

电子从 P 到Ⅰ区磁场,由动能定理得

$$2eU = \frac{1}{2}mv_m^2 - keU$$

联立得 k 的最大值为 $k_m = 48 - 25\sqrt{3}$。

解答2:

电子不与Ⅰ区磁场外边界相碰的条件是轨迹与Ⅰ区磁场外边界相切,如图6-4-4所示。

由几何关系得

$$\sqrt{R^2 + r_m^2} + r_m = \sqrt{3}R \text{ 或 } R^2 + r_m^2 = (\sqrt{3}R - r_m)^2$$

解得 $r_m = \frac{\sqrt{3}}{3}R$。

图6-4-4

由向心力表达式得

$$ev_m B_1 = m\frac{v_m^2}{r_m}$$

电子从 P 到Ⅰ区磁场,由动能定理得

$$2eU = \frac{1}{2}mv_m^2 - keU$$

联立得 k 的最大值为 $k_m = \frac{13}{6}$。

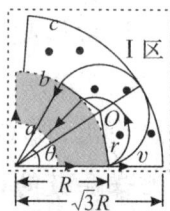

▶ **展有所获**

师:你从上述两个解答发现了什么?

生1:上述解答中的问题还是几何关系出错。两个解答的分析都是正确的,只是给出解答1的同学没有画临界状态下电子的轨迹图,沿用了问题情境1的轨迹图,想象了相切的状态,只认为最远是在磁场外边界,忽略了切点的位置,找错了几何关系。

▶ **评有成果**

师:通过以上讨论,你有什么收获?

生2:我的收获是对于临界状态的图一定要认真地绘制,因为它是解决问题的关键,也是解题的突破口。

师:此题中电子的初动能变化,但速度方向不变,可以看作怎样的粒子源?它们在匀强磁场中的运动轨迹有何特点?

生3:可以看作多粒子、单方向运动、速度大小不同的粒子源。它们在匀强磁场中的运动轨迹是由同一点出发的放缩圆。

师:辐向电场的作用是什么?

生4:辐向电场的作用是使电子能沿径向直线加速,并使电子每次都能沿径向进出圆形边界磁场。

师:处理圆形磁场边界的临界条件是什么?

生5:运动轨迹与磁场边界相切。

任务2:回旋变速器问题探讨

小明受回旋加速器的启发,设计了如图6-4-5(a)所示的回旋变速装置。两相距 d 的平行金属极板 M、N,板 M 位于 x 轴上,板 N 在它的正下方。两板间加上如图6-4-5(b)所示的幅值为 U_0 的交变电压,周期 $T_0 = \dfrac{2\pi m}{qB}$。板 M 上方和板 N 下方有磁感应强度大小均为 B、方向相反的匀强磁场。粒子探测器位于 y 轴处,仅能探测到垂直射入的带电粒子。有一沿 x 轴可移动、粒子出射初动能可调节的粒子发射源,沿 y 轴正方向射出质量为 m、电荷量为 $q(q > 0)$ 的粒子。$t = 0$ 时刻,发射源在 $(x,0)$ 位置发射一带电粒子。忽略粒子的重力和其他阻力,粒子在电场中运动的时间不计。

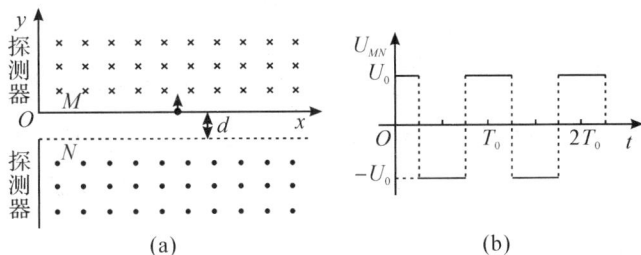

图6-4-5

问题情境 1 发射源位置及初动能求解

若粒子只经磁场偏转并在 $y = y_0$ 处被探测到，求发射源的位置和粒子的初动能。

▶ **参考案例**

展示情境 1 的学生解答。

解答 1:

根据题意，粒子经磁场偏转后打在 y 轴上 y_0 位置，如图 6-4-6 所示，由几何关系得

$$r^2 = (x - r)^2 + y_0^2$$

由粒子在磁场中偏转得

$$qv_0B = m\frac{v_0^2}{r}$$

初动能为

$$E_{k0} = \frac{1}{2}mv_0^2$$

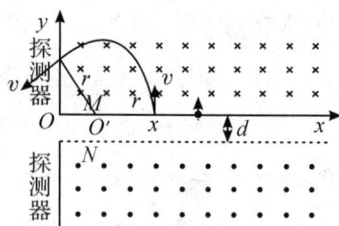

图 6-4-6

解答 2:

根据题意，粒子垂直于 x 轴入射，只经磁场偏转且垂直打在 y 轴上 y_0 位置，轨迹如图 6-4-7 所示，可知粒子在磁场中偏转的轨道半径 $r = y_0$，所以出射位置坐标为 $(0, y_0)$，圆心在坐标原点，发射源的位置为 $x = y_0$。

由粒子在磁场中偏转得

$$qv_0B = m\frac{v_0^2}{r}$$

初动能为

$$E_{k0} = \frac{1}{2}mv_0^2$$

联立解得

$$E_{k0} = \frac{q^2B^2y_0^2}{2m}$$

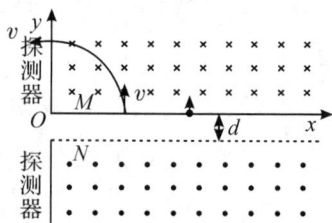

图 6-4-7

▶ **展有所获**

师：你们从上述两个解答发现了什么？

生 1：解答 1 审题不清，没有抓住"仅能探测到垂直射入的带电粒子"这个关键点，导致少了一个条件而无法解得坐标 x 和轨迹半径 r，致使后续也无法求解初动能。

生 2：解答 2 能抓住"仅能探测到垂直射入的带电粒子"这个审题关键点，根据题意，由左手定则，判定圆心就在坐标原点，则 $x = r = y_0$。

▶ **评有成果**

师：通过以上讨论，你们有什么收获？

生 3：审题时要注意隐含条件，边读题边在图上标注信息，根据已知条件规范作图。

问题情境 2 **发射源位置与探测位置间的关系**

若粒子两次进出电场区域后被探测到，求粒子发射源的位置 x 与被探测到的位置 y 之间的关系。

▶ **参考案例**

展示情境 2 的学生解答。

解答 1：

由 $T = \dfrac{2\pi m}{qB} = T_0$ 得，粒子两次进入电场都被加速，分别在 $\dfrac{T_0}{2}$ 和

T_0 时刻，轨迹如图 6-4-8 所示，由 $qvB = m\dfrac{v^2}{r}$ 得 $r = \dfrac{mv}{qB}$，可求出 3 段

圆弧半径分别为

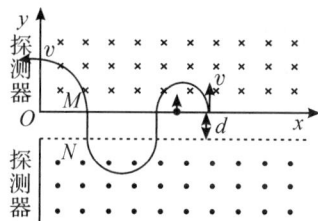

图 6-4-8

$$r_0 = \frac{mv_0}{qB}, \quad r_1 = \frac{mv_1}{qB}, \quad y = r_2 = \frac{mv_2}{qB}$$

对粒子在电场中的运动应用动能定理，有

$$qU_0 = \frac{1}{2}mv_1^2 - \frac{1}{2}mv_0^2$$

$$2qU_0 = \frac{1}{2}mv_2^2 - \frac{1}{2}mv_0^2$$

粒子初始位置坐标为

$$x = 2(r_0 + r_1) + y$$

联立得

$$x = y + \frac{2}{qB}\sqrt{(qBy)^2 - 4mqU_0} + \frac{2}{qB}\sqrt{(qBy)^2 - 2mqU_0}$$

解答 2：

由 $T = \dfrac{2\pi m}{qB} = T_0$ 得，粒子两次进入电场都被减速，分别在 $\dfrac{T_0}{2}$、

T_0、$\dfrac{3T_0}{2}$ 和 $2T_0$ 时刻，轨迹如图 6-4-9 所示，由 $qvB = m\dfrac{v^2}{r}$，得 $r =$

$\dfrac{mv}{qB}$，可求出 5 段圆弧半径分别为

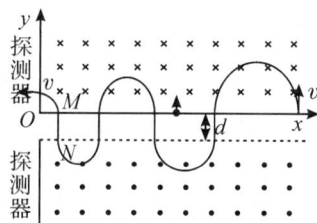

图 6-4-9

$$r_0 = \frac{mv_0}{qB}, \quad r_1 = \frac{mv_1}{qB}, \quad r_2 = \frac{mv_2}{qB}$$

$$r_3 = \frac{mv_3}{qB}, \quad y = r_4 = \frac{mv_4}{qB}$$

对粒子在电场中的运动应用动能定理，有

$$-qU_0 = \frac{1}{2}mv_1^2 - \frac{1}{2}mv_0^2$$

$$-2qU_0 = \frac{1}{2}mv_2^2 - \frac{1}{2}mv_0^2$$

$$-3qU_0 = \frac{1}{2}mv_3^2 - \frac{1}{2}mv_0^2$$

$$-4qU_0 = \frac{1}{2}mv_4^2 - \frac{1}{2}mv_0^2$$

粒子初始位置坐标为

$$x = 2(r_0 + r_1 + r_2 + r_3) + y$$

联立得

$$x = y + \frac{2}{qB}\sqrt{(qBy)^2 + 8mqU_0} + \frac{2}{qB}\sqrt{(qBy)^2 + 6mqU_0} + \frac{2}{qB}\sqrt{(qBy)^2 + 4mqU_0} +$$

$$\frac{2}{qB}\sqrt{(qBy)^2 + 2mqU_0}$$

解答 3：

由 $T = \frac{2\pi m}{qB} = T_0$ 得，粒子两次进入电场都被减速且不过电场区

域，原路返回到上方磁场区域，轨迹如图 6-4-10 所示，由 $qvB = m\frac{v^2}{r}$

得 $r = \frac{mv}{qB}$，可求出 3 段圆弧半径相等，均为

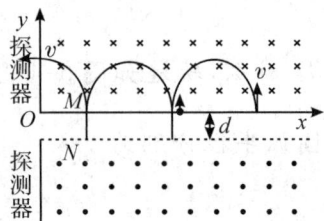

图 6-4-10

$$y = r_0 = \frac{mv_0}{qB}$$

粒子初始位置坐标为

$$x = 5r_0 = 5y$$

解答 4：

由 $T = \frac{2\pi m}{qB} = T_0$ 得，粒子两次进出电场，分别在 $\frac{T_0}{2}$ 和 T_0 时刻进入电场，如图 6-4-11 所

示，由电势高低和带电粒子的运动方向知，第一次进入电场时粒子做

减速运动，讨论初动能 E_{k0} 和电场力做功的大小 qU_0 的关系得粒子的

运动有 3 种情形。

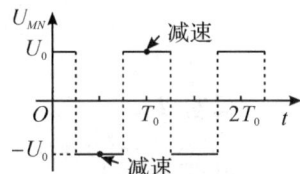

图 6-4-11

（1）若粒子的初动能 $E_{k0} > 2qU_0$，则粒子两次进入电场都减速，且

能穿过电场，轨迹如图 6-4-12 所示。

粒子在磁场中偏转，由 $qvB = m\frac{v^2}{r}$ 得 $r = \frac{mv}{qB}$，可求出 3 段圆弧半

径分别为

$$r_0 = \frac{mv_0}{qB}, r_1 = \frac{mv_1}{qB}, y = r_2 = \frac{mv_2}{qB}$$

对粒子在电场中运动应用动能定理，有

$$-qU_0 = \frac{1}{2}mv_1^2 - \frac{1}{2}mv_0^2$$

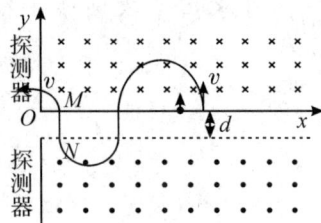

图 6-4-12

$$-2qU_0 = \frac{1}{2}mv_2^2 - \frac{1}{2}mv_0^2$$

粒子初始位置坐标为

$$x = 2(r_0 + r_1) + y$$

联立得

$$x = y + \frac{2}{qB}\sqrt{(qBy)^2 + 2mqU_0} + \frac{2}{qB}\sqrt{(qBy)^2 + 4mqU_0}$$

（2）若粒子的初动能 $qU_0 < E_{k0} < 2qU_0$，则粒子第一次进入电场减速并穿过电场，第二次进入电场减速但不能穿过电场，原路返回原磁场区，轨迹如图 6-4-13 所示。

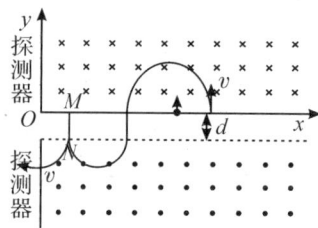

图 6-4-13

粒子在磁场中偏转，由 $qvB = m\dfrac{v^2}{r}$ 得 $r = \dfrac{mv}{qB}$，可求出 3 段圆弧半径分别为

$$r_0 = \frac{mv_0}{qB}, r_1 = r_2 = \frac{mv_1}{qB}$$

由几何关系得

$$r_2 = -y - d$$

对粒子在电场中运动应用动能定理，有

$$-qU_0 = \frac{1}{2}mv_1^2 - \frac{1}{2}mv_0^2$$

粒子初始位置坐标为

$$x = 2r_0 + 3r_1$$

联立得

$$x = -3(y + d) + \frac{2}{qB}\sqrt{q^2B^2(y+d)^2 + 2mqU_0}$$

（3）若粒子的初动能 $E_{k0} < qU_0$，则粒子第一次进入电场减速就不能穿过电场，原路返回到原磁场区，经半个周期后再次进入电场，但此时电场反向，所以第二次进入电场做加速运动并穿过电场，轨迹如图 6-4-14 所示。粒子在磁场中偏转，由 $qvB = m\dfrac{v^2}{r}$ 得 $r = \dfrac{mv}{qB}$，可求出 3 段圆弧半径分别为

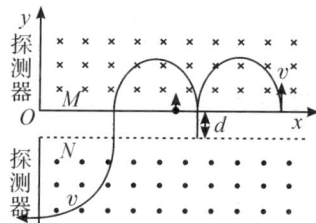

图 6-4-14

$$r_0 = r_1 = \frac{mv_0}{qB}, r_2 = \frac{mv_2}{qB}$$

由几何关系得

$$r_2 = -y - d$$

对粒子在电场中运动应用动能定理，有

$$qU_0 = \frac{1}{2}mv_2^2 - \frac{1}{2}mv_0^2$$

粒子初始位置坐标为

$$x = 4r_0 + r_2$$

联立得

$$x = -y - d + \frac{4}{qB}\sqrt{q^2B^2(y+d)^2 - 2mqU_0}$$

▶ 展有所获

师：解答 1、2、3 分别存在什么问题？我们解题时应如何避免这些问题？

生1:解答1的问题是将"回旋变速器"误认为是"回旋加速器"。

生2:解答2的问题是只解了"回旋变速器"中一直减速的情况,且将粒子两次进出电场理解错误,做成了4次进出电场。

生3:解答3的问题是没有在每次进电场时对带电粒子的受力和运动进行分析,认为粒子第一次减速后不经过电场区域,接下来都是重复做周期性的运动。

生4:上述三种解答存在的问题,主要还是对运动和力的分析不到位,没有按照每次运动状态和力变化时都须重新进行分析的原则操作。我们在解题时一定要按照"选取研究对象 → 进行受力分析和运动状态的分析 → 寻找运动规律 → 列式求解"的顺序进行解答,这样就可以避免上述问题的出现。

生5:运动物体的运动状态或受力发生变化时,必须重新进行分析,重新判断接下来的运动情况。

▶ 评有成果

师:通过以上讨论,你有什么收获?

生6:此题源于"回旋加速器",但又不同于"回旋加速器",粒子发射和到达极板的时刻不是交变电压变化的时刻,所以要具体问题具体分析,按部就班地对粒子进行受力分析和运动状态分析,考虑可能出现的多种情形,分析粒子在金属极板间是做加速运动还是减速运动,再从功能关系分析粒子能否穿过电场区域,从而考虑所有情形。

师:此题中的电场和磁场各有什么特点?如何影响粒子的运动?

生7:电场是交变电场,电场强度变化的周期与带电粒子在磁场中运动的周期相同。

生8:磁场的两个方向相反,所以粒子进入两个磁场后并不做回旋运动,而要重新判断受力方向和轨迹偏转方向。

师:对于这类交变电磁场,我们应该如何分析粒子的运动?

生9:分段分析,按照时间和空间,一步步分析粒子的运动、电场的变化、磁场的不同,三者有机结合,不漏任何情形。

(三) 巩固性练习

1. 回旋加速器的工作原理如图 6-4-15(a)所示,置于真空中的 D 形金属盒半径为 R,两盒间狭缝宽度为 d,磁感应强度为 B 的匀强磁场与盒面垂直,被加速粒子的质量为 m,电荷量为 $+q$,加在两金属板间的交变电压如图 6-4-15(b)所示,随时间 t 变化,电压值的大小为 U_0,周期 $T = \dfrac{2\pi m}{qB}$。一束粒子在 $t = 0 \sim \dfrac{T}{2}$ 时间内从 A 处均匀地飘入狭缝,其初速度视为 0。现考虑粒子在狭缝中的运动时间,假设能够出射的粒子每次经过狭缝均做匀加速直线运动,不考虑粒子重力和粒子间的相互作用。求:

(1) 射出粒子的最大动能 E_{km};

(2) 粒子从飘入狭缝至动能达到 E_{km} 所需的总时间 $t_{总}$;

(3) 要使飘入狭缝的粒子中有超过 99% 能射出,d 应满足的条件。

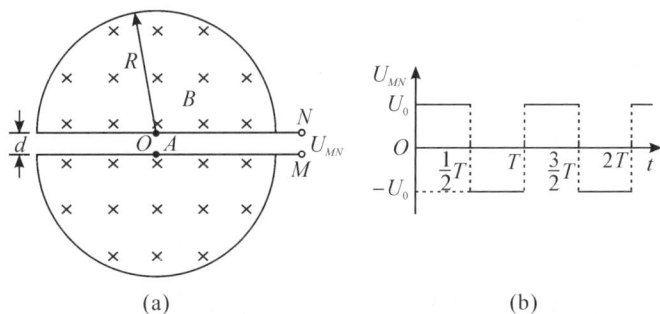

图 6-4-15

2. 回旋加速器如图 6-4-16(a) 所示，由两个铝制 D 形金属扁盒组成，两个 D 形盒正中间开有一条狭缝，两个 D 形盒处在匀强磁场中并接有高频交变电压。图 6-4-16(b) 为俯视图，在 D 形盒上半面中心 S 处有一正离子源，它发出的正离子经狭缝电压加速后，进入 D 形盒中，在磁场力的作用下运动半周，再经狭缝电压加速。为保证粒子每次经过狭缝都被加速，应设法使交变电压的周期与粒子在狭缝及磁场中运动的周期一致。如此周而复始，最后到达 D 形盒的边缘，获得最大速度后被束流提取装置提取出。已知正离子的电荷量为 q，质量为 m，加速时电极间电压大小恒为 U，磁场的磁感应强度为 B，D 形盒的半径为 R，狭缝宽度为 d。设正离子从离子源出发时的初速度为 0。

（1）试计算上述正离子从离子源出发被第一次加速后进入下半盒中运动的轨道半径。

（2）尽管粒子在狭缝中每次加速的时间很短，但也不可忽略。试计算上述正离子在某次加速过程中从离开离子源到第 n 次被加速结束时所经历的时间。

（3）不考虑相对论效应，试分析要提高某一离子被半径为 R 的回旋加速器加速后的最大动能可采用的措施。

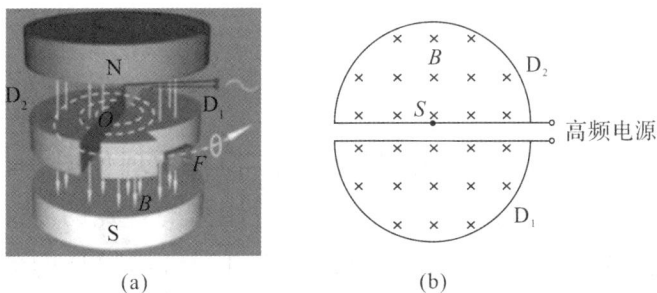

图 6-4-16

3. 同步加速器在粒子物理研究中有重要的应用，其基本原理可简化为如图 6-4-17 所示的模型。M、N 为两块中心开有小孔的平行金属板，质量为 m、电荷量为 $+q$ 的粒子 A（不计重力）从 M 板小孔飘入板间，速度可视为 0。每当 A 进入板间，两板的电势差变为 U，粒子 A 得到加速，当 A 离开 N 板时，两板的电荷量均立即变为 0。两板外部存在垂直于纸面向里的匀强磁场，A 在磁场作用下做半径为 R 的圆周运动，R 远大于板间距离。A 经电场多次加速，动能不断增大，为使 R 保持不变，磁场必须相应地变化。不计粒子加速时间及其做圆周运动产生的电磁辐射，不考虑磁场变化对粒子速度的影响及相对论效应。求：

(1)A 运动第 1 周时磁场的磁感应强度 B_1 的大小;

(2)A 绕行 n 周所需总时间 t;

(3)在 A 运动第 n 周的时间内电场力做功的平均功率 $\overline{P_n}$。

图 6-4-17

五、纵向主题二:装置与场分析(二)

(一) 课时学习目标

核心素养	具体目标
物理观念	知道各种质谱仪的基本场构造
	了解各种质谱仪工作的基本原理,知道使得带电粒子在时间或空间上发生分离的不同方法
	知道径向电场、匀强电场和匀强磁场及组合场、复合场中带电粒子的受力及运动情况
科学思维	会分析带电粒子在不同电场、磁场、组合场、复合场中的受力和运动情况
	能推理出磁场中偏移量和半径、角度的几何关系,并结合洛伦兹力提供向心力,得到偏移量和某些变化量的通式,使用比例法等数学方法处理
	会使用正交分解法处理匀变速曲线运动的二维和三维的情况
	能用场的描述量(E,U,B)和粒子的描述量(v,m,q)获取表达通式,分析变化量,进行对比分离
科学态度与责任	体会科学与技术的紧密联系与相互影响,形成研究新技术的内驱力

(二) 课时学习设计

任务 1:径向电场和匀强磁场组合质谱仪

有一种质谱仪由静电分析器和磁分析器组成,其简化原理如图 6-5-1 所示。左侧静电分析器中有方向指向圆心 O、与 O 点等距离的各点的场强大小相同的径向电场,右侧的磁分析器中分布着方向垂直于纸面向外的匀强磁场,其左边界与静电分析器的右边界平行,两者间距近似为 0。离子源发出两种速度均为 v_0、电荷量均为 q、质量分别为 m 和 $0.5m$ 的正离子束,从 M 点垂直于该点电场方向进入静电分析器。在静电分析器中,质量为 m 的离子沿半径为 r_0 的四分之一圆弧轨道做匀速圆周运动,从 N 点水平射出,而质量为 $0.5m$ 的离子恰好从 ON 连线的中点 P 与水平方向成 θ 角射出,从静电分析器射出的这两束离子垂直于磁场方向射入磁分析器中,最后打在放置于磁分析器左边界的探测板上,其中质量为 m 的离子打在 O 点正下方的 Q 点。已知 $OP = 0.5r_0$,$OQ = r_0$,N、P 两点间的电势差 $U_{NP} = \dfrac{mv_0^2}{q}$,$\cos\theta = \sqrt{\dfrac{4}{5}}$,不计重力和离子间的相互作用。

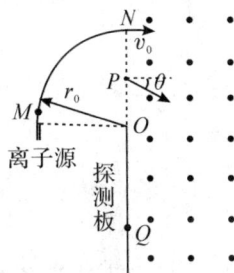

图 6-5-1

问题情境 1 径向电场圆周运动偏转

求静电分析器中半径为 r_0 处的电场强度 E_0 和磁分析器中的磁感应强度 B 的大小。

▶ **参考案例**

展示情境 1 的学生解答。

解答 1：

P 为 NO 的中点，N、O 两点间的电势差为

$$U_{NO} = 2U_{NP} = 2\frac{mv_0^2}{q}$$

电场中电场强度为

$$E = \frac{U_{NO}}{r_0} = 2\frac{mv_0^2}{r_0 q}$$

磁场中洛伦兹力提供向心力

$$qv_0 B = m\frac{v_0^2}{r_0}$$

得到 $B = \frac{mv_0}{qr_0}$

解答 2：

静电分析器为径向电场，粒子只受电场力，做匀速圆周运动，电场力提供向心力

$$E_0 q = \frac{mv_0^2}{r_0}$$

得到

$$E_0 = \frac{mv_0^2}{qr_0}$$

磁场中 B 的求法同解答 1。

▶ **展有所获**

师：解答 1 错在哪里？

生 1：将径向电场误当作匀强电场处理，场分析错误，误用公式 $E = \frac{U}{d}$。

师：你是怎么处理径向电场中粒子的匀速圆周运动问题的？

生 2：匀速圆周运动中合力提供向心力，径向电场中不计粒子重力，电场力提供向心力可得到结果。

▶ **评有成果**

师：上述情境中你有什么收获？

生 3：匀速圆周运动都是合力提供向心力。但不同的场中粒子受力不同，题中不考虑重力，径向电场中粒子仅受电场力，电场力提供向心力；匀强磁场中粒子仅受洛伦兹力，洛伦兹力提供向心力。解题时需要认真分析不同场中粒子的受力情况和运动情况。

问题情境 2   径向电场一般曲线运动偏转

接情境 1,求质量为 $0.5m$ 的离子到达探测板上的位置与 O 点的距离 l（用 r_0 表示）。

▶ **参考案例**

展示情境 2 的学生解答。

解答 1：

如图 6-5-2 所示,质量为 $0.5m$ 的离子以同样速度 v_0 进入磁场后,有

$$qv_0B = 0.5m\frac{v_0^2}{r_2}$$

设离子打到探测板上 E 点,由几何关系得

$$PE = 2r_2\cos\theta$$

$$l = PE - OP$$

$$l = \left(\frac{2\sqrt{5}}{5} - \frac{1}{2}\right)r_0$$

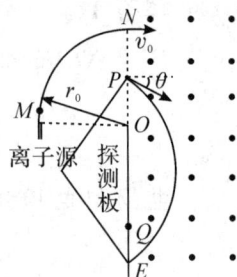

图 6-5-2

解答 2：

质量为 $0.5m$ 的离子从 M 点到 P 点列动能定理方程

$$qU_{NP} = \frac{1}{2}mv_P^2$$

进入磁场后,有

$$qv_PB = 0.5m\frac{v_P^2}{r_2}$$

几何关系同解答 1,得到 l。

解答 3：

如图 6-5-3 所示,质量为 $0.5m$ 的离子从 M 点到 P 点列动能定理方程

$$qU_{NP} = \frac{1}{2} \times 0.5mv_P^2 - \frac{1}{2} \times 0.5mv_0^2$$

得到

$$v_P = \frac{\sqrt{5}}{2}v_0$$

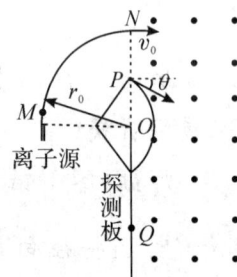

图 6-5-3

进入磁场后,有

$$qv_PB = 0.5m\frac{v_P^2}{r_2}$$

求得

$$r_2 = \frac{\sqrt{5}}{4}r_0$$

由几何关系得

$$l = r_2\cos\theta = \frac{1}{2}r_0$$

解答 4:

质量为 $0.5m$ 的离子从 M 点到 P 点列动能定理方程

$$qU_{NP} = \frac{1}{2} \times 0.5mv_P^2 - \frac{1}{2} \times 0.5mv_0^2$$

得到质量为 $0.5m$ 的离子进入 P 点的速度为

$$v_P = \sqrt{5}\, v_0$$

进入磁场后,有

$$qv_P B = 0.5m \frac{v_P^2}{r_2}$$

得到圆周运动半径

$$r_2 = \frac{\sqrt{5}}{2} r_0$$

几何关系同解答 1,得到 l,从而得到 $l = 1.5 r_0$。

▶ **展有所获**

师:情境 2 中你的分析思路是什么?

生 1:离子的质量发生改变,在径向电场中电场力无法提供匀速圆周运动需要的向心力,离子不再做匀速圆周运动,而是做一般的曲线运动,这时候选用动能定理处理。进入磁场后是单边界的斜射入模型,离子依然做匀速圆周运动,求出圆周运动半径后,根据几何关系就可以求出最后离子打在探测板上的位置与 O 点的距离 l。

师:根据前面几种解答,这道题目在哪些地方容易发生错误?

生 2:解答 1 误认为质量为 $0.5m$ 的离子在电场中依然做匀速圆周运动,进入磁场后速度和质量为 m 的离子相同。解答 2 使用了动能定理,但是漏了初动能,离子的质量也误认为 m,动能定理表达式错误。解答 3 算错了 v_P,误认为 O 点是磁场中圆周运动的圆心,进而几何关系错误。

▶ **评有成果**

师:常见的电磁场有哪些?

生 3:匀强电场、径向电场、匀强磁场、径向磁场。

师:对比情境 1、2,这类曲线问题的处理思路是什么?

生 4:需要分析电磁场中的受力情况、运动情况。一般有三种模型:粒子受恒力,做匀变速运动,使用正交分解处理;粒子所受合力提供向心力,做匀速圆周运动,结合圆周运动几何关系处理;粒子做一般的曲线运动,使用动能定理。

师:处理这类问题中还需要注意什么?

生 5:在匀速圆周运动分析中注意几何关系的处理,画出圆周运动的圆心、半径,作出相关的三角形,如果是直角三角形使用勾股定理或者角度的三角函数关系,如果是一般三角形使用正余弦定理。粒子源是多种粒子时,粒子相关物理量 (m, q, v) 发生变化,需要重新进行受力和运动分析,选择相应表达式,注意表达式中变化的部分。

问题情境3 磁场变化下的离子分辨和重叠

接情境2,若磁感应强度在$(B-\Delta B)$和$(B+\Delta B)$之间波动,要在探测板上完全分辨出质量为m和$0.5m$的两束离子。求$\dfrac{\Delta B}{B}$的最大值。

▶ **参考案例**

展示情境3的学生解答。

解答1:

磁感应强度在$(B-\Delta B)$和$(B+\Delta B)$之间波动,质量为m的离子的半径范围为

$$\frac{mv_0}{(B+\Delta B)q} \leqslant r_1 \leqslant \frac{mv_0}{(B-\Delta B)q}$$

$$l_1 = 2r_1$$

质量为$0.5m$的离子的半径范围为

$$\frac{\sqrt{5}}{2} \cdot \frac{mv_0}{(B+\Delta B)q} \leqslant r_2 \leqslant \frac{\sqrt{5}}{2} \cdot \frac{mv_0}{(B-\Delta B)q}$$

$$l_2 = 2r_2\cos\theta$$

要完全分辨是l_1的最小值比l_2小,还是l_1的最大值比l_2大。然后就不知道该怎么解了……

解答2:

质量为m的离子的临界半径为

$$r_1' = \frac{mv_0}{(B+\Delta B)q}$$

质量为$0.5m$的离子的临界半径为

$$r_2' = \frac{1}{2} \cdot \frac{mv_P}{(B-\Delta B)q}$$

两者重合的条件为

$$2r_1' - r_0 = 2r_2'\cos\theta - 0.5r_0$$

解得$\dfrac{\Delta B}{B}$的最大值为$2+\sqrt{5}$。

解答3:

能够在探测板上完全分辨出两束离子,临界状态为质量为m的离子的最下方位置和质量为$0.5m$的离子的最上方位置重合。

设质量为m的离子的最大半径为

$$r_1' = \frac{mv_0}{(B-\Delta B)q}$$

质量为$0.5m$的离子的最小半径为

$$r_2' = \frac{0.5mv_P}{(B+\Delta B)q}$$

两者重合的条件是

$$2r_1' - r_0 \leqslant 2r_2'\cos\theta - 0.5r_0$$

解得 $\dfrac{\Delta B}{B}$ 的最大值为 $\sqrt{17}-4$。

▶ **展有所获**

师：这道题目的易错点是什么？

生1：没有认识到 B 变化后，同一离子在探测板上位置移动会形成一个区域，进而不知道离子分离问题实质就是两个离子打到的区域不重叠。

师：怎么理解情境3中在探测板上完全分辨出质量为 m 和 $0.5m$ 的两束离子？

生2：由情境1、2可以发现，当磁感应强度都是 B 的时候，两种离子进出磁场的距离是相同的，$2r_0 = 2r_2\cos\theta$，质量为 $0.5m$ 的离子打在下方。可以把这个结论拓展至 $(B-\Delta B)$ 到 $(B+\Delta B)$ 的任意磁感应强度下，只要质量为 m 的离子的最远位置和质量为 $0.5m$ 的离子的最近位置错开，离子就发生分离。计算两者重合的临界位置就可以了。

▶ **评有成果**

师：这类离子分离问题中应该注意什么？怎么处理？

生3：一般这类问题前面几问中是特殊值的解答，需要根据特殊情况得到统一的通式，如问题情境3中两种离子半径的关系通式，从而得到当磁感应强度相同的时候，两种离子进出磁场的距离 $d = 2r_0 = 2r_2\cos\theta$ 是相同的。由于某些物理量的变化，离子打在屏上会有一定的范围，可以根据通式得到离子能打到的范围，全部范围有时不需要完全求解，根据离子位置由几何关系得到离子错开的临界条件即可。

任务2：立体空间电场、磁场组合质谱仪

某型号质谱仪的工作原理如图6-5-4所示。M、N 为竖直放置的两块金属板，两板间电压为 U，Q 板为记录板，分界面 P 将 N、Q 间区域分为宽度均为 d 的 Ⅰ、Ⅱ 两部分，M、N、P、Q 所在平面相互平行，a、b 为 M、N 上两正对的小孔。以 a、b 所在直线为 z 轴，向右为正方向，取 z 轴与 Q 板的交点 O 为坐标原点，以平行于 Q 板水平向里为 x 轴正方向，竖直向上为 y 轴正方向，建立空间直角坐标系 $O\text{-}xyz$。区域 Ⅰ 内充满沿 x 轴正方向的匀强磁场，磁感应强度大小为 B。一质量为 m、电荷量为 $+q$ 的粒子，从 a 孔飘入电场（初速度视为0），经 b 孔进入磁场，过 P 面上的 c 点（图中未画出）。不计粒子重力。

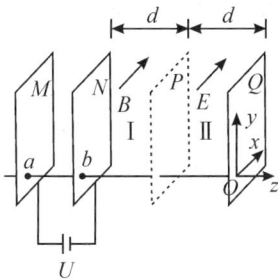

图 6-5-4

▦ **问题情境1**

求粒子在磁场中做圆周运动的半径 R 以及 c 点到 z 轴的距离 L。

▶ **参考案例**

展示情境1的学生解答。

解答1:

粒子在 M、N 间的电场中做加速运动,由动能定理得

$$qU = \frac{1}{2}mv^2$$

粒子在区域 Ⅰ 内做匀速圆周运动,洛伦兹力提供向心力,由牛顿第二定律得

$$qvB = m\frac{v^2}{R}$$

解得

$$R = \frac{1}{B}\sqrt{\frac{2Um}{q}}$$

粒子在 z 轴方向做匀速运动,有

$$d = vt$$

在平面 xOy 上做匀速圆周运动的周期为

$$T = \frac{2\pi m}{qB}$$

设粒子在磁场中做圆周运动对应的圆心角为 α,有

$$\alpha = \frac{t}{T}2\pi = Bd\sqrt{\frac{q}{2mv}}$$

$$L = R(1 - \cos\alpha)$$

解得

$$L = \frac{1}{B}\sqrt{\frac{2Um}{q}}\left(1 - \cos Bd\sqrt{\frac{q}{2Um}}\right)$$

解答2:

同解答1,得

$$R = \frac{\sqrt{2mqU}}{qB}$$

如图 6-5-5 所示,粒子在 yOz 平面磁场中做圆周运动,由几何关系得

$$d^2 + (R - L)^2 = R^2$$

解得

$$L = \frac{\sqrt{2mqU}}{qB} - \sqrt{\frac{2mU}{qB^2} - d^2}$$

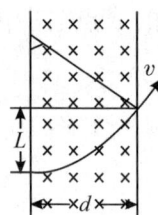

▶ **展有所获**

师:解答1错在哪里?

生1:没有看清磁场方向沿 x 轴正方向,从而错误地判断粒子在 xOy 平面内做圆周运动。

师:处理这个问题的难点在哪里?你是怎么处理的?

生2:这个问题的难点在于空间三维问题,但在这一问中,速度方向垂直于匀强磁场,是磁场类问题的一般情况,粒子在 yOz 平面内运动,磁场方向垂直于该平面。在 yOz 平面内按照磁

图 6-5-5

场双边界问题来处理,画出圆周的运动轨迹,确定圆心和半径,根据直角三角形勾股定理就可以求得边长关系。

▶ 评有成果

师:这类问题的基本处理思路是什么?

生3:洛伦兹力涉及力、速度和磁场方向,为三维空间,需要将三维空间转化为二维平面,一般选取轨迹所处平面,磁场垂直穿过该平面。然后按照粒子受力情况和初速度,判断粒子的运动情况。如果粒子在磁场中做仅受(或者等效仅受)洛伦兹力的匀速圆周运动,画出粒子运动的轨迹图,找出圆心和半径,找到相关三角形,进行几何关系的处理。

问题情境2　立体电场正交分解

接情境1,区域Ⅱ内充满沿 x 轴正方向的匀强电场,电场强度大小为 E。一质量为 m、电荷量为 $+q$ 的粒子,从 a 孔飘入电场(初速度视为0),经 b 孔进入磁场,过 P 面上的 c 点进入电场,最终打到记录板 Q 上。求粒子打到记录板上位置的 x 坐标和 y 坐标(y 坐标用 R、d 表示)。

▶ 参考案例

展示情境2的学生解答。

解答1:

在立体的三维空间中,粒子在 x 轴上受恒定电场力,做匀加速直线运动,然后无法确定三维相关关系,不知道该怎么做下去了……

解答2:

在区域Ⅱ中,粒子在沿 z 轴方向上做匀速直线运动,运动时间为

$$t = \frac{d}{v} = d\sqrt{\frac{m}{2qU}}$$

式中 v 为粒子在前磁场中的运动速率。

粒子沿 x 轴做初速度为0的匀加速直线运动,有

$$x = \frac{1}{2}at^2, Eq = ma$$

得到 x 坐标为

$$x = \frac{Ed^2}{4U}$$

粒子沿 y 轴做匀速直线运动,有

$$y' = vt = d$$

得到 y 坐标为

$$y = L + y' = L + d$$

解答3:

设粒子在磁场中做圆周运动,对应的圆心角为 α,有

$$\cos\alpha = \frac{\sqrt{R^2 - d^2}}{R}$$

如图6-5-6所示,将速度 v 进行分解:

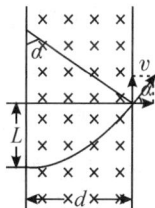

图 6-5-6

在区域 II 中,粒子在沿 z 轴方向上做匀速直线运动,时间为

$$t = \frac{d}{v\cos\alpha}$$

粒子沿 x 轴做匀加速直线运动,有

$$x = \frac{1}{2}at^2, Eq = ma$$

得到 x 坐标为

$$x = \frac{Ed^2}{4U\left(1 - \dfrac{d^2}{R^2}\right)}$$

粒子沿 y 轴做匀速直线运动,得到 y 坐标为

$$y = vt\sin\alpha = \frac{d^2}{\sqrt{R^2 - d^2}}$$

解答 4:

设粒子在磁场中做圆周运动,对应的圆心角为 α,有

$$\cos\alpha = \frac{\sqrt{R^2 - d^2}}{R}$$

在区域 II 中,粒子在沿 z 轴方向上做匀速直线运动,时间为

$$t = \frac{d}{v\cos\alpha}$$

粒子沿 x 轴做匀加速直线运动,有

$$x = \frac{1}{2}at^2, Eq = ma$$

得到 x 坐标为

$$x = \frac{md^2E}{4mU - 2qd^2B^2}$$

粒子沿 y 轴做匀速直线运动,有

$$y' = vt\sin\alpha$$

得到 y 坐标为

$$y = L + y' = R - \sqrt{R^2 - d^2} + \frac{d^2}{\sqrt{R^2 - d^2}}$$

▶ **展有所获**

师:情境 2 的学生解答错在哪里?

生1:各个方向的运动判断不全面,有错误。在电场中,解答2误判为 z 轴和 y 轴方向上速度都为 v,没有把速度进行分解。解答3没有考虑到在磁场中粒子在 y 轴方向上已经发生了偏转,同时 x 轴方向上位移中的 R 需要化解。

师:你认为这个情境的难点在哪里?你是如何解决的?

生2:这个情境的难点在于对立体空间的处理,需要对三个方向分别进行受力和运动的分析。这道题目在电场中粒子只受到 x 轴方向恒定电场力的作用,判断粒子只有在 x 轴方向做匀加速直线运动,在其他两个方向做匀速直线运动。同时运动需要考虑初状态,包括初始位置(在

各坐标轴上的初始坐标)和初速度。在 yOz 平面上分解初速度。将三维问题转化为二维平面,画出截面图,再分解速度、位移矢量到一维方向处理。

▶ **评有成果**

师:这类立体问题的普遍处理方法是什么?

生3:首先分析场,画出电场、磁场方向。然后进行受力分析,初始状态位置、速度分析,画出截面图,进行正交分解。最后在分方向上列出牛顿运动定律及运动学表达式进行求解。

问题情境3 **比荷不同的离子空间分辨**

如图 6-5-7 所示,在记录板上得到三个点 S_1、S_2、S_3,若这三个点是质子 $_1^1\text{H}$、氘核 $_1^3\text{H}$、氦核 $_2^4\text{He}$ 的位置,请写出这三个点分别对应哪个离子(不考虑离子间的相互作用)。

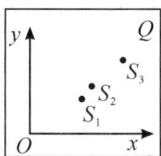

图 6-5-7

▶ **参考案例**

展示情境3的学生解答。

解答1:

这三种离子的区别是比荷不同,设离子比荷为

$$k = \frac{q}{m}$$

则

$$k_{质子} > k_{氚核} > k_{氦核}$$

然后就不知道该怎么做了 ……

解答2:

同解答1得到比荷大小关系,应用比荷关系,从 y 坐标求解

$$y = R - \sqrt{R^2 - d^2} + \frac{d^2}{\sqrt{R^2 - d^2}}$$

$$R = \frac{1}{B}\sqrt{\frac{2Um}{q}}$$

$$R \propto \sqrt{\frac{m}{q}}$$

解答3:

同解答1得到比荷大小关系

$$k = \frac{q}{m}$$

离子的 x 坐标为

$$x = \frac{md^2E}{4mU - 2qd^2B^2} = \frac{d^2E}{4U - 2\frac{q}{m}d^2B^2}$$

$$x_{质子} > x_{氘核} > x_{氚核}$$

由图 6-5-7 可知,S_1、S_2、S_3 分别对应氚核$_1^3$H、氦核$_2^4$He、质子$_1^1$H 的位置。

▶ **展有所获**

师:这个情境的问题你是怎么解决的?

生1:首先观察三种离子能够分离的原因,离子的质量、电荷量不同,比荷也不同。再看空间上分离的结果就是记录板上的空间位置不同,也就是坐标不同。结合情境 2 中,使用 x 坐标,因为 y 坐标还没有完全化解。发现表达式中有离子质量 m、电荷量 q 两个不同量,将式子化解,可以发现只和比荷有关,从而得到答案。

师:这个情境容易出现的错误是什么?

生2:无法和前面的离子打到记录板上位置的坐标相联系,从而得到分离关系。离子打到记录板上位置的 x 坐标错误,或者不能化简为比荷的形式,或者化简错误,从而得到完全相反的结论。

▶ **评有成果**

师:这类离子分离问题的一般处理方法是怎样的?

生3:首先找出离子分离的原因,可以是离子自身的一些参量变化,如上述情境中的比荷、速度、电性等,也可以是磁场或者电场的变化。然后列出空间位置或者时间关系的通式,根据不同点进行对比。

(三) 巩固性练习

1. 多反射飞行时间质谱仪是一种测量离子质量的新型实验仪器,其基本原理如图 6-5-8 所示,从离子源 A 处飘出的离子初速度不计,经电压为 U 的匀强电场加速后射入质量分析器。质量分析器由两个反射区和长为 l 的漂移管(无场区域)构成,开始时反射区1、2均未加电场,当离子第一次进入漂移管时,两反射区开始加上电场强度大小相等、方向相反的匀强电场,其电场强度足够大,使得进入反射区的离子能够反射回漂移管。离子在质量分析器中经多次往复即将进入反射区 2 时,撤去反射区的电场,离子打在荧光屏 B 上被探测到,可测得离子从 A 到 B 的总飞行时间。设实验所用离子的电荷量均为 q,不计离子重力。

(1)求质量为 m 的离子第一次通过漂移管所用的时间 T_1;

(2)反射区加上电场,电场强度大小为 E,求离子能进入反射区的最大距离 x;

(3)已知质量为 m_0 的离子的总飞行时间为 t_0,待测离子的总飞行时间为 t_1,两种离子在质量分析器中反射相同次数,求待测离子的质量 m_1。

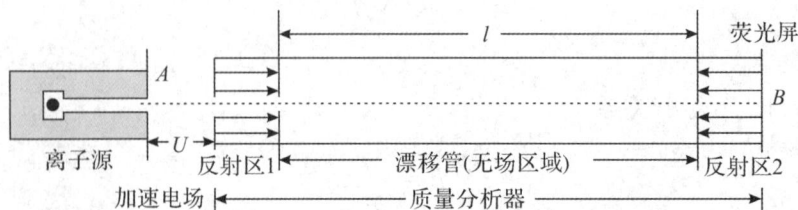

图 6-5-8

2. 为了研究带电粒子在磁场中的运动情况,设计了如图 6-5-9(a) 所示的封闭装置。该装置由一个棱长为 L 的立方体和一个直径、高均为 L 的半圆柱叠加而成,半圆柱的正方形平面与正方体的上表面重合,装置内部是空心的。以正方体上表面中心 O 为坐标原点,垂直于正方体的三个表面分别建立 x、y、z 坐标轴。装置内部存在磁场,磁感应强度沿 x、y、z 轴方向的分量 B_x、B_y、B_z 随时间变化的规律如图 6-5-9(b) 所示,B_0 已知。O 处有一正离子源,该离子源以同一速率不断沿 x 轴正方向发射电荷量为 $+q$、质量为 m 的离子。已知 $t = 0$ 时刻发射的离子恰好沿 z 轴负方向撞击装置内壁,$T = \dfrac{2\pi m}{qB_0}$,不考虑离子间的碰撞、相互作用及离子重力,也不考虑因磁场突变所产生的电场对离子运动的影响,离子撞击到装置内壁后立即被吸收。

(1) 求离子发射时的速率 v。

(2) 求 $t = T - \dfrac{\sqrt{2}}{4}T$ 时刻发射的离子:

    ① 在 $t = T$ 时刻的位置,用坐标 (x, y, z) 表示;

    ② 在磁场中做匀速直线运动的时间。

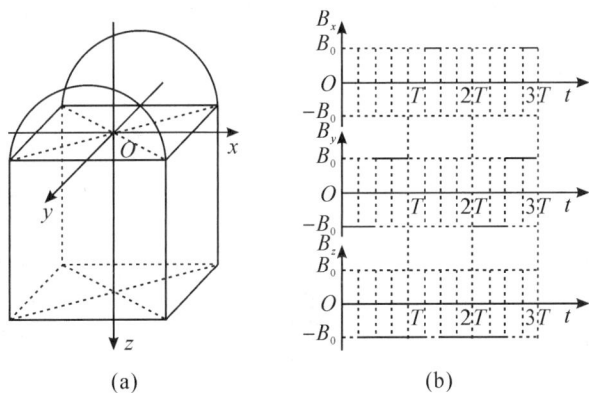

(a)   (b)

图 6-5-9

3. 某种离子诊断测量简化装置如图 6-5-10 所示。竖直平面内存在边界为矩形 $EFGH$、方向垂直于纸面向外、磁感应强度大小为 B 的匀强磁场,探测板 CD 平行于 HG 水平放置,能沿竖直方向缓慢移动且接地。a、b、c 三束宽度不计、间距相等的离子束中的离子均以相同速度持续从边界 EH 水平射入磁场,b 束中的离子在磁场中沿半径为 R 的四分之一圆弧运动后从下边界 HG 竖直向下射出,并打在探测板的右边缘 D 点。已知每束每秒射入磁场的离子数均为 N,离子束间的距离均为 $0.6R$,探测板 CD 的宽度为 $0.5R$,离子质量均为 m,电荷量均为 q,不计重力及离子间的相互作用。

(1) 求离子速度 v 的大小及 c 束中的离子射出磁场边界 HG 时与 H 点的距离 s;

(2) 求探测到三束离子时探测板与边界 HG 的最大距离 L_{max};

(3) 若打到探测板上的离子被全部吸收,求离子束对探测板的平均作用力的竖直分量 F 与板到 HG 的距离 L 的关系。

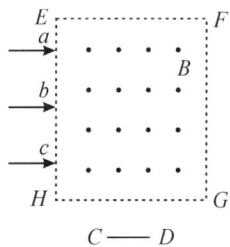

图 6-5-10

专题七:力、热综合

一、专题综述

(一) 试题情境与特征分析

1.试题情境

　　力、热综合问题的两种常规情境("玻璃管＋水银柱"和"汽缸＋活塞")是常被考查的模型,通常会设置玻璃管粗细不同、有多根玻璃管的 U 形连通、有卡口对活塞的阻挡、有弹簧与活塞的连接等情境,情境间多采用组合方式,常规情境常有新意。力、热综合的多过程问题和变质量问题往往从过程和研究对象的复杂性上设置难度,对学生的综合能力要求较高,是近年考查的重点。同时,力、热综合问题的试题大多依据实际情境编制,对学生建模能力有较高的要求,如图 7-1-1 ～ 7-1-9 所示。

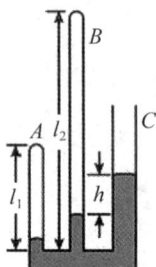

图 7-1-1

图 7-1-2

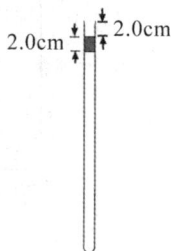

图 7-1-3

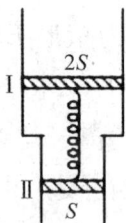

图 7-1-4

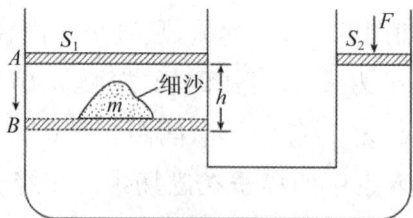

图 7-1-5

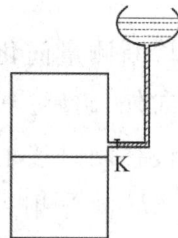

图 7-1-6

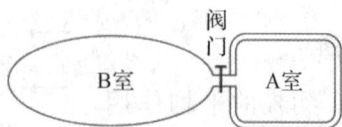

图 7-1-7

图 7-1-8

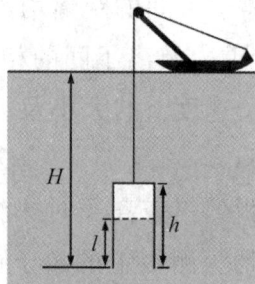

图 7-1-9

2. 特征分析

力、热综合问题情境复杂，综合性强，考查面广，注重基础知识、建模能力的考查，主要有以下特点。

（1）知识综合程度高

力、热综合问题中，以气体为主要研究对象，要求综合运用三大气体定律、理想气体状态方程、热力学第一定律等知识求解，力、热综合问题还需要用动力学知识、几何关系分析气体的压强、体积，或者通过压强关联求解玻璃管、汽缸等的平衡问题、动力学问题。

（2）对建模能力要求高

力、热综合问题往往涉及多种研究对象，包括气体、玻璃管、汽缸、活塞，它们的数量可能是一个也可能是多个，求解过程需要多次变换研究对象，灵活应用整体法和隔离法，研究变质量问题时，需通过等效方法选取合适的研究对象。力、热综合问题既可能是模型确定的单一过程，也可能是多个过程，需选取不同过程分别建立模型。力、热综合问题通常以"玻璃管 ＋ 水银柱"和"汽缸 ＋ 活塞"的实际情境出现，气体与外界的关联及气体之间的关联，受玻璃管的粗细、活塞的截面积大小影响，受到卡口、弹簧的制约，也跟容器、活塞、隔板的导热／绝热性能的差异有关，类型众多，对建模能力要求高。根据生活、生产、科技中的实际问题改编的试题，情境中关联因素更加隐蔽，制约关系更加复杂，对建模能力的要求更高。

（3）对科学思维能力要求高

力、热综合问题对科学思维能力的要求主要体现在以下几个方面。

① 多过程问题中临界条件、隐含条件的分析；

② 关联气体问题中压强关系、体积关系的分析；

③ 在数学求解时要能够灵活选用公式、图像等工具。

（二）学生思维障碍分析

1. 研究对象选取困难造成思维障碍

（1）气体研究对象复杂，造成研究对象选取困难。如充气、放气问题中，气体质量在变化，用等效法选取部分或全部气体作为研究对象时理解上存在一定的困难，如没有注意到漏气现象，而把初、末状态容器内的气体误当作同一研究对象，造成理解上的错误。

（2）气体周边关联物体众多，造成研究对象选取困难。气体问题的研究对象不仅仅是气体本身，还需要选择玻璃管、液柱、液元、汽缸、活塞等关联物体作为研究对象进行分析，由于关联物体众多，合理、有序选取研究对象的难度较大。

2. 制约关系复杂造成思维障碍

（1）不同气体的压强和体积间存在关联，气体压强和体积的变化与玻璃管液柱间存在关联，与活塞、汽缸的位置及运动状态存在关联，它们之间不是单向产生影响，而是双向互为影响，复杂程度高。

（2）制约关系复杂造成确定研究顺序难度大。求解顺序跟已知量、待求量的设置有关，也跟气体间的制约关系有关，一般可以从与外界大气压关联处开始由外向内求解，学生对此思路不明确，会造成求解思路混乱。

3. 隐含条件易被忽视造成思维障碍

在多过程问题中可能隐含着漏气、水银柱溢出、活塞卡住（或移动）等条件，漏气会造成研究对象的变化，水银柱溢出会造成气体体积和压强的变化，活塞卡住（或移动）会造成气体状态变化，模型发生改变。另外，导热、绝热、做功条件的不同，会对气体内能和温度产生隐性的影响，这些隐含条件分析不到位会造成模型错误。

（三）求解思维导图

求解思维导图如图 7-1-10 所示。

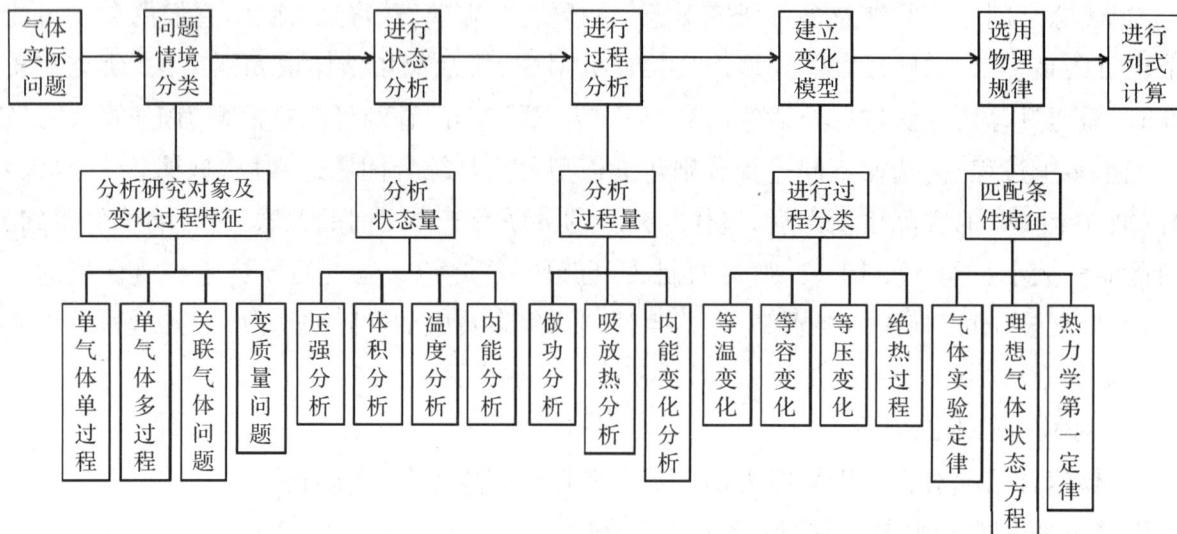

图 7-1-10

（四）专题学习目标

素养类型	具体目标
物理观念	具有通过玻璃管、液柱、液元、汽缸、活塞求解气体状态参量，分析气体与气体、气体与外界大气间关联的观念
	具有把力学知识与气体实验定律相结合求解力、热综合问题的观念
	具有把复杂气体问题简化成单气体单过程问题的观念
科学思维	能熟练应用常见模型求解气体的压强、体积和温度的关系
	能对实际问题进行简化，会分析气体的临界状态，用假设法设定过渡状态，从而建立气体变化模型
	能综合运用几何关系图、数列等数学知识进行求解
	能在隐含条件的分析过程中反思自己的思维
科学态度与责任	能认识到画图分析是提升思维效率的重要方法，在画图过程中养成严谨的学习态度
	能认识到气体压强关系的实质是力学关系
	在解决复杂的实际问题中，体会把复杂问题分解成简单问题的组合的方法，体会变与不变的辩证关系

专题细分及课时规划

专题细分		课时规划
横向主题	主题一:气体压强计算	1 课时
	主题二:气体体积计算	1 课时
	主题三:变质量问题分析	1 课时
纵向主题	力、热综合问题求解思维展示	1 课时

二、横向主题一:气体压强计算

（一） 课时学习目标

素养类型	具体目标
物理观念	具有气体压强的计算实质是对玻璃管、液柱、液元、汽缸、活塞等进行力学分析的观念
	具有"玻璃管 + 液柱"情境中计算封闭气体压强的观念
	具有"汽缸 + 活塞"情境中计算封闭气体压强的观念
科学思维	会对"玻璃管 + 液柱"情境建立求解封闭气体压强的模型
	会用连通器原理、液元或液柱平衡法求解封闭气体压强
	会对"汽缸 + 活塞"情境建立合适的力学模型
	会通过对汽缸、活塞进行力学分析求解气体的压强
科学态度与责任	能认识到气体压强关系的实质是力学关系

（二） 课时学习设计

任务 1:由"玻璃管 + 液柱"封闭的气体压强计算

问题情境 1 玻璃管 + 液柱 + 单气体

已知水银密度为 ρ,大气压为 p_0。

如图 7-2-1 所示,上端封闭、下端开口的粗细均匀的玻璃管斜插在水银槽内,管内水银面比槽内水银面高 h,对应长度为 L,玻璃管上端封闭有一定质量的气体。

如图 7-2-2 所示,上端封闭、下端开口的粗细均匀的玻璃管竖直插在水银槽内,槽内水银面比管内水银面高 L,管内水银柱高 h,玻璃管上端封闭有一定质量的气体。

如图 7-2-3 所示,玻璃管上端开口,下端封闭,上半段玻璃管较细,横截面积为 S_1,下半段玻璃管较粗,横截面积为 S_2,管内水银柱长分别为 h、L,玻璃管下端封闭有一定质量的气体。

如图 7-2-4 所示,粗细均匀的 L 形玻璃管上端开口,下端封闭,竖直长为 h、水平长为 L 的水银柱在玻璃管下端封闭有一定质量的气体。

如图 7-2-5 所示,粗细均匀的 U 形玻璃管左端封闭,右端开口,竖直长分别为 h_1、h_2,水平长为 L 的水银柱在左侧管内封闭有一定质量的气体。

在上述五种情况下,写出计算封闭气体的压强 p 的研究对象、物理原理和式子。

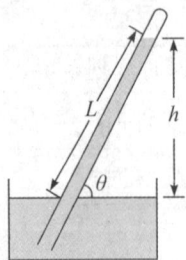 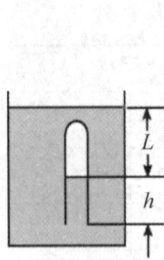 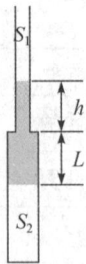 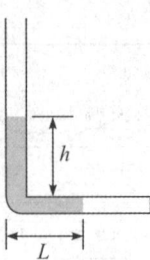 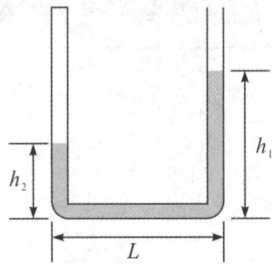

图 7-2-1　　　图 7-2-2　　　图 7-2-3　　　图 7-2-4　　　图 7-2-5

▶ **参考案例**

展示图 7-2-3 对应问题的学生解答。

解答 1:

研究对象:水银柱最低处液面;物理原理:液元平衡;计算式:$p = p_0 + \rho g(h + L)$。

解答 2:

研究对象:粗细管交界处液元;物理原理:二力平衡;计算式列了两个:甲式 $pS_1 - \rho g L S_1 = (p_0 + \rho g h)S_1$,乙式 $pS_2 - \rho g L S_2 = (p_0 + \rho g h)S_1$,等式左边到底该用 S_1 还是 S_2 确定不了。

解答 3:

研究对象:全部水银柱;物理原理:二力平衡;计算式:$pS_2 = p_0 S_1 + \rho (S_1 h + S_2 L)g$。

解答 4:

研究对象:上半细水银柱;物理原理:二力平衡;计算式:$(p - \rho g L)S_1 = p_0 S_1 + \rho S_1 h g$。

▶ **展有所获**

师:大家对以上四种解答有什么想法?

生1:原以为解答1一定是对的,现在看来其他解法也有道理,答案又不尽相同,这四种解法中一定有错的,也许解答1不适合这种玻璃管粗细不同的情况。

生2:解答2中甲式可以理解成以细管最低处液元为研究对象,乙式可以理解成以粗管最高处液元为研究对象,向下、向上的压强所作用的面积分别为 S_1、S_2,两者答案不同,不知错在哪里。

生3:管子上细下粗,与粗细均匀的管子有区别。解答4中,以细管内的水银柱为研究对象进行分析,与分析粗细均匀的管子是相同的,答案也与解答1相同,应该是正确的。解答3以整体为研究对象分析,方法也是可以的,但不能确定分析过程错在哪里。如果对粗管内的水银柱进行分析,$pS_2 = (p_0 + \rho g h)S_1 + \rho g L S_2$,这个答案与整体法是一样的。

生4:解答3的受力分析有错,水银柱还受到管壁的作用力,竖直部分的管壁的作用力是对称的,合力为0,细管和粗管连接处有水平的管壁,它对粗管内的水银柱的作用力是向下的,大小为 $F = (p_0 + \rho g h)(S_2 - S_1)$。考虑力 F 后,解答3用整体法分析,或用隔离法对粗管内水银柱分析,计算结果均与解答1、解答4相同。

生5:如果以图 7-2-6 中灰色液柱为研究对象,计算结果正确,还可以规避 F 带来的问题。

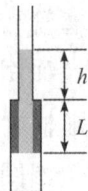

图 7-2-6

生6:解答2中甲式正确,乙式错误,乙式漏了力 F,造成错解。力 F 不会对压强产生影响,比如粗细管交界处的压强一定为 $p_0 + \rho g h$,所以解答1既适用于粗细均匀的玻璃管,也适用于粗细不同的玻璃管。

师:以上解答有对液元进行分析的,也有对液柱进行分析的,液元和液柱还有多种不同的选择。你对这两类解答有什么想法?

生7:解答1没深入思考过其原理,它的本质仍是受力平衡。

生8:玻璃管粗细不同时,受力比较复杂,要全面分析,不能漏力。

生9:这几种解法在本质上相通,求解过程难易有别,我会优先考虑解答1的方法。

师:针对不同的情境和问题,我们会采用不同的方法,我们不仅要会按方法求解,也要理解方法背后的物理原理。对于陌生情境,我们要从一般原理出发反思已有的方法是否适用,或直接用一般原理进行求解。对于不同的情境,用不同的方法求解时思路和难易程度会有区别,我们要在全面掌握方法的基础上,对不同方法有自己的评价和选择。

▶ **评有成果**

师:由以上讨论可知,求气体压强既可以对液元用压强平衡的方法,也可以对液柱用受力平衡的方法。你怎样评价这两种方法?

生10:对液元而言,$F = pS$,压强平衡的实质就是压力平衡,无论是研究液元的平衡,还是分别用整体法和隔离法研究液柱的平衡,本质都是受力平衡,它们仅在选取研究对象上有区别。

生11:研究粗细均匀的玻璃管内的液柱时,垂直于管壁的力相互抵消,可以只研究沿玻璃管方向的受力,竖直玻璃管中的液柱需要分析其重力,水平玻璃管中的液柱不需要分析其重力,倾斜玻璃管的液柱需分析重力沿玻璃管方向的分力,如果玻璃管是弯曲的,液柱的受力就很难分析了。研究粗细不均匀的玻璃管内的液柱时,需要分析管壁对水银柱的作用力,也非常复杂。

生12:粗细均匀的直玻璃管中选取液元或水银柱进行分析难度低,粗细不均匀的玻璃管和弯曲玻璃管中水银柱的受力比较复杂。选择液元法时,只跟玻璃管的某一位置有关,而跟玻璃管粗细是否均匀、玻璃管是否弯曲无关,总体来看液元法比较容易把握。

生13:液元的位置可以选在水银柱与气体接触的两个位置的较低处(或其等高处),对U形液柱也可以选在水银柱的最低处。

生14:对液元的压强大小只与水银柱的高度有关,特别是在玻璃管倾斜时要注意区分水银柱的长度和高度。

问题情境2 玻璃管＋液柱＋多气体

已知水银密度为 ρ,大气压为 p_0。

如图7-2-7所示,山形玻璃管的A管与大气相通,管内水银柱在B管上端和C管上端各封闭有一定质量的气体,管内液面差分别为 h_1、h_2。

如图7-2-8所示,U形玻璃管左端封闭,右端开口,管内封闭有两段气体,水银柱各液面的高度差分别为 h_1、h_2、h_3、h_4。

在上述两种情况下,计算左管内封闭气体I的压强 p_1,要求写出过程。

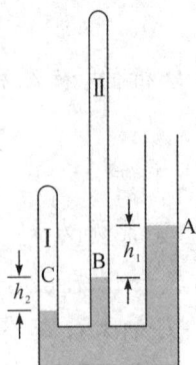
图 7-2-7

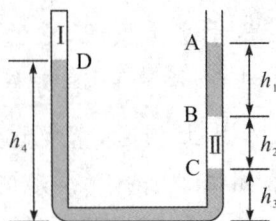
图 7-2-8

▶ **参考案例**

展示图 7-2-8 对应问题的学生解答。

解答 1：

研究 D 处液元，有

$$p_{\mathrm{I}} = p_0 + \rho g(h_1 + h_2 + h_3 - h_4)$$

解答 2：

研究 D 处液元，有

$$p_{\mathrm{I}} = p_0 + \rho g(h_1 + h_3 - h_4)$$

解答 3：

在水银柱的最低处即水平管内取一液元，有

$$p_{\mathrm{I}} + \rho g h_4 = p_0 + \rho g(h_1 + h_3)$$

可得

$$p_{\mathrm{I}} = p_0 + \rho g(h_1 + h_3 - h_4)$$

解答 4：

研究 B 处液元，有

$$p_{\mathrm{II}} = p_0 + \rho g h_1$$

研究 C 处液元，有

$$p_{\mathrm{I}} + \rho g(h_4 - h_3) = p_0 + \rho g h_1 + p_{\mathrm{II}}$$

所以

$$p_{\mathrm{I}} = 2p_0 + \rho g(2h_1 + h_3 - h_4)$$

解答 5：

研究 B 处液元，有

$$p_{\mathrm{II}} = p_0 + \rho g h_1$$

研究 C 处液元，有

$$p_{\mathrm{II}} = p_{\mathrm{I}} + \rho g(h_4 - h_3)$$

所以

$$p_{\mathrm{I}} = p_{\mathrm{II}} - \rho g(h_4 - h_3) = p_0 + \rho g(h_1 + h_3 - h_4)$$

▶ **展有所获**

师：大家对以上几种解答有什么想法？

生1：解答1对，它的原理是"液体内等高处的压强相等"。

生2：解答2、解答3对，一定高度的水银柱会产生压强，而空气柱内部压强相等，空气柱不会增加压强，解答2、解答3对液元分析时没有用到$\rho g h_2$，是对的，解答1用到了$\rho g h_2$，是不对的。

生3：解答4和解答5都是从外向内逐次选取液元分析，思路是一样的，它们的分歧在于液元C除了受到气柱Ⅱ的压强外，是否还受到$p_0+\rho g h_1$的作用。空气柱不会传递压强，上方的水银柱和大气压对气体Ⅰ的压强确实有影响，这种影响已体现在$p_Ⅱ$的大小中，不可重复计算，解答4错，解答5对。

生4：解答1错。"液体内等高处的压强相等"是连通器原理的推论，连通器原理指在连通器内注入同一种密度均匀的液体，当液体相对于连通器静止时，连通器的各个容器内的液面保持相平。图7-2-8情境中，两段水银柱被空气柱隔开，不能视为同一液体，所以解答1是错的。再者，如果右管中的液体不是水银而是水，可以看出解答1的方法显然不对。

师：对于有多段封闭气体的问题，我们可采用解答5所用的方法，从外界大气相通处开始，逐次选取合适的液元进行分析。采用解答2、解答3所用方法时，要注意空气柱内部压强处处相等，与空气柱相连的两液面处压强相等，即空气柱不会增大压强。连通器原理的应用要注意条件，液体需满足"同一""均匀"等条件，还要求液柱和连通器相对静止。

▶ **评有成果**

师：经过以上讨论，你对求解多段封闭气体的压强有什么收获？

生5：求多段封闭气体的压强时，可以选择"由外而内"的方法，逐次算出每段封闭气体的压强，每段气体的压强都可以用大气压强表示，而情境中大气压强一般是已知且恒定的。如果系统与外界不相通，可以用类似的方法求出不同气体间的压强关系。

生6：在求解顺序上注意区分图7-2-7和7-2-8的情境。图7-2-8的情境中气体有解答1所说的"内""外"之别，图7-2-7的情境中气体没有"内""外"之别，每段气体与外界及两气体之间都是通过水银柱直接相联系的，可以直接计算p_0、$p_Ⅰ$、$p_Ⅱ$之间的关系。

生7：要注意连通器原理的适用条件。

▶ **小结**

由"玻璃管＋液柱"封闭的气体压强计算，可以通过分析与气体接触的液元或液柱受力，列平衡式求解，如图7-2-9所示。

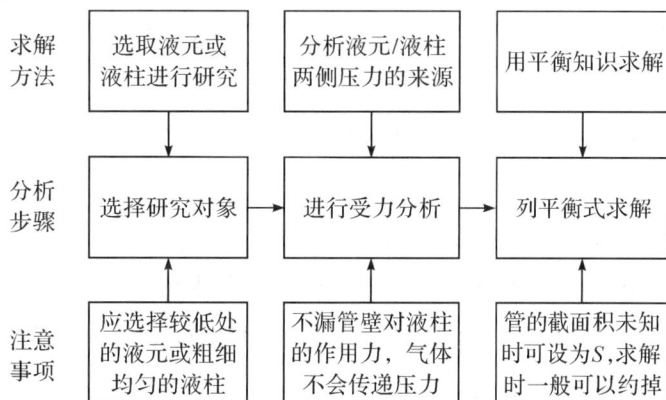

图 7-2-9

任务 2:由"汽缸＋活塞"封闭的气体压强计算

　水平或竖直的汽缸和活塞

已知活塞光滑,大气压强为 p_0。

如图 7-2-10 所示,汽缸质量为 M,活塞质量为 m,重物质量为 m_0,重物挂在活塞下,跟汽缸底部仅接触而无挤压。

如图 7-2-11 所示,汽缸固定,两活塞质量分别为 m_1、m_2,横截面积分别为 S_1、S_2。

若要计算封闭气体的压强 p(如图 7-2-10 所示)、封闭气体 Ⅱ 的压强 p_{II}(如图 7-2-11 所示),你会以谁为研究对象?画出受力分析图。

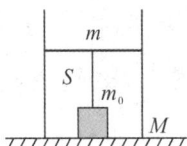
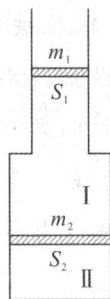

图 7-2-10　　　　　　图 7-2-11

▶ **参考案例**

展示图 7-2-10 对应问题的学生解答。

解答 1:

先研究活塞 m[如图 7-2-12(a) 所示],再研究重物 m_0[如图 7-2-12(b) 所示]。

解答 2:

先研究整体[如图 7-2-13(a) 所示],再研究汽缸[如图 7-2-13(b) 所示]。

解答 3:

以活塞和重物为研究对象(如图 7-2-14 所示)。

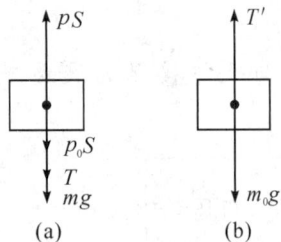
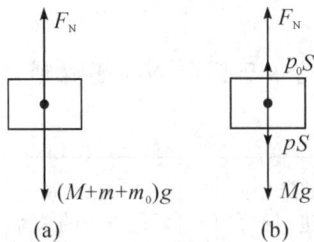
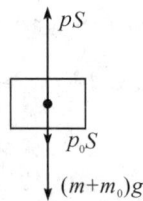

图 7-2-12　　　　　　　　图 7-2-13　　　　　　　图 7-2-14

▶ **展有所获**

师:大家对以上三种解答有什么想法?

生 1:在力学问题中进行受力分析时,从未分析过物体所受的大气压力,为什么在气体问题中突然就要分析大气压力了呢?汽缸底部和地面的接触面上受到大气压力了吗?重物与汽缸底部的接触面上受到气体的压力了吗?

生 2:我们知道大气压力是很大的,如果物体与地面接触的底部不受大气压力,我们几乎无法提起物体,这不符合生活常识,所以汽缸底部与地面是与大气相通受到大气压力的,同理,重物与汽缸底部的接触面也受到汽缸内气体的压力作用。只有强调接触面与气体隔绝时,这个接触面才不受气体的压力。

生3:汽缸底部受到向上的大气压力,同时,活塞受到向下的大气压力,汽缸外壁受到水平方向的大气压力,以汽缸连同活塞整体为研究对象时所受大气压力的总和为 0,所以不用分析大气压力,单独研究汽缸或活塞时需要分析大气压力。

生4:解答1需要先求解绳子的拉力 T,解答2需要先求解地面对汽缸的支持力 F_N,所以比较复杂;解答3的研究对象只受本身的重力及内外气体的压力,所以比较简单。我们分析气体压强时,可以尽量选取与周边物体无作用力或者作用力小的物体为研究对象。

师:生 1、生 2 和生 3 能在常见问题和习惯性思维中发现问题、解释现象,是值得大家学习的,经过这样的深入思考,我们会对物理原理有更深刻的理解。现在我们知道,普通的物体与物体的接触是不会隔绝气体的,同时我们还可以知道,不涉及封闭气体压力的研究对象一般不需要分析大气压力。对汽缸、活塞和密封气体组成的系统求气体压强时,选取不同研究对象时求解的复杂程度不同,需要灵活选取研究对象,同时还应关注到,在隔离法研究的基础上联立方程组求解是一定可行的方法。

▶ 评有成果

师:对于以上情境及讨论,你觉得有哪些方面值得总结?

生5:气体压强既与气体状态变化有关,也与密封气体的玻璃管、液柱、汽缸、活塞的力学状态有关,在具体应用时要分清这两条思路,本情境是根据玻璃管、液柱、汽缸、活塞等的受力平衡来计算气体压强的。

生6:求解"汽缸+活塞+单气体"情境中气体的压强,以活塞为研究对象并不总是最优方案,需要灵活选取研究对象。

生7:求解"汽缸+活塞+多气体"情境时一般"由外而内"逐个计算气体的压强,也可以用整体法直接计算最"内"的气体的压强。

生8:普通的物体与物体的接触面间是不会隔绝气体的,接触面上存在气体压力。

问题情境 2　倾斜的汽缸和活塞

已知活塞光滑,大气压强为 p_0。

如图 7-2-15 所示,汽缸静止在地面上,下侧倾斜的光滑活塞在汽缸内封闭了一定质量的气体,汽缸横截面积为 S,重物的质量为 m_1,活塞的质量为 m_2,活塞的倾角为 θ。

如图 7-2-16 所示,汽缸倾斜地固定在地面上,光滑活塞在汽缸内封闭了一定质量的气体,重物的质量为 m_1,活塞的质量为 m_2,汽缸的倾角为 θ。

如图 7-2-17 所示,一大一小两个汽缸倾斜固定,两个活塞由轻杆连接,在两个汽缸内各封闭了一定质量的气体,活塞质量和横截面积分别为 m_1、m_2、S_1、S_2,气体 I 的压强为 p_I,汽缸的倾角为 θ。

若要计算封闭气体的压强 p(如图 7-2-15 和图 7-2-16 所示)、封闭气体 II 的压强 p_{II}(如图 7-2-17 所示),你会以谁为研究对象?画出受力分析图。

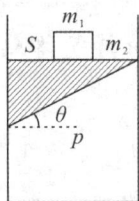 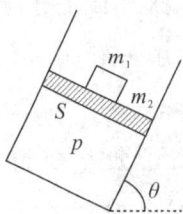 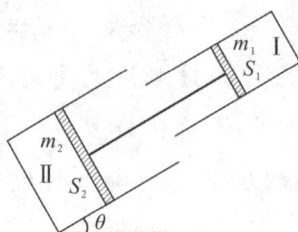

图 7-2-15 　　　　　图 7-2-16 　　　　　图 7-2-17

▶ **参考案例**

展示图 7-2-15 对应问题的学生解答。

解答 1:

以活塞和重物为研究对象(如图 7-2-18 所示)。

解答 2:

以活塞和重物为研究对象(如图 7-2-19 所示)。

解答 3:

以活塞和重物为研究对象(如图 7-2-20 所示)。

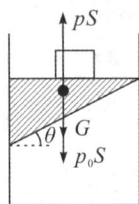 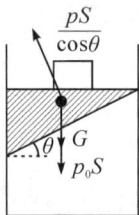 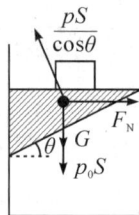

图 7-2-18 　　　　　图 7-2-19 　　　　　图 7-2-20

▶ **展有所获**

师:这三个受力分析图是否正确?如果正确,请说明原理;如果错误,请说明错在哪里。

生 1:解答 1 正确,大气压力向下,汽缸内气体对活塞的压力也应该是竖直方向,这两个压力一定沿活塞可移动方向。当汽缸水平放置时,这两个压力都沿水平方向。

生 2:生 1 所讲的规律符合厚薄均匀的活塞的情境,本情境中活塞有一个面是倾斜的,此规律还成立吗?我感觉气体压力应该与活塞表面垂直。

生 3:压力和支持力都是垂直于接触面的,所以气体压力也是垂直于接触面的。

生 4:从微观来看,气体压力的来源是气体分子与容器壁的弹性碰撞,碰撞产生的弹力与接触面垂直,所以生 3 的讲法是对的,解答 1 错,解答 3 对,解答 2 错在少分析了汽缸对活塞的压力。

师:审题和建模时要关注题目情境与通常情境的区别,要理解常规解法的原理,要分析常规解法是否适用于新情境。无论容器壁是竖直、水平还是倾斜,气体的压力都与接触面垂直,即使容器壁是曲面,容器壁上每个位置所受的气体压力也都跟该处的切面垂直。活塞不仅会受到汽缸内外气体的压力,还可能受到容器壁的作用力。

▶ **评有成果**

师:对于以上情境及讨论,你有何体会?

生 5:气体对容器壁和活塞的压力垂直于接触面。

生 6:当汽缸和活塞倾斜时,汽缸对活塞有压力,此时活塞的受力不在同一条直线上,可以采用正交分解法沿活塞可移动方向列平衡表达式。

问题情境3　处于加速状态的汽缸和活塞

如图 7-2-21 所示，在水平恒力 F 作用下，汽缸和活塞一起沿粗糙水平面做匀加速运动，加速度大小为 a。汽缸和活塞间光滑，汽缸和活塞的质量分别为 M、m，汽缸横截面积为 S，汽缸与地面间的滑动摩擦力大小为 f。

如图 7-2-22 所示，汽缸静止在水平地面上，气缸和活塞间光滑，活塞与汽缸底部间有弹簧，劲度系数为 k 的弹簧处于拉伸状态，伸长量为 x，在水平恒力 F 推动下，活塞向右运动，此时具有向右、大小为 a 的加速度，汽缸受到地面向左的静摩擦力，大小为 f。

如图 7-2-23 所示，气缸和活塞间光滑，活塞把质量一定的气体封闭在汽缸内，汽缸和活塞处于自由下落状态。

在上述三种情况下，为计算封闭气体的压强 p，请选定研究对象，画出受力分析图，并写出表达式。

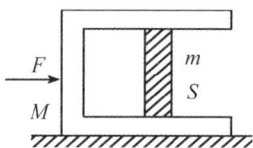 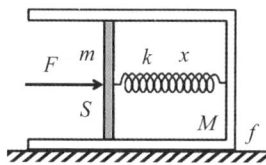 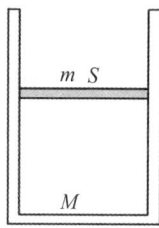

图 7-2-21　　　　　　　图 7-2-22　　　　　　　图 7-2-23

▶ **参考案例**

展示图 7-2-22 对应问题的学生解答。

解答 1：

以活塞为研究对象（如图 7-2-24 所示），有
$$F + p_0 S + kx = pS$$

解答 2：

以汽缸为研究对象（如图 7-2-25 所示），有
$$pS = kx + f$$

解答 3：

以汽缸和活塞为研究对象（如图 7-2-26 所示），有
$$F - f = (M + m)a$$

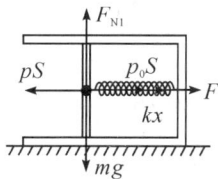 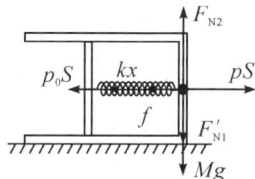 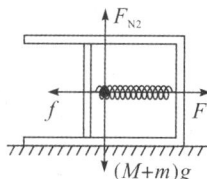

图 7-2-24　　　　　　　图 7-2-25　　　　　　　图 7-2-26

▶ **展有所获**

师：展示的三种解答分别用隔离法和整体法进行研究，你有何评价？

生 1：解答 1 错误，活塞有加速度，应列牛顿第二定律表达式 $F + p_0 S + kx - pS = ma$，解答 2 中汽缸处于平衡状态，列平衡式的想法是对的，但表达式中漏掉了向左的大气压力。

生 2：解答 3 错误，由题意知汽缸静止，式中 $(M + m)a$ 有错。汽缸和活塞整体在水平方向还

受到向左、向右的两个大气压力 p_0S,当然相互抵消了。

生3:如果对气体进行受力分析,水平方向上气体各受到向左、向右的压力 pS,合力为0,而气体在被压缩,不是完全静止状态,这怎么解释?

生4:确实有问题,我们从来没对气体进行过受力分析,在普通的力学问题中,我们也没对细绳、轻杆做过受力分析。

师:气体压强的计算实质是对玻璃管、液柱、液元、汽缸、活塞等进行力学分析。常见情境中它们处于静止状态,所以列平衡式,注意本情境的新意之处是活塞具有加速度,当然只能对活塞列牛顿第二定律表达式。汽缸和活塞构成连接体系统,整体法和隔离法的选择要领与求解普通力学情境类似,注意避免犯解答3的错误。轻物体是理想化模型,无论处于静止还是加速状态,它所受的合力一定为0,所以轻绳对系在轻绳两端的物体施加的力大小相等、方向相反。汽缸内的气体质量一般远小于汽缸和活塞的质量,可以看作轻物体,本情境中,气体所受的合力为0。

▶ **评有成果**

师:从以上讨论中,你有何收获?

生5:气体压强的计算实质是对封闭气体的物体进行力学分析,这些物体可能静止,也可能在加速,选用的物理规律是不同的。

生6:活塞和汽缸组成连接体,整体法、隔离法的选择要灵活,不能只用其中一种方法。

生7:做自由落体运动的物体处于完全失重状态,我对它的动力学特征很熟悉,但与气体问题一结合,又不太好把握了,现在知道碰到新情境还是要从基本的物理原理出发进行分析。

生8:从产生气体压强的微观机制可知,在完全失重状态下,气体还是有压力的,它与普通物体间的压力、液体的压力不同。

▶ **小结**

如图7-2-27所示,由"汽缸+活塞"封闭的气体压强的计算思路是选择活塞、汽缸或两者整体为研究对象,分析其受力、状态,再通过平衡式或牛顿第二定律表达式求解。

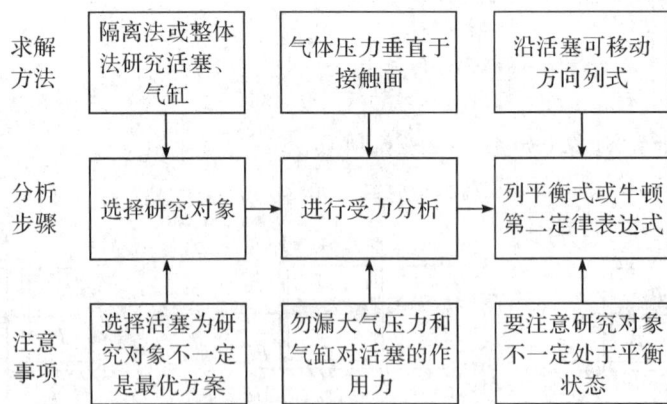

求解 方法	隔离法或整体法研究活塞、气缸	气体压力垂直于接触面	沿活塞可移动方向列式
分析 步骤	选择研究对象	进行受力分析	列平衡式或牛顿第二定律表达式
注意 事项	选择活塞为研究对象不一定是最优方案	勿漏大气压力和气缸对活塞的作用力	要注意研究对象不一定处于平衡状态

图 7-2-27

(三) 巩固性练习

1. 如图7-2-28所示,已知大气压强为 p_0,右侧竖直玻璃管和左侧水平玻璃管开口与大气相通,水银柱的高度分别为 h_1、h_2,试计算封闭气体的压强,并说明 h_1、h_2 的关系。

2. 如图 7-2-29 所示，汽缸左侧横截面积为 $2S$，右侧横截面积为 S，两光滑轻活塞用轻杆连接，汽缸中部封闭的空气压强为 p_0，左侧氢气压强 p_2 是右侧氮气压强 p_1 的 2 倍，求 p_1、p_2 的大小。

3. 如图 7-2-30 所示，汽缸内一倾斜光滑活塞封闭了一定质量的气体。汽缸静止，质量为 M，横截面积为 S。活塞质量为 m，下表面垂直于汽缸壁，上表面倾斜角度为 θ，正以加速度 a 向上加速。求此时封闭气体的压强 p。

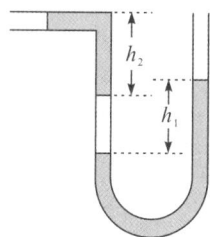
图 7-2-28

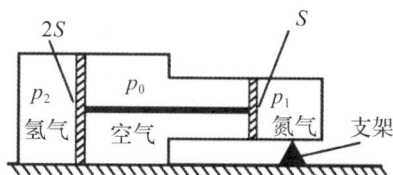
图 7-2-29

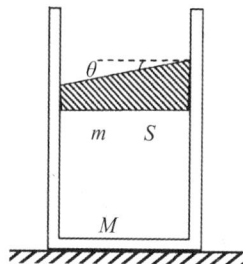
图 7-2-30

三、横向主题二：气体体积计算

（一） 课时学习目标

素养类型	具体目标
物理观念	具有根据水银面及活塞位置变化的几何关系求解气体体积变化的观念
	具有根据情境画几何关系图再计算气体体积变化的观念
科学思维	会对"玻璃管＋液柱"情境画初、末状态的几何关系图
	会对"汽缸＋活塞"情境画初、末状态的几何关系图
	能从液柱或活塞移动时容器容积不变或移动距离间关系理解关联气体体积增减量间的关系
	会根据几何关系图求解体积增减量关系式
科学态度与责任	能认识到画图分析是提升思维效率的重要方法，在画图过程中养成严谨的学习态度

（二） 课时学习设计

任务 1：气体体积变化与水银面移动距离的关系

问题情境 1   粗细均匀的 U 形玻璃管

已知玻璃管粗细均匀，横截面积 $S = 1\text{cm}^2$。

如图 7-3-1 所示，粗细均匀的倒置的 U 形玻璃管内封闭有一定质量的气体，水银柱两液面高度差 25cm，当气体状态变化后，右侧液面下降了 5cm。

如图 7-3-2 所示，粗细均匀的 U 形玻璃管内封闭有一定质量的气体，水银柱两液面高度差 25cm，当往右侧管内注入长 20cm 的水银柱且改变环境温度后，右侧液面升高了 15cm。

如图 7-3-3 所示，粗细均匀的 U 形玻璃管内用水银和活塞封闭了两段气体，当用力使活塞下移 2cm 后，A 液面上升了 1cm。

在上述三种情况下,画出水银柱液面变化的几何关系图,求气体体积的变化量 ΔV 及两水银面的高度差 Δh。

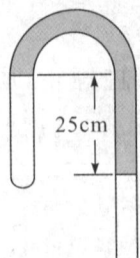 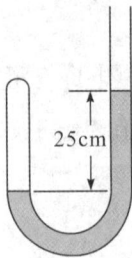 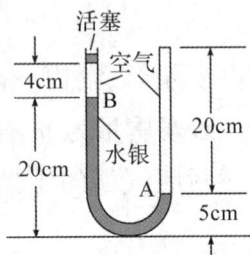

图 7-3-1 图 7-3-2 图 7-3-3

▶参考案例

展示图 7-3-2 对应问题的学生解答。

解答 1:

加水银后,右管水银柱多了 20cm,由题意右管液面升高了 15cm,所以左管水银柱多了 5cm,加水银前后几何关系如图 7-3-4 所示,有
$$\Delta h = 25\text{cm} + 20\text{cm} - 5\text{cm} = 40\text{cm}, \Delta V = 5\text{cm}^3\text{(体积减小)}$$

解答 2:

假设加水银时原有水银柱不移动,此时几何关系如图 7-3-5 所示,再让水银柱移动,使右管液面下降 5cm,则左管液面升高 5cm,此时
$$\Delta h = (25\text{cm} + 20\text{cm}) - 5\text{cm} \times 2 = 35\text{cm}, \Delta V = 5\text{cm}^3\text{(体积减小)}$$

解答 3:

原有水银看成不动,加入的水银分别加在左、右两管,右管加入了(升高了)15cm,则左管加入了(升高了)5cm,此时几何关系如图 7-3-6 所示,有
$$\Delta h = 25\text{cm} + 15\text{cm} - 5\text{cm} = 35\text{cm}, \Delta V = 5\text{cm}^3\text{(体积减小)}$$

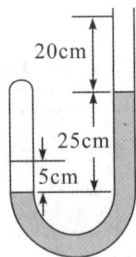 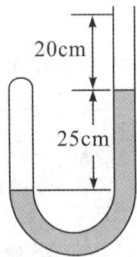 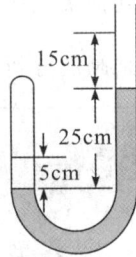

图 7-3-4 图 7-3-5 图 7-3-6

▶展有所获

师:大家对以上三种解答有什么想法?

生 1:解答 1 错,在右管加入 20cm 水银柱并不等同于右管水银多了 20cm,题中右管液面升高了 15cm 是相对于加水银之前的右管的液面,不是相对于加水银后的左管液面。

生 2:解答 2 假设了一个过渡状态,使水银面的变化分成两步,先加入水银,再让水银柱移动,水银液面的变化过程清晰。在第二步中,水银移动的过程与图 7-3-1 的问题类似,移动过程中水银柱总长保持不变,左、右两侧的水银液面一升一降,变化量大小相同,左侧升高 5cm 导致左、右液面高度差减小 5cm × 2 = 10cm。

生 3:解答 3 用到等效的思想,把左、右增高部分的水银柱看成是新加的,而原有水银柱保

持长度和位置不变,思路简洁,计算方便。

师:水银柱在粗细均匀的玻璃管中移动导致几何关系发生变化,情境中的基本特征是"水银柱总长度保持不变",U形管的两管中水银柱此消彼长,液面高度差的变化是移动量的2倍。解答2巧妙地假设了过渡状态,把加水银问题分成两步,先加入水银,再让水银柱移动,在第二步中仍能应用"水银柱总长度保持不变"的特征求解,解答3也是在加入水银后"新的总长度保持不变"的前提下对水银柱重新分割,进行等效理解。

▶ **评有成果**

师:经过以上讨论,你对求解气体体积变化与水银柱移动量之间的关系有什么想法?

生4:此类问题中,液面位置及其变化比较复杂,画水银柱液面变化的几何关系图很重要,简单的问题可以把初、末状态的液面画在同一幅图中,复杂的问题可以把初、末状态的液面分别画在两幅图中。

生5:在水银总量不变的情境中,水银柱在U形管中移动时会导致两侧液面一升一降,高度差的变化是移动量的2倍。

生6:"水银柱总长度不变"是求解水银柱移动问题的"物理原理",增减水银问题可以先用假设法和等效法转化后再用此原理。

问题情境2 粗细不均匀的玻璃管

如图7-3-7所示,上细下粗的直玻璃管竖直放置,管内用水银柱封闭了一定质量的气体,细管横截面积为 $S = 1\text{cm}^2$,粗管横截面积为 $2S = 2\text{cm}^2$,把管子倒置后,发现细管中水银柱长了 $\Delta h = 2\text{cm}$,但水银还未到管口。

如图7-3-8所示,U形玻璃管左端封闭,右端开口,管内封闭一定质量的气体,右管横截面积为 1cm^2,左管横截面积为 2cm^2,两水银面的高度差为 25cm。由于气体状态变化,两水银面高度差变成 28cm。

在上述两种情况下,画出水银柱液面变化的几何关系图,求气体体积的变化量 ΔV。

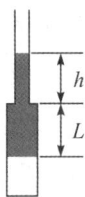

图7-3-7

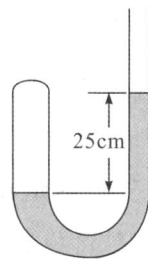

图7-3-8

▶ **参考案例**

展示图7-3-7对应问题的学生解答。

解答1:

由于水银柱长度保持不变,有

$$\Delta h = \Delta L$$

气体体积增加量与粗管内水银柱体积减少量相等,有

$$\Delta V = 2S \cdot \Delta L = 4\text{cm}^3$$

解答 2:

倒置前后几何关系如图 7-3-9 所示,管内水银体积保持不变,有

$$Sh + 2SL = Sh' + 2SL'$$

可得

$$L - L' = \frac{1}{2}(h' - h) = 1\text{cm}$$

气体体积增加量与粗管内水银柱体积减少量相等,有

$$\Delta V = 2S \cdot \Delta L = 2\text{cm}^3$$

解答 3:

倒置前后几何关系如图 7-3-10 所示,管内水银体积保持不变,即细管内水银增加量与粗管内水银减少量相等,有

$$S\Delta h = 2S\Delta L$$

又有气体体积增加量与粗管内水银柱体积减少量相等,有

$$\Delta V = 2S \cdot \Delta L$$

所以

$$\Delta V = 2S \cdot \Delta L = S\Delta h = 2\text{cm}^3$$

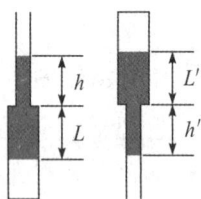 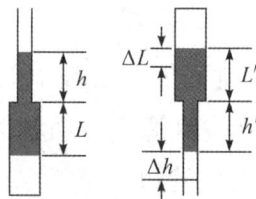

图 7-3-9　　　　　　　图 7-3-10

▶ **展有所获**

师:大家对以上三种解答有什么想法?

生1:解答1错,此情境中,水银柱移动时长度会发生变化,保持不变的是水银柱质量和体积。情境2与情境1比较,"水银柱长度不变"是玻璃管粗细均匀时的简化特征。

生2:解答2从水银柱体积保持不变及粗管容积保持不变的特征出发,可求得两管内水银柱长度变化量间的关系,再利用粗管内水银柱体积减少量与粗管内气体体积增加量相等求解。

生3:解答3直接利用细管内水银柱体积增加量、粗管内水银柱体积减少量、粗管内气体体积增加量三者相等进行计算,对情境特征的理解更深刻,数学过程也更简单。

师:情境2和情境1的区别在于玻璃管粗细是否均匀。在情境变化时,要学会反思原有结论是否还成立,要从基本原理出发寻找新的规律。

▶ **评有成果**

师:经过对情境2的讨论,结合前面对情境1的讨论,你有什么想法?

生4:"水银柱长度不变"适用于玻璃管粗细均匀的情境,"水银柱体积保持不变"不管玻璃管是否均匀都成立,前者是后者在特定条件下的推论。

生5:要注意情境中"水银柱移动"与"加水银后移动"的区别,后者需要用到假设法和等效法。

生6:要注意区分直玻璃管和 U 形玻璃管,在直玻璃管中,两水银面的移动方向一致,水银

柱的高度(即长度)的变化为两水银面移动距离之差,在 U 形玻璃管中,两水银面一升一降,两水银面高度差的变化为两水银面移动距离之和。

▶ **小结**

如图 7-3-11 所示,先画出水银柱移动前后水银面位置的示意图,再列出几何关系式,是求解气体体积变化与水银面移动距离的关系的基本思路。

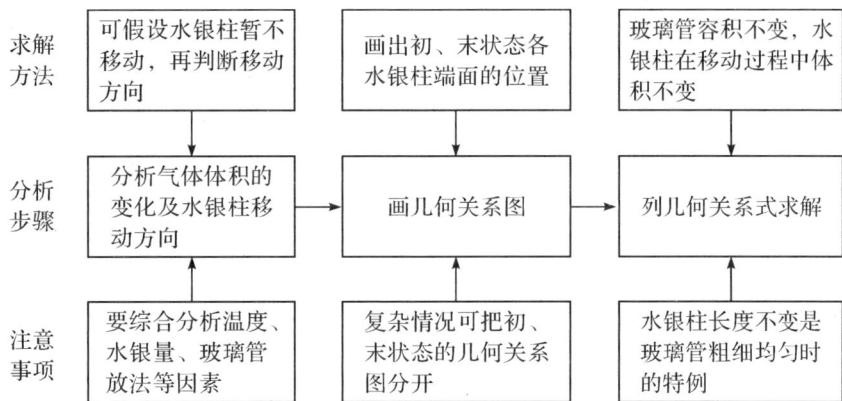

图 7-3-11

任务 2:关联气体间体积变化量的关系

问题情境 **由水银柱或活塞关联的气体**

如图 7-3-12 所示,倾斜的、粗细均匀的直玻璃管内用水银柱封闭了两段气体。

如图 7-3-13 所示,粗细不均匀的 U 形玻璃管由水银柱封闭了两段气体。

如图 7-3-14 所示,两个大小相同的固定的汽缸中,两活塞用轻杆连接,各封闭了一定质量的气体。

如图 7-3-15 所示,两个大小不同的固定的汽缸中,两活塞用轻杆连接,各封闭了一定质量的气体。

如图 7-3-16 所示,竖直的固定汽缸中,两活塞封闭了两段气体,下方活塞与汽缸底部间连接有弹簧。

气体状态变化导致水银柱或活塞移动,在上述五种情况下,画初、末状态的几何关系图,求气体 I、II 体积增减量间的关系。

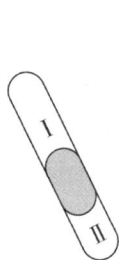 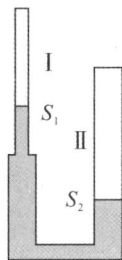 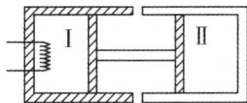 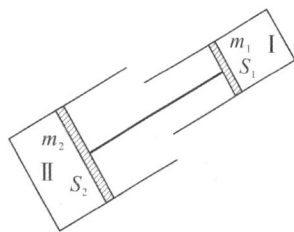 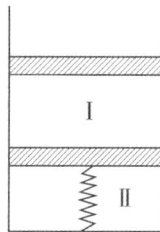

图 7-3-12　　图 7-3-13　　图 7-3-14　　图 7-3-15　　图 7-3-16

▶ **参考案例**

展示图 7-3-15 对应问题的学生解答。

解答 1：

两活塞由轻杆连接，两气体体积之和保持不变，在活塞移动时两气体体积一增一减，且

$$\Delta V_1 = \Delta V_2$$

解答 2：

两活塞由轻杆连接，移过的距离相同，如图 7-3-17 所示。气体 Ⅰ 减少的体积为

图 7-3-17

$$\Delta V_1 = S_1 L$$

气体 Ⅱ 增加的体积为

$$\Delta V_2 = S_2 L$$

所以

$$\frac{\Delta V_1}{\Delta V_2} = \frac{S_1}{S_2}$$

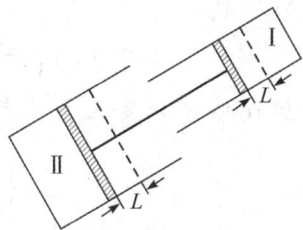

▶ **展有所获**

师：大家对以上两种解答有什么想法？

生1：解答1对。由图 7-3-12 和图 7-3-13 知道，容器内容积确定，水银体积不变，可知两气体体积之和保持不变，图 7-3-14 和图 7-3-15 与前述情境类似，规律应相同，所以

$$\Delta V_1 = \Delta V_2$$

生2：解答1不对。在最简单的汽缸＋活塞模型中，当活塞移动时，汽缸的有效容积即气体体积是变化的。在图 7-3-14 和图 7-3-15 中有两个汽缸、两个活塞，情况更复杂，气体总体积应该是变的。

生3：生2的讲法不全对。图 7-3-14 和图 7-3-15 的共同特点是"两活塞一起移动"，两活塞移动的距离相等，所以两气体的长度变化相等，体积增减量为

$$\Delta V = SL$$

在图 7-3-14 中，S、L 都相等，所以

$$\Delta V_1 = \Delta V_2$$

在图 7-3-15 中，L 相等，S 不等，所以

$$\frac{\Delta V_1}{\Delta V_2} = \frac{S_1}{S_2}$$

师：从玻璃管＋水银柱模型，到汽缸＋活塞模型，情境有类似的地方也有区别，体积增减量的关系不同，这启示我们一方面要总结规律，另一方面要关注规律成立的条件，不同条件下规律不同。同样，两活塞用轻杆固连在一起，活塞移动的距离一定相等，我们得到

$$\frac{\Delta V_1}{\Delta V_2} = \frac{S_1}{S_2}$$

这个结论普遍成立吗？

▶ **评有成果**

师:经过对以上情境的讨论,你觉得有哪些方面值得总结?

生4:"玻璃管+水银柱"模型中,两水银面移动的距离跟管的粗细有关,两水银面移过的玻璃管的容积一定相同。

生5:"玻璃管+水银柱"模型中,管内总容积是定值,水银总体积是定值,所以气体的总体积也是定值。这个结论适用于两端都封闭的玻璃管。

生6:"汽缸+活塞"模型中,两活塞用轻杆连接,则两活塞移过的距离和两气体的长度变化大小相等,而气体体积变化还跟汽缸的横截面积有关。

生7:在图7-3-13中,要注意量变会引起质变,开始时,水银在粗管和细管中均有分布,但水银柱移动超过临界距离时,水银柱会只分布在同一管中,情境变化,规律不同。

生8:在如图7-3-16所示的"汽缸+活塞"模型中,若两活塞没有固连在一起,则无法根据几何关系求解体积变化关系。

▶ **小结**

如图7-3-18所示,两部分封闭气体通过水银柱或轻杆-活塞关联时,气体与水银柱或活塞接触的气体的端面移过的体积等于气体体积的变化量,通过水银柱关联时两端面移过的体积相等,通过轻杆-活塞关联时两端面移过的距离相等。

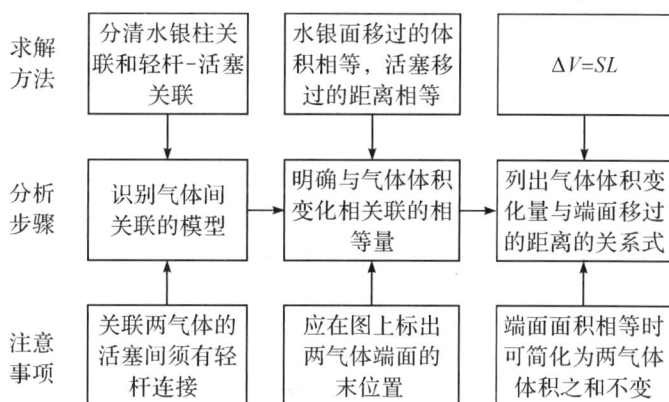

求解方法	分清水银柱关联和轻杆-活塞关联	水银面移过的体积相等,活塞移过的距离相等	$\Delta V = SL$
分析步骤	识别气体间关联的模型	明确与气体体积变化相关联的相等量	列出气体体积变化量与端面移过的距离的关系式
注意事项	关联两气体的活塞间须有轻杆连接	应在图上标出两气体端面的末位置	端面面积相等时可简化为两气体体积之和不变

图 7-3-18

（三）巩固性练习

1. 如图7-3-19所示,粗细均匀的U形玻璃管左端封闭,右端开口,底部连有直管和阀门,玻璃管横截面积为$1cm^2$,在环境温度发生变化后,打开阀门放出$5cm^3$水银,发现B管水银面下降了3cm,求气体体积的变化量。

2. 如图7-3-20所示,封闭汽缸上小下大,横截面积分别为S和2S,两活塞由轻杆连接,汽缸内密封有气体Ⅰ、气体Ⅱ、气体Ⅲ,由于气体状态变化,活塞移动了一定距离(小活塞不会进入大汽缸),气体Ⅰ的体积增大了ΔV_1,求气体Ⅱ、气体Ⅲ的体积变化量ΔV_2和ΔV_3。

3. 如图 7-3-21 所示，上细下粗的玻璃管内用水银和活塞封闭了气体 Ⅰ 和气体 Ⅱ，细管横截面积 $S_1 = 1\text{cm}^2$，粗管横截面积 $S_2 = 2\text{cm}^2$，气柱 Ⅱ 长 $L = 12\text{cm}$，两管内水银柱高 $h_1 = h_2 = 3\text{cm}$，改变气体 Ⅱ 的温度的同时向上推动活塞 $x = 8\text{cm}$，此时水银面 A 往上移动了 $y = 10\text{cm}$，求气体 Ⅰ 和气体 Ⅱ 的体积变化量 ΔV_1 和 ΔV_2。

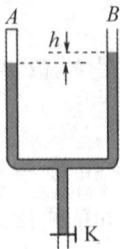
图 7-3-19

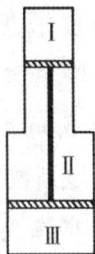
图 7-3-20

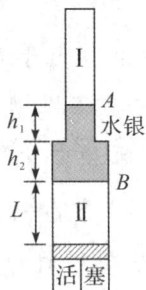
图 7-3-21

四、横向主题三：变质量问题

（一）　课时学习目标

素养类型	具体目标
物理观念	知道变质量问题不能直接应用气体实验定律，知道变质量问题可以转化成质量一定的问题进行求解
	具有把变质量问题转化为质量一定的问题的观念
科学思维	能通过虚拟容器法设定过渡状态，把变质量问题转化为质量一定的问题
	能在打气筒和抽气筒问题中选用整体法和逐次法，把变质量问题转化为质量一定的问题
	能在逐次法中结合数列知识求解变质量问题
科学态度与责任	在把变质量问题转化为质量一定的问题中体会变与不变的辩证关系

（二）　课时学习设计

任务1：气体抽离和混合问题

问题情境 1　**漏出气体和抽出气体问题**

假设以下过程中温度保持不变，环境大气压为 p_0。

如图 7-4-1 所示，篮球内正常气压为 $1.6p_0$，由于漏气，一段时间后球内气压降为 $1.2p_0$。

如图 7-4-2 所示，使用抽气拔罐时先把罐体按在皮肤上，再通过抽气降低罐内气体压强，利用玻璃罐内外的气压差使罐吸附在人体穴位上，进而治疗某些疾病。抽气后罐内剩余气体体积变为抽气拔罐容积的 $\dfrac{20}{21}$，内部气压降为大气压的 $\dfrac{7}{10}$。

在上述两种情况下，求变化前后容器内气体质量之比。

图 7-4-1　　　　　图 7-4-2

▶ **参考案例**

展示图 7-4-2 对应问题的学生解答。

解答 1:

气体初、末状态的 pV 乘积不等,题目情境有错。

解答 2:

气体从初状态变到末状态,抽气造成罐内气体质量减少,无法用气体实验定律求解。

解答 3:

结合罐内气体的实际变化情况,以原罐内全部气体为研究对象,并将这一过程看作等温膨胀过程,如图 7-4-3 所示,变化前后罐内气体质量之比为

$$\frac{m_0}{m_1} = \frac{V_1}{\frac{20}{21}V_0}$$

解答 4:

以末状态罐内剩余气体为研究对象,这部分气体在初状态只占原罐部分容积,经等温膨胀达末状态,如图 7-4-4 所示,变化前后罐内气体质量之比为

$$\frac{m_0}{m_1} = \frac{V_0}{V_2}$$

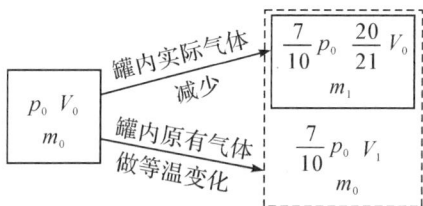　　　　　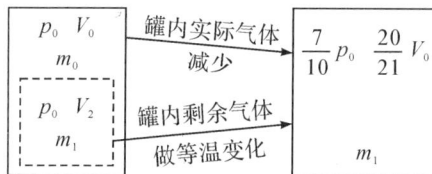

图 7-4-3　　　　　　　　　图 7-4-4

▶ **展有所获**

师:对以上四种解答,你有何评价?

生 1:气体实验定律的前提条件是"质量一定的气体",抽气造成罐内气体减少,不能直接用等温变化规律,但可以用等效方法转换成质量一定的气体进行研究,解答 1 和解答 2 错误。

生 2:抽出罐体后的气体的实际压强为 p_0,解答 3 把它看成罐内末状态的压强 $\frac{7}{10}p_0$,不会影响抽气后罐内气体的质量和状态,这样以罐内全部气体为研究对象,质量是定值,初状态参量是确定的,末状态参量也能确定,可以用等温变化规律求解。

生 3:解答 4 中,抽气后,一部分气体被抽出了罐体,另一部分气体从只占部分容积到膨胀充满整个罐体,这确实是等温变化,与通常不同的是选取了部分气体作为研究对象。

生 4:解答 3 和解答 4 用到了两种方法:一是用等效法把变质量问题转化成质量一定的问

题;二是把气体质量之比转化为在相同温度、相同压强下的体积之比。

师:本情境中部分气体被抽出了罐体,抽出后的气体状态不会影响留在罐内的气体状态。解答 3 把抽出的部分气体和留在罐内的气体看成充满在同一个包含实际容器的大的虚拟容器内,从而把全部气体看成研究对象,实现了变质量问题转化为质量一定的问题。解答 4 把气体分成两部分,只研究末状态时留在罐内的气体,它在初状态时可看成局限在实际容器的一个小虚拟容器内,也能实现将变质量问题转化为质量一定的问题。

▶ **评有成果**

师:经过以上讨论,你对求解漏气、抽气问题有什么想法?

生 5:在抽气和漏气问题中,容器内气体总量发生变化,不能直接应用气体实验定律。

生 6:在此类问题中,容器内实际气体质量在变化,求解时运用等效方法转换成质量不变的问题,研究对象在调整,状态在变化,相互关系比较复杂,用图示法描述直观形象。

生 7:在漏气、抽气问题中,气体一分为二,容器内气体质量减小。采用虚拟容器法可把变质量问题转化为质量一定的问题:可以研究全部气体,在末状态需用大虚拟容器装进全部气体,也可以只研究末状态留在容器内的气体,在初状态时这部分气体被看成在一个小虚拟容器内。

问题情境 2 漏进气体和打进气体问题

如图 7-4-5 所示,某双层玻璃保温杯夹层中有少量空气,内部气压为 $\frac{1}{33}p_0$,当保温杯外层出现裂隙,静置足够长时间后,保温杯内、外温度相等且不变。

如图 7-4-6 所示,将潜水钟看成柱形容器,钟内上半部分有空气,下半部分有水,$l = \frac{1}{2}h$,水面气压为 p_0,温度为 T_1,钟内气压为 p_1,水下温度为 T_2,现从水面上抽气充入钟内把所有水排出。已知 $H \gg h$,钟内气压可视为不变,潜水钟导热,钟内气体温度始终等于水温。

在上述两种情况下,求新增气体与原有气体的质量之比。

图 7-4-5

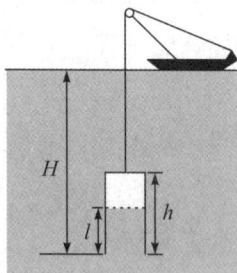
图 7-4-6

▶ **参考案例**

展示图 7-4-5 对应问题的学生解答。

解答 1:

如图 7-4-7 所示,夹层中原有气体压强增为 p_0,体积被压缩为 V_2,末状态夹层内气体为 V_0,所以

$$\frac{m_1}{m_0} = \frac{V_0}{V_2}$$

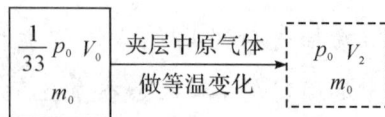

图 7-4-7

解答 2:

如图 7-4-8 所示,夹层中原有气体压强增为 p_0,体积被压缩为 V_2,夹层中剩余空间 $V_0 - V_2$,由外界压强为 p_0 的大气填充,所以

$$\frac{m_1}{m_0} = \frac{V_0 - V_2}{V_2}$$

解答 3:

如图 7-4-9 所示,把新增的压强为 p_0、体积为 V_1 的气体转化成压强为 $\frac{1}{33}p_0$、体积为 V_2 的过渡状态,夹层中最终的气体由原有气体和新增气体压缩而来,所以

$$\frac{m_1}{m_0} = \frac{V_2}{V_0}$$

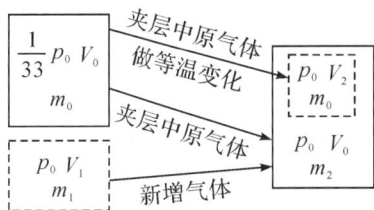

图 7-4-8

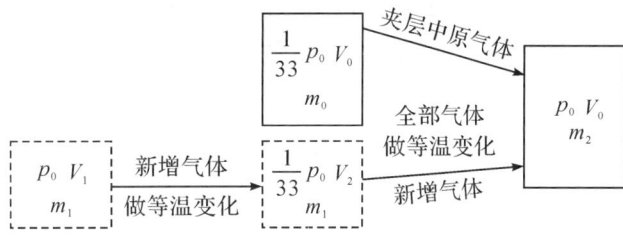

图 7-4-9

▶ **展有所获**

师:请大家评价以上三种解答。

生1:解答1错误。夹层内原有气体最终仍在夹层内,新增气体体积不是 V_0。解答1中,通过相同压强和温度下的气体体积之比求质量之比的想法是有道理的。

生2:解答2正确。最终夹层内气体的压强和温度与外界相同,夹层内原有气体被压缩至虚拟小容器内,体积为 V_2,夹层内新增气体来自外部大气,气体状态不发生变化,体积为 $V_0 - V_2$,由于压强和温度都相同,所以气体体积之比等于质量之比。

生3:解答3正确。在初状态,夹层内气体和新增气体压强不同,解答3把新增气体转化为 $\frac{1}{33}p_0$,两气体的压强和温度就相同了,所以气体体积之比等于质量之比。

生4:本情境中,新增气体的状态不发生变化,解答2只研究状态发生变化的气体,思路上更简洁。

师:对于变质量的复杂问题,通过画图表示初、末状态气体的增减和状态变化可以使变化过程更清晰,虚拟容器法使情境更直观。解答2和解答3的在方法上的共同点是把不同压强和温度的气体,采用设"过渡状态"的方法转化为相同的。

▶ **评有成果**

师:经过以上讨论,你对以上情境问题的求解有哪些收获?

生5:当有部分气体的状态在情境中不发生变化时,只需要研究剩余部分气体,思路会更简洁。

生6:虚拟容器的设定,可以"封闭"末状态所有气体,也可以在真实容器中"封闭"部分气体,或在整个大气中"封闭"一定量的气体。

生7:通过"过渡状态"可以比较不同压强和温度的气体的质量。

生8:图画清楚了,气体的增减和状态变化就清楚了,就可以选定合适的研究对象把变质量问题转化为质量一定的问题。

问题情境3 气体混合问题

如图 7-4-10 所示,汽缸内气体压强为 p_1,体积为 V_1,气球内气体压强为 p_2,体积为 V_2,气球破后,设气球内气体和汽缸内气体温度相等且不变。

如图 7-4-11 所示,容器 A 的容积为 V_1,气体压强为 p_1,温度为 T_1,容器 B 的容积为 V_2,气体压强为 p_2,温度为 T_2,活塞 S 导热,光滑,质量不计,厚度不计,开始时 S 在 B 的最左端。打开阀门 K,活塞被向右推动直到平衡,气体温度为 T_3。

在上述两种情况下,求末状态的气体压强。

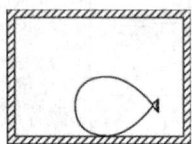
图 7-4-10

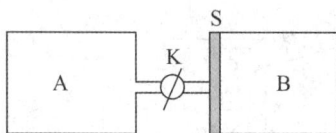
图 7-4-11

▶ **参考案例**

展示图 7-4-10 对应问题的学生解答。

解答 1:

以两部分气体整体为研究对象,从初状态到末状态整体做等温变化,有

$$(p_1 + p_2)(V_1 + V_2) = p_3(V_1 + V_2)$$

可得

$$p_3 = p_1 + p_2$$

解答 2:

如图 7-4-12 所示,选定气体 2 的压强 p_2 为气体 1 的过渡状态,混合气体做等温变化到末状态,由 $p_2(V_1' + V_2) = p_3(V_1 + V_2)$ 可求 p_3。

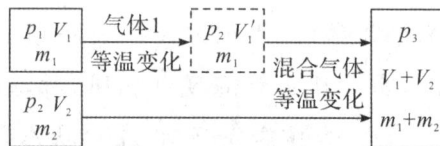
图 7-4-12

解答 3:

如图 7-4-13 所示,选定气体 1 的压强 p_1 为气体 2 的过渡状态,混合气体做等温变化到末状态,由 $p_1(V_1 + V_2') = p_3(V_1 + V_2)$ 可求 p_3。

解答 4:

如图 7-4-14 所示,选定混合气体的末状态压强 p_3 为气体 1 和气体 2 的过渡状态,由等温变化规律分别可得 V_1' 和 V_2',由 $V_1' + V_2' = V_1 + V_2$ 可求 p_3。

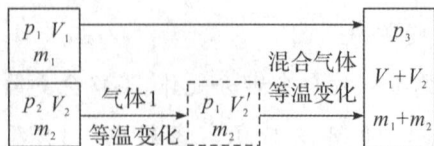
图 7-4-13

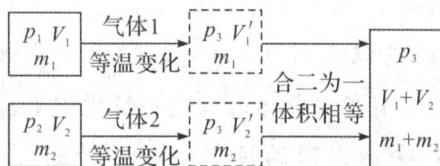
图 7-4-14

▶ **展有所获**

师：请大家评价以上几种解法。

生1：解答1错误。按这个解法，任何两种气体混合后，压强都是$p_1 + p_2$，结论明显错误。两种气体的初状态不同，不能直接作为整体进行研究。

生2：解答2和解答3正确。这两种方法是一样的，都是选择其中一种气体的压强和温度设定为"过渡状态"，把另一种气体转化到"过渡状态"，再把两种气体看成整体作为等效初状态，最后做等温变化到末状态。

生3：解答4正确。解答4的本质与解答2、解答3相同，区别在于把末状态的压强和温度设定为"过渡状态"。

师：两种气体的混合问题，一般来说两种气体的压强、温度、体积都是不同的，需设定"过渡状态"转化为压强和温度相同的状态，此状态下两种气体的体积之和为"过渡状态"的体积，再建立"过渡状态"和末状态的关系。

▶ **评有成果**

师：经过以上讨论，你对以上情境问题的求解有哪些收获？

生4：两种气体混合前状态不同，应把它们转化到压强和温度相同的"过渡状态"。

生5："过渡状态"的压强和温度的设定，可以在气体1的初状态、气体2的初状态、混合气体的末状态三者中任选其一。

生6：两种气体通过活塞隔离，只要两种气体的压强和温度相同，可以看成整体。

▶ **小结**

在变质量问题中，选择变化过程中的所有气体为研究对象，气体质量是恒定的，通过选定过渡状态做虚拟变化，虚拟容器内的总气体的变化适用气体实验定律，如图7-4-15所示。

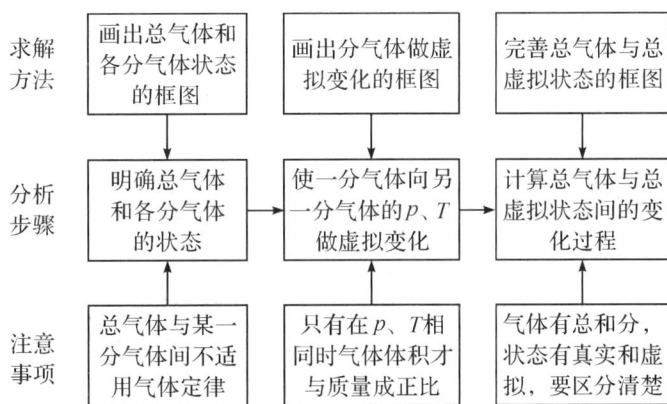

图 7-4-15

任务2：打气筒问题和抽气筒问题

问题情境1　打气筒问题

如图7-4-16所示，用打气筒打气时，每次打气能将压强为p_0、体积为ΔV的气体打入汽缸，汽缸内气体初始体积为$V_A(V_A > \Delta V)$，压强恒为$p(p > p_0)$，打气后，汽缸内气体体积为V_B。

如图 7-4-17 所示，用打气筒打气时，每次打气能将压强为 p_0、体积为 V_0 的气体打入篮球，篮球容积恒为 $V(V > V_0)$，初始压强为 $p_A(p_A > p_0)$，打气后，篮球内气体压强为 p_B。

在上述两种情况下，求打气次数 n。

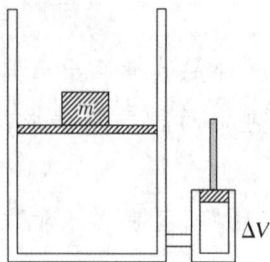

图 7-4-16　　　　　图 7-4-17

▶ **参考案例**

展示图 7-4-17 对应问题的学生解答。

解答 1：

如图 7-4-18 所示，设每次打入的气体质量为 m_0，把球内初气体、末气体转化为 p_0 的过渡状态，可得

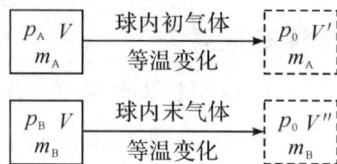

$$\frac{m_A}{m_0} = \frac{V'}{V_0},\ \frac{m_B}{m_0} = \frac{V''}{V_0},\ n = \frac{m_B - m_A}{m_0} = \frac{V'' - V'}{V_0}$$

图 7-4-18

解答 2：

如图 7-4-19 所示，打一次气后可计算球内气压 p_1，同理依次计算 $p_2, p_3, \cdots, p_n$，可得 p_n 与 n 的关系。

解答 3：

如图 7-4-20 所示，把球内初气体转化为 p_0 的过渡状态，把 n 次打入的气体等效为整体一次性打入，再把混合气体看作等温变化，有

$$p_0(V' + nV_0) = p_B V$$

可求 n。

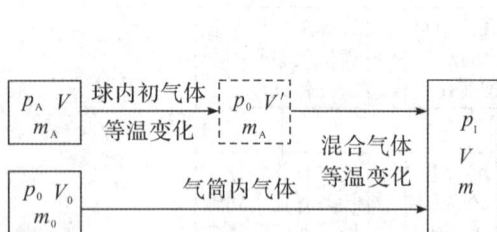　　　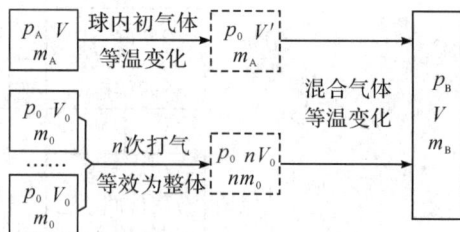

图 7-4-19　　　　　　　图 7-4-20

▶ **展有所获**

师：大家对以上三种解答怎样评价？

生 1：解答 1 采用了质量守恒思想，用到了气体满足等压等温条件时"质量与体积成正比"的结论，用到了"过渡状态"转化气体状态的方法。

生 2：解答 2 先用"过渡状态"求解打一次气后的压强 p_1，同理再求 $p_2, p_3, \cdots, p_n$，用到分步求解的思想。

生 3：解答 3 三次采用了"过渡状态"法。第一次，把 n 次打入的气体等效为整体，由于压强

和温度相同,体积看成 nV_0;第二次,把球内原有气体进行状态转化;第三次,把上述两个"过渡状态"合二为一。

▶ **评有成果**

师:经过以上讨论,你对多次打气问题的求解有何收获?

生4:要注意打气问题分成两类:一类问题中容器内的压强始终不变;另一类问题中容器内的压强逐渐增大。两类问题的共同特征是每次打入气体的质量是恒定的。

生5:打气问题各种求解方法的核心思想还是"虚拟容器"和"过渡状态"。

生6:打气筒问题与任务1的情境类似、方法通用,难点在于"多次",求解"多次"问题的思想有整体法、分步法。

生7:画图呈现情境和解题思路可起事半功倍的作用。

问题情境 2　抽气筒问题

抽气筒工作原理:推拉抽气筒活塞,气筒容积可在 $0 \sim V_0$ 变化,抽气筒工作分成排气和抽气两步,抽气前,气筒容积为0;抽气时,气筒容积扩大到 V_0,同时容器内气体膨胀到气筒内;排气时,容器内气体不变,气筒内气体向外排出,同时气筒容积变为0,过程中不计气体温度变化。

如图 7-4-21 所示,汽缸由活塞封闭,汽缸内气体的压强为 p,初始容积为 V_A。

如图 7-4-22 所示,汽缸容积固定为 V,汽缸内气体的初始压强为 p_A。

在上述两种情况下,求抽 n 次气后(没抽完)容器内气体还剩几分之几。

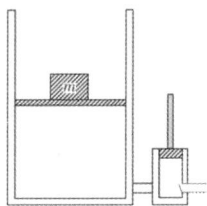
图 7-4-21

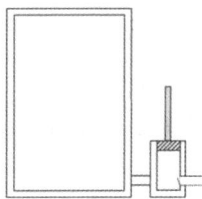
图 7-4-22

▶ **参考案例**

展示图 7-4-22 对应问题的学生解答。

解答 1:
只分析了抽1次气后压强 p_1 的计算思路,如图 7-4-23 所示。

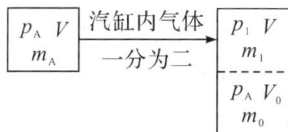
图 7-4-23

解答 2:
只会分析抽1次气,如图 7-4-24 所示,多次抽气不会。

解答 3:
如解答2求得 p_1 后,求抽 n 次气后气体的压强,公式为

$$p_n = p_A - n(p_A - p_1)$$

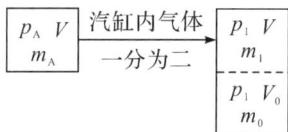
图 7-4-24

解答 4:
如解答2求得 p_1 后,每次抽出气体 m_0,则抽 n 次气后,汽缸内剩余气体质量为

$$m_B = m_n = m_A - nm_0$$

再设定过渡状态求解 p_n。

解答5:

如解答2可求得 $p_1 = \dfrac{V}{V+V_0}p_A$,同理可得

$$p_2 = \frac{V}{V+V_0}p_1, \cdots, p_n = \frac{V}{V+V_0}p_{n-1}$$

由等比数列知识可求得 p_n。

▶ **展有所获**

师:大家对以上几种解答怎么评价?

生1:解答1错误,错在对抽气原理的理解。当汽缸内气体膨胀到气筒内时,气筒内的压强与汽缸内的压强相等,而不是等于抽气前汽缸内气体的压强。解答2求 p_1 的方法正确。

生2:解答3认为汽缸内压强以等差数列递减,这个想法缺少依据,具体对错需要通过定量计算来判定。

生3:解答4想当然地认为每次抽出的气体质量相同,这个想法是错的。每次抽出气体的体积都是 V_0,压强逐次降低,显然每次抽出的气体质量是递减的,具体递减规律需进行定量计算。

生4:每次抽气的计算过程完全相同,压强变化规律相同,解答5采用逐次计算的方法可行。由于每次抽出的气体质量不同,可能很难用整体法求解。

生5:由解答2可知,第一次抽出的气体质量 $\Delta m_1 = m_0 = \dfrac{V}{V+V_0}m_A$,同理可算得每次抽出的气体质量,可知 Δm 按等比数列规律递减。在求出剩余气体质量后,可进一步求得气体压强。

▶ **评有成果**

师:通过以上讨论,你有哪些收获?

生6:多次抽气问题中要注意分析情境,有的问题中每次抽出的气体质量相同,有的问题中每次抽出的气体质量不同。

生7:多次抽气问题跟抽气一次的问题在求解原理上相同,多次抽气问题可以逐次求解,整体法的使用要视情况而定。

生8:多次抽气问题中有质量、体积、压强等多种物理量在变化,可以尝试多种求解思路。

▶ **小结**

如图7-4-25所示,解决多次变化的变质量问题以单次变化的虚拟容器法为基础,明确变化特征,寻找变化规律,选择整体法或逐次法加以解决。

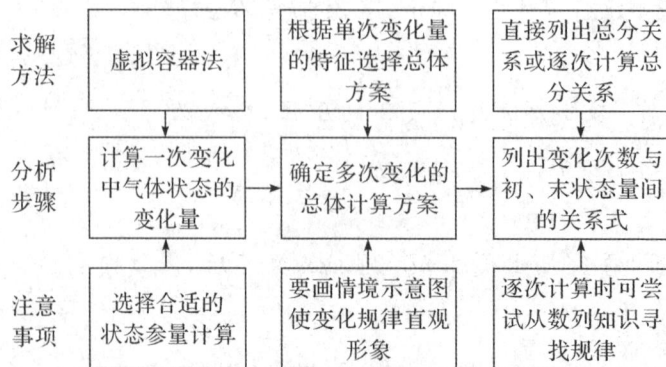

求解方法	虚拟容器法	根据单次变化量的特征选择总体方案	直接列出总分关系或逐次计算总分关系
分析步骤	计算一次变化中气体状态的变化量	确定多次变化的总体计算方案	列出变化次数与初、末状态量间的关系式
注意事项	选择合适的状态参量计算	要画情境示意图使变化规律直观形象	逐次计算时可尝试从数列知识寻找规律

图 7-4-25

（三）巩固性练习

1. 为方便抽取密封药瓶里的药液，护士一般先用注射器注入少量气体到药瓶里后再抽取药液。如图 7-4-26 所示，某种药瓶的容积为 0.9mL，内装有 0.5mL 的药液，瓶内气体压强为 1.0×10^5 Pa，护士把注射器内横截面积为 0.3cm²、长度为 0.4cm、压强为 1.0×10^5 Pa 的气体注入药瓶。若瓶内外温度相同且保持不变，气体视为理想气体，求此时药瓶内气体的压强。

图 7-4-26

2. 血压仪由加压气囊、臂带、压强计等构成，如图 7-4-27 所示。加压气囊可将外界空气充入臂带，压强计示数为臂带内气体的压强，高于大气压强的数值，充气前臂带内气体压强为大气压强，体积为 V；每次挤压气囊都能将 $V_0 = 60$ cm³ 的外界空气充入臂带中，经 5 次充气后，臂带内气体体积变为 $5V$，压强计示数为 150mmHg。已知大气压强等于 750mmHg，气体温度不变。忽略细管和压强计内的气体体积，求充气前臂带内的气体体积 V。

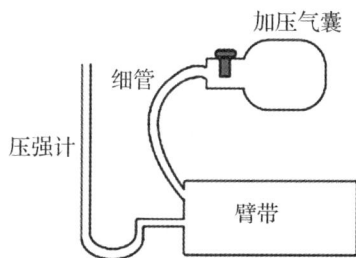

图 7-4-27

3. 如图 7-4-28 所示，一太阳能空气集热器，底面及侧面为隔热材料，顶面为透明玻璃板，集热器容积为 V_0，开始时内部封闭气体的压强为 p_0，经过太阳暴晒后气体的压强为 $\frac{7}{6}p_0$，在保

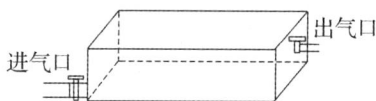

图 7-4-28

持此温度不变的情况下缓慢抽出部分气体，使气体压强再变回 p_0。求集热器内剩余气体的质量与原来气体总质量的比值。

4. 如图 7-4-29 所示，将潜水钟看成柱形容器，横截面积为 1m²，钟内上半部分有空气，下半部分有水，对应尺寸 $H=5$m，$h=2$m，$l=1$m，水面气压为一个大气压，相当于 10m 深的水产生的压强，水面及水下温度相等且不变。现向钟内充入 0.6m³ 的一个大气压的空气，此时潜水钟内还有多少体积的水？

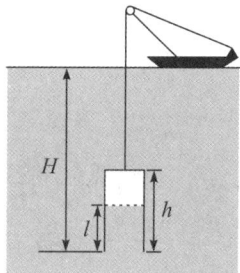

图 7-4-29

五、纵向主题:力、热综合问题求解思维展示

(一) 课时学习目标

核心素养	具体目标
物理观念	具有把动力学知识与气体实验定律相结合求解力、热综合问题的观念
	具有通过玻璃管、液柱、液元、汽缸、活塞求解气体状态参量,分析气体与气体、气体与外界大气的关联的观念
	具有把复杂气体问题简化成单气体单过程问题的观念
科学思维	能对实际问题进行简化,会分析气体的临界状态,用假设法设定过渡状态,从而建立气体变化模型
	能在隐含条件分析的过程中反思自己的思维
科学态度与责任	通过策略化解决复杂的实际问题的训练,体会把复杂问题分解成简单问题的组合的方法

(二) 课时学习设计

任务 1:求解"水银柱＋U 形管"综合问题

问题情境 1　水银柱移到 U 形管转弯处的临界问题

如图 7-5-1 所示,两侧粗细均匀、横截面积相等、高度均为 $H = 22\text{cm}$ 的 U 形管,左管上端封闭,右管上端开口。右管中有高 $h_0 = 4\text{cm}$ 的水银柱,水银柱上表面离管口的距离 $l = 16\text{cm}$。管底水平段的粗细和容积可忽略。环境温度为 $T_1 = 300\text{K}$,大气压强 $p_0 = 76\text{cmHg}$。现从右侧端口缓慢注入水银(与原水银柱之间无气隙)。当水银柱总长 $L = 14\text{cm}$ 时,气体压强 p_2 为多大?

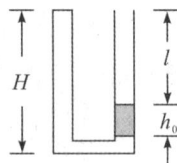

图 7-5-1

▶ **参考案例**

展示情境 1 的学生解答。

解答 1:

由题意知,右管水银柱高为 $h = 14\text{cm}$,如图 7-5-2 所示,以水银底部液元为研究对象,有

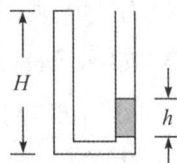

图 7-5-2

$$p_2 = p_0 + \rho g h = 90\text{cmHg}$$

解答 2:

设注入水银后水银仍都在右管。

初状态有

$$p_1 = p_0 + \rho g h_0 = 80\text{cmHg}, V_1 = S x_1$$

末状态有

$$p_2 = p_0 + \rho g h = 90\text{cmHg}, V_2 = S x_2$$

气体做等温变化,有

$$p_1 V_1 = p_2 V_2$$

可求得

$$x_2 = 21.3\,\mathrm{cm} < H = 22\,\mathrm{cm}$$

说明水银已压入左管，有

$$\Delta x = H - x_2 = 0.7\,\mathrm{cm}（如图 7\text{-}5\text{-}3 所示）$$

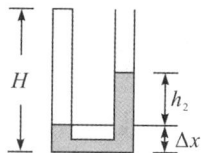

图 7-5-3

可知

$$h_2 = L - 2\Delta x = 12.6\,\mathrm{cm}$$

所以

$$p_2 = p_0 + \rho g h_2 = 88.6\,\mathrm{cmHg}$$

解答 3：

设水银柱总长为 L_0 时，水银柱下端刚好到达右管底部，如图 7-5-4 所示，可得

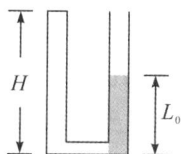

图 7-5-4

$$p_2 = \frac{24}{22}p_1 = 87.3\,\mathrm{cmHg}, \quad L_0 = 11.3\,\mathrm{cm} < L = 14\,\mathrm{cm}$$

说明水银已压入左管，设进入左管的水银柱长为 Δx，如图 7-5-5 所示。

初状态有

$$p_1 = p_0 + \rho g h_0 = 80\,\mathrm{cmHg}, \quad V_1 = Sx_1$$

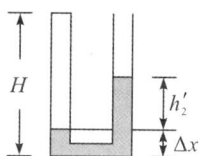

图 7-5-5

末状态有

$$p_2 = p_0 + \rho g h_2' = 76 + (14 - 2\Delta x)\,\mathrm{cmHg} = (90 - 2\Delta x)\,\mathrm{cmHg},$$

$$V_2 = Sx_2 = S(H - \Delta x)$$

气体做等温变化，有

$$p_1 V_1 = p_2 V_2$$

可求得 $\Delta x \approx 0.5\,\mathrm{cm}$，所以 $p_2 = 89\,\mathrm{cmHg}$。

▶ **展有所获**

师：请大家比较以上三种解法，说出自己的看法。

生 1：注入水银的过程分为两个阶段，转折点在水银柱下端恰好下移到右管管底，当左管已有水银时，左、右两管水银面高度差小于两管水银柱总长，所以解答 1 考虑不周全。解答 1 把水银柱总长 14cm 当成右管水银柱高了，再从解答 2 来看，左管已有水银，所以解答 1 错误。

生 2：解答 2 根据求解结果来判断左管有无水银是可行的，正如我们在不清楚静摩擦力方向的情况下，常假设静摩擦力朝某一方向，再根据计算值的正负来判断其真正的方向。比较解答 2 和解答 3，可知解答 2 错误，我也尝试改变解答 2 的假设方法，假设左管已有水银柱，求解结果与解答 3 一致。这是为什么呢？

师：结合生 2 的问题和解答 3 谈谈你的看法。

生 3：在摩擦力问题中，摩擦力方向不同只会影响平衡式中的加减不同，所以求得摩擦力为负值时，我们可以确定摩擦力方向与假设的方向相反，而摩擦力的大小与计算结果一致。比较解答 2 和解答 3 可知，左管有水银和左管无水银两种状态中 p_2 的表达式完全不同，所以错误假设的结果只能用来判断属于哪种情况，而不能转变成正确的结果。正是基于这种考虑，解答 3 先计算临界水银柱长度，再判断属于哪种情况，最后进行压强求解。

▶ **评有成果**

师:通过以上讨论,你有哪些收获?

生4:要通过画图研究注入水银后的多种可能性。

生5:存在多种可能性的问题中,对假设法的结论要结合情境分析其意义,不能搬用以前的结论,先判断临界情况分清不同情境是比较可靠的方法。

问题情境 2　**水银柱移到 U 形管开口处的临界问题**

接情境 1,已知可供添加的水银折算成在两管中的长度为 24cm。求封闭气体的最大气压 p_m。

▶ **参考案例**

展示情境 2 的学生解答。

解答 1:

当水银在右管上升时,两管水银面高度差增大,气体压强增大,当水银在左管上升时,两管水银面的高度差减小,气体压强减小,所以当水银柱下端刚好到达右管底部时气体压强最大,如图 7-5-6 所示,由等温变化规律可得

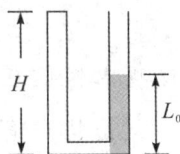

图 7-5-6

$$p_m = \frac{24}{22}p_1 \approx 87.3\text{cmHg}$$

解答 2:

当水银全部注入时气体压强最大,如图 7-5-7 所示。

初状态有

$$p_1 = p_0 + \rho g h_0 = 80\text{cmHg}, \quad V_1 = Sx_1$$

末状态有

$$p_m = p_0 + \rho g(28 - 2h_3), \quad V_m = Sx_2 = S(H - h_3)$$

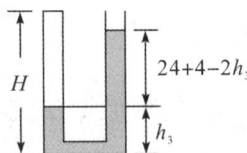

图 7-5-7

气体做等温变化,有

$$p_1V_1 = p_mV_m$$

代入数据得

$$80 \times 24 = (104 - 2h_3)(22 - h_3)$$

可解得 $h_3 \approx 2.6\text{cm}$,所以 $p_m \approx 98.8\text{cmHg}$。

解答 3:

水银注入越多,气体体积越小,压强越大,当水银与右管的管口齐平时,气体压强最大,由前面的计算可知,水银已进入左管,设左管的水银柱长为 h_3,如图 7-5-8 所示。

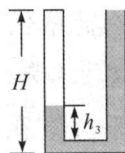

图 7-5-8

初状态有

$$p_1 = p_0 + \rho g h_0 = 80\text{cmHg}, \quad V_1 = Sx_1$$

末状态有

$$p_m = p_0 + \rho g(H - h_3), \quad V_m = Sx_2 = S(H - h_3)$$

气体做等温变化,有

$$p_1V_1 = p_mV_m$$

代入数据得

$$80 \times 24 = (98 - h_3)(22 - h_3)$$

可解得 $h_3 = 2\text{cm}$，所以 $p_m = 96\text{cmHg}$。

▶ **展有所获**

师：以上三种解答看似都有道理，答案却各不相同，请评价。

生1：气体压强大小 $p_1 = p_0 + \rho g h$，取决于两水银柱的高度差。当管中水银增加时，右管水银柱上升，导致左管水银柱上升，高度差变化不能定性得到，解答1有问题。由等温变化规律知，当左管水银面上升、气体体积减小时，压强增大，可知解答1错误。

生2：解答2和解答3看似都有道理，实则都有问题。解答2误以为右管无限长，所有水银都可以加入，解答3误以为水银足够多，右管一定能加满。从解答2的答案看，右管水银柱高 $2.6\text{cm} + (98.8 - 76)\text{cm} = 25.4\text{cm}$，已超过管长，说明有部分水银无法加入。解答3想当然认为右管能加满是不严密的，如果先设右管能加满，根据求解结果可知，管中水银柱总长为 24cm，还有 4cm 长水银柱没有注入，假设成立，可知最大气压即为所求，解法就严密了。

师：如果一开始就考虑到有加满与加不满两种情况，该如何求解？

生3：在解答2和解答3中任选一种进行判断，如果答案符合实际则为正解，如果不符合实际则按另一种方法求解。

▶ **评有成果**

师：从以上讨论中你得到了哪些收获？

生4：在玻璃管情境中，要注意开口端会有隐含的临界条件，如本情境中的"加满"，以前碰到过的"溢出"等。

生5：在有多种可能性需要讨论的情境中，我们可以先求临界情况，再判断问题情境属于哪种情况，也可以先假设是其中某种情况，再根据结果进行判断和求解。

问题情境3　水银柱移动中的复杂临界问题

接情境2，在注满水银后，把环境温度升到 400K。求气体最终的压强 p_3。

▶ **参考案例**

展示情境3的学生解答。

解答1：

升温膨胀后，设左管水银柱长 h_4，如图 7-5-9 所示。

初状态有
$$p_1 = p_0 + \rho g(H - h_3), V_1 = S(H - h_3), T_1 = 300\text{K}$$

末状态有
$$p_2 = p_0 + \rho g(H - h_4), V_2 = S(H - h_4), T_2 = 400\text{K}$$

由理想气体状态方程
$$\frac{p_1 V_1}{T_1} = \frac{p_2 V_2}{T_2}$$

可得 $h_4 \approx -3.3\text{cm}$，$p_2 \approx 101.3\text{cmHg}$，$h_4$ 为负值，说明左管无水银。

解答2：

设温度为 T_0 时，左管恰好无水银，如图 7-5-10 所示。

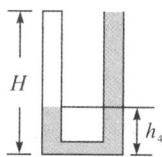

图 7-5-9

初状态有

$$p_1 = p_0 + \rho g(H - h_3), V_1 = S(H - h_3), T_1 = 300K$$

末状态有

$$p_2 = p_0 + \rho g H, V_2 = SH$$

由理想气体状态方程

$$\frac{p_1 V_1}{T_1} = \frac{p_2 V_2}{T_0}$$

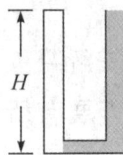

图 7-5-10

可得 $T_0 \approx 336.9K < 400K$，说明在温度 $T_2 = 400K$ 时左管无水银，如图 7-5-11 所示。

初状态有

$$p_1 = p_0 + \rho g(H - h_3), V_1 = S(H - h_3), T_1 = 300K$$

末状态有

$$p_2 = p_0 + \rho g h_5, V_2 = S(2H - h_5), T_2 = 400K$$

由理想气体状态方程

$$\frac{p_1 V_1}{T_1} = \frac{p_2 V_2}{T_2}$$

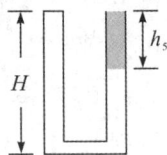

图 7-5-11

可得 $h_5 \approx 16.3cm, p_2 \approx 92.3cmHg$。

▶ 展有所获

师：如何评价以上两种解答？

生1：解答1没有考虑有多种可能性，按照左管有水银计算出 h_4 为负值，说明不符合实际情况，即使根据它的结果判断出左管无水银，也需要重新计算压强值。解答2先计算临界值，判断出左管无水银再进行计算，解法正确。

生2：解答2中气体初状态的选择可以优化，以加注水银前的状态为气体初状态，数学计算可以简化。

师：你是如何想到解答2中的临界值的？

生3：随温度升高，气压增大，水银向右流动，就可以知道有两种情况。

师：大家认为解答2完全正确吗？

生4：升温过程中，气体膨胀，水银溢出，该过程可能存在临界温度，超过此值，即使温度不再升高，水银也会继续自发地全部溢出。解答2还需要论证最终状态是否超过临界温度。

▶ 评有成果

师：通过以上讨论，你有哪些收获？

生5：在临界情况的判断中，把情境变化过程画成图非常重要。

生6：水银柱移动过程中，当水银柱液面经过玻璃管弯折处或管口时气体状态变化规律会发生改变。

生7：分析临界情况时，可以想象在做实验，随着水银注入或温度升高，水银会怎样流动？水银的升降会到达哪几个特殊位置？这样有助于寻找全临界情况。

任务2：求解"汽缸＋活塞"综合问题

问题情境1 升温导致的活塞移动问题

如图7-5-12所示，一容器由横截面积分别为$2S$和S的两个汽缸连通而成，容器平放在地面上，汽缸内壁光滑。整个容器被通过刚性杆连接的两个活塞分隔成三部分，分别充有氢气、空气和氮气。平衡时，空气通过抽气口与外界大气直接连通，外界大气压强为p_0，氮气的压强为p_1（初始时$p_1 = p_0$），体积为$2V_0$，氢气的体积为$3V_0$，压强p_2未知。汽缸和活塞由导热材料制成，密封良好，活塞移动时不会到达两个汽缸的连接处。若外界大气压保持不变，环境温度略有升高，分析活塞的移动情况。

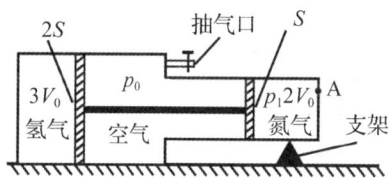

图7-5-12

▶ **参考案例**

展示情境1的学生解答。

解答1：

初始状态时活塞平衡，当温度升高时，氢气和氮气都想要受热膨胀，而两种气体体积不可能同时增大，且又不知道谁膨胀得更多，活塞移动方向无法判断。

解答2：

初始状态时活塞水平方向平衡，有

$$p_2 \cdot 2S = p_1 S + p_0(2S - S)$$

当温度升高时，设活塞还来不及移动，此时p_0不变，p_2和p_1都增大，但增大倍数关系不清楚，活塞移动方向无法判断。

解答3：

初始状态时活塞水平方向平衡，有

$$p_2 \cdot 2S = p_1 S + p_0(2S - S)$$

当温度升高时，设活塞还来不及移动，此时p_0不变，氢气和氮气都发生等容变化，符合

$$\frac{p}{T} = \frac{p'}{T'}$$

可得

$$p' = \frac{T'}{T}p$$

p_2和p_1都增大为$\dfrac{T'}{T}(> 1)$倍，所以

$$p_2' \cdot 2S > p_1' S + p_0(2S - S)$$

活塞向右移动。

▶ **展有所获**

师：请你评价以上三种解答。

生1：解答1从受热膨胀的角度分析不对，气体温度升高时，体积也有可能会减小，应该从气体实验定律和活塞受力的角度分析。

生2：解答2和解答3都采用了假设法，当温度变化时，设活塞还来不及移动，则气体做等容变化。解答3还利用等容变化规律求出两者压强增大的倍数是相同的，从而求得活塞受到的合力向右，正确。由解答3也可知，如果降温，则

$$\frac{T'}{T} < 1, p_2' 2S < p_1' S + p_0 (2S - S)$$

活塞向左移动。

▶ **评有成果**

师：通过以上讨论，你有哪些收获？

生3：定性问题也需要跟定量公式相结合进行分析。

生4：外界条件变化会引起活塞移动，判断活塞的移动方向时，可以假设活塞来不及移动，分析活塞受力的变化，再得出活塞移动方向。同样，水银柱的移动方向也可用假设法判断。

问题情境 2　降压导致的活塞移动问题

接情境1，保持初始温度不变，通过抽气口用抽气机把空气抽至可看成真空。求抽气前后氢气的压强 p_2 和 p_{21}。

▶ **参考案例**

展示情境2的学生解答。

解答 1：

抽气前，活塞在水平方向受力平衡，有

$$p_2 2S = p_1 S + p_0 (2S - S)$$

即

$$p_2 2S = 2 p_0 S$$

所以 $p_2 = p_0$。

抽气后，有

$$p_{21} 2S = p_{11} S, \quad p_{21} = \frac{p_{11}}{2}$$

压强具体值不会求。

解答 2：

抽气前，活塞在水平方向受力平衡，有

$$p_2 2S = p_1 S + p_0 (2S - S)$$

抽气时，空气压强 p_0' 减小，假设活塞还来不及移动，p_2、p_1 还未变化，有

$$p_2 2S > p_1 S + p_0' (2S - S)$$

所以活塞向右移动，但移动的距离及 V_2、V_1 的变化量不会求，压强具体值没求出来。

解答 3：

同解答1，求得

$$p_2 = p_0, \quad p_{21} = \frac{p_{11}}{2}$$

同解答2，得出活塞向右移动，设平衡时氢气体积增大 ΔV，由几何关系知氮气体积减小 $\frac{\Delta V}{2}$。

氢气做等温变化,有

$$p_0 3V_0 = p_{21}(3V_0 + \Delta V)$$

氮气做等温变化,有

$$p_0 2V_0 = p_{11}\left(2V_0 - \frac{\Delta V}{2}\right)$$

联立可得

$$\Delta V = \frac{6}{5}V_0, \quad p_{11} = \frac{10}{7}p_0, \quad p_{21} = \frac{5}{7}p_0$$

▶ **展有所获**

师:根据以上解答,说说求解思路。

生1:列出五个方程,联立方程组可解。① 平衡方程两个,在初、末状态,活塞都处于平衡状态,可以列出两个平衡方程,它们表示初、末状态两种气体的压强关系。② 体积增量关系一个,用假设法判断出活塞移动方向后,从初状态到末状态两种气体体积一增一减,由几何关系可求得体积增量的关系。③ 两种气体都做等温变化,可以列出两个方程。

▶ **评有成果**

师:通过以上讨论,你有什么收获?

生2:两部分气体之间有关联,单独对气体应用气体实验定律不能解决问题,还应该列出两气体间相互关联的表达式。

生3:关联气体之间存在多种关联,体积及其变量存在几何关联,压强之间存在力学关联。

生4:本情境中是等温变化,其他情境中两气体温度之间及与外界气温之间会存在关联,这与装置的导热、绝热性能有关,也跟做功有关。

问题情境3 漏气导致的活塞移动问题

接情境2,抽完空气后,因右汽缸底部 A 处出现裂缝而缓慢漏气,漏气过程中温度不变。经足够长时间不再漏气时,氮气还剩几分之几?

▶ **参考案例**

展示情境3的学生解答。

解答1:

设氮气泄漏时仍收集在一个虚拟容器里,最终状态气压等于外界大气压,如图 7-5-13 所示,由等温变化求得

$$V_1 = 2V_0, \quad \frac{m_1}{m_0} = \frac{\frac{7}{5}V_0}{V_1} = \frac{7}{10}$$

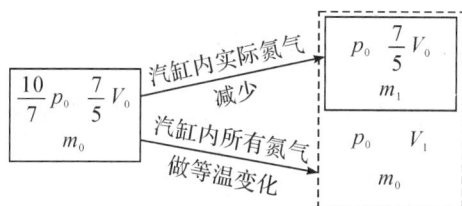

图 7-5-13

解答2:

漏气前两种气体状态如图 7-5-14 所示,漏气后两种气体状态如图 7-5-15 所示。

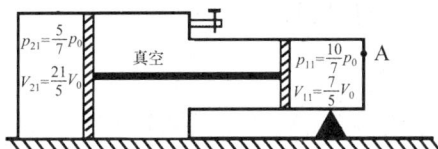

图 7-5-14

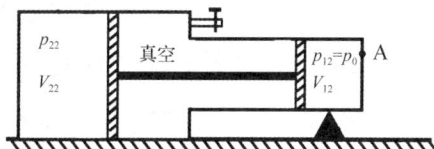

图 7-5-15

漏气后活塞平衡,有

$$p_{22}2S = p_{12}S, \quad p_{22} = \frac{p_0}{2}$$

氢气做等温变化,有

$$p_{21}V_{21} = p_{22}V_{22}$$

可得 $V_{22} = 6V_0$,氢气体积增大 $\Delta V_2 = \frac{9}{5}V_0$。

汽缸内氮气的体积减小 $\Delta V_1 = \frac{1}{2}\Delta V_2 = \frac{9}{10}V_0$,汽缸

内氮气体积为 $V_{12} = \frac{1}{2}V_0$。

设氮气泄漏时仍收集在一个虚拟容器里,如图 7-5-16 所示,由等温变化规律可求得 $V_{13} = 2V_0$,把虚拟末状态与最初的状态比较可知两状态完全相同,可得

$$\frac{m_1}{m_0} = \frac{\frac{1}{2}V_0}{V_{13}} = \frac{1}{4}$$

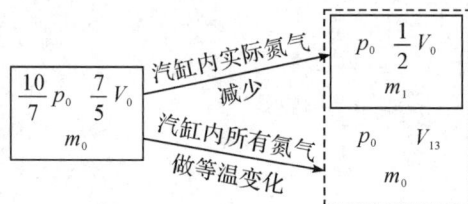

▶ **展有所获**

师:请评价以上两种解答。

生1:解答1误以为漏气后右侧汽缸容积不变,实际由于漏气时氮气压强减小,活塞右移,右侧汽缸容积减小。

生2:解答2正确。这是关联气体和变质量问题的综合应用,解答2的思路是:① 根据活塞平衡求氢气压强;② 根据等温变化求氢气体积,可得氢气体积增量;③ 根据几何关系求右汽缸容积的减小量,再求容积;④ 用虚拟容器法求氮气的剩余比率。

▶ **评有成果**

师:通过以上讨论,你有什么收获?

生3:关联气体研究对象多,初、末状态的参量多,情境也比较复杂,把状态参量标注在图中,简洁明了。

生4:关联气体情境中,还是要从压强、体积、温度全方面关注气体之间的关联,不要遗漏。

(三) 巩固性练习

1. 如图 7-5-17 所示,一竖直放置的汽缸上端开口,汽缸壁内有卡口 a 和 b,a、b 间距为 h,a 距缸底的高度为 H;活塞只能在 a、b 间移动,其下方密封有一定质量的理想气体。已知活塞质量为 m,面积为 S,厚度可忽略;活塞和汽缸壁均绝热,不计它们之间的摩擦。开始时活塞处于静止状态,上、下方气体压强均为 p_0,温度均为 T_0。现用电热丝缓慢加热汽缸中的气体,直至活塞刚好到达 b 处。已知重力加速度大小为 g,求此时汽缸内气体的温度以及在此过程中气体对外所做的功。

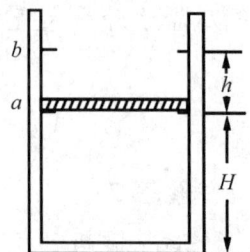

2. 如图 7-5-18 所示,一玻璃装置放在水平桌面上,竖直玻璃管 A、B、C 粗细均匀,A、B 两管的上端封闭,C 管上端开口,三管的下端在同一水平面内且相互连通。A、B 两管的长度分别为

$l_1 = 13.5\text{cm}$,$l_2 = 32\text{cm}$。将水银从 C 管缓慢注入,直至 B、C 两管内水银柱的高度差 $h = 5\text{cm}$。已知外界大气压为 $p_0 = 75\text{cmHg}$,求 A、B 两管内水银柱的高度差。

3. 如图 7-5-19 所示,两个边长为 10cm 的正方体密闭导热容器 A、B,用一很细的玻璃管连接,玻璃管的下端刚好与 B 容器的底部平齐,玻璃管竖直部分长为 $L = 30\text{cm}$,初始时刻阀门 K_1、K_2 均关闭,B 容器中封闭气体的压强为 15cmHg。外界环境温度保持不变。

(1) 打开阀门 K_1,让水银缓慢流入 B 容器,求最终 B 容器中水银的高度;

(2) 再打开阀门 K_2,向 B 容器中充入 $p_0 = 75\text{cmHg}$ 的气体,使 B 容器中恰好没有水银,求充入气体的体积。

4. 某些鱼类通过调节体内鱼鳔的体积实现浮沉,如图 7-5-20 所示,鱼鳔结构可简化为通过阀门相连的 A、B 两个密闭气室,A 室壁厚,可认为体积恒定,B 室壁薄,体积可变。两室内气体视为理想气体,可通过阀门进行交换,质量为 M 的鱼静止在水面下 H 处,B 室内气体体积为 V,质量为 m。设 B 室内气体压强与鱼体外压强相等,鱼体积的变化与 B 室气体体积的变化相等,鱼的质量不变,鱼鳔内气体温度不变,水的密度为 ρ,重力加速度为 g,大气压强为 p_0,求:

(1) 鱼通过增加 B 室体积获得大小为 a 的加速度,需从 A 室充入 B 室的气体质量 Δm;

(2) 鱼静止于水面下 H_1 处时,B 室内气体质量 m_1。

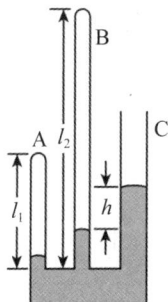
图 7-5-18

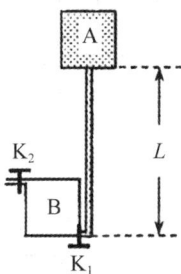
图 7-5-19

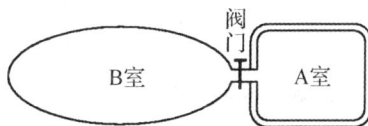
图 7-5-20

专题八：振动、波动综合

一、专题综述

（一） 试题情境与特征分析

1. 试题情境

　　纵观近几年全国各省区市高考题或选考题，振动、波动综合问题主要以振动模型、波动模型、波干涉模型等问题情境为主，也有阻尼振动和受迫振动相关问题情境。

　　如图 8-1-1 ～ 8-1-7 所示，试题考查的内容主要集中在以下几方面：① 结合简谐运动的特点和对称性，求解周期、振幅、等效加速度等运动量及动力学临界问题；② 结合受迫振动特点，求解分析共振频率与其振幅问题；③ 利用振动与波传播的时空关系，分析求解振动特征量、波动特征量和一般叠加问题；④ 结合叠加规律，判断振动加强点和减弱点及分析求解质点合振动方向、合位移、合振幅等问题。

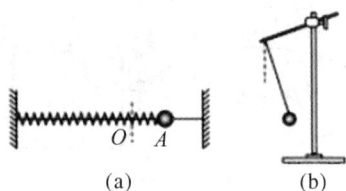

图 8-1-1

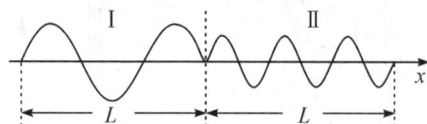

图 8-1-2

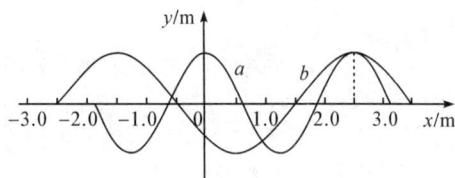

图 8-1-3

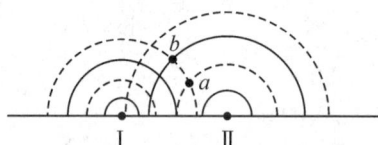

图 8-1-4

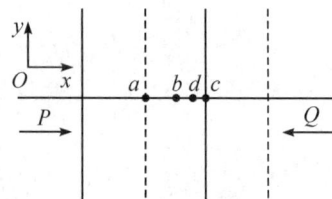

图 8-1-5

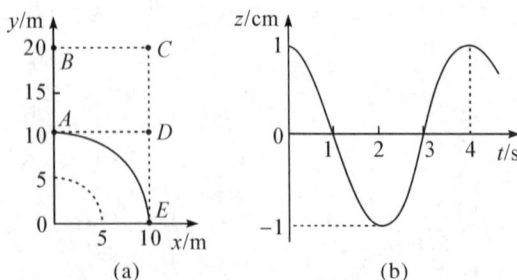

图 8-1-6

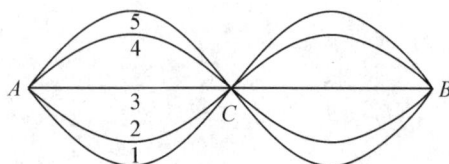

图 8-1-7

2. 特征分析

振动、波动综合问题是近几年高考或选考的必考题型之一，多以选择题的形式出现，主要以情境题形式呈现，注重对核心概念与基本模型的考查，凸显对素养与能力的评价，具体体现出以下特点。

（1）知识综合

该类问题涉及振动与波动、运动与相互作用、叠加与干涉等核心知识内容的综合应用。

加强学生对基本知识、规律的理解与掌握，要求学生深度理解物理概念和规律，全面考查学生综合运用知识和方法分析、解决问题的能力。

（2）情境丰富

情境以模型化为主，但近几年试题情境从简单情境向真实情境过渡，凸显情境的真实性和新颖性。

涉及模型丰富：类弹簧振子、类单摆、阻尼运动、受迫运动、绳波干涉、水面波干涉等。

涉及图像丰富：振动图像、波图像、波干涉图像、干涉图样、峰谷图、波面图等。

注重考查学生分析具体情境时，具有模型建构、科学推理、科学论证等科学思维。

（二）　学生思维障碍分析

1. 规范解题意识的缺失

振动、波动综合问题涉及知识点多、综合性强，对模型建构、科学推理、空间想象以及应用数学方法等科学思维水平要求较高。学生虽然已经掌握相关基础知识与基本规律，会解决简单情境与常见的振动、波动图像问题，但对陌生情境的问题，由于对基础知识的本质和知识间的联系理解不到位，在使用概念与规律时不注意其适用条件，迁移运用解决问题时容易出现错解。在分析解决振动、波动综合问题时，学生对问题的分析思路不清晰和解决问题的程序不规范，导致漏解甚至求解困难。

2. 模型建构能力的欠缺

面对实际情境和陌生情境时，学生难以将问题中的情境转化为与之相对应的物理模型，而没法分析与解决相关问题，比如以干涉情境为背景的问题，学生对于涉及的绳波干涉问题难以分析。图像表征题干信息较抽象，学生无法从图像中获取关键信息，致使分析求解困难。振动、波动综合问题多数涉及振动与波动的时空变化问题，学生缺乏图像转化的意识和灵活转化的方法，难以进行有效的时空转化，导致求解的失败。

（三）　求解思维导图

振动、波动综合问题求解的思维路径以简谐运动、机械波、干涉的特征量为载体建构典型物理模型（如简谐运动模型、波动模型、干涉模型等）。根据典型问题所蕴含的模型特点和思维特点，本专题内容分为振动模型分析、波动模型分析、时空变换分析三个横向专题。在每个横向专题中，以模型为主线，整合相应问题的解决思路如图 8-1-8 所示。

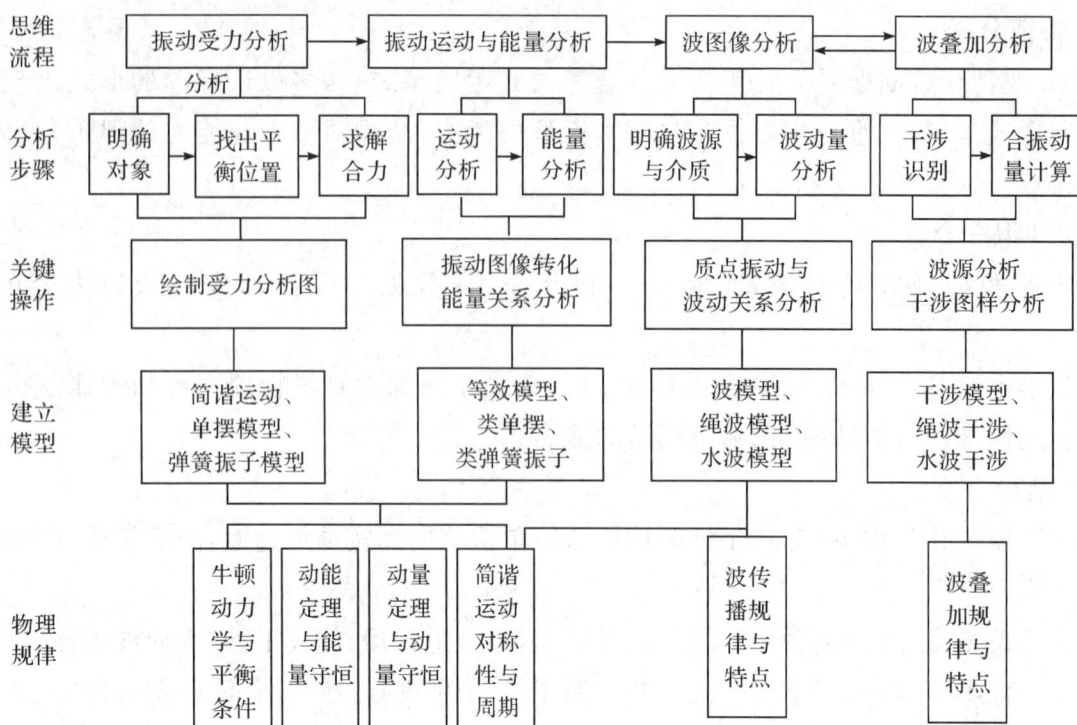

思维流程	振动受力分析 →	振动运动与能量分析 →	波图像分析 ⇄	波叠加分析

分析

分析步骤	明确对象 → 找出平衡位置 → 求解合力	运动分析 → 能量分析	明确波源与介质 → 波动量分析	干涉识别 → 合振动量计算

关键操作	绘制受力分析图	振动图像转化 能量关系分析	质点振动与波动关系分析	波源分析 干涉图样分析

建立模型	简谐运动、单摆模型、弹簧振子模型	等效模型、类单摆、类弹簧振子	波模型、绳波模型、水波模型	干涉模型、绳波干涉、水波干涉

物理规律	牛顿动力学与平衡条件 / 动能定理与能量守恒 / 动量定理与动量守恒 / 简谐运动对称性与周期	波传播规律与特点	波叠加规律与特点

图 8-1-8

(四) 专题学习目标

核心素养	具体目标
物理观念	具有运动与相互作用观及能量观,知道简谐运动模型、波模型与干涉模型的建构条件和阻尼运动、受迫振动与临界状态的特点
	具有用图像与公式表征物理模型的观念,知道简谐运动模型的规律、波传播与叠加规律及干涉的特征
	具有图像表征转化的观念,知道振动图像与波图像的区别与联系,知道振动与波传播具有周期性及波传播双向性的特点
科学思维	经过对各类情境下简谐运动模型的分析,能识别平衡位置、有效摆长,计算回复力、周期与等效加速度,建构正确的简谐运动模型,能用运动对称性分析推理振动动力学问题和能量问题
	经过对各类情境波图像的分析,能用质点带动法、平移法、微元法等方法分析质点振动方向与波传播方向,会用波速、波长和频率(周期)的关系分析求解波的特征量问题,建构横波和纵波模型
	经过对各类情境波干涉图像问题的分析,能根据问题情境选用图像法或公式法分析振动加强点和振动减弱点,能用叠加规律推理分析波干涉的特征量及合位移问题
	经过对各类情境下的时空变换情况的分析,能根据振动与波传播具有周期性及波传播双向性,选择适合的时空变换方法分析求解振动与波动的特征量问题
	经过对振动、波动综合问题的解决,学会运用图像法和公式法求解振动、波动及波叠加等综合问题,认识数形结合思想和转化思想方法在解决物理问题中的应用,掌握解决振动、波动综合问题的一般思路及解题步骤

（五）　专题细分及课时规划

专题细分		课时规划
横向主题	主题一:振动模型分析	1课时
	主题二:波动模型分析	1课时
	主题三:时空变换分析	1课时
纵向主题	振动、波动综合问题求解思维展示	1课时

二、横向主题一:振动模型分析

（一）　课时学习目标

核心素养	具体目标
物理观念	具有力与运动的相互作用观,知道简谐运动的力学特征
	知道简谐运动中的能量转化路径,理解等效势能的概念
	知道单摆周期公式中的等效摆长、等效重力加速度
	知道共振的特点和发生的条件
科学思维	经过对不同情境下类弹簧振子的学习,会利用动力学方法判断物体是否做简谐运动
	经过对学习,能利用等效势能和能量守恒计算简谐运动的能量问题
	经过对多个单摆情境的学习,会判断单摆的等效摆长和等效重力加速度,计算单摆周期
	经过对多个受迫振动和阻尼振动情境的学习,会判断固有频率、驱动力频率与振幅的关系

（二）　课时学习设计

任务1:（类）弹簧振子模型分析

问题情境1　（类）弹簧振子简谐运动的判定

如图8-2-1所示,一质量为 m、侧面积为 S 的正方体木块静止在水中。现用力向下将其压入水中一定深度后（未全部浸入）撤掉外力,木块在水中上下振动,试判断木块的振动是否为简谐运动。

如图8-2-2所示,一质量为 m 的物体在光滑水平面上做匀速圆周运动,角速度为 ω。证明该物体在 x 轴上的分运动是简谐运动。

光滑水平导轨间接一恒流源,恒流源电流方向如图8-2-3所示,导轨间磁场在 y 轴方向上不变,沿 x 轴方向满足 $B = -kx$。试判断金属棒的运动是否为简谐运动。

如图8-2-4所示,光滑水平导轨间接一电感线圈,不计一切电阻,金属棒获得初速度 v_0,试判断金属棒的运动是否为简谐运动。（提示:无电阻时,动生电动势等于自感电动势 $E_{自} = L\frac{\Delta I}{\Delta t}$。）

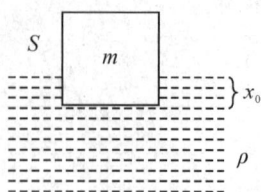

图 8-2-1

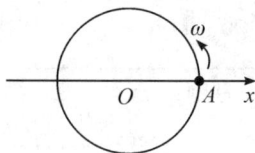

图 8-2-2

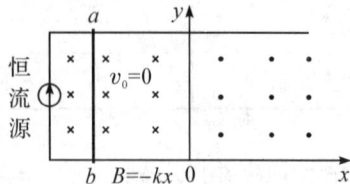

图 8-2-3

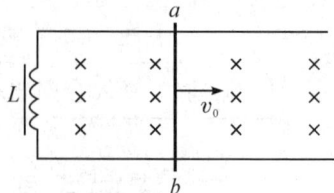

图 8-2-4

▶ **参考案例**

展示情境 1 的学生解答。

解答 1（图 8-2-1）：

对木块受力分析，刚开始时木块处于平衡位置，有

$$F_浮 = mg$$

即

$$\rho g s x_0 = mg \tag{①}$$

设木块向下偏离平衡位置 x 时，浮力大于重力，合力向上，合力提供回复力。其大小为

$$F_合 = \rho g s(x_0 + x) - mg \tag{②}$$

将式 ① 代入式 ② 得

$$F_合 = \rho g s x$$

又因为 F 与 x 轴方向相反，所以木块所受的合力为

$$F_合 = -\rho g s x$$

满足

$$F_合 = -kx, k = \rho g s$$

所以木块的振动是简谐运动。

解答 2（图 8-2-2）：

物体做匀速圆周运动，有

$$F_合 = mr\omega^2$$

设经过时间 t 后，物体转过的角度 $\theta = \omega t$，$F_合$ 在 x 轴方向上的分力为

$$F_x = mr\omega^2 \cos\omega t \tag{①}$$

此时 x 轴方向上物体相对圆心的位移为

$$x = r\cos\omega t \tag{②}$$

将式 ② 代入式 ① 得

$$F_x = m\omega^2 x$$

又因为 F_x 与 x 轴方向相反，所以物体所受的合力为

$$F_合 = -m\omega^2 x$$

满足

$$F_合 = -kx, k = m\omega^2$$

所以该物体在 x 轴上的分运动是简谐运动。

解答 3(图 8-2-4):

根据 $E_动 = E_自$,把电动势表达式代入得到

$$Blv = L\frac{\Delta I}{\Delta t}$$

再利用微分法,两边同时乘以 Δt,得到

$$Blv\Delta t = L\Delta I$$

两边求和累加得

$$\sum Blv\Delta t = \sum L\Delta I$$

得到

$$Blx = LI$$

即

$$I = \frac{Blx}{L}$$

再把求出的电流代入安培力公式,规定初速度方向为正方向,得到

$$F_合 = F_安 = -\frac{B^2 l^2}{L}x$$

满足

$$F_合 = -kx, k = \frac{B^2 l^2}{L}$$

所以金属棒的运动是简谐运动。

▶ **展有所获**

师:结合上面的展示,谈谈自己对上述解答的看法。

生1:解答1和解答2没什么问题,解答3在已知 $E_动 = E_自$ 后,回路电流的求解我有点看不懂。

师:我们请生2(给出解答3的同学)来谈谈他是怎么做的。

生2:得到 $Blv\Delta t = L\Delta I$ 大家应该都没有问题,式子中的 Δt 和 ΔI 是微分量(微元量),可以用两边求和(积分)处理,$\sum v\Delta t$ 就是把所有位移元求和等于位移 x,$\sum \Delta I$ 就是把所有电流元求和等于 I。

生3:金属棒是简谐运动没什么问题,我有两个问题想不明白:一是为什么无电阻时 $E_动 = E_自$?根据楞次定律,自感电动势总是阻碍感应电动势,但阻碍不是阻止,不是应该 $E_动 > E_自$ 吗?二是 $E_动 = E_自$ 时,电动势完全抵消了,怎么会有电流?

师:生3的疑问也是大多数同学的疑问吧?我们先回答第一个问题。请大家注意整个闭合回路是没有电阻的,此时哪个是电源?哪个是负载?它们两端的电压分别是多少?

生4:金属棒是电源,由于没有电源的内阻,因此产生的电动势为 $E_动 = U_路端$。电感线圈是负载,虽然它没有电阻,但是由于自感,它两端的电压为 $E_自 = U_路端$,所以 $E_动 = E_自$。

师:这位同学从路端电压的角度来分析是个很好的思路。现在请同学们计算感应电流的大小和安培力的大小。

▶ **评有成果**

师:通过对上述解答的分析,你对简谐运动的判定有什么认识?

生5:物体的受力影响物体的运动情况,首先要进行正确的受力分析,其次要确定物体的平衡位置,再以平衡位置为坐标原点,找出合力与位移之间的关系。

▶ **小结**

判定简谐运动的思路如图8-2-5所示。

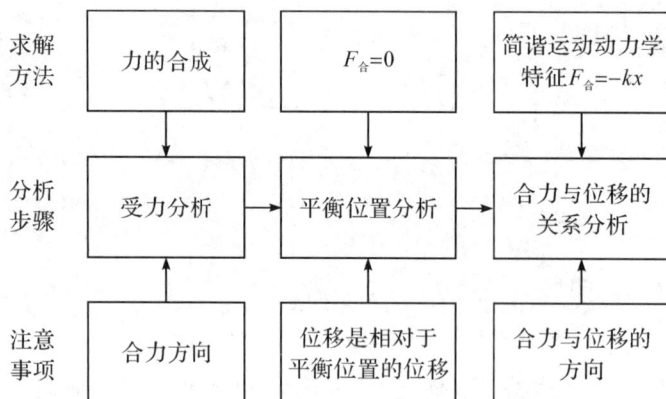

图 8-2-5

问题情境2 (类)弹簧振子的能量问题

如图8-2-6所示,一质量为m的弹簧振子在水平面上以O点为平衡位置做简谐运动,弹簧的劲度系数为k。已知在$t=0$时,振子位于平衡位置右侧P点,$OP=x_0$,振子的速度大小为v_0,速度方向向右。求振子的振幅A、最大速率v_m、振动角频率ω、振动周期T。

光滑水平导轨间接一恒流源,恒流源电流方向如图8-2-7所示,导轨间磁场在y轴方向上不变,沿x轴方向满足$B=-ax$(a为常数)。在$x=x_0$处磁感应强度大小为B_0。有一阻值为R的金属棒M垂直于导轨静止置于$x=x_0$处。合上开关,金属棒做简谐运动,求:

(1)运动过程中金属棒的最大速度v_m;

(2)金属棒的速度为$\frac{\sqrt{2}}{2}v_m$时,金属棒的位置坐标。

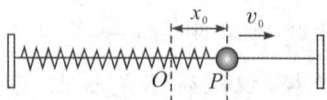

图 8-2-6

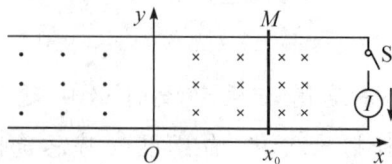

图 8-2-7

▶ **参考案例**

展示情境2的学生解答。

解答1(图8-2-6):

弹簧振子做简谐运动时动能与势能之和不变,有

$$\frac{1}{2}kx_0^2 + \frac{1}{2}mv_0^2 = \frac{1}{2}kA^2 = \frac{1}{2}mv_{\mathrm{m}}^2$$

得

$$A = \sqrt{x_0^2 + \frac{mv_0^2}{k}}\,,\ v_{\mathrm{m}} = \sqrt{v_0^2 + \frac{kx_0^2}{m}}$$

由简谐公式 $\omega = \sqrt{\dfrac{k}{m}}$ 得

$$T = 2\pi\sqrt{\frac{m}{k}}$$

解答 2(图 8-2-7)：

金属棒做简谐运动过程中动能与势能之和不变，第(1)问有

$$\frac{1}{2}mv_{\mathrm{m}}^2 = \frac{1}{2}kx_0^2$$

合力为

$$F = BIL = -aILx$$

所以

$$k = aIL$$

把 k 代入得到

$$v_{\mathrm{m}} = \sqrt{\frac{aILx_0^2}{m}}$$

对于第(2)问的位置坐标，根据简谐运动的对称性，只需要求出金属棒在 x 轴正半轴速度为 $\dfrac{\sqrt{2}}{2}v_{\mathrm{m}}$ 时的坐标即可。根据能量守恒定律得

$$\frac{1}{2}kx^2 + \frac{1}{2}m\left(\frac{\sqrt{2}}{2}v_{\mathrm{m}}\right)^2 = \frac{1}{2}kx_0^2$$

将 k 的值和 v_{m} 代入计算，可得

$$x = \pm\frac{\sqrt{2}}{2}x_0$$

▶ **展有所获**

师：结合上面的展示，谈谈自己对上述解答的看法。

生1：简谐运动是变加速度运动，两位同学从能量守恒角度求解很好地回避了复杂的运动过程，求解过程简洁清晰。

生2：通过对这个问题的解答，我有两点收获：一是简谐运动的能量是守恒的，通过能量来求解可以巧妙地回避复杂的运动过程；二是可以利用简谐运动的对称性。等效势能 $\dfrac{1}{2}kx^2$ 与位移有关，关于平衡位置对称点的等效势能相等；动能与速度有关，关于平衡位置对称点的动能相等。

▶ **评有成果**

师：通过对上述解答的分析，你对(类)弹簧振子的能量问题有什么认识？

生3：简谐运动是变加速运动，从动力学角度分析对我们来说难度太大。我们可以从能量

守恒的角度入手,引入"等效势能"并结合简谐运动的相关知识可以使问题大大简化。

▶ **小结**

利用能量守恒求解简谐运动相关问题的分析思路如图8-2-8所示。

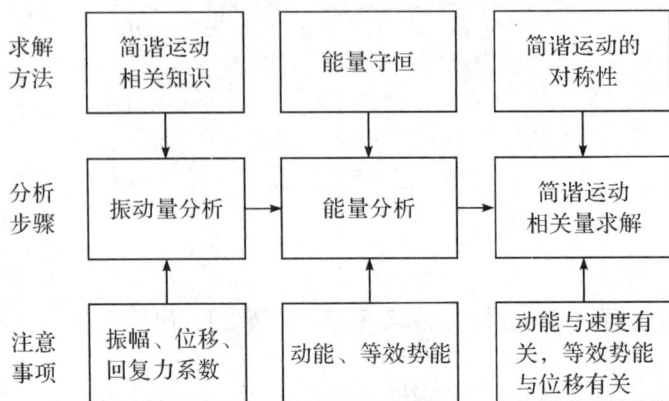

图8-2-8

任务2:(类)单摆模型分析

▍**问题情境3** (类)单摆的等效摆长问题

如图8-2-9所示,质量为m、半径忽略不计的小球被两根长为l的轻绳系着,在垂直纸面方向做小角度摆动,试求单摆的摆长和周期。

如图8-2-10所示,质量为m、半径忽略不计的小球被一根长为l的轻绳系着,在纸面内做小角度摆动,悬挂点下方$\dfrac{l}{3}$处有一个钉子,试求单摆的摆长和周期。

如图8-2-11所示,三根细线在O处打结,A、B端固定在同一水平面上相距为l的两点上,使AOB成直角三角形,$\angle BAO = 30°$。OC长l,下端C系着一个质量为m、半径不计的小球,小球在垂直于纸面方向做小角度摆动,试求单摆的摆长和周期。

如图8-2-12所示,两根细绳分别系在墙上的A、B两点,另一端与质量为m的小球D相连。已知A、B两点高度差为h,$\angle CAB = \angle BAD = 37°$,$\angle ADB = 90°$,小球在垂直于纸面方向做小角度摆动,试求单摆的摆长和周期。

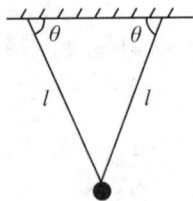 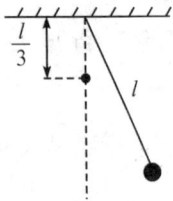 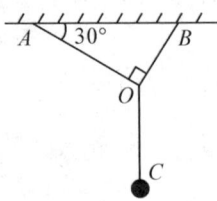 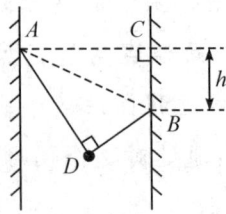

图8-2-9　　　　图8-2-10　　　　图8-2-11　　　　图8-2-12

▶ **参考案例**

展示情境3的学生解答。

解答1(图8-2-9):

画出单摆的等效摆长和摆点O,如图8-2-13所示。根据几何关系,摆长为$l\sin\theta$,周期为

$$T = 2\pi \sqrt{\frac{l}{g}} = 2\pi \sqrt{\frac{l\sin\theta}{g}}$$

解答 2(图 8-2-10)：

画出单摆的等效摆长和摆点 O，如图 8-2-14 所示。虚线右侧摆长为 l，虚线左侧摆长为 $\frac{2}{3}l$，周期为

$$T = \frac{T_右}{2} + \frac{T_左}{2} = \pi \sqrt{\frac{l}{g}} + \pi \sqrt{\frac{2l}{3g}}$$

解答 3(图 8-2-11)：

画出单摆的等效摆长和摆点 O，如图 8-2-15 所示。根据几何关系摆长为 $l + \frac{\sqrt{3}}{4}l$，周期为

$$T = 2\pi \sqrt{\frac{l}{g}} = 2\pi \sqrt{\frac{l + \frac{\sqrt{3}}{4}l}{g}}$$

解答 4(图 8-2-12)：

画出单摆的等效摆长 OD 和摆点 O，如图 8-2-16 所示。根据几何关系 $\angle AOE = \angle BOD = \angle OBD = \angle OBC = 53°$，所以 $OD = BD = CB = h$，摆长为 h，周期为

$$T = 2\pi \sqrt{\frac{l}{g}} = 2\pi \sqrt{\frac{h}{g}}$$

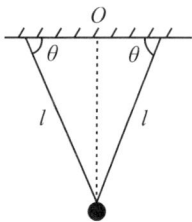 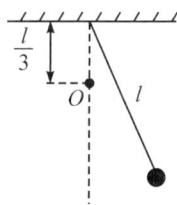 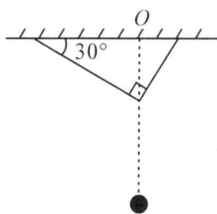 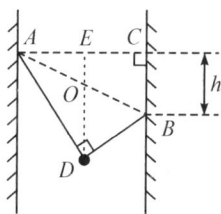

图 8-2-13   图 8-2-14   图 8-2-15   图 8-2-16

▶ **展有所获**

师：结合上面的展示，谈谈自己对上述解答的看法。

生 1：我对解答 4 有疑问，等效摆长为什么不是 DE 的长度？

师：生 2，你可以来解释下这位同学的疑问吗？

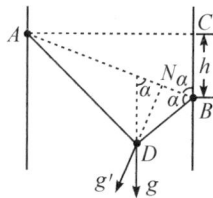

生 2：摆长是物体到悬点的距离，如果有两个悬点，那摆长应该是重力加速度反向延长线与两悬点连线的交点到物体的距离（见图 8-2-17）。对于该题，还有另一种解法：将该单摆的摆长等效成 DN（$DN \perp AB$），但同时等效重力加速度沿 ND 方向，故有

图 8-2-17

$$L = DN = h\sin\alpha, \quad g_效 = g\sin\alpha$$

周期为

$$T = 2\pi \sqrt{\frac{L}{g_效}} = 2\pi \sqrt{\frac{h}{g}}$$

师：生 2 向我们展示了另外一种解法，通过两种方法的对比，同学们对于单摆的等效摆长应该有了深刻的理解。生 1，你能来做个总结吗？

生1:现在我对于等效摆长的理解没什么问题了,我有两点收获:一是单摆周期公式中的摆长是有效摆长,有效摆长的确定需要从确定摆点入手;二是有效摆长的计算往往会涉及一些几何关系的计算。

▶**评有成果**

师:通过对上述解答的分析,你对(类)单摆的等效摆长问题有什么认识?

生3:单摆这个知识点总体上比较简单,在面对一些复杂单摆时,需要注意单摆的摆长不一定就是绳长,我们要找出隐藏的摆点,再找出等效摆长。

生4:既然单摆周期公式里的摆长 l 涉及等效摆长的问题,那么公式里的重力加速度 g 是否也有类似问题呢?

师:经过同学们的分析讨论,我们对单摆的周期公式中的摆长有了更深入的理解。生3提出的问题很好,下面我们就来研究周期公式里的等效重力加速度问题。等这两个问题都分析清楚后,我们再一起来总结单摆的周期问题。

问题情境4 (类)单摆的等效重力加速度问题

如图8-2-18所示,质量为 m、半径忽略不计的小球被长为 l 的轻绳系着,在倾角为 θ 的光滑斜面上做小角度摆动,试求小球摆动时的等效重力加速度和周期。

如图8-2-19所示,质量为 m、体积为 V 的木球被长为 l 的轻绳系着,绳子另一端系在水底,将木球拉离平衡位置一很小角度后释放,水的密度为 ρ,水的黏滞阻力不计,木球半径忽略不计。试求木球摆动时的等效重力加速度和周期。

如图8-2-20所示,质量为 m、半径忽略不计的带正电小球被长为 l 的轻绳系着,小球处在竖直向下的匀强电场中,电场强度为 E,小球电荷量为 q。将带电小球拉离平衡位置一很小角度后释放,试求小球摆动时的等效重力加速度和周期。

如图8-2-21所示,质量为 m、半径忽略不计的带正电小球在半径为 l 的绝缘光滑圆弧轨道上从 A 点静止开始运动。B 为圆弧最低点,A、B 之间距离很小,B 的左侧存在匀强磁场,磁感应强度为 B。试求小球摆动时的等效重力加速度和周期。

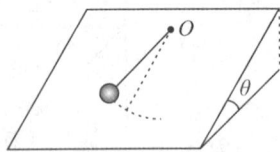

图 8-2-18

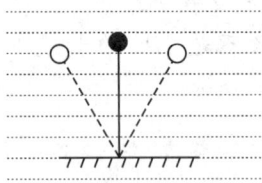

图 8-2-19

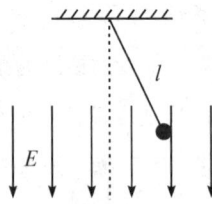

图 8-2-20

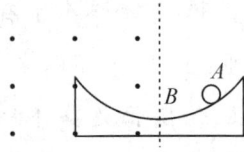

图 8-2-21

▶**参考案例**

展示情境4的学生解答。

解答1(图8-2-18):

分析受力,正交分解得小球重力沿斜面方向的分力

$$G_x = mg\sin\theta = G_{效}$$

单摆在斜面摆动的等效重力加速度为

$$g_{效} = \frac{G_{效}}{m} = g\sin\theta$$

小球摆动周期为

$$T = 2\pi \sqrt{\frac{l}{g_{效}}} = 2\pi \sqrt{\frac{l}{g \sin\theta}}$$

解答2(图8-2-19):

分析受力,木球的浮力大于重力,等效重力为

$$G_{效} = \rho V g - mg$$

等效重力加速度为

$$g_{效} = \frac{G_{效}}{m} = \frac{\rho V g - mg}{m}$$

小球摆动周期为

$$T = 2\pi \sqrt{\frac{l}{g_{效}}} = 2\pi \sqrt{\frac{ml}{\rho V g - mg}}$$

解答3(图8-2-20):

分析小球受力得等效重力

$$G_{效} = qE + mg$$

等效重力加速度为

$$g_{效} = \frac{G_{效}}{m} = \frac{qE + mg}{m}$$

小球摆动周期为

$$T = 2\pi \sqrt{\frac{l}{g_{效}}} = 2\pi \sqrt{\frac{ml}{qE + mg}}$$

解答4(图8-2-21):

分析小球受力得等效重力

$$G_{效} = qvB + mg$$

等效重力加速度为

$$g_{效} = \frac{G_{效}}{m} = \frac{qvB + mg}{m}$$

小球摆动周期为

$$T = 2\pi \sqrt{\frac{l}{g_{效}}} = 2\pi \sqrt{\frac{ml}{qvB + mg}}$$

▶ **展有所获**

师:结合上面的展示,谈谈自己对上述解答的看法。

生1:前三种解答都没什么问题,解答4有问题,小球摆动过程中洛伦兹力总是垂直于速度方向,故不可能产生沿圆弧切线方向的分力效果,不参与提供回复力,所以

$$g_{效} = g, T = 2\pi \sqrt{\frac{l}{g}}$$

▶ **评有成果**

师:通过对上述解答的分析,你对(类)单摆的等效重力加速度问题有什么认识?

生2:通过四个情境下等效加速度的计算,我对等效加速度有了进一步的理解。单摆的回

复力是沿速度切线方向的力，额外施加的其他力只有在速度方向上有分力时才会导致等效加速度的变化，若无分力（如洛伦兹力），则等效加速度不变。

▶ **小结**

计算单摆周期的分析思路如图 8-2-22 所示。

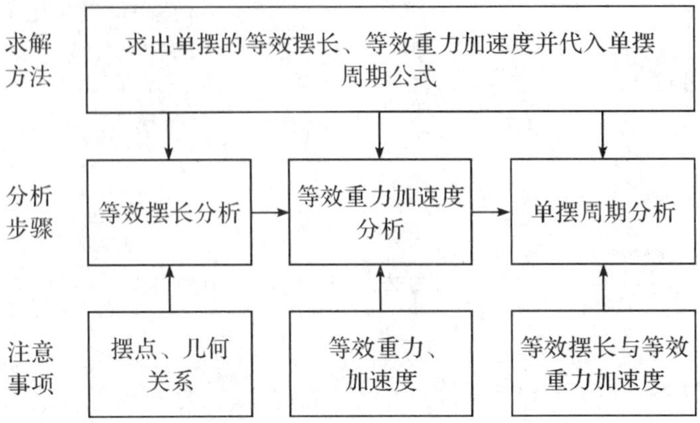

图 8-2-22

任务 3：阻尼振动与受迫振动

问题情境 5 **阻尼振动与受迫振动相关问题**

如图 8-2-23 所示，把一个筛子用四根弹簧支起来，筛子上安一个电动偏心轮，它每转一圈，给筛子一个驱动力，这样就做成了一个共振筛。筛子做自由振动时，完成 10 次全振动用时 15s。某电压下，电动偏心轮转速是 36r/min。已知增大电压可使偏心轮转速提高，增加筛子的质量可以增大筛子的固有周期，如何使筛子的振幅增大？

如图 8-2-24(a) 所示，一个竖直圆盘转动时，固定在圆盘上的小圆柱带动一个 T 形支架在竖直方向振动，T 形支架的下面系着一个弹簧和小球组成的振动系统，小球浸在水中。现使圆盘以不同的频率转动，测得小球振动的振幅与圆盘转动频率的关系如图 8-2-24(b) 所示。

(1) 当圆盘以 0.4s 的周期匀速转动时，小球稳定后振动的频率是多少？

(2) 若一个单摆的摆动周期与球做阻尼振动的周期相同，该单摆的摆长约为多少？

如图 8-2-25 所示的一组曲线，描述了某振动在不同阻尼系数 β 中稳态振幅 A 随驱动力频率 $\omega_{驱}$ 改变而引起的变化规律。ω_0 为固有频率，β 越小阻力越小，$\beta = 0$ 即无阻力。从图像中你能得到关于阻尼振动与受迫振动的哪些信息？

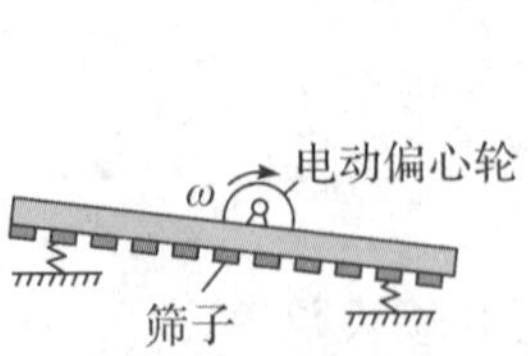

图 8-2-23

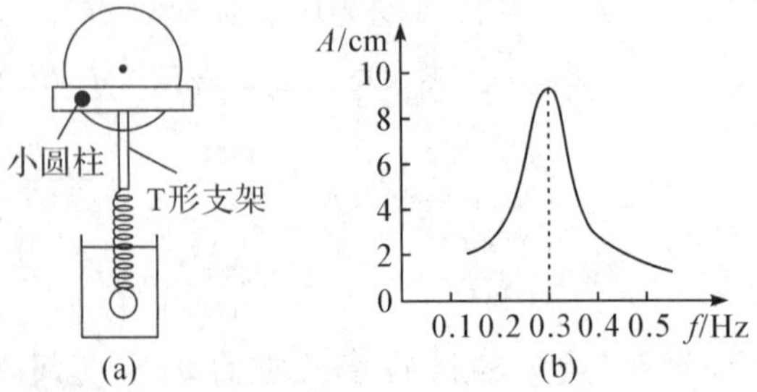

图 8-2-24

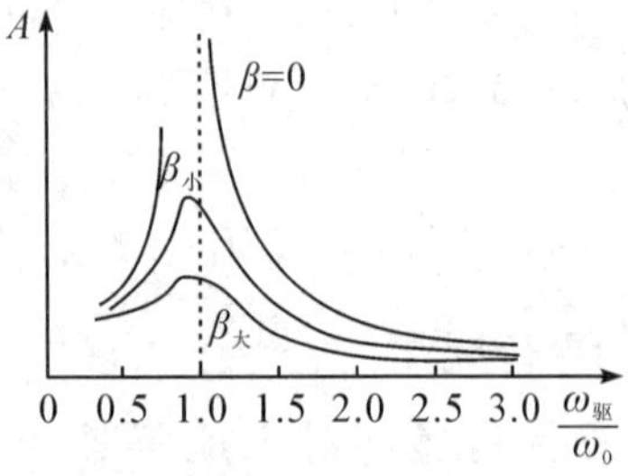

图 8-2-25

▶ **参考案例**

展示情境 5 的学生解答。

解答 1(图 8-2-23):

由题可知

$$T_{固} = \frac{15}{10}\text{s} = 1.5\text{s}, T_{驱} = \frac{60}{36}\text{s} = 1.67\text{s}$$

要使筛子振幅增大,需要使两个周期靠近,可采用两种方法:一是提高输入电压,使偏心轮转得更快,减小驱动力的周期;二是增加筛子的质量,使筛子的固有周期增大。

解答 2(图 8-2-24):

第(1)问:因为小球做受迫振动,稳定后周期等于驱动力频率,所以稳定后的周期是 0.4s,频率是 2.5Hz。第(2)问:由于图 8-2-24(b)看成 $f = 0.3\text{Hz}$ 时振幅最大,此时达到共振,故小球的固有频率为 0.3Hz,单摆的固有频率为 0.3Hz,周期为 $\frac{1}{0.3}$s,代入 $T = 2\pi\sqrt{\dfrac{l}{g}}$ 得摆长 $l \approx$ 2.78m。

解答 3(图 8-2-25):

由图线可以得到的信息有:① $\omega_{驱}$ 与 ω_0 接近时振幅最大,出现共振;② 阻尼越小,共振的振幅越大;③ $\omega_{驱} \gg \omega_0$ 时,振动由于惯性,来不及改变运动,处于静止状态。

▶ **展有所获**

师:结合上面的展示,谈谈自己对上述解答的看法。

生1:三种解答都没什么问题。只要抓住固有频率等于驱动力频率时,振幅最大这一点。

▶ **评有成果**

师:通过对上述解答的分析,你对受迫振动与阻尼振动有什么认识?

生2:我对阻尼振动与受迫振动有了进一步的理解:受迫振动时,物体振动的频率由驱动力频率决定。当固有频率等于驱动力频率时,振动的振幅最大,能量最大。通过对图 8-2-25 的分析,我对阻尼振动、共振、受迫振动的理解更为透彻。

▶ **小结**

计算受迫振动和阻尼振动中振幅变化的分析思路如图 8-2-26 所示。

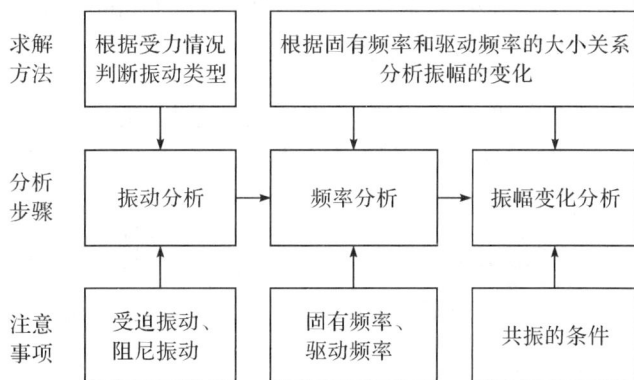

求解方法	根据受力情况判断振动类型	根据固有频率和驱动频率的大小关系分析振幅的变化	
分析步骤	振动分析	频率分析	振幅变化分析
注意事项	受迫振动、阻尼振动	固有频率、驱动频率	共振的条件

图 8-2-26

（三） 巩固性练习

1. 如图 8-2-27 所示，单摆甲在空气中的周期为 $T_{甲}$；单摆乙放在以加速度 $a(a < g)$ 向下加速的电梯中，周期为 $T_{乙}$；单摆丙带正电荷，放在匀强磁场 B 中，周期为 $T_{丙}$；单摆丁带正电荷，放在匀强电场 E 中，周期为 $T_{丁}$。四个单摆的摆长都相同，则下列说法正确的是　　　（　　）

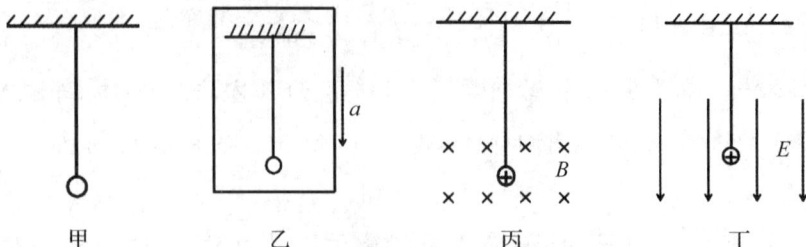

图 8-2-27

A. $T_{甲} > T_{乙} > T_{丁} > T_{丙}$

B. $T_{乙} > T_{甲} = T_{丙} > T_{丁}$

C. $T_{丙} > T_{甲} > T_{丁} > T_{乙}$

D. $T_{丁} > T_{甲} = T_{丙} > T_{乙}$

2. 如图 8-2-28 所示，两个摆长均为 L 的单摆，摆球 A、B 的质量分别为 m_1、m_2，悬点均为 O。在 O 点正下方 $0.19L$ 处固定一小钉。初始时刻 B 静止于最低点，其摆线紧贴小钉右侧，A 从图示位置由静止释放（θ 足够小），在最低点与 B 发生弹性正碰。两单摆在整个过程中满足简谐运动条件，悬线始终保持绷紧状态且长度不变，摆球可视为质点，不计碰撞时间及空气阻力。下列说法正确的是　　　（　　）

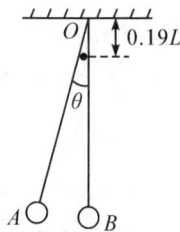

图 8-2-28

A. 若 $m_1 = m_2$，则 A、B 在摆动过程中最大振幅之比为 $9:10$

B. 若 $m_1 = m_2$，则每经过 $1.9\pi\sqrt{\dfrac{L}{g}}$ 时间 A 回到最高点

C. 若 $m_1 > m_2$，则 A 与 B 第二次碰撞不在最低点

D. 若 $m_1 < m_2$，则 A 与 B 第二次碰撞必定在最低点

3. 单摆的共振曲线如图 8-2-29 所示。

   (1) 若单摆所处环境的重力加速度 $g = 9.8\text{m/s}^2$，试求此摆的摆长。

   (2) 若将此单摆移到高山上，共振曲线的最高点将怎样移动？

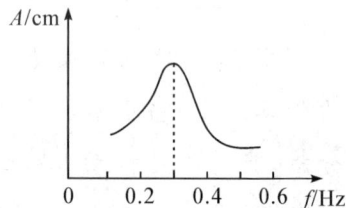

图 8-2-29

4. 在间距 $L = 0.2\text{m}$ 的两光滑平行水平金属导轨间存在方向垂直于纸面（向内为正）的磁场，磁感应强度大小沿 y 轴方向不变，沿 x 轴方向如图 8-2-30 所示。导轨间通过开关 S 连接恒流源，恒流源可为电路提供恒定电流 $I = 2\text{A}$，电流方向如图 8-2-30 所示。有一质量 $m = 0.1\text{kg}$、电阻 $R = 0.1\Omega$ 的金属棒 ab 垂直于导轨静止放置于 $x_0 = 0.7\text{m}$ 处。合上开关 S，棒 ab 从静止开始运动。已知棒 ab 在运动过程中始终与导轨垂直。求：

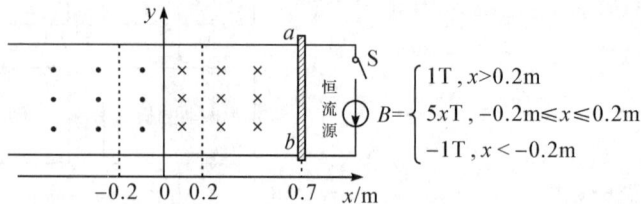

图 8-2-30

$$B = \begin{cases} 1\text{T}, & x > 0.2\text{m} \\ 5x\text{T}, & -0.2\text{m} \leqslant x \leqslant 0.2\text{m} \\ -1\text{T}, & x < -0.2\text{m} \end{cases}$$

   (1) 棒 ab 第一次运动到位置 $x = 0\text{m}$ 时的速度；

   (2) 棒 ab 的速度大小为 $v_2 = \sqrt{4.6}\text{m/s}$ 时的位置坐标。

三、横向主题二:波动模型分析

(一) 课时学习目标

核心素养	具体目标
物理观念	知道建构波模型的条件与多种图像表征波模型,具有介质决定波速、波源决定频率(周期)及前面质点带动后面质点振动的观念,深化运动与相互作用观
	知道横波与纵波模型的建构要素及它们的异同点
	知道建构波干涉模型的条件,具有建构波干涉模型与图像表征波干涉模型的意识,具有从振动角度认识振动加强区和减弱区的观念
科学思维	经过对波图像的分析,学会分析波模型的建构要素,能用波速、波长和频率(周期)的关系分析求解波的特征量问题
	通过分析纵波图像问题,能用质点带动法、平移法、微元法等方法分析质点振动方向与波传播方向,总结解决横波和纵波特征量问题的思路与方法
	经过对水面波问题的分析,学生能分析求解波速和波源移动速度问题,总结出水面波纹的特点与解题思路
	经过对波干涉图像的分析,学生能用图像法和公式法推理分析各种情境下的振动加强点和减弱点,能用叠加规律推理分析波干涉的合振幅和合位移问题,总结归纳出波干涉模型的多种图像表征方法和解题思路

(二) 课时学习设计

任务 1:典型机械波模型分析

问题情境 1 横波模型分析

如图 8-3-1 所示,位于 $x = 7m$ 处的波源 S 仅完成两次全振动,两次振动的振幅相同,图为 $t = 0$ 时刻的波形,沿 x 轴负方向传播,此时波刚好传到 $x = 1m$ 处,0.3s 后质点 P 第一次出现在波谷位置。

如图 8-3-2 所示,沿 x 轴方向存在两种不同的均匀介质 a 和均匀介质 b,以 $x = 6m$ 为界。图为 $t = 0$ 时刻,波恰好传到 $x = 9m$ 位置。

如图 8-3-3 所示,位于介质 Ⅰ 和 Ⅱ 分界面上的波源 S,产生两列分别沿 x 轴负方向与正方向传播的机械波。

在上述三种情况下,请解决以下问题:

(1) 两列波的波长大小分别为多少?

(2) 两列波的频率关系及速率关系如何?

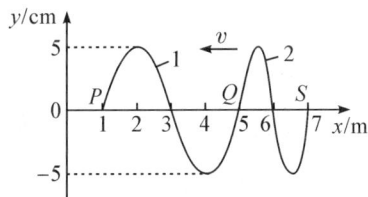

图 8-3-1

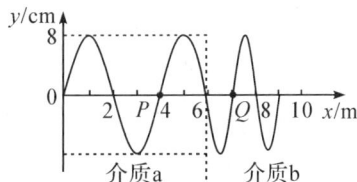

图 8-3-2

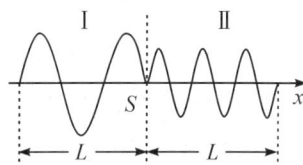

图 8-3-3

▶ **参考案例**

展示图 8-3-3 对应问题的学生解答。

解答 1:

(1) 根据图 8-3-3 知

$$\frac{3}{2}\lambda_I = L, 3\lambda_{II} = L$$

得

$$\lambda_I = \frac{2}{3}L, \lambda_{II} = \frac{1}{3}L$$

(2) 由题意知,波源同时向左、右两边传播距离 L,则

$$v_I = \frac{L}{t} = v_{II}$$

由于两列波同时传到 L 处,可得

$$\frac{1.5\lambda_I}{v_I} = \frac{3\lambda_{II}}{v_{II}}$$

再由 $f = \frac{v}{\lambda}$ 可得

$$2f_I = f_{II}$$

解答 2:

(1) 根据图 8-3-3 知

$$\frac{3}{2}\lambda_I = L, 3\lambda_{II} = L$$

得

$$\lambda_I = \frac{2}{3}L, \lambda_{II} = \frac{1}{3}L$$

(2) 由题意知,两列波的波源都为 S,由波源决定频率,可得两列波频率相同,即

$$f_I = f_{II}$$

由 $f = \frac{v}{\lambda}$,得

$$v_I = 2v_{II}$$

▶ **展有所获**

师:如何评价以上两种解答?

生 1:解答 1 对波长的求解是对的,但对波速与频率关系的求解有问题,题中两列波在不同介质中传播,根据波速由介质决定知它们的波速应该不同,这与解答 1 的分析结果相矛盾。

生 2:解答 2 是正确的。

师:对比两种解答,能否说说解答 1 错误的原因呢?

生 3:解答 1 错误的原因是认为两列波同时传播,同时到达 L 处,这与题意不符。

生 4:错误的主要原因是没有从两列波的波源都为 S 推知其频率相同,这是解题的突破口。

师:解答 2 是怎样正确求解的呢?

生 5:解答 2 以波源决定频率为切入点,先判断两列波的频率关系,再根据关系式求得速度关系。

评有成果

师：通过以上这些情境的分析以及两种解答的比较，对于解决波的特征量问题，你有哪些收获？

生6：波长为振动相位总是相同的两个相邻质点间的距离或相邻两波峰（波谷）的距离，对于从波图像求解波长问题，一般可以从图像直接根据波长的定义即可求出（如上述情境）。

生7：对于波速与频率求解问题，在分析时关键要抓住波模型的两个要素（即波源与介质）的分析，其中波频率（周期）由波源决定，波速由介质决定。

师：对于解决波的特征量问题，首先要认真审题，认识到波情境的变化主要是由波源和介质两个要素不同引起的，意识到建构波模型的两个要素；再结合波频率（周期）由波源决定，波速由介质决定，确定频率关系或波速关系。在此基础上，先判断出频率关系或波速关系，再结合公式 $f = \dfrac{v}{\lambda}$ 即可得出结果。

问题情境2 纵波模型分析

一列波向右传播，经过某个有一串粒子的介质。图8-3-4为某一时刻各粒子的位置，虚线为各粒子对应的平衡位置。

（1）波长为多大？

（2）粒子8和10分别朝哪个方向运动？依据是什么？

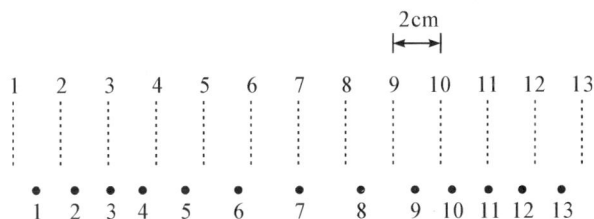

图 8-3-4

参考案例

展示图8-3-4对应问题的学生解答。

解答1：

（1）由图8-3-4可知

$$\lambda = 8 \times 2\text{cm} = 16\text{cm}$$

（2）粒子7位于平衡位置，粒子8向右远离平衡位置，由此可推知粒子8向右运动，同理粒子10向左运动。

解答2：

（1）由图8-3-4可知

$$\lambda = 8 \times 2\text{cm} = 16\text{cm}$$

（2）由题意知波向右传播，由质点带动法可知，前一质点带动后一质点运动，粒子7位于平衡位置，粒子8前面的粒子7位于平衡位置，则粒子8在靠近平衡位置向左运动，同理可推知粒子10在远离平衡位置向右运动。

展有所获

师：结合上面的展示，谈谈自己对上述分析结果的看法。

生1:解答1对波长的分析结果是对的,但对粒子运动方向的分析结果不对。而解答2是正确的。

师:能否说说解答1错误的原因呢?

生2:从解答1可知,其错误的原因主要是没理解纵波的成因即前一个质点带动后一质点运动,这与横波的成因是相同的。

师:很好,纵波与横波虽在振动方向与传播方向的关系上有区别,但基于以上分析可知,它们的成因及判断质点振动方向的方法是相同的。除了质点带动法,判断粒子8和10的运动方向还可以用什么方法?

生3:波向右传播,由波形平移法可知,粒子8在靠近平衡位置向左运动,同理可推知粒子10在远离平衡位置向右运动。

▶ 评有成果

师:通过以上两个实例分析,大家对波模型问题分析有哪些认识?

生4:对波图像分析,需要明确任意质点起振方向与波源起振方向一致,判断波源的振动方向往往是通过判断某质点的起振方向得知的,某质点振动方向的判断方法有质点带动法、平移法、微元法等。

生5:波图像情境变化很多,关键要从图像或文字中获取波模型的两个要素(即波源和介质),在此基础上,先判断频率关系或波速关系,再结合公式 $f = \dfrac{v}{\lambda}$ 即可得出结果。

▶ 小结

纵波与横波虽然有区别,但其成因、传播规律及其波特征量的关系均相同。波模型分析思路如图8-3-5所示,重点有三个:建立波模型 — 波源振动分析 — 其他质点振动分析。

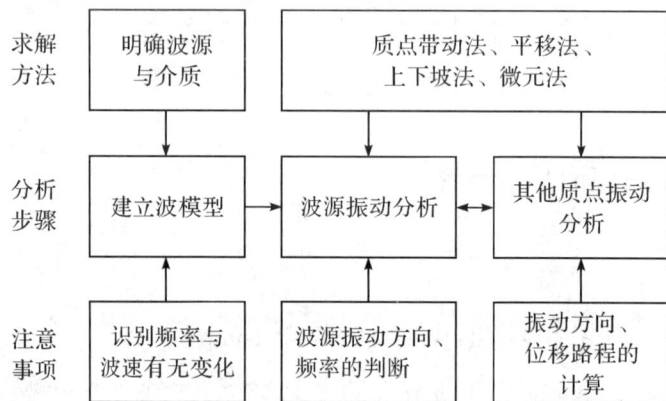

图8-3-5

问题情境3　复杂情境中波模型分析

波源 P 在水面一边以每秒振动5次,一边沿 x 轴正方向匀速移动,O 点是它的初始位置,恰经10个周期时观察到的波面图如图8-3-6所示,实线表示水面波的波峰位置,此时波源 P 处于波峰位置。

频率 $f = 100Hz$ 的波源,以速度 $v = 500m/s$ 做匀速直线运动,且以相等时间间隔向各方向同时发出机械波。图8-3-7为某时刻发出的波在运动平面到达的最远位置(每个小正方格的边长相等)。

在上述两种情况下,请解决以下问题:

(1) 波源向哪个方向移动?依据是什么?

（2）水面波的波长和传播速度分别多大？

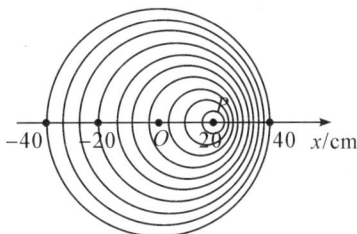

图 8-3-6

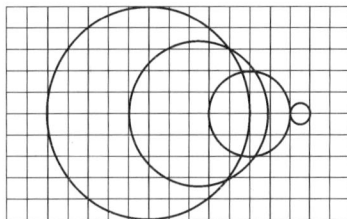

图 8-3-7

▶ **参考案例**

展示图 8-3-7 对应问题的学生解答。

解答 1：

波源做匀速直线运动，图 8-3-7 是某个时刻各个波面的情况，大圆是先产生的波面，小圆是后产生的波面，各个圆的圆心反映了波源的运动情况，圆心的位置为发出波的振源，分别标出，如图 8-3-8 所示。

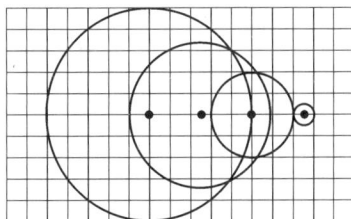

图 8-3-8

由图 8-3-8 知，波源（图中的点）向右匀速移动。

设图 8-3-8 中每格长度为 r，则波源在一个周期内的移动距离为 $2.5r$，波源振动周期为

$$T = \frac{1}{100}\text{s} = 0.01\text{s}$$

该波源在一个周期内的移动距离为

$$x_1 = vt = 500 \times 0.01\text{m} = 5\text{m}$$

即

$$2.5r = 5\text{m}$$

则 $r = 2\text{m}$，但不知如何求解波长和水面波的传播速度。

解答 2：

由图 8-3-8 知，波源向右匀速移动。波源在一个周期内的移动距离为 $2.5r$（设图 8-3-8 中每格长度为 r），各个波面半径依次为 $5r$、$3.5r$、$2r$、$0.5r$，相邻两波面半径之差为波面在一个周期内传播的距离，即波长为 $1.5r$，则

$$\frac{2.5r}{v} = \frac{1.5r}{\lambda f}$$

得 $\lambda = 3\text{m}$，则

$$v_0 = \lambda f = 300\text{m/s}$$

解答 3：

由图 8-3-8 知，波源向右匀速移动。波源在一个周期内的移动距离为 $2.5r$（设图 8-3-8 中

每格长度为 r），相邻两个波面在左侧前沿的距离差均为 $4r$，则

$$\frac{2.5r}{v} = \frac{4r}{v + \lambda f}$$

得 $\lambda = 3\mathrm{m}$，则

$$v_0 = \lambda f = 300\mathrm{m/s}$$

▶ **展有所获**

师：结合以上展示，大家能否谈谈自己对上述解答的看法？

生 1：解答 1 只分析了一部分结果，解答 2、3 全面且分析结果均是正确的。

师：解答 1 未求解波长与传播速度的原因是什么呢？解答 2、3 是如何想到的？

生 2：解答 1 无法求解水面波的波长和传播速度的主要原因是没有从题中解读出有关波长的信息，导致对波长和波速概念理解不到位。

生 3：解答 2、3 的分析方法不同是因为观察者的位置不同，解答 2 是观察者与波源同速对波源振动态进行分析的，解答 3 是观察者站在地面上对最左侧波面进行分析的。

师：很好！生 3 详细分析了解答 2、3 的解题思路，结合上面两种解答，本题还可以怎样求解？

生 4：相邻两个波面在右侧前沿的距离差均为 r，则

$$\frac{2.5r}{v} = \frac{r}{v - \lambda f}$$

得 $\lambda = 3\mathrm{m}$，则

$$v_0 = \lambda f = 300\mathrm{m/s}$$

▶ **评有成果**

师：通过以上实例分析，大家对多普勒效应问题的分析有哪些认识？

生 5：解决波面图情境下的多普勒效应问题，关键要学会从图像中解读出波源即圆心相关信息（振源移动方向、距离）和波面的传播信息（左侧面或右侧面的传播距离）。

生 6：对于波面图情境下的多普勒效应现象分析，我觉得有个重要隐含的关系，即相邻两个波面距离对应的传播时间为一个周期。

生 7：处理相邻两个波面在左侧或右侧的距离时，要结合运动的相对性来列表达式。

▶ **小结**

波面图情境下的多普勒效应现象分析，重点有三个：建立波模型 — 波源与波面分析 — 寻找关系式，机械波多普勒现象分析思路如图 8-3-9 所示。

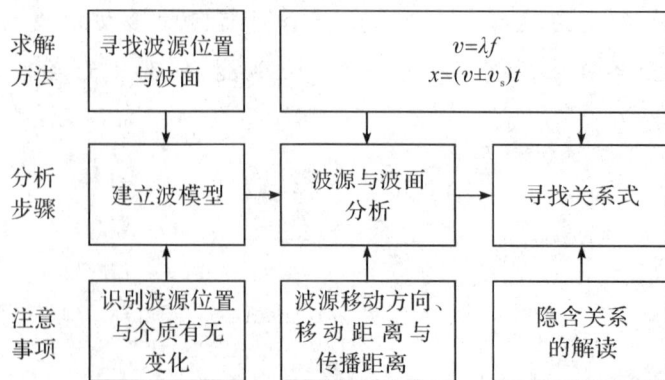

图 8-3-9

任务 2:典型波干涉模型的分析

波干涉模型的判断

甲、乙两列简谐横波在同一均匀介质中传播,分别沿 x 轴正方向和负方向传播,图 8-3-10 为 $t = 0$ 时刻两列波的波形图,波速 $v = 8\mathrm{m/s}$。

如图 8-3-11 所示,在 x 轴上以原点 O 为界有两段不同材料的绳子,波源 S_1 和 S_2 产生甲、乙两列简谐横波,分别沿 x 轴正方向和负方向传播。$t = 0$ 时刻 $x = -2\mathrm{m}$ 和 $x = 4\mathrm{m}$ 处的质点刚好开始振动,某时刻两列波恰好同时到达原点 O。

如图 8-3-12 所示,S_1、S_2 是振幅为 A_1、A_2 的波源,某时刻形成的波峰和波谷分别由实线和虚线表示。

如图 8-3-13 所示,Ⅰ、Ⅱ 是振幅均为 A 的两个波源,某时刻形成的波峰和波谷分别由实线和虚线表示。

图 8-3-10 ~ 图 8-3-13 中,两列波在相遇区会发生干涉吗?依据是什么?

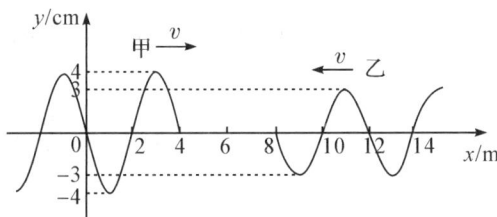

图 8-3-10

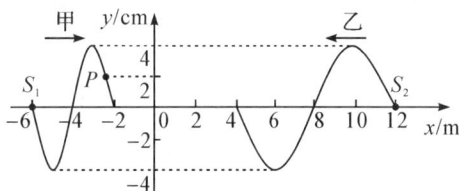

图 8-3-11

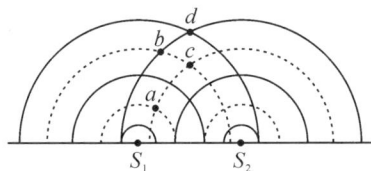

图 8-3-12

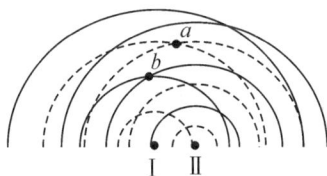

图 8-3-13

▶ **参考案例**

展示图 8-3-11 和 8-3-13 对应问题的学生解答。

解答 1:

由图 8-3-11 知,$\lambda_甲 = 4\mathrm{m}$,$\lambda_乙 = 8\mathrm{m}$,则 $\lambda_甲 \neq \lambda_乙$,两列波在不同介质中传播,则 $v_甲 \neq v_乙$,由 $f = \dfrac{v}{\lambda}$ 知 $f_甲 \neq f_乙$,因此,两列波在相遇区不会发生干涉。

由图 8-3-13 知,由水波的峰谷叠加可推知它们在相遇区会发生干涉。

解答 2:

由图 8-3-11 知,$\lambda_甲 = 4\mathrm{m}$,$\lambda_乙 = 8\mathrm{m}$,由题意知

$$\frac{0.5\lambda_甲}{v_甲} = \frac{0.5\lambda_乙}{v_乙}$$

则 $f_甲 = f_乙$,因此两列波在相遇区会发生干涉。

由图 8-3-13 知,$\lambda_Ⅰ \neq \lambda_Ⅱ$,而 $v_Ⅰ = v_Ⅱ$,由 $f = \dfrac{v}{\lambda}$ 得 $f_甲 \neq f_乙$,所以两列波在相遇区不会

发生干涉。

▶ **展有所获**

师:如何评价以上两种解答?

生1:解答1的结果是错误的,解答2的结果是正确的。

师:解答1的错误该如何避免呢?

生2:解答1的分析推理不够严谨,从两列波的波长和传播速度不同直接推出其频率不同。

由 $f = \dfrac{v}{\lambda}$ 知,其频率为波速与波长的比值。当它们的波长与波速均不同时,其比值可能相同,也可能不同。另外,在波面图中,相邻两波峰的距离为波长,判断两列波是否发生干涉关键要看两列波的波长是否相同。

生3:在波面图中,判断两列波是否发生干涉关键要看两列波的波长是否相同,这种说法有问题,因为这个结论成立的前提是两列波在相同介质中传播,否则不成立。

▶ **评有成果**

师:结合以上两种解答,大家能否谈谈对如何判断波干涉模型的认识呢?

生4:当两列波在同种介质传播和叠加时,判断两列波在相遇区发生干涉的条件为两列波的波长相同。

生5:我觉得判断两列波在相遇区发生干涉的本质条件为两列波的频率相同,即波速与波长的比值相同,这一结论适用于各种情境的波干涉模型。

问题情境 2　波干涉模型特征分析

两列简谐波分别沿 x 轴正方向传播(如图 8-3-14 中实线所示),沿 x 轴负方向传播(如图 8-3-14 中虚线所示),传播速度大小相等,频率相同,振动方向沿 y 轴。

两个振源为 A、B,振动周期相同,振幅均为 A。某时刻振源 A 开始向下振动,相隔半个周期振源 B 开始向下振动,某时刻在水面上形成如图 8-3-15 所示的水波图。其中 O 是振源连线的中点,OD 为中垂线,交叉点 G、D 的中点为 H,交叉点 C、E 的中点为 F,实线代表波峰,虚线代表波谷。

两列频率相同、振幅均为 A 的简谐横波 P、Q 在同一介质中分别沿 x 轴正方向和 x 轴负方向传播,其振动方向均沿 y 轴。图 8-3-16 中实线表示 P 波的波峰、Q 波的波谷;虚线表示 P 波的波谷、Q 波的波峰。$ab = bc = r$,d 为 b、c 中间的质点。

水平面同一区域介质内,甲、乙两列机械波独立传播,传播方向互相垂直,频率均为 2Hz,图 8-3-17 中显示了某时刻两列波的波峰与波谷情况,实线为波峰,虚线为波谷。甲波的振幅为 5cm,乙波的振幅为 10cm,质点 2、3、4 共线且等距离。

在上述四种情况下,请解决以下问题:

(1)图中哪些位置分别为振动加强点和振动减弱点?依据是什么?

(2)图 8-3-16 中 b 点的振幅和位移分别多大?从图示时刻经过 $\dfrac{T}{4}$ 周期,b 点的振幅和位移又分别多大?

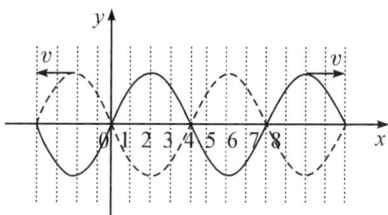

图 8-3-14

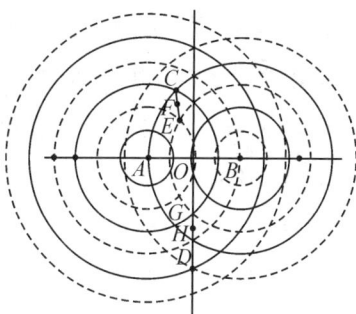

图 8-3-15

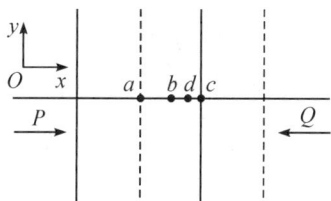

图 8-3-16

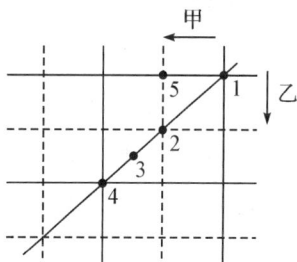

图 8-3-17

▶ 参考案例

展示图 8-3-16 对应问题的学生解答。

解答 1：

（1）a 点为 P 波的波谷与 Q 波的波峰相遇点，所以 a 点为振动减弱点。c 点为 P 波的波峰与 Q 波的波谷相遇点，所以 c 点为振动减弱点。b 点为 a、c 点的中点，且 a、c 点均为振动减弱点，由振动减弱点的连线均为振动减弱点的结论可推知，b 点一定是振动减弱点。

（2）图示时刻 b 点为振动减弱点，则其合位移为 0，振幅为 0。经过 $\dfrac{T}{4}$ 周期，b 点的合位移仍为 0，振幅为 0。

解答 2：

（1）a、c 的分析结果同解答 1。由题意知 a、b、c 为三个等间距的质点，且 a、c 分别位于波峰与波谷处，则此时刻 b 点为两列波的平衡位置所在处。将本题的峰谷干涉图转化为如图 8-3-18 所示波图像，图示时刻 b 处质点恰好为两列波的平衡位置叠加，振动方向均向下，因此 b 点为振动加强点。

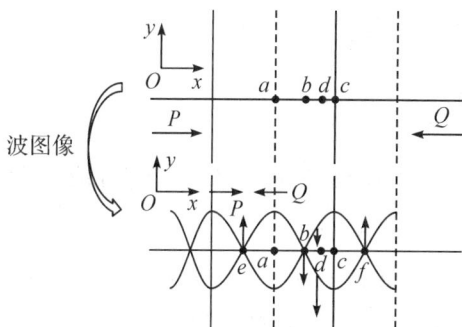

图 8-3-18

（2）将图转化为如图 8-3-18 所示波形图，可知图示时刻 b 点恰好为两列波的平衡位置叠加，因此合位移为 0，振幅为 $2A$；经过 $\dfrac{T}{4}$ 周期，b 点恰好为两列波的波谷位置叠加，则合位移为 $-2A$，振幅为 $2A$。

▶ 展有所获

师：结合上面的展示，谈谈自己对上述解答的看法。

生 1：解答 1 是错误的，在分析 b 点时利用了二级结论即振动减弱点的连线为振动减弱点，这个结论成立应该是有前提的。

生2：解答2是正确的，分析 b 点时采用了图像转化法，直观又简单。由图 8-3-18 可知，图示时刻 b 处质点恰好为两列波的平衡位置叠加，振动方向均向下，因此 b 点为振动加强点。

生3：由干涉特点知，振动加强点和减弱点的振幅分别为 $A=A_1+A_2$、$A=|A_1-A_2|$，始终保持不变，但其位移随时间变化，经以上分析可知图中 b 点为振动加强点，则解答1的分析结果错误，解答2的分析结果正确。

师：解答1的错误应如何避免呢？

生4：解答1的错误是，在分析时，盲目用了二级结论，认为振动减弱点的连线为振动减弱点，其成立的前提条件是，当两波源的振动相位相同时，振动减弱点连线上任意点到两波源的距离差为半波长的整数倍；或当两波源的振动相位相反时，振动减弱点连线上任意点到两波源的距离差为波长的整数倍（如图 8-3-15 中的 H 点为振动减弱点）。同理，振动加强点的连线为振动加强点也是有前提条件的，否则，振动减弱点（加强点）的连线的中点并不是振动减弱点（加强点），如图 8-3-15 中的 F 点并不是振动加强点，因为 $BF-AF\neq\dfrac{2n+1}{2}\lambda$，因此，在利用二级结论分析解题过程中，一定要明确题中已知信息是否满足二级结论的前提条件。

生5：根据生4的分析，二级结论的本质就是用公式法分析振动加强点（减弱点）。

师：当题中并没有说明波源的位置时，该如何判断能否用二级结论分析或公式法分析呢？

生6：可以假设两个波源的位置，假设 a 点相邻左边一实线为 P 波的波源位置，c 点相邻右边一虚线为 Q 波的波源位置，且两波源的初始状态均处于波峰，振动状态相同，由图 8-3-18 知 b 点到两波源的波程相等，可知波程差为 0，因此 b 点为振动加强点。这种分析方法也可以认为是公式法，可见图像与公式之间可以相互转化。

师：解答2是如何想到的呢？

生7：由于平面波的峰谷图比较抽象，除了能方便分析波峰、波谷位置处质点的振动叠加信息，其他位置质点的振动叠加信息较难分析，而波形图能全面展示各个质点的振动信息，因此，将平面波的峰谷干涉图转化为如图 8-3-18 所示波图像是一种好方法。

▶ 评有成果

师：通过对上例的分析，能否谈谈解决与分析波干涉图像的方法及注意点呢？

生8：判断振动加强点和振动减弱点的方法有图像法（峰谷图、波形图）、计算法，其中计算法要注意公式的适用条件（分析两波源的初始相位是否相同）。

生9：判断特殊点的振动加强点和振动减弱点，还可以用二级结论（振动加强点的连线为振动加强点，振动减弱点的连线为振动减弱点），但要注意二级结论成立是有前提条件的，切勿盲目代入公式。其他非特殊位置的叠加情况可以采用图像转化法分析，从振动的角度理解振动加强点和减弱点。

生10：振动减弱点的振幅始终为 $A=|A_1-A_2|$，但不一定为 0。振动加强点的振幅始终为 $A=A_1+A_2$，但其位移并不是定值，而是随时间变化的。

▶ 小结

波干涉模型的分析关键要抓住干涉条件，即两列波的频率相同且相位差恒定，解决复杂的波干涉图像问题的思路如图 8-3-19 所示。

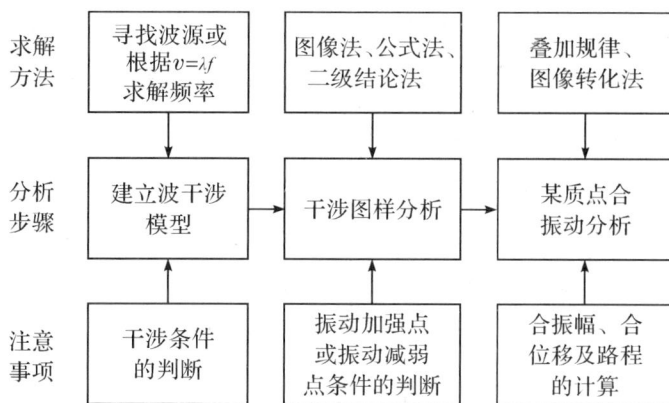

图 8-3-19

（三）巩固性练习

1. 有四列简谐波同时沿 x 轴正方向传播，波速分别是 v、$2v$、$3v$ 和 $4v$，a 和 b 是 x 轴上所给定的两点，且 $ab = L$。a 和 b 两点间四列波在 t 时刻的波形分别如图 8-3-20 所示，则由该时刻起 a 点出现波峰的先后顺序是_____，频率由高到低的先后顺序是_____。

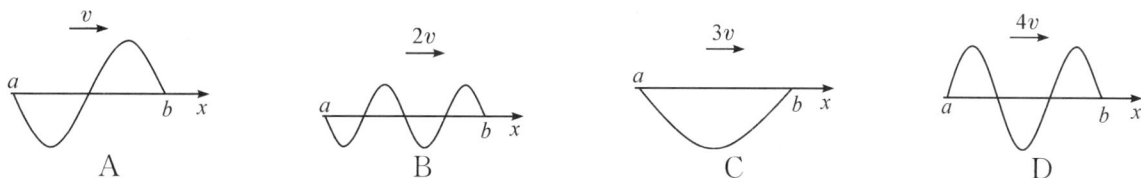

图 8-3-20

2. 图 8-3-21 是一张蜻蜓点水的俯视照片，该照片记录了蜻蜓连续三次点水过程中激起的水面波纹，由图可知蜻蜓　　　　　（　　）

A. 向右飞行，飞行速度比水波传播的速度小

B. 向左飞行，飞行速度比水波传播的速度小

C. 向右飞行，飞行速度比水波传播的速度大

D. 向左飞行，飞行速度比水波传播的速度大

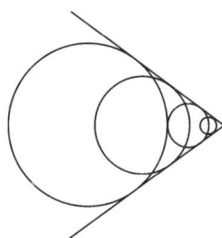

图 8-3-21

3. （多选）两个相干波源 S_1、S_2 产生的波在同一种均匀介质中相遇，图 8-3-22 中实线表示波峰，虚线表示波谷，c 和 f 分别为 a、e 和 b、d 的中点，则在 a、b、c、d、e、f 六点中，下面的判断正确的是　　　　　　　　（　　）

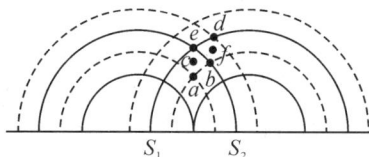

图 8-3-22

A. 振动加强点是 a、e、c

B. 若两振源 S_1 和 S_2 的振幅相同，此时刻位移为 0 的点是 a、b、d

C. 振动加强点的位移一直是波源振幅的两倍

D. 振动减弱点是 b、d、f

4. （多选）有两列频率相同、振动方向相同、振幅均为 A、传播方向互相垂直的平面波相遇发生干涉。如图 8-3-23 所示，实线表示波峰，虚线表示波谷，a 为波谷与波谷相遇点，b、c 为波峰与波谷相遇点，d 为波峰与波峰相遇点，e、g 是 a、d 连线上的两点，其中 e 为连线的中点，则 （　　）

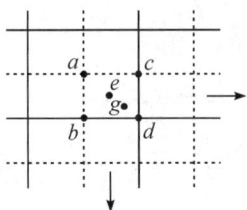

A. a、d 处的质点振动加强，b、c 处的质点振动减弱

B. 从图示时刻经过半个周期，e 处质点通过的路程为 $4A$

C. 从图示时刻经过半个周期，g 处质点加速向平衡位置运动

D. 从图示时刻经过四分之一周期，d 处的质点振幅恰好为 0

图 8-3-23

四、横向主题三：时空变换分析

（一）课时学习目标

核心素养	具体目标
物理观念	知道简谐运动图像与简谐波图像的区别，具有把振动图像与波图像相互联系及转换的观念
	知道简谐运动可通过图像和振动方程表示，知道证明简谐运动的方法，具有简谐运动的对称性及周期性变化的时空观
	知道机械波的传播条件及波速、周期的决定因素，知道波的传播规律及多解性规律，具有机械波运动的周期性变化及对称性变化的时空观
	知道在同性质波相遇的情景中，可采用矢量合成的方法解决波叠加的问题
	知道振动与波动的表示方法，具有用振动和波动解决问题的观念，加深和丰富力与运动的观念，拓展能量观
科学思维	通过对建立简谐运动模型过程的学习，学会证明简谐运动的方法，并能分析简谐运动的力和运动及能量变化规律
	通过对振动和波动图像的协同性转化的学习，会分析振动图像和波动图像的联系及区别，能够建立振动图像和波动图像的对应关系，并能分析相互的联系和各个物理量的决定因素，能根据图像推断不同时刻波形图和各质点的振动情况
	通过对振动和波动的时空对称性变换的学习，会解决振动与波动中质点运动规律的相关问题
	通过对振动和波动的时空周期性变换的学习，能根据振动和波动规律推理出不同时刻的波形图和不同质点的振动情况
	通过对波叠加的时空变换的学习，能辨识机械波的叠加是否为干涉，能根据公式法判断干涉加强和减弱位置并分析其运动情况，
	通过对振动与波动时空变换的学习，能分析非特殊位置的振动情况，具有建构简谐运动模型与波模型的能力，能解决复杂情境下的振动与波动问题
	通过对典型问题的解决，在相互交流和探讨中总结方法，形成解决一般问题的思维流程和方法，促进科学思维素养的提升

（二）　课时学习设计

任务 1：利用时空的协同性变换解决问题

问题情境 1　（类）弹簧振子简谐运动的判定

如图 8-4-1 所示，缝纫机里的针头上下运动是由匀速转动的偏心轮带动的，r 是圆轮的半径，O 是圆心，O' 是转轴，$a = OO'$。现研究针头的往复运动，其上下运动的幅度为 1.2cm，以往复运动的中点为坐标原点，竖直向上为 x 轴正方向。在 $t = 0$ 时刻，针尖由 $x = 0.3$cm 处向 x 轴正方向运动，经过 0.1s 时间，针尖第一次回到出发点。针尖的运动是简谐运动吗？如果是，请求出它的初相位及周期，并计算出针尖第一次到平衡位置的时间。

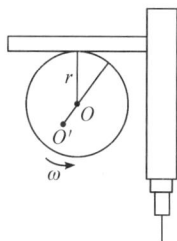

图 8-4-1

问题情境 2　由振动图像确定波动图像

一根长约 100cm 的均匀弦线沿水平的 x 轴放置，拉紧并使其两端固定。现对离固定的右端 25cm 处（该处为原点 O）的弦上施加一个沿垂直于弦线方向（即 y 方向）的扰动，其位移随时间的变化规律如图 8-4-2(a) 所示。该扰动将沿弦线传播而形成波（孤立的脉冲波），已知波在弦线中的传播速度为 2.5cm/s，波在传播和反射过程中都没有能量损失。该波向右传播到固定点时将发生反射，反射波向左传播，反射点总是不动的。这可以看成向右传播的波和向左传播的波相叠加，使反射点的位移始终为 0。由此观点出发，试在图 8-4-2(b) 中准确地画出自 O 点沿弦向右传播的波在 $t = 2.5$s、$t = 12.5$s、$t = 10.5$s 时的波形图。

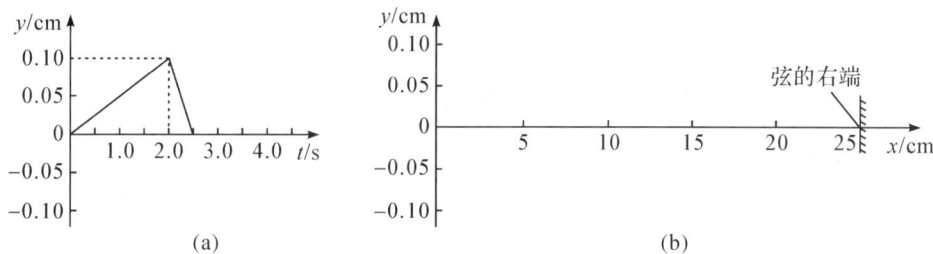

图 8-4-2

问题情境 3　振动图像与波动图像的对应

均匀介质中，波源位于 O 点的简谐横波在 xOy 水平面内传播，波面为圆。$t = 0$ 时刻，波面分布如图 8-4-3(a) 所示，其中实线表示波峰，虚线表示相邻的波谷。A 处质点的振动图像如图 8-4-3(b) 所示，z 轴正方向竖直向上。求 $t = 8$s 时 C 处质点的位置及振动方向，$t = 10$s 时 D 处质点的位置和振动情况。

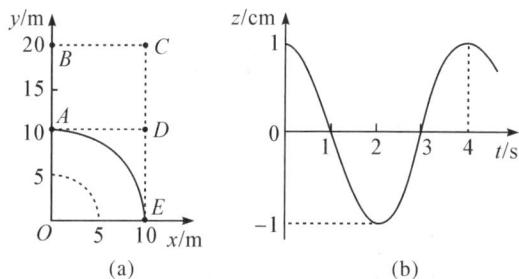

图 8-4-3

问题情境 4　非特殊点的图像问题

一列简谐横波在 $t = \dfrac{2}{3}$s 时的波形如图 8-4-4(a) 所示，P、Q 是介质中的两个质点，图 8-4-4(b) 是质点 Q 的振动图像。求波的传播速度大小和方向及 $t = 2$s 时质点 P 的加速度方向，并求出质点 Q 平衡位置的 x 坐标。

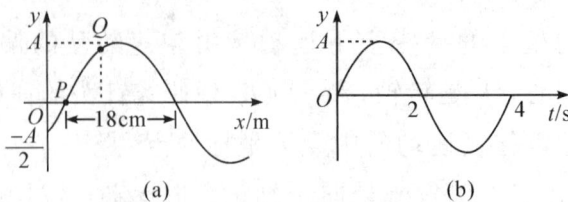

图 8-4-4

▶ **参考案例**

生 1 问题 1 证明展示：

本题无法进行受力分析,在这里也无法用实验画图像,显然应使用运动学方程法,可用振动模块与偏心轮接触点来研究,以 OO' 水平时刻为计数起点,由于 $x = r + a\sin\omega t$,变换坐标为正弦曲线,即可得以证明。

生 2 问题 1 求相位展示：

写出振动方程 $x = A\sin(\omega t + \varphi)$,将 $t = 0, x = 0.3$cm 及振幅 $A = 0.6$m 代入方程,有 $0.3 = 0.6\sin\varphi$,可得 $\varphi = \dfrac{\pi}{6}$ 或 $\varphi = \dfrac{5\pi}{6}$,再考虑到质点"向 x 轴正方向运动",可得初相位为 $\varphi = \dfrac{\pi}{6}$。

生 3 问题 1 求相位展示：

画出图像,与三角函数类比,得出初相位为 $\varphi = \dfrac{\pi}{6}$。

生 4 问题 1 求相位展示：

由参考圆得 $\sin\varphi = \dfrac{1}{2}$,所以 $\varphi = \dfrac{\pi}{6}$。

生 5 问题 1 求周期展示：

与三角函数图像类比,有 $\dfrac{\pi - 2\times\dfrac{\pi}{6}}{\pi} = \dfrac{0.1\text{s}}{\dfrac{T}{2}}$,得周期为 $T = 0.3$s。

生 6 问题 1 求周期展示：

简谐运动方程式为 $x = 0.6\sin\left(\omega t + \dfrac{\pi}{6}\right)$,取 $t = 0.1$s, $x = 0.3$m 代入,得 $\omega = \dfrac{2\pi}{0.3}$,则周期 $T = \dfrac{2\pi}{\omega} = 0.3$s。

生 7 问题 1 求周期展示：

由参考圆得出周期。

生 8 问题 1 求时间展示：

对于时间的求解，与三角函数图像类比，有 $t = \dfrac{\pi - \dfrac{\pi}{6}}{2\pi}T = \dfrac{5}{12}T = 0.125\text{s}$。或者由简谐运动

方程式 $x = 0.6\sin\left(\dfrac{2\pi}{T}t + \dfrac{\pi}{6}\right)$，代入 $x = 0$，得 $t = 0.125\text{s}$。

生 9 问题 2 解答展示：

先计算出波的传播距离 $x_1 = vt = 6.25\text{cm}$，并在图上标注。波源从 $t = 0$ 时刻起振到"波峰"的时间间隔为 $\Delta t_1 = 2.0\text{s}$，在 2.5s 时间内该波峰传播的时间只有 $\Delta t_2 = 0.5\text{s}$，波峰传播到的位置 $x_2 = v\Delta t_2 = 1.25\text{cm}$，并在图上标注该点。由于周期为 2.5s，波长为 6.25cm，恰好形成一个完整的波，所以第三个特殊点恰在坐标原点。最后用直线连接这三个特殊点即成波形图，如图 8-4-5(a) 所示。

对于 10.5s 时刻的波形，如果没有弦右端的固定点，则如图 8-4-5(b) 中的 AB 所示，以固定点对称作出反射波 $B'C'$，再和 AB 合成，形成了 AED。

对于 12.5s 时刻的波形，如果没有固定点，则如图 8-4-5(c) 中的 AB 所示，以固定点对称作出反射波 $A'B'$。最终结果如图 8-4-5(a) 所示。

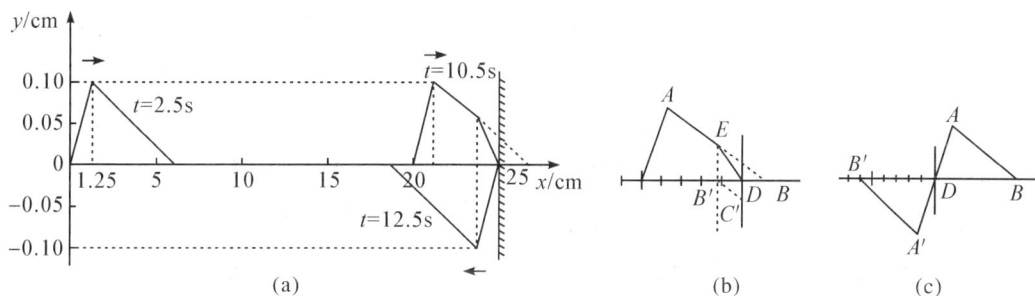

图 8-4-5

生 10 问题 3 解答展示：

由图 8-4-3(a) 知 $\lambda = 10\text{m}$，由图 8-4-3(b) 知周期 $T = 4\text{s}$，则波速 $v = \dfrac{\lambda}{T} = \dfrac{10}{4}\text{m/s} = 2.5\text{m/s}$，根据几何关系可知 $x_{OC} = \sqrt{10^2 + 20^2}\,\text{m} = 10\sqrt{5}\,\text{m}$，$2\lambda < x_{OC} < 2\dfrac{1}{4}\lambda$。$T = 8\text{s}$ 时，即再经过 $2T$，C 处质点正在向波峰处运动，振动速度竖直向上。$t = 10\text{s}$ 时，波传播的距离 $x = vt = 25\text{m} = 2\lambda + \dfrac{\lambda}{2}$，$S_{OD} = 10\sqrt{2}\,\text{m}$，所以此时质点 D 正在平衡位置的上侧向下运动。

生 11 问题 4 解答展示：

由图 8-4-4(b) 可知，质点 Q 在 $t = \dfrac{2}{3}\text{s}$ 时正沿 y 轴正方向运动，对应图 8-4-4(b)，使用微平移法可知，波在沿着 x 轴负方向传播。波的周期 $T = 4\text{s}$，波长 $\lambda = 36\text{cm}$，所以波速 $v = \dfrac{\lambda}{T} = 9\text{cm/s}$。由图 8-4-4(b) 可知，质点 Q 在 $t = 2\text{s}$ 时处于平衡位置且沿 y 轴负方向运动，对应图 8-4-4(a) 使用波形平移法（向左平移波形图，使 Q 出现在平衡位置）可知，质点 P 处于 x 轴上方，加速度方向沿 y 轴负方向。根据图 8-4-4(b) 可知，从 $t = \dfrac{2}{3}\text{s}$ 时开始，质点 Q 经过 $\Delta t_1 = 1\text{s} - \dfrac{2}{3}\text{s} = \dfrac{1}{3}\text{s} = \dfrac{1}{12}T$

到达波峰，$x = 0$ 处的质点到达平衡位置的时间 $\Delta t_2 = \dfrac{\frac{\pi}{6}}{2\pi}T = \dfrac{1}{12}T$，$\Delta t_1 = \Delta t_2$，所以质点 Q 的平衡位置到 $x = 0$ 处的距离为 $\dfrac{1}{4}$ 个波长，即 9cm。

错误解答展示 1：

情境 2 通过把振动图像平移得到波动图和振动图形状相同的结果。

错误解答展示 2：

情境 2 形状对，但波长出错。

错误解答展示 3：

情境 2 反射波不会画。

错误解答展示 4：

情境 3 不能建立振动图像与波动图像的对应关系而答错。

错误解答展示 5：

情境 4 中质点 Q 的横坐标不能确定。

▶ **展有所获**

师：（把正确解答和错误解答同时呈现，但并不告知孰对孰错）如何评价不同的解答？

生 1：我在解问题 1 时不知道该选取什么为研究对象，原来以振动模块与偏心轮接触点来研究这么简单！

生 2：问题 1 的时间求解居然有三种方法，真是令人大开眼界！

生 3：对于问题 2，如果不仔细分析，可能会把波动图像画成和振动图像相同的形状！

生 4：要把振动图像转换为波动图像，一定要确定波的形状、波长、振幅、周期、每个质点的起振方向、波传播的距离、几个特殊点的横坐标。

生 5：反射波不好确定，有什么技巧和绝招吗？

师：对于反射波的画法，可先假定反射面不存在，画出相应时刻的波形图，然后考虑在分界面上有半波损失（π 相位突变），以横坐标为对称轴上下翻转，再以界面为对称轴左右翻转。

生 6：如果波反射后与入射波相遇，还要考虑波的叠加。

生 7：在问题 3 中，先画出 $t = 0$ 时刻的波谷和波峰的波面图，如图 8-4-6 所示，然后直接用振动周期性来判断每个质点在不同时刻的位置可以吗？由图 8-4-6 可看出质点 C 在 $t = 0$ 时刻在波峰与平衡位置之间向上振动，那么经过 $t = 8\text{s} = 2T$，质点 C 的振动方式和 $t = 0$ 时刻的振动方式完全相同。由图 8-4-6 可看出质点 D 在 $t = 0$ 时刻在平衡位置与波谷之间（平衡位置下侧）向上振动，$t = 10\text{s} = 2.5T$ 时，振动完全相反，即在平衡位置上侧向下振动。

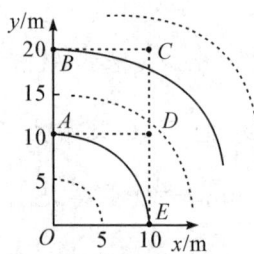

图 8-4-6

生 8：生 7 的方法很好，一步就可以解决三个问题，并且不用平移加振动法，只需要判断振动。

生 9：在问题 4 中，从图 8-4-4(b) 可看出在 $t = \dfrac{2}{3}$s 时质点 Q 在对应的参考圆的圆心角为 $\theta = \dfrac{\frac{2}{3}\text{s}}{4\text{s}}2\pi = \dfrac{1}{3}\pi$，所以对应的纵坐标为 $y = A\sin\left(\dfrac{1}{3}\pi\right)$。然后在图 8-4-4(a) 的波动图中，设 Q 与 P 的

横坐标间距为 Δx,则 $y = A\sin\left(\dfrac{\Delta x}{\lambda}2\pi\right)$,所以 $\dfrac{\Delta x}{\lambda}2\pi = \dfrac{1}{3}\pi$,得 $\Delta x = \dfrac{1}{6}\lambda = 6\mathrm{cm}$,而 $x_P = \dfrac{1}{12}\lambda = 3\mathrm{cm}$,所以 $x_Q = x_P + \Delta x = 9\mathrm{cm}$。

生10:在解决问题4时,我注意到图8-4-4(a)与图8-4-4(b)都是正弦图像,按照比例关系 $\dfrac{\frac{2}{3}\mathrm{s}}{T} = \dfrac{\Delta x_{PQ}}{\lambda}$,即可得 $\Delta x_{PQ} = 6\mathrm{cm}$,然后由 P 的横坐标解出 Q 的横坐标。

▶ **评有成果**

师:通过学习,你对以上问题的解答的共同特点有什么反思和总结呢?

生1:我觉得这些问题的解答关键是要找到同一时刻各种变化的对应关系。

生2:按照如图8-4-7所示思维流程,由简谐运动模型(方程式)到运动图像(类比三角函数),再到参考圆(匀速圆周运动在 x 轴的投影),这三种变换在时空上是对应的。

师:大家讲得很好,大家用到了三种方法来解决问题1,虽然方法不同,但在时空关系上是对应的,也是协同变化的,如图8-4-7所示。

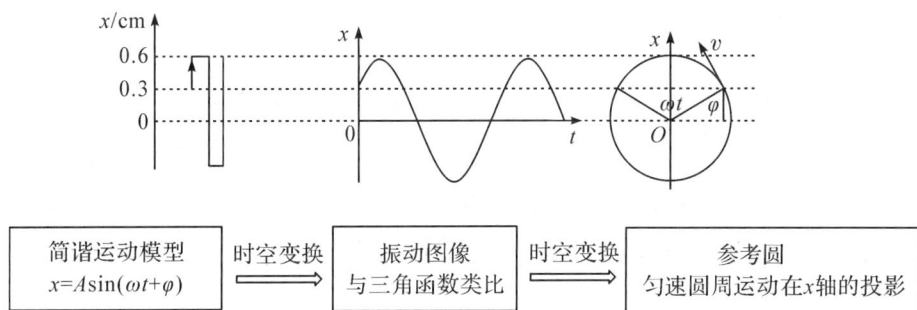

图 8-4-7

生3:如果问题2改为正弦振动图像,则转化后的波形图也是正弦的,也容易做对,但以非等腰三角形来表示振动图像,再转化成波形图的时候难度就大了!

生4:万变不离其宗,只要算出波的传播位移,再根据振动规律找到特殊点在波动图上的位置即可。

▶ **小结**

以振动图像和波动图像的方式展示,考查学生读图、识图和用图的能力,更考查根据两个图像进行时空变换时的对应关系。就波形图本身在不同时刻的变化来说,各个质点相互对应的时空关系也在不停发生变化,解决该类问题应找到相互的协同变化关系,思维流程如图8-4-8所示。

图 8-4-8

另外,如果想把振动图像和波动图像进行转化,可按振动图像到波动图像的协同性对应时空转换,同时还要具有图像的类比思维和数学推理能力,其思维流程如图8-4-9所示。

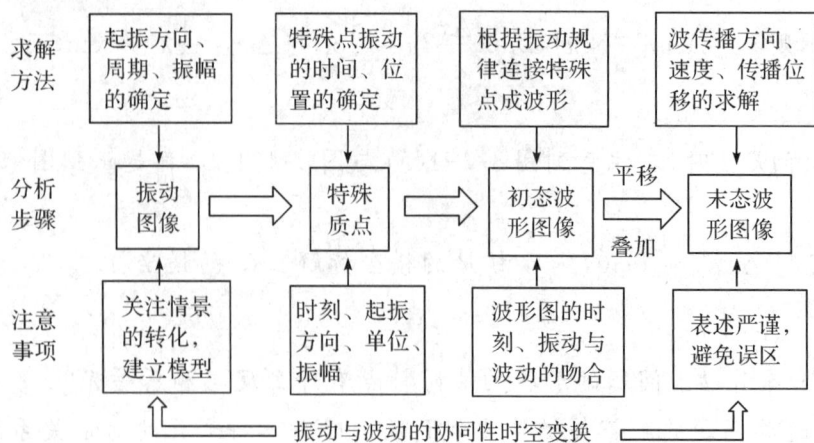

图 8-4-9

任务 2：利用时空的对称性变换解决问题

问题情境 1 竖直弹簧振子

图 8-4-10(a) 中，一根劲度系数为 k 的轻弹簧一端固定在天花板，另一端拴一个质量为 m_1 的小物块，m_1 下面用细绳连着一个质量为 m_2 的小物块，系统处于平衡状态。缓慢下拉质量为 m_2 的小物块后放手，计算下拉幅度在什么范围内，两者都可以做完整的简谐运动。求出两者做简谐运动的最大加速度。如果剪断质量为 m_2 的小物块，求出质量为 m_1 的小物块做简谐运动的振幅。

问题情境 2 水平弹簧振子

图 8-4-10(b) 中，O 点是轻弹簧的原长处，劲度系数为 k。弹簧左端固定在竖直墙壁上，右端连接着的物体质量为 m，物体与地面的滑动摩擦因数为 μ，现用手缓慢地把物体向右拉到某一位置静止释放，发现物体向左运动，恰好停在弹簧原长处。求弹簧的拉长量。

问题情境 3 斜面弹簧振子

图 8-4-10(c) 中，一根劲度系数为 k 的轻弹簧一端拴一个质量为 m_1 的小物块，另一端拴一个质量为 m_2 的小物块，两者置于光滑斜面上，质量为 m_2 的小物块停靠在一垂直于斜面的挡板上，静止时质量为 m_1 的小物块所在位置记为 O 点。现对质量为 m_1 的小物块施加一平行斜面向下的力 F，将其缓慢压到某一位置，然后突然撤去 F。要使质量为 m_2 的小物块不脱离挡板，求施加的最大力 F。

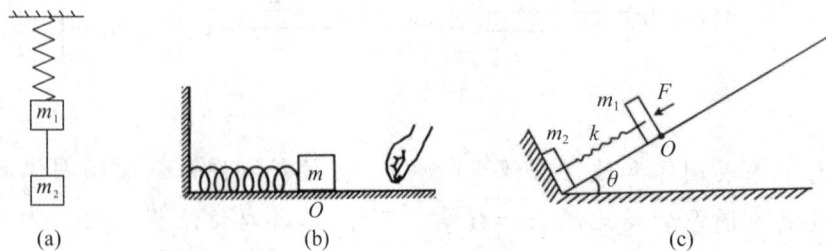

(a)　　　　　　(b)　　　　　　(c)

图 8-4-10

图 8-4-11(a) 中，S 为上下振动的波源，振动频率 $f = 100\,\mathrm{Hz}$。它所产生的横波向左右传播，波速 $v = 80\,\mathrm{m/s}$。在振源左右两侧有 P、Q 两点，与波源 S 在同一直线上，$SP = 17.4\,\mathrm{m}$，$SQ = 16.2\,\mathrm{m}$，$t = 0$ 时刻 S 通过平衡位置向上振动。定性画出 $t = 0$ 时刻的波形图；分析在 $t = 0$ 时刻 P 和 Q 在波形图上的位置；说一说当 P 质点通过平衡位置向上振动时，Q 质点怎么运动。

问题情境 5　不同介质中的波动

图 8-4-11(b) 中，两种不同材料的弹性细绳在 O 处连接，M、O 和 N 是该绳上的三个点，O 和 M 间的距离为 7m，O 和 N 间的距离为 5m，O 点上下振动，则形成以 O 点为波源向左和向右传播的简谐横波 Ⅰ 和 Ⅱ，其中波 Ⅱ 的波速为 $1\,\mathrm{m/s}$。$t = 0$ 时刻 O 点处在波谷位置，5s 后此波谷传到 M 点，此时 O 点正通过平衡位置向上运动，O 和 M 间还有一个波谷。当 M 点处于波峰时，求 N 点的位置。

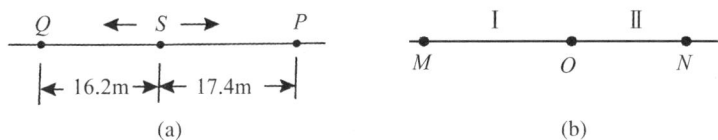

图 8-4-11

▶ 参考案例

生 1 问题 1 解答展示：

下拉幅度过大，两物块可能做不完整的简谐运动。两物块做简谐运动的平衡位置在弹簧伸长量为 $x_0 = \dfrac{(m_1 + m_2)g}{k}$ 的位置，若两物块运动到最高点，弹簧恰好恢复原长，由对称性知下拉幅度 $A = \dfrac{(m_1 + m_2)g}{k}$。当幅度超过 $\dfrac{(m_1 + m_2)g}{k}$ 时，会使物块到最高点时弹簧的弹力从拉力变为压力，使绳子松弛，简谐运动受到破坏。最大加速度大小 $a_{\mathrm{m}} = g$。

剪断质量为 m_2 的小物块瞬间，弹簧伸长量为

$$x_1 = \frac{(m_1 + m_2)g}{k}$$

剪断质量为 m_2 的小物块之后，质量为 m_1 的小物块简谐运动的平衡位置在

$$x_2 = \frac{m_1 g}{k}$$

所以振幅为

$$A = x_2 - x_1 = \frac{m_2 g}{k}$$

生 2 问题 2 解答展示：

虽然有摩擦力，但物体在向右运动的过程中依然做简谐运动，平衡位置在弹力与摩擦力大小相等处，根据简谐运动的对称性，可知弹簧的拉长量为

$$x = 2A = 2\frac{\mu m g}{k}$$

生 3 问题 3 解答展示：

本问题的解决依然运用简谐运动的对称性。简谐运动的平衡位置在 O 点，此时弹簧的压缩量为

$$x_1 = \frac{m_1 g \sin\theta}{k}$$

当振动到最高点时，要使 m_2 恰不脱离挡板，即弹簧此时的弹力大小等于 $m_2 g \sin\theta$，则弹簧最大伸长量为

$$x_2 = \frac{m_2 g \sin\theta}{k}$$

可得简谐运动的振幅为

$$A = x_1 + x_2 = \frac{m_1 g \sin\theta + m_2 g \sin\theta}{k}$$

根据简谐运动的对称性，最大压力为

$$F = kA = m_1 g \sin\theta + m_2 g \sin\theta$$

生 4 问题 4 解答展示：

$t = 0$ 时刻，波源 S 正在通过平衡位置向上运动，左右双方离开波源 $\frac{1}{4}\lambda$ 时，两质点恰好到达下方最大位移处，此时的波形如图 8-4-12 所示。

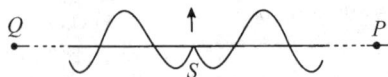

图 8-4-12

这两列波的波长为

$$\lambda = \frac{v}{f} = \frac{80}{100}\,\text{m} = 0.8\,\text{m}$$

而

$$SP = 17.4\,\text{m} = \left(21 + \frac{3}{4}\right)\lambda,\quad SQ = 16.2\,\text{m} = \left(20 + \frac{1}{4}\right)\lambda$$

所以 $t = 0$ 时刻，P 在波峰，Q 在波谷。如果 Q 对称到右侧（与 P 同侧），我们发现两者相当于相距"半个波长"，当 P 通过平衡位置向上振动时，Q 应当通过平衡位置向下振动。

生 5 问题 5 解答展示：

设波 Ⅰ 的波长为 λ_1，因 5s 后此波谷传到 M 点，此时 O 点正通过平衡位置向上运动，O 和 M 间还有一个波谷，故 O 和 M 间的距离为 $1.25\lambda_1$，则

$$\lambda_1 = \frac{L_{OM}}{1.25} = 5.6\,\text{m}$$

设 O 点的振动周期为 T，则

$$1.25T = 5\text{s}$$

解得

$$T = 4\text{s}, v_1 = \frac{\lambda_1}{T} = 1.4\text{m/s}$$

两者的周期由波源决定，所以周期相同，故 N 点的振动周期也为 4s。波 Ⅱ 的波速为 $v_2 = 1\text{m/s}$，则波长为

$$\lambda_2 = v_2 T = 4\text{m}$$

O 和 N 间的距离为 $1.25\lambda_2$。波 Ⅰ、波 Ⅱ 的振动周期相同，且两者和波源间的距离都为 1.25 倍的波长，所以是关于波源左右"对称"的，振动步调一致，当 M 点在波峰时，N 点也在波峰。

错误解答展示 1：

问题 1、2、3 找不到平衡位置或不会应用对称导致错误。

错误解答展示 2：

问题 4 波形图没有对称而画错。

错误解答展示 3：

问题 5 没有注意到不同材料的弹性细绳而出错。

▶ **展有所获**

师：(把正确解答和错误解答同时呈现，但并不告知孰对孰错) 如何评价不同的解答？

生1：问题 1 中，如果振动幅度过大，则物块不会做完整的简谐运动，这个最大幅度的临界条件到底是什么？

生2：问题 1 中，当弹簧伸长时，弹簧对两物块的上升有贡献，两者的运动状态相同，但上升到弹簧原长时如果还要继续上升，则物块 m_1 既受到向下的重力又受到向下的弹簧弹力，加速度大于 g，而 m_2 只受到重力(绳子松弛)，加速度等于 g，显然两者的运动不同，不能一起运动，已不是完整的简谐运动。

生3：利用简谐运动对称性解决问题的关键还是要找对平衡位置。

生4：问题 2 应该是阻尼振动，这里怎么又是简谐运动了？

师：就单程看，既然竖直弹簧振子有一个恒力(重力)做简谐运动，这里在单程运动中它的摩擦力也是一个恒力(类比于竖直弹簧振子的重力)，平衡位置自然也在二力平衡的位置，也可看成简谐运动。当然，我们说它是阻尼振动，指的是来回的往复运动的总过程，但这个往复的阻尼振动中每一个单向运动都是一个简谐运动，只是平衡位置在不停地变换。

生5：问题 3 中又一次出现"脱离"二字，我理解"脱离"的临界条件就是对接触面的弹力刚好为 0，对吗？

师：对！然后我们还要分析接触面对物体的弹力刚好为 0 时物体还受其他哪些力，这些力又能和物体运动状态建立怎样的动力学方程式，这才是临界态的关键所在！

生6：问题 4 中的波形图是左右对称的，而不能画成连续的正弦波，否则就体现不出它的双向性了。要正确画出某时刻的波形图，波源在该时刻的振动方向很重要，这样才能由振动方向和波的传播方向确定对称的波形图。

生7：问题 5 中波源两侧的介质不同，所以波速不同，波长不同，但左右的样子是相同的。

▶ **评有成果**

师：通过这个问题的解答，你有什么收获？

生1：在遇到简谐运动的动力学问题时，首先从寻找平衡位置入手，然后分析回复力来源，

再运用简谐运动的对称性、牛顿运动定律、机械能守恒定律解决问题。

生2：简谐运动具有对称性，速度、位移、加速度等运动学物理量都有这个特点，抓住这个特点，再确定临界态，就可找到此类问题的突破点。

生3：因为波源所产生的波同时向左右传播，如果两侧的介质相同，则任何时刻左右双方都是以通过振源O的竖直面互为对称的两列波。

生4：如果波源两侧的介质不同，虽然波长不同，但形状依然是"对称"的！关于波源对称的两个质点振动状态相同，根据对称性，可以将两侧质点的振动转化到一侧进行分析。

▶ **小结**

简谐运动与简谐波在运动过程中的对称性时空变换确实是解决问题的一个重要思维方法，值得反思和灵活运用。简谐运动对称性时空转换问题的解题思维流程如图 8-4-13 所示。

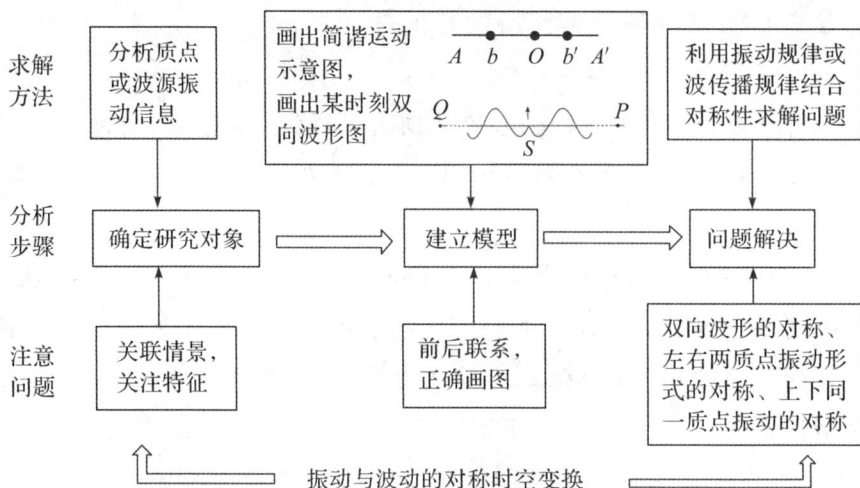

图 8-4-13

任务3：利用时空的周期性变换解决问题

问题情境 1　简谐运动的周期性

一振子沿 x 轴做简谐运动，平衡位置在坐标原点。$t=0$ 时振子的位移为 -0.1m，$t=1\text{s}$ 时振子的位移为 0.1m。若振幅为 0.1m，求振子的周期；若振幅为 0.2m，画出振动图像并求周期。

问题情境 2　振动图像与波动图像的周期性

图 8-4-14(a)、(b) 分别是 A、B 两质点的振动图像，A、B 是一列沿水平直线传播的简谐横波上相距 4m 的两点。求这列波可能的波长。若已知该波波长大于 2m，可能的波速又是多少？

问题情境 3　波传播中的周期性

如图 8-4-14(c) 所示，一列沿 x 轴正方向传播的简谐横波，振幅为 2cm，波速为 2m/s，在波的传播方向上两质点 a、b 的平衡位置相距 0.4m(小于一个波长)。$t=0$ 时刻当质点 a 在波峰位置时,质点 b 在 x 轴下方与 x 轴相距1cm的位置。画出在 $t = 0$ 时刻的波形图,并求出波的周期。

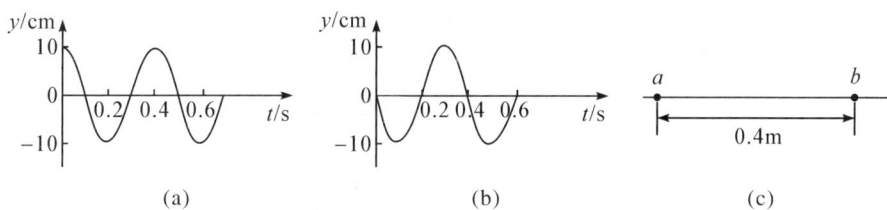

图 8-4-14

▶ **参考案例**

生 1 问题 1 解答展示:

若振幅为 0.1m,则 1s 为半周期的奇数倍,即

$$\Delta t = (2k + 1)\frac{T}{2} = 1\text{s}(k = 0,1,2,3,\cdots)$$

解得

$$T = \frac{2}{2k+1}\text{s}(k = 0,1,2,3,\cdots)$$

若振幅为 0.2m,由于 $t = 0$ 时振子的运动方向未知,分别以靠近平衡位置运动和远离平衡位置运动两种情况分析,所以有两种可能,如图 8-4-15(a)、(b) 所示。

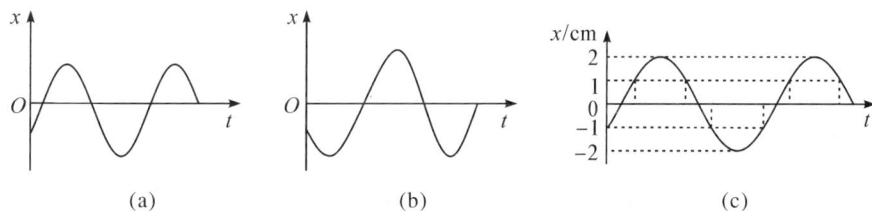

图 8-4-15

若振幅为 0.2m,结合如图 8-4-15(c) 所示的位移时间关系图像有(通过竖直的虚线找到时间的关系)

$$\frac{T}{2} + nT = 1\text{s}(n = 0,1,2,3,\cdots)$$

或者

$$\frac{5T}{6} + nT = 1\text{s}(n = 0,1,2,3,\cdots)$$

或者

$$\frac{T}{6} + nT = 1\text{s}(n = 0,1,2,3,\cdots)$$

生 2 问题 2 解答展示:

由振动图像可知质点的振动周期 $T = 0.4$s,若波由 A 向 B 传播,B 点比 A 点晚振动的时间为

$$\Delta t = nT + \frac{3}{4}T(n = 0,1,2,3,\cdots)$$

所以 A 和 B 的间距为

$$\Delta s = v\Delta t = n\lambda + \frac{3}{4}\lambda (n = 0, 1, 2, 3, \cdots)$$

则波长为

$$\lambda = \frac{4\Delta s}{4n+3} = \frac{16}{4n+3} \text{m}$$

因为 $\lambda > 2\text{m}$，可得 $n = 0, 1$。当 $n = 0$ 时，$\lambda_1 = \frac{16}{3}\text{m}$，$v_1 = \frac{\lambda_1}{T} = \frac{40}{3}\text{m/s}$；当 $n = 1$ 时，$\lambda_2 = \frac{16}{7}\text{m}$，$v_1 = \frac{\lambda_2}{T} = \frac{40}{7}\text{m/s}$。

若波由 B 向 A 传播，A 点比 B 点晚振动的时间为

$$\Delta t = nT + \frac{1}{4}T (n = 0, 1, 2, 3, \cdots)$$

所以 A 和 B 的间距为

$$\Delta s = v\Delta t = n\lambda + \frac{1}{4}\lambda (n = 0, 1, 2, 3, \cdots)$$

则波长为

$$\lambda = \frac{4\Delta s}{4n+1} = \frac{16}{4n+1} \text{m}$$

因为 $\lambda > 2\text{m}$，所以 $n = 0, 1$。当 $n = 0$ 时，$\lambda_1 = 16\text{m}$，$v_1 = \frac{\lambda_1}{T} = 40\text{m/s}$；当 $n = 1$ 时，$\lambda_2 = \frac{16}{5}\text{m}$，$v_1 = \frac{\lambda_2}{T} = 8\text{m/s}$。

生 3 问题 3 解答展示：

根据题意有两种可能。第一种情况，如图 8-4-16(a) 所示，从图像得 $\left(\frac{1}{4} + \frac{1}{12}\right)\lambda = 0.4\text{m}$，所以波长 $\lambda = 1.2\text{m}$，根据 $v = \frac{\lambda}{T}$，周期 $T = 0.6\text{s}$；第二种情况，如图 8-4-16(b) 所示，从图像得 $\left(\frac{3}{4} - \frac{1}{12}\right)\lambda = 0.4\text{m}$，所以波长 $\lambda = 0.6\text{m}$，根据 $v = \frac{\lambda}{T}$，周期 $T = 0.3\text{s}$。

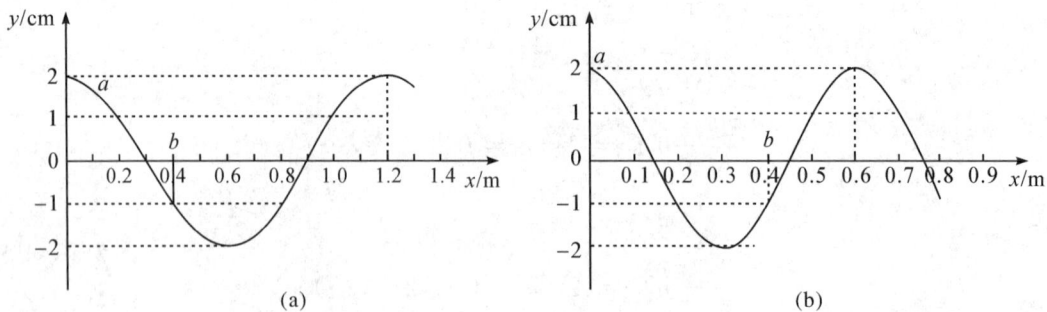

图 8-4-16

错误解答展示 1：

问题 1 没有考虑到周期性，每种情况只有一个解。

错误解答展示 2：

问题 1 虽然考虑到了周期性，但三种分类解答有所遗漏。

错误解答展示 3：

问题 2 考虑到周期性，但没有考虑到两种方向。

错误解答展示 4：

问题 3 同样出现少解的情况。

▶ **展有所获**

师：（把正确解答和错误解答同时呈现，但并不告知孰对孰错）如何评价不同的解答结果？

生 1：在振动问题中要把时间转化为周期的表示方式，即时间＝周期的整数倍＋周期的分数倍，这样利用简谐运动的周期变化规律解决问题很方便。

生 2：振动质点不是从特殊位置开始计时的问题，可以通过图像类比成三角函数的方法找到时间间隔与周期的关系。

生 3：把各种情况都要考虑齐全也很关键，否则出现漏解会导致答案不完整。

生 4：波动问题除了要考虑周期性变化规律，还要考虑正、反方向的传播问题，这些都是产生多解的问题源头。

生 5：不管是振动还是波动，遇到困难多画图像，从图像分析多种可能的情况是一个突破点。

▶ **评有成果**

师：通过以上振动与波动的周期性时空转换问题的解答，说说你对求解此类问题的想法。

生 1：简谐运动和简谐波都具有变化的周期性，解决问题时要注意时间和空间上的这种周期性变化规律，同时还要注意此类问题的多解性。

生 2：根据题意分析出多解的原因，一般要用到波动图像的周期性。如首先由 $\Delta x = k\lambda + x$，$\Delta t = kT + t$ 来求解；然后由 $\lambda = vt$ 进行计算，若有限定条件，再进行讨论。

生 3：在解决多解性问题时，要用好平移法和去整留零法。

▶ **小结**

周期性时空转换问题的处理思维流程如图 8-4-17 所示。

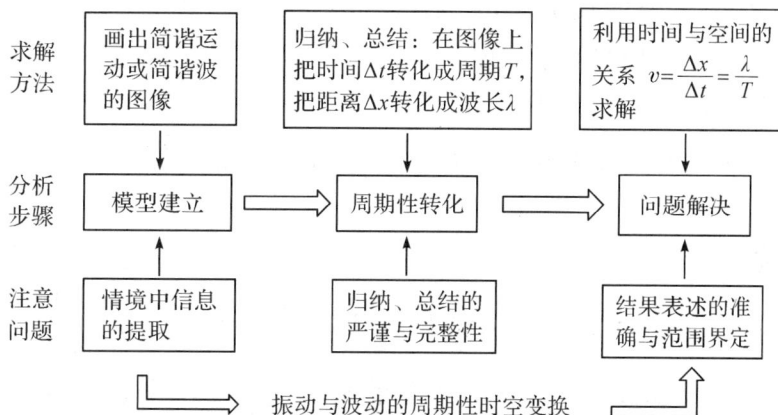

图 8-4-17

任务4：利用时空的叠加性变换解决问题

空间问题中的叠加变换

如图 8-4-18 所示，两个东西方向放置的同一信号发生器带动的两个相同的扬声器 S_1 和 S_2 相距 25m，在 S_1 和 S_2 中垂线上正北方距离 S_1 和 S_2 连线 12m 处有一点 A，某人站在 A 处听到声音很响，此人自 A 向正西方走，听到声音逐渐减弱，走到距离 A 点 3.5m 的 B 处，完全听不到声音。某人从 S_1 和 S_2 的连线上的中点向西缓慢移动直到到达 S_1，他也听到声音忽强忽弱。则在他从中点沿着 S_1 和 S_2 连线上缓慢运动到 S_1 的过程中，他听到扬声器由强变弱的次数是几次？他听到的最强和最弱的地点分别距 S_1 多远？

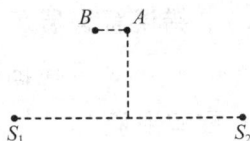

图 8-4-18

问题情境 2 **球面波的叠加变换**

如图 8-4-19 所示，在纸面上有两个波源 S_1 和 S_2，相距 3m，频率均为 2Hz，以 S_1 为原点建立坐标系。$t=0$ 时波源 S_1 从平衡位置开始垂直于纸面向上做简谐运动，所激发的横波在均匀介质中向四周传播。$t=0.25s$ 时波源 S_2 也开始垂直于纸面向上做简谐运动，$t=0.75s$ 时两列简谐波的最远波峰传到了图 8-4-19 中的两个圆的位置。

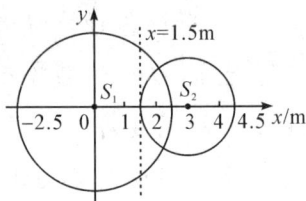

图 8-4-19

(1) 分析一下能用哪些方法判断出 x 轴上 $x=1.5m$ 处的振动是加强还是减弱。

(2) 在 $t=1.0s$ 时波谷与波谷相遇的点共有几个？在 $t=1.0s$ 后，S_1 和 S_2 的连线有几个振动减弱的位置？

问题情境 3 **波动图像中的叠加变换**

一根长 20m 的软绳拉直后放置在光滑水平地板上，以绳的中点为坐标原点，以绳上各质点的平衡位置为 x 轴建立如图 8-4-20 所示的坐标系。两人在绳端 P、Q 点沿 y 轴方向有节奏地抖动，形成两列振幅分别为 10cm、20cm 的相向传播的机械波，已知左侧波的波速为 $v=2m/s$，$t=0$ 时刻的波形如图 8-4-20 所示。

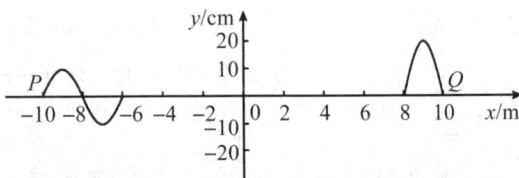

图 8-4-20

(1) 分析振动稳定时两个波源间（不含波源）有几个质点的振幅为 30cm。

(2) 分析在 $t=6s$ 时两个波源间（不含波源）有几个质点的位移为 $-10cm$。

▶ **参考案例**

生 1 问题 1 解答展示：

A 为振动加强点，波程差为 $d=0$；B 为振动减弱点，波程差为 $d=\dfrac{\lambda}{2}$。由此计算得 $S_2B-S_1B=5m$，所以 $\lambda=10m$。在 S_1 与 S_2 的正中间时，波程差为 0，为振动加强点；在 S_1 点时，波程差为 25m，为半波长的 5 倍，为减弱点。所以在 S_1 和 S_2 的连线上振动减弱点有 3 个，这 3 个点到两个波源的波程差分别为半波长的 1 倍、3 倍、5 倍，对应位置到 S_1 的距离分别为 10m、5m、0；S_1

和 S_2 连线上振动加强点也有 3 个，这 3 个点到两个波源的波程差分别为半波长的 0 倍、2 倍、4 倍，对应的位置到 S_1 的距离分别为 12.5m、7.5m、2.5m。

生 2 问题 2 解答展示：

先求出波的速度，利用两列波的传播距离之差与传播时间之差即可算出波速

$$v = \frac{\Delta x}{\Delta t} = \frac{2.5\text{m} - 1.5\text{m}}{0.25\text{s}} = \frac{1\text{m}}{0.25\text{s}} = 4\text{m/s}$$

用"峰谷法"，两列波的波长都为

$$\lambda = \frac{v}{f} = \frac{4}{2}\text{m} = 2\text{m}$$

S_1 产生波的最远波峰在 $x = 2.5\text{m}$，所以 S_1 波在 $x = 1.5\text{m}$ 处为波谷，而 S_2 波在 $x = 1.5\text{m}$ 处为波峰，所以两者叠加后为减弱点。

生 3 问题 2 解答展示：

用"条件法"，两列波的周期都为

$$T = \frac{1}{f} = \frac{1}{2}\text{s} = 0.5\text{s}$$

S_1 波的波源已经振动的时间为 $0.75\text{s} = 1\frac{1}{2}T$，此时 S_1 正在向下振动，S_2 波的波源已经振动的时间为 $0.5\text{s} = T$，此时 S_2 正在向上振动，即稳定振动时，两个波源振动步调相反，而 $x = 1.5\text{m}$ 处的质点到两个波源的路程差为

$$\Delta r = 1.5\text{m} - 1.5\text{m} = 0$$

所以两列波叠加后，该点为振动减弱点。

生 4 问题 3 解答展示：

$t = 1\text{s}$ 时，S_1 波传播的距离为

$$r_1 = vt = 4 \times 1\text{m} = 4\text{m} = 2\lambda$$

S_2 波传播的距离为

$$r_2 = vt' = 4 \times 0.75\text{m} = 3\text{m} = 1\frac{1}{2}\lambda$$

画出此时的波面图，如图 8-4-21 所示，其中实线表示波峰，虚线表示波谷，此时波谷与波谷相遇的点有 2 个。

S_1 与 S_2 连线上满足到两波源的波程差为波长整数倍的点为振动减弱点，即

$$\Delta r = |k\lambda| \quad (k = 0, 1, 2, \cdots)$$

则

$$0 < |k\lambda| < 3m(k = 0, 1, 2, \cdots)$$

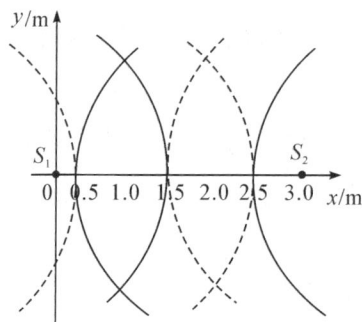

图 8-4-21

解得 $-\frac{3}{2} < k < \frac{3}{2}(k = 0, 1, 2, \cdots)$，即 $k = 0, \pm 1$，共 3 个点。

生 5 问题 3 解答展示：

两波源的起振方向相反，但由图 8-4-21 可知 $t = 0$ 时刻两波源均向 y 轴负方向振动，即同步振动，当波程差为 $\Delta r = n\lambda = 4n(n = 0, 1, 2, \cdots)$ 时，质点振动加强，振幅最大，有 $\Delta r = 0, 4\text{m}, 8\text{m}, 12\text{m},$

16m，即平衡位置在 $x=0, \pm 2m, \pm 4m, \pm 6m, \pm 8m$ 处的这9个点的振动加强，振幅为30cm。

生6 问题3解答展示：

$t=6s$ 时间内，两列波的传播距离 $\Delta x=vt=12m$，左侧波传播到 $x=6m$ 处，右侧波传播到 $x=-4m$ 处，根据波整体平移可得两列波的波形如图8-4-22所示，故 $t=6s$ 时两波源间（不含波源）有2个质点的位移为 $-10cm$。

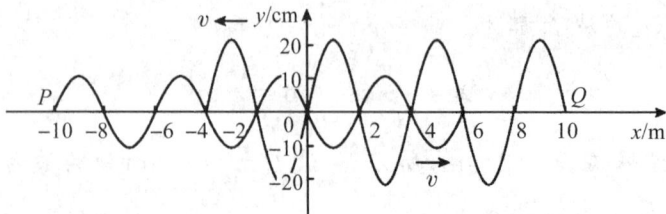

图8-4-22

错误解答展示1：

问题2第(1)问中求波速出现错误，用图8-4-20上波峰传到位置与波源的位移除以时间为波速。

错误解答展示2：

问题2第(1)问求解振动加强或减弱时没有注意到波源振动步调相反。

错误解答展示3：

问题2第(2)问没有正确画出 $t=1s$ 时的波形图而不能找出波谷相遇点。

错误解答展示4：

问题3第(1)问得到波源起振方向相反，在后面的叠加判断中使用"条件法——波源振动相反，距离差为波长整数倍振动减弱；距离差为半波长奇数倍振动加强"导致错误解答。

错误解答展示5：

问题3第(1)问解答不全，认为波程差为 $\Delta r=n\lambda=4n(n=0,1,2,\cdots)$ 时，质点振动加强，振幅最大，有 $\Delta r=0,4m,8m,12m,16m$ 这5种情况，就认为加强点只有5个。

▶ **展有所获**

师：（把正确解答和错误解答同时呈现，但并不告知孰对孰错）如何评价不同的解答？

生1：求波速不能用波峰传播的距离除以时间，因为情境2中给出的时间是波源的振动时间，对应的位移应该是波传播到最远位移，这个处于最远位移的点应该在平衡位置且刚要起振，这个点在情境2中并没有呈现出来。

生2：注意到问题2第(1)问中两个波源起振都向上，就以为波源振动的步调是相同的，然后用条件法判断 $x=1.5m$ 处的振动情况，最后得到的结果是错误的，重要的是要注意波源都开始振动以后的步调。

生3：问题2第(2)问为了求出在 $t=1.0s$ 时波谷与波谷相遇的点共有几个，我画的是 $t=1.0s$ 的波谷形成的圆面，也可得到波谷与波谷相遇的点有两个，如图8-4-23所示，这比展示的图8-4-21更清晰。

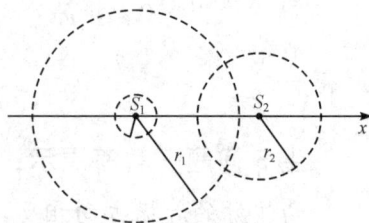

图8-4-23

生4：我认为虽然从情境3中可以判断出"波源的起振方向相反"，但两列波在 $t=0$ 时刻传播的距离不同，两者相差半个波长，即 Q 比 P 的振动落后了半个周期，那么在同一时刻，两者的振动步调反而相同了。所以应用"条件法"应该是"距离差为波长整数倍为加强点，距离差为半波长奇数倍为减弱点"才是对的。

生5：问题2第(2)问的解答要注意虽然只有 $\Delta r=0,4\text{m},8\text{m},12\text{m},16\text{m}$ 这5种情况满足振动加强，但对应的位置在坐标原点左右都有，且是对称的，所以应该是9个。

生6：问题3第(2)问画出 $t=6\text{s}$ 的波形很容易，首先要算出在6s内波传播的距离，然后平移波形，由于是连续波，后面的波形按曲线变化连续到波源即可。

▶ **评有成果**

师：通过以上情境中一系列问题的解决，你对机械波时空叠加问题有怎样的认识？

生1：波源的起振方向相同未必就是同步调振动的波源，关键是要看两列波振动稳定后同一时刻的波源是否同步调，这样才能正确运用条件法判断叠加后的振动情况。

生2：在分析波时空叠加问题时，判断振动加强点和振动减弱点的方法除了条件法，还有峰谷法、波形图平移法。

生3：用条件法判断一条直线上的振动叠加情况比较方便，但画出波面图再利用峰谷法判断叠加后平面上某点的振动情况比条件法还直观、方便。

师：情境1以波面图的形式展示，相对于波形图更为抽象，加上其波源的起振并不是同时开始的，传播的距离以"波峰"呈现，所以各个点的振动情况和空间位置关系也较为隐蔽，这些都形成了难点。做好这种题目一定要审清题目，准确理解题意，先搞清楚波动的基本量的大小，再通过条件法或峰谷法的叠加规律解决问题。

▶ **小结**

波的叠加性时空变换思维流程如图8-4-24所示。

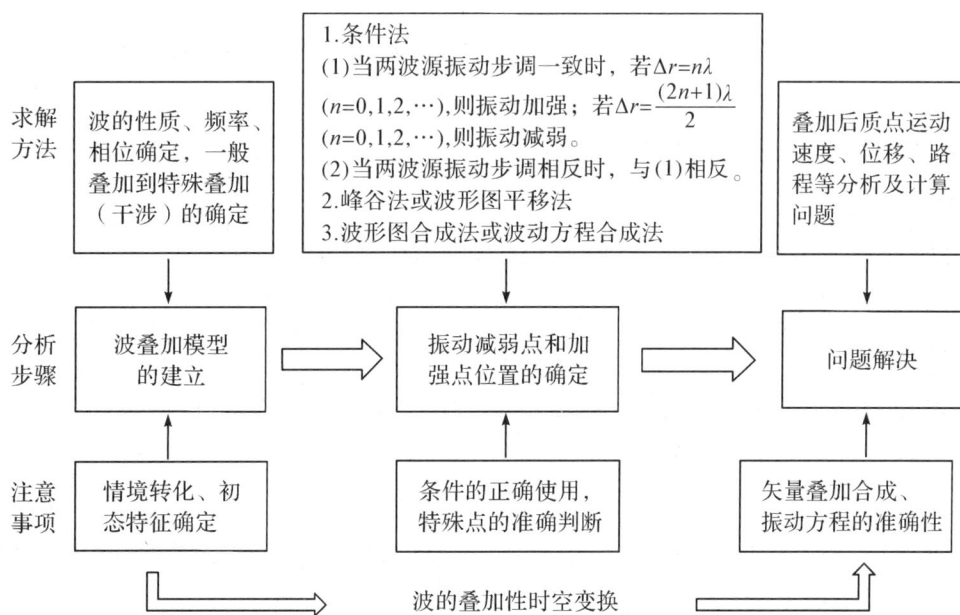

图 8-4-24

(三) 巩固性练习

1. 一列沿 x 轴传播的简谐横波在 $t=0$ 时刻的波的图像如图 8-4-25 所示,经 $\Delta t=0.1s$,质点 M 第一次回到平衡位置。求波的传播速度及质点 M 在 1.2s 内走过的路程。

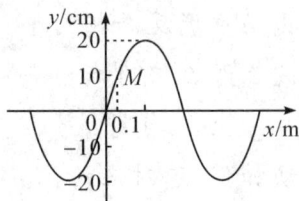

图 8-4-25

2. (多选)一列简谐横波沿 x 轴正方向传播,振幅为 4cm,周期为 $T=6s$。已知在 $t=0$ 时刻,质点 a 的坐标为(5cm,-2cm),沿 y 轴正方向运动,质点 b 的坐标为(15cm,2cm),沿 y 轴负方向运动,如图 8-4-26 所示。下列说法正确的是 (　　)

A. a、b 两质点可以同时在波峰

B. 在 $t=0.5s$ 时刻,质点 a 的位移为 0

C. 该简谐横波波长可能为 10cm

D. 当质点 b 在波谷时,质点 a 一定在波峰

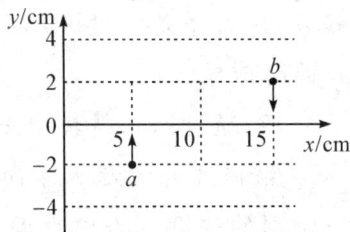

图 8-4-26

3. 如图 8-4-27 所示,两根相同的轻质弹簧沿足够长的光滑斜面放置,下端固定在斜面底部挡板上,斜面固定不动。质量不同、形状相同的两物块分别连接于两弹簧上端。现用外力作用在物块上,使两弹簧具有相同的压缩量,若撤去外力后,两物块由静止沿斜面向上弹出并离开弹簧,则从撤去外力到物块速度第一次减为 0 的过程中,两物块 (　　)

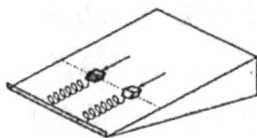

图 8-4-27

A. 最大速度相同 　　　　　　　B. 最大加速度相同

C. 上升的最大高度不同 　　　　D. 重力势能的变化量相同

4. (多选)由波源 S 形成的简谐横波在均匀介质中向左、右传播。波源振动的频率为 20Hz,波速为 16m/s。已知介质中 P、Q 两质点位于波源 S 的两侧,且 P 和 S 的平衡位置在一条直线上,P、Q 的平衡位置到 S 的平衡位置之间的距离分别为 15.8m、14.6m。在 P、Q 开始振动后,下列判断中正确的是 (　　)

A. P、Q 两质点运动的方向始终相同

B. P、Q 两质点运动的方向始终相反

C. 当 S 恰好通过平衡位置时,P、Q 两质点也正好通过平衡位置

D. 当 S 恰好通过平衡位置向上运动时,P 在波峰

E. 当 S 恰好通过平衡位置向下运动时,Q 在波峰

5. 在一列沿水平直线传播的简谐横波上有相距 4m 的 A、B 两点,图 8-4-28(a)、(b)分别是 A、B 两质点的振动图像,已知该波波长大于 2m。

(1) 请你通过振动规律来分析 A、B 两质点振动先后的时间关系,并求出波速。

(2) 请你确定 A、B 两质点在波形图上的位置,并求出波速。

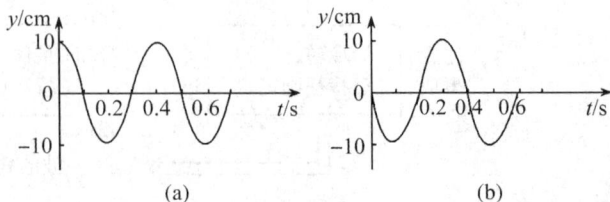

(a) 　　　　(b)

图 8-4-28

6. 甲、乙两列简谐横波在同一介质中分别沿 x 轴正方向和负方向传播,波速均为 $v = 25\text{cm/s}$。两列波在 $t = 0$ 时的波形曲线如图 8-4-29 所示。

(1) $t = 0$ 时,介质中偏离平衡位置位移为 16cm 的所有质点的 x 坐标分别是多少?

(2) 从 $t = 0$ 开始,介质中最早出现偏离平衡位置位移为 -16cm 的质点的时间是多少?

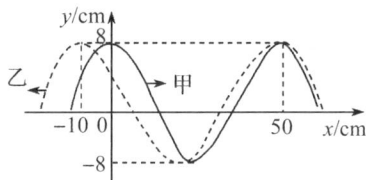

图 8-4-29

五、纵向主题:振动、波动综合问题求解思维展示

(一) 课时学习目标

核心素养	具体目标
物理观念	知道弹簧振子的受力特点和运动特点,具有用表达式、图像表征类弹簧振子模型的观念,能用动力学观点和能量观点分析类弹簧振子模型
	知道波具有周期性及波速、波长和频率(周期)的关系
	知道波干涉模型的条件,具有建构波干涉模型与图像表征波干涉模型的意识,具有从振动角度认识振动加强区和减弱区的观念
科学思维	经过对弹簧振子问题的分析,能对物体进行受力分析,求解其回复力,建立类弹簧振子模型,并学会用表达式、图像表征简谐运动的特征和规律
	通过分析波图像及其叠加问题,会用波速、波长和频率(周期)的关系分析求解波的特征量问题,能用波的周期性分析推理波叠加位置问题
	经过对绳波图形的分析,能用叠加规律推理分析波干涉中的合振幅与分振幅的关系
	经过对绳波干涉图像的分析,能用图像转换方法和公式法推理分析振动加强点和减弱点,总结归纳出波干涉模型的多种图像表征方法和解题思路
	通过对振动和波动图像综合问题的分析,体会运用图像描述复杂过程的方法,能够运用公式和图像法求解振动、波动及波叠加等综合问题,认识数形结合思想和转化思想方法在解决物理问题中的应用

(二) 课时学习设计

任务:振动、波动综合

问题情境 1 振动与力综合

如图 8-5-1 所示,在粗糙传输带上有质量为 m 的物体,物体用劲度系数为 k、自然长度为 l 的轻质弹簧固定在墙上,接触面间的滑动摩擦因数为 μ。传输带以恒定速度 v_0 运动,经过一段时间,物体形成

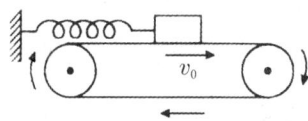

图 8-5-1

周期性的运动(题中最大静摩擦力近似等于滑动摩擦力,且物体在运动过程中最大速度 $v_m < v_0$)。

(1)物体处于平衡位置时弹簧的伸长量为多大?

(2)画出物体的位移与时间关系的图像。

▶ **参考案例**

展示第(1)问的学生解答。

解答 1:

由平衡位置合力为 0 的特点知

$$F = kx_0 = f = \mu mg, \quad x_0 = \frac{\mu mg}{k}$$

解答 2:

物体的初速度为 0,在开始运动的过程中,由于物体的速度小于皮带的速度,受到向右的摩擦力,受力分析如图 8-5-2 所示。

设 x 坐标轴向右为正方向,坐标原点为开始时物体所在位置,如图 8-5-3 所示,在 x 轴方向,滑动物体受到两个力作用:弹簧弹力(即 $F = -kx$)和滑动摩擦力(恒为 $f = \mu mg$),则

$$F_合 = -kx + \mu mg = -k(x - x_0) = -kx'$$

其中 $kx_0 = \mu mg$。

当 $F_合 = 0$ 时,有

$$kx = \mu mg$$

则 $x = x_0 = \frac{\mu mg}{k}$ 为平衡位置。

综上所述,物体做简谐运动。

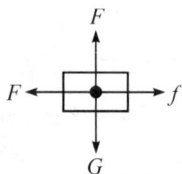

图 8-5-2

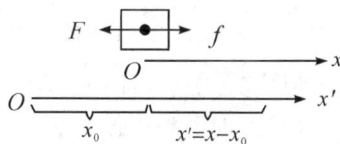

图 8-5-3

▶ **展有所获**

师:结合上面的展示,谈谈自己对上述解答的看法。

生 1:解答 1 过于简单,感觉这种分析推理不够严谨!没对物体进行运动分析和受力分析,直接得出结论,有点不靠谱!规范解决简谐运动问题应该先对物体进行受力分析,分析其合力特征,即物体所受合力满足 $F_合 = -kx$(其中合力为 0 对应的位置即平衡位置),如解答 2 的分析,在此基础上得出结论。

生 2:从解答 2 的分析中,得知物体在运动过程中受到弹簧弹力和恒定的滑动摩擦力,$f = \mu mg$,方向始终向右,这种情况类似于竖直弹簧振动的受力情况(如图 8-5-4 所示),可见,恒定重力起到与本题中恒定摩擦力相同的作用。因此,本题还可以采用类比竖直弹簧振动的方法,当 $F_合 = 0$ 时,有 $kx = \mu mg$,则 $x = x_0 = \frac{\mu mg}{k}$ 为

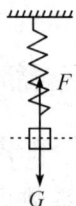

图 8-5-4

平衡位置。综上所述，物体以 $x = x_0 = \dfrac{\mu mg}{k}$ 为平衡位置做简谐运动。

师：通过以上讨论，大家不仅得出规范分析类简谐运动问题的步骤，还能用类比的方法分析类简谐运动。

▶ 评有成果

师：通过上面的例子，你对解决类弹簧振子问题有哪些认识？

生 3：解决类弹簧振子相关问题，关键先用整体法或隔离法确定研究对象，再对研究对象进行受力分析（注意摩擦力方向和大小的分析），最后，结合弹簧振子的合力特点，判断物体是否做简谐运动，并分析求解平衡位置。

展示第 (2) 问的学生解答。

解答 1：

由以上分析可知，物体以 $x = x_0 = \dfrac{\mu mg}{k}$ 为平衡位置做简谐运动，

则物体的 x-t 图像如图 8-5-5 所示。

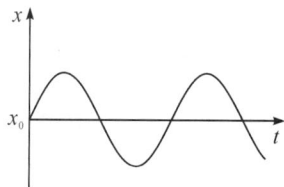

图 8-5-5

解答 2：

由题意可知

$$F_{合} = -kx + \mu mg = -k(x - x_0) = -kx'$$

这种振动规律为

$$x' = x_{\mathrm{m}}\cos(\omega t + \varphi_0)$$

其中 $\omega = \sqrt{\dfrac{k}{m}}$，则 $T = 2\pi\sqrt{\dfrac{m}{k}}$。

根据以上分析得

$$x_{\mathrm{m}} = \dfrac{\mu mg}{k} = x_0$$

初相位 φ_0 由初始条件决定：当 $t = 0$ 时，$x' = -x_0$，此时 $\varphi_0 = -\pi$，则 $x' = -\dfrac{\mu mg}{k}\cos\sqrt{\dfrac{k}{m}}t$；以物体所在平衡位置为坐标原点，则物体的 x-t 图像如图 8-5-6 所示。

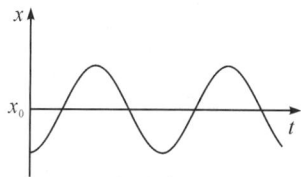

图 8-5-6

▶ 展有所获

师：结合上面的展示，谈谈自己对上述解答的看法。

生 1：在解答 1 中，物体的 x-t 图像是错误的；在解答 2 中，物体的 x-t 图像是正确的。

师：对比两种解答，能否说说解答 1 错误的原因呢？

生 2：解答 1 认为简谐运动的图像为正弦图像，没有结合物体的初状态进行分析，致使所画的 x-t 图像错误。

▶ 评有成果

师：通过对上面例子的分析以及学生解答的比较，你对画类弹簧振子 x-t 图像问题有哪些认识？

生 3：我觉得科学规范的画图步骤应先写出横纵坐标对应两个物理量之间的表达式，在此

基础上结合初始状态确定坐标的起始点,最后结合表达式作出图像,正如解答2的作图步骤。

生4:作图时,除了生3的步骤外,还需要明确横、纵坐标的最大值及周期。

▶ **小结**

对画弹簧振子 $x\text{-}t$ 图像的分析,我们要学会数形结合的思想,根据表达式科学规范地作图,同时要根据具体情境得出初态及横、纵坐标最值问题的分析,如对 $x\text{-}t$ 图像,要重点抓住物理量振幅(即位移最大值)和周期的分析。题中物体在运动过程中受到的摩擦力情况比较复杂,解题时要明确静摩擦和滑动摩擦的产生条件及相对运动方向,需要结合传输带的速度大小进行讨论。

问题情境 2 **波叠加的综合**

如图8-5-7所示,两列简谐横波 a、b 在同一媒质中沿 x 轴正方向传播,波速均为 $v = 2.5\mathrm{m/s}$。在 $t = 0$ 时,两列波的波峰正好在 $x = 2.5\mathrm{m}$ 处重合。

(1)求两列波的周期 T_a 和 T_b。

(2)求 $t = 0$ 时,两列波的波峰重合处的所有位置。

(3)在 $t = 0$ 时,是否存在两列波的波谷重合处?若存在,求出这些点的位置;若不存在,请通过计算说明理由。

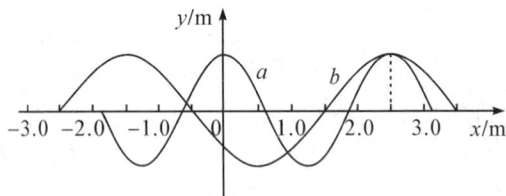

图 8-5-7

▶ **参考案例**

展示情境2的学生解答。

解答1:

(1)从图中可以看出两列波的波长分别为 $\lambda_a = 2.5\mathrm{m}$,$\lambda_b = 4\mathrm{m}$,由 $T = \dfrac{\lambda}{v}$ 得 $T_a = 1\mathrm{s}$,$T_b = 1.6\mathrm{s}$。

(2)从图中可以看出两列波的波峰在 $x = 2.5\mathrm{m}$ 处重合。

(3)不存在,从图中并没有发现两列波谷与波谷重合的位置。

解答2:

(1)从图中可以看出两列波的波长分别为 $\lambda_a = 2.5\mathrm{m}$,$\lambda_b = 4\mathrm{m}$,由 $T = \dfrac{\lambda}{v}$ 得 $T_a = 1\mathrm{s}$,$T_b = 1.6\mathrm{s}$。

(2)从图知两列波的波峰重合处的位置为 $x = 2.5\mathrm{m}$,要使两列波的波峰重合,需要找出两列波波长的整数倍恰好相等的位置,即算出两列波波长的最小公倍数 $S = n\lambda_a = m\lambda_b$。根据 $\lambda_a = 2.5\mathrm{m}$,$\lambda_b = 4\mathrm{m}$,得 $S = 20\mathrm{m}$,因此 $t = 0$ 时,两列波的波峰重合处的位置为

$$x = (2.5 + 20k)\mathrm{m}(k = 0,1,2,3,\cdots)$$

(3)设与 $x = 2.5\mathrm{m}$ 相差 L 处为两列波的波谷与波谷相遇点,则

$$L = (2m-1)\frac{\lambda_a}{2} = (2n-1)\frac{\lambda_b}{2}$$

式中 m、n 均为正整数,有

$$\frac{2m-1}{2n-1} = \frac{\lambda_b}{\lambda_a} = \frac{4}{2.5} = \frac{8}{5}$$

由于上式中 m、n 在整数范围内无解,所以不存在两列波的波谷与波谷重合处。

▶ **展有所获**

师:结合上面的展示,谈谈自己对上述解答的看法。

生1:解答1第(1)问的分析结果是正确的,其他两问仅从图像表面分析,得出结果,这种不全面的分析忽略了波的传播具有周期性,导致漏解或错解。

既然两列波的波峰存在重合处,那么两列波的波谷与波谷重合处也一定存在。至于如何求解,目前还不会。

生2:从解答2第(2)问的求解思路得到启发,在第(3)问求解波谷重合处时,我们也可以找到这两列波的波谷与波谷重合处其中的一个位置 x_1,则两列波波谷与波谷重合处的所有位置为 $x = (x_1 + 20k)$m。

师:这位同学的想法很好!他将第(2)问的求解思路迁移运用到第(3)问。那我们能否从图中看出波谷与波谷重合的位置呢?

生3:我们不能从图中直接看出波谷与波谷重合的位置,仅能看出波峰与波峰重合的位置。

师:那怎么办呢?能否利用波峰重合的位置,推算出波谷与波谷重合的位置呢?

生4:我们可以从波峰重合处出发,找到这两列波半波长的奇数倍恰好相等的位置,这就是解答2中第(3)问的求解思路。

▶ **评有成果**

师:通过上面的例子,你对不同频率波叠加位置的分析有哪些认识?

生5:根据图像得出波长,即振动相位总是相同的两个相邻质点间的距离。

生6:解决不同频率叠加问题时,要考虑由于波的周期性具有多解,解题时一般要列出通项表达式防止漏解。

▶ **小结**

具体求解程序如图 8-5-8 所示。

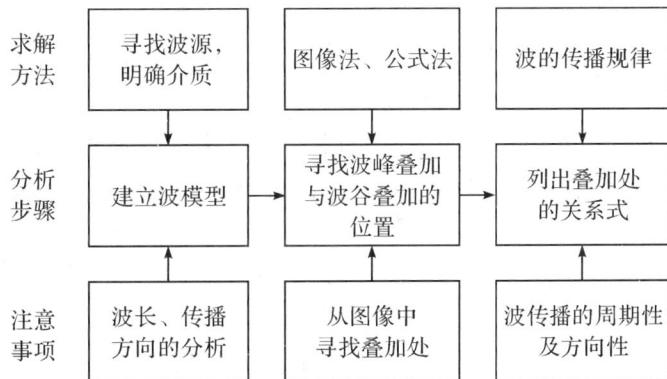

图 8-5-8

问题情境 3 波干涉的综合

如图 8-5-9(a) 所示，两个相同的打点计时器的振动片 A 和 B（已去掉振针）间连一条细线，细线绷紧。两个计时器连接频率为 $f = 50\,\text{Hz}$ 的同一交流电源。稳定后，得到如图 8-5-9(b) 所示的驻波，波节为振动抵消的点，波腹为振动加强的点，A 和 B 两个波节中间还有 C 和 D 两个波节，A 和 B 间距离 $L = 0.9\,\text{m}$。波腹上下最大距离为 $d = 2\,\text{cm}$。

(1) 求振动片的振幅；

(2) 求细线上形成波的波长和波速；

(3) 若改变细线的张紧程度，发现 A 和 B 间只有两个波节，求波速的可能范围。

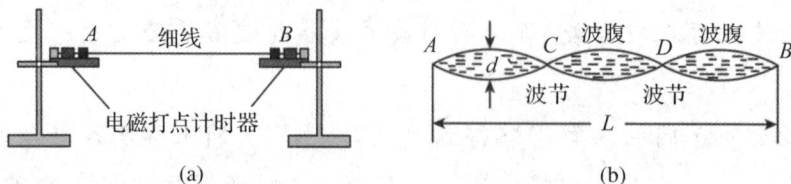

图 8-5-9

▶ **参考案例**

展示情境 3 的学生解答。

解答 1：

(1) 振动加强点的振幅为两振幅之和，有

$$\frac{d}{2} = 2A$$

得

$$A = \frac{d}{4} = 0.5\,\text{cm}$$

(2) 根据图 8-5-9(b)，两列波在 A 和 B 之间的区域内发生了干涉现象，相邻两波腹分别为两波的波峰与波峰叠加处和波谷与波谷叠加处，则相邻波腹间的距离为 $\Delta x = \frac{1}{2}\lambda$，由图可知 $\Delta x = \frac{1}{3}L$，可得

$$\lambda = 2\Delta x = \frac{2}{3}L = 0.6\,\text{m}$$

由于波的频率与振源的频率相同，则

$$v = \lambda f = 30\,\text{m/s}$$

(3) A 和 B 间只有两个波节，则最小波形如图 8-5-10 所示，由图可知相邻波节间的距离 $\Delta x < L$，可得 $v < 2Lf$，则波速的可能范围为 $v < 90\,\text{m/s}$。

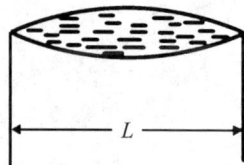

图 8-5-10

解答 2：(1) 振动加强点的振幅为两振幅之和，有

$$\frac{d}{2} = 2A$$

得

$$A = \frac{d}{4} = 0.5 \text{cm}$$

（2）两个相同的打点计时器连接频率为 $f = 50 \text{Hz}$ 的同一交流电源,则两波源的振动频率相同、振动相位相同。

设 A 点右边第1、2个波节到 A 点的距离分别为 x_1、x_2,则振动抵消的点满足

$$(L - x_1) - x_1 = n\lambda + \frac{1}{2}\lambda (n = 0,1,2,\cdots)$$

$$(L - x_2) - x_2 = (n-1)\lambda + \frac{1}{2}\lambda (n = 0,1,2\cdots)$$

相邻波节间的距离为

$$\Delta x = x_2 - x_1$$

联立得

$$\Delta x = \frac{1}{2}\lambda$$

可知波节等间距分布,则波腹也是等间距分布。

由图 8-5-9(b) 可知 $\Delta x = \frac{1}{3}L$,可得

$$\lambda = 2\Delta x = \frac{2}{3}L = 0.6 \text{m}, v = \lambda f = 30 \text{m/s}$$

（3）A 和 B 间只有两个波节,最小和最大波形分别如图 8-5-10 和图 8-5-11 所示。

由图可知,相邻波节间的距离为

$$\frac{1}{3}L \leqslant \Delta x < L$$

由 $\Delta x = \frac{1}{2}\lambda$,可得

$$\frac{2}{3}Lf \leqslant v < 2Lf$$

即波速的可能范围为

$$30 \text{m/s} \leqslant v < 90 \text{m/s}$$

图 8-5-11

▶ **展有所获**

师:结合上面的展示,谈谈自己对上述解答的看法。

生1:解答1和解答2中前两问的分析结果都正确,第(2)问它们从不同角度分析,解答1采用了图像法分析,简单易懂,而解答2采用了公式法分析,分析过程比较复杂。另外,解答1第(3)问少考虑了一种情况,可见解答1的分析思维不够严谨。

生2:从上述分析得知波节即为振动减弱点,波腹即为振动加强点,因此,之前分析加强点和减弱点的方法可以迁移到分析波腹和波节相关问题,比如图像法和公式法均可用,其中运用公式法时需要注意公式的适用条件。另外,对于一般求解范围问题,我们可以把范围的两端极值作为切入点,这样防止漏解。

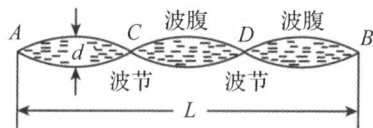

师:两位同学从各个角度分析了上述两种解答的优缺点。

▶ **评有成果**

师:通过上述分析,谈谈对绳波干涉问题的认识。

生3:绳波的干涉图样为合成波的波形图,其波峰和波谷均为振动加强点,相邻两振动加强点之间的距离为$\frac{\lambda}{2}$,合成波振幅不等于绳波的振幅,但其频率、波长均与绳波相等。

生4:用公式法分析绳波干涉问题时,一定要注意对应公式的使用条件。

(三) 巩固性练习

1. 如图 8-5-12 所示,波源 S_1 在绳的左端发出一个时间跨度为 T_1、振幅为 A_1 的三角波 a;同时,波源 S_2 在绳的右端发出一个时间跨度为 T_2、振幅为 A_2 的三角波 b,已知 $T_1 > T_2$,左、右两列波沿绳的传播速度均为 v,P 点为两波源连线的中点,下列说法正确的是　　　(　　)

A. 两列波在 P 点叠加时,P 点的位移最大可达 $A_1 + A_2$

B. a 波的波峰到达 S_2 时,b 波的波峰尚未到达 S_1

C. 两列波的波峰相遇的位置在 P 点的左侧

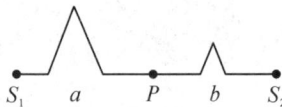

图 8-5-12

D. 要使两列波的波峰在 P 点相遇,两列波发出的时间差为 $\frac{T_1 - T_2}{8}$

2. 如图 8-5-13 所示,两列频率、振幅均相同的简谐波 Ⅰ 和 Ⅱ 分别从绳子的两端持续相向传播,在相遇区域发生了干涉,在相距0.48m的 A 和 B 间用频闪相机连续拍摄,依次获得1、2、3、4、5 五个波形,且1 和5 是同一振动周期内绳上各点位移都达到最大值时拍摄的波形。已知频闪时间间隔为 0.12s,下列说法正确的是　　　(　　)

A. 简谐波 Ⅰ 和 Ⅱ 的波长均为 0.24m

B. 简谐波 Ⅰ 和 Ⅱ 的周期均为 0.48s

C. 绳上各点均做振幅相同的简谐运动

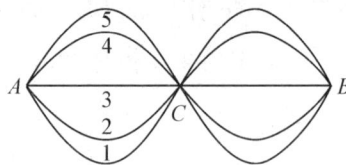

图 8-5-13

D. 两波源到 A 点和 C 点的路程差之差的绝对值是 0.48m

3. 如图 8-5-14 所示,质量为 M、倾角为 α 的斜面体(斜面光滑且足够长)放在粗糙的水平地面上,底部与地面的动摩擦因数为 μ,斜面顶端与劲度系数为 k、自然长度为 l 的轻质弹簧的一端相连,弹簧的另一端连接着质量为 m 的物块。压缩弹簧使其长度为 $\frac{3}{4}l$ 时将物块由静止开始释放,物块在斜面上做简谐运动且物块在以后的运动中,斜面体始终处于静止状态。重力加速度为 g。

(1) 求物块处于平衡位置时弹簧的伸长量;

(2) 求物块的振幅和弹簧的最大伸长量;

(3) 使斜面始终处于静止状态,动摩擦因数 μ 应满足什么条件(假设滑动摩擦力等于最大静摩擦力)?

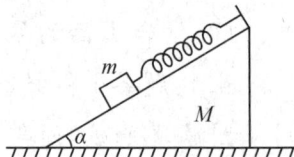

图 8-5-14

专题九:物理实验综合 —— 科学探究素养提升

一、专题综述

1.试题情境

高中物理学生分组实验的内容很多,包括力学、电学、光学、热学等,是物理学习的基础和重要组成部分。从近几年全国各省市高考来看,试题更加突出对科学探究素养的考查,其中对实验设计、数据解释及误差分析等要素的考查有所增加,对真实实验情境的考查难度也有所提升。

试题考查的情境列举如图 9-1-1 ~ 9-1-12 所示,考查内容主要集中在以下几个方面:① 实验方案的论证与设计;② 实验器材的选择与数据的获取;③ 数据处理及对实验现象、实验数据和图像的解释;④ 实验过程的反思、实验误差的分析等。

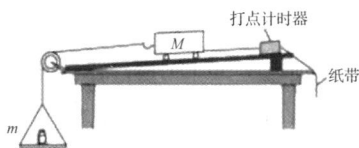

图 9-1-1

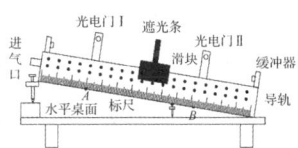

图 9-1-2

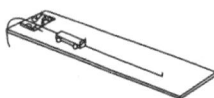

图 9-1-3

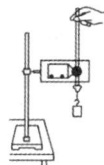

图 9-1-4

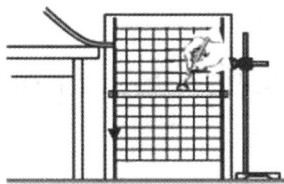

图 9-1-5

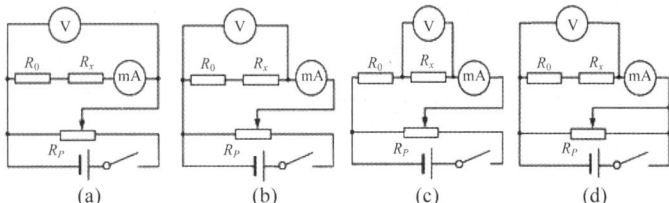

(a)　(b)　(c)　(d)

图 9-1-6

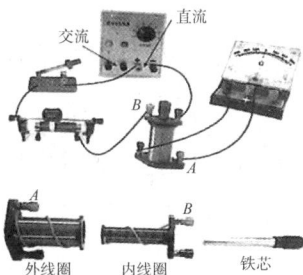

图 9-1-7

图 9-1-8

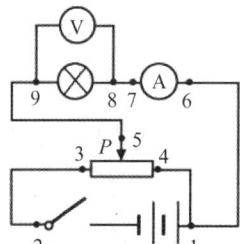

图 9-1-9

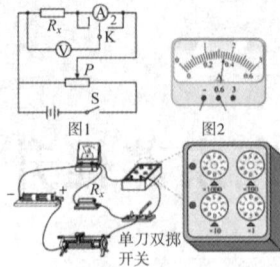
图 9-1-10

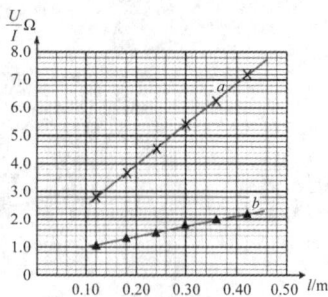
图 9-1-11

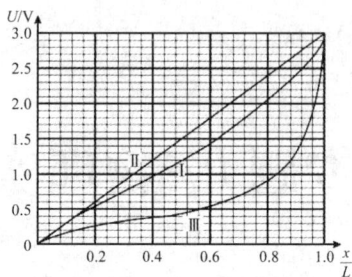
图 9-1-12

2. 特征分析

试题注重对证据、解释、交流等要素的考查,主要有以下特点。

(1) 注重对实验原理理解和实验方案设计的证据素养的考查

实验原理和方案设计是实验的灵魂,难题基本涉及对实验原理的理解。教学中应注重对实验原理的理解,注重对基础实验方案的理解与拓展,重视多种方案的设计和创新。

(2) 注重对实验器材的选择和实验操作的证据素养的考查

注重对实验器材的功能和使用细节的考查,注重在不同实验方案中实验器材的选择,注重对安全性、精确性、可操作性等的考查。教学中应重视实验操作的细节和规范,增加对实验误差的分析与讨论。

(3) 注重对数据获取的证据素养的考查

注重从各种仪表中获取数据能力的考查、区分仪表的精度考查、从改装仪表中获取数据的考查。教学中应注意依照各种仪表读数规则进行科学读数的训练。

(4) 注重对实验数据、现象、图像进行解释的素养考查

注重运用合适的物理规律对实验现象、数据、图像进行解释的考查,注重通过实验数据发现规律、形成合理结论的考查。教学中应注重分析现象、数据的特点,能联系规律进行推理,得出合理结论。

(5) 注重对交流素养的考查

交流素养是科学探究素养的要素,高考试题越来越重视考查学生对实验原理的理解是否透彻,对实验过程的把握是否清晰,对实验结果的误差分析是否合理。教学中应注重提升学生科学、清晰、规范、简洁表述的水平。

(二) 学生素养状况分析

1. 证据素养的欠缺

学生对各种仪器的使用范围与用途特点了解不透彻,对各种仪器的使用规则没有熟练掌握,对仪表改装原理和功能缺乏清晰认识。对各实验操作注意事项的掌握不够全面,欠缺根据实验方案有序设计实验操作步骤的能力。欠缺在给定条件下从多个角度设计实验方案的能力,对一些新颖的实验方案往往不能在第一时间理解实验的原理和具体的做法。

2. 解释素养的欠缺

学生不能准确建立实验现象与实验操作间的对应关系,欠缺用物理规律准确解释物理现象的能力。对实验数据的特点分析不够透彻,既不善于对同组数据进行深度分析,又不善于对

不同组数据进行对比分析。对图像对应的物理规律认识不够清晰，欠缺将图像与物理规律进行关联的能力，容易忽视图像处理的一些细节问题（如单位、坐标原点等）。

欠缺误差分析的方法途径，如不能很好地将实验具体测量与理论设计进行对比分析。

3. 交流素养的欠缺

学生在对实验过程和结论的表述中，缺少精准（本质）性、科学性、规范性等。

（三）　求解思维导图

求解思维导图如图 9-1-13 ～ 9-1-15 所示。

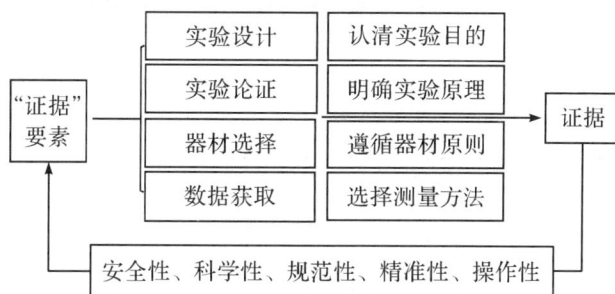

图 9-1-13

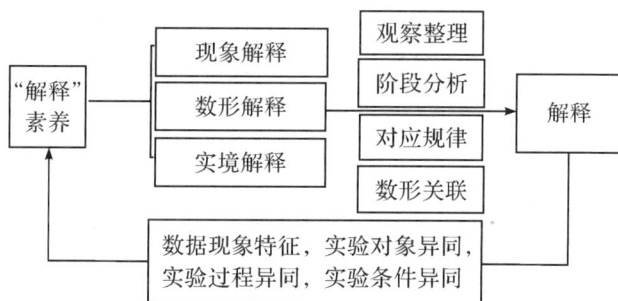

图 9-1-14

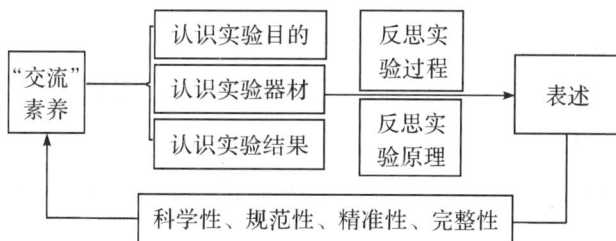

图 9-1-15

（四）　专题学习目标

核心素养	具体目标
科学探究	能对科学探究方案进行分析、论证
	能制订科学探究方案，选用合适的器材获得数据
	能分析数据发现其中规律，形成合理的结论，用已有的物理知识进行解释
	能用科学的物理语言对实验现象、结果及形成的原因进行表述，能够交流、反思科学探究过程和结果

（五） 专题细分及课时规划

	专题细分	课时规划
横向主题	主题一：力学实验"证据"素养要素的提升	1课时
	主题二：电学实验"证据"素养要素的提升	1课时
	主题三：科学探究"解释"素养要素的提升	1课时
	主题四：科学探究"交流"素养要素的提升	1课时
纵向主题	主题五：科学探究综合类问题求解素养展示	1课时

二、横向主题一：力学实验"证据"素养要素的提升

（一） 课时学习目标

核心要素	具体目标
证据素养	基于实验目的与实验装置的特点，会对实验方案进行论证
	基于实验目的，会制订多种可探究的科学方案
	基于实验装置的特点，会制订有一定新意的科学探究方案
	结合物理规律、实验方法和原理，能对创新实验方案进行论证

（二） 课时学习设计

任务1：基于实验目的进行方案论证

问题情境 探究加速度与力、质量的关系

如图 9-2-1 所示，小车左边连接重物（砝码和砝码盘），右边连接纸带和打点计时器。

如图 9-2-2 所示，小车左边通过定滑轮连接重物和力传感器，右边连接纸带和打点计时器。

如图 9-2-3 所示，滑块放在气垫导轨上，左边通过定滑轮连接槽码，光电门可记录挡光条通过的时间。

根据实验目的，写出相关物理量的测量方法。

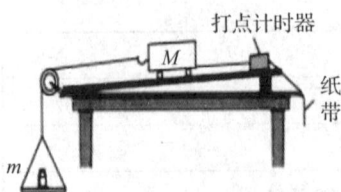

图 9-2-1

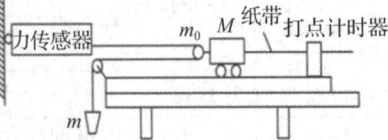

图 9-2-2

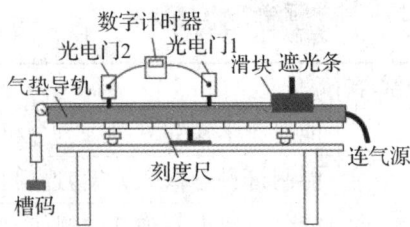

图 9-2-3

▶ **参考案例**

展示图 9-2-2 对应问题的学生解答。

解答 1:

用天平测量小车质量 M;用刻度尺测量纸带上相邻计数点间的距离 x,根据 $\Delta x = aT^2$ 得到对应的加速度 a;用力传感器测出绳子拉力 F_T,合力 $F = 2F_\mathrm{T}$。

解答 2:

用天平测量小车质量 M;用刻度尺测量纸带上相邻计数点间的距离 x,根据 $\Delta x = aT^2$ 得到对应的加速度 a;调节木板倾斜程度补偿小车所受阻力,保证小车质量远大于重物质量,即 $M \gg m$,用力传感器测出绳子拉力 $F_\mathrm{T} \approx mg$,合力 $F \approx 2mg$。

解答 3:

将小车和动滑轮看作一个整体,用天平测出总质量 $(M + m_0)$;用刻度尺测量纸带上相邻计数点间的距离 x,根据 $\Delta x = aT^2$ 得到对应的加速度 a;调节木板倾斜程度补偿小车所受阻力,用力传感器测出绳子拉力 F_T,合力 $F = 2F_\mathrm{T}$。

▶ **展有所获**

师:如何评价以上三种解答?

生1:解答1没有进行受力分析,忽略了小车所受阻力,误认为绳子拉力的总和就是合力。

生2:解答2将教材方案中"$M \gg m$"的条件借鉴到本方案中,仍然用"合力 $F \approx 2mg$",不理解力传感器能实时准确测量力的大小。

生3:解答3考虑问题比较全面,既考虑了阻力对小车的影响,也理解了传感器的原理,还能观察到动滑轮与小车一起运动,并将定滑轮和小车看作一个整体进行处理。

师:你认为解答3能正确回答,有哪些原因呢?

生4:对实验装置的观察比较仔细,考虑到小车左侧定滑轮是有一定质量的,从而能合理选择研究对象。

生5:能从受力分析的角度来分析小车和滑轮整体受到的力,从而运用阻力补偿法来设计实验。

师:给出解答3的同学是怎样想到并正确求解的呢?

生6:能够明确研究对象,并进行受力分析,在阻力补偿后再用 $2F_\mathrm{T}$ 表示合力。

生7:能正确对比"重物重力表示绳子拉力"和"力传感器测绳子拉力"的不同,能准确地表示绳子拉力。

师:给出解答3的同学能够认真观察,能够认识到本实验方案相对于教材实验方案有所变化,测量方法有所不同。根据实验目的和原理,仔细分析物体受力情况,巧妙运用阻力补偿法,能利用力传感器的测量特点准确表示合力。

▶ **评有成果**

师:通过以上这些情境的分析以及学生解答的比较,对于解决此类问题,你有哪些收获?

生8:要想准确地表示合力,一定要先进行受力分析。

生9:要对器材有充分的认识,熟练掌握各类器材的使用方法和作用。

生10:明确实验原理、研究对象所要研究物理量的具体表达式。

生11:利用题目所给的器材,对测量物理量的可行性进行分析和论证。

任务 2：基于实验目的进行方案设计

问题情境　测当地重力加速度

运用所学知识，选择适当的实验装置，设计测量当地重力加速度的实验方案。

▶**参考案例**

展示问题情境的学生解答。

解答 1：

实验装置如图 9-2-4 所示，需要用到铁架台、电火花打点计时器（含纸带）、重物、刻度尺等器材。打出一条清晰的纸带，选取若干计时点进行标号，如图 9-2-5 所示，测出 1 和 2 点之间的距离 x_1、6 和 7 点之间的距离 x_2。打点时间间隔用 T 表示，则重力加速度的表达式为

$$g = \frac{\Delta v}{\Delta t} = \frac{\dfrac{x_2}{T} - \dfrac{x_1}{T}}{5T} = \frac{x_2 - x_1}{5T^2}$$

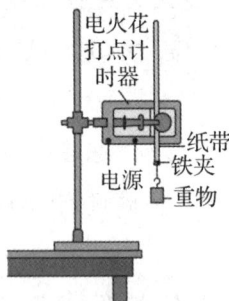

图 9-2-4

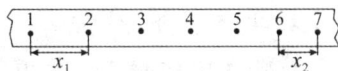

图 9-2-5

解答 2：

实验装置如图 9-2-6 所示，需要用到铁架台、电磁铁、光电门、小铁球、刻度尺、游标卡尺、电源、开关等器材。用游标卡尺测出小铁球的直径 d；将电磁铁（小铁球）、光电门调节在同一竖直线上；切断电磁铁电源，小铁球由静止下落，光电计时器记录小铁球通过光电门的时间 t，并用刻度尺测量出小铁球下落前和光电门间的距离 h；改变光电门的位置，重复实验，测出多组 h 和 t；计算出小铁球每次通过光电门的速度 $v = \dfrac{d}{t}$，作出 $v^2 - 2h$ 图像，因为 $v^2 = 2gh$，所以 $v^2 - 2h$ 图像中直线的斜率等于重力加速度 g。

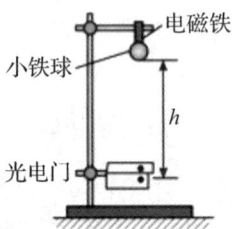

图 9-2-6

解答 3：

图 9-2-7 是用轻杆、小球和硬纸板等制作而成的一个简易加速度计，可以粗略测量运动物体的加速度。将加速度计放在一水平做匀加速运动的小车上，用打点计时器、纸带和刻度尺测量小车的加速度 a，同时测出加速过程中轻杆偏离竖直方向的夹角 θ。根据

$$ma = mg\tan\theta$$

可得

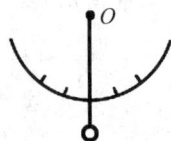

图 9-2-7

$$g = \frac{a}{\tan\theta}$$

解答 4:

实验装置如图 9-2-8 所示,用单摆测重力加速度,需要用到铁架台、铁夹、长约 1m 的细线、直径约 2cm 的铁球、米尺、游标卡尺、秒表等器材。需要测量摆线长 L、小球直径 D、小球做小角度振动 n 次全振动的总时间 t。根据

图 9-2-8

$$T = \frac{t}{n} = 2\pi \sqrt{\frac{L + \dfrac{D}{2}}{g}}$$

可得

$$g = \frac{4\pi^2 n^2}{t^2}\left(L + \frac{D}{2}\right)$$

▶ **展有所获**

师:如何评价以上四种解答?

生1:解答1是教材上研究自由落体运动时的课堂演示实验,当时我们就是通过研究自由落体运动的纸带来测量重力加速度的大小。

生2:解答2通过对自由落体运动的研究来测量重力加速度;相对解答1,用到了新的测量工具,在一定程度上提高了测量的准确性;在处理数据上用到了图像法,通过图像的拟合进一步减小实验误差。

生3:解答3的方法比较新颖,能灵活运用加速度计的设计原理,求解重力加速度的大小,也是很好的方法。但操作过程比较复杂,可能不容易实现,误差也可能比较大。

生4:解答4对做简谐振动的单摆进行研究,运用单摆周期公式来测重力加速度,同样可以运用图像法来减小一些误差。

师:同学们是怎么想到这些实验方案的呢?设计实验方案时要考虑哪些问题呢?

生5:首先,要找到一个适当的情境,在这个情境中确定研究对象,根据实验目的确定需要研究的物理量或者物理关系。

生6:其次,要找到一个合适的规律,将需要研究的物理量转化为实验方便测量的量。

生7:再次,要根据需要直接测的量选择实验器材,搭建实验装置,规划实验步骤。

生8:实验设计还要考虑实际情况和误差等。

▶ **评有成果**

师:通过以上这些情境的分析以及学生解答的比较,对于实验设计,你有哪些收获?

生9:实验设计要以实验原理为根据,以实验器材为支撑,按照一定的流程进行,以完成实验目的为宗旨。

生10:实验设计是理论和实践的结合,既需要我们掌握扎实的理论基础,又需要我们熟悉实验器材与操作技能。

任务3：基于实验装置进行方案设计

问题情境 常见实验装置模型

铁架台、打点计时器、重物 M、重物 m 如图9-2-9所示。

铁架台、小球、轻绳、光电门如图9-2-10所示。

斜槽、小球、木板、白纸和复写纸如图9-2-11所示。

根据现有装置设计实验方案，写出能进行实验的原理及物理量的测量方法。

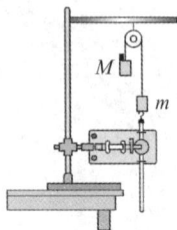
图 9-2-9

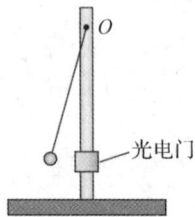
图 9-2-10

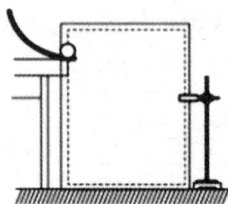
图 9-2-11

▶ **参考案例**

展示图9-2-11对应问题的学生解答。

解答1：

研究平抛运动的规律(表达式与测量方法同教材中的学生实验)。

解答2：

验证动量守恒定律(把木板和复写纸放在水平面上，用两个质量不同的小球进行碰撞，用刻度尺测量碰前两球的水平位移和碰后两球的水平位移，验证 $m_1\overline{OP} = m_1\overline{OM} + m_2\overline{ON}$，即可验证动量守恒定律)。

解答3：

验证机械能守恒定律，如图9-2-12所示，在平抛运动的频闪照片上选择 A 点和 B 点，运用刻度尺测量 A 点前后相邻两点间水平位移 Δx_A、竖直位移 Δy_A，运用刻度尺测量 B 点前后相邻两点间水平位移 Δx_B、竖直位移 Δy_B，A 和 B 间的高度差为 h。结合频闪照片周期 T，则 A 点和 B 点的速度分别为

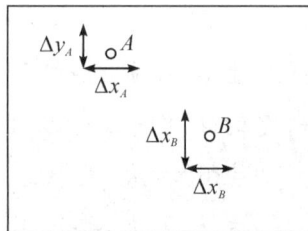
图 9-2-12

$$v_1 = \sqrt{\left(\frac{\Delta x_A}{2T}\right)^2 + \left(\frac{\Delta y_A}{2T}\right)^2}, \quad v_2 = \sqrt{\left(\frac{\Delta x_B}{2T}\right)^2 + \left(\frac{\Delta y_B}{2T}\right)^2}$$

验证 $mgh = \frac{1}{2}mv_2^2 - \frac{1}{2}mv_1^2$，即可验证机械能守恒定律。

▶ **展有所获**

师：如何评价以上三种解答？

生1：解答1是教材上研究平抛运动的实验方案。

生2：解答2是教材上利用平抛运动验证动量守恒定律的实验方案，和平抛运动实验有紧密的联系，平抛运动是多次从同一高度开始运动，得到轨迹图，本实验是多次从同一高度开始运动进行碰撞，得到碰后水平位移的平均值。

生3：解答3在"研究平抛运动规律"的实验基础上进一步研究了轨迹上不同点的位置高度差、速度、动能和势能变化，是比较新颖的验证机械能守恒定律的方案。

师：给出解答3的同学是怎样想到这个创新方案的呢？

生4：理解机械能守恒定律的实验原理，对于物体所做的不同运动，只要满足机械能守恒的条件，我们就可以用实验的方式进行测量和验证。

生5：能根据平抛运动轨迹熟练计算瞬时速度大小，并能进一步推导动能变化量的关系式。

师：给出解答3的同学能熟练运用实验装置获取直接测量的物理量，并运用规律进行转化从而得到间接测量的物理量，充分发挥实验装置的作用；能深入理解各实验的原理，在新的情境中合理运用，灵活设计新的实验方案。

▶ **评有成果**

师：通过以上这些情境的分析以及学生解答的比较，对于解决此类问题，你有哪些收获？

生6：熟练使用各种器材与获取实验数据是设计实验的基础。

生7：在直接测量数据的基础上，运用物理规律，得到一些间接测量的物理量，而这些物理量间的关系就是我们设计实验方案时需要考虑的。

<h2 style="text-align:center">任务4：力学创新实验方案论证</h2>

问题情境 **结合实验方案的原理、器材和操作步骤进行论证**

"探究加速度与力、质量的关系"的实验如图9-2-13所示。实验步骤如下：① 挂上托盘和砝码，改变木板的倾角，使质量为 M 的小车拖着纸带沿木板匀速下滑；② 取下托盘和砝码，测出其总质量为 m，让小车沿木板下滑，测出加速度 a。

如图9-2-14所示，力传感器固定在天花板上，轻绳上端连接力传感器，下端连接小球，完成验证"机械能守恒定律"的实验。实验步骤如下：① 将质量为 m 的小球拉至与竖直方向夹角为 θ 处的 A 点无初速度释放，如图9-2-14(a)所示；② 通过软件描绘出细线拉力大小 F 随时间的变化曲线，如图9-2-14(b)所示；③ 改变无初速度释放小球时细线与竖直方向的夹角 θ 值，重复实验，得到多组数据。

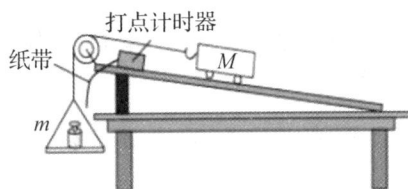

图9-2-13

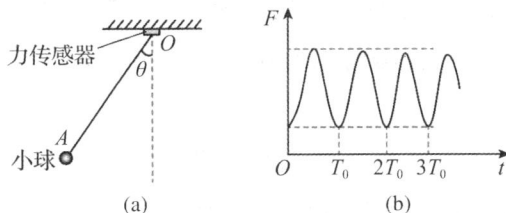

图9-2-14

▶ **参考案例**

展示图9-2-14对应问题的学生解答。

解答1：

由 $F-t$ 图像知，小球做简谐运动的周期为 T_0，验证小球从最高点到最低点过程中机械能是否守恒，由 $\Delta E_{k} = \frac{1}{2}mv^2 - 0$，$F_{max} - mg = \frac{mv^2}{l}$，$T_0 = 2\pi\sqrt{\frac{l}{g}}$，$\Delta E_p = mgl(1-\cos\theta)$，

得 $\Delta E_{k} = \frac{gT_0^2}{8\pi^2}(F_{max} - mg)$，$\Delta E_p = \frac{mg^2T_0^2}{4\pi^2}(1-\cos\theta)$，需要验证的是 $\Delta E_k = \Delta E_p$。

解答 2：

验证小球从最高点到最低点过程中机械能是否守恒，$\Delta E_k = \frac{T_0^2}{8m}(\overline{F}+mg)^2$，$\Delta E_p = mgl(1-\cos\theta)$，需要验证的是 $\Delta E_k = \Delta E_p$。

解答 3：

验证小球从最高点到最低点过程中机械能是否守恒，$\Delta E_k = \frac{1}{2}(F_{max}-mg)l$，$\Delta E_p = -(mg - F_{min})l$（其中 l 为绳长），需要验证 $\Delta E_k = -\Delta E_p$，即 $\frac{1}{2}(F_{max}-mg) = (mg - F_{min})$。

▶ **展有所获**

师：如何评价以上三种解答？

生1：解答1误认为小球的周期性运动一定是简谐运动，用单摆周期公式 $T_0 = 2\pi\sqrt{\frac{l}{g}}$ 推导得到 $l = \frac{gT_0^2}{4\pi^2}$，代入相关表达式后得到了错误的结果。

生2：解答2中重力势能变化量的大小表达式是正确的，但是没有对式中的 l 进行说明，也没有指出测量的方法；动能变化量的表达式在推导过程中用动量定理有 $(\overline{F}+mg)\frac{T_0}{2} = mv$，由于拉力的方向不断变化，拉力大小不是线性关系，拉力与重力间的夹角也不断变化，在中学阶段无法用动量定理计算得到 v。

生3：解答3能分析出小球在最高点时绳子上的力最小，由受力分析得 $F_{min} = mg\cos\theta$；小球在最低点时绳子上的拉力最大，由受力分析得 $F_{max} - mg = m\frac{v^2}{l}$。又因为 $\Delta E_k = \frac{1}{2}mv^2 = \frac{1}{2}(F_{max}-mg)l$，$\Delta E_p = -mgl(1-\cos\theta) = -(mg-F_{min})l$，其中 l 可以约去，只需验证 $\frac{1}{2}(F_{max}-mg) = mg - F_{min}$ 即可。

师：你认为解答3能正确回答，有哪些原因呢？

生4：能根据情境对小球的运动过程进行模型建构，区分"简谐运动"与"竖直平面圆周运动"模型。

生5：能分析小球在各个位置的速度与绳子拉力的关系，并将直接测量的力转化为间接测量的动能变化量和势能变化量。

师：给出解答3的同学是怎样想到该解答并正确求解的呢？

生6：围绕实验目的和实验原理，思考动能变化量和势能变化量的表达式。

生7：仔细分析圆周运动中小球向心力的来源，结合运动模型进行力的正交分解，找到速度大小与绳子拉力的关系。

生8：抓住特殊状态列物理表达式，将动能变化量和势能变化量的大小用力来表示。

师:首先,给出解答 3 的同学能将实物图与 F-t 图进行有机结合,找到特殊点的受力特点;其次,能在受力分析的基础上,运用向心力表达式将力 F 与速度 v 联系起来,同时在最高点将力 F 与角度 θ 联系起来,最终准确地写出 ΔE_k 和 ΔE_p 的表达式,展现了较高水平的科学推理素养。

▶ **评有成果**

师:通过以上这些情境的分析以及学生解答的比较,对于解决此类问题,你有哪些收获?

生 9:实验目的提供了问题思考的方向,实验原理则是解决问题的关键。

生 10:根据实验器材和相应的步骤,分析能直接测量的物理量,进一步分析间接测量的物理量。

生 11:运用物理规律建立物理量之间的关系。

师:设计创新实验方案具有多种途径,既可以根据实验目的,利用物理规律确定实验表达式,再选择(或部分选择)实验器材,也可以根据所给实验器材,通过研究能够测量的物理量,最终达到实验目的,甚至可以根据题目所给条件、物理规律和实验知识,在三个步骤中灵活转换,思维流程如图 9-2-15 所示。

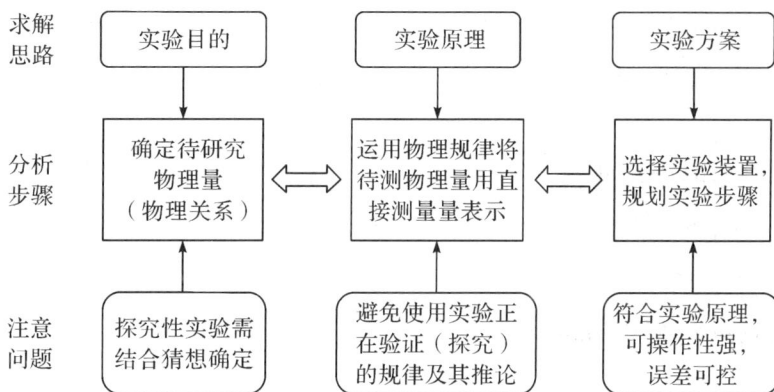

图 9-2-15

(三) 巩固性练习

1. 某实验小组利用铁架台、弹簧、钩码、打点计时器、刻度尺等器材验证系统机械能守恒定律,实验装置如图 9-2-16 所示。弹簧的劲度系数为 k,原长为 L_0,钩码的质量为 m。已知弹簧的弹性势能表达式为 $E = \dfrac{1}{2}kx^2$,其中 k 为弹簧的劲度系数,x 为弹簧的形变量,当地的重力加速度大小为 g。

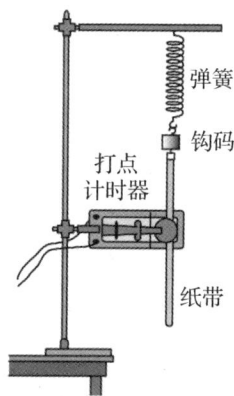

图 9-2-16

(1) 在弹性限度内将钩码缓慢下拉至某一位置,测得此时弹簧的长度为 L。接通打点计时器电源。从静止释放钩码,弹簧收缩,得到了一条点迹清晰的纸带。钩码加速上升阶段的部分纸带如图 9-2-17 所示,纸带上相邻两点之间的时间间隔均为 T(在误差允许范围内,认为释放钩码的同时打出 A 点)。从打出 A 点到打出 F 点时间内,弹簧的弹性势能减少量为 _____,钩码的动能增加量为 _____,钩码的重力势能增加量为 _____。

(2) 利用计算机软件对实验数据进行处理,得到弹簧弹性势能减少量、钩码的机械能增加量分别与钩码上升高度 h 的关系,如图 9-2-18 所示。由图 9-2-18 可知,随着 h 增加,两条曲线在纵向的间隔逐渐变大,主要原因是_____。

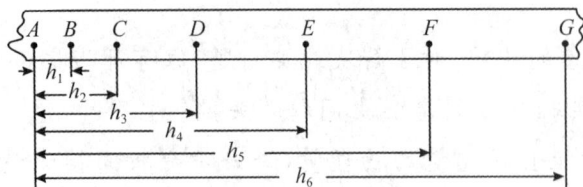

图 9-2-17

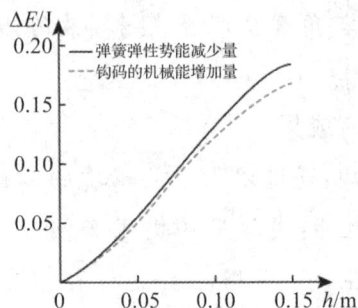

图 9-2-18

2. 某同学设计了一个用拉力传感器验证机械能守恒定律的实验。一根轻绳一端连接固定的拉力传感器,另一端连接小钢球,如图 9-2-19 所示。拉起小钢球至某一位置由静止释放,使小钢球在竖直平面内摆动,记录钢球摆动过程中拉力传感器示数的最大值 T_{max} 和最小值 T_{min}。改变小钢球的初始释放位置,重复上述过程。根据测量数据在直角坐标系中绘制的 $T_{max} - T_{min}$ 图像是一条直线,如图 9-2-20 所示。

(1) 若小钢球在摆动过程中机械能守恒,则图 9-2-20 中直线斜率的理论值为_____。

(2) 由图 9-2-20 得:直线的斜率为_____,小钢球的重力为_____N。(结果均保留 2 位有效数字。)

(3) 该实验系统误差的主要来源是_____(单选)。

   A. 小钢球摆动角度偏大

   B. 小钢球初始释放位置不同

   C. 小钢球在摆动过程中有空气阻力

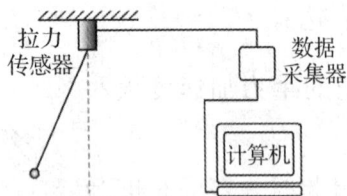

图 9-2-19

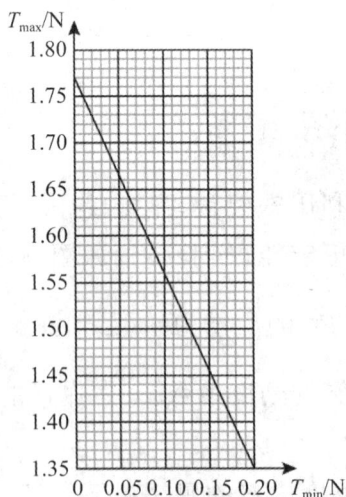

图 9-2-20

3. 某乒乓球爱好者利用手机研究乒乓球与球台碰撞过程中能量损失的情况。实验步骤如下:

   Ⅰ. 固定好手机,打开录音功能;

   Ⅱ. 从一定高度由静止释放乒乓球;

   Ⅲ. 手机记录下乒乓球与台面碰撞的声音,其随时间(单位:s)变化的图像如图 9-2-21 所示。

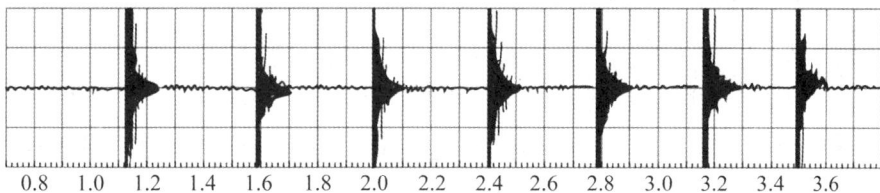

图 9-2-21

根据声音图像记录的碰撞次数及相应碰撞时刻如表 9-2-1 所示。

表 9-2-1

碰撞次数／次	1	2	3	4	5	6	7
碰撞时刻／s	1.12	1.58	2.00	2.40	2.78	3.14	3.47

根据实验数据，回答下列问题：

(1) 利用碰撞时间间隔，计算出第 3 次碰撞后乒乓球弹起瞬间的速度大小为 _____ m/s（保留 2 位有效数字，当地重力加速度 $g = 9.8\text{m/s}^2$）。

(2) 设乒乓球碰撞后弹起瞬间与该次碰撞前瞬间速度大小的比值为 k，则每次碰撞损失的动能为碰撞前动能的 _____ 倍（用 k 表示），在第 3 次碰撞过程中，$k =$ _____（保留 2 位有效数字）。

4. 利用"类牛顿摆"验证碰撞过程中的动量守恒定律。

实验器材：两个半径相同的球 1 和球 2，细线若干，坐标纸，刻度尺。

实验步骤：

Ⅰ. 如图 9-2-22 所示，测量小球 1 和 2 的质量分别为 m_1 和 m_2，将小球各用两根细线悬挂于水平支架上，各悬点位于同一水平面。

Ⅱ. 将坐标纸竖直固定在一个水平支架上，使坐标纸与小球运动平面平行且尽量靠近。坐标纸每一小格是边长为 d 的正方形。将小球 1 拉至某一位置 A，由静止释放，垂直于坐标纸方向用手机高速连拍。

Ⅲ. 如图 9-2-23 所示，分析连拍照片得出，球 1 从 A 点由静止释放，在最低点与球 2 发生水平方向的正碰，球 1 反弹后到达的最高位置为 B，球 2 向左摆动的最高位置为 C，测得 A、B、C 到最低点的竖直高度差分别为 $h_1 = 9d$，$h_2 = d$，$h_3 = 4d$。

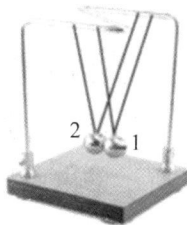

图 9-2-22

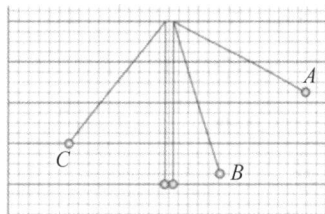

图 9-2-23

已知重力加速度为 g，完成以下问题：

(1) 碰前球 1 的动量大小为 _____；若满足关系式 _____，则验证碰撞中动量守恒。

(2) 与用一根细线悬挂小球相比，本实验采用双线摆的优点是 _____。

　A．保证球 1 与球 2 都能在竖直平面内运动

B. 更易使小球碰撞接近弹性碰撞

C. 受空气阻力小一些

（3）球 1 在最低点与静止的球 2 水平正碰后，球 1 向右反弹摆动，球 2 向左摆动。若为弹性碰撞，则可判断球 1 的质量_____球 2 的质量（填"大于"、"等于"或"小于"）；若为非弹性碰撞，则_____（填"能"或"不能"）比较两球质量大小。

三、横向主题二：电学实验"证据"素养要素的提升

（一）课时学习目标

核心素养	具体目标
证据素养	根据所给的实验器材和电路图，能测量电学实验中相应的物理量
	对电学实验进行方案设计，特别是器材的选择、电路的设计等，并能根据已知条件优化实验方案
	能对已知的电学实验方案进行论证，提出改进方案

（二）课时学习设计

任务 1：根据所给器材和电路图测量物理量

问题情境 1　测电源的电动势与内阻

将电压表 V（内阻为 R_V，示数为 U）、电流表 A（内阻为 R_A，示数为 I）与滑动变阻器 R 按如图 9-3-1 所示的电路图连接。

将电流表 A（内阻为 R_A，示数为 I）、电阻箱（示数为 R）按如图 9-3-2 所示的电路图连接。

将电压表 V（内阻为 R_V，示数为 U）、电阻箱（示数为 R）按如图 9-3-3 所示的电路图连接。

将电流表 A（内阻为 R_A，示数为 I）、电压表 V（内阻为 R_V，示数为 U）、定值电阻（阻值为 R_0）与滑动变阻器 R_1 按如图 9-3-4 所示的电路图连接。

将电流表 mA_1（内阻为 R_{A1}，示数为 I_1）、电流表 mA_2（内阻为 R_{A2}，示数为 I_2）、定值电阻（阻值为 R_0）与滑动变阻器 R_1 按如图 9-3-5 所示的电路图连接。

有一节待测电池、一个单刀双掷开关、一个定值电阻（阻值为 R_0）、一个电流表 A（内阻为 R_A，示数为 I）、一根均匀电阻丝（配有可在电阻丝上移动的金属夹），将电阻丝绕在表盘上，利用圆心角 θ 来表示接入电路的电阻丝长度，按如图 9-3-6 所示的电路图连接。

在上述情况下，写出用图中器材测量电源电动势 E 与内阻 r 的表达式及测量方法。

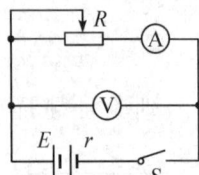
图 9-3-1

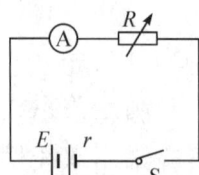
图 9-3-2

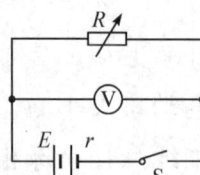
图 9-3-3

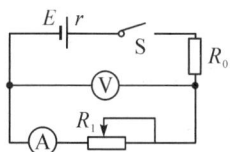
图 9-3-4

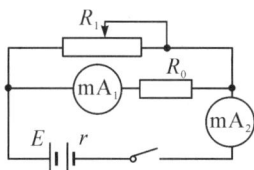
图 9-3-5

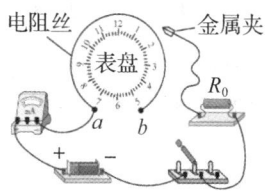
图 9-3-6

▶ **参考案例**

展示图 9-3-1 对应问题的学生解答。

解答 1：

测量多组数据，画出 U-I 图像，图像的斜率为内阻，与纵轴的截距为电动势。

解答 2：

根据闭合电路表达式 $E = U + (r + R_A)I$，得到 $U = -(r + R_A)I + E$，测量多组数据，画出 U-I 图像，斜率的绝对值为 $k = r + R_A$，截距为 $b = E$。

解答 3：

根据电路图与闭合电路欧姆定律，写出表达式 $E = U + \left(I + \dfrac{U}{R_V}\right)r$，测量多组数据，画出 U-I 图像，得到 $U = -\dfrac{rR_V}{r + R_V}I + \dfrac{R_V}{r + R_V}E$，斜率的绝对值为 $k = \dfrac{rR_V}{r + R_V}$，截距为 $b = \dfrac{R_V}{r + R_V}E$。若已知 R_V 的具体值，可根据图像求解电动势与内阻的准确值。若只知 R_V 的大概值，则斜率与截距代表的电动势与内阻都偏小。

▶ **展有所获**

师：如何评价以上三种解答？

生 1：解答 1 只凭记忆回答了测量电源电动势与内阻的方法，没有从实验原理出发进行思考。

生 2：解答 2 虽然根据闭合电路欧姆定律来推导表达式，但是没有仔细分析电路图，未考虑到电压表内阻对实验结果起重要影响，导致表达式推导不准确。

生 3：解答 3 很好地结合了电路图、实验器材数据，根据闭合电路欧姆定律写出了准确的表达式。此解答比较全面，不仅对用伏安法测量电源电动势与内阻有较全面的认识，还能从误差的角度进行分析。

师：你认为解答 3 能正确回答，有哪些原因呢？

生 4：解答 3 不是凭感觉和记忆，而是从闭合电路欧姆定律的基本原理出发，且能结合实际电路图进行分析，考虑了电压表和电流表内阻对实验的影响，得出科学的实验方案。

生 5：解答 3 能根据闭合电路欧姆定律清晰而准确地建立 U-I 的关系，并能画出图像，确定相应的物理意义，得到电源电动势与内阻。

▶ **评有成果**

师：通过以上分析，对于解决此类问题，你有哪些收获？

生 6：在测量电源电动势与内阻时，需考虑具体情境中物理量的关系，不一定作 U-I 图，应根据实验器材所能够测量的物理量正确作出相应变量的图像，并根据相应物理意义得出实验结论。比如，在如图 9-3-6 所示的实验情境下，要建立 $\dfrac{1}{I}$-θ 的表达式，得出实验结论。

生 7：还应考虑电路结构和器材选择对实验结果的影响。

师:请对比如图 9-3-1 与图 9-3-7 所示的实验方案,说一说两种方案的不同之处及适用条件。

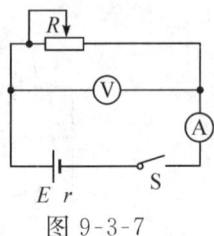

图 9-3-7

生8:如图 9-3-7 所示,根据电路图与闭合电路欧姆定律,写出表达式 $E = U + I(r + R_A)$,得到 $U = -(r + R_A)I + E$。当画出 U-I 图像时,斜率的绝对值为 $k = r + R_A$,截距为 $b = E$,最后内阻 r 和电动势 E 就可通过 $r = k - R_A$ 和 $E = b$ 进行求解。若 R_A 已知具体值,则图 9-3-7 方案理论上的内阻 r 可通过表达式 $r = k - R_A$ 来准确求解。

生9:如图 9-3-1 所示,根据电路图与闭合电路欧姆定律,写出表达式 $E = U + \left(I + \dfrac{U}{R_V}\right)r$,得到 $U = -\dfrac{rR_V}{r + R_V}I + \dfrac{R_V}{r + R_V}E$,当画出 U-I 图像时,斜率的绝对值为 $k = \dfrac{rR_V}{r + R_V}$,截距为 $b = \dfrac{R_V}{r + R_V}E$。若 R_V 已知具体值,内阻 r 和电动势 E 就可通过表达式 $r = \dfrac{kR_V}{R_V - k}$ 和 $E = \dfrac{br + bR_V}{R_V}$ 来准确求解。若 R_V 和 R_A 只知大概值,通过表达式 $r = \dfrac{kR_V}{R_V - k}$ 与表达式 $r = k - R_A$ 比较发现,因为 R_V 相对较大,当内阻较小时,图 9-3-1 的方案实验结果影响较小;因为 R_A 相对较小,当内阻较大时,图 9-3-7 的方案实验结果影响较小。

问题情境2 测电阻率(测电阻)

现有的器材及其规格如下。

金属丝 R_x、电流表 A(内阻为 R_A,示数为 I)、电压表 V(内阻为 R_V,示数为 U)、滑动变阻器 R、直流电源(电动势为 E),按图 9-3-8 所示的电路图连接。

金属丝 R_x、电流计 G(内阻为 R_G,示数为 I_G)、电流表 A(内阻为 R_A,示数为 I)、电阻箱(阻值为 R_0)、滑动变阻器 R 和直流电源(电动势为 E),按如图 9-3-9 所示的电路图连接。

金属丝 R_{AB}、电压表 V(内阻为 R_V,示数为 U)、电流表 A(内阻为 R_A,示数为 I)、滑动变阻器 R_1、定值电阻(阻值为 R_0)、金属夹 P 和直流电源(电动势为 E),按如图 9-3-10 所示的电路图连接。

金属丝 R_{AB}、电压表(内阻很大,示数为 U)、金属夹 P、定值电阻(阻值为 R)和直流电源(电动势为 E,内阻为 r),按如图 9-3-11 所示的电路图连接。

金属丝 R_{ab}、电流表 A(内阻为 R_A,示数为 I)、金属夹 P、定值电阻(阻值为 R_0)和直流电源(电动势为 E,内阻未知),按如图 9-3-12 所示的电路图连接。

金属丝 R_{ab}、电流表 A(内阻为 R_A,示数为 I)、金属夹 P、电阻箱(阻值为 R)和直流电源(电动势为 E,内阻未知),按如图 9-3-13 所示的电路图连接,改变 P 的位置,每次调节电阻箱使电流表满偏。

在上述情况下,根据电路图,写出电阻率的表达式(金属丝直径 d 用游标卡尺或螺旋测微器测量,接入电路的电阻丝长度 L 用刻度尺或米尺测量)。

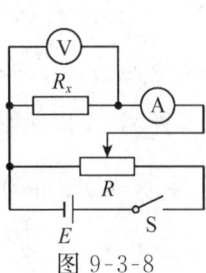
图 9-3-8

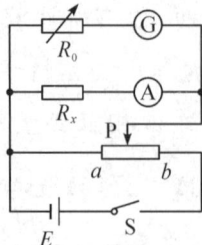
图 9-3-9

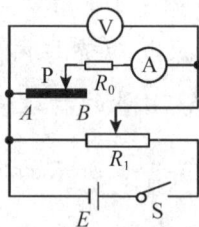
图 9-3-10

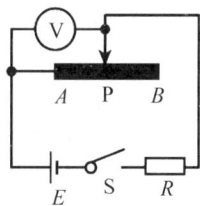 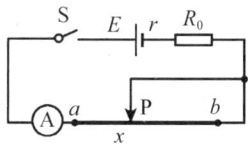 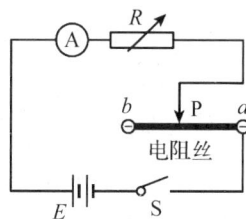

图 9-3-11   图 9-3-12   图 9-3-13

▶ 参考案例

展示图 9-3-10 对应问题的学生解答。

解答 1:

在电阻丝的三个不同位置各测一次直径,求出其平均值 d。调节滑动变阻器,测量多组 U 和 I 数据,用 $\dfrac{U}{I} = R_x$ 求出接入电路的各个电阻值,测量出相应的长度,然后将各电阻值和相应长度取平均值,最后将各平均值代入电阻定律求出电阻率。

解答 2:

在电阻丝的三个不同位置各测一次直径,求出其平均值 d。根据欧姆定律 $U = (R_x + R_0)I$,移动滑动变阻器,测量多组 U、I 和 L 的数据,画出 U-I 图像,斜率为 $k = R_x + R_0$,则 $R_x = k - R_0$,把得到的电阻值各长度取平均值,最后将各平均值代入电阻定律求电阻率。

解答 3:

在电阻丝的三个不同位置各测一次直径,求出其平均值 d。根据欧姆定律 $\dfrac{U}{I} = R_x + R_0 + R_A$,又根据电阻定律有 $R_x = \dfrac{\rho L}{S} = \dfrac{4\rho L}{\pi d^2}$,写出表达式 $\dfrac{U}{I} = \dfrac{4\rho}{\pi d^2} \cdot L + R_0 + R_A$,测量多组数据,画出 $\dfrac{U}{I}$-L 图像,其图像的斜率为 $k = \dfrac{4\rho}{\pi d^2}$,最后求出电阻率 $\rho = \dfrac{k\pi d^2}{4}$。

▶ 展有所获

师:如何评价以上三种解答?

生1:解答1只凭记忆求出待测电阻阻值,没有从实验原理出发进行思考,对多次测量求平均值的方法理解不够深入,只简单地将各物理量数值进行了平均。

生2:解答2根据欧姆定律,未深入分析电路图,忽略了电流表内阻的影响,导致表达式推导不准确。由于 R_x 是个变量,斜率也是变化的,不适合用 U-I 图像斜率的方法来求解 R_x。平均值法的混用,也使求解过程过于烦琐。

生3:解答3很好地结合了电路图和实验器材数据,从电阻定律与欧姆定律的基本原理出发,写出了准确的表达式。根据表达式精准定位变量,画出相应的 $\dfrac{U}{I}$-L 图像,并通过图像进行求解,达到了减小实验误差的目的。

师:你认为解答3能正确回答,有哪些原因呢?

生4:解答3不是凭感觉和记忆,而是结合实际电路图,从欧姆定律和电阻定律出发,考虑器材数据对实验的影响,从而得出最终的表达式。

生5:为了减小测量误差,推理得到 $\dfrac{U}{I}$-L 的关系式,并画出图像,确定相应的物理意义,得到电阻率。

▶ **评有成果**

师:通过上面这些例子,你对求电阻率(测电阻)有哪些认识?

生6:在测量电阻率(测电阻)时,需考虑具体情境中物理量的关系,利用物理规律进行推导,写出最终的表达式,作出相应的图像,并将表达式与图像结合得出实验结论。

生7:还应考虑电路结构和器材选择对实验结果的影响。

师:请以图9-3-8的电路测电阻 R_x 的实验方案举例说明。

生8:从对图9-3-8的电路测电阻 R_x 的分析来看,要考虑电流表的内、外接问题。如图9-3-14(a)所示,电流表内接时,电压与电流之比为 $\frac{U}{I} = \frac{U_R + U_A}{I} = R_x + R_A$,则待测

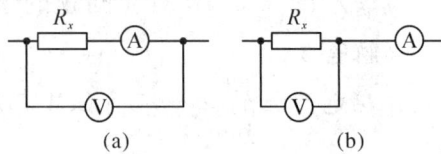

图 9-3-14

电阻 $R_x = \frac{U}{I} - R_A$。若已知 R_A 的具体值,理论上用此电路连接方式可算出待测电阻的准确值,不存在误差。如图9-3-14(b)所示,电流表外接时,电压与电流之比为 $\frac{U}{I} = \frac{U}{I_V + I_R} = \frac{R_V R_x}{R_V + R_x}$,则待测电阻 $R_x = \frac{\frac{U}{I} R_V}{R_V - \frac{U}{I}}$。若已知 R_V 的具体值,理论上用此电路连接方式可算出待测电阻的准确值,不存在误差。

生9:若只知 R_V 和 R_A 的大概值,通过表达式 $R_x = \frac{U}{I} - R_A$ 与 $R_x = \frac{\frac{U}{I} R_V}{R_V - \frac{U}{I}}$ 比较发现,因为 R_V 相对较大,当内阻较小时,图9-3-14(b)的方案实验结果影响较小;因为 R_A 相对较小,当内阻较大时,9-3-14(a)的方案实验结果影响较小。

▶ **小结**

根据所给器材和电路图,测量物理量主要分成三个步骤:识别电路与已知变量 — 写出测量值相应的表达式 — 根据表达式进行作图后获得结果,如图9-3-15所示。

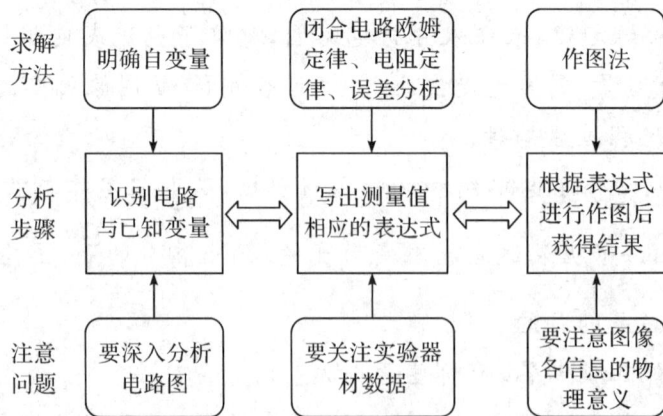

图 9-3-15

任务2：电学实验方案设计

选择实验器材，设计并画出实验电路图。图中各元件需用题目中给出的符号或字母标出。

题1.在测定一节干电池的电动势和内电阻（电动势约为1.5V，内电阻约为1.0Ω）实验中，有下列器材：A.电压表 V_1（量程为 $0\sim3V$，内阻约为3000Ω）；B.电压表 V_2（量程为 $0\sim15V$，内阻约为9000Ω）；C.电流表 A_2（量程为 $0\sim100mA$，内阻约为3Ω）；D.电流表 A_3（量程为 $0\sim0.6A$，内阻约为0.1Ω）；E.定值电阻 $R_0=0.6Ω$；F.定值电阻 $R_1=2Ω$；G.滑动变阻器 R_2（$0\sim10Ω$）；H.滑动变阻器 R_3（$0\sim100Ω$）；I.开关S；J.导线若干。

题2.在测定一节干电池的电动势和内电阻（电动势约为1.5V，内电阻约为1.0Ω）实验中，有下列器材：A.电压表 V_2（量程为 $0\sim15V$，内阻约为9000Ω）；B.电流表 A_1（量程为 $0\sim3mA$，内阻为100Ω）；C.电流表 A_3（量程为 $0\sim0.6A$，内阻约为0.1Ω）；D.定值电阻 $R_1=2Ω$；E.电阻箱 R'（9999.9Ω）；F.滑动变阻器 R_2（$0\sim10Ω$）；G.滑动变阻器 R_4（$0\sim1000Ω$）；H.开关S；I.导线若干。

题3.在测定一节干电池的电动势和内电阻（电动势约为1.5V，内电阻约为1.0Ω）实验中，有下列器材：A.电压表 V_1（量程为 $0\sim3V$，内阻约为3000Ω）；B.电压表 V_2（量程为 $0\sim15V$，内阻约为9000Ω）；C.电流表 A_2（量程为 $0\sim100mA$，内阻为3Ω）；D.定值电阻 $R_0=0.6Ω$；E.定值电阻 $R_1=2Ω$；F.滑动变阻器 R_2（$0\sim10Ω$）；G.滑动变阻器 R_3（$0\sim100Ω$）；H.开关S；I.导线若干。

题4.有一约5V的数码电池（内阻约为4.0Ω），无法从标签上看清电动势等数据。现要更加准确地测量电动势 E 和内阻 r，有下列器材：A.电压表 V_1（量程为 $0\sim3V$，内阻约为3000Ω）；B.电压表 V_2（量程为 $0\sim15V$，内阻约为9000Ω）；C.电流表 A_2（量程为 $0\sim100mA$，内阻约为3Ω）；D.电流表 A_3（量程为 $0\sim0.6A$，内阻约为0.1Ω）；E.电阻箱 R'（9999.9Ω）；F.滑动变阻器 R_2（$0\sim10Ω$）；G.滑动变阻器 R_4（$0\sim1000Ω$）；H.开关S；I.导线若干。

根据上述题目所给元件，画出电路设计图（标注电源和各元件符号）。

▶ **参考案例**

展示题1的学生解答。

解答1：

因为以前的题目中电源内阻较小时，一直选量程小的仪表，选阻值小的滑动变阻器，所以电路设计和器材选择如图9-3-16所示。

解答2：

为保证电路安全，滑动变阻器应选 R_3；因为滑动变阻器选择了 R_3，为了满足精度要求，选指针偏转多的，所以选 A_2 和 V_1。根据图9-3-17电路与闭合电路欧姆定律，写出表达式 $E=U+\left(I+\dfrac{U}{R_V}\right)r$，画出 U-I 图像，得到 $U=-\dfrac{rR_V}{r+R_V}I+\dfrac{R_V}{r+R_V}E$，斜率的绝对值为 $k=\dfrac{rR_V}{r+R_V}$，截距为 $b=\dfrac{R_V}{r+R_V}E$，则内阻为 $r=\dfrac{kR_V}{R_V-k}$，电动势为 $E=\dfrac{br+bR_V}{R_V}$，由于电压表内阻较大，则

当电源内阻较小时,此电路图所得内阻误差较小。

解答3:考虑到测量精度和实验的安全,电表的指针偏转不能超量程且需在量程的三分之一以上,应选 A_3 和 V_1;考虑到待测电源内阻较小,两个滑动变阻器都能满足电压调节范围的需要,考虑到电压调节的方便性,滑动变阻器应选 R_2;考虑到回路电流不宜过大和电流在较小范围内变化时电压变化不宜太小,定值电阻应选 R_1,因此仪表选择如图 9-3-18 所示。根据图 9-3-18 电路与闭合电路欧姆定律,写出表达式 $E = U + \left(I + \dfrac{U}{R_V}\right)(r + R_1)$,得到 $U = -\dfrac{(r + R_1)R_V}{r + R_1 + R_V}I + \dfrac{R_V}{r + R_1 + R_V}E$,画出 $U-I$ 图像,斜率的绝对值为 $\dfrac{(r + R_1)R_V}{r + R_1 + R_V}$,截距为 $\dfrac{R_V}{r + R_1 + R_V}E$,则内阻为 $r = \dfrac{kR_V}{R_V - k} - R_1$,电动势为 $E = \dfrac{b(r + R_1) + bR_V}{R_V}$,由于电压表内阻较大,当电源内阻较小时,此电路图所得内阻误差较小。

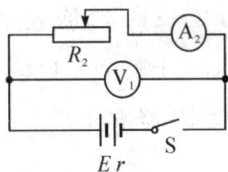 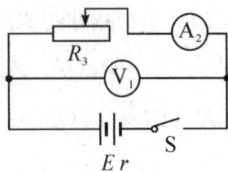 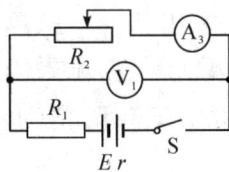

图 9-3-16　　　　　图 9-3-17　　　　　图 9-3-18

▶ **展有所获**

师:如何评价以上三种解答?

生1:解答1没有对实验电路进行分析,只凭记忆做练习。

生2:解答2虽从安全角度和精度要求来设计电路,但考虑得不够全面,对精度要求的标准认识不足,未明确各仪表指针偏转需在量程的三分之一以上。

生3:解答3对于问题的分析是正确的。先利用各器材的选择规则,选择合适的器材来测电源电动势与内阻;再结合所选器材参数、待测物理量大致值来设计电路,通过写出内阻 $r = \dfrac{kR_V}{R_V - k} - R_1$ 和电动势 $E = \dfrac{b(r + R_1) + bR_V}{R_V}$ 的表达式来分析误差;最后优化测量电源电动势与内阻的电路图。

师:你认为解答3能正确回答,有哪些原因呢?

生4:解答3不是直接凭经验,而是明确了题1中的实验要求,熟悉了题1中各器材的选择规则,还考虑了器材相关参数对实验的影响。

生5:为了优化测量电源电动势与内阻的电路图,结合所选器材写出了题1准确的表达式,并从减小误差的角度来进行设计。

▶ **评有成果**

师:通过上面的例子,你对测量电源电动势与内阻的方案设计有了哪些认识?

生6:器材的选择规则是方案设计中的重要一环,器材的选择规则主要有以下几点。① 安全性原则,通过电源、电阻、电流表、电压表的电流不能超过额定电流;②精确性原则,选取精度合适的器材及合适的测量电路,电表指针的偏角要大于满偏的三分之一;③ 操作方便与调节范围大,滑动变阻器用分压法连入电路的,在满足安全的前提下应选用阻值小的滑动变阻器,用限流法连入电路的,则应选用与待测电阻阻值接近的滑动变阻器,使得待测电阻有一个较大的电压和电流调节范围。

生7：由题2至题4可知，当用现有器材不能直接达成目标时，根据闭合电路欧姆定律改装仪表是一个很好的方法。通过对电表进行改装，再利用改装电表的电路结构重新写出最终表达式，并结合误差分析，可达到优化实验设计的目的。

师：请用题3举例说明。

生8：对题3中的电流表 A_2 进行改装，可设计出两个电路（如图9-3-19和图9-3-20所示）。根据图9-3-19所示电路图，结合闭合电路欧姆定律，写出表达式 $E = U + \left(I + \dfrac{IR_A}{R_0}\right)\left(\dfrac{R_A R_0}{R_A + R_0} + r\right)$，

可得 $U = -I\left(\dfrac{R_0 + R_A}{R_0}\right)\left(\dfrac{R_A R_0}{R_A + R_0} + r\right) + E$，作出 U-I 图像，斜率的绝对值为 $k = \left(\dfrac{R_0 + R_A}{R_0}\right)\left(\dfrac{R_A R_0}{R_A + R_0} + r\right)$，截距为 $b = E$，则内阻为 $r = \dfrac{kR_0}{R_A + R_0} - \dfrac{R_A R_0}{R_A + R_0}$，电动势 $E = b$。根据如图9-3-20所示电路图，结合闭合电路欧姆定律，写出表达式 $E = U + \left(I + \dfrac{IR_A}{R_0} + \dfrac{U}{R_V}\right)r$，可得

$U = -I\left(\dfrac{R_0 + R_A}{R_0}\right)\left(\dfrac{R_V}{R_V + r}r\right) + \dfrac{R_V}{R_V + r}E$，作出 U-I 图像，斜率的绝对值为 $k = \left(\dfrac{R_0 + R_A}{R_0}\right)\left(\dfrac{R_V}{R_V + r}r\right)$，截距为 $b = \dfrac{R_V}{R_V + r}E$，则 $r = k\left(\dfrac{R_V + r}{R_V}\right)\left(\dfrac{R_0}{R_A + R_0}r\right)$，电动势 $E = \dfrac{R_V + r}{R_V}b$。

由于改装后的电流表电阻已知，根据内阻表达式为 $r = \dfrac{kR_0}{R_A + R_0} - \dfrac{R_A R_0}{R_A + R_0}$ 和电动势内阻表达式为 $E = b$，优化更为精确的是图9-3-19。由此可知，根据所选器材结合表达式来设计电路是方案优化的关键。

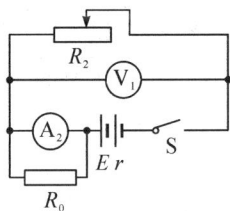

图9-3-19

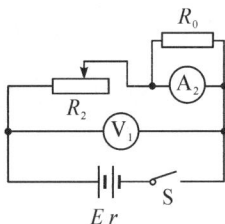

图9-3-20

问题情境2 测电阻的阻值与描绘伏安特性曲线方案设计

选择实验器材，设计并画出实验电路图。图中各元件需用题目中给出的符号或字母标出。

题1. 用伏安法测金属丝的电阻 R_x 约为 5Ω，记录的数据需要电压从0开始测量，有下列器材：A. 电池组（电动势为3V，内阻约为1Ω）；B. 电流表 A_2（量程为 $0 \sim 100\text{mA}$，内阻约为3Ω）；C. 电流表 A_3（量程为 $0 \sim 0.6\text{A}$，内阻约为0.1Ω）；D. 电压表 V_1（量程为 $0 \sim 3\text{V}$，内阻约为3000Ω）；E. 电压表 V_2（量程为 $0 \sim 15\text{V}$，内阻约为9000Ω）；F. 滑动变阻器 R_2（$0 \sim 10\Omega$）；G. 滑动变阻器 R_4（$0 \sim 1000\Omega$）；H. 开关S；I. 导线若干。

题2. 某同学要描绘一个标有"2.5V，0.6W"小灯泡的伏安特性曲线，有下列器材可供选择：A. 电池组（电动势为3V，内阻约为1Ω）；B. 电压表 V_2（量程为 $0 \sim 15\text{V}$，内阻约9000Ω）；C. 电流表 A_1（量程为 $0 \sim 3\text{mA}$，内阻为100Ω）；D. 电流表 A_2（量程为 $0 \sim 100\text{mA}$，内阻为3Ω）；E. 电阻箱 R'（9999.9Ω）；F. 滑动变阻器 R_2（$0 \sim 10\Omega$）；G. 定值电阻 $R_0 = 0.6\Omega$；H. 定值电阻

$R_1 = 2\Omega$；I. 开关 S；J. 导线若干。

题 3. 某同学测量电流表 A_0 的内阻 r_0，有下列器材：A. 待测电流表 A_0（量程为 $0\sim1mA$，内阻约为 200Ω）；B. 电流表 A_1（量程为 $0\sim3mA$，内阻约为 100Ω）；C. 电阻箱 R'（9999.9Ω）；D. 电池组（电动势为 3V，内阻约为 1Ω）；E. 滑动变阻器 R_3（$0\sim400\Omega$）；F. 滑动变阻器 R_4（$0\sim1000$ Ω）；G. 开关 S；H. 导线若干。

题 4. 利用温控装置测各温度下的待测热敏电阻 R_T（实验温度范围内，阻值在几百欧之间变化）的阻值，有下列器材：A. 电池组（电动势为 3V，内阻约为 1Ω）；B. 滑动变阻器 R_2（$0\sim10\Omega$）；C. 滑动变阻器 R_4（$0\sim1000$ Ω）；D. 电阻箱 R'（$0\sim9999.9\Omega$）；E. A_1（量程为 $0\sim3mA$，内阻约为 100Ω）；F. 开关 S_1 和 S_2；G. 单刀双掷开关 S_3；H. 导线若干。

根据上述题目所给元件，画出电路设计图（标注电源和各元件符号）。

▶ **参考案例**

展示题 1 的学生解答。

解答 1：

根据器材选择规则，所选择的器材如图 9-3-21 所示。考虑用伏安法测电阻并选择简单的限流法进行控制，电路设计如图 9-3-21 所示。

解答 2：

根据器材选择规则，所选择的器材如图 9-3-22 所示。为满足题目要求，需将电压从 0 开始调节，控制电路应用分压法，由于待测电阻是小电阻，测量电路应为电流表外接，电路设计如图 9-3-22 所示。

解答 3：

由于题目需要电压从 0 开始调节，题中电流表 A_3 内阻已知，可设计理论上不存在误差的电路，如图 9-3-23 所示。此电路图的表达式为 $R_x + R_A = \dfrac{U}{I}$，则电阻为 $R_x = \dfrac{U}{I} - R_A$。

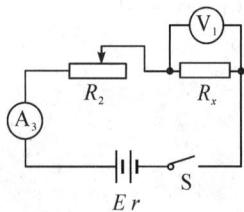 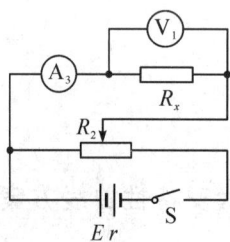 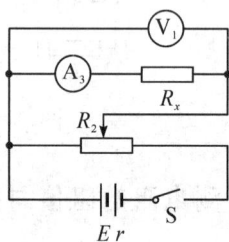

图 9-3-21　　　　　图 9-3-22　　　　　图 9-3-23

▶ **展有所获**

师：如何评价以上三种解答？

生 1：解答 1 的器材选择正确，但电路设计不合理。电路设计不仅未符合实验目的，也未进行误差分析，只凭经验设计。

生 2：解答 2 的分压电路设计合理，达到了电压从 0 开始调节的目的，但误差分析不到位，只凭经验认为"小电阻需将电流表外接"。

生 3：解答 3 的控制电路符合电压从 0 开始调节的目的，考虑到题中电流表 A_3 内阻已知，根据表达式 $R_x + R_A = \dfrac{U}{I}$，得到电阻为 $R_x = \dfrac{U}{I} - R_A$，设计出了理论上没有误差的电路。

师:你认为解答3能正确回答,有哪些原因呢?

生4:解答3不是凭经验,而是在明确本实验目的及要求(电压需从0开始调节)和熟悉题目所给实验器材特点后进行的控制电路设计。

生5:为优化电阻测量的电路图,能结合所选器材写出题1中的表达式,并能从减小误差的角度进行测量电路的设计。

▶ **评有成果**

师:通过上面这些例子,你对电阻测量的方案设计有哪些认识?

生6:从题3的设计方案可以发现,滑动变阻器不仅要根据控制电路来选择,还要考虑安全性等原则。

生7:从题3及题4可知,当现有器材不能达到目的时,不仅可以改装仪表,还可用代替法、半偏法、电桥法等方法来测量电阻的阻值。根据不同方法的原理写出表达式,结合仪器参数选择误差小的实验方案。

师:请用题4举例说明。

生8:对题4从半偏法和替代法考虑,可设计出如图9-3-24和图9-3-25所示的电路图。由此可知,测量电路的选择不仅有伏安法,还可利用其他方法来达到优化实验的目的。

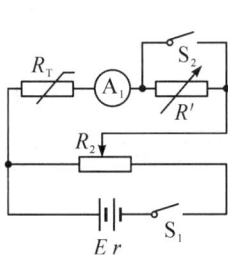 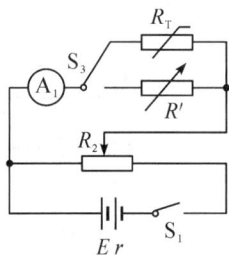

图9-3-24　　　　　图9-3-25

▶ **小结**

如图9-3-26所示,电学实验方案的设计主要有三个步骤:认清实验目的(包括要求)— 选择实验器材 — 优化电路图。

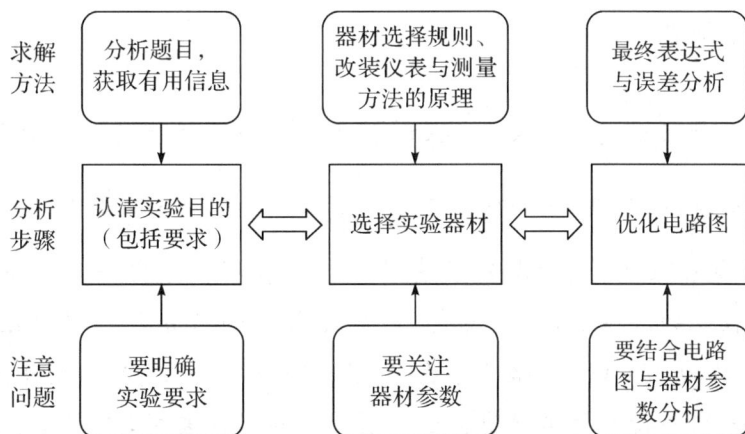

图9-3-26

任务3：电学实验方案的论证

题 1. 某实验小组想测定量程为 3V 的电压表 V_1 的准确内阻（20kΩ ～ 30kΩ），请设计一个合理的电路，并在电路图上标出相应的器材符号，可选器材：电压表 V_2（量程为 0 ～ 15V，内阻为 100kΩ）；电流表 A_1（量程为 0 ～ 5mA，内阻约为 10Ω）；电流表 A_2（量程为 0 ～ 0.6A，内阻约为 1Ω）；滑动变阻器 R（0 ～ 1kΩ）；电源 E_1（20V，内阻很小）；电源 E_2（3V，内阻很小）；开关 S（1 个）。

题 2. 要求学生用限流法测一卷铜导线的电阻 R_x（约为 2Ω），请设计一个合理的电路，并在电路图上标出相应的器材符号，所选的器材有：电流表 A（量程为 0 ～ 0.6A，内阻约 0.2Ω）；电压表 V（量程为 0 ～ 3V，内阻约 9kΩ）；滑动变阻器 R_1（最大阻值为 5Ω）；滑动变阻器 R_2（最大阻值为 20Ω）；定值电阻（$R_0 = 3Ω$）；电源 E（电动势为 6V，内阻可不计）；开关 S；导线若干。

题 1 学生设计的电路图如图 9-3-27 所示，题 2 学生设计的电路图如图 9-3-28 所示。指出学生设计电路图的不足之处并说明理由。

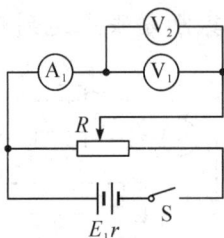　　　　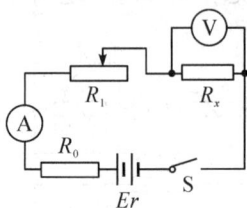

图 9-3-27　　　　　　　图 9-3-28

▶ **参考案例**

展示对图 9-3-27 和图 9-3-28 的评价。

解答 1：

在如图 9-3-27 所示的设计电路图中，由于电压表 V_1 能测自身两端电压，电压表 V_2 功能重复；在如图 9-3-28 所示的设计电路图中，根据限流法选用与待测电阻阻值接近的滑动变阻器的要求，选 R_1 较为合适。

解答 2：

如图 9-3-27 所示的设计若考虑安全性，由于两电压表并联后的电阻为 16kΩ，当电压表 V_1 的最大值为 3V 时，电流表 A_1 的示数为 $I_1 = \dfrac{3V}{16kΩ} = 0.18mA$，而电压表 V_2 的示数为 3V，即电流表 A_1 的示数和电压表 V_2 的示数都没有满足超过量程三分之一以上的要求，不能保证仪表的准确性。若考虑仪表的准确性，当电流表 A_1 的示数达到三分之一（1.7mA）以上时，电压表 V_1 和电压表 V_2 的示数为 27V 以上，都超过量程，不能保证安全性；在如图 9-3-28 所示的设计电路图中，根据限流法选用与待测电阻阻值接近的滑动变阻器的要求，选 R_1 较为合适，但通过表达式 $I = \dfrac{E}{R_A + R_0 + R_1 + \dfrac{R_x R_V}{R_x + R_V}}$ 大致计算，当滑动变阻器滑到最大值时，电流表的最小示数接近量程 0.6A，因此选择 R_1 会导致电流表超量程，为保证安全性，须选 R_2。

解答 3：

如图 9-3-27 所示设计的问题是无法同时满足精确性与安全性。从实验器材功能来看，由于电压表 V_1 可测出自身电压，所以电压表 V_2 的作用不是用来测量电压表 V_1。通过寻找电压表 V_2 在电路中能发挥的其他作用，发现若将电压表 V_1 和电压表 V_2 串联，电压表 V_1 的阻值 $R_{V_1} = \dfrac{U_1}{U_2} R_{V_2}$。又由于电压表 V_2 和电压表 V_1 的阻值之比接近 $5:1$，电压之比也接近 $5:1$，正好符合其量程 $15:3$。因此，按图 9-3-29 可满足题目要求。如图 9-3-28 所示设计的问题是测量精确性（电压表指针偏转三分之一以上）不够。为提高测量精确性（电压表指针偏转三分之一以上）和起保护作用，需用电压表测量定值电阻 R_0 与铜导线电阻 R_x 串联后的电压，再根据 $U = I(R_x + R_0)$，画出 U-I 图，通过图像斜率及 $k = R_x + R_0$，可求得 R_x。因此，图 9-3-30 可满足题目要求。

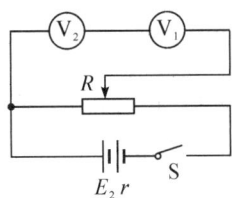 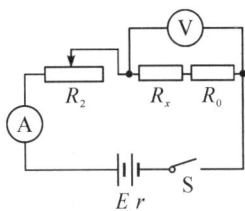

图 9-3-29   图 9-3-30

▶ **展有所获**

师：如何评价以上三种解答？

生 1：解答 1 对图 9-3-27 的判断，只提及电压表功能重复，没有做出科学的表述，也没有深入分析电路设计的不足之处；解答 1 对图 9-3-28 的判断，未结合首要原则安全性来选择滑动变阻器，分析比较片面。

生 2：解答 2 对图 9-3-27 和图 9-3-28 的判断，能够结合具体器材，认识到电路设计必须兼顾准确性与安全性，并能举例说明，表述科学规范，清晰明了，但缺少改进意见。

生 3：解答 3 对图 9-3-27 和图 9-3-28 的判断，根据实验目的和设计原则，能够很好地指出两位同学设计的不足之处，并能关注实验器材参数，利用器材选择规则和测量方法的原理，结合最终表达式进行误差分析，提出改进意见。

▶ **评有成果**

师：通过以上这些情境的分析以及学生解答的比较，对于解决此类问题，你有哪些收获？

生 4：对电路设计的认知，需要通过分析题目，获取信息来认识实验目的，对实验原理、实验器材特征、仪器选择进行反思，考虑误差的影响因素，从而对实验设计有更加深入的认知。

生 5：在交流实验设计时，为了更加清晰地表述，可以在总体表述的同时，结合本实验的器材进行思考，根据最终的表达式并举一些实例进行辅助表述实验误差，使得交流更加清晰明了。

▶ **小结**

如图 9-3-31 所示，电学实验方案的论证主要分成三个步骤：认清实验目的 —— 甄别所选器材 —— 检查设计电路图。

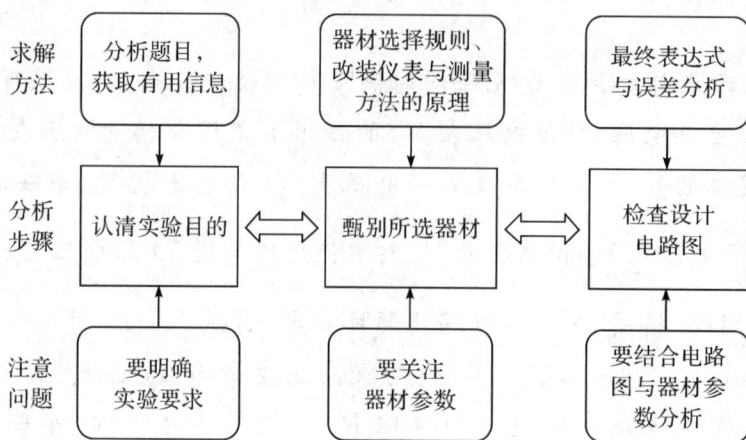

求解方法	分析题目，获取有用信息	器材选择规则、改装仪表与测量方法的原理	最终表达式与误差分析
分析步骤	认清实验目的 ⟷	甄别所选器材 ⟷	检查设计电路图
注意问题	要明确实验要求	要关注器材参数	要结合电路图与器材参数分析

图 9-3-31

（三）巩固性练习

1. 将一根铜棒和一根锌棒插入一个苹果内，就成了一个简单的"水果电池"，如图 9-3-32 所示。小明同学做了这样的"水果电池"，测量该电池组的电动势和内阻（电动势约为 1.5V，内电阻约为 600Ω）。有下列器材：

   A. 电压表 V_1（量程为 0～15V，内阻约为 3000Ω）；

   B. 定值电阻 $R_0 = 990Ω$；

   C. 电流表 mA_1（量程为 0～3.0mA，内阻为 10Ω）；

   D. 电流表 mA_2（量程为 0～3.0mA，内阻为 10Ω）；

   E. 滑动变阻器 R_1（0～30Ω）；

   F. 滑动变阻器 R_2（0～3kΩ）；

   G. 开关 S；

   H. 导线若干。

   选择实验器材，设计并画出实验电路图。图中各元件需用题目中给出的符号或字母标出。

图 9-3-32

2. 色环电阻是电子电路中常用的元器件，是在普通的电阻封装上涂上不同颜色的色环，用来区分电阻的阻值。某实验小组的同学从电工器件箱内发现一个色环电阻（如图 9-3-33 所示），但他们不知道颜色所代表的数字，想用所学知识测量其电阻。为了更准确地测量该色环电阻的阻值，实验小组的同学借助实验室的器材继续研究测量，现有器材：

   A. 干电池三节（内阻不计）；

   B. 电流表 A_1（量程为 0～30mA，内阻 $r_1 = 10Ω$）；

   C. 电流表 A_2（量程为 0～150mA，内阻 r_2 约为 30Ω）；

   D. 电流表 A_3（量程为 0～0.6A，内阻 r_3 约为 0.2Ω）；

   E. 电压表 V（量程为 0～15V，内阻约为 20kΩ）；

   F. 定值电阻 $R_0 = 20Ω$；

   G. 滑动变阻器 R，最大阻值约为 10Ω；

图 9-3-33

H. 开关 K;

I. 导线若干。

实验小组的同学根据现有器材设计了如图 9-3-34 所示电路。

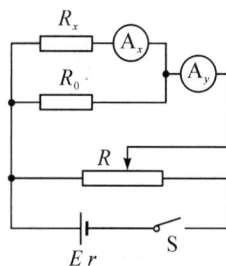

(1) 他们没有直接用电压表 V 测色环电阻电压的原因是＿＿＿＿＿；

(2) 图 9-3-34 中 A_x 应选＿＿＿＿(填"A_1"、"A_2"或"A_3"),图 9-3-34 中 A_y 应选＿＿＿＿(填"A_1"、" A_2"或"A_3");

(3) 若某次测量电流表 A_x 的读数为 20mA,A_y 的读数为 124mA,计算出该色环电阻的阻值为＿＿＿＿Ω,测量值＿＿＿＿(填"大于"、"小于"或"等于")真实值。

图 9-3-34

3. 小南同学为了测量一根电阻丝的电阻率,他设计了如图 9-3-35 所示的实验电路图,可供选择的实验器材有:

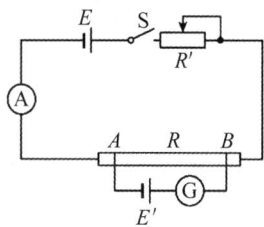

A. 电流表 A_1,量程为 $0 \sim 3A$,内阻很小;

B. 电流表 A_2,量程为 $0 \sim 0.6A$,内阻很小;

C. 灵敏电流计 G,量程为 $0 \sim 1\mu A$;

D. 电源 E 的电动势 $E_1 = 3V$;

E. 电源 E' 的电动势 $E_2 = 1.5V$;

F. 待测电阻丝 R,阻值约为 5Ω;

G. 滑动变阻器 R',最大阻值为 5Ω;

H. 带金属夹导线两根,其余导线若干,开关一个;

I. 螺旋测微器;

J. 毫米刻度尺。

图 9-3-35

实验步骤:

(1) 用螺旋测微器在电阻丝的三个不同位置测量其直径,并求出平均值为 d;

(2) 按照实验电路图连接器材,电流表应选择＿＿＿＿(填"A_1"或"A_2");

(3) 将滑动变阻器 R' 的滑片调到最右端,将两个金属夹 A、B 分别接到电阻丝适当位置,测得并记录 A、B 间的长度为 L。闭合开关 S,调节 R' 的滑片使灵敏电流计 G 的示数为 0,读出并记录电流表的示数 I;

(4) 重新调节 R' 的滑片位置和金属夹的位置,重复步骤(4),测出相应的几组 A、B 间的长度 L 和电流 I;

(5) 用测得的数据画出 $L - \frac{1}{I}$ 图像,如图 9-3-36 所示,由此可求出电阻丝的电阻率 $\rho =$ ＿＿＿＿(用 b、d、E_2 表示)。

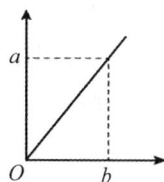

图 9-3-36

四、横向主题三：科学探究"解释"素养要素的提升

（一）课时学习目标

核心素养	具体目标
解释素养	能够通过计算、比较、关联等分析方法，联系相关的物理规律对现象、数据等进行解释
	能够结合实验方案和实验图像建立相关的物理关系，并能将物理关系与实验图像比对关联，做出科学解释，得出科学结论
	能够分析实验原理、操作等引起的误差，知道误差产生的原因并能提出改进的方法

（二）课时学习设计

任务1：实验现象的解释

问题情境　电路故障的判断

　　测小灯泡伏安特性曲线的实验电路图如图 9-4-1 所示，在实验过程中移动变阻器的滑片，电压表始终不能调到 0，某同学用多用电表进行探测，其中一端接 a，另一端分别探测 b、c、d，观察到的现象如表 9-4-1 所示。

　　对于图 9-4-1 所述的问题情境及表 9-4-1 的信息，可知表格记录现象是用多用电表的_____挡进行探测，若电路中有一处断路，你判断断路的导线是_____。

　　你判断的依据是：_____。

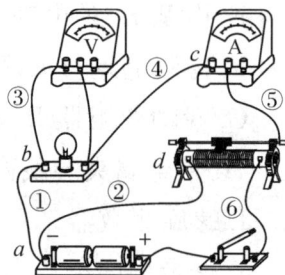

图 9-4-1

表 9-4-1

接入点	b	c	d
表盘指针	无偏转	有偏转	有偏转

▶ **参考案例**

展示图 9-4-1 对应问题的学生解答。

解答1：

用欧姆挡进行探测。接 a、b，表盘指针无偏转，则电阻为 0，① 短路；接 a、c，表盘指针有偏转，则电路正常；接 a、d，表盘指针有偏转，则电路有电阻，② 断路。

解答2：

用电压挡进行探测。接 a、b，表盘指针无偏转，电压为 0，可知 ① 短路；接 a、c，表盘指针有偏转，有电压，可知 ⑤⑥ 通路；接 a、d，表盘指针有偏转，有电压，可能 ② 断路；由于不能肯定 ④ 通路，存在 ④ 断路的可能。结论是 ② 断路或 ④ 断路。

解答3:

用电压挡进行探测。以表格的形式展现实验操作所对应的电路通断情况(如表9-4-2所示),可以看到当测量 a、c 两端时电压表有偏转,则可判断电路⑤⑥通路;当测量 a、d 两端时电压表有偏转,则可判断电路②断路;当测 a、b 两端时电压表无偏转,可以推理出①短路或④断路(不能确定)。根据表格综合分析可以知道断路的导线是②。

表 9-4-2　可能发生的故障(○ 通路 ● 断路 ◆ 不确定)

操作	电压值	元件					
		①	②	③	④	⑤	⑥
测 a、b	无	○			◆		
		◆			●		
测 a、c	有					○	○
测 a、d	有		●				

▶**展有所获**

师:如何评价以上三种解答?

生1:解答1利用欧姆挡进行探测不可取,因为用欧姆表测电路时要将待测电路与其他电路断开,尤其是电路中有电源的情况。

生2:解答2只考虑了探测现象对应的一种情况,把可能性当作必然性,虽然答案有可能正确,但考虑不够全面和严谨,在复杂的情况下容易判断错误。

生3:解答3能将局部的欧姆定律和整体的闭合电路欧姆定律相结合进行解释,并利用表格的方式对每种探测所对应的情况进行判断,通过表格的清晰展现可以更好地对比分析,从而得出正确的解释。

师:你认为解答3能正确回答,有哪些原因呢?

生4:对探测现象产生的原因要分析全面,既要考虑内电路,也要考虑外电路。

生5:能够列表展示并对几个探测现象的原因进行比较分析,厘清关系,做出正确判断。

生6:要熟悉电阻在发生故障(短路或断路)时的电流、电压特点,避免根据一个信息如电压为0或不为0就判断电阻短路或断路。

▶**评有成果**

师:通过以上这些情境的分析以及学生解答的比较,对于解决此类问题,你有哪些收获?

生6:对现象的解释要弄清每一个实验现象的特点,分析每个现象所对应的原因。

生7:对电路故障的判断,要从探测电路本身原因和探测电路以外的电路的原因两个方面进行思考。

生8:对各个探测现象可采用表格的方式进行综合分析,同时需要考虑题干本身描述的信息,理清原因到现象的通道。

▶**小结**

如图9-4-2所示,对实验现象的分析主要分为三个步骤:观察现象 — 分析特征 — 解释现象。

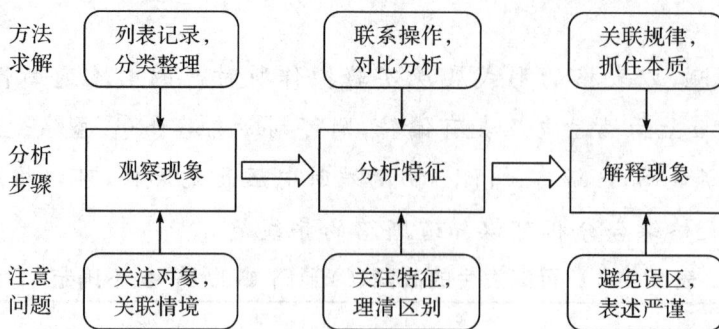

图 9-4-2

任务 2：实验数据的解释

探究弹簧弹力与伸长量关系的实验示意图如图 9-4-3 所示，弹簧 A 与弹簧 B 连接在一起后逐个挂上钩码(每个钩码 50g)。表 9-4-3 记录了钩码数与对应的弹簧 A、B 指针示数。

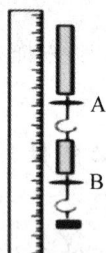

图 9-4-3

表 9-4-3

钩码数 / 个	1	2	3	4
L_A/cm	15.71	19.71	23.66	27.76
L_B/cm	29.96	35.76	41.51	47.36

对于图 9-4-3 所述的问题情境及表 9-4-3 的数据，某同学得到了弹簧 A、B 的劲度系数为 $k_A = 12.45\text{N/m}, k_B = 28.04\text{N/m}$。请写出你对此的解释。

▶ **参考案例**

展示图 9-4-3 对应问题的学生解答。

解答 1：

对弹簧 A 有

$$F = k_A(x - x_{A0})$$

因 x_{A0} 未知，需要列方程求解，有

$$F_1 = k_A(x_1 - x_{A0}), F_2 = k_A(x_2 - x_{A0})$$

代入数据得

$$0.5 = k_A(0.1571 - x_{A0}), 1.0 = k_A(0.1971 - x_{A0})$$

解得 $k_A = 12.45\text{N/m}$。

对弹簧 B 有

$$0.5 = k_B(0.2996 - x_{B0}), 1.0 = k_B(0.3576 - x_{B0})$$

解得 $k_B = 8.62\text{N/m}$。

解答 2：

对弹簧 A 有

$$F = k_A(x - x_0)$$

因 x_0 未知,需要列方程求解。

考虑到测量误差,取第 1 组数据和第 4 组数据求解,有

$$F_1 = k_A(x_1 - x_0), F_4 = k_A(x_4 - x_0)$$

代入数据得

$$0.5 = k_A(0.1571 - x_0), 2.0 = k_A(0.2776 - x_0)$$

解得 $k_A = 12.45\text{N/m}$。

对弹簧 B,考虑弹簧 B 伸长量时不能将 A 的伸长量也包含在内,有

$$0.5 = k_B(0.2996 - x_{B0} - 0.1571), 2.0 = k_B(0.4736 - x_{B0} - 0.2776)$$

解得 $k_B = 28.04\text{N/m}$。

解答 3:

对弹簧 A,由于线性关系,从变化量(直线斜率)角度考虑

$$\overline{\Delta x} = 4.017\text{cm}, k_A = \frac{\Delta F}{\Delta x} = \frac{0.5}{0.04017}\text{N/m} = 12.45\text{N/m}$$

考虑弹簧 B 伸长量时不能将弹簧 A 的伸长量也包含在内,并考虑测量误差

$\Delta F = k_B \overline{\Delta x_B}, \Delta x_B = \Delta L_B - \Delta L_A, \overline{\Delta x_B} = (47.36 - 29.96)\text{cm} - (27.76 - 15.71)\text{cm} = 0.0535\text{cm}$

解得 $k_B = 28.04\text{N/m}$。

▶ **展有所获**

师:如何评价以上三种解答?

生1:解答 1 依据胡克定律原始公式进行解释,由于 x_0 未知,通过解方程组的方法得到弹簧 A 的劲度系数。但在解答中没有考虑到测量误差的影响,没能用平均值处理。考虑弹簧 B 时,简单套用求解弹簧 A 时的方法,把 B 点总伸长量当作弹簧 B 的伸长量,没有考虑到 B 点总伸长量还包括弹簧 A 的伸长量,从而未能对结论做出正确的解释。

生2:解答 2 对伸长量的数据进行处理: $\overline{\Delta x} = \dfrac{(\Delta x_2 - \Delta x_1) + (\Delta x_3 - \Delta x_2) + (\Delta x_4 - \Delta x_3)}{3} = \dfrac{\Delta x_4 - \Delta x_1}{3}$,所以选用第 1 和第 4 两组数据进行处理恰巧考虑到了将数据取平均值,以减小实验的偶然误差,从而得到正确的解释。考虑弹簧 B 时,认识到伸长量中包含弹簧 A 的伸长部分,取第 1 和第 4 组数据考虑了测量取平均的处理方法,对结论给出了正确的解释。

生3:解答 3 对胡克定律有更深刻的理解,知道 ΔF 与 Δx 也成正比。同时考虑到测量数据的偶然误差,对 Δx 进行取平均值计算,从而给出了正确的解释。在考虑弹簧 B 时,解答 3 能够理解 L_B 的变化量并非弹簧 B 的伸长量,能够知道弹簧 B 的伸长量为 $\Delta L_B - \Delta L_A$,并求解出对应的平均值,从而给出正确的解释。

师:给出解答 3 的同学是怎样想到并正确解释的呢?

生4:对胡克定律这一规律的认识和理解更加深刻,如通过图像知道 $k = \dfrac{\Delta F}{\Delta x}$。

生5:能够对实际问题进行仔细分析,认识到有两个研究对象 A、B,当重物悬挂时,结合经验知道每根弹簧都会伸长,能够分清弹簧伸长量与端点读数变化的联系与区别,能考虑到测量

的偶然误差并利用求平均值的方法减小实验误差。

▶ 评有成果

师：通过以上这些情境的分析以及学生解答的比较，对于解决此类问题，你有哪些收获？

生6：分析实验装置，明确研究对象是数据解释的基础。

生7：实验误差分析及减小实验误差的处理，是科学探究很重要的环节，对于偶然误差，需要用将多组数据取平均的方法来减小误差。

生8：在用规律解释数据时，需要从策略的高度思考处理数据的方法选择，以降低解释的难度。

问题情境2　电学实验数据图像解释

测电源电动势和内电阻的实验数据处理图像如图9-4-4所示。如图9-4-4(a)所示电路中定值电阻 $R_0 = 990\Omega$，两只毫安表规格相同，内阻均为 10Ω。图9-4-4(b)中 $R_0 = 2\Omega$。图9-4-4(c)中 R 为一可变电阻，电压表的内阻约为 $3\mathrm{k}\Omega$。图9-4-4(d)中的电阻丝电阻率为 $\rho = 10^{-6}\Omega \cdot \mathrm{m}$，横截面积为 $S = 1.2 \times 10^{-7}\mathrm{m}^2$，定值电阻为 $R_0 = 4\Omega$，安培表内阻忽略，滑动头到 a 点的长度为 x。

请写出图线对应的物理关系式并计算各图对应的电源电动势和内电阻，同时说明是否存在系统误差及误差产生的原因。

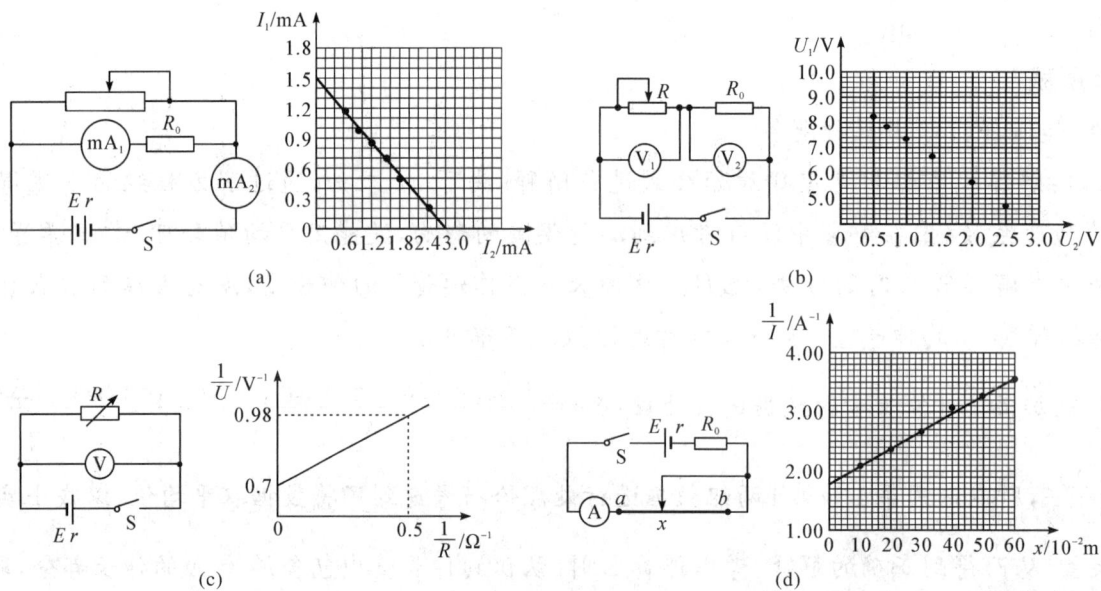

图 9-4-4

▶ 参考案例

展示图9-4-4(d)对应问题的学生解答。

解答1：

由坐标轴及图像形状，可得

$$\frac{1}{I} = kx + b\,(k\ 为一常数),\quad k = \frac{3.4 - 1.9}{0.54 - 0.04} = 3\mathrm{A}^{-1} \cdot \mathrm{m}^{-1},\quad b = 1.80\mathrm{A}^{-1}$$

即

$$\frac{1}{I} = 3x + 1.80$$

当 $x = 0$ 时，$\frac{1}{I_0} = 1.80$；当 $\frac{1}{I} = 0$ 即 I 趋向于无穷大时，$kx = -b$，无法求解。

解答 2：

由闭合电路欧姆定律得 $U = E - Ir$，结合题目所给信息，知

$$I\rho \frac{x}{S} = E - Ir$$

即

$$\frac{1}{I} = \frac{\rho}{SE}x + \frac{r}{E}$$

将上式与图像对比得到

$$k = \frac{\rho}{SE} = \frac{3.4 - 1.9}{54 - 4}\,\mathrm{A^{-1} \cdot m^{-1}} = 0.03\,\mathrm{A^{-1} \cdot m^{-1}}$$

得

$$E = \frac{\rho}{kS} = \frac{10^{-6}}{0.03 \times 1.2 \times 10^{-7}}\,\mathrm{V} = 278\,\mathrm{V}$$

由于 $\frac{r}{E} = 1.78\,\mathrm{A^{-1}}$，得 $r = 495\,\Omega$。

误差及产生的原因：由于题目求解时用 IR_x 来计算路端电压，没有考虑 R_0 与 R_A 上的电压比真实的路端电压要小，所以测电源电动势时，测量值偏小。内电阻 r 的测量值偏大。

解答 3：

由闭合电路欧姆定律，得

$$E = I(R_x + r + R_0 + R_A)$$

即

$$IR = E - I(r + R_0 + R_A)$$

结合题目所给信息，知

$$I\rho \frac{x}{S} = E - I(r + R_0 + R_A)$$

即

$$\frac{1}{I} = \frac{\rho}{SE}x + \frac{r + R_0 + R_A}{E}$$

与图像的标准式 $\frac{1}{I} = kx + b$ 比较，得

$$k = \frac{\rho}{SE}, b = \frac{r + R_0 + R_A}{E}$$

代入数据得

$$k = \frac{\rho}{SE} = \frac{3.4 - 1.9}{0.54 - 0.04}3\,\mathrm{A^{-1} \cdot m^{-1}} = 3\,\mathrm{A^{-1} \cdot m^{-1}}, E = \frac{\rho}{ks} = \frac{10^{-6}}{3 \times 1.2 \times 10^{-7}}\,\mathrm{V} = 2.78\,\mathrm{V}$$

$$b = \frac{r + R_0 + R_A}{E} = 1.78\,\mathrm{A^{-1}}$$

安培表内阻不计，所以 $r + R_0 = 4.95\,\Omega$，$r = 0.95\,\Omega$。

误差及产生的原因：安培表分压，内阻测量值将偏大。用 $IR = E - I(r + R_0 + R_A)$ 来分析 E 值时，理论上各物理量没有系统误差，所以测量值 E 也没有系统误差。

▶ **展有所获**

师：如何评价以上三种解答？

生1：解答1建构了单纯的数学函数，但对函数对应的物理意义没有深入思考，仅仅简单地从函数截距来思考分析，无法进行正确解释（不能找到正确的物理规律进行解释）。

生2：解答2对公式$U=E-Ir$有比较深刻的记忆，直接搬用公式，而没有针对本问题对应的电路图进行分析，计算过程中没有注意数据对应的单位，同时没有对实验结果进行合理性论证，导致在对电源电动势、内电阻及误差分析时做出了错误解释。

生3：解答3从闭合电路欧姆定律出发，结合电阻定律，根据本题的电路结构进行分析，并能根据坐标和图像形状对关系式变换，得到与图像对应的关系式，在此基础上就能顺利解释斜率和截距的意义，进一步得出电动势E和内电阻r。能够结合电路运用规律分析误差，对是否存在系统误差做出正确的解释。

师：给出解答3的同学是怎样想到并正确解释的呢？

生4：能够认识电路结构，能够针对具体问题运用闭合电路欧姆定律、电阻定律的规律。

生5：能够根据图像坐标与形状变换关系式，得到$\frac{1}{I}$与x之间的关系，在此基础上正确理解图像斜率、截距的物理意义。

▶ **评有成果**

师：通过以上这些情境的分析以及学生解答的比较，对于解决此类问题，你有哪些收获？

生6：对测电源电动势和内电阻的实验分析，先要认清电路结构，从闭合电路欧姆定律出发并根据具体问题进行分析，寻找到与坐标轴和图像形状对应的表达式。

生7：要找到图像斜率、截距等与表达式中物理量的对应关系，理解其物理意义，并求解相关物理量。

▶ **小结**

如图9-4-5所示，对实验数据的分析主要分为三个步骤：观察数形 — 分析数形 — 解释数形。

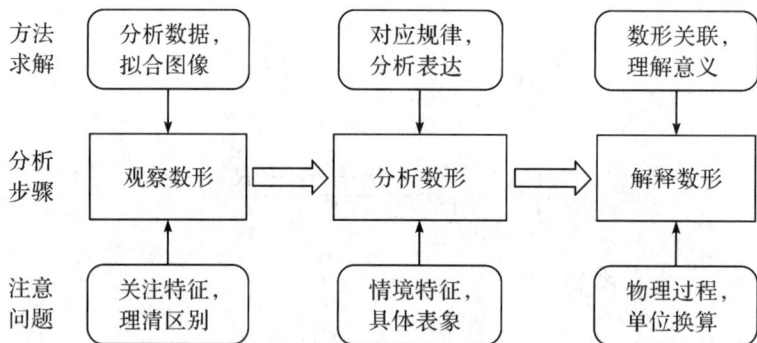

图 9-4-5

任务3：对真实实验情境下的图像解释

问题情境 真实实验数据的对比分析

在"探究导体电阻与其影响因素的定量关系"实验中，为了探究材料未知的金属丝的电阻率，横截面积均为$S=0.20\text{mm}^2$，采用如图9-4-6所示的实验电路。M为金属丝c的左端点，O为金属丝a的右端点，P是金属丝上可移动的接触点。在实验过程中，电流表读数始终为$I=$

1.25A,电压表读数 U 随 O、P 间距离 x 的变化如表 9-4-4 所示。

如图 9-4-7 所示,在"探究弹簧弹力大小和伸长量的关系"的实验中,甲、乙两位同学选用不同的橡皮绳代替弹簧,先逐个挂上钩码,测出对应的长度,然后逐个减去钩码,测出对应的长度,数据如表 9-4-5 所示。

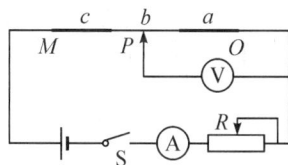

图 9-4-6　　　　　　图 9-4-7

表 9-4-4

x/min	600	700	800	900	1000	2000	1400	1600	1800	2000	2100	2200	2300	2400
U/V	3.95	4.50	5.10	5.90	6.50	6.65	6.82	6.93	7.02	7.15	7.85	8.50	9.05	9.75

表 9-4-5

挂在橡皮绳下端的钩码数 / 个	橡皮绳下端的坐标 X/mm	
	甲	乙
1	216.5	216.5
2	246.7	232.0
3	284.0	246.5
4	335.0	264.2
5	394.5	281.3
6	462.0	301.0

在图 9-4-8 的方格线上绘出电压表读数 U 随 O、P 间距离 x 变化的图线。

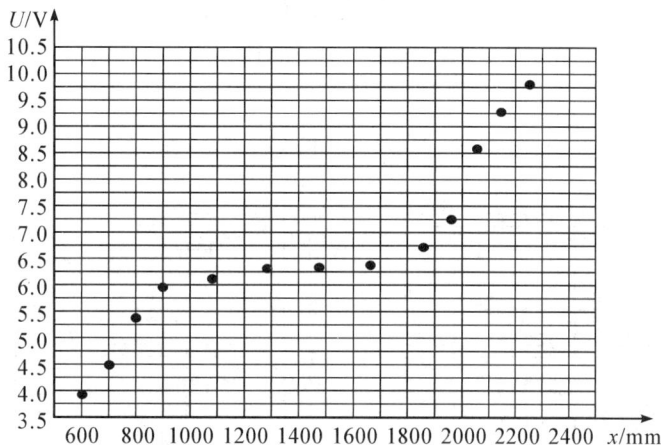

图 9-4-8

请写出图线对应的关系式:_____。

求出金属丝的电阻率 ρ。

表 9-4-5 是甲、乙两位同学得到的实验数据,你认为哪位同学的数据更符合实验要求,_____(填"甲"或"乙")。

你的理由是_____。

用作图法得出两组数据对应橡皮绳弹力与伸长量的关系图像,如图 9-4-9 所示,请根据图像分别求出弹簧的劲度系数。

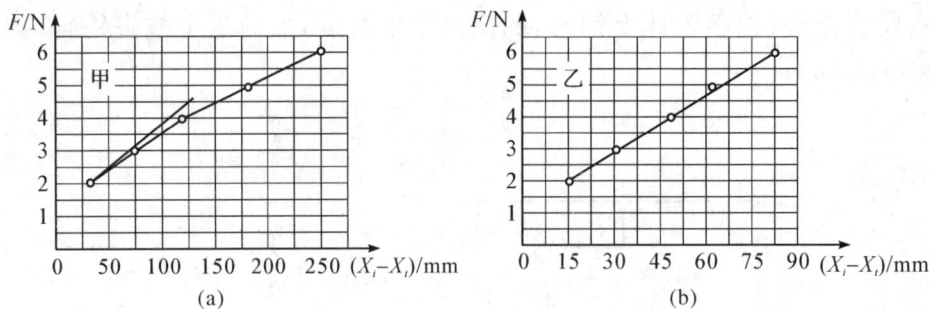

图 9-4-9

▶ **参考案例**

展示图 9-4-8 对应问题的学生解答如下。

解答 1:

根据"让尽可能多的点分布在直线两侧",描绘出直线,如图 9-4-10 所示。

由欧姆定律和电阻定律可得

$$U = IR = I\rho \frac{x}{S} = \frac{I\rho}{S}x = kx$$

$$k = \frac{8.5 - 4.0}{(2200 - 700) \times 10^{-3}} \text{V/m} = 3 \text{V/m}$$

则

$$\rho = \frac{Sk}{I} = \frac{0.20 \times 10^{-6} \times 3}{1.25} \text{V/Am} = 4.8 \times 10^{-7} \text{V/Am}$$

解答 2:

如图 9-4-11 所示,将各点用光滑的曲线进行连接,有

$$U = IR = I\rho \frac{x}{S} = \frac{I\rho}{S}x = kx$$

从图中可以看出,斜率 k 在不断地变化,所以电阻率在不断地变化,无法求出某个确定值。

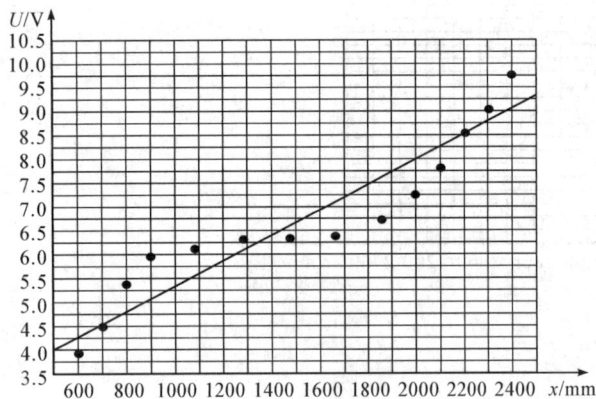

图 9-4-10

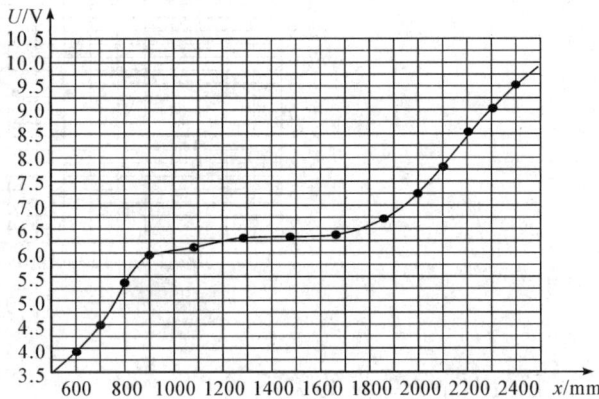

图 9-4-11

解答 3:

如图 9-4-6 所示,根据欧姆定律和电阻定律可得

$$U = IR = I\rho \frac{x}{S} = \frac{I\rho}{S}x = kx$$

即电压与移动距离是线性关系(直线)。根据实验的实际情况,三段电阻丝可能是由不同的材料制成,而每一段的材料相同,电阻率相同,所以绘制如图 9-4-12 所示图线。

根据图线可得

$$k_a = \frac{6.5 - 3.9}{(1000 - 600) \times 10^{-3}} \text{V/m} = 6.5 \text{V/m}$$

得

$$\rho_a = \frac{S k_a}{I} = \frac{0.20 \times 10^{-6} \times 6.5}{1.25} \text{V/Am} \approx 1.04 \times 10^{-6} \text{V/Am}$$

$$k_b = \frac{7.1 - 6.5}{(2000 - 1000) \times 10^{-3}} \text{V/m} = 0.6 \text{V/m}$$

得

$$\rho_b = \frac{S k_b}{I} = \frac{0.20 \times 10^{-6} \times 0.6}{1.25} \text{V/Am} \approx 0.96 \times 10^{-7} \text{V/Am}$$

$$k_c = \frac{9.05 - 7.15}{(2300 - 2000) \times 10^{-3}} \text{V/m} = \frac{19}{3} \text{V/m}$$

得

$$\rho_c = \frac{S k_c}{I} = \frac{0.20 \times 10^{-6} \times \frac{19}{3}}{1.25} \text{V/Am} \approx 1.01 \times 10^{-6} \text{V/Am}$$

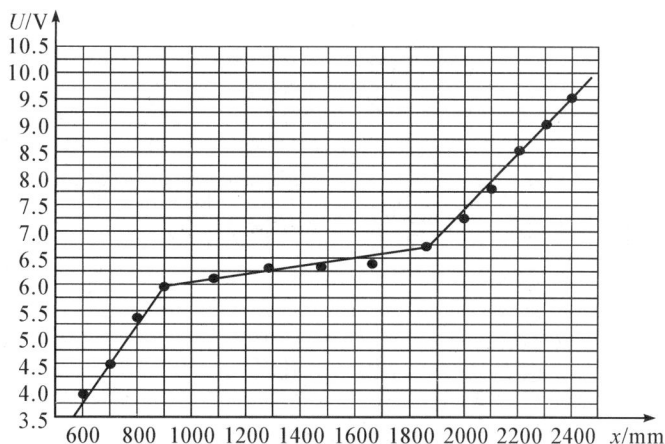

图 9-4-12

▶ **展有所获**

师:如何评价以上三种解答?

生1:解答1根据欧姆定律和电阻定律得到 U 和 x 的线性关系,简单地根据斜率的物理意义和拟合线性图线的方法作出一条直线,根据拟合的直线计算对应电阻率的值。这种做法错误的原因是在拟合图线的过程中没有注意到实际情境,没有考虑到三段电阻丝有不同的电阻率,对数据没能做出正确解释。

生2:解答2将所有点用光滑的曲线连接起来,没有结合所学知识思考电压与移动距离间理论上应该是怎样的关系,形成了电阻率不断在变化的错误解释。

生3:解答3结合所学知识推理出电压与移动距离间应该是线性关系,还考虑三段导线的电阻率不同,应该是折线,用所学的欧姆定律和电阻定律推理得到直线方程,结合图线上三段直线的不同斜率分别求出三段导线的电阻率,做出了正确的解释。

师:给出解答3的同学是怎样想到并正确解释的呢?

生4:能够用欧姆定律和电阻定律,推出 U 和 x 是线性关系。

生5:能够注意到并分析三段导线的实际情况,结合实验给出的数据描绘出三段直线,能够根据各段直线的物理意义求解电阻率。

▶ **评有成果**

师:通过以上问题的分析以及学生解答的比较,对于解决此类问题,你有哪些收获?

生6:分析实验情境时,既要利用所学的物理规律,推理图线的特征,又要根据实际情况与规律进行比对,思考不同实验过程和情境所对应的物理规律的表述形式是否有所不同。

生7:具体解释时,还要考虑真实情境中哪些影响因素是主要的,哪些影响因素是次要的,并根据主要影响因素对图像产生的影响进行修正。

生8:要结合真实实验情境对图像的物理意义进行理解,并需对计算结果进行论证。

师:对于实验现象、数据的解释,需要分析现象、数据的特点,思考对应的物理规律,做出正确解释。对应图像的解释,需要根据对应的物理规律分析图像对应物理量间的关系式,并根据真实实验情境考虑各影响因素,分析图像的物理意义,做出正确的解释。

▶ **小结**

如图 9-4-13 所示,真实实验情境下图像的分析主要分为三个步骤:认识数形 — 分析数形 — 得出结论。

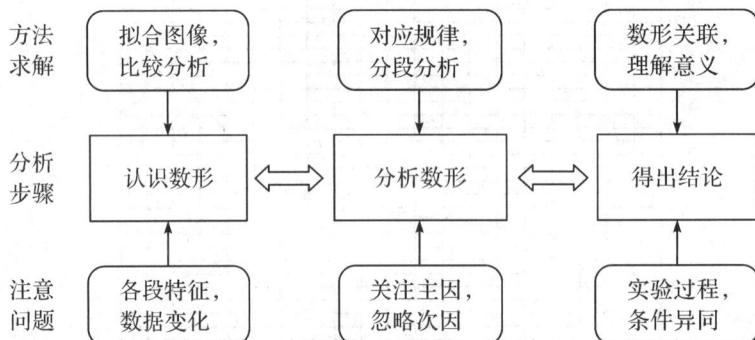

图 9-4-13

（三） **巩固性练习**

1. 一般电阻率 $\rho \geqslant 200\Omega m$ 的工业废水即达到排放标准,如图 9-4-14 所示的容器内表面长 $a = 40cm$,宽 $b = 20cm$,高 $c = 10cm$。利用电压表和电流表测得容器两端的电压和通过容器的电流记录在表 9-4-6 中,由已测数据可以求出待测水样的电阻为_____。据此可知,所测水样_____（填"达到"或"没达到"）排放标准。

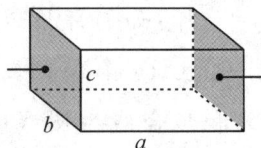

图 9-4-14

表 9-4-6

U/V	2.0	4.0	6.0	8.0	10.0	12.0
I/mA	0.73	1.43	2.17	2.89	3.58	4.30

2. 用如图 9-4-15 所示的装置做"探究感应电流方向的规律"实验,磁体从靠近线圈的上方静止下落。当磁体运动到如图 9-4-14 所示的位置时,流过线圈的感应电流方向从_____("a 到 b" 或 "b 到 a")。在磁体穿过整个线圈的过程中,传感器显示的电流 i 随时间 t 的图像应该是_____。

图 9-4-15

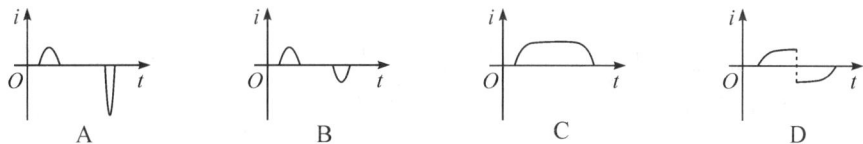

3. 在某次测量热敏电阻的实验中,经多次实验后,学习小组绘制了如图 9-4-16 所示的图像。由图像可知,该热敏电阻的阻值随温度的升高逐渐_____(填"增大"或"减小")。

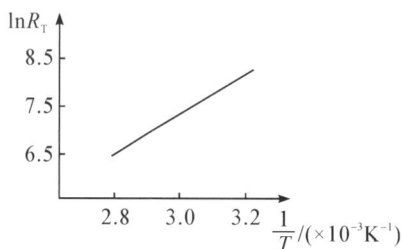

图 9-4-16

4. 已知某一区域的地下埋有一根与地表面平行的直线电缆,电缆中通有变化的电流,在其周围有变化的磁场,因此可以通过在地面上测量闭合试探小线圈中的感应电动势来探测电缆的确切位置、走向和深度。当线圈平面平行于地面测量时,在地面上 a、c 两处测得试探线圈中的电动势为 0,b、d 两处线圈中的电动势不为 0;当线圈平面与地面成 $45°$ 夹角时,在 b、d 两处测得试探线圈中的电动势为 0。经过测量发现,a、b、c、d 恰好位于边长为 1m 的正方形的四个顶角上,如图 9-4-17 所示。据此可以判定,地下电缆在_____("a、c" 或 "b、d")两点连线的正下方,离地表面的深度为_____。

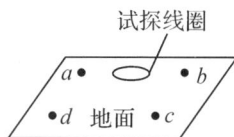

图 9-4-17

5. 在如图 9-4-18 所示测小车速度随时间变化的实验中,通过计算纸带上各点的速度并描出各点在坐标纸上的位置,请画出 v-t 图像并分析可得出的实验结论:小车及薄板所受的空气阻力随速度的增大而_____。

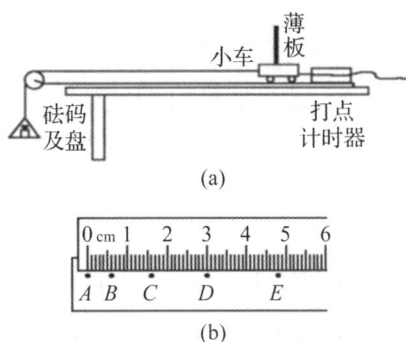

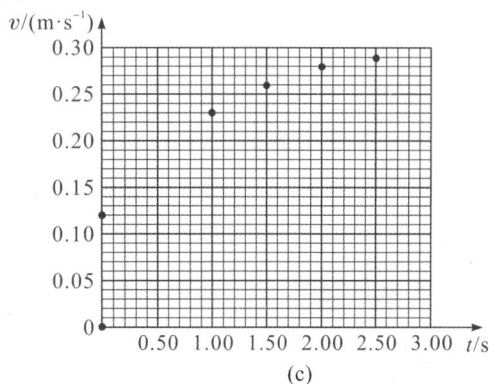

图 9-4-18

6. 研究小球在斜面上平抛运动的实验装置如图 9-4-19 所示。每次将小球从弧形轨道同一位置静止释放,并逐渐改变斜面与水平地面之间的夹角,获得不同的水平射程 x,最后作出如图 9-4-20 所示的 x-$\tan\theta$ 图像,$g = 10m/s^2$,则小球在斜面顶端水平抛出时的初速度 $v_0 =$

_____。实验中发现,超过60°后,小球将不会掉落在斜面上,则斜面的长度为_____。

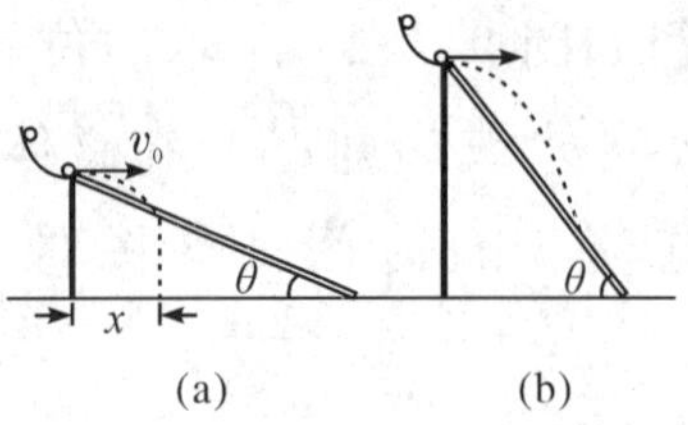

图 9-4-19 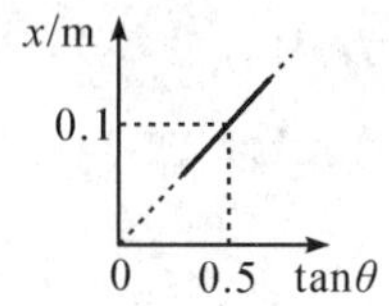　　　　　图 9-4-20

7. 如图 9-4-21(a) 所示的电源为蓄电池,其内阻不计。实验小组记录了金属丝的直径 d,接入电路中的长度 L 和相应的电压表的示数 U,并作出关系图线如图 9-4-21(b) 所示。利用图 9-4-21(b) 可得:电源电动势 $E =$ _____,金属丝电阻率的表达式 $\rho =$ _____(用 m、n、x、d、R 表示)。

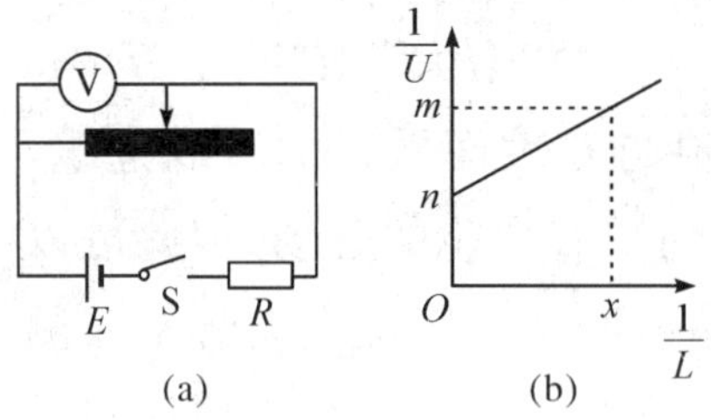

图 9-4-21

8. 图 9-4-22(a) 为某同学测量一节干电池的电动势和内电阻的电路图。已知毫安表内阻为 10Ω,满偏电流为 $100mA$,电阻 R_1 为 2.5Ω。以 U 为纵坐标,I 为横坐标,作 U-I 图像,如图 9-4-22(b) 所示。已知定值电阻 R_0 为 2.0Ω,根据图像求得电源的电动势 $E =$ _____ V,内阻 $r =$ _____ Ω。(结果均保留到小数点后两位。)

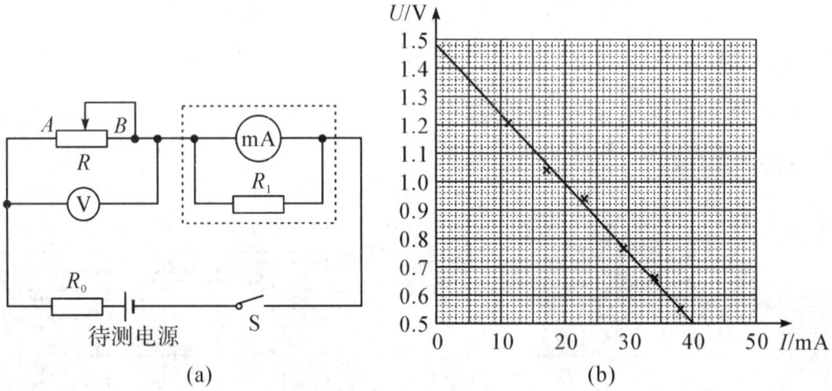

图 9-4-22

9. 某同学利用图像分析图 9-4-23(a)、(b) 两种方法"测干电池的电动势和内电阻实验"中由电表内电阻引起的实验误差。在图 9-4-24 中,实线是根据实验数据$\left[图(a):U = IR,图(b): I = \dfrac{U}{R}\right]$描点作图得到的 U-I 图像;虚线是该电源的路端电压 U 随电流 I 变化的 U-I 图像(没有电表内电阻影响的理想情况)。在图 9-4-24 中,对应图(a) 电路的 U-I 图像是_____;对应图(b) 电路的 U-I 图像是_____。综合上述分析,为了减小由电表内电阻引起的实验误差,本实验应选择图 9-4-23 中的_____[填"(a)"或"(b)"]。

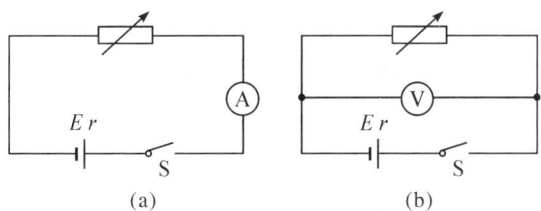 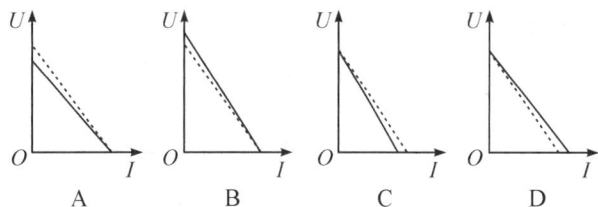

图 9-4-23 　　　　　　　　　　　　　　　　　　　　　　　图 9-4-24

五、横向主题四:科学探究"交流"素养要素的提升

(一) 课时学习目标

核心素养	具体目标
科学探究	用学过的物理术语、图表等交流科学探究过程和结果
	对科学探究过程和结果进行交流反思,能够科学、规范、精准、完整地进行表达

(二) 课时学习设计

任务 1:结合实验操作过程认识实验目的

问题情境 1　机械能守恒实验中的重锤下落

在"验证机械能守恒定律"实验中,小王用如图 9-5-1 所示的装置,让重物从静止开始下落,打出一条清晰的纸带,其中的一部分如图 9-5-2 所示。O 点是打下的第一个点,A、B、C 和 D 为另外 4 个连续打下的点。

为了减小实验误差,对于体积和形状相同的重物,请说明实验时选择密度大的重物的目的。

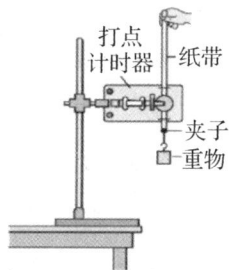

图 9-5-1

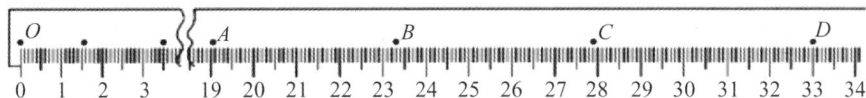

图 9-5-2

▶ **参考案例**

展示情境 1 的学生解答。

解答 1:

重力大。

解答 2:

阻力小。

解答 3:

体积小。

解答 4:

阻力的影响更小。

解答 5:

阻力与重力之比更小,阻力对机械能变化的影响较小。

解答6：

用纸带做"验证机械能守恒定律"实验，从守恒条件来看就是要减小阻力，结合实验操作过程就是要使纸带下落的加速度尽量接近重力加速度 g，根据牛顿第二定律可知 $a=\dfrac{mg-f}{m}$。从表达式可知，选择密度大的重物的目的是使阻力与重力之比更小。

▶ **展有所获**

师：如何评价以上各种解答？

生1：解答1、2、3都是从一个角度看到了密度大的重物所带来的结果，但表述都不够科学严谨。重力大是在体积相同的前提下的对比，且在没有明确阻力的情况下，重力大并不一定机械能守恒。阻力小也是片面的说法，在体积不变时阻力并没有减小，且阻力小也并不一定能视作机械能守恒。小球体积的大小对阻力的影响是次要因素，纸带所受的阻力是主要因素，所以体积小并没有清晰深刻地表述选择的原因。

生2：解答4、5能够从重力和阻力的对比来表述选择的原因，表述更加科学严谨。阻力的影响较小，虽然没有直接说与重力比较，但有比较的意识，知道相对重力来说阻力较小，对机械能的影响较小，当然表述上可以再清晰明了一些。解答5的表述讲到了重物的密度大时阻力相对重力更小，也讲到了由此对实验目的的影响，表述相对比较全面，但对于为什么影响较小并没有表述。

生3：解答6的表述能从规律的角度思考阻力的影响，清晰科学地表述了选择密度大的重物的目的及选择的理由。

师：给出解答6的同学是怎样想到并正确求解的呢？

生4：首先要讲清楚选择密度大的小球直接关联的物理量重力变得更大，再讲清楚对实验目的的影响。

生5：从重力和阻力两方面考虑影响因素，讲清楚阻力相对重力而言更小，而不是片面地只讲阻力或重力，从而正确解释对机械能的影响更小。

生6：能够从物理过程和物理规律出发，分析各物理量对实验结果的影响，从而科学地表述选择密度大的物体来完成实验的目的。

▶ **评有成果**

师：通过以上这些情境的分析以及学生解答的比较，对于解决此类问题，你有哪些收获？

生7：需讲清楚实验过程对物理量的影响，并且进一步明确是如何影响实验目的的。

生8：根据物理过程对应的物理规律进行分析，厘清各物理量对实验结果的影响。

生9：厘清主要因素和次要因素，更加全面地考虑影响实验的相关因素，各因素变化对实验结果产生的影响表述要严谨规范。

问题情境2　平抛运动中的小球运动

在"研究平抛运动"实验中，以小钢球离开轨道末端时球心位置为坐标原点 O，建立水平与竖直坐标轴。让小球从斜槽上离水平桌面高为 h 处静止释放，使其水平抛出，通过多次描点可绘出小球做平抛运动时球心的轨迹，如图9-5-3所示。在轨迹上取一点 A，读取其坐标

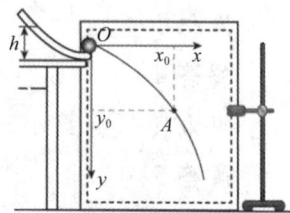
图9-5-3

(x_0, y_0)。

请写出本实验中要求小球多次从斜槽上同一位置由静止释放的目的。

▶ **参考案例**

展示情境 2 的学生解答。

解答 1:

确保小球每次下落高度相同。

解答 2:

确保小球的水平初速度相同。

解答 3:

本实验是通过运动轨迹研究平抛运动,根据实验器材特点可知轨迹不可能在一次运动中确定,需要多次操作,根据平抛运动的规律,在确保水平初速度相同、加速度相同的情况下,可确保多次运动的轨迹相同。

▶ **展有所获**

师:如何评价以上解答?

生 1:解答 1、2 的表述只看到了表面 —— 球的运动。

生 2:解答 3 的表述根据"研究平抛运动"的实验目的,结合平抛运动的实验器材特点,对同一位置释放这一实验操作做出了针对实验目的的规范准确的表述。

▶ **评有成果**

师:通过上面的例子,你对"交流"素养的提升有哪些认识?

生 3:实验操作导致的过程性结论往往会有很多,需要根据要求表述到位、精准。

生 4:要根据实验要达成的目标对实验操作过程及导致的结论做出针对实验目的的清晰、精准表述,而不是想到哪里说到哪里。

▶ **小结**

如图 9-5-4 所示,对实验目的的分析主要分为三个步骤:分析实验过程 —— 分析对应规律 —— 认识实验目的。

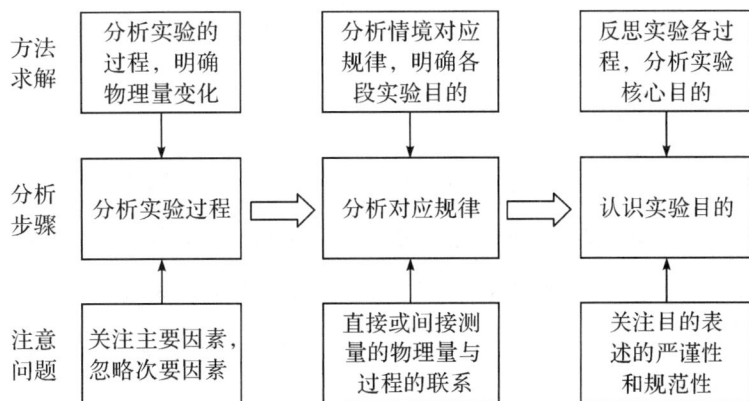

图 9-5-4

任务2：结合实验方案认识实验器材

问题情境1 滑动变阻器的分压式电路分析

探究明动变阻器的分压特性，采用如图 9-5-5 所示的电路，探究滑片 P 从 A 移到 B 的过程中，负载电阻 R 两端的电压变化。用同一滑动变阻器测量不同的电阻 R 时，得到 $U-\dfrac{x}{L}$ 分压特性曲线，分别如图 9-5-6 中的"Ⅰ""Ⅱ""Ⅲ"所示。

请说明滑动变阻器最大阻值的选择依据。

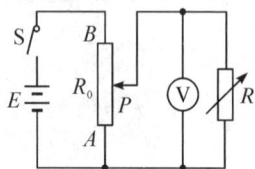

图 9-5-5

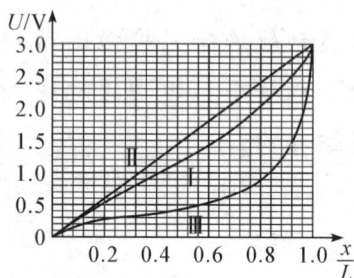

图 9-5-6

▶ **参考案例**

展示情境 1 的学生解答。

解答 1：

选阻值小一些的电阻，分压式接法时的实验用的是小电阻。

解答 2：

滑动变阻器最大阻值越小越好，因为滑动变阻器阻值小，负载电阻与已滑动部分电阻并联后的阻值接近滑动变阻器滑过部分阻值，滑过几分之几就得到几分之几的电压值，所以滑动变阻器越小越容易调节。

解答 3：

根据分压的特性，也可以从图 9-5-6 中看到，当滑动变阻器远小于负载电阻时，表现为图 Ⅱ，此种情况便于调节滑动变阻器来控制电压值。同时考虑到电路的安全，滑动变阻器最大阻值的选择依据是在安全的前提下相比负载电阻越小越好。

▶ **展有所获**

师：如何评价以上解答？

生 1：解答 1 凭经验选择变阻器的阻值，理由不够充分。

生 2：解答 2 根据滑动变阻器调节的方便程度进行选择，但表述不够严谨。

生 3：解答 3 能够从分压式接法的方案出发，同时结合分压特性曲线进行分析，科学规范地表述了选择的依据。

▶ **评有成果**

师：通过上面的例子，你对"交流"素养的提升有哪些认识？

生 4：实验器材的选择可以从经验出发做出选择，但对实验器材选择的表述要有理有据，需要弄清实验方案，需要实验原理支撑。

生5:表述要严谨科学,要注意对比分析和相对性的表述。

问题情境2　基于数据论证的器材选择

某同学根据图9-5-7的电路连接器材来"探究导体电阻与其影响因素的定量关系"。实验时多次改变合金属丝接入电路的长度 l,调节滑动变阻器的阻值,使电流表的读数 I 达到某一相同值时记录电压表的示数 U,从而得到多个 $\dfrac{U}{I}$ 的值,作出 $\dfrac{U}{I}-l$ 图像,如图9-5-8中图线 a 所示。

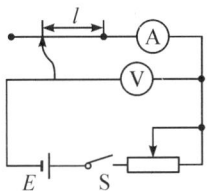

图 9-5-7

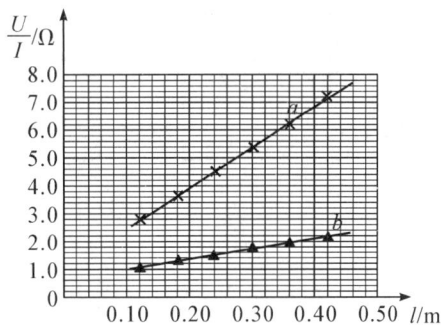

图 9-5-8

请说明选择"$0\sim20\Omega$"的变阻器及"$0\sim3V$"的电压挡进行测量的理由。

▶ **参考案例**

展示情境2的学生解答。

解答1:

平时做测量电阻丝的电阻率分组实验时用"$0\sim20\Omega$"的变阻器及"$0\sim3V$"的电压挡进行测量,所以这里选择"$0\sim20\Omega$"的变阻器及"$0\sim3V$"的电压挡。

解答2:

由图像可知待测电阻值为 $3\sim8\Omega$,所以用"$0\sim20\Omega$"的变阻器进行调节;为了避免电流过大导致电阻丝电阻发热的情况,要控制电压值小一些,所以选择3V的电压挡。

▶ **展有所获**

师:如何评价以上解答?

生1:解答1凭经验选择变阻器和电压表,能够选择出正确的仪器,但不能做出很好的说明。

生2:解答2能够从图像中分析得出待测电阻的情况,依据实验方案,并考虑测量中电流不宜过大的要求,对选择实验器材做出了科学的说明。

▶ **评有成果**

师:通过上面的例子,你对"交流"素养的提升有哪些认识?

生3:实验器材可以从经验出发做出选择,但对实验器材选择的交流表述要有理有据,需要实验原理支撑。

生4:可以根据实验方案,从实验条件和实验原理出发进行器材选择,也可以从实验结论反思实验过程从而判断实验器材选择的情况,交流表述要有依据,要关注器材选择的安全性、精准性、便捷性。

▶ **小结**

如图 9-5-9 所示,对实验器材的分析主要分为三个步骤:分析实验方案 — 选择具体器材 — 认识实验器材。

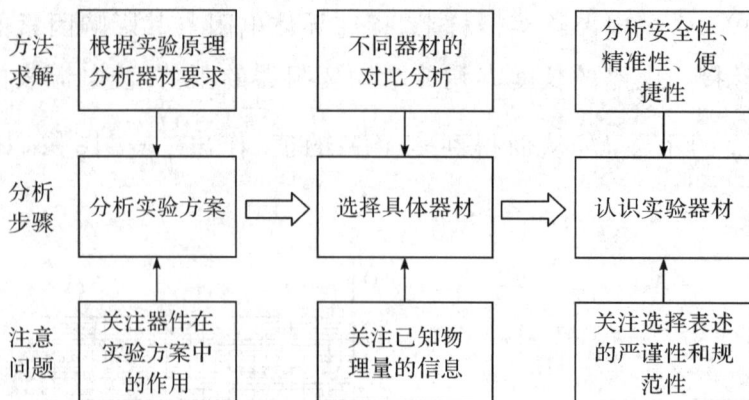

方法求解	根据实验原理分析器材要求	不同器材的对比分析	分析安全性、精准性、便捷性
分析步骤	分析实验方案 ⟹	选择具体器材 ⟹	认识实验器材
注意问题	关注器件在实验方案中的作用	关注已知物理量的信息	关注选择表述的严谨性和规范性

图 9-5-9

任务 3:结合误差分析认识实验结果

▌ **问题情境 1** **基于器材特性的误差分析**

小张同学按图 9-5-10 进行实验,可将单刀双掷开关掷到左边,记录电流表读数,再将单刀双掷开关挪到右边,调节电阻箱的阻值,使电流表的读数与前一次尽量相同,电阻箱的示数如图 9-5-11 所示,则通过读取电阻箱的阻值就可测得待测电阻 R_x 的值。

小张同学得到 R_x 值的方法有没有明显的实验误差?请说明理由。

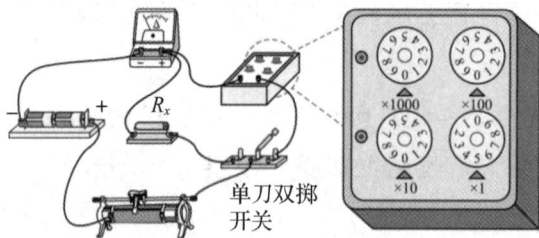

图 9-5-10   图 9-5-11

▶ **参考案例**

展示情境 1 的学生解答如下。

解答 1:

用替代的方法求得 R_x 值,主要是读数产生的误差。

解答 2:

利用替代的方法求得 R_x 值,根据实验经验知电阻箱的最小分度为 1Ω,与待测电阻阻值接近,这样测得的阻值误差较大。例如,待测电阻阻值为 6.4Ω,则实验只能测得其为 $R_x = 6\Omega$,误差较大。

▶ **展有所获**

师:如何评价以上两种解答?

生 1:解答 1 对于实验测得的 R_x 值误差的判断,只是从读数有偶然误差角度分析,没有做出科学的表述。

生2:解答2对于用替代法测得 R_x 值的误差原因的分析表述,能够结合具体器材认识到电阻箱最小阻值与待测电阻相当,可能带来较大误差,并能举例说明,表述科学规范,清晰明了。

▶ **评有成果**

师:通过以上这些情境的分析以及学生解答的比较,对于解决此类问题,你有哪些收获?

生3:对实验结果的认知,需要通过对实验原理、实验器材特征、实验过程进行反思,考虑误差的影响因素,从而对实验结论有更加深入的认知。

生4:在交流实验过程和结果时,为了更加清晰地表述,可以在理论表述的同时,结合本实验的器材进行思考,举一些实例进行辅助表述,使得交流更加清晰明了。

问题情境 2 基于实验原理的误差分析

如图 9-5-12 所示装置,将遮光条安装在滑块上,用天平测出遮光条和滑块的总质量 $M = 200.0\text{g}$,槽码和挂钩的总质量 $m = 50.0\text{g}$。实验时,将滑块系在绕过定滑轮悬挂有槽码的细线上。滑块由静止释放,数字计时器记录下了遮光条通过光电门1和2的遮光时间 Δt_1 和 Δt_2,以及这两次开始遮光的时间间隔 Δt,用游标卡尺测出遮光条宽度,计算出滑块经过两光电门速度的变化量 Δv。多次改变光电门2的位置进行测量,得到 Δt 与 Δv 的数据,如表 9-5-1 所示。当地重力加速度 $g = 9.80\text{m/s}^2$,根据动能定理,算出 $\Delta v - \Delta t$ 图线斜率的理论值为 1.96m/s^2。作 $\Delta v - \Delta t$ 图线,如图 9-5-13 所示。

发现实验 $\Delta v - \Delta t$ 图线斜率测量值为 1.92m/s^2,小于理论值,请说明原因。

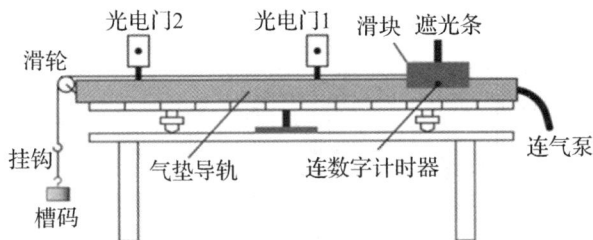

图 9-5-12

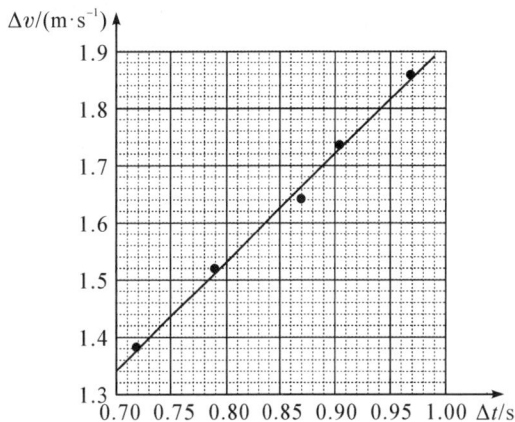

图 9-5-13

表 9-5-1

$\Delta t / \text{s}$	0.721	0.790	0.854	0.913	0.968
$\Delta v / (\text{m} \cdot \text{s}^{-1})$	1.38	1.52	1.64	1.75	1.86

▶ **参考案例**

展示情境2的学生解答。

解答1:

由于存在阻力的影响,测量结果偏小。

解答2:

由题意得

$$(mg - f)\Delta t = (M + m)\Delta v, \Delta v = \frac{mg - f}{(M + m)}\Delta t, k = \frac{\Delta v}{\Delta t} = \frac{mg - f}{M + m}$$

分析实验原理,反思实验的过程,测量结果偏小的原因可能是:槽码质量的测量值偏小;存在阻力的影响;细线和气垫导轨不完全平行;实验中 Δt 的测量值偏大。

▶ **展有所获**

师:如何评价以上两种解答?

生1:解答1凭以往实验的感觉,猜测阻力的影响使得测量结果偏小。

生2:解答2从实验原理的层面分析清楚了影响实验测量结果的物理量,从实验过程的反思中认识到影响测量值偏小的操作原因。

▶ **评有成果**

师:通过以上这些情境的分析以及学生解答的比较,对于解决此类问题,你有哪些收获?

生3:对实验结果的认知,需要通过对实验原理、实验过程进行反思,考虑误差的影响因素,从而对实验结论有更加深入的认知。

生4:在对实验结果认知的交流时,要结合对物理量的认知,理清操作过程,解释不同的实验操作对实验结果的影响。

▶ **小结**

如图9-5-14所示,对实验结果的分析主要分为三个步骤:反思实验过程 — 进行误差分析 — 认识实验结果。

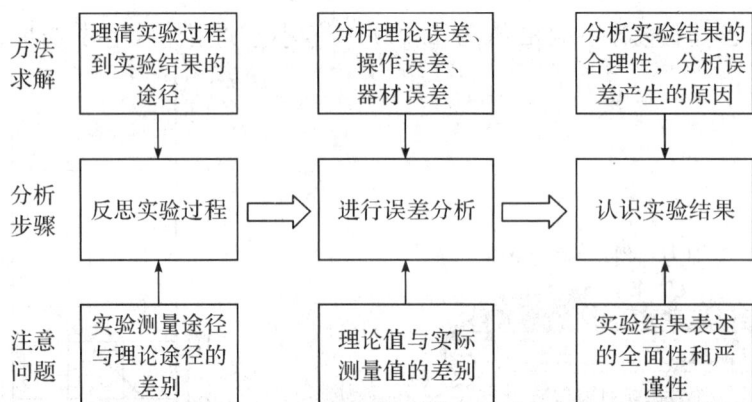

图 9-5-14

（三） **巩固性练习**

1. 某同学做的"探究小球加速度与合外力的关系"的实验装置如图9-5-15所示,他用无线力传感器来测量绳子的拉力。他将无线力传感器和小车固定在一起,将细绳的一端挂一小球,另一端系在传感器的挂钩上,调整细绳与木板平行。在改进后的实验中,把木板的右端垫高以补偿阻力_____(填"有"或"没有")必要,理由是_____。

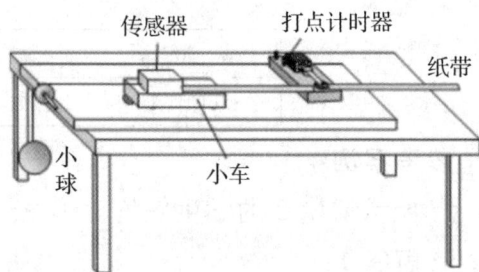

图 9-5-15

2. 某实验小组利用如图 9-5-16 所示装置测定平抛运动的初速度。把白纸和复写纸叠放一起固定在竖直木板上，在桌面上固定一个斜面，斜面的底边 ab 与桌子边缘及木板均平行。每次改变木板和桌边之间的距离，让钢球从斜面顶端同一位置滚下，通过碰撞复写纸，在白纸上记录钢球的落点。

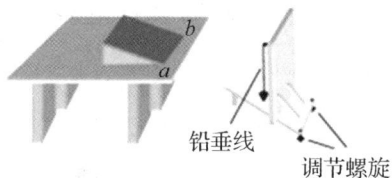

图 9-5-16

(1) 为了正确完成实验，请说一说哪些做法是必要的：_____。

(2) 如图 9-5-15 所示装置中，木板上悬挂一条铅垂线，其作用是_____。

3. 甲、乙两位同学通过下面的实验测量人的反应时间。实验步骤如下：

(1) 甲用两个手指轻轻捏住量程为 L 的木尺上端，让木尺自然下垂。乙把手放在尺的下端（位置恰好处于 L 刻度处，但未碰到尺），准备用手指夹住下落的尺。

(2) 甲在不通知乙的情况下，突然松手，尺子下落；乙看到尺子下落后，快速用手指夹住尺子。若夹住尺子的位置刻度为 L_1，重力加速度大小为 g，则乙的反应时间为_____（用 L、L_1 和 g 表示）。

(3) 已知当地的重力加速度大小为 $g = 9.80 \text{m/s}^2$，$L = 30.0 \text{cm}$，$L_1 = 10.4 \text{cm}$，乙的反应时间为_____s（结果保留 2 位有效数字）。

(4) 写出一条提高测量结果准确程度的建议：_____。

4. 甲、乙两位同学设计了利用数码相机的连拍功能测重力加速度的实验。实验中，甲同学负责释放金属小球，乙同学负责在小球自由下落的时候拍照。已知相机每间隔 0.1s 拍 1 幅照片。

(1) 若要从拍得的照片中获取必要的信息，在此实验中还必须使用的器材是_____（填正确答案的标号）。

    A. 米尺   B. 秒表   C. 光电门   D. 天平

(2) 简述你选择的器材在本实验中的使用方法。

    答：_____。

六、纵向主题：科学探究综合问题求解思维展示

（一）课时学习目标

核心素养	具体目标
科学思维	能够根据实验现象和物理规律推理相关结论，能够根据实验现象论证相关物理规律
科学探究	能制订科学探究方案，选用合适的器材获得数据
	能分析发现数据和现象所对应的规律，形成合理的结论，用已有的物理知识进行解释
	对科学探究过程和结果进行交流反思

（二）课时学习设计

任务 1：实验综合分析类问题

问题情境 1   复杂电路的综合分析

图 9-6-1(a) 是一款可以直接接在手机上的电风扇，某同学拆下电风扇，将多用电表选择开关置于欧姆"×1"挡，调零后按正确操作将表笔接在风扇的接线柱上测量，一次叶片转动，另一次设法使叶片不转，两次电表读数如图 9-6-1(b) 和 (c) 所示。

叶片转动时多用电表的示数应是哪幅图所示[选"图9-6-1(b)"或"图9-6-1(c)"]?并请说明理由。

电风扇——

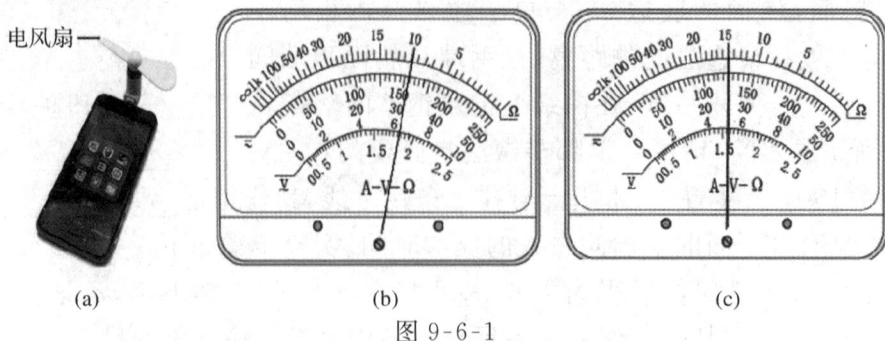

(a)　　　　　　　　(b)　　　　　　　　(c)

图 9-6-1

▶ **参考案例**

展示情境1的学生解答。

解答1:

电风扇转动,感觉耗电多,对应电流大,所以认为图9-6-1(b)是转动时对应的情况。

解答2:

画出工作电路的原理图,如图9-6-2所示。

对比分析,电风扇转与不转时的区别是:线圈转动时形成了反电动势,电路总电源电动势降低,由闭合电路欧姆定律得到转动时电流小。再根据欧姆表的特点得知电流小时电阻测量值大,从而得出图9-6-1(c)为叶片转动时的情况。

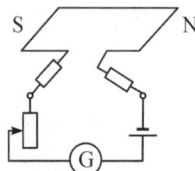

图 9-6-2

▶ **展有所获**

师:解答2是如何想到的?

生1:解答2不是简单地根据转速的大小来判断电流的大小,能够从感性思维上升到理性思维。

生2:知道欧姆表的结构、法拉第电磁感应定律及闭合电路欧姆定律,能够通过模型建构(画出电路图)把握问题本质,根据物理规律进行分析推理。

▶ **评有成果**

师:通过以上这些情境的分析以及学生解答的比较,你有哪些收获?

生3:对实验现象的分析,不能光靠经验和感觉来判断。

生4:实验现象分析其实就是一个实际问题的解决过程。需要先建立物理模型(电路图、工作原理图),再结合物理规律进行分析推理,甚至需要质疑和论证。

问题情境2　电路故障问题的综合分析

该同学按图9-6-3连接电路,闭合开关,发现滑动变阻器滑片无论在什么位置,电流表指针均几乎没有偏转。为了检查电路故障,闭合开关,将变阻器滑片滑到某一位置,把多用电表的黑表笔接在电路中的 a 点,再将红表笔依次接在电路中 b、c、d 点。

(1)判断多用电表应选择的挡位[选"图9-6-4(a)"或"图9-6-4(b)"]并说明理由。

(2)正确选择电表挡位后,黑表笔接 a 点,红表笔依次接 b、c、d 时,指针偏转情况分别是"不偏""偏""不偏",则可判断图中哪根导线存在故障。请说明判断的依据。

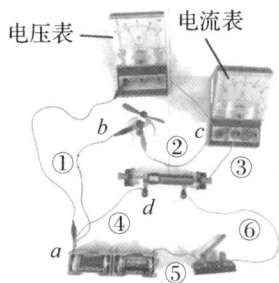

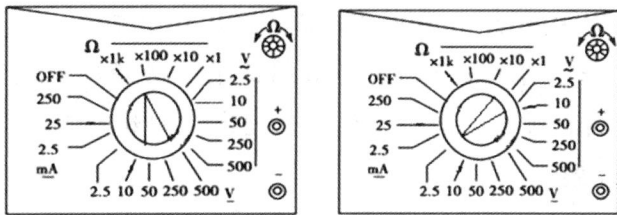

图 9-6-3   图 9-6-4

参考案例

展示情境 2 的学生解答。

解答 1：

（1）选图 9-6-4(a)，故障通常是"短路"与"断路"，电阻是"0"或"很大"，欧姆表可以测量电阻，用欧姆表如图 9-6-4(a) 所示挡位。

（2）黑表笔接 a 点，红表笔依次接 b、c、d 时，指针偏转情况依次为"不偏"（电阻很大，① 断路）、"偏"（电阻为 0，② 正常）、"不偏"（电阻很大，④ 断路）。

解答 2：

（1）在测量黑箱实验时用的是电压表，这里相当于黑箱，也应该用电压表，所以选择如图 9-6-4(b) 所示挡位。

（2）接 a、b 不偏，可知 ① 以外断路；接 a、c 偏，① ② 以外电路正常；接 a、d 不偏，④ 正常。所以 ② 断路。

解答 3：

电路中有电源，题目又是在开关闭合后操作，欧姆表不能在有电压情况下使用（使用规则），电路故障分析可以用电压表（学习经历中的案例支撑）。如表 9-6-1 所示，根据故障条件列表分析可知：接 a、c 偏，③⑤⑥ 电路通路；接 a、d 不偏，④ 通路；接 a、b 不偏，① 通路或 ② 断路；滑动变阻器滑动，电流表指针几乎没有偏转，说明电路有断路存在 ① 或 ② 断路。综上分析，② 处断路。

表 9-6-1　可能发生的故障（○ 通路　● 断路　◆ 不确定）

操作	电压值（或现象）	元件					
		①	②	③	④	⑤	⑥
测 a、b	无	○					
			●				
测 a、c	有			○		○	○
测 a、d	无				○		
滑动变阻器滑动	电流表无偏转		●				
		●					

展有所获

师：解答 3 是如何想到的？

生 1：要掌握电表使用规则，如欧姆表测量电阻时电阻与电路应该断开，如果用电流表进行探测，则需要将安培表串联到电路中，探测不方便；电压表探测时与待测电路并联即可，用交流电表探测可避免电源正负的问题。

生 2：需要有故障特征模型，要弄清楚各个测量的表象所能推理出的结论，可从测量部分电路和测量以外部分电路及全电路等角度结合欧姆定律、闭合电路欧姆定律及串并联关系等进行思考。比如:"发现滑动变阻器滑片无论在什么位置,电流表指针均几乎没有偏转"说明什么?用电压表探测 a、b,a、c,a、d 得到的偏转情况各能说明什么?

生3:将每个表现对应的结论列表并归纳整理,综合分析,得出故障原因。

▶ **评有成果**

师:通过以上这些情境的分析以及学生解答的比较,对于解决此类问题,你有哪些收获?

生4:对现象的判断要养成从局部和整体两个层面进行分析的习惯,要减少现象到结论中判断依据比较单一和混乱的情况。

生5:要能够根据物理规律和实验现象推理出尽可能全面的情况,可借助表格的形式进行整理,然后综合分析,从而做出判断。这样判断依据比较充分,思维过程也比较严谨,能更准确地进行判断。

问题情境3　实验数据的综合分析

排除故障后进行正确操作,用实验数据点描绘电风扇的电流随电压的变化曲线,如图9-6-5所示。

请根据曲线说明电风扇 $I-U$ 图反映的规律。若电风扇输入电压为1V,该电风扇的输入功率为多少?

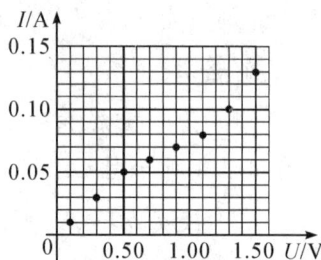

图 9-6-5

▶ **参考案例**

展示情境3的学生解答。

解答1:

画直线,如图9-6-6所示,让尽可能多的点分布在直线两侧。规律是电流随电压增大而线性增大(电阻不变)。

解答2:

去除偏离特别大的数据,用光滑的曲线连接,如图9-6-7所示,由图可得 $I-U$ 图中电流随电压增大而增大,但增加量变小(斜率减少),说明电阻增大。

解答3:

如图9-6-8所示,先进行整体观察,是否可能有比较复杂的关系?观察到前面一段的点近似在一条直线上,后面的点弯曲成曲线。分析实验所满足的规律:电压比较小的时候,电机不转动,电阻值几乎不变,$I-U$ 图为一条直线;电压增大到一定值后,电机开始转动,随电压增大反电动势增加,$I-U$ 图斜率增大。

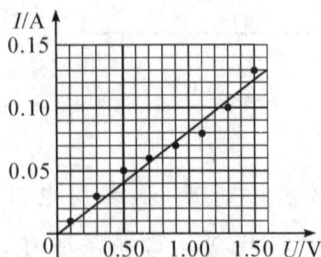

图 9-6-6

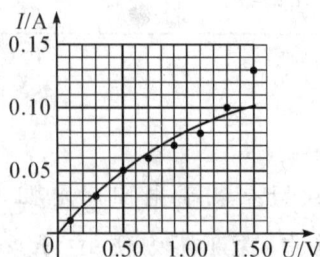

图 9-6-7

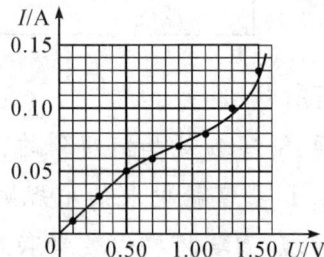

图 9-6-8

▶ **展有所获**

师:解答 1 和 2 存在的问题是什么?解答 3 是如何思考的?

生 1:解答 1 和 2 只看到实验图像的趋势,并简单地根据趋势判断物理量的变化情况,在这个判断中受原有经验的影响,把原来做过的实验数据图像机械地搬到这里,导致解释错误。

生 2:解答 3 注意到电扇转动与不转动的实验现象的不同,能更加全面地从非纯电阻的角度思考电路结构,考虑到反电动势的影响,并结合图线数据的特点将数据拟合为直线和曲线两部分进行分析,从而得到了正确的实验规律的认知。

▶ **评有成果**

师:通过以上这些情境的分析以及学生解答的比较,你有哪些收获?

生 3:面对具体实验情境时,需要分析真实实验数据的特点,匹配数据特征所对应的物理规律,结合物理规律作出合理的图像。具体可以先尝试一下,能否用简单函数关系?是否可能是复杂函数关系?然后考虑画出图线后能否用物理现象(物理规律)解释,由此对尝试进行论证。

生 4:能够将物理规律和实验实际相结合,并根据实际数据满足的规律判断图像趋势,从而判断物理量的变化趋势。

任务 2:实验综合设计类问题

问题情境 1　**描绘伏安特性曲线的实验器材选择和电路设计**

某同学要描绘一个标有"3V,0.6W"的小灯泡的伏安特性曲线,有下列器材可供选择:

A.电池组(电动势为 4.5V,内阻约为 1Ω);

B.电压表 V(量程为 0 ～ 15V,内阻约为 3kΩ);

C.电流表 A_1(量程为 0 ～ 20mA,内电阻 $r_1 = 20Ω$);

D.电流表 A_2(量程为 0 ～ 300mA,内电阻 $r_2 = 8Ω$);

E.定值电阻 R_0(阻值为 180Ω);

F.滑动变阻器 R_1(最大阻值为 10Ω,额定电流为 0.1A);

G.滑动变阻器 R_2(最大阻值 20Ω,额定电流为 1A);

H.滑动变阻器 R_3(最大阻值 2000Ω,额定电流为 0.3A);

I.开关一个,导线若干。

为了尽可能准确描绘小灯泡的伏安特性曲线,应该选择哪些器材?请说明选择的理由并完成电路设计。

▶ **参考案例**

展示情境 1 的学生解答。

解答 1:

电压表选择量程 0 ～ 15V,电压就不会超量程;因为灯泡的额定电流为 200mA,所以电流表选择 A_2;根据以往实验经验,滑动变阻器应该选小的,所以滑动变阻器选 10Ω。按分压式接法、电流表外接连接电路,如图 9-6-9 所示,则 $U = R_L I_2$。

解答2:

为了减小读数误差,指针偏转应达量程 $\frac{1}{3}$ 以上,现在电动势也只有4.5V,说明电压表需改装,由定值电阻(180Ω)与电流表 A_1 串联变为4V的电压表。滑动变阻器先遵循安全原则再按控制电路要求,应选择20Ω;因为两电流表读数差值不是特别大,则 I_1 的数值不能忽略,所以灯泡的电流准确为 $I_2 - I_1$。如图9-6-10所示,则 $200I_1 = R_L(I_2 - I_1)$(即 $U = 200I_1$,$I = I_2 - I_1$)。

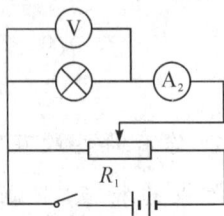 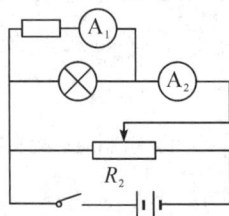

图 9-6-9   图 9-6-10

▶ **展有所获**

师:解答1存在的问题是什么?解答2是如何思考的?

生1:解答1凭经验和感觉进行判断,将教材中金属丝电阻率的测量实验设计机械地搬到这里,选择电表时只简单地考虑了量程的大小,而没有考虑测量的精确性,选择滑动变阻器时也是凭经验机械地照搬,没有思考分析。

生2:解答2能规范地使用实验器材,具有丰富的实验操作经验,能考虑电表的量程和测量精确度的要求,在选择电压表无果的情况下进行电表的改装,改装时结合器材参数能考虑到通过灯泡电流的测量误差。知道分压式接法需要在选择阻值较小的滑动变阻器的同时分析安全性是否得到满足,从而选择 R_2。解答2能够从安全性、精确性、便捷性等多角度较全面地进行考虑,选择合适器材,优化方案设计。

▶ **评有成果**

师:通过以上学生解答的比较,你有哪些收获?

生3:对实验的方案设计,可以参考教材中的方案,但不能生搬硬套,可以以教材中的实验设计为基础,分析实验要求和提供的实验器材,做出最优方案改进。

生4:①能规范使用实验器材;②具有丰富的实验操作经验;③能够习惯性地从安全、精确角度进行思考,发现存在的问题;④能从物理的基本规律出发,结合实验所提供器材进行电路设计;⑤能够对设计方案的可行性进行多角度论证。

问题情境2 **测电源电动势和内阻的电路设计**

现有如图9-6-11所示的实验器材,照片中电阻箱阻值可调范围为 $0 \sim 9999\Omega$,滑动变阻器阻值 R 的变化范围为 $0 \sim 10\Omega$,电流表 G 的量程为 $0 \sim 3mA$,内阻为 200Ω,电压表的量程有 $0 \sim 3V$ 和 $0 \sim 15V$。

请选择合适的器材,画出两种测定一节干电池的电动势和内阻的电路图。

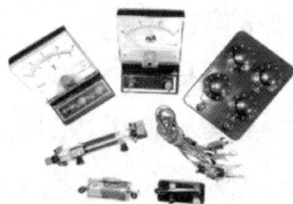

图 9-6-11

▶ **参考案例**

展示情境2的学生解答。

解答1：

根据所给器材，可设计伏安法和安阻法测电源电动势和内电阻，如图 9-6-12 所示。

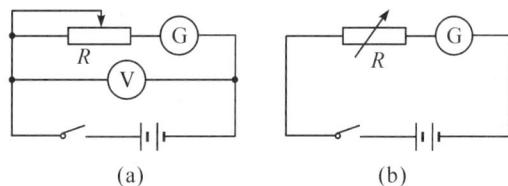

(a)   (b)

图 9-6-12

解答2：

根据题中所给的器材，考虑电表量程不符合实验要求的情况，需要对电流计进行改装（可将电阻箱的阻值调为 1Ω 后与电流计并联），可选择电压表的量程为 $0 \sim 3V$，然后采用伏安法测量，如图 9-6-13 所示；另外可采用伏阻法进行测量，考虑到误差产生的主要原因是电压表分流，则要求 R 值相对小一些，而为了能对电路进行调节，R 值应与电池的内电阻相当，正好也符合阻值相对小一些的要求，如图 9-6-14 所示。

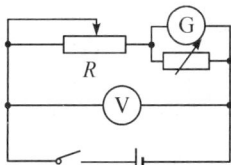   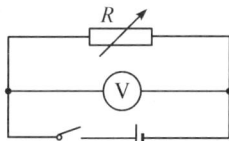

图 9-6-13   图 9-6-14

▶ **展有所获**

师：解答1存在的问题是什么？解答2是如何思考的？

生1：解答1把教材中"测电源电动势和内电阻"的测量电路用到本题中，没有考虑电路中的电流将超过电流计的量程。解答1中的另一个安阻法的设计，当 R 值为 300Ω 时，外电路电压约为 $1.5V$，从量程上虽然可以满足实验测量要求，但是利用 R 与 I 的关系测得的内电阻包括电流计 G 的内阻，而 G 表内阻值为 200Ω，电源的内阻为几个欧姆，两者相差较大，这种方法对内阻测量带来的误差较大。

生2：解答2在考虑测电源电动势和内电阻的实验设计时，结合题目所给实验器材，对教材方案是否存在安全性问题（如电表的量程是否满足要求）进行了论证，发现问题后进行"替代"方案的设计（如是否可以采用安阻法、伏阻法进行测量），并从安全性、精确性、可操作性角度进行论证（如量程是否匹配，调节是否方便，是否会产生较大的误差等）。

▶ **评有成果**

师：通过以上学生解答的比较，你有哪些收获？

生3：对实验方案的设计，可以以所学实验设计为基础，根据实验要求和实验器材的特点进行改装，以达到测量的要求。

生4：对于已设计的实验方案，需要从安全性、精确性、可操作性等方面进行分析论证，并考虑测量误差产生的原因，哪种方案误差会更小，有无减小误差的方法。具体可以先尝试一下，能否用已有方案和器材进行实验？是否可以用已有方案和组装器材进行实验？还是需要创新实验方案进行实验?在论证时可先考虑是否超量程等安全问题,再论证测量是否精确,最后论证操作是否方便。

任务3:实验综合解释类问题

滑动变阻器分压特性分析

如图9-6-15所示,已知滑动变阻器的最大阻值 $R_0 = 10\Omega$,额定电流 $I = 1.0A$。选择负载电阻 $R = 10\Omega$,以 R 两端电压 U 为纵轴,$\dfrac{x}{L}$ 为横轴(x 为 AP 的长度,L 为 AB 的长度),得到 $U - \dfrac{x}{L}$ 分压特性曲线为图中9-6-15(b)的曲线 Ⅰ。

当 $R = 100\Omega$ 时,其分压特性曲线对应图9-6-15(b)中的哪条曲线?并说明理由。

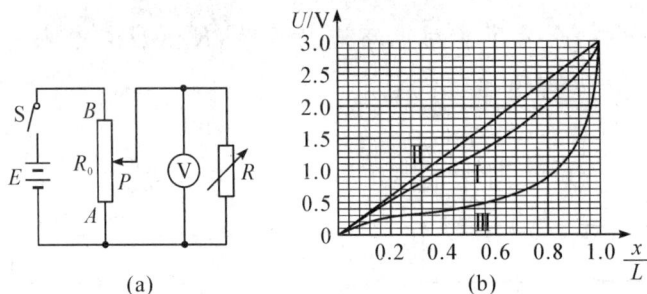

图 9-6-15

▶**参考案例**

展示情境3的学生解答。

解答1:

考虑图像的坐标轴,忽略电源内电阻,得

$$U = \frac{\dfrac{Rkx}{R+kx}}{\dfrac{Rkx}{R+kx}+k(l-x)}E = \frac{Rkx}{Rkx+(R+kx)(L-x)k}E = \frac{kRx}{kRL+k^2xL-k^2x^2}E$$

$$U = \frac{kR\dfrac{x}{L}}{kR+k^2x-\dfrac{k^2x^2}{L}}E$$

很难找出 $U - \dfrac{x}{L}$ 之间的关系。

解答2:

考虑到用函数表达式的方式很难确定函数关系,重新审视问题——"分压特性曲线对应图9-6-15(b)中的哪条曲线",这不同于画图线(精确要求),可以采用特殊点比较法进行尝试。

假定 AP 部分的电阻为 R',R' 分别与 10Ω 与 100Ω 并联,再与 BP 部分的电阻串联;由于相同的 R' 与 100Ω 并联后的电阻较与 10Ω 并联后的电阻大,根据闭合电路欧姆定律可知,滑片在相同位置下,负载电阻越大,其两端电压越大;即在相同横坐标下,负载为 100Ω 时,电压表的示数应该较图 9-6-15(b) 中的曲线 Ⅰ 大，故应该选曲线 Ⅱ。

解答 3:

假定 AP 部分的电阻为 R'，$U = \dfrac{R_并}{R_总}E$，当 $\dfrac{x}{L}$ 增大时，R' 增大，$R_并$ 增大，$R_总$ 减小，则 U 值随之增大，所以三条曲线都是随 $\dfrac{x}{L}$ 值增大而增大的。当 $R \gg R_0$ 时，$R_总$ 几乎不变，$R_并 \approx R'$，则 $U = \dfrac{R_并}{R_总}E \approx \dfrac{x}{L}E$，对应曲线 Ⅱ，在此状况下，电压随滑动触头的变化而平稳变化，从而获得更多的实验数据；当 $R \ll R_0$ 时，当 $\dfrac{x}{L}$ 在 0 至较大值的范围内变化时，$R_并 \approx R$，则 $U \approx \dfrac{R}{R_总}E$，且 $R_总$ 在缓慢增加，所以 U 为一个较小值且缓慢增加，当 $\dfrac{x}{L}$ 增大到 $R_总$ 接近 R 时，U 值会随 $\dfrac{x}{L}$ 增大而迅速增大，对应曲线 Ⅲ。

▶ **展有所获**

师：解答 2 和 3 是如何想到的？

生 1：对图像的解释通常的做法是根据相应的物理规律写出与图像物理量相对应的表达式，并由表达式理解图像的物理意义。但本题中解答 1 写表达式时遇到了困难，很难建立 U 和 $\dfrac{x}{L}$ 的表达式，也难于理解图像对应的物理意义。

生 2：在列表达式未果的情况下，对滑动变阻器的分压式接法从定性的角度理解：负载电阻越大，相同 x 值情况下获得的分压越大，所以取相同 $\dfrac{x}{L}$ 值时，U 值越大的负载越大，所以 100Ω 对应的是曲线 Ⅱ。这是一种比较巧妙的方法，但也是一种非常规方法，这种方法应该是在认识到前面方法无法确定后重新进行思考找到的。根据题目要求确定哪条曲线，这不同于画图线（精确要求），可以采用特殊点比较法。

生 3：在列表达式未果的情况下，能够将负载并联部分作为一个整体进行思考，在简化电路结构的同时，将对并联电阻部分的定性分析与 U 随 x 的定量分析结合起来考虑，很好地理解了当滑动变阻器最大阻值远小于负载阻值时函数关系对应曲线 Ⅱ，当滑动变阻器最大阻值远大于负载阻值时函数关系对应曲线 Ⅲ。

▶ **评有成果**

师：通过以上学生解答的比较，你有哪些收获？

生 3：对于图像的解释不仅需要根据规律建立关系式，寻找对应关系，理解物理意义，还需要从定性的角度加以理解和解释。

生 4：类似于滑动变阻器分压式接法的实验设计，对其器材的选择及分压所满足的规律等分析，不能只停留在知道选择什么样的电阻值、分压式的连接方式等结论性的知识，更需要理解选择的依据、不同连接方式对应电压的特点及规律。

生 5：在面对较复杂的物理量之间关系的时候，可以将各个局部的物理量进行组合分析，在弄清各部分组合量之后进行整体分析，这样从自变量到组合量再到应变量的分析过程，简化了问题的结构，更易分析物理量之间的关系，从而更好地理解图像对应的物理意义。

（三） 巩固性练习

1. 小明想测额定电压为 2.5V 的小灯泡在不同电压下的电功率,电路如图 9-6-16 所示。

(1) 在实验过程中,调节滑片 P,电压表和电流表均有示数但总是调不到零,其原因是 _____ 的导线没有连接好(图中用数字标记的小圆点表示接线点,空格中请填写图中的数字,如"7 点至 8 点")。

(2) 正确连好电路,闭合开关,调节滑片 P,当电压表的示数达到额定电压时,电流表的指针如图 9-6-17 所示,则此时小灯泡的功率为 _____ W。

(3) 做完实验后,小明发现在实验报告上漏写了电压为 1.00V 时通过小灯泡的电流,但在草稿纸上记录了下列数据,你认为最有可能的是 （ ）

　　A. 0.08A 　　　　B. 0.12A 　　　　C. 0.20A

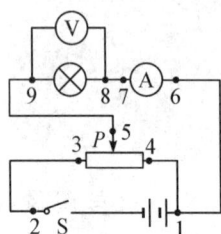

图 9-6-16

图 9-6-17

2. 用如图 9-6-18 所示的实验装置研究小车速度随时间变化的规律。主要实验步骤如下:

a. 安装好实验器材。接通电源后,让拖着纸带的小车沿长木板运动,重复几次。

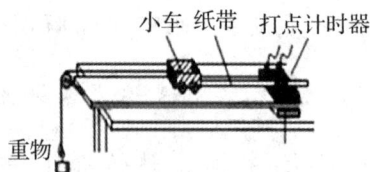

图 9-6-18

b. 选出一条点迹清晰的纸带,找一个合适的点当作计时起点 $O(t=0)$,然后每隔相同的时间间隔 T 选取一个计数点,如图 9-6-19 中 $A, B, C, D, E, F, \cdots$ 所示。

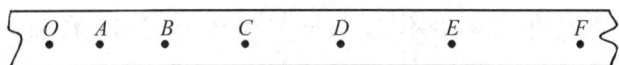

图 9-6-19

c. 通过测量、计算,可以得到在打 $A, B, C, D, E, \cdots$ 点时小车的速度,分别记作 $v_1, v_2, v_3, v_4, v_5, \cdots$。

d. 以速度 v 为纵轴、时间 t 为横轴建立直角坐标系,在坐标纸上描点,如图 9-6-20 所示。

结合上述实验步骤,请你完成下列任务:

(1) 在下列仪器和器材中,还需要使用的有 _____ 和 _____（填选项前的字母）。

　　A. 电压合适的 50 Hz 交流电源 　　　B. 电压可调的直流电源

　　C. 刻度尺 　　　　　D. 秒表 　　　　　E. 天平(含砝码)

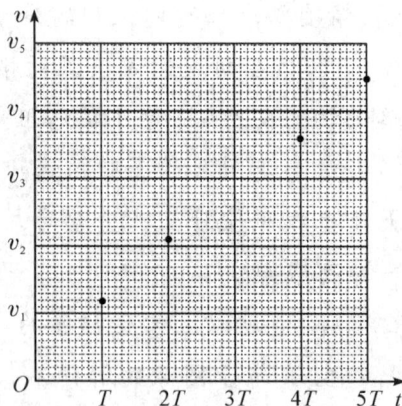

图 9-6-20

(2) 在图 9-6-20 中已标出计数点 A、B、D、E 对应的坐标点,请在该图中标出计数点 C 对应的坐标点,并画出 v-t 图像。

(3) 观察 v-t 图像,可以判断小车做匀变速直线运动,其依据是 _____。

$v-t$ 图像斜率的物理意义是_____。

(4) 描绘 $v-t$ 图像前,还不知道小车是否做匀变速直线运动。用平均速度 $\dfrac{\Delta x}{\Delta t}$ 表示各计数点的瞬时速度,从理论上讲,对 Δt 的要求是_____(填"越小越好"或"与大小无关");从实验的角度看,选取的 Δx 大小与速度测量的误差_____(填"有关"或"无关")。

(5) 早在 16 世纪末,伽利略就猜想落体运动的速度应该是均匀变化的。当时只能靠滴水计时,为此他设计了如图 9-6-21 所示的"斜面实验",反复做了上百次,验证了他的猜想。请你结合匀变速直线运动的知识,分析说明如何利用伽利略"斜面实验"检验小球的速度是随时间均匀变化的:_____

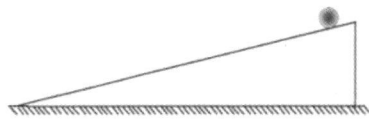

图 9-6-21

_____。

3. 某探究性学习小组利用如图 9-6-22 所示的电路测量电池的电动势和内阻,其中电流表 A_1 的内阻 $r_1 = 1.0\text{k}\Omega$,电阻 $R_1 = 9.0\text{k}\Omega$。为了方便读数和作图,给电池串联一个 $R_0 = 3.0\Omega$ 的电阻。某小组通过多次改变滑动变阻器滑片位置,得到电流表 A_1 和 A_2 的多组 I_1 和 I_2 数据,作出图像,如图 9-6-23 所示。由 I_1-I_2 图像得到电池的电动势 $E = $ _____ V,内阻 $r = $ _____ Ω。

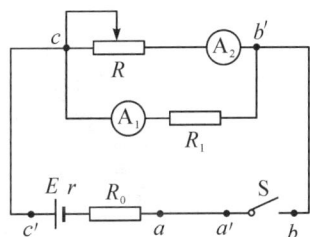

图 9-6-22

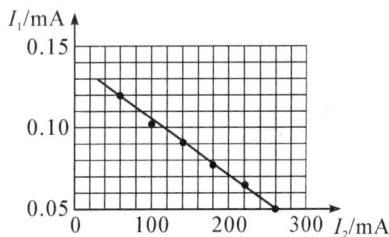

图 9-6-23

4. 小明同学用如图 9-6-24 所示的电路测定电池组(由两个电池构成)的电动势和内阻,S_1 为开关,S_2 为单刀双掷开关,E 为电源,R_0 是一个阻值为 1.0Ω 的定值电阻,R_1 为滑动变阻器。

(1) 先闭合 S_1,调节滑动变阻器,将 S_2 分别接到 a 和 b 得到多组数据,用电脑处理后得到如图 9-6-25 所示的电池组的 $U-I$ 关系图像,其中右侧直线是开关 S_2 接到_____(填"a"或"b")得到的实验结果;

(2) 某次测量时,电流表的示数如图 9-6-26 所示,读数为_____ A;

(3) 计算机已经根据测量的两组数据拟合直线,并且得到了直线的方程,可得电池组的电动势 $E = $ _____ V,电池组的内电阻 $r = $ _____ Ω。(结果均保留 2 位有效数字。)

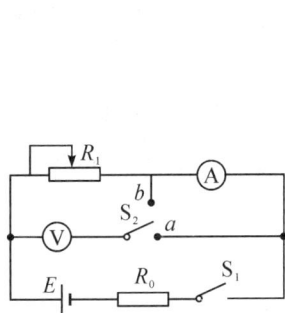

图 9-6-24

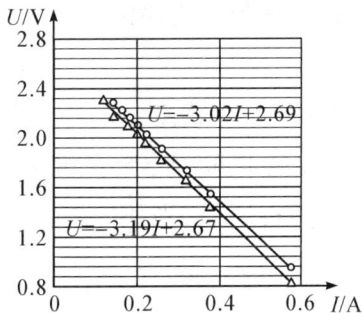

图 9-6-25

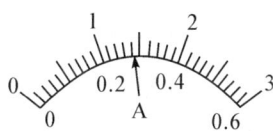

图 9-6-26

专题十:能量观

一、专题综述

（一）　试题情境与特征分析

1. 试题情境

纵观近几年的浙江省高考试题,能量观问题主要以抽水机、起重机、光路、风力发电、汽车能量转化为情境。

如图 10-1-1 ～ 10-1-6 所示,试题求解内容主要集中在以下几个方面:① 能量模型的建立;② 能量转化观念;③ 能量转化的量度观念;④ 能量守恒观念;⑤ 能量耗散观念;⑥ 节约用能观念。

图 10-1-1

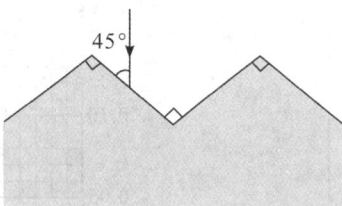

图 10-1-2

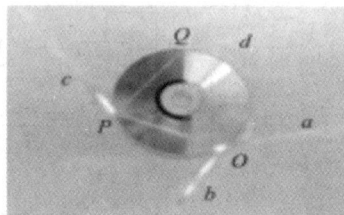

图 10-1-3

图 10-1-4

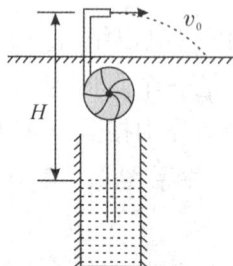

图 10-1-5

图 10-1-6

2. 特征分析

能量观问题以生活情境为背景,以物理观念为评价导向,利用科学思维论证,主要有以下特点。

（1）涉及情景丰富、能量多元

试题涉及情景丰富,与生活联系紧密,有灌溉中的抽水机问题、灭火中的起重机问题、发电场中的风力发电问题、核电站中的能量转化问题、无人机中的能量转化问题、光盘中光的能量传输问题。涉及的能量有重力势能、动能、热能、光能、核能等。

（2）涉及多元能量观念

该部分情境都以真实情境为背景建构能量转化模型。

研究对象多元:水、空气、光等都可以作为研究对象;部分研究对象隐蔽,比如消防车伸缩臂存在重力势能,风能发电的空气柱模型的建立。

能量转化的过程复杂：消防车能量转化包括平台能量增加，还包括机械臂的能量增加；无人机能量变化包括无人机的势能，还包括空气动能的增加；喷灌系统中电动机的能量转化为水的动能和重力势能。

能量守恒关系隐蔽：光能分配中，涉及多次转化。

能量耗散观念隐蔽：风能转化、核能转化都存在效率问题，需要还原物理过程才能认清问题实质。

要求学生具有认识问题、分析问题、解决问题的关键能力，考查能量观。

（3）需要科学论证

需要学生能在具体的问题情境中，高质量地认识问题、分析问题、解决问题，注重考查物理建模、科学推理、科学论证等素养要素。

需要学生能在实际情境中运用能量转化观念解决问题，结合生活实际进行论证，如消防车能量转化问题、无人机能量转化问题等。

需要学生能在实际情境中运用能量守恒观念解决问题，如光能分配中的能量守恒问题、汽车能流中的守恒问题等。

需要学生能在实际情境中运用能量耗散观念，结合生活实际质疑论证，如风能发电的能量转化问题、核能发电的能量转化效率问题等。

（二） 学生思维障碍分析

1. 对于复杂情境处理有困难

能量观问题情境源于生产生活实际问题，展示的情境复杂。学生面对复杂的情境时没有较强的分析综合和推理能力，难以确定能量转化的关系，缺少有效解决问题的方法。

2. 科学思维上的障碍

能量观问题综合性较强，对物理建模、科学推理、科学论证等科学思维水平要求较高。学生虽然已经掌握相关能量观念，但尚未掌握有效解决问题的思维流程和方法，因此在问题解决上常常束手无策。

能量观问题需要学生具有质疑创新的思维，对问题的结论进行论证，而学生缺乏这方面的意识和能力。

3. 没有形成清晰的能量观

学生没有形成系统的能量转化、能量量度、能量守恒、能量耗散等观念，应用能量观分析问题时，常常没有考虑能量转化效率等问题。

（三） 求解思维导图

求解思维导图如图 10-1-7 所示。

学生原有的能量观 —问题诊断→ 学生缺失的观念要素 —分析设计→ 问题解决方案 —训练同化→ 形成清晰的能量观

图 10-1-7

(四) 专题学习目标

素养指向	具体目标
物理观念	知道各种运动形式及物质状态均有对应的能量,形成能量普适观念
	知道能量间可以相互转化,能量转化是有条件的;在自发情况下,能量转化具有方向性;形成清晰的能量转化观念
	知道能量可以通过做功、热传递、能量变化及能量守恒来计算,形成完整的能量量度观念
	知道机械能守恒是有条件的,知道在任何情况下能量都是守恒的,知道能量守恒是单体间不同能量的转化以及系统间各种能量的转移或者转化,形成清晰的能量守恒观念
	知道能量耗散现象,能源的利用率不能达到100%,形成能量耗散和节约用能的观念
科学思维	能分析具体问题情境,建立准确的能量转化模型
	能对能量转化的关系进行科学推理
	能结合实际,质疑论证结果的正确性
科学态度 与责任	通过对生活问题的处理,感受物理的实用性
	通过对问题结论的分析,培养节能环保意识

(五) 专题细分及课时规划

专题细分		课时规划
横向主题	各种能量观子观念及观念要素的形成	1课时

二、横向主题:各种能量观子观念及观念要素的形成

(一) 课时学习目标

素养指向	具体目标
物理观念	知道各种运动形式及物质状态均有对应的能量,形成能量普适观念
	知道能量间可以相互转化,能量转化是有条件的;在自发情况下,能量转化具有方向性;形成清晰的能量转化观念
	知道能量可以通过做功、热传递、能量变化及能量守恒来计算,形成完整的能量量度观念
	知道机械能守恒是有条件的,知道在任何情况下能量都是守恒的,知道能量守恒是单体间不同能量的转化以及系统间各种能量的转移或者转化,形成清晰的能量守恒观念
	知道能量耗散现象,能源的利用率不能达到100%,形成能量耗散和节约用能的观念
科学思维	能分析具体问题情境,建立准确的能量转化模型
	能对能量转化的关系进行科学推理
	能结合实际,质疑论证结果的正确性
科学态度 与责任	通过对生活问题的处理,感受物理的实用性
	通过对问题结论的分析,培养节能环保意识

(二) 课时学习设计

任务1:形成能量普适观点

问题情境　**各种形式的能量**

根据图 10-2-1 ～ 10-2-10 提供的信息,在横线中填上各种能量。

图 10-2-1　高处的石头具有_____能;

图 10-2-2　充电宝具有_____能;

图 10-2-3　无线充电中传输_____能;

图 10-2-4　取暖的"小太阳"传输_____能;

图 10-2-5　风力发电时利用了_____能;

图 10-2-6　核电站发电利用了_____能;

图 10-2-7　光伏发电利用了_____能;

图 10-2-8　人能听到铃声说明声波具有_____能;

图 10-2-9　闪电说明云层中的电荷具有_____能;

图 10-2-10　高压气体很难被压缩,说明分子存在_____能。

图 10-2-1　　　图 10-2-2　　　图 10-2-3　　　图 10-2-4　　　图 10-2-5

  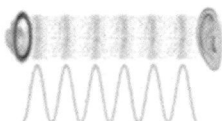 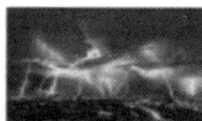 

图 10-2-6　　　图 10-2-7　　　图 10-2-8　　　图 10-2-9　　　图 10-2-10

▶ **参考案例**

典型错误:

图 10-2-1　高处的石头具有<u>重力势</u>能;

图 10-2-2　充电宝具有<u>化学</u>能;

图 10-2-3　无线充电中传输<u>电</u>能;

图 10-2-4　取暖的"小太阳"传输<u>热</u>能;

图 10-2-5　风力发电时利用了<u>风</u>能;

图 10-2-6　核电站发电利用了<u>核</u>能;

图 10-2-7　光伏发电利用了<u>光</u>能;

图 10-2-8　人能听到铃声说明声波具有<u>声</u>能;

图10-2-9 闪电说明云层中的电荷具有<u>电能</u>;

图10-2-10 高压气体很难被压缩,说明分子存在<u>势能</u>。

优秀解答:

图10-2-1 高处的石头具有<u>重力势能</u>(以地面为参考系);

图10-2-2 充电宝具有<u>化学能</u>;

图10-2-3 无线充电中传输<u>电磁能</u>;

图10-2-4 取暖的"小太阳"传输<u>热能</u>;

图10-2-5 风力发电时利用了<u>空气动能</u>;

图10-2-6 核电站发电利用了<u>核能</u>;

图10-2-7 光伏发电利用了<u>光能</u>;

图10-2-8 人能听到铃声说明声波具有<u>空气振动能</u>;

图10-2-9 闪电说明云层中的电荷具有<u>电势能</u>;

图10-2-10 高压气体很难被压缩,说明分子存在<u>分子动能</u>。

▶ **展有所获**

师:请描述图10-2-3无线充电的原理,涉及哪些能量转化?

生1:无线充电利用电磁感应原理,涉及电能和磁能的转化。

师:风的本质是什么?

生2:风是气压差造成的空气流动,所以风力发电利用的是空气的动能。

师:声波的本质是什么?

生3:声音是利用空气振动来传输的,所以利用的是空气振动的能量。

师:闪电是两云层之间的放电或者云层和大地之间的放电,那么两云层之间或者云层和大地之间为什么会放电?电荷存在哪种能量?

生4:电荷放电是因为两云层之间或云层和大地之间存在电势差,所以电荷具有电势能。

师:高压气体很难被压缩的原因是什么?对应哪种能量?

生5:高压气体很难被压缩的原因是气体压强太大,其本质原因是气体分子撞击气壁产生的,对应的是分子的动能。

▶ **评有成果**

师:这些情景都涉及哪些能量?这些能量都与哪些物质状态对应?自然界中的能量具有什么特性?

生6:这些情境涉及物体的重力势能、空气的动能、化学能、热能、光能、核能、电势能、电磁能,这些能量都对应物质所对应的状态,说明自然界中能量具有普遍性、多样性,能量是生活中普遍的观念。

师:这些能量之间有什么关系?

生7:能量之间是相互联系,相互转化的。

▶ **小结**

能量具有普遍性:能量是普遍适用的概念,也是生活中常用的概念。

能量具有多样性:按学科分类有生物质能、化学能等;按属性分类有机械能、电能、磁能、热能、光能、核能等;按现象分类有潮汐能、地热能、太阳能等。各种能量之间相互联系,相互转化。

任务 2:形成能量转化观点

问题情境　无人机问题

利用地面直流电源通过电缆供电的无人机如图 10-2-11 所示,旋翼由电动机带动。现由质量为 20kg、额定功率为 5kW 的无人机从地面起飞沿竖直方向上升,经过 200s 到达 100m 高处后悬停并进行工作。已知直流电源供电电压为 400V,若不计电缆的质量,忽略电缆对无人机的拉力。请问:无人机在上升过程中消耗的平均功率为 100W,是否正确?怎么解释?

图 10-2-11

▶ **参考案例**

优秀解答:

无人机克服重力的功率为 100W,直流电源输出的能量除了转化为无人机的重力势能,还转化为其他能量,具体可以用如图 10-2-12 所示能流图直观地分析能量变化。

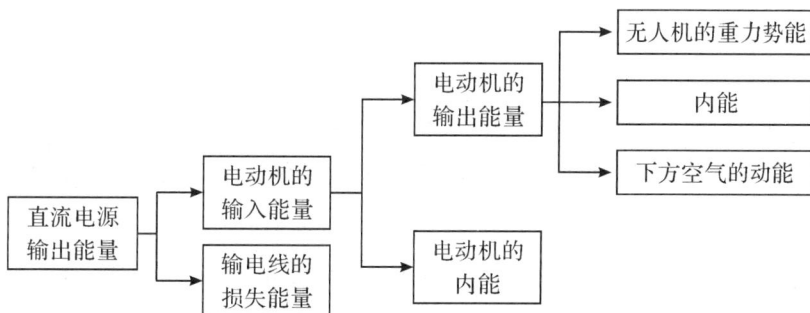

图 10-2-12

错误解答:

无人机在上升的过程中,电能转化为无人机的重力势能,$W = E_p = mgh = 2 \times 10^4 \text{J}$,所以功率为 $P = \dfrac{W}{t} = 100\text{W}$。

▶ **展有所获**

师:直流电源输出都转化为什么能量?其对应的功率为多少?

生 1:直流电源输出的能量转化为无人机的重力势能,其功率为

$$P = \frac{W}{t} = \frac{mgh}{t} = 100\text{W}$$

师:除了重力势能,还转化为其他能量吗?能计算其值吗?

生 2:还转化为无人机的动能和无人机的内能,由 $x = \dfrac{1}{2}vt$,可得 $v = 1\text{m/s}$,有

$$E_k = \frac{1}{2}mv^2 = 10\text{J}$$

生 3:无人机上升,克服上方空气做功,使无人机螺旋桨的内能增大,还有螺旋桨在转动过

程中会摩擦生热,电流通过电动机,由于电机存在内阻,也会使内能增大。

师:我们认真分析无人机的飞行过程,无人机的初态和末态分别是什么?

生4:无人机原来静止,后来悬停,所以速度都为0。

师:所以,无人机动能的变化量为0,而且我们分析问题时要有全局观,能量从电源输出,都经过哪些路径?都转化为什么能?电流经过导线从电源输给电动机,在这个过程中有没有能量损失?

生5:导线会产生热量,所以有热能损失;电动机有内阻,所以也有内能损失;电动机输出的能量变成了无人机的内能和无人机的重力势能。

师:我们要结合实际分析问题,当无人机经过森林上空时,我们看到树枝摇晃得特别厉害,说明无人机下方空气具有动能,这部分能量来自哪里?

生6:是无人机对下方空气做功产生的。

师:功是能量转化的量度,电动机输出的能量转化成其他什么形式的能量可以从对无人机的受力角度分析,无人机都受到哪些力的作用,对应哪些能量变化。

生7:无人机受到重力、下方空气对其的推力、无人机内部轴承的摩擦力等,重力对应重力势能增加,下方空气对其的推力对应下方空气动能的增加,内部轴承的摩擦力对应内能的增加。

▶ **评有成果**

师:能量能自发转移吗?

生8:能量的转化不能自发进行,都需要做功来实现,如机械能到热能的转化需要摩擦力做功,电能到热能的转化需要电流工作,重力势能到动能的转化需要重力做功,电势能与动能的转化需要电场力做功。

生9:但是这些能量转化具有方向性,重力势能从高处向低处转化,电势能从高电势向低电势转化,热能从温度高的地方向温度低的地方转化,动能从大到小转化。

▶ **小结**

转化具有条件性,比如重力势能变化是通过重力做功实现的,电势能变化是通过电场力做功实现的。转化具有方向性,如果转化是自发的,重力势能从高处向低处转化,电势能从高电势向低电势转化,热能从温度高的地方向温度低的地方转化,动能从大到小转化。如图10-2-13所示,能量转化观主要分为三个步骤:确定研究对象 — 分析能量转化关系 — 确定能量关系式。

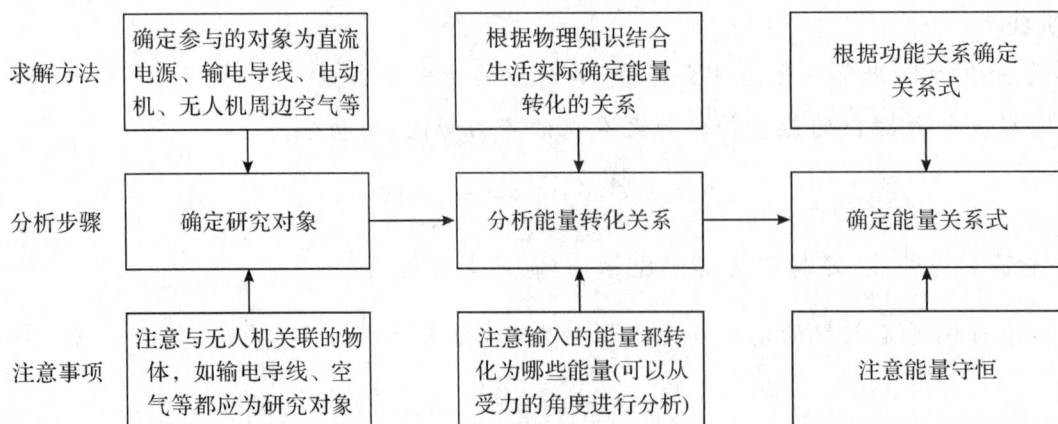

求解方法	确定参与的对象为直流电源、输电导线、电动机、无人机周边空气等	根据物理知识结合生活实际确定能量转化的关系	根据功能关系确定关系式
分析步骤	确定研究对象	分析能量转化关系	确定能量关系式
注意事项	注意与无人机关联的物体,如输电导线、空气等都应为研究对象	注意输入的能量都转化为哪些能量(可以从受力的角度进行分析)	注意能量守恒

图10-2-13

任务3：形成能量量度观点

冰雪融化问题

$-10℃$ 的冰变成 $10℃$ 的水要吸收多少热量?已知冰的质量为 $1kg$,冰的熔化热 $\lambda = 4.11 \times 10^5 J/kg$,冰的比热容 $c_冰 = 2.1 \times 10^3 J/(kg \cdot ℃)$,水的比热容为 $c_水 = 4.2 \times 10^3 J/(kg \cdot ℃)$。

▶ **参考案例**

优秀解答：

$-10℃$ 的冰变成 $10℃$ 的水,对应三个过程:先从 $-10℃$ 的冰变成 $0℃$ 的冰;再从 $0℃$ 的冰变成 $0℃$ 的水;最后从 $0℃$ 的水变成 $10℃$ 的水。所以对应的能量分别是

$$Q_1 = c_冰 m \Delta T = 2.1 \times 10^4 J, Q_2 = \lambda m = 4.11 \times 10^5 J, Q_3 = c_水 m \Delta T' = 4.2 \times 10^4 J$$

所以吸收的总热量为

$$Q = Q_1 + Q_2 + Q_3 = 4.74 \times 10^5 J$$

错误解答：

$-10℃$ 的冰变成 $10℃$ 的水,对应两个过程:先在冰的状态,从 $-10℃$ 变成 $0℃$;然后在水的状态,从 $0℃$ 变成 $10℃$。所以对应的能量分别是

$$Q_冰 = c_冰 m \Delta T = 2.1 \times 10^4 J, Q_水 = c_水 m \Delta T' = 4.2 \times 10^4 J$$

所以吸收的总热量为

$$Q = Q_冰 + Q_水 = 6.3 \times 10^4 J$$

▶ **展有所获**

师:相同质量的 $0℃$ 的冰和 $0℃$ 的水的内能相同吗?

生1:相同,因为温度没有变化,所以内能不会发生变化。

师:烧开水时,当水烧开后,水继续吸收热量,水的状态如何变化?水的温度会升高吗?

生2:水会继续吸收热量,水的温度不会升高,水由液态变成气态。

师:水吸收的能量去哪里了?

生3:使水的状态发生改变。

师:$0℃$ 的冰和水所处状态不同,从固态到液态分子动能增大,需要吸热。所以从 $-10℃$ 的冰变成 $10℃$ 的水吸收了多少能量?如何计算?

生4:要分三个吸热过程,先从 $-10℃$ 的冰变成 $0℃$ 的冰,再从 $0℃$ 的冰变成 $0℃$ 的水,最后从 $0℃$ 的水变成 $10℃$ 的水,把这三个过程吸收的能量相加就是吸收的总能量。

▶ **评有成果**

师:在热能转移过程中,能量转移多少要通过什么方式来进行量度呢?

生5:可以通过热传递来进行量度,热能改变多少可以通过传递多少热量进行计算。

汽车能量问题

一辆汽车以 $80km/h$ 的速度行驶时,每 $10km$ 耗油约为 $1L$。根据汽油的燃烧值进行简单的计算可以得知,这时消耗的功率约为 $70kW$。一辆小汽车行驶时的功率分配比例如图10-2-14所

示。在 70kW 功率中,1kW 由于汽油的蒸发而消失;剩下的 69kW 进入发动机,大约有 17kW 用于做功,而其余的 52kW 包括排气管排出的废热和散热器的热量散失,两者约各占一半。用于做功的 17kW 也有不少损耗。约 5kW 用于发动机的水箱循环和空调,约 3kW 消耗于传动装置,最后只有 9kW 到达驱动轮。这 9kW 的功率推动汽车向前进,其中约一半用于克服空气阻

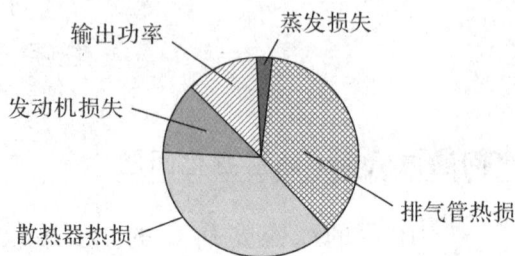

图 10-2-14

力,另外一半用于克服滚动摩擦。根据上述信息可知,汽车克服滚动摩擦做功的功率为多少?整辆汽车 1s 内消耗的燃料最终转化为多少内能?

▶ 参考案例

优秀解答:

汽车克服滚动摩擦力做功的功率为 4.5kW,转化为的内能总共有 69kW,1kW 功率由于汽油的蒸发而消失,剩下的 69kW 功率进入发动机都转化为内能。

错误解答:

解答 1:

所有的输入能量都转化为内能。

解答 2:

约 3kW 功率消耗于传动装置,没有转化为内能,其他 67kW 功率都转化为内能。

解答 3:

1kW 功率由于汽油的蒸发而消失,功率为 52kW 的排气管排出的废热和散热器的热量散失没有转化为内能,其他 17kW 转化为内能。

▶ 展有所获

师:如何计算汽车克服滚动摩擦力做的功?

生1:题干中说只有 9kW 功率到达驱动轮。这 9kW 功率推动汽车向前进,其中约一半用于克服空气阻力,另外一半用于克服滚动摩擦力。根据机械能守恒,克服滚动摩擦力做功的功率为 4.5kW。

师:整辆汽车 1s 内消耗的燃料最终转化为多少内能?

生2:输入的能量和输出的能量关系不是很清晰。

师:生活中有没有类似这些能清晰描述输入和输出关系的例子?

生3:有,比如天然气管道,天然气从总管道出来后流向各家各户的分管道。

师:对,如果画出天然气流量图,根据总能量守恒关系,就可以求出结果。那是否可以建立汽车能流图进行分析呢?

生4:可以,汽车能流图如图 10-2-15 所示。

师:根据能流图,哪些转化为汽车的内能?

生5:未进入发动机的 1kJ 没转化为内能,其他都转化为汽车的内能。

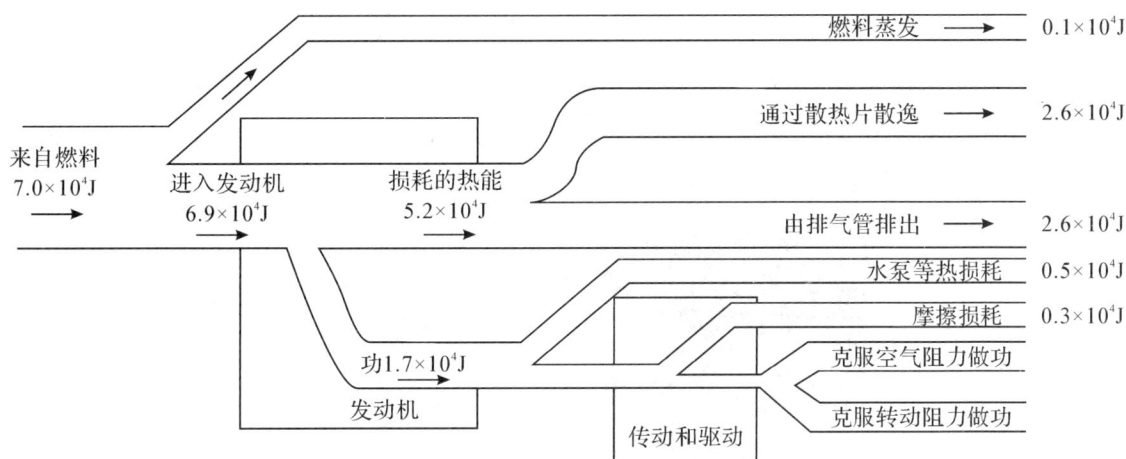

图 10-2-15

▶ **评有成果**

师:功是能量转化的量度,这个大家都非常清楚,但是有时候做功多少不是很明确的时候,还可以通过哪些方式来量度能量转化呢?

生6:可以通过能量守恒来进行计算,对于一个系统来说,输入的总能量和输出的总能量总是守恒的,再根据能流图就可以求出某一能量。

▶ **小结**

能量量度方法有多种,可以通过做功量度,功是能量转化的量度,可以通过动能定理、焦耳定律等来计算;通过能量变化值量度,通过能量变化的多少来进行计算;通过热量量度,通过传递多少热量来进行计算;通过总能量守恒量度,通过其他能量的变化值来计算某一能量的变化值。如图 10-2-16 所示,能量量度观主要分为三个步骤:确定研究对象 — 分析能量转化关系 — 确定能量量度方法并计算。

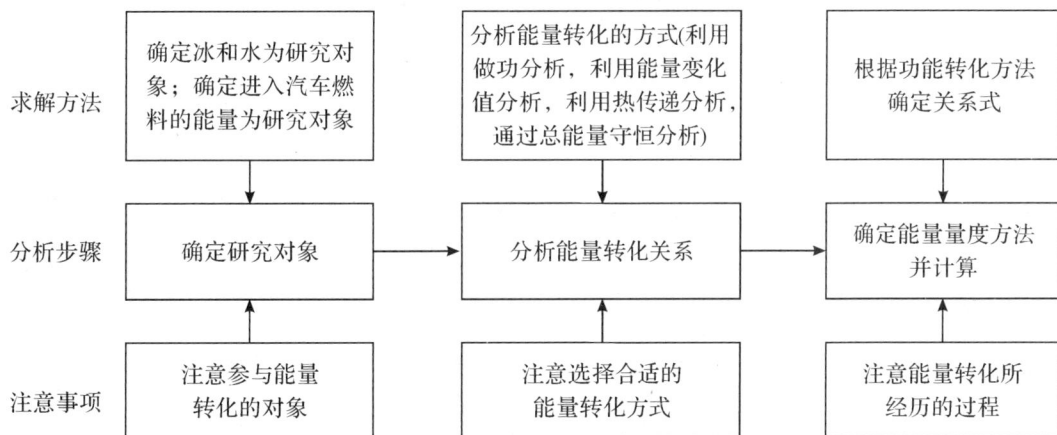

图 10-2-16

任务4:形成能量守恒观点

问题情境　饮水鸟问题

中国传统玩具饮水鸟如图 10-2-17(a) 所示。在鸟的面前放上一杯水,用手把鸟嘴浸到水里,鸟"喝"了一口水后,又直立起来。之后,无须人的干预,小鸟直立一会儿就会自己俯下身去使鸟嘴浸入水中"喝"水,然后又会直立起来。就这样周而复始,小鸟不停地点头喝水,成为一台神奇的"永动机"。图10-2-17(b)是饮水鸟内部结构图,底部装有易挥发的乙醚液体,通过玻璃细管连接小鸟头部,头部有乙醚气体。这是一个永动机的装置吗?如果不是,请说明为什么不是。它一直动的能量来自哪里?

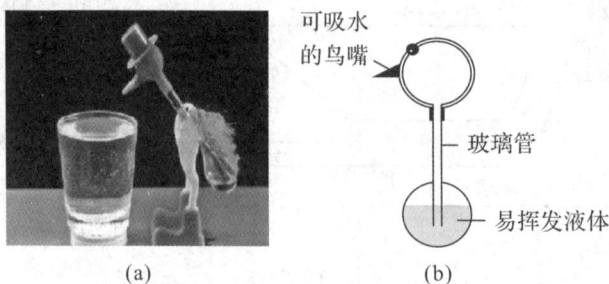

图 10-2-17

▶ **参考案例**

优秀解答:

小鸟的头和身由两个玻璃球构成,并通过细玻璃管相连。下球盛有一些乙醚,上球连同尖嘴被吸水毛毡包起来。小鸟头部的毛毡"饮水"后,水蒸发吸热,导致头部温度降低。上段玻璃管中的饱合乙醚蒸气被液化,压强减小,液柱上升[如图10-2-18(a)所示],小鸟重心上移,直到小鸟倾倒。处于倾倒位置的小鸟,头部再次被浸湿,上、下玻璃球内的气体相通,压强相等,乙醚流回下玻璃球内[如图10-2-18(b)所示],重心下移,小鸟站立。如此循环往复。正是因为小鸟头部"饮水"后水不断蒸发,吸收了察觉不到的空气的热量,才使小鸟能够持续工作下去。

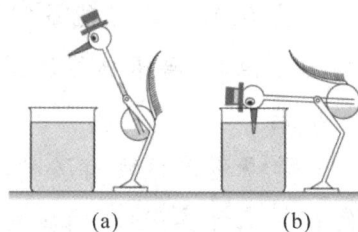

图 10-2-18

错误解答:

不是,因为永动机不符合能量守恒定律,其能量来自乙醚与鸟头的相互作用。

▶ **展有所获**

师:这是一个永动机的装置吗?能否从能量守恒的角度出发进行分析?

生1:这个不是永动机,因为小鸟在转动过程中轴承会受到摩擦力作用,而且也会受到空气阻力,所以机械能会减小。

师:它一直动的能量来自哪里?我们能否从乙醚的特点入手进行分析?

生2:温度升高,乙醚从液态变成气态;温度降低,乙醚从气态变成液态。

师:现在我们研究的对象是哪个?只有鸟吗?在这个研究系统中,温度为什么会发生变化?

生3:研究对象是鸟和水。上球连同尖嘴被吸水毛毡包起来。小鸟头部的毛毡"饮水"后,水蒸发吸热,导致头部温度降低。

师:那小鸟一直运动的原理是什么?

生4:上段玻璃管中的乙醚蒸气被液化,压强减小,液柱上升,小鸟重心上移,直到小鸟倾倒。

生5:处于倾倒位置的小鸟,头部再次被浸湿,上、下玻璃球内的气体相通,压强相等,乙醚流回下玻璃球内,重心下移,小鸟站立。如此循环往复。正是因为小鸟头部"饮水"后水不断蒸发,吸收了察觉不到的空气的热量,才使小鸟能够持续工作下去。

▶ **评有成果**

师:大家都相信永动机是不可能实现的,因为相信能量总是守恒的,我们常见的机械能是不是总是守恒呢?

生6:不是,只有重力做功或者弹力做功的系统机械能才守恒。

师:物体存在多种形式,能以单个物体形式存在,也能以多个物体形式存在,那么如何体现能量守恒表现形式?

生7:单个物体肯定存在几种相互转化的能量。

生8:多个物体可以存在同种能量的转移,也可以存在不同能量的转化,总之总能量是守恒的。

▶ **小结**

机械能守恒的条件:只有重力做功或者内部弹力做功的系统。

单个物体能量守恒:表现为单个物体存在几种能量的相互转化。

系统能量守恒:表现为系统内各个物体之间能量的转移或者转化。但是利用守恒观点时首先要判断系统的能量是否守恒。

如图10-2-19所示,能量守恒观主要分为三个步骤:确定研究对象 — 分析能量转化关系 — 分析能量守恒条件。

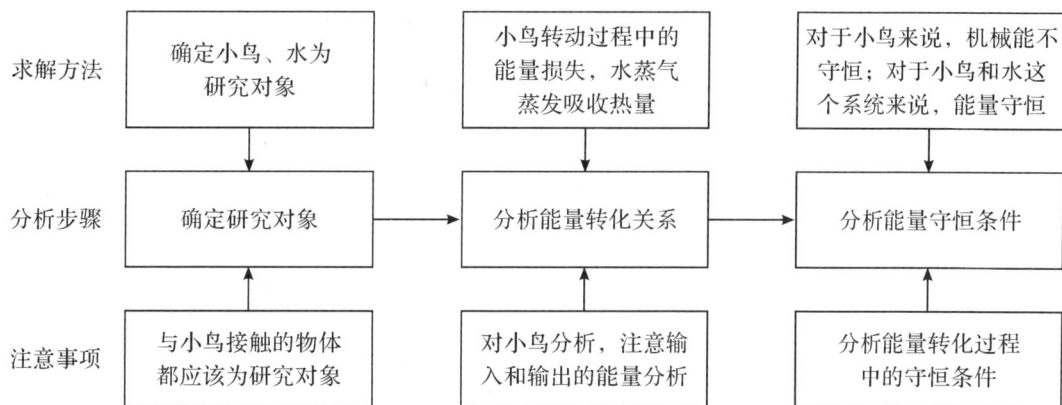

图 10-2-19

任务5:形成能量耗散观点

问题情境 核电站问题

秦山核电站发电供周边工厂和居民用电,已知输电损失为5%,该核电站30年总供电量约 6.9×10^{11} kW·h,由题目信息计算秦山核电站发电使原子核质量亏损多少,下列正确的是

(   )

A.27.6kg   B.29.0kg   C.26.2kg   D.87.0kg

▶ 参考案例

优秀解答:

如图 10-2-20 所示,核电站发电过程中,质量亏损产生的能量使热交换器中的水变成蒸汽,蒸汽带动叶轮机运动。在此过程中,能量会有损失,同时蒸汽还通过冷凝器重新回到热交换器中,这些过程都会造成能量耗散,而且输电损失为 5%,所以能量转化效率肯定低于 95%,故选项 D 正确。

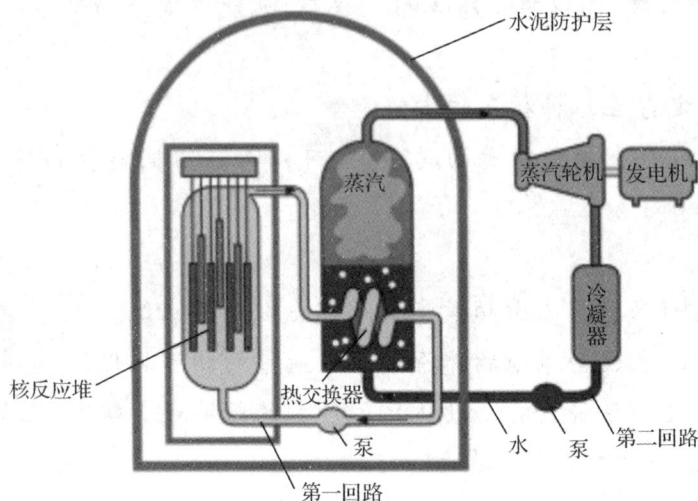

图 10-2-20

错误解答:

生 1:亏损的能量全部转化为电能,根据 $E = \Delta mc^2$ 得

$$\Delta m = \frac{E}{c^2} = 27.6\text{kg}$$

生 2:在能量转化过程中,能量损失 5%,则有 $95\%E = \Delta mc^2$,得

$$\Delta m = \frac{95\%E}{c^2} = 26.2\text{kg}$$

生 3:在能量转化过程中,能量损失 5%,则有 $E = 95\%\Delta mc^2$,得

$$\Delta m = \frac{E}{95\%c^2} = 29.0\text{kg}$$

▶ 展有所获

师:核电站发电过程中,质量亏损产生的能量全部转化为用户的电能吗?

生 4:没有,输电过程中存在能量损失。

师:质量亏损产生的能量多还是用户得到的能量多?如何列能量转化式?

生 5:肯定是质量亏损产生的能量多,所以对应的能量转化式为 $E = 95\%\Delta mc^2$。

师:质量亏损的能量直接转化为电能吗?中间还经历什么过程?

生 6:核电站发电过程中,质量亏损产生的能量使热交换器中的水变成蒸汽,蒸汽带动叶轮机运动,剩余的蒸汽通过冷凝器重新回到热交换器中,叶轮机运动还存在摩擦力等。

师:所以能量的转化效率肯定低于 95%,根据能量转化方程得到亏损质量肯定大于 29.0kg。

▶ **评有成果**

师：自然界中能量总是守恒的，但是能量的转化率并不是100%，大家能否举一些例子？

生7：风力发电，风能没有完全转化为电能。

生8：火力发电，煤炭燃烧时产生的内能没有完全转化为电能。

生9：汽车行驶时，汽油燃烧产生的能量没有完全转化为汽车的动能。

师：这些过程排出的废弃物还是有能量的，能否重新利用呢？

生10：这些能量可以用于其他用途，但是能源的品质下降。

师：自然界中能源利用率不可能达到100%，能量总是耗散的。

任务6：形成节能观点

问题情境　　**运粮站问题**

某粮库使用额定电压为U、内阻为r的电动机运粮。如图10-2-21所示，配重和电动机连接小车的缆绳均平行于斜坡，装满粮食的小车以某一速度沿斜坡匀速上行，关闭电动机后，小车又沿斜坡上行路程L到达卸粮点时，速度恰好为0。卸粮后，给小车一个向下的初速度，小车沿斜坡刚好匀速下行。不计电动机自身机械摩擦力损耗及缆绳质量。请描述该装置中配重的主要作用，并描述上升过程和下降过程中系统能量的转化情况。

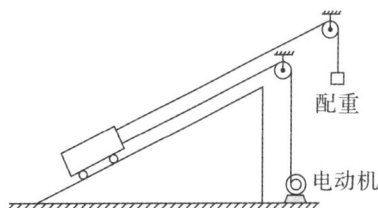

图10-2-21

▶ **参考案例**

优秀解答：

配重的主要作用是小车下降时，配重存储重力势能，小车上升时，配重释放重力势能，以减小电动机的耗能，节约能源。具体的能量转化为：上升过程中，电动机的动能和配重的重力势能转化为小车的重力势能和摩擦产生的内能；下降过程中，小车重力势能转化为小车的动能和配重的重力势能。

错误解答：

配重的主要作用是平衡摩擦力，使小车匀速下滑。上升过程中，电动机的动能和配重的重力势能转化为小车的重力势能和摩擦力产生的内能；下降过程中，小车的重力势能转化为小车的动能和配重的重力势能。

▶ **展有所获**

师：能量在转化过程中存在耗散现象，所以我们要节约能源，能否列举一些利用物理原理节能的装置？

生1：电梯配重，利用配重来节约能源，原理如同运粮站的配重。

生2:在自行车头安装灯泡,利用自行车摩擦力带动电动机,电动机为灯泡供电。

生3:新能源汽车有储能装置,刹车时启动储能装置,将动能转化为电能。

师:地球的能源有限,我们要通过物理知识设计更多的节能装置,让能源发挥更大的效益。

▶ **小结**

能源在转化过程中品质下降,能源利用效率不可能达到100%,能量在使用时对环境造成影响。我们要节约用能,尽量利用可再生、清洁能源。

如图10-2-22所示,节能观主要分为三个步骤:确定研究对象 — 分析能量转化关系 — 确定能量关系式。

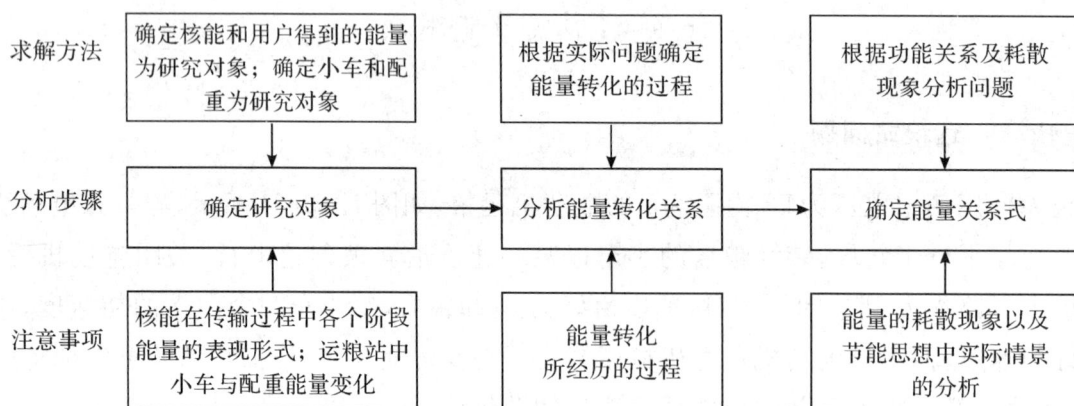

求解方法	确定核能和用户得到的能量为研究对象;确定小车和配重为研究对象	根据实际问题确定能量转化的过程	根据功能关系及耗散现象分析问题
分析步骤	确定研究对象	分析能量转化关系	确定能量关系式
注意事项	核能在传输过程中各个阶段能量的表现形式;运粮站中小车与配重能量变化	能量转化所经历的过程	能量的耗散现象以及节能思想中实际情景的分析

图 10-2-22

(三) 巩固练习

1. 潮汐发电是将海水的_____能转化为_____能。

2. 无线电通信是利用_____传输信息的,比如甲、乙利用手机通信,甲发出语音信息,乙收到的过程中,甲处将_____转化为_____能,乙处将_____能转化为_____。

3. 风能是一种环保型能源,目前我国风力发电总装机容量已达2640兆瓦。风力发电是将风的动能转化为电能,某地平均水平风速为$v=10\text{m/s}$,空气密度$\rho=1.3\text{kg/m}^3$,所用风力发电机的叶片长度$L=4\text{m}$,效率$\eta=25\%$,则该风力发电机的发电功率大约是 （ ）
   A.0.8kW   B.2kW   C.8kW   D.33kW

4. 某拖拉机的往复式柴油内燃机利用迪塞尔循环进行工作。该循环由两个绝热过程、一个等压过程和一个等容过程组成。一定质量的理想气体所经历的迪塞尔循环如图10-2-23所示,则该气体 （ ）
   A.在状态a和c时的内能可能相等
   B.在$a \rightarrow b$过程中,气体对外界做的功等于增加的内能
   C.在$b \rightarrow c$过程中,增加的内能小于该过程吸收的热量
   D.在一次循环过程中,放出的热量大于吸收的热量

图 10-2-23

5. 功率为10W的发光二极管(LED灯)的亮度与功率为60W的白炽灯相当。假设每户家庭有2只60W的白炽灯,均用10W的LED灯替代,估算全国一年省的电能最接近 （ ）
   A.8×10^8 kWh   B.8×10^{10} kWh   C.2.3×10^{11} kWh   D.3.8×10^{11} kWh

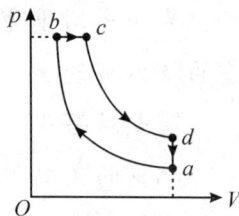

6. 现有 30 包大米,总质量为 150kg,要你尽可能快地把它们搬上 12m 高处的库房,你会怎样做?你是一包一包地搬,还是一次都把它们搬上去?若你每次只搬 1 包,你将要为克服自身重力而消耗大量能量;若你想一次都搬上去,则可能寸步难行。现在假设你身体可以提供的用于搬动物体的功率如图 10-2-24 所示,图中曲线表示你搬动物体的功率与被搬物体质量之间的关系,则:

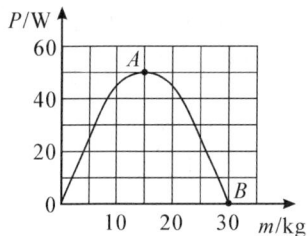

(1) 图中 A 点的物理意义是什么?

(2) 要尽可能快地把大米搬上库房,每次应搬几包大米?

(3) 估算用最大功率完成这一工作所用的时间,并说明理由。

图 10-2-24

7. 为了降低潜艇噪声,提高其前进速度,可用电磁推进器替代螺旋桨。潜艇下方有左、右两组推进器,每组由 6 个相同的用绝缘材料制成的直线通道推进器构成,其原理如图 10-2-25 所示。在直线通道内充满电阻率 $\rho = 0.2\,\Omega\cdot m$ 的海水,通道中 $a \times b \times c = 0.3m \times 0.4m \times 0.3m$ 的空间内,存在由超导线圈产生的匀强磁场,其磁感应强度 $B = 6.4T$,方向垂直于通道侧面向外。磁场区域上、下方各有 $a \times b = 0.3m \times 0.4m$ 的金属板 M、N,当其与推进器专用直流电源相连后,在两板之间的海水中产生了从 N 到 M,大小恒为 $I = 1.0 \times 10^3 A$ 的电流,设电流只存在于磁场区域。不计电源内阻及导线电阻,海水密度 $\rho = 1.0 \times 10^3\,kg/m^3$。当潜艇以恒定速度 $v_0 = 30m/s$ 前进时,海水在出口处相对于推进器的速度 $v = 34\,m/s$,思考专用直流电源所提供的电功率如何分配,求出相应功率的大小。

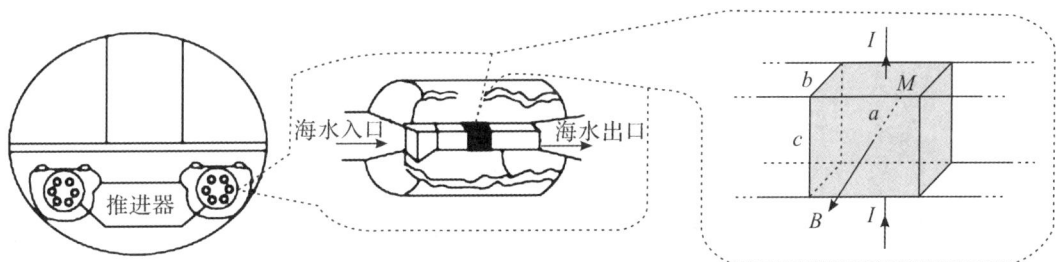

图 10-2-25

8. 某汽车质量 $m = 2000kg$,发动机最大输出功率 $P_{max} = 150kW$,以 $v_0 = 72km/h$ 的速率匀速行驶时,发动机和传动与驱动系统内的功率分配关系如图 10-2-26 所示。已知水泵的功率 P_1 恒定,传动与变速等内部机件摩擦而损耗的功率 P_2 与汽车的行驶速率成正比,汽车行驶时所受的空气阻力 $F_{阻1}$ 与行驶速率 v 的关系为 $F_{阻1} = kv^2$(k 为恒量),所受路面的阻力 $F_{阻2}$ 大小恒定。

(1) 汽车以 v_0 匀速运动时,求汽车驱动力 F_0 的大小。

(2) 汽车以 v_0 行驶时能产生的最大加速度大小为多少?

(3) 汽车能否以 $v = 3v_0$ 的速率匀速行驶?简述理由。

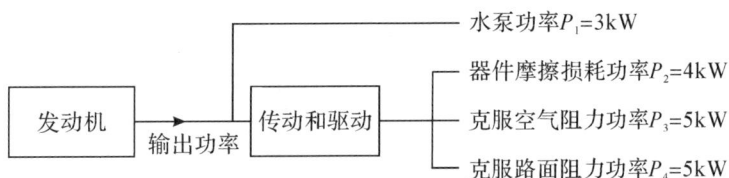

图 10-2-26

9. 空间电站的设想是将太空站建在与地球同步轨道的一个固定位置上,向地球上的固定区域供电,其发电原理如图 10-2-27 所示。在太阳能收集板上铺设太阳能电站,通过光电转换把太阳能转变成电能,再经微波转换器将电流转换为微波,并通过天线将电能以微波形式向地面发送,地面接收站通过天线把微波能还原成电能。

(1) 如果太阳能电池的硅片面积为 $4m^2$,可提供电功率为 $50kW$,巨大的太阳能收集板系统的总面积可达 $5000\ km^2$,其发电功率是多少千瓦?

(2) 利用微波传输电能,输电效率可达 80%,到达地面接收站时的功率实际是多少千瓦?

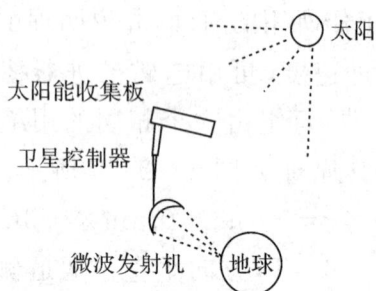

图 10-2-27

参考答案

专题一:运动、力、能量综合

二、横向主题一:轻绳与轻杆

1. A 【解析】本题考查共点力平衡中的相似三角形法。由图 1-2-25(a)可知,橡皮筋的原长为 $L_0=2h$。挂上重物后,结点 O 的受力情况如答图 1-2-1 所示,根据几何关系有 $\dfrac{mg}{h}=\dfrac{F}{L}$,解得橡皮筋的弹力 $F=\dfrac{mgL}{h}$,由胡克定律可知 $F=k(L-L_0)$,联立解得 $k=\dfrac{mgL}{(L-2h)h}$,故选项 A 正确。

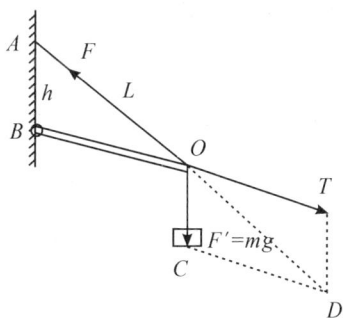

答图 1-2-1

2. B 【解析】小球在顶端时,绳的拉力 F_T 与重力沿斜面向下的分力的合力提供小球做圆周运动所需的向心力,有 $F_T+mg\sin\theta=m\dfrac{v^2}{l}$,可知绳的拉力越小,小球的速度越小,当绳的拉力为 0 时,小球恰好在斜面上做圆周运动,在顶端时的速度为 $v_{min}=\sqrt{gl\sin\theta}=\sqrt{\dfrac{gl}{2}}$,选项 A 错误;小球由顶端向底端运动时,只有重力对小球做功,根据动能定理有 $mg\cdot 2l\sin\theta=\dfrac{1}{2}mv^2-\dfrac{1}{2}mv_{min}^2$,代入数据可得 $v=\sqrt{\dfrac{5gl}{2}}$,选项 B 正确;小球在斜面上受重力、支持力和绳的拉力作用做变速圆周运动,其所受重力与斜面的支持力大小和方向均保持不变,绳的拉力大小和方向均不断变化,根据牛顿第三定律,以斜劈为研究对象,斜劈在小球恒定的压力、绳沿斜面方向不断变化的拉力、地面的支持力、摩擦力和自身的重力作用下保持平衡,绳的拉力沿斜面方向不断变化,故其在水平和竖直方向上的分量也在不断变化,根据斜劈的平衡条件可知,它受到的水平方向上的摩擦力大小是变化的,地面对斜劈的支持力大小不一定等于小球和斜劈的重力之和,选项 C 和 D 错误。

3. $(1)\dfrac{4mg}{L}$ $(2)\sqrt{\dfrac{8g}{5L}}$ $(3)mgL+\dfrac{16mgl^2}{L}$

【解析】(1)装置静止时,设 OA 和 AB 杆中的弹力分别为 F_1 和 F_{T1},OA 杆与转轴的夹角为 θ_1。小环受到弹簧的弹力 $F_{N1}=k\dfrac{L}{2}$,小环受力平衡: $F_{N1}=mg+2F_{T1}\cos\theta_1$,小球受力平衡: $F_1\cos\theta_1+F_{T1}\cos\theta_1=mg$,$F_1\sin\theta_1=F_{T1}\sin\theta_1$,解得 $k=\dfrac{4mg}{L}$。

(2)设 OA 和 AB 杆中的弹力分别为 F_2 和 F_{T2},OA 杆与转轴的夹角为 θ_2,弹簧长度为 x。小环受到弹簧的弹力 $F_{N2}=k(x-L)$,小环受力平衡: $F_{N2}=mg$,解得 $x=\dfrac{5}{4}L$,对小球: $F_2\cos\theta_2=mg$,$F_2\sin\theta_2=m\omega_0^2 l\sin\theta_2$,且 $\cos\theta_2=\dfrac{x}{2l}$,解得 $\omega_0=\sqrt{\dfrac{8g}{5L}}$。

(3)弹簧长度为 $\dfrac{1}{2}L$ 时,设 OA 和 AB 杆中的弹力分别为 F_3 和 F_{T3},OA 杆与弹簧的夹角为 θ_3。小环受到弹簧的弹力 $F_{N3}=\dfrac{1}{2}kL$,小环受力平衡: $F_{T3}\cos\theta_3=mg+F_{N3}$,且 $\cos\theta_3=\dfrac{L}{4l}$,对小球: $F_3\cos\theta_3=F_{T3}\cos\theta_3+mg$,$F_3\sin\theta_3+F_{T3}\sin\theta_3=m\omega_3^2 l\sin\theta_3$,解得 $\omega_3=\sqrt{\dfrac{16g}{L}}$。整个过程中弹簧弹性势能变化为 0,则弹力做功为 0,由动能定理: $W-mg\left(\dfrac{3L}{2}-\dfrac{L}{2}\right)-2mg\left(\dfrac{3L}{4}-\dfrac{L}{4}\right)=2\times\dfrac{1}{2}m(\omega_3 l\sin\theta_3)^2$,解得 $W=mgL+\dfrac{16mgl^2}{L}$。

三、横向主题二:轻弹簧

1. AC　2. ABD　3. AD　4. BC

5.(1)2m/s　(2)0.4m　(3)6J

【解析】(1)物体 A 向下运动刚到 C 点的过程中,对 A 和 B 组成的系统应用能量守恒定律:$m_A gL\sin\theta - m_B gL + \frac{1}{2}(m_A + m_B)v_0^2 - \frac{1}{2}(m_A + m_B)v^2 = \mu m_A g\cos\theta \cdot L$,解得 $v = 2$m/s。

(2)以 A 和 B 组成的系统,在物体 A 将弹簧压缩到最大压缩量 X,又返回 C 点的过程中,系统动能的减少量等于因摩擦产生的热量,即:$\frac{1}{2}(m_A + m_B)v^2 - 0 = \mu m_A g\cos\theta \cdot 2X$,解得 $X = 0.4$m。

(3)设弹簧的最大弹性势能为 E_p,由能量守恒律可得:$\frac{1}{2}(m_A + m_B)v^2 + m_A gX\sin\theta - m_B gX = \mu m_A g\cos\theta \cdot X + E_p$,解得 $E_p = 6$J。

四、横向主题三:传送带

1. B　2. C

3. BD　**【解析】**工件放上传送带后的加速度 $a = \frac{\mu mg\cos\theta - mg\sin\theta}{m} = 0.4$m/s^2,经过 t_1 时间与传送带速度相等,$t_1 = \frac{v}{a} = 5$s,运动距离 $x_1 = \frac{v}{2}t_1 = 5$m,由于 $\mu = 0.8$,所以有 $F_{fm} = \mu mg\cos\theta > mg\sin\theta$,故工件与传送带共速后相对静止,在静摩擦力作用下做匀速直线运动直到 B 端,$x_2 = l - x_1 = v t_2$,解得 $t_2 = 2.5$s,此时工件受到的摩擦力为静摩擦力,故选项 A 错误;刚放上去时,工件到前一个工件的距离最小,为 $\Delta x = \frac{1}{2}a(\Delta t)^2 = 0.2$m,故选项 B 正确;每个工件在传送带上的运动时间 $t = 7.5$s,当第 n 个工件刚到达 B 端时,第 $n+7$ 个工件已经在传送带上运动了 0.5s,下一时刻第 n 个工件从传送带上离开,而第 $n+8$ 个工件还未放上传送带,此刻传送带上就只有 7 个工件,故选项 C 错误;传送带上满载时,有 5 个工件在传送带上滑动,有 3 个工件相对传送带静止,传送带受到的摩擦力 $F_{f总} = 5\mu mg\cos\theta + 3mg\sin\theta = 50$N,故选项 D 正确。

4.(1)4m/s　(2)$h<3$m　(3)$h\geq 3.6$m

【解析】(1)物块由静止释放到 B 端的过程中,有:$mg\sin\theta - \mu mg\cos\theta = ma$,$v_B^2 = 2a\frac{h}{\sin\theta}$,联立解得 $v_B = 4$m/s。

(2)小物块在左侧离开时,设其到 D 点速度为 0 时高度为 h_1,则由动能定理有:$mgh_1 - \mu mg\cos\theta \frac{h_1}{\sin\theta} - $

$\mu mgL = 0$,解得 $h_1 = 3$m,故 $h<3$m.

(3)小物块在右侧抛出时,设其在 D 点速度为 v,则有:$mgh - \mu mg\cos\theta \frac{h}{\sin\theta} - \mu mgL = \frac{1}{2}mv^2$,$H+2R = \frac{1}{2}gt^2$,$x = vt$,得 $x = 2\sqrt{h-3}$,为了小物块能在 D 点水平抛出需满足 $mg \leq m\frac{v^2}{R}$,解得 $h \geq 3.6$m。

五、纵向主题:运动、力、能量综合问题求解思维展示

1. D　**【解析】**若小球 A 恰好能到达 A 轨道的最高点,由 $mg = m\frac{v_A^2}{R}$,解得 $v_A = \sqrt{gR}$,根据机械能守恒定律得 $mg(h_A - 2R) = \frac{1}{2}mv_A^2$,解得 $h_A = \frac{5}{2}R$,若小球 B 恰好能到达 B 轨道的最高点,在最高点的速度为 $v_B = 0$,根据机械能守恒定律得 $h_B = 2R$。可见:$h_A = 2R$ 时,A 不能到达轨道的最高点,故选项 A 错误,选项 D 正确。若 $h_B = \frac{3}{2}R$,小球 B 在轨道内的速度可以为 0,小球 B 在轨道上的最大高度等于 $\frac{3}{2}R$,若 $h_A = h_B = \frac{3}{2}R$,小球 A 在到达最高点前离开轨道,有一定的速度,由机械能守恒可知,小球 A 在轨道上的最大高度小于 $h_B = \frac{3}{2}R$,故选项 B 错误。小球 A 从最高点飞出后做平抛运动,下落 R 高度时,水平位移的最小值为:$x_A = v_A\sqrt{\frac{2R}{g}} = \sqrt{gR} \cdot \sqrt{\frac{2R}{g}} = \sqrt{2}R>R$,所以小球 A 落在轨道右端口外侧。而适当调整 h_B,小球 B 可以落在轨道右端口处。所以适当调整 h_A 和 h_B,只有小球 B 从轨道最高点飞出后,恰好落在轨道右端口处,故选项 C 错误。

2.(1)1m/s　(2)$\sqrt{5}$m/s　40N,方向竖直向上　(3)0.45m$\leq h\leq 0.8$m 或者 $h\geq 1.25$m

【解析】(1)小球恰能通过第二个圆形轨道最高点,根据牛顿第二定律可得:$mg = m\frac{v_2^2}{R}$,从而得:$v_2 = \sqrt{gR} = \sqrt{10\times 0.1}m/s=1$m/s。

(2)在小球从第一个圆形轨道最高点运动到第二个圆形轨道最高点的过程中,应用动能定理有:$-\mu mgL_1 = \frac{1}{2}mv_2^2 - \frac{1}{2}mv_1^2$,解得 $v_1 = \sqrt{5}$m/s,在最高点时,合力提供向心力,即 $F_N + mg = m\frac{v_1^2}{R}$,解得 $F_N = 40$N,根据牛顿第三定律知,小球对轨道的压力为:$F_N' = F_N = 40$N,方向竖直向上。

(3)若小球恰好通过第二个圆形轨道最高点,小球

从斜面上释放的高度为 h_1，在这一过程中应用动能定理：$mgh_1 - \mu mgL_1 - mg \cdot 2R = \frac{1}{2}mv_2^2 - 0$，解得 $h_1 = 0.45\text{m}$，若小球恰好能运动到 E 点，小球从斜面上释放的高度为 h_2，在这一过程中应用动能定理：$mgh_2 - \mu mg(L_1 + L_2) = 0 - 0$，解得 $h_2 = \mu(L_1 + L_2) = 0.8\text{m}$，使小球停在 BC 段，应有 $h_1 \leqslant h \leqslant h_2$，即：$0.45\text{m} \leqslant h \leqslant 0.8\text{m}$，若小球能通过 E 点，并恰好越过壕沟，则有 $d = \frac{1}{2}gt^2$，解得 $t = 0.4\text{s}$，$x = v_E t$，解得 $v_E = 3\text{m/s}$。设小球释放高度为 h_3，从释放到运动到 E 点的过程中应用动能定理可知：$mgh_3 - \mu mg(L_1 + L_2) = \frac{1}{2}mv_E^2 - 0$，解得 $h_3 = 1.25\text{m}$，即小球要越过壕沟，释放的高度应满足 $h \geqslant 1.25\text{m}$。

3. (1)4m/s　(2)0.45m　(3)0.8m

【解析】(1)小滑块在 AB 轨道上运动，有 $mgh - \mu mg\cos\theta \cdot \frac{h}{\sin\theta} = \frac{1}{2}mv_0^2$，代入数据解得 $v_0 = \frac{4}{3}\sqrt{gh} = 4\text{m/s}$。

(2)小滑块与小球碰撞后动量守恒，机械能守恒，因此有 $mv_0 = mv_A + mv_B$，$\frac{1}{2}mv_0^2 = \frac{1}{2}mv_A^2 + \frac{1}{2}mv_B^2$，解得 $v_A = 0$，$v_B = 4\text{m/s}$。小球沿 $CDEF$ 轨道运动，在最高点可得 $mg = m\frac{v_{E\min}^2}{R}$，从 C 点到 E 点由机械能守恒定律可得 $\frac{1}{2}mv_{E\min}^2 + mg(R + r) = \frac{1}{2}mv_{B\min}^2$，其中 $v_{B\min} = \frac{4}{3}\sqrt{gh_{\min}}$，解得 $h_{\min} = 0.45\text{m}$。

(3)设 F 点到 G 点的距离为 y，小球从 E 点到 Q 点的运动，由动能定理得：$\frac{1}{2}mv_G^2 = \frac{1}{2}mv_{E\min}^2 + mg(R + y)$，小球离开 G 后做平抛运动，可得 $x = v_G t$，$H + r - y = \frac{1}{2}gt^2$，联立可得水平距离为 $x = 2\sqrt{(0.5 - y)(0.3 + y)}$，由数学知识可得当 $0.5 - y = 0.3 + y$ 时 x 取最大值，最大值为 $x_{\max} = 0.8\text{m}$。

专题二：运动、力、动量综合

二、横向主题一：应用动量定理时应关注的几个问题

1. $\sqrt{\dfrac{g\sin\theta + \mu g\cos\theta}{g\sin\theta - \mu g\cos\theta}}$

【解析】设小滑块从开始位置下滑到第一次碰撞挡板时的位移大小 $L_1 = \frac{h_0}{\sin\theta}$，下滑时的加速度大小 $a_1 = g\sin\theta - \mu g\cos\theta$，到达底端的速度大小 $v_1 = \sqrt{2a_1L_1}$；由于碰撞时间极短，不考虑重力下滑分量的冲量大小，第一次碰撞挡板过程中，挡板对小滑块的冲量 $I_1 = 2mv_1 = 2m\sqrt{2a_1L_1}$；小滑块上滑时的加速度大小 $a_2 = g\sin\theta + \mu g\cos\theta$，上滑的最大位移大小为 $L_2 = \frac{v_1^2}{2a_2}$，再次滑回挡板时的速度 $v_2 = \sqrt{2a_1L_2}$，第二次碰撞挡板过程中，挡板对小滑块的冲量 $I_2 = 2mv_2 = 2m\sqrt{2a_1L_2}$，所以前两次碰撞挡板过程中，挡板对小滑块的冲量之比 $\frac{I_1}{I_2} = \sqrt{\frac{a_2}{a_1}} = \sqrt{\frac{g\sin\theta + \mu g\cos\theta}{g\sin\theta - \mu g\cos\theta}}$。

2. $Nmv + 2Nmv\sin\alpha$

【解析】设探测板对离子束的平均作用力为 $\overline{F}$，碰撞时中间离子束的动量变化为 mv，方向垂直于挡板向上，边上两束离子束垂直于挡板方向的动量变化为 $2mv\sin\alpha$，而平行于挡板方向的动量变化为 0（两离子束的水平总动量始终为 0），对全部离子束应用动量定理得 $\overline{F} \cdot \Delta t = Nmv + 2Nmv\sin\alpha$，$\Delta t = 1\text{s}$，所以 $\overline{F} = Nmv + 2Nmv\sin\alpha$，即离子束对探测板的平均作用力 $F = \overline{F} = Nmv + 2Nmv\sin\alpha$。

3. $\dfrac{v_0^2}{2g} - \dfrac{M^2g}{2\rho^2v_0^2S^2}$

【解析】设水冲击到玩具底板时的速度为 v，水流上升过程中，$v_0^2 - v^2 = 2gh$，在 Δt 时间内冲击底板部分水的质量为 $\Delta m = \rho Sv_0\Delta t$，对底板受力分析有 $Mg = \frac{\Delta mv}{\Delta t}$，联立上述各式，解得 $h = \frac{v_0^2}{2g} - \frac{M^2g}{2\rho^2v_0^2S^2}$。

4. $\dfrac{m}{L}(3l + 2h)g$

【解析】链条落到地上的长度为 l 时空中链条的速度 $v = \sqrt{2g(l + h)}$，在 $\Delta t(\Delta t \to 0)$ 时间内使质量 $\Delta m = \frac{v\Delta t}{L}m$ 的一段链条速度由 v 减为 0 所需的附加力 $F_1 = \frac{\Delta mv}{\Delta t} = \frac{mv^2}{L} = \frac{2mg(l + h)}{L}$，所以 $F = \frac{2mg(l + h)}{L} + \frac{l}{L}mg = \frac{m}{L}(3l + 2h)g$。

三、横向主题二：应用动量守恒定律时应关注的几个问题

1. C　【解析】因为水平面光滑，所以整个系统合外力为 0，系统动量守恒。绳子拉直绷紧后瞬间，A、B 共速，此时 B 与 C 的速度不同，C 在摩擦力的作用下做加速运动，而绳子绷紧后瞬间 C 还未开始加速，故 C 的速度为 0，选项 C 正确，选项 D 错误。根据系统动量守恒，则有 $mv_0 = (m + 2m)v_{\text{共}}$，可得 A、B 共速，$v_{\text{共}} = \frac{1}{3}v_0$，故选项 A、B 均错误。

2. (1)0.067m/s (2)0.67m/s

【解析】(1)设子弹的质量为 m,人连同装备和皮划艇的总质量为 M,射击过程时间极短,忽略系统受到的水的阻力的影响,又因为 m 远小于 M,系统动量守恒,以子弹的初速度方向为正方向,由动量守恒定律可知 $mv-Mv'=0$,代入数据得 $v'=\dfrac{m}{M}v\approx$ 0.067m/s。

(2)同第(1)问,连续射击的过程中,系统动量守恒,以子弹的初速度方向为正方向,则有 $10mv-Mv''=0$,解得皮划艇的速度为 $v''=\dfrac{10mv}{M}\approx0.67\,\text{m/s}$。

3. D **【解析】**小球和小车系统的合外力不为0,系统动量不守恒,选项A和B错误;水平方向不受外力,水平方向动量守恒,选项D正确;小球摆到最高点时,小球的速度为0,则小车的速度也为0,故选项C错误。

四、横向主题三:微元求和方法在动量问题中的应用

1. 大小为 qBx,方向向上

【解析】物块在运动过程中受洛伦兹力,$F=qBv$,冲量 $I_F=qB\sum v\Delta t$,又 $\sum v\Delta t=x$,故 $I_F=qBx$,即洛伦兹力的冲量大小为 qBx,方向向上。

2. 大小为 $\dfrac{m}{M+m}R$,方向向右

【解析】小球下滑过程中,设小球的水平速度为 v_x,滑槽的速度为 V,小球与滑槽系统水平方向动量守恒,$mv_x+MV=0$,方程两边同时乘以 Δt,再求和得 $m\sum v_x\Delta t+M\sum V\Delta t=0$,又 $\sum v_x\Delta t=x$,$\sum V\Delta t=X$,该过程中小球与滑槽的相对位移为 R,$x-X=R$,解得 $X=-\dfrac{m}{M+m}R$,即滑槽的位移大小为 $\dfrac{m}{M+m}R$,方向向右。

五、纵向主题:运动、力、动量综合问题求解思维展示

1. (1)$\dfrac{5\sqrt{2gh}}{6}$ (2)$\dfrac{\sqrt{2gh}\cdot B^2L^2}{4Rm}$,方向水平向右 (3)$\dfrac{2mR}{3B^2L^2}+\dfrac{3x_0}{2\sqrt{2gh}}$

【解析】(1)棒 ab 由静止沿光滑圆弧轨道下滑至水平轨道的过程中,只有重力做功,机械能守恒,故有 $2mgh=\dfrac{1}{2}\times2mv_0^2$,解得 $v_0=\sqrt{2gh}$;随后,棒 ab 进入匀强磁场切割磁感线产生感应电流,在安培力

作用下,棒 ab 做加速度减小的减速运动,棒 cd 做加速度减小的加速运动。由题意可知,棒 cd 脱离轨道前两棒并未共速,设棒 ab 脱离轨道时的速度为 v_1,棒 cd 脱离轨道时的速度为 v_2,应有 $v_1>v_2$,因棒脱离轨道后做平抛运动,故有 $\dfrac{s_1}{s_2}=\dfrac{v_1}{v_2}=\dfrac{2}{5}$;又因棒 ab、cd 在水平轨道上相互作用的过程中,系统动量守恒,所以 $2mv_0=2mv_1+mv_2$,联立上述各式,解得 $v_1=\dfrac{5\sqrt{2gh}}{6}$,$v_2=\dfrac{\sqrt{2gh}}{3}$。

(2)棒 ab、cd 切割磁感线产生的感应电动势分别为 $E_1=BLv_1'$,$E_2=BLv_2'$;由右手定则可知,E_2 与 E_1 的方向相反。所以,回路的电动势为 $E=E_1-E_2=BL(v_1'-v_2')$,由闭合电路欧姆定律可知,回路中电流为 $I=\dfrac{E}{2R}=\dfrac{BL\cdot(v_1'-v_2')}{2R}$,故棒 cd 所受安培力向右,大小为 $F_{cd}=IBL=\dfrac{B^2L^2\cdot(v_1'-v_2')}{2R}$;通过受力分析可知,棒 cd 所受合外力即其受到的安培力。所以,棒 cd 在离开轨道那一刻加速度最小,为 $a_{2\min}=\dfrac{F_{cd}}{m}=\dfrac{B^2L^2\cdot(v_1-v_2)}{2Rm}=\dfrac{\sqrt{2gh}\cdot B^2L^2}{4Rm}$,方向水平向右。

(3)导体棒 ab、cd 在水平轨道运动的过程中,系统动量守恒,$2m\Delta v_1=m\Delta v_2$,随时间的积累,则有 $2x_1=x_2$,如答图 2-5-1 所示,且知 $x_2=x_0$;设棒 cd 在轨道上运动的时间为 t_0,则在水平轨道上棒 ab 相对棒 cd 的位移为 $\Delta x=v_0t_0-(x_1+x_2)=\sqrt{2gh}\cdot t_0-\dfrac{3}{2}\cdot x_0$,由 $q=\dfrac{\Delta\Phi}{R_{总}}$ 可得,整个过程中通过导体棒横截面的电荷量为 $q=\dfrac{BL\cdot\Delta x}{2R}=\dfrac{(2\sqrt{2gh}\cdot t_0-3x_0)\cdot BL}{4R}$,棒 cd 在轨道上运动,所受安培力即合外力,对其运用动量定理有 $q=\dfrac{\sqrt{2gh}\cdot m}{3BL}$,联立上述两式,即可解得 $t_0=\dfrac{2mR}{3B^2L^2}+\dfrac{3x_0}{2\sqrt{2gh}}$。

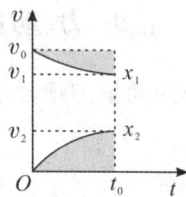

答图 2-5-1

2. (1)见解析 (2)$2.0875\times10^{-2}\,\text{T}$

(3)$\left(\dfrac{\pi}{50}-\dfrac{31}{100}\alpha+\dfrac{3\sqrt{3}}{50}\right)\text{m}^2$，其中 $\alpha=\arctan\dfrac{2\sqrt{3}}{9}$

(4)26.72N，方向沿 x 轴正方向

【解析】(1)在 xOy 平面内，对打在抛物线上 (x_1,y_1) 处的质子，设其经时间 t_1 到达 x 轴。沿 x 轴方向：$x_1=v_0t_1$，沿 y 轴方向：$y=\dfrac{1}{2}at_1^2$，$a=\dfrac{qE_1}{m}$，整理得 $y=\dfrac{3}{2}x_1^2$，$y=y_1$，所以质子恰好经过坐标原点 O。

(2)在 xOy 平面内，沿 x 轴方向经过原点的质子，由题意可知 $r_1=0.2\text{m}$，根据向心力公式得 $qv_0B_1=m\dfrac{v_0^2}{r_1}$，解得 $B_1=2.0875\times10^{-2}\text{T}$。

(3)对从 M 点进入电场的质子，沿 x 轴方向 $x_M=v_0t_2$，沿 y 轴方向 $v_y=at_2$，整理得 $v_y=600\sqrt{3}\times10^3\text{m/s}$；偏转角为 $\tan\alpha=\dfrac{v_0}{v_y}=\dfrac{2\sqrt{3}}{9}$，又 $v=\sqrt{v_0^2+v_y^2}$，根据向心力公式得 $qvB_1=m\dfrac{v^2}{r_2}$，解得 $r_2=\dfrac{\sqrt{31}}{10}\text{m}$；通过分析可知，上述所有离子均从 y 轴上同一位置进入容器。所加磁场区域的最小面积 $S=\dfrac{1}{2}\pi r_1^2-\left(\dfrac{2\alpha}{2\pi}\pi r_2^2-\dfrac{1}{2}\times0.4\times r_2\cos\alpha\right)=\left(\dfrac{\pi}{50}-\dfrac{31}{100}\alpha+\dfrac{3\sqrt{3}}{50}\right)\text{m}^2$，其中 $\alpha=\arctan\dfrac{2\sqrt{3}}{9}$。

(4)对 Δt 时间内打到抛物线 OM 上的质子，在容器 D 中，沿 x 轴方向运动，根据动力学公式 $v_x^2-v_0^2=2a_2L$，又 $a_2=\dfrac{eE_2}{m}$，解得 $v_x=8\times10^5\text{m/s}$；根据动量定理 $F\Delta t=2n\Delta tmv_x$，解得 $F=26.72\text{N}$；由牛顿第三定律得，容器受到的推力大小为 $F'=F=26.72\text{N}$，方向沿 x 轴正方向。

专题三：运动、力、动量和能量综合

二、横向主题一：分析碰撞中能量的转化与损失

1. (1)若 B 固定，在轻绳伸直之前 A 以速度 v_0 做匀速运动，绳子绷紧之前的瞬间速度仍为 v_0，绷紧之后的瞬间 A 沿绳方向上的速度分量减到0，只剩垂直于绳方向的分速度，故轻绳绷紧前后 A 的动能减少，转化为内能，绷紧之后 A 绕 B 做圆周运动，绳的拉力方向与 A 的速度方向垂直，故 A 的动能保持不变。

(2)若 B 不固定，在轻绳伸直之前 A 仍以速度 v_0 做匀速运动，B 保持不动，绳子绷紧之后的瞬间 A 和 B 沿绳方向的速度马上相等，该过程属于完全非弹性

碰撞，动能损失最大，故轻绳绷紧之后 A 的动能减小，转化为 B 的动能和绷紧瞬间产生的热量（转化为内能），绷紧之后，A 和 B 有沿光滑小槽方向的共同速度，同时 A 绕 B 做圆周运动。

2. AD 【解析】从 A 碰撞 B 到弹簧压缩到最短的过程中，弹簧弹力对 A 做负功，A 的动能减少，弹簧弹力对 B 做正功，B 的动能增加，当弹簧压缩量最大时 A 和 B 同速，此时系统的动能最小，弹簧的弹性势能最大。

3. AB 【解析】由于在两种情况下子弹均未射出滑块，故最终子弹与滑块同速，由系统动量守恒定律可得，子弹和滑块的末速度在两种情况下均相等，故选项 A 正确；由于系统始、末状态的动能均分别相等，故系统损失的动能也相等，即系统产生的热量一样多，选项 B 正确；同理，在两种情况下子弹对滑块做的功一样大，子弹损失的动能也一样大，选项 C、D 错误。

4. 分三个阶段：①A 开始压缩弹簧的过程中，弹簧弹力对 A 做负功，A 的动能减少，弹力对 B 做正功，B 的动能增加，当弹簧压缩到最短时，A 和 B 同速，此时 A、B 系统的动能最小，弹簧的弹性势能最大，此前的整个过程 A 和 B 系统的机械能守恒；②A 和 B 同速时，B 与 C 发生完全非弹性碰撞，此瞬间 B 和 C 系统机械能（动能）损失最大，损失的动能转化为 B 和 C 物体的内能；③B 和 C 同速（粘在一起）后，A、B、C 系统在之后的相互作用过程中动量守恒，在弹簧恢复原长的过程中，其弹性势能与三个物体的动能之间发生转化，系统机械能守恒。

5. 分三个阶段：①滑块由静止释放后沿光滑圆弧轨道滑下，该过程只有重力对其做正功，滑块的机械能守恒；②滑块与物体 C 的碰撞属于完全非弹性碰撞，该过程中系统机械能（动能）损失最大，转化为碰撞中系统产生的内能；③C（含滑块，下同）在木板上运动的过程中，C 与木板系统动量守恒，C 运动到木板的左端时恰好与木板同速，该过程也是一次完全非弹性碰撞，系统机械能（动能）损失最大，损失的动能转化为 C 在木板上运动时克服滑动摩擦力做功而产生的热量。

三、横向主题二：寻找动量、机械能守恒的系统与时机

1. BC 【解析】木块 A 离开墙壁前，A、B 和弹簧组成的系统受到墙壁对系统向右的力，系统受到的外力的矢量和不为0，故系统动量不守恒，但是该过程中只有弹簧弹力做功，故系统的机械能守恒；木块 A 离开墙壁后，A、B 和弹簧组成的系统受到的外力

的矢量和为 0，系统动量守恒，同时该过程中只有弹力做功，系统的机械能也守恒，故选项 B、C 正确。

2. AC 【解析】子弹射入木块的短暂瞬时，木块的运动状态还来不及改变，子弹与木块间的内力远远大于外力（即使水平桌面是粗糙的），故该过程中子弹与木块系统动量守恒，但是有内力（摩擦力）对系统做负功，系统的机械能（动能）有损失；从子弹留在木块内后到弹簧压缩至最短的过程中，子弹与木块系统受到弹簧弹力的作用，故系统的动量不守恒，但是该过程中只有弹簧弹力做功，子弹、木块和弹簧组成的系统机械能守恒，选项 A、C 正确。

3. AD 【解析】由于小球放置在光滑的水平面上，系统受到的外力的矢量和为 0，故六个小球在碰撞中系统动量守恒，同时所发生的碰撞均为弹性正碰，故系统的机械能也守恒，选项 A 正确，选项 B 错误；六个小球间的碰撞是依次进行的，首先进行的是 A 与 B 的碰撞，由于 A 的质量小于 B 的质量，A 与 B 发生弹性正碰后，A 反弹，B 获得向右的速度与 C 发生弹性正碰，由于 B 和 C 质量相等，碰后速度互换，故碰后 B 静止，C 以与 B 碰前相等的速度再次与 D 发生正碰，同理，碰后 C 静止，D 以与 C 碰前相等的速度与 E 碰撞，碰后 D 静止，E 以与 D 碰前相等的速度与 F 碰撞，由于 E 的质量大于 F 的质量，两者弹性正碰后均向右运动，故全部碰撞后 A、E、F 三个小球运动，B、C、D 三个小球静止，故选项 D 正确，选项 C 错误。

4. 由于 A、B、C 系统受到的外力的矢量和为 0，故系统总动量守恒。整个过程可分为两个阶段研究：①轻绳绷紧瞬间，C 的运动状态未发生改变，A 和 B 系统受到的外力的矢量和为 0，系统动量守恒，绳绷紧之后 A 和 B 同速，该碰撞属于完全非弹性碰撞，系统机械能（动能）损失最大；②A 和 B 同速后，C 与 B 之间有相对运动，滑动摩擦力对 A 和 B 做负功，对 C 做正功，由于拖车 B 足够长，最终三者同速，该过程中系统动量守恒，由于克服摩擦力做功，系统的机械能减少，同时该过程也属于完全非弹性碰撞，机械能（动能）损失最大，损失的动能等于滑动摩擦力与相对位移的乘积的值，即 A 和 B 同速时系统的动能与最终三者同速时系统动能的差值。

5. 整个过程可分为四个阶段研究：①小孩（含滑板）将冰块推出瞬间，系统动量守恒，由于有内力做功，小孩的生物能转化为小孩（含滑板）和冰块的动能，系统机械能增加；②冰块滑上斜面体的过程中，系统沿水平方向不受外力作用，故系统沿水平方向动量守恒，当冰块在斜面体上上升到最大高度时，冰

块与斜面体达到同速，该过程属于完全非弹性碰撞，系统的动能减少，转化为冰块的重力势能，由于该过程只有冰块的重力做功，故系统机械能守恒；③冰块从斜面体上滑下的过程中，系统沿水平方向动量守恒，冰块的重力势能转化为系统的动能，系统机械能守恒；④冰块追上小孩后被小孩接住的过程中，系统动量守恒，接住后两者同速，该过程属于完全非弹性碰撞，系统机械能（动能）损失最大。

从全过程来看，如取小孩（含滑板）、冰块和斜面体系统研究，该系统沿水平方向总动量守恒；但取冰块和小孩（含滑板）系统研究，该系统始、末状态的动量是不守恒的。

四、纵向主题一：绳、弹簧相连问题

1. AC 【解析】结合图 3-4-12(b) 可得两物块的运动过程，开始时物块 A 逐渐减速，物块 B 逐渐加速，弹簧被压缩，t_1 时刻两者速度相等，系统动能最小，弹性势能最大，弹簧被压缩到最短，然后弹簧逐渐恢复原长，物块 B 依然加速，物块 A 先减速为 0，然后反向加速，在 t_2 时刻，弹簧恢复原长状态，由于此时两物块的速度相反，因此弹簧的长度将逐渐增大，两物块均减速，在 t_3 时刻，两物块的速度再次相等，系统的动能最小，弹簧达到最长，弹性势能最大，之后 A 继续加速，B 继续减速，至 t_4 时刻两物块完成了一个周期的运动。系统在整个过程中动量守恒，以 A 的初速度方向为正方向，由动量守恒定律得，在 $t=0$ 时刻和 $t=t_1$ 时刻系统总动量相等，有 $m_1v_0=(m_1+m_2)v_2$，解得 $m_1:m_2=1:2$，选项 A 正确。由以上分析可知，t_2 到 t_3 这段时间内弹簧处于伸长状态，选项 B 错误。在 t_1 和 t_3 两个时刻，物块均同速，属于碰撞中的完全非弹性碰撞情形，系统的动能最小，由系统机械能守恒可知，弹簧的弹性势能最大并相等，选项 C 正确。物块 A 和 B 在 t_1 与 t_3 两个时刻各自的加速度大小相等，方向相反，选项 D 错误。

2. A 【解析】在多个物体多次碰撞的问题中，需要寻找动量、机械能守恒的系统和时机。先取子弹和木块 A 系统研究，子弹打木块 A 的过程非常短，木块 B 的运动状态未改变，故子弹打木块 A 的过程中系统动量守恒，有 $mv_0=(m+99m)v_{共1}$，可得系统的速度 $v_{共1}=\dfrac{1}{100}v_0$；之后子弹与 A 一起压缩弹簧，子弹与 A 系统减速，B 加速，当三者又达到同速时，系统的动能最小，弹簧的弹性势能最大，子弹和 A、B 系统动量守恒，有 $mv_0=(100m+100m)v_{共2}$，可得系统的速度 $v_{共2}=\dfrac{1}{200}v_0$，由能量的转化和守恒可得弹簧的最大弹

性势能为 $E_{pm}=\frac{1}{2}\times100m\times(v_{共1})^2-\frac{1}{2}\times200m\times$

$(v_{共2})^2=\dfrac{mv_0^2}{400}$，选项 A 正确。

3. (1)$\dfrac{10}{3}$m/s　(2)4s　(3)6s

【解析】(1)整个系统一起运动时,系统的加速度

大小 $a=\dfrac{g}{3}$,方向沿顺时针,并可求出初始时质量为

$2m$ 的物块 A 的离地高度 $h=\dfrac{1}{2}at_1^2=15$m;A 着地后,

轻绳松弛,B 以初速度 $v_1=at=10$m/s 做竖直上抛运

动,经 $2\dfrac{v_1}{g}=2$s 落回原处并将轻绳拉紧,此瞬时 A 和

B 相互作用,B 被拉离地面,A 和 B 系统动量守恒:

$mv_1=3mv_2\Rightarrow v_2=\dfrac{v_1}{3}=\dfrac{at_1}{3}$,因此轻绳第一次绷紧后

瞬时 A 的速度大小 $v_2=\dfrac{10}{3}$m/s。

(2)此后,两者以 v_2 为初速度、$a=\dfrac{g}{3}$ 做匀变速运

动(先逆时针匀减速、后顺时针匀加速),回到初位置

即 A 第二次触地须经时间 $\Delta t=2\dfrac{v_2}{a}=2\dfrac{v_1}{g}=2$s,则 A

的第一、二次着地总共相隔 $2\dfrac{v_1}{g}+2\dfrac{v_1}{g}=4$s。

(3)A 第二次着地时两物块的速度 $v_2=\dfrac{v_1}{3}$,A 再次

被拉离地面,第三次着地时两物块的速度 $v_3=\dfrac{v_2}{3}=$

$\dfrac{v_1}{3^2}$,第二、三次着地的间隔时间为 $2\dfrac{v_1}{3g}+2\dfrac{3v_1}{3^2g}=\dfrac{4v_1}{3g}$,以

此类推,到第 n 次着地时 $T=4\lim\limits_{n\to\infty}\sum\dfrac{v_1}{3^{n-2}g}=6$s,故从

A 第一次触地后经 6s 时间系统停止运动。

五、纵向主题二:"子弹打木块"类问题

1. ACD　**【解析】**设该过程中子弹发生的位移是

x_m,木块发生的位移是 x_M,则木块对子弹做功的绝

对值为 $F_f x_m$(等于子弹克服阻力做的功,也等于子弹

损失的动能),子弹对木块做的功为 $F_f x_M$(等于木块

动能的增量),两者的差值为 $F_f(x_m-x_M)$(等于摩擦

产生的热量,也等于系统损失的机械能),故选项 A、

C、D 正确,选项 B 错误。

2. CD　**【解析】**可以用两种方法研究:

公式法:设子弹的初速度为 v_0,子弹与木块的共

同速度为 $v_共$,子弹与木块间的摩擦力大小为 F_f,在

子弹打入木块并达到同速的过程中,木块对地位移

为 x_M,子弹相对木块的位移为 Δx。对系统由动量守

恒列式:$mv_0=(M+m)v_共$,可得 $v_共=\dfrac{m}{M+m}v_0$①,对

木块由动能定理列式:$F_f x_M=\dfrac{1}{2}Mv_共^2$②,对系统由动

能定理列式:$F_f\Delta x=\dfrac{1}{2}mv_0^2-\dfrac{1}{2}(M+m)v_共^2$③,由式

①②③联立可得:$F_f\Delta x=\dfrac{1}{2}mv_0^2\dfrac{M}{M+m}$,$F_f x_M=$

$\dfrac{1}{2}mv_0^2\dfrac{Mm}{(M+m)^2}$,由以上两式相比得 $\dfrac{\Delta x}{x_M}=\dfrac{M+m}{m}>1$,

可见 $F_f\Delta x>F_f x_M$,即系统在此过程中产生的内能一定

大于木块增加的动能,选项 C、D 正确。

图像法:如答图 3-5-1 所示,$\Delta x>x_M$,则有 $F_f\Delta x>$

$F_f x_M$,得解。

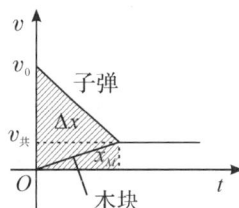

答图 3-5-1

3. BD　**【解析】**对 A、B、C 系统研究合外力的矢

量和为 0,系统动量始终守恒,最终三者同速,取向右

为正方向,由动量守恒定律列式:$2mv_0-mv_0=$

$6mv_共$,可得 $v_共=\dfrac{1}{6}v_0$,选项 A 错误。对整个系统的

整个运动过程研究,系统动能的减少量等于系统产生

的热量,有 $Q=\dfrac{1}{2}(m+2m)v_0^2-\dfrac{1}{2}(m+2m+3m)v_共^2=$

$\dfrac{17}{12}mv_0^2$,选项 D 正确。对于选项 B、C 的研究需要考虑

中间过程,我们首先要分析的是 A、B、C 三者是同时达

到同速的,还是某二者先达到同速再与第三者达到同

速。我们首先对三者做受力分析,如答图 3-5-2 所示,

可见 A 要向右加速,B 向右减速,故 B 与 A 先达到同

速,此过程中 C 做减速运动,由于 B、C 的初速度大小

和加速度大小均相等,故 A、B 同速时 C 与 A、B 速度

大小相等、方向相反,由系统动量守恒定律可列式:

$2mv_0-mv_0=5mv_{共1}-mv_{共1}$,可得 $v_{共1}=\dfrac{v_0}{4}$;此后 A、

B 作为一个整体向右减速运动,加速度大小为 $a_{AB}=$

$\dfrac{\mu mg}{5m}=\dfrac{1}{5}\mu g$,$C$ 先向左减速到 0 后反向加速运动,加

速度大小仍为 $a_C=\mu g$,该过程的受力情况如答图

3-5-3 所示,最终三者达到同速,以 $v_共=\dfrac{1}{6}v_0$ 的速度

向右做匀速运动,整个过程的 v-t 图线如答图 3-5-4

所示。可见,当 C 的速度为 0 时,A、B 已同速,对系

统由动量守恒定律列式:$2mv_0 - mv_0 = 5v_{AB}$,可得 $v_{AB} = \frac{1}{5}v_0$,选项 B 正确。整个运动过程中,B 的加速度方向不变,大小由 μg 变到 $\frac{1}{5}\mu g$,选项 C 错误。

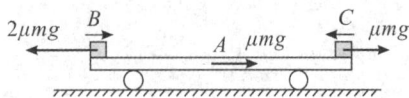

答图 3-5-2

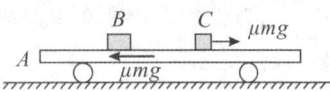

答图 3-5-3

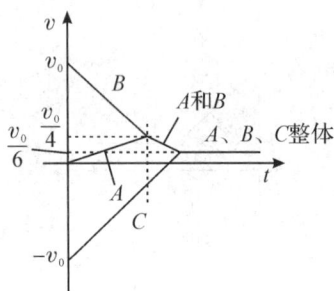

答图 3-5-4

六、纵向主题三:碰撞类问题

1. BC **【解析】**由碰撞中系统动量守恒可得碰后 B 球的动量大小变为 $14 kg \cdot m/s$,方向没变;由运动学的制约关系可得碰前 A 的速度大于 B 的速度,碰后 A 的速度小于等于 B 的速度,可列式 $\frac{10}{m_A} > \frac{12}{m_B}$,$\frac{8}{m_A} \leqslant \frac{14}{m_B}$,由以上两式可得 $\frac{4}{7} \leqslant \frac{m_A}{m_B} < \frac{5}{6}$;根据能量的制约关系,碰前系统的动能大于等于碰后系统的动能,有 $\frac{10^2}{2m_A} + \frac{12^2}{2m_B} \geqslant \frac{8^2}{2m_A} + \frac{14^2}{2m_B}$,可得 $\frac{m_A}{m_B} \leqslant \frac{9}{13}$。综上分析: $\frac{4}{7} \leqslant \frac{m_A}{m_B} \leqslant \frac{9}{13}$,即 $0.57 \leqslant \frac{m_A}{m_B} \leqslant 0.69$,选项 B、C 正确。

2. (1)9h (2)3:1 4h

【解析】(1)由题意,M 和 m 自由下落相同高度 h,M 着地瞬间两球的速度方向均向下,大小均为 $v_1 = \sqrt{2gh}$;接下来进行的第一次碰撞是 M 与地面的完全弹性碰撞,碰后 M 原速反弹,接着 M 与 m 发生第二次碰撞,由于该碰撞过程中系统的内力远远大于外力(M、m 的重力),故系统动量守恒,取向上为正方向,可列式 $Mv_1 - mv_1 = Mv_M + mv_m$①,由于发生的是完全弹性碰撞,故系统机械能守恒,可列式 $\frac{1}{2}Mv_1^2 +$

$\frac{1}{2}mv_1^2 = \frac{1}{2}Mv_M^2 + \frac{1}{2}mv_m^2$②,结合式①②可得到完全弹性碰撞的一个推论,即分离速度等于接近速度 $v_m - v_M = 2v_1$③,由式①③可解得 $v_m = \frac{3M+m}{M+m}v_1$,当 $M \gg m$ 时,m 的反弹速度最大,$v_m = 3v_1$,故小球弹起可能达到的最大高度为 $9h$。

(2)如在碰撞后 M 处于平衡状态,则 $v_M = 0$,由式③可得 $v_m = 2v_1$,故 m 升起的高度为 $4h$;再代入式①可得 $v_m = \frac{M-m}{m}v_1$,因此有 $\frac{M-m}{m} = 2$,解得 $M:m = 3:1$。

3. (1)$\frac{1}{16}mv_0^2$ (2)$\frac{13}{48}mv_0^2$

【解析】本题需要寻找动量、机械能守恒的系统与时机。

(1)先取 A 和 B 作为一个系统,该系统动量守恒,当 A 和 B 速度相等时,由动量守恒定律可列式 $mv_0 = 2mv_{共1}$,可得 $v_{共1} = \frac{v_0}{2}$,此时 B 与 C 恰好相碰并粘在一起,取 B 和 C 为研究系统,该过程中 B 和 C 间的内力远远大于弹簧对 B 的作用力,同时 B 与 C 的碰撞过程时间极短,故该碰撞过程中 B 和 C 系统动量守恒,碰后两者粘在一起,即两者速度相等,由动量守恒定律可列式 $mv_{共1} = 2mv_{共2}$,可得 $v_{共2} = \frac{v_0}{4}$,该碰撞过程为完全非弹性碰撞过程,系统机械能损失最大,整个系统损失的机械能为 $\Delta E = \frac{1}{2}mv_{共1}^2 - \frac{1}{2} \times 2mv_{共2}^2 = \frac{1}{16}mv_0^2$。

(2)B 和 C 同速后,A 的速度大于 B、C 的速度,故 A 要压缩弹簧,当弹簧压缩到最短时,弹簧的弹性势能最大,此时 A、B、C 三者同速,取 A、B、C 作为一个系统研究,该系统动量守恒,可列式 $mv_0 = 3mv_{共3}$,解得 $v_{共3} = \frac{v_0}{3}$,在整个运动过程中,整个系统的总动能一部分转化为 B 和 C 相碰时产生的热量,另一部分则转化为弹簧的弹性势能,当 A、B、C 三者同速时,弹簧被压缩到最短,此时的弹性势能为 $E_p = \frac{1}{2}mv_0^2 - \frac{1}{2} \times 3mv_{共3}^2 - \Delta E = \frac{13}{48}mv_0^2$。

专题四:力、电综合——宏观物体运动

二、横向主题一:电路分析

1. C **2.** B

3. (1)$\frac{1}{6}BLv$ (2)$\frac{B^2v^2L}{3k}$ **【解析】**(1)当 ac 边一半长度进入磁场时,根据几何关系可得"V"形框架切

割的有效长度为 $\dfrac{L}{2}$，根据法拉第电磁感应定律可得

感应电动势：$E=B\dfrac{L}{2}v=\dfrac{1}{2}BLv$，由于三边电阻相

同，导体棒与导轨两接触点的电势差为 $U=\dfrac{1}{3}E=$

$\dfrac{1}{6}BLv$；

（2）当 ac 边刚好完全进入磁场时，"V" 形框架切割

的有效长度为 L，电动势 $E'=BLv$，回路电阻 $R=3kL$，

功率为 $P=\dfrac{E'^2}{R}=\dfrac{B^2v^2L}{3k}$，根据线框克服安培力的功

率等于回路内的发热功率，回路内的发热功率

为 $\dfrac{B^2v^2L}{3k}$。

4.（1）5m/s （2）$\dfrac{45}{1109}$C 【解析】（1）金属杆 a 在

恒定功率下运动，速度逐渐增大，安培力增大，功率

不变，所以拉力减小，加速度减小，当加速度减为 0

时，拉力等于安培力，此时金属杆 a 受力平衡，由公式

$E=Bd_1v_m$，电路总电阻 $R_{总}=\dfrac{R\cdot r_b}{R+r_b}+r_a$，根据欧姆定

律有 $I=\dfrac{E}{R_1}$，导体受到的安培力大小 $F_安=BIL$，$P=$

Fv_m，速度最大时导体受力平衡：$F=F_安$，联立解得

$v_m=5$m/s。

（2）杆 a、b 最终匀速：$Bd_1v_a=Bd_2v_b$，对杆 a 列动

量定理：$-Bd_1q_a=m_av_a-m_av_M$，对杆 b 列动量定理：

$Bd_2q_b=m_bv_b-0$，$q_a=q_b+Q_c$，解得 $Q_c=CBd_2v_b=$

$\dfrac{45}{1109}$C。

三、横向主题二：力与运动分析

1. 刚开始时棒 a、b 均做加速运动，等效电源 $E=$

$E_a-E_b=BL(v_a-v_b)$，回路电流 $I=\dfrac{E}{R_{总}}=$

$\dfrac{BL}{R_{总}}(v_a-v_b)$，当 v_a-v_b 为定值时，电流 I 恒定不变，达到

稳定状态，电流不变，即电流的变化率为 0。电流的变化

率 $\dfrac{\Delta I}{\Delta t}=\dfrac{\Delta E}{\Delta tR_{总}}=\dfrac{BL(\Delta v_a-\Delta v_b)}{\Delta tR_{总}}=\dfrac{BL}{R_{总}}\left(\dfrac{\Delta v_a}{\Delta t}-\dfrac{\Delta v_b}{\Delta t}\right)=$

$\dfrac{BL}{R_{总}}(a_a-a_b)$，当 $a_a=a_b$ 时，$\dfrac{\Delta I}{\Delta t}=0$，即电流不变。所

以，最后棒 a 和棒 b 以相同的加速度做匀加速直线

运动。

2. 棒 ab 在 -0.7m$\leqslant x\leqslant 0.7$m 间做往复运动。其

中在 0.2m$\leqslant x\leqslant 0.7$m，-0.7m$\leqslant x\leqslant -0.2$m 两个区间

做匀变速直线运动，在 -0.2m$\leqslant x\leqslant 0.2$m 区间做部分

的简谐运动。

3. 电容器放电使棒 A 加速，棒 A 匀速进入 NO

区域，相碰后没有构成回路，没有感应电流，棒 A、B

均做匀速直线运动，直到棒 A 到达 OO' 处。在 OP 这

段，棒 A 受到安培力作用，做变加速运动至 PP'

静止。

4. 棒 ab 在斜面上做简谐运动，与 "]" 形金属框相

碰后一起匀速进入磁场做减速运动。金属棒完全进

入磁场后做匀速运动，出磁场时做减速运动，最后刚

好出磁场处于静止状态。

四、横向主题三：能量分析

1. $W_F-W_G-E_k$ 【解析】对系统分析，根据能量

守恒定律 $W_F=W_G+E_k+Q$，得 $Q=W_F-W_G-E_k$。

2. $\dfrac{1}{2}mv_0^2-2mgL$ 【解析】对导线框分析，根据

能量守恒定律，$Q=\dfrac{1}{2}mv_0^2-2mgL$。

3. 19.67J 【解析】在 0～5s 内，$x_1=12.5$m，$a=$

1m/s^2，$F-f=ma$，得 $F=6$N。5s 时 F 做功的功率

为 30W，因为前 8s 金属杆克服摩擦力做功 127.5J，

所以 $x_2=13$m。在 5s～8s 内，由动能定理 $Pt-Q-$

$\mu mgx_2=\dfrac{1}{2}mv_2^2-mv_1^2$，得 $Q=29.5$J，则电阻 R 上产

生的热量为 $Q_R=\dfrac{R}{R+r}Q=19.67$J。

4. $\dfrac{4}{3}mv_0\sqrt{5gr}-10mgr$ 【解析】棒 cd 在轨道最

低点的速度为 $v_2=\sqrt{5gr}$，两棒作用过程中有 $mv_0=$

mv_1+2mv_2，$Q=\dfrac{1}{2}mv_0^2-\dfrac{1}{2}mv_1^2-\dfrac{1}{2}mv_2^2$，$Q_{ad}=\dfrac{2}{3}Q$，

得 $Q_{ad}=\dfrac{4}{3}mv_0\sqrt{5gr}-10mgr$。

五、横向主题四：动量分析

1. 0.03C 【解析】对细杆由动量定理得：$B_1Il\Delta t=$

$mv-0$，细杆做竖直上抛运动：$v^2=2gh$，解得 $q=$

$I\Delta t=0.03$C。

2. $v=\dfrac{v_0+v_1}{2}$ 【解析】金属框做变加速直线运

动，因此运动学公式不适用。可以在动量定理中寻找有

关速度的关系式。对金属框进入磁场过程列动量定理

方程：$-\sum Bil\Delta t_1=mv-mv_0$①，其中 $\sum BiL\Delta t_1=$

$\dfrac{B^2L^2}{R}x$（x 为 ab 长度）。

对金属框进磁场到出磁场全过程列动量定理方程：

$-\sum BiL\Delta t=mv_1-mv_0$②，其中 $\sum BiL\Delta t=\dfrac{B^2L^2}{R}2x$。

联立式①②解得 ad 边进入磁场时的速度大小

为 $v = \dfrac{v_0 + v_1}{2}$。

3. $x = vt - \dfrac{v^2}{g(\sin\theta - \mu\cos\theta)}$

【解析】金属棒向下做变加速直线运动,对金属棒从静止到匀速过程列动量定理方程:$-\sum Bil\Delta t + mgt\sin\theta - \mu mgt\cos\theta = mv - 0$,其中 $\sum Bil\Delta t = \dfrac{B^2L^2}{2R}x$。

金属棒匀速时满足 $mg\sin\theta = \dfrac{B^2L^2v}{2R} + \mu mg\cos\theta$,

联立方程可解得 $x = vt - \dfrac{v^2}{g(\sin\theta - \mu\cos\theta)}$。

4. $\dfrac{B^2L^2a}{mgR} + \sqrt{\dfrac{4a-2b}{g}} - \sqrt{\dfrac{4a}{g}}$

【解析】根据题意分析后得出,金属棒应该在磁场中减速,在无磁场中加速,而且每次进出磁场的速度均相同。金属棒进入磁场的速度为 v_1,出磁场的速度为 v_2,则 $v_1 = \sqrt{4ga}$,$v_1^2 - v_2^2 = 2gb$,在磁场中用动量定理对金属棒列式:$mgt - \dfrac{B^2L^2a}{R} = mv_2 - mv_1$,解得 $t = \dfrac{B^2L^2a}{mgR} + \sqrt{\dfrac{4a-2b}{g}} - \sqrt{\dfrac{4a}{g}}$。

5. $v_a = 0$ $v_b = \dfrac{2\sqrt{2gh}}{3}$ $v_c = \dfrac{2\sqrt{2gh}}{3}$

【解析】金属棒 a 和 b 质量相等,发生弹性碰撞,碰撞时交换速度,所以 $v_a = 0$。

而棒 a 撞棒 b 前的速度为 $v = \sqrt{2gh}$,该速度变成了棒 b 碰后的速度。然后棒 b 与棒 c 始终未相碰,而水平导轨足够长,说明棒 b 与棒 c 最终速度相等。由棒 b 与棒 c 组成的系统动量守恒来列式,即可获得 $v_b = v_c = \dfrac{2\sqrt{2gh}}{3}$。

六、纵向主题:宏观物体力、电综合问题求解思维展示

1. D **【解析】**将组合体以初速度 v_0 水平无旋转抛出后,组合体做平抛运动,然后进入磁场做匀速运动,由于水平方向切割磁感线产生的感应电动势相互抵消,则有 $mg = F_{安} = \dfrac{B^2L^2v_y}{R}$,$v_y = \sqrt{2gH}$,综合有 $B = \sqrt{\dfrac{mgR}{L^2\sqrt{2g}}} \cdot \dfrac{1}{\sqrt{\sqrt{H}}}$,则 B 与 v_0 无关,B 与 $\dfrac{1}{\sqrt{\sqrt{H}}}$ 成正比,选项 A 错误;当金属框刚进入磁场时,金属框的磁通量增加,此时感应电流的方向为逆时针方向,当金属框刚出磁场时,金属框的磁通量减

少,此时感应电流的方向为顺时针方向,选项 B 错误;由于组合体进入磁场后做匀速运动,水平方向的感应电动势相互抵消,有 $mg = F_{安} = \dfrac{B^2L^2v_y}{R}$,则组合体克服安培力做功的功率等于重力做功的功率,选项 C 错误;无论调节哪个物理量,只要组合体仍能匀速通过磁场,都有 $mg = F_{安}$,则安培力做的功都为 $W = F_{安} \times 4L$,故组合体通过磁场过程中产生的焦耳热不变,选项 D 正确。

2. (1) $\dfrac{\sqrt{30}}{5}$ T (2) $F = (0.96 + 3.1x)$ N 0.324J

【解析】(1)当棒 ab 运动至 $x_1 = 0.2$ m 处时,速度 $v = kx_1 = 5 \times 0.2$ m/s $= 1$ m/s,电阻 R 消耗的电功率 $P = \dfrac{E^2}{R}$,又 $E = Blv$,联立解得 $B = \dfrac{\sqrt{PR}}{lv} = \dfrac{\sqrt{0.12 \times 0.1}}{0.1 \times 1}$ T $= \dfrac{\sqrt{30}}{5}$ T。

(2)在无磁场区间,$0 \leqslant x < 0.2$ m,$a = 5$ s^{-1} · $v = 25$ s^{-2} · x,根据牛顿第二定律得 $F - \mu mg\cos\theta - mg\sin\theta = ma$,解得 $F = (0.96 + 2.5x)$ N;有磁场区间,0.2 m $\leqslant x \leqslant 0.8$ m,棒 ab 所受的安培力大小 $F_A = BIl = \dfrac{B^2l^2v}{R} = 0.6x$ N,根据牛顿第二定律得 $F - \mu mg\cos\theta - mg\sin\theta - F_A = ma$,解得 $F = (0.96 + 2.5x + 0.6x)$ N $= (0.96 + 3.1x)$ N。

(3)在上升过程中,棒 ab 克服安培力做功(F_A-x 图像面积),$W_{A1} = \dfrac{0.6}{2}(x_1 + x_2)(x_2 - x_1)$,解得 $W_{A1} = 0.18$ J。

撤去外力后,棒 ab 的速度为 v_2,棒 ab 上升的最大距离为 s,再次进入磁场时速度为 v',由动能定理得:

上升过程有 $-(mg\sin\theta + \mu mg\cos\theta)s = 0 - \dfrac{1}{2}mv_2^2$,

下降过程有 $(mg\sin\theta - \mu mg\cos\theta)s = \dfrac{1}{2}mv'^2 - 0$,解得 $v' = 2$ m/s。

因 $mg\sin\theta - \mu mg\cos\theta - \dfrac{B^2l^2v'}{R} = 0$,故棒 ab 再次进入磁场后做匀速运动,在下降过程中克服安培力做功,$W_{A2} = \dfrac{B^2l^2v'}{R}(x_2 - x_1)$,解得 $W_{A2} = 0.144$ J,故电阻 R 产生的焦耳热 $Q = W_{A1} + W_{A2} = 0.324$ J。

3. (1)2m/s (2)$\sqrt{4.6}$ m/s (3)$\dfrac{2}{7}$C

【解析】(1)金属棒受到的安培力为 $F = BIL$,由

牛顿第二定律得加速度为 $a=\dfrac{F}{m}=\dfrac{BIL}{m}$，由匀变速直线运动的速度-位移公式得 $v_1^2=2a(x_0-x_1)$，代入数据解得 $v_1=2\text{m/s}$。

（2）在区间 $-0.2\text{m}\leqslant x\leqslant 0.2\text{m}$，安培力 $F=5xIL$，如答图 4-6-1 所示。

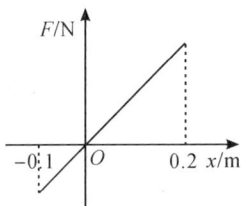

答图 4-6-1

安培力做功为 $W=\dfrac{5IL}{2}(x_1^2-x_2^2)$，根据动能定理可得 $W=\dfrac{1}{2}mv_2^2-\dfrac{1}{2}mv_1^2$，代入数据解得 $v_2=\sqrt{4.6}\text{m/s}$。

（3）对金属棒，由动量定理得 $-BiLt=mv-mv_3$，由电流定义式可知 $Q=it$，电荷量为 $Q=CU=CBLv$，在 $x=-0.2\text{m}$ 处的速度 $v_3=v_1=2\text{m/s}$，解得 $Q=\dfrac{CBLmv_3}{CB^2L^2+m}=\dfrac{2}{7}\text{C}$。

专题五：力、电综合——微观粒子运动

二、横向主题一：不同类型粒子源的轨迹确定问题

1. C **【解析】**当粒子在磁场中运动半个圆周时，打到圆形磁场的位置最远，则当粒子射入的速度为 v_1 时，如答图 5-2-1 所示，由几何知识可知，粒子运动的轨道半径为 $r_1=R\cos60°=\dfrac{1}{2}R$；同理，若粒子射入的速度为 v_2，由几何知识可知，粒子运动的轨道半径为 $r_2=R\cos30°=\dfrac{\sqrt{3}}{2}R$；根据 $r=\dfrac{mv}{qB}\propto v$，则 v_2 : $v_1=r_2$: $r_1=\sqrt{3}$: 1，故选项 C 正确。

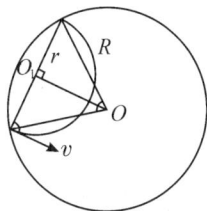

答图 5-2-1

2. $v_{\max}=\dfrac{3eBR}{4m(2-\sin\alpha)}$ **【解析】**如答图 5-2-2 所示，根据几何关系得 $r=\dfrac{3R}{4(2-\sin\alpha)}$，由 $eBv_{\max}=$

$\dfrac{mv_{\max}^2}{r}$，解得 $v_{\max}=\dfrac{3eBR}{4m(2-\sin\alpha)}$。

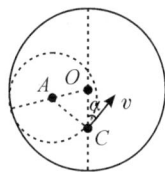

答图 5-2-2

3. $\left(0,\dfrac{3L^2}{R_1+R_2}\right)$ **【解析】**如答图 5-2-3 所示，离子进入磁场后做圆周运动，半径 $r=\dfrac{mv}{qB}$，$\sin\alpha=\dfrac{L}{r}$。经过磁场后，离子在 y 方向偏转距离 $y_1=r(1-\cos\alpha)\approx\dfrac{L^2}{R_1+R_2}$；离开磁场后，离子在 y 方向偏移距离 $y_2=L\tan\alpha\approx\dfrac{2L^2}{R_1+R_2}$。则 $y=y_1+y_2\approx\dfrac{3L^2}{R_1+R_2}$，位置坐标为 $\left(0,\dfrac{3L^2}{R_1+R_2}\right)$。

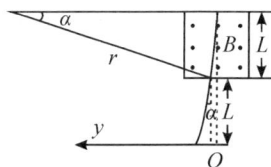

答图 5-2-3

三、横向主题二：解决带电粒子在匀强磁场中运动问题的数学方法

1. （1）$y=\dfrac{1}{4L}x^2$ （2）金属板应水平放置于 $y=-\dfrac{1}{2}L$ 处 （3）$\dfrac{1}{8}L^2$ （4）$I=\left(\dfrac{L}{4x_0}-\dfrac{x}{L}\right)^2 ne$

【解析】（1）电场中，由类平抛运动得 $x=v_0t$，$y=\dfrac{1}{2}at^2$，$a=\dfrac{Ee}{m}$，可以得到 $y=\dfrac{Ee}{2mv_0^2}x^2=\dfrac{1}{4L}x^2$。

（2）磁场中，根据洛伦兹力提供向心力，则有 $eBv=m\dfrac{v^2}{r}$，根据速度分解可得 $v\cos\theta=v_0$，根据几何关系可得 $y=-r\cos\theta=-\dfrac{mv\cos\theta}{eB}=-\dfrac{mv_0}{eB}$，将已知条件 $B=\dfrac{2mv_0}{eL}$ 代入，得到 $y=-\dfrac{1}{2}L$，金属板应水平放置于 $y=-\dfrac{1}{2}L$ 处。

（3）电子从 O 点进入磁场，有 $v=v_0$，则 $r=\dfrac{mv_0}{eB}=\dfrac{1}{2}L$；从最高处经电场偏转后，有 $v=\sqrt{2}v_0$，则 $R=\sqrt{2}r=\dfrac{\sqrt{2}}{2}L$。最小面积 $S_{\min}=\dfrac{1}{4}\pi r^2-\left(\dfrac{1}{8}\pi R^2-\dfrac{1}{8}L^2\right)=$

$\dfrac{1}{8}L^2$。

(4)①当 $x_0 \leqslant \dfrac{\sqrt{2}-1}{2}L$ 时，$I=ne$；

②当 $x_0 > \dfrac{1}{2}L$ 时，$I=0$；

③当 $\dfrac{\sqrt{2}-1}{2}L \leqslant x_0 \leqslant \dfrac{1}{2}L$ 时，$I=\left(\dfrac{\frac{L^2}{4x_0}-x}{L}\right)^2 ne=\left(\dfrac{L}{4x_0}-\dfrac{x}{L}\right)^2 ne$。

2. 见解析　**【解析】**分下面三种情况讨论：

①如答图 5-3-1 所示，$E_{k0}>2qU_0$。

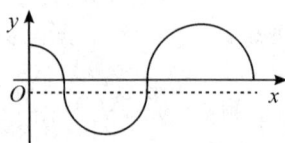

答图 5-3-1

由 $y=\dfrac{mv_2}{Bq}$，$R_0=\dfrac{mv_0}{Bq}$，$R_1=\dfrac{mv_1}{Bq}$ 和 $\dfrac{1}{2}mv_1^2=\dfrac{1}{2}mv_0^2-qU_0$，$\dfrac{1}{2}mv_2^2=\dfrac{1}{2}mv_1^2-qU_0$，及 $x=y+2(R_0+R_1)$，得 $x=y+\dfrac{2}{qB}\sqrt{(yqB)^2+2mqU_0}+\dfrac{2}{qB}\sqrt{(yqB)^2+4mqU_0}$。

②如答图 5-3-2 所示，$qU_0<E_{k0}<2qU_0$。

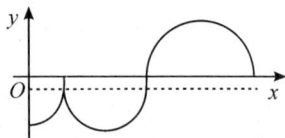

答图 5-3-2

由 $-y-d=\dfrac{mv_2}{Bq}$，$R_0=\dfrac{mv_0}{Bq}$ 和 $\dfrac{1}{2}mv_0^2=\dfrac{1}{2}mv_2^2+qU_0$，及 $x=3(-y-d)+2R_0$，得 $x=-3(y+d)+\dfrac{2}{qB}\sqrt{(y+d)^2q^2B^2+2mqU_0}$。

③如答图 5-3-3，$E_{k0}<qU_0$。

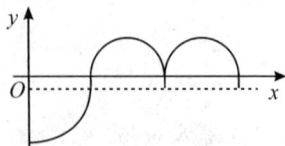

答图 5-3-3

由 $-y-d=\dfrac{mv_2}{Bq}$，$R_0=\dfrac{mv_0}{Bq}$ 和 $\dfrac{1}{2}mv_0^2=\dfrac{1}{2}mv_2^2-$

qU_0，及 $x=(-y-d)+4R_0$，得 $x=-y-d+\dfrac{4}{qB}\sqrt{(y+d)^2q^2B^2-2mqU_0}$。

四、横向主题三：带电粒子运动中的立体问题

1. (1)$v<5\times10^5$ m/s　(2)$v>5.86\times10^5$ m/s

(3)$n=\left(\dfrac{10}{9}-\dfrac{3-\sqrt{3}}{3\pi}\right)n_0$

【解析】(1)当粒子的运动轨迹圆的直径为 $\dfrac{L}{2}$ 时，粒子恰好能打到荧光屏上，即 $r=\dfrac{L}{4}=0.025$ m，根据 $qv_1B=\dfrac{mv_1^2}{r}$，解得 $v_1=5\times10^5$ m/s，即当粒子速度 $v<5\times10^5$ m/s 时，没有粒子打到荧光屏上。

(2)粒子与两个侧面相切是粒子全部打到荧光屏上的临界情况。设粒子临界速度为 v_2，当 $v>v_2$ 时，粒子能全部打在荧光屏上。画出轨迹图，如答图 5-4-1 所示，由几何关系知 $r=\sqrt{2}\left(\dfrac{L}{2}-r\right)$，可得 $r=\left(1-\dfrac{\sqrt{2}}{2}\right)L$，代入 $r=\dfrac{mv_2}{qB}$ 可得 $v_2=(2-\sqrt{2})\times10^6\approx5.86\times10^5$ m/s，即当 $v>5.86\times10^5$ m/s 时，粒子能全部打在荧光屏上。

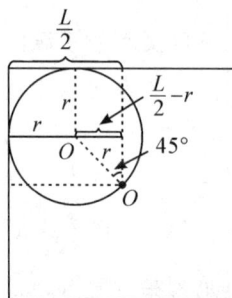

答图 5-4-1

(3)粒子射出后，在电场中做类平抛运动，沿电场方向有 $y=\dfrac{1}{2}\times\dfrac{qE}{m}\times t^2$，垂直于电场方向有 $x=v_0t$。

若不考虑荧光屏对粒子运动的障碍，对 $v_{01}=5\times10^4$ m/s 的粒子，粒子穿过 $cc'd'd$ 所在平面时，其水平射程 $s_1=v_{01}\sqrt{\dfrac{Lm}{Eq}}=\dfrac{\sqrt{3}}{30}$ m$=\dfrac{\sqrt{3}}{3}L>\dfrac{1}{2}L$；对 $v_{02}=1\times10^5$ m/s 的粒子，其水平射程 $s_2=v_{01}\sqrt{\dfrac{Lm}{Eq}}=\dfrac{\sqrt{3}}{15}$ m$=\dfrac{2\sqrt{3}}{3}L$。

易看出，由于不同速度的粒子数量相同，若不考虑荧光屏对粒子运动的障碍，粒子穿过 $cc'd'd$ 所在

480

平面时，水平方向上的射程正比于初速度，故在某一方面上，粒子的分布随射程的变化是均匀的。作出俯视图，画出半径为射程 s_1、s_2 的两个圆，如答图 5-4-2 所示，由于 $s_1=\dfrac{\sqrt{3}L}{3}$，找出小圆与正方形 $cc'dd'$ 的交点 G，图中在 θ_1 范围内的粒子均能打在荧光屏上。

由几何知识知 $\theta_1=30°$，即图中 $45°$ 角内剩余部分为 $15°$。

半径为 s_1、s_2 的两个圆的面积减去正方形在半径为 s_1 的圆外的部分的面积（即阴影部分）就可以计算粒子打在荧光屏上的数目，即 $S_{阴影}=8\times\left[\dfrac{1}{2}\times\left(\dfrac{L}{2}-s_1\sin\theta_1\right)\times\dfrac{L}{2}-\dfrac{1}{2}\times\dfrac{\pi}{12}s_1^2\right]=\dfrac{9-3\sqrt{3}-\pi}{9}L^2$，$S_{环}=(\pi s_2^2-\pi s_1^2)=\pi L^2$。

粒子打在荧光屏上的数目为 $n=\dfrac{S_{环}-S_{阴影}}{S_{环}}n_0=\left(\dfrac{10}{9}-\dfrac{3-\sqrt{3}}{3\pi}\right)n_0$。

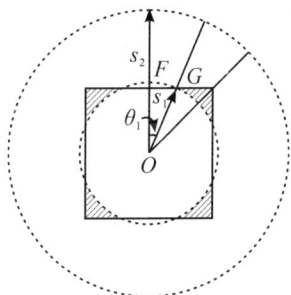

答图 5-4-2

2. (1) $B_0=\dfrac{2\pi mE\cos\theta}{3dqB}$　(2) $\dfrac{3d}{2\pi}$　(3) $\dfrac{3}{4}$

【解析】(1)速度选择器中粒子受力平衡，有 $qE=qvB_0$，代入可得 $B_0=\dfrac{2\pi mE\cos\theta}{3dqB}$，故速度选择器中磁场的磁感应强度 B_0 与 θ 的关系为 $B_0=\dfrac{2\pi mE\cos\theta}{3dqB}$。

(2)根据公式 $qvB=m\dfrac{v^2}{r}$，$T=\dfrac{2\pi r}{v}$，可得粒子的运动周期为 $T=\dfrac{2\pi m}{qB}$，粒子运动时间为 $t=\dfrac{d}{v\cos\theta}=\dfrac{2\pi m}{3qB}$，即 $t=\dfrac{T}{3}$，且有 $v_y=v\sin\theta=\dfrac{\sqrt{3}dqB}{2\pi m}$，$qv_yB=m\dfrac{v_y^2}{r}$，可得 $r=\dfrac{\sqrt{3}d}{2\pi}$。

因为粒子运动时间为 $\dfrac{T}{3}$，则角度会偏转 $120°$，由几何关系有 $l=2r\cos30°=\dfrac{3d}{2\pi}$，故 $\theta=30°$ 时，粒子击中

位置与 D_2 点的距离为 $\dfrac{3d}{2\pi}$。

(3)粒子的运动时间和偏转角无关，所以入射后的运动时间均为 $\dfrac{T}{3}$，即偏转 $120°$ 角，轨迹如答图 5-4-3 所示。

由几何关系得 $a=r+r\cos60°=\dfrac{3}{2}r$，根据 $qv_yB=m\dfrac{v_y^2}{r}$，$v_y=v\sin\theta$，有 $r=\dfrac{3d}{2\pi}\tan\theta$。

根据题干所给条件，有 $a=\dfrac{9d}{4\pi}$，代入可得 $\tan\theta=1$，即 $\theta=45°$。

此时粒子能够恰好击中屏幕，所以可吸收的比值为 $n=\dfrac{45°}{60°}=\dfrac{3}{4}$，故打到屏幕上的粒子数与飞入 D_1 的粒子数的比值为 $\dfrac{3}{4}$。

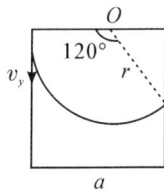

答图 5-4-3

3. (1) $\sqrt{\dfrac{E^2\pi^2m+8B^2qU}{4B^2m}}$

(2) $\left(\dfrac{L}{2},\dfrac{L}{2}+\sqrt{\dfrac{\pi^2mU}{8B^2q}}\right)$

(3) 见解析

【解析】(1)由动能定理得 $qU=\dfrac{1}{2}mv_水^2$，解得 $v_水=\sqrt{\dfrac{2qU}{m}}$。

当粒子从 M 点射出时具有最长的运动时间，故有 $a=\dfrac{Eq}{m}$，$t=\dfrac{\pi m}{2qB}$，所以 $v_y=at=\dfrac{E\pi}{2B}$。故可得 $v_{max}=\sqrt{v_y^2+v_水^2}=\sqrt{\dfrac{E^2\pi^2m+8B^2qU}{4B^2m}}$。

(2)由 $x_y=\dfrac{1}{2}at^2$ 解得 $x_y=\sqrt{\dfrac{\pi^2mU}{8B^2q}}$。

由第(1)问得 $v_水=v_y$，故 $t_2=\dfrac{L}{v_水}=\sqrt{\dfrac{mL^2}{2qU}}$，故 $x_{y总}=\sqrt{\dfrac{\pi^2mU}{8B^2q}}+t_2\times v_y-\dfrac{L}{2}=\dfrac{L}{2}+\sqrt{\dfrac{\pi^2mU}{8B^2q}}$。

又因为 x 轴对应直线为 $x=\dfrac{L}{2}$，故坐标为 $\left(\dfrac{L}{2},\dfrac{L}{2}+\sqrt{\dfrac{\pi^2mU}{8B^2q}}\right)$。

(3)见答图 5-4-4 中阴影部分(下面的 $\frac{1}{4}$ 圆弧为辅助作法)。

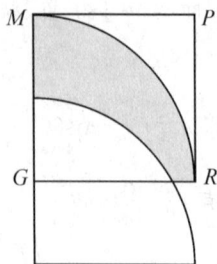

答图 5-4-4

五、纵向主题一:带电粒子在磁场中的运动(一)

1. C 【解析】根据题意,粒子的运动轨迹如答图 5-5-1 所示,粒子在磁场中的时间最长,则其经过的圆弧对应的圆心角最大,作图可知,当 ce 与圆弧 $\overset{\frown}{aeb}$ 相切时,其圆心角最大,由几何关系可得 $\alpha=60°$,故最长时间为 $\frac{4\pi m}{3qB}$,故选项 C 正确。

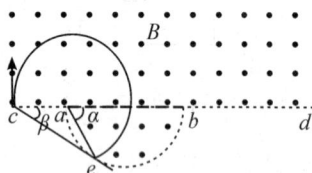

答图 5-5-1

2. (1) $\frac{qBd}{m}$ (2) $\frac{2+\sqrt{3}}{2}d$ (3)见解析

【解析】(1)粒子在磁场中做匀速圆周运动,洛伦兹力提供向心力,$qvB=m\frac{v^2}{r}$,在磁场中做圆周运动的半径 $r=d$,得 $v=\frac{qBd}{m}$。

(2)如答图 5-5-2 所示,粒子碰撞后的运动轨迹恰好与磁场左边界相切,此时入射点到 M 的距离最大,由几何关系得 $d_m=d(1+\sin 60°)$,得 $d_m=\frac{2+\sqrt{3}}{2}d$。

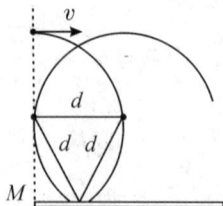

答图 5-5-2

(3)粒子做匀速圆周运动,有 $T=\frac{2\pi r}{v}$,设粒子最后一次碰撞到射出磁场的时间为 t',则粒子从 P 到 Q

的运动时间 $t=n\frac{T}{4}+t'(n=1,3,5,\cdots)$。

(a)当 $L=nd+\left(1-\frac{\sqrt{2}}{2}\right)d$ 时,粒子斜向上射出磁场,粒子转过的夹角为 $\frac{1}{4}\pi$,$t'=\frac{1}{8}T$,则 $t=\left(\frac{L}{d}+\frac{\sqrt{2}-1}{2}\right)\frac{\pi m}{2qB}$。

(b)当 $L=nd+\left(1+\frac{\sqrt{2}}{2}\right)d$ 时,粒子斜向下射出磁场,粒子转过的夹角为 $\frac{3}{4}\pi$,$t'=\frac{3}{8}T$,则 $t=\left(\frac{L}{d}+\frac{1-\sqrt{2}}{2}\right)\frac{\pi m}{2qB}$。

3. (1) $B=\frac{mv_0}{qR}$ (2) $\omega=(4k+1)\frac{v_0}{R}(k=0,1,2,\cdots)$

(3) $\omega'=\frac{2n\pi+\theta}{\pi-\theta}\cdot\frac{v_0}{R}(n=0,1,2,\cdots)$

【解析】(1)离子在磁场中做圆周运动,有 $qv_0B=m\frac{v_0^2}{R}$,则 $B=\frac{mv_0}{qR}$。

(2)离子在磁场中的运动时间为 $t=\frac{\pi R}{2v_0}$,转筒的转动角度为 $\omega t=2k\pi+\frac{\pi}{2}$,$\omega=(4k+1)\frac{v_0}{R}(k=0,1,2,\cdots)$。

(3)设速度大小为 v 的离子在磁场中圆周运动的半径为 R',有 $R'=R\tan\frac{\theta}{2}$,$v'=v_0\tan\frac{\theta}{2}$。

离子在磁场中的运动时间 $t'=(\pi-\theta)\frac{R}{v}$,转筒的转动角度 $\omega't'=2n\pi+\theta$。

转筒的转动角速度为 $\omega'=\frac{2n\pi+\theta}{\pi-\theta}\cdot\frac{v_0}{R}(n=0,1,2,\cdots)$。

六、纵向主题二:带电粒子在磁场中的运动(二)

1. (1) $\left(\frac{qB^2R^2}{2mU}-1\right)\frac{\pi m}{qB}$ (2) $2\left(\sqrt{R^2-\frac{2mU}{qB^2}}-\sqrt{R^2-\frac{4mU}{qB^2}}\right)$ (3) $R+\frac{2mER}{qB^2R-mE}\sin\frac{\alpha}{2}$

【解析】(1)设粒子在 P 点的速度大小为 v_P,则根据 $qvB=m\frac{v^2}{r}$,可知半径表达式为 $R=\frac{mv_P}{qB}$。

根据动能定理,粒子在静电场中加速有 $nqU=\frac{1}{2}mv_P^2$,粒子在磁场中运动的周期为 $T=\frac{2\pi m}{qB}$,粒子运动的总时间为 $t=(n-1)\times\frac{T}{2}$,解得 $t=\left(\frac{qB^2R^2}{2mU}-1\right)\frac{\pi m}{qB}$。

（2）由粒子的运动半径 $r=\dfrac{mv}{qB}$，结合动能表达式 $E_k=\dfrac{1}{2}mv^2$ 变形得 $r=\dfrac{\sqrt{2mE_k}}{qB}$，则粒子加速到 P 点前最后两个半周的运动半径为 $r_1=\dfrac{\sqrt{2m(E_{kP}-qU)}}{qB}$，$r_2=\dfrac{\sqrt{2m(E_{kP}-2qU)}}{qB}$，由几何关系得 $d_m=2(r_1-r_2)$，又因为 $E_{kP}=\dfrac{(qBR)^2}{2m}$，解得

$$d_m=2\left(\sqrt{R^2-\dfrac{2mU}{qB^2}}-\sqrt{R^2-\dfrac{4mU}{qB^2}}\right).$$

（3）如答图 5-6-1 所示，设粒子在偏转器中的运动半径为 r_Q，则在偏转器中，要使粒子半径变大，电场力应和洛伦兹力反向，共同提供向心力，即 $qv_PB-qE=m\dfrac{v_P^2}{r_Q}$。

设粒子离开偏转器的点为 E，之后圆周运动的圆心为 O'。由题意知，O' 在 EQ 上，且粒子飞离磁场的点与 O、O' 在一条直线上。

粒子在偏转器中运动的圆心在 Q 点，从偏转器飞出，即从 E 点离开，又进入回旋加速器中的磁场，此时粒子的运动半径又变为 R，然后轨迹发生偏离，从 F 点飞出磁场，那么磁场的最大半径即为 $R_m=OF=R+OO'$。

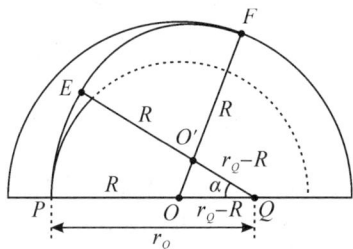
答图 5-6-1

将等腰三角形 $\triangle OO'Q$ 放大，如答图 5-6-2 中虚线为从 Q 点向 OO' 所引垂线，平分 α 角，则 $OO'=2(r_Q-R)\sin\dfrac{\alpha}{2}$，解得最大半径为 $R_m=R+\dfrac{2mER}{qB^2R-mE}\sin\dfrac{\alpha}{2}$。

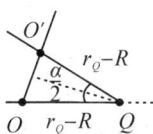
答图 5-6-2

2. （1）$0<x<2\sqrt{3}L$ （2）$\dfrac{\sqrt{2}}{3}NqBL$ （3）见解析

【解析】（1）$\theta=\dfrac{\pi}{3}$ 时，轨迹与 $y=L$ 相切的情景如答图 5-6-3 所示。

根据几何关系有 $\cos\theta=\dfrac{r_1-L}{r_1}$，得 $r_1=2L$；在磁场中，根据洛伦兹力提供向心力，则有 $qv_1B=\dfrac{mv_1^2}{r_1}$，得 $v_1=\dfrac{2qBL}{m}$。

正离子打到 x 轴上的范围为 $0<x<2\sqrt{3}L$。

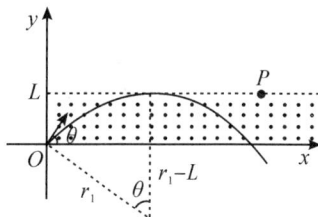
答图 5-6-3

（2）如答图 5-6-4 所示，$\theta=\dfrac{\pi}{3}$ 时，不同速率的离子打到 OP 上对应的圆心角均为直角，即离子同时打到板，且打到板上时与板的夹角均为 $\beta=\theta-\alpha=\dfrac{\pi}{4}$。由第（1）问知，只有速率为 $0\sim\dfrac{2qBL}{m}$ 的离子能打到板，所以单位时间内打到板上的离子数量为 $\dfrac{2}{3}N$。

这些正离子对收集板 S_1 的垂直冲击力为 $F=\dfrac{2}{3}N\cdot\dfrac{0+\dfrac{2qBL}{m}}{2}\cdot m\cdot\sin\beta=\dfrac{\sqrt{2}}{3}NqBL$。

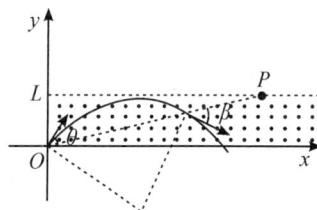
答图 5-6-4

（3）只射入速率为 $\dfrac{1}{3}v_m$ 的离子，故离子半径为 $r=L$。

$\theta=\dfrac{\pi}{6}$ 时，离子打在 x 轴上时离 O 点最近的坐标是 $x_1=L$；

$\theta=\dfrac{\pi}{2}$ 时，离子打在 x 轴上时离 O 点最远的坐标是 $x_2=2L$。

长为 L 的收集板 S_2 左端坐标记为 x，则有：

①$x<0$ 时，$\eta=0$；

②$x>2L$ 时，$\eta=0$；

③$0<x<L$ 时，离子打到板右端对应射入角度

为 θ_1，有 $\sin\theta_1=\dfrac{x+L}{2L}$，$\eta=\dfrac{\arcsin\left(\dfrac{x+L}{2L}\right)-\dfrac{\pi}{6}}{\dfrac{\pi}{3}}$，或表

示为 $\eta=\dfrac{\theta-\dfrac{\pi}{6}}{\dfrac{\pi}{3}}$，其中 $\sin\theta=\dfrac{x+L}{2L}$；

④$L\leqslant x<2L$ 时，离子打到板左端对应射入角度

为 θ_2，有 $\sin\theta_2=\dfrac{x}{2L}$，$\eta=\dfrac{\dfrac{\pi}{2}-\arcsin\dfrac{x}{2L}}{\dfrac{\pi}{3}}$，或表示为 $\eta=$

$\dfrac{\dfrac{\pi}{2}-\theta}{\dfrac{\pi}{3}}$，其中 $\sin\theta=\dfrac{x}{2L}$。

3.(1)$\dfrac{8md^2}{qT^2}$　(2)$\dfrac{2m}{qT}$　(3)$\dfrac{27}{8}\pi d^2$　【解析】(1)所

有进入极板间的粒子沿 x 轴正方向的分运动均为匀

速直线运动，在极板间的运动时间为 $t=\dfrac{2d}{v}=T$。

$t=0$ 时刻入射的粒子进入极板间，沿 y 轴方向

有 $q\dfrac{U_0}{2d}=ma$，前半个周期内，粒子沿 y 轴方向发生的

位移 $\dfrac{d}{2}=\dfrac{1}{2}a\left(\dfrac{T}{2}\right)^2$，解得 $U_0=\dfrac{8md^2}{qT^2}$。

（2）不同时刻射出的粒子沿 y 轴方向加速和减

速的时间相同，所有粒子均沿 x 轴正方向以速度

$v=\dfrac{2d}{T}$进入圆形磁场区域，$t=\dfrac{T}{4}$ 时刻射出的粒子

恰沿半径方向进入磁场，粒子做匀速圆周运动经

过原点 O。根据几何关系可知粒子运动半径 $r_1=$

d，根据 $qvB_1=\dfrac{mv^2}{r_1}$，可得磁场的磁感应强度

$B_1=\dfrac{2m}{qT}$。

（3）如答图 5-6-5 所示，从极板间射出的粒子在

$2d$ 范围内沿 x 轴正方向进入圆形磁场，满足磁聚焦

的条件，均在坐标原点 O 汇聚，从原点 O 沿 x 轴正方

向和负方向 $180°$ 范围内进入第一、二象限，为使其均

能打在 x 轴上 $0\sim 3d$ 范围内，粒子在磁场内做圆周

运动的半径 $r_2=1.5d$，有 $qvB_2=\dfrac{mv^2}{r_2}$，解得磁感应强

度大小 $B_2=\dfrac{4m}{3qT}$，磁场范围的最小面积 $S=\dfrac{1}{2}\pi r_2^2+$

$\dfrac{1}{4}\pi(2r_2)^2$，解得 $S=\dfrac{27}{8}\pi d^2$。

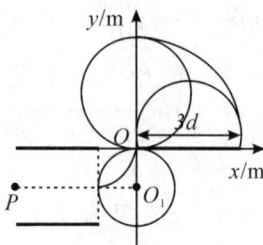

答图 5-6-5

专题六：力、电综合——装置与场分析

二、横向主题一：基于装置特征分析场

1. B　【解析】氦原子碰到针尖时会失去一个电
子形成氦离子，所以氦离子带正电，在氦离子运动过
程中，电场力做正功，电势能不断减小，故选项 A 错
误；因为针尖到泡内壁的距离相等，所以针尖到泡壁
各点的电势差恒定，根据 $W=qU$ 可知到达泡内壁的
电场力对各点的氦离子做功相等，各点的氦离子动
能相等，故选项 B 正确；氦原子变成氦离子是在强电
场力作用下发生的，由于针尖端附近存在强电场强
度，因此会在其附近发生，不会在导电膜附近发生，
故选项 C 错误；泡内上部空间产生的辐射状电场可
看作在针尖处的点电荷产生的电场，由点电荷的场
强公式 $E=k\dfrac{Q}{r^2}$ 可知电场强度 E 在变化，则距离针尖

$\dfrac{1}{2}r$ 处的电场强度大小不为 $\dfrac{U}{r}$，故选项 D 错误。

2. CD　【解析】根据安培定则可知，电磁铁上方
为 N 极，下方为 S 极，磁场的方向向下，故选项 A 错
误；适当减小 R_1，电磁铁中的电流增大，产生的磁感
应强度增大，而当增大 R_2 时，霍尔元件中的电流减
小，所以霍尔电压可能减小，即电压表示数可能减
小，故选项 B 错误；当调整电路时，仅将电源 E_1、E_2
反向接入电路，使通过电磁铁和霍尔元件的电流方
向相反，由左手定则可知洛伦兹力方向不变，即 2、4
两接线端的电势高低关系不发生改变，电压表的示
数不变，故选项 C 正确；通过霍尔元件的电流由 1 流
向接线端 3，负电子移动方向与电流的方向相反，由
左手定则可知，负电子偏向接线端 2，所以接线端 2
的电势低于接线端 4 的电势，故选项 D 正确。

3. a、c　0.71　【解析】如答图 6-2-1 所示，当线
圈平面平行于地面测量时，在地面上 a、c 两处测得试
探线圈中的电动势为 0，说明通过线圈的磁通量为 0，
则线圈在 a、c 两处的正上方，而 b、d 两处线圈中的电

动势不为 0,说明穿过线圈的磁通量发生变化,则试探线圈在通电直导线的两边。当线圈平面与地面成 45° 夹角时,在 b、d 两处测得试探线圈中的电动势为 0,说明线圈现在的位置与直导线平行且在线圈的正下方。又由于 a、b、c、d 恰好位于边长为 1m 的正方形的四个顶角上,所以可确定地下电缆在 a、c 两点连线的正下方。当线圈平面与地面成 45° 夹角时,直导线在线圈的正下方,由正方形的边长为 1m 可知,直导线离地表的深度为 0.71m。

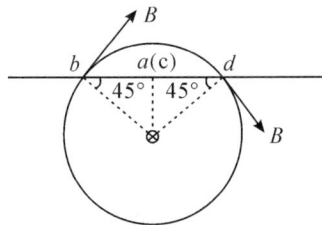

答图 6-2-1

4. (1) $\sqrt{\dfrac{2eU}{m}} \leqslant v_0 \leqslant \sqrt{\dfrac{2(h\nu + eU - W_0)}{m}}$

(2) $v_M = \sqrt{\dfrac{eU}{m}}$ $\beta = 30°$

(3) $E_m = B_1 \sqrt{\dfrac{2(h\nu + eU - W_0)}{m}}$

$B_{2m} = \dfrac{2\sqrt{2m(h\nu - W_0)}}{ea}$

【解析】(1)由光电效应方程,逸出光电子的最大初动能为 $E_{km} = h\nu - W_0$,则有 $\dfrac{1}{2}mv_0^2 = E_k + eU(0 \leqslant E_k \leqslant W_0)$,解得 $\sqrt{\dfrac{2eU}{m}} \leqslant v_0 \leqslant \sqrt{\dfrac{2(h\nu + eU - W_0)}{m}}$。

(2)光电子由 O 进入第一象限,在区域Ⅰ(速度选择器)中受力平衡,有 $ev_0B_1 = eE$,解得 $v_0 = \dfrac{E}{B_1} = \sqrt{\dfrac{3eU}{m}}$。根据动能定理有 $\dfrac{1}{2}mv_0^2 - \dfrac{1}{2}mv_M^2 = eU$,$v_M = \sqrt{\dfrac{eU}{m}}$。光电子由 O 到探测器的轨迹如答图 6-2-2 所示,由几何关系可得 $r\sin\alpha = \dfrac{a}{2}$。

光电子在区域Ⅱ中做匀速圆周运动,有 $ev_0B_2 = m\dfrac{v_0^2}{r}$,$v_M\sin\beta = v_0\sin\alpha$,联立解得 $\beta = 30°$。

(3)由表达式 $ev_0B_1 = eE$ 可得最大电场强度 $E_m = B_1\sqrt{\dfrac{2(h\nu + eU - W_0)}{m}}$,由 $\dfrac{mv_0}{eB_2}\sin\alpha = \dfrac{a}{2}$,而 $v_0\sin\alpha$ 等于光电子在 M 板逸出时沿 y 轴的分速度,则有 $\dfrac{1}{2}m(v_0\sin\alpha)^2 \leqslant E_{km} = h\nu - W_0$,$v_0\sin\alpha \leqslant$

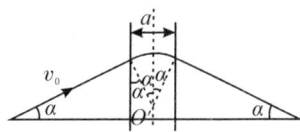

答图 6-2-2

$\sqrt{\dfrac{2(h\nu - W_0)}{m}}$,解得 $B_{2m} = \dfrac{2\sqrt{2m(h\nu - W_0)}}{ea}$。

三、横向主题二:基于粒子运动分析场

1. $v_{max} = \dfrac{2E}{B}$ 【解析】建立如答图 6-3-1 所示的直角坐标系后,将水平向右的速度 v_0 和水平向左的速度 v_0 同时添加给带电粒子,$0 = v_0 + (-v_0)$,其中向右的速度 v_0 恰好满足 $qv_0B = qE$,这样电场力就被其中的一个洛伦兹力抵消了,粒子的运动看成以 $-v_0$ 为初速度的逆时针方向的匀速圆周运动和以 v_0 向右做匀速直线运动的合运动。最大速度 $v_{max} = 2v_0 = \dfrac{2E}{B}$。

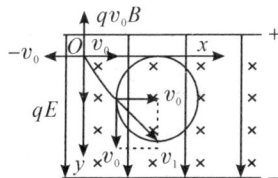

答图 6-3-1

2. (1) $\sqrt{2gy}$ (2) $\dfrac{2m^2g}{q^2B^2}$ (3) $\dfrac{2}{qB}(qE - mg)$

【解析】(1)洛伦兹力不做功,由动能定理得 $mgy = \dfrac{1}{2}mv^2$①,从而得 $v = \sqrt{2gy}$②。

(2)设在最大距离 y_m 处的速率为 v_m,根据圆周运动有 $qv_mB - mg = \dfrac{mv_m^2}{R}$③,且由式②知 $v_m = \sqrt{2gy_m}$④,由式③④及 $R = 2y_m$ 得 $y_m = \dfrac{2m^2g}{q^2B^2}$⑤。

(3)小球的运动轨迹如答图 6-3-2 所示,由动能定理有 $(qE - mg)|y_m| = \dfrac{1}{2}mv_m^2$⑥,由圆周运动有 $qv_mB + mg - qE = \dfrac{mv_m^2}{R}$⑦,且由式⑥⑦及 $R = 2|y_m|$,解得 $v_m = \dfrac{2}{qB}(qE - mg)$。

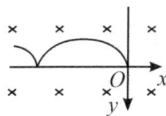

答图 6-3-2

3.（1）作出临界轨道，如答图 6-3-3 所示，由几何关系知 $r=d$，由 $qv_1B=m_e\dfrac{v_1^2}{r}$ 得 $d=\dfrac{m_ev_1}{qB}$。

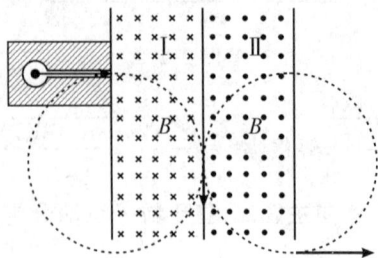

答图 6-3-3

（2）对于电子，有

$$d=\frac{m_ev_1}{qB}=\frac{9.1\times10^{-31}\times0.1\times3\times10^8}{1.6\times10^{-19}\times0.0034}=0.05\,\text{m};$$

对于 α 粒子，有

$$r_\alpha=\frac{m_\alpha v_1}{q_\alpha B}=\frac{6.7\times10^{-27}\times0.001\times3\times10^8}{2\times1.6\times10^{-19}\times0.0034}=1.84\,\text{m}>d。$$

作出轨道，如答图 6-3-4 所示。

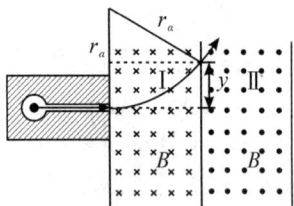

答图 6-3-4

竖直方向上的距离 $y=r_\alpha-\sqrt{r_\alpha^2-d^2}=0.7\,\text{mm}$，区域 I 的磁场不能将 α 射线和 γ 射线分离，可用薄纸片挡住 α 射线，用厚铅板挡住 γ 射线。

（3）画出速率分别为 v_1 和 v_2 的粒子离开区域 II 的轨迹，如答图 6-3-5 所示。

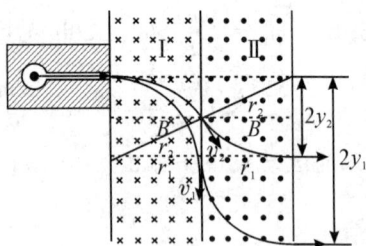

答图 6-3-5

$y_1=d$，$y_2=r_2-\sqrt{r_2^2-d^2}$，因为 $d=\dfrac{m_ev_1}{qB}$，$r_2=\dfrac{m_ev_2}{qB}$，所以 $y_1=\dfrac{m_ev_1}{qB}$，$y_2=\dfrac{m_e}{qB}(v_2-\sqrt{v_2^2-v_1^2})$，速率在 $v_1<v<v_2$ 区域间射出的 β 粒子束宽为 $(2y_1-2y_2)$，方向向右。

（4）由对称性可设计如答图 6-3-6 所示的磁场区域，最后粒子聚集且水平向右射出。

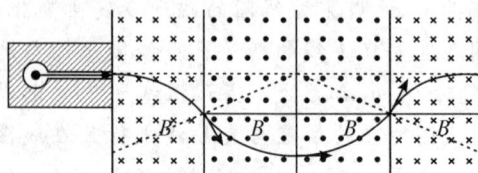

答图 6-3-6

四、纵向主题一：装置与场分析（一）

1.（1）$\dfrac{q^2B^2R^2}{2m}$　（2）$\dfrac{\pi BR^2+2BdR}{2U_0}-\dfrac{\pi m}{qB}$

（3）$d<\dfrac{\pi mU_0}{100qB^2R}$

【解析】（1）经分析知，当粒子运动半径为 R 时，粒子的速度（动能）最大，即有 $qv_mB=m\dfrac{v_m^2}{R}$，且 $E_{km}=\dfrac{1}{2}mv_m^2$，解得 $E_{km}=\dfrac{q^2B^2R^2}{2m}$。

（2）设粒子被加速 n 次达到动能 E_{km}，对粒子应用动能定理 $nqU_0=\dfrac{1}{2}mv_m^2$，解得 $n=\dfrac{E_{km}}{qU_0}=\dfrac{qB^2R^2}{2mU_0}$，粒子在磁场中的运动时间 $t_磁=(n-1)\dfrac{T}{2}=\dfrac{(n-1)\pi m}{qB}$，粒子在电场中做匀加速直线运动，利用累加思想，粒子在电场中的运动总时间 $t_电=\dfrac{v_m}{a}=\dfrac{BdR}{U_0}$，所以粒子运动总时间 $t_总=t_电+t_磁=\dfrac{\pi BR^2+2BdR}{2U_0}-\dfrac{\pi m}{qB}$。

（3）由于粒子从飘入到射出过程中，在电场中运动累加后的总时间为 $t_电$，所以只有在 $0\sim\left(\dfrac{T}{2}-t_电\right)$ 时间内飘入的粒子才能保证每次射入电场时均被加速。所以被加速粒子所占的比例为 $\eta=\dfrac{\dfrac{T}{2}-t_电}{\dfrac{T}{2}}$，由于 $\eta>99\%$，解得 $d<\dfrac{\pi mU_0}{100qB^2R}$。

2.（1）$\sqrt{\dfrac{2mU}{qB^2}}$　（2）$d\sqrt{\dfrac{2nm}{qU}}+\dfrac{(n-1)\pi m}{qB}$

（3）见解析

【解析】（1）设正离子经过狭缝被第一次加速后的速度为 v_1，由动能定理得 $qU=\dfrac{1}{2}mv_1^2$，正离子在磁场中做匀速圆周运动，半径为 r_1，由牛顿第二定律得 $qv_1B=m\dfrac{v_1^2}{r_1}$，由以上两式联立得 $r_1=\sqrt{\dfrac{2mU}{qB^2}}$。

（2）设正离子经过狭缝第 n 次被加速后的速度为 v_n，由动能定理得 $nqU=\dfrac{1}{2}mv_n^2$，离子在狭缝中经 n 次

加速的总时间 $t_1=\dfrac{v_n}{a}$，由牛顿第二定律得 $q\dfrac{U}{d}=ma$，解得电场对离子加速的时间 $t_1=d\sqrt{\dfrac{2nm}{qU}}$，正离子在磁场中做匀速圆周运动，由牛顿第二定律有 $qvB=m\dfrac{v^2}{r}$，又 $T=\dfrac{2\pi r}{v}$，得离子在磁场中做圆周运动的时间 $t_2=(n-1)\dfrac{T}{2}$，由以上三式解得 $t_2=\dfrac{(n-1)\pi m}{qB}$，故离子从离开离子源到第 n 次被加速结束时所经历的时间 $t=t_1+t_2=d\sqrt{\dfrac{2nm}{qU}}+\dfrac{(n-1)\pi m}{qB}$。

(3) 由前文分析可知离子获得的最大动能为 $E_{km}=\dfrac{q^2B^2R^2}{2m}$，要提高某一离子被半径为 R 的回旋加速器加速后的最大动能，可以增大加速器中的磁感应强度 B。

3. (1) $\dfrac{1}{R}\sqrt{\dfrac{2mU}{q}}$ (2) $2\pi R\sqrt{\dfrac{m}{2qU}}\left(1+\dfrac{1}{\sqrt{2}}+\dfrac{1}{\sqrt{3}}+\cdots+\dfrac{1}{\sqrt{n}}\right)$ (3) $\dfrac{qU}{\pi R}\sqrt{\dfrac{nqU}{2m}}$

【解析】(1) 设 A 经电场第 1 次加速后速度为 v_1，由动能定理得 $qU=\dfrac{1}{2}mv_1^2-0$，A 在磁场中做匀速圆周运动，所受洛伦兹力充当向心力，有 $qv_1B_1=\dfrac{mv_1^2}{R}$，联立得 $B_1=\dfrac{1}{R}\sqrt{\dfrac{2mU}{q}}$。

(2) A 做半径为 R 的匀速圆周运动，每一周所用时间为 $\dfrac{2\pi R}{v}$，由于每一周速度不同，所以每一周所需时间也不同。第一周 $qU=\dfrac{1}{2}mv_1^2$，得 $v_1=\sqrt{\dfrac{2qU}{m}}$，第二周 $2qU=\dfrac{1}{2}mv_2^2$，得 $v_2=\sqrt{\dfrac{2\cdot 2qU}{m}}$，由此可以推知，第 n 周的速度 $v_n=\sqrt{\dfrac{n\cdot 2qU}{m}}$，故 A 绕行 n 周所需总时间 $t=t_1+t_2+\cdots+t_n=2\pi R\sqrt{\dfrac{m}{2qU}}\left(1+\dfrac{1}{\sqrt{2}}+\dfrac{1}{\sqrt{3}}+\cdots+\dfrac{1}{\sqrt{n}}\right)$。

(3) 设 A 经 n 次加速后的速度为 v_n，由动能定理得 $nqU=\dfrac{1}{2}mv_n^2-0$，设粒子做第 n 次圆周运动的周期为 T_n，有 $T_n=\dfrac{2\pi R}{v_n}$，设在 A 运动第 n 周的时间内电场力做功为 W_n，则 $W_n=qU$，在该段时间内电场力做功的平均功率为 $\overline{P}_n=\dfrac{W_n}{T_n}$，联立得 $\overline{P}_n=\dfrac{qU}{\pi R}\sqrt{\dfrac{nqU}{2m}}$。

五、纵向主题二:装置与场分析(二)

1. (1) $\sqrt{\dfrac{ml^2}{2qU}}$ (2) $\dfrac{U}{E}$ (3) $\left(\dfrac{t_1}{t_0}\right)^2 m_0$

【解析】(1) 设离子经加速电场加速后的速度大小为 v，根据动能定理可得 $qU=\dfrac{1}{2}mv^2$①，离子在漂移管中做匀速直线运动，则 $T_1=\dfrac{l}{v}$②，联立式①②，得 $T_1=\sqrt{\dfrac{ml^2}{2qU}}$③。

(2) 从开始加速到反射区速度为 0 的过程中，根据动能定理，有 $qU-qEx=0$④，解得 $x=\dfrac{U}{E}$⑤。

(3) 离子在加速电场中的运动和反射区电场中的每次单向运动均为匀变速直线运动，平均速度大小均相等，设其为 $\overline{v}$，有 $\overline{v}=\dfrac{v}{2}$⑥，通过式⑤可知，离子在反射区的电场中的运动路程是与离子本身无关的，所以不同离子在电场区运动的总路程相等，设为 L_1，在无场区的总路程设为 L_2，根据题目条件可知，离子在无场区速度大小恒为 v，设离子的总飞行时间为 $t_总$，有 $t_总=\dfrac{L_1}{\overline{v}}+\dfrac{L_2}{v}$⑦，联立式①⑥⑦，得 $t_总=(2L_1+L_2)\sqrt{\dfrac{m}{2qU}}$⑧，可见，离子从 A 到 B 的总飞行时间与 $\sqrt{m}$ 成正比，依题意可得 $\dfrac{t_1}{t_0}=\sqrt{\dfrac{m_1}{m_0}}$，解得 $m_1=\left(\dfrac{t_1}{t_0}\right)^2 m_0$，所以待测离子质量为 $m=m_1=\left(\dfrac{t_1}{t_0}\right)^2 m_0$。

2. (1) $\dfrac{\sqrt{2}qB_0L}{4m}$ (2) ① $\left(0,\dfrac{\sqrt{2}}{4}L,\dfrac{\sqrt{2}}{4}L\right)$ ② $\dfrac{2(\sqrt{2}-1)m}{qB_0}$

【解析】(1) 由几何关系可知，离子在磁场中运动半径 $r=\dfrac{\sqrt{2}}{4}L$，$qvB_0=m\dfrac{v^2}{r}$，得 $v=\dfrac{\sqrt{2}qB_0L}{4m}$。

(2) ① 如答图 6-5-1 所示，A、B、C、D 分别为各条棱的中点。通过分析 $t=T-\dfrac{\sqrt{2}}{4}T$ 至 $t=T$ 这段时间内装置中的磁场方向及磁感应强度大小，可以求得离子在磁场中运动半径 $r'=\dfrac{r}{\sqrt{2}}=\dfrac{L}{4}$。

且这段时间内离子在平面 ABCD 内运动，经过 $\dfrac{\sqrt{2}}{4}T$ 时间离子恰好运动半周到达 E 点，由几何关系可知，该点坐标为 $\left(0,\dfrac{\sqrt{2}}{4}L,\dfrac{\sqrt{2}}{4}L\right)$。

② $t=T$ 至 $t=\dfrac{5T}{4}$ 这段时间内装置中的磁场方向

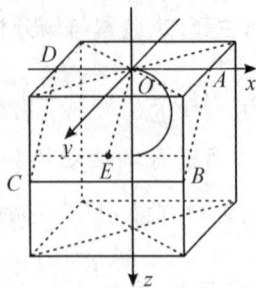

答图 6-5-1

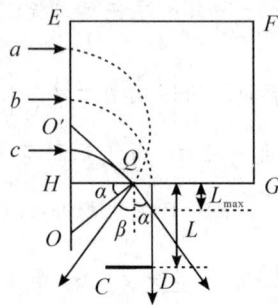

答图 6-5-4

沿 z 轴负方向,所以离子在这段时间内运动轨迹所在平面与 xOy 平面平行,离子轨迹在 xOy 平面内的投影如答图 6-5-2 所示。$t=\frac{5T}{4}$ 时刻,离子速度沿 y 轴负方向;$t=\frac{5T}{4}$ 至 $t=\frac{3T}{2}$ 这段时间内装置中的磁场方向沿 x 轴正方向,所以离子在这段时间内运动轨迹所在平面与 yOz 平面平行,离子轨迹在 yOz 平面内的投影如答图 6-5-3 所示。$t=\frac{3T}{2}$ 时刻,离子速度沿 z 轴正方向;$t=\frac{3T}{2}$ 至 $t=2T$ 这段时间内装置中的磁场方向沿 z 轴负方向,所以离子在这段时间内沿 z 轴正方向做匀速直线运动并撞击到装置内壁。离子做匀速直线运动的路程 $s=L-\frac{\sqrt{2}}{2}L$,所对应的运动时间 $t=\frac{s}{v}=\frac{2(\sqrt{2}-1)m}{qB_0}$。

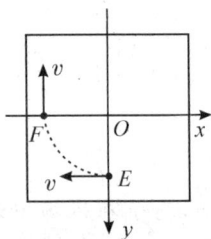 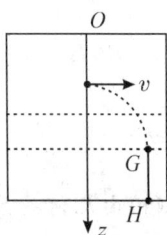

答图 6-5-2　　　答图 6-5-3

3.(1)0.8R　(2)$\frac{4}{15}R$　(3)见解析

【解析】(1)根据洛伦兹力提供向心力可得 $qvB=m\frac{v^2}{R}$,解得 $v=\frac{qBR}{m}$,设 c 束中的离子运动轨迹对应的圆心为 O,从磁场边界 HG 边的 Q 点射出,根据几何关系可得 $OH=0.6R$,c 束中的离子射出磁场边界 HG 时与 H 点的距离 $s=\sqrt{R^2-(0.6R)^2}=0.8R$。

(2)a 束中的离子运动轨迹对应的圆心为 O',从磁场边界 HG 边射出时与 H 点的距离为 x,由几何关系可得 $HO'=aH-R=0.6R$,$x=\sqrt{R^2-HO'^2}=0.8R$,即 a、c 束中的离子从同一点 Q 射出,如答图 6-5-4 所示。

离子离开磁场的速度与竖直方向的夹角分别为 β、α,由几何关系可得:$\alpha=\beta$,探测到三束离子,则 c 束中的离子恰好达到探测板的 D 点时,探测板与边界 HG 的距离最大,根据几何关系可得 $\tan\alpha=\frac{R-s}{L_{max}}=\frac{OH}{s}=\frac{0.6R}{0.8R}=\frac{3}{4}$,解得 $L_{max}=\frac{4}{15}R$。

(3)a 束或 c 束中每个离子动量的竖直分量:$p_x=p\cos\alpha=0.8qBR$,根据动量定理可得:当 $0<L\leqslant\frac{4}{15}R$ 时,$F_1=Np+2Np_x=2.6NqBR$;当 $\frac{4}{15}R<L\leqslant0.4R$ 时,$F_2=Np+Np_x=1.8NqBR$;当 $L>0.4R$ 时,$F_3=Np=NqBR$。

专题七:力、热综合

二、横向主题一:气体压强计算

1. 按右侧计算 $p=p_0+\rho gh_1$,按左侧计算 $p=p_0+\rho gh_2$,可知 $h_1=h_2$。

2. $p_1=\frac{1}{3}p_0$　$p_2=\frac{2}{3}p_0$　【解析】以两活塞连同轻杆为研究对象,$p_2 2S+p_0 S=p_0 2S+p_1 S$,由题意知 $p_2=2p_1$,解得 $p_1=\frac{1}{3}p_0$,$p_2=\frac{2}{3}p_0$。

3. $p_0+\frac{m(g+a)}{S}$　【解析】活塞上表面面积为 $S'=\frac{S}{\cos\theta}$,对活塞受力分析,在竖直方向由牛顿第二定律得 $pS-mg-p_0 S'\cos\theta=ma$,解得 $p=p_0+\frac{m(g+a)}{S}$。

三、横向主题二:气体体积计算

1. $2cm^3$　【解析】玻璃管左侧液面下降 $(5-3)cm=2cm$,故气体体积增大 $\Delta V=S\Delta h=2cm^3$。

2. $\Delta V_2=\Delta V_1$　$\Delta V_3=2\Delta V_1$　【解析】由气体 I 的体积增大了 ΔV_1 知,两活塞及轻杆下移 $L=\frac{\Delta V_1}{S}$,

可知气体Ⅲ体积减小，$\Delta V_3 = 2SL = 2\Delta V_1$，汽缸总容积不变，所以气体Ⅱ体积增大，$\Delta V_2 = \Delta V_1$。

3. $\Delta V_1 = 10\text{cm}^3$ $\Delta V_2 = 6\text{cm}^3$ 【解析】气体Ⅰ体积减小，$\Delta V_1 = S_1 y = 10\text{cm}^3$，初始时粗管中水银 $V_2' = S_2 h_2 = 6\text{cm}^3$，可知水银已全部进入细管，且气体Ⅱ已进入细管下端 $V_{21} = 4\text{cm}^3$，气体Ⅱ在粗管中的体积 $V_{22} = S_2(L + h_2 - x) = 14\text{cm}^3$，气体Ⅱ初始体积 $V_{20} = S_2 L = 24\text{cm}^3$，气体Ⅱ体积减小，$\Delta V_2 = 6\text{cm}^3$。

四、横向主题三：变质量问题

1. $1.3 \times 10^5 \text{Pa}$ 【解析】初始状态时，两气体的压强和温度均相同，可整体作为研究对象，初状态 $p_1 = 1.0 \times 10^5 \text{Pa}$，体积 $V_1 = 0.52\text{cm}^3$。注入气体后的末状态 $V_2 = 0.4\text{cm}^3$，气体做等温变化，有 $p_1 V_1 = p_2 V_2$，可得 $p_2 = 1.3 \times 10^5 \text{Pa}$。

2. 60cm^3 【解析】臂带原有气体与外界充入气体初始压强相等，把整体视为初状态，压强为 $p_1 = 750\text{mmHg}$，体积为 $V_1 = V + 5V_0$，充气后整体压强为 $p_2 = 900\text{mmHg}$，体积为 $V_2 = 5V$，由等温变化得 $p_1 V_1 = p_2 V_2$，解得 $V = 60\text{cm}^3$。

3. $\dfrac{6}{7}$ 【解析】以集热器内原有气体为研究对象，以暴晒后为初状态，抽气后为末状态，气体做等温变化，如答图 7-4-1 所示，$\dfrac{7}{6} p_0 V_0 = p_0 V_1$，可得 $V_1 = \dfrac{7}{6} V_0$，集热器内剩余气体的质量与原来气体总质量的比值 $\dfrac{m_1}{m_0} = \dfrac{V_0}{V_1} = \dfrac{6}{7}$。

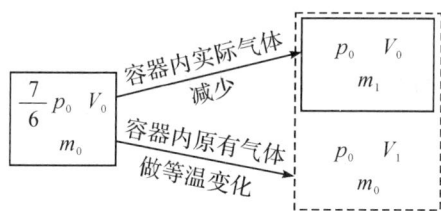

答图 7-4-1

4. 0.6cm^3 【解析】由题意，各部分气体温度全部相同且保持不变。先把钟内原有气体转化成一个大气压的过渡状态，再与新增气体一起做等温变化转变为钟内所有气体的末状态，如答图 7-4-2 所示。$p_1 = p_0 + \rho g(H-l) = 1.4\text{atm}$，$V_1 = S(h-l) = 1\text{cm}^3$，设钟内最终水柱高为 x，则 $p_2 = p_0 + \rho g(H-x) = (1.5 - 0.1x)\text{atm}$，$V_3 = S(h-x) = (2-x)\text{cm}^3$，由玻意耳定律知 $p_1 V_1 = p_0 V_1'$，$p_0(V_1' + V_2) = p_2 V_3$，解得 $x \approx 0.6\text{m}$，潜水钟内还剩水 $V = Sx = 0.6\text{cm}^3$。

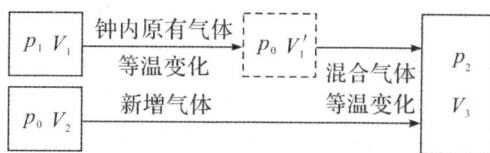

答图 7-4-2

五、纵向主题：力、热综合问题求解思维展示

1. $T_2 = \left(1 + \dfrac{h}{H}\right)\left(1 + \dfrac{mg}{p_0 S}\right) T_0$ $W = (p_0 S + mg)h$

【解析】开始时活塞位于 a 处，加热后，汽缸中的气体先经历等容过程，直至活塞开始运动。设此时汽缸中气体的温度为 T_1，压强为 p_1，$p_1 S = p_0 S + mg$，根据查理定律有 $\dfrac{p_0}{T_0} = \dfrac{p_1}{T_1}$，解得 $T_1 = \left(1 + \dfrac{mg}{p_0 S}\right) T_0$。

此后，汽缸中的气体经历等压过程，直至活塞刚好到达 b 处，设此时汽缸中气体的温度为 T_2。活塞位于 a 处和 b 处时气体的体积分别为 $V_1 = SH$ 和 $V_2 = S(H+h)$。根据盖-吕萨克定律有 $\dfrac{V_1}{T_1} = \dfrac{V_2}{T_2}$，解得 $T_2 = \left(1 + \dfrac{h}{H}\right)\left(1 + \dfrac{mg}{p_0 S}\right) T_0$。

从开始加热到活塞到达 b 处的过程中，汽缸中的气体对外做的功为 $W = (p_0 S + mg)h$。

2. 1cm 【解析】对于 B 管中的气体，水银还未上升产生高度差时，初态压强为 $p_{1B} = p_0$，体积为 $l_2 S$，末态压强为 p_2，设水银柱离下端同一水平面的高度为 h_2，体积为 $V_{2B} = (l_2 - h_2)S$，由水银柱的平衡条件有 $p_{2B} = p_0 + \rho g h$，B 管气体发生等温压缩，有 $p_{1B} V_{1B} = p_{2B} V_{2B}$，联立解得 $h_2 = 2\text{cm}$。

对于 A 管中的气体，初态压强为 $p_{1A} = p_0$，体积为 $l_1 S$，末态压强为 p_{2A}，设水银柱离下端同一水平面的高度为 h_1，则气体体积为 $V_{2A} = (l_1 - h_1)S$，由水银柱的平衡条件有 $p_{2A} = p_0 + \rho g(h + h_2 - h_1)$，A 管气体发生等温压缩，有 $p_{1A} V_{1A} = p_{2A} V_{2A}$，联立可得 $h_1 = 1\text{cm}$。

两根水银柱的高度差为 $\Delta h = h_2 - h_1 = 1\text{cm}$。

3. (1)5cm (2)$3.3 \times 10^{-4}\text{cm}^3$

【解析】(1)打开阀门 K_1，稳定后，设 B 容器中水银的高度为 h，容器底面积为 S。初始时，B 中封闭气体体积 $V_1 = 10S$，气体压强 $p_1 = 15\text{cmHg}$；稳定时，B 中封闭气体体积 $V_2 = (10-h)S$，气体压强 $p_2 = (10 - h + L - h)\text{cmHg}$。由玻意耳定律 $p_1 V_1 = p_2 V_2$，解得 $h = 5\text{cm}$。

(2)打开阀门 K_2，设向 B 容器中充入气体的体积

为 ΔV 时，B 容器中恰好没有水银，则 B 中封闭气体的压强 $p_3 = 40\text{cmHg}$。先把 B 容器内原有气体转化成 $p_0 = 75\text{cmHg}$ 的过渡状态，再与新增气体一起等温变化成 B 容器内所有气体的末状态，如答图 7-5-1 所示。由玻意耳定律知 $p_1V_1 = p_0V_1'$，$p_0(V_1' + \Delta V) = p_3V_1$，解得 $\Delta V = 3.3 \times 10^{-4} \text{ m}^3$。

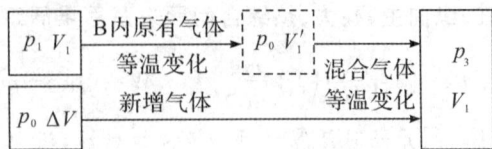

答图 7-5-1

4. (1) $\dfrac{Mma}{V\rho g}$　(2) $\dfrac{\rho g H_1 + p_0}{\rho g H + p_0} m$

【解析】(1)由题意知，开始鱼静止在 H 处，设此时鱼的体积为 V_0，有 $Mg = \rho g V_0$，且此时 B 室内气体体积为 V，质量为 m，则 $m = \rho_{气}V$，鱼通过增加 B 室体积获得大小为 a 的加速度，则有 $\rho g(V_0 + \Delta V) - Mg = Ma$，联立解得需从 A 室充入 B 室的气体质量 $\Delta m = \rho_{气}\Delta V = \dfrac{Mma}{V\rho g}$。

(2)由题意知，开始鱼静止在 H 处时，B 室内气体体积为 V，质量为 m，且此时 B 室内的压强为 $p = \rho g H + p_0$，鱼静止于水面下 H_1 处时，有 $p_1 = \rho g H_1 + p_0$。设当鱼静止于水面下 H_1 处时，原来处于 B 室中的气体体积变为 V_1，由于鱼鳔内气体温度不变，根据玻意耳定律有 $pV = p_1V_2$，解得 $V_1 = \dfrac{\rho g H + p_0}{\rho g H_1 + p_0} V$。而当鱼静止于水面下 H_1 处时，B 室体积仍为 V，则此时 B 室内气体质量为 $m_1 = m \times \dfrac{V}{V_1} = \dfrac{\rho g H_1 + p_0}{\rho g H + p_0} m$。

专题八：振动、波动综合

二、横向主题一：振动模型分析

1. B　【解析】对于单摆甲：$T_{甲} = 2\pi\sqrt{\dfrac{l}{g}}$；对于单摆乙：处于失重，其等效重力加速度为 $g - a$，$T_{乙} = 2\pi\sqrt{\dfrac{l}{g-a}}$；对于单摆丙：洛伦兹力始终与速度方向垂直，所以沿圆弧切线方向的分力为 0，不参与提供回复力，等效重力加速度不变，其周期 $T_{丙} = 2\pi\sqrt{\dfrac{l}{g}}$；对于单摆丁：等效重力为 $mg + qE$，所以等效重力加速度为 $g + \dfrac{qE}{m}$，故周期 $T_{丁} = 2\pi\sqrt{\dfrac{ml}{mg+qE}}$。所以 $T_{乙} > T_{甲} = T_{丙} > T_{丁}$，选项 B 正确。

2. D　【解析】对于选项 A，若 $m_1 = m_2$，发生弹性碰撞后，两球速度交换。所以摆动过程中达到最高点时两球具有的重力势能相等，即最大振幅相等。对于选项 B，若 $m_1 = m_2$，A 与 B 碰撞后速度交换，所以 A 球只在左边摆动，B 球只在右边摆动。它们摆动的摆长均为 L，所以摆动周期相等，均为 $2\pi\sqrt{\dfrac{L}{g}}$。对于选项 C，若 $m_1 > m_2$，碰撞后，A 球继续向右运动，摆长为 $0.81L$，所以 A 球在左边运动的摆长为 L，在右边运动的摆长为 $0.81L$，其周期 $T = \dfrac{1}{2}T_{左} + \dfrac{1}{2}T_{右} = \dfrac{1}{2} \times 2\pi\sqrt{\dfrac{L}{g}} + \dfrac{1}{2} \times 2\pi\sqrt{\dfrac{0.81L}{g}} = 1.9\pi\sqrt{\dfrac{L}{g}}$。对于 B 球，在右边运动的摆长为 L，在左边运动的摆长为 $0.81L$，其周期 $T = \dfrac{1}{2}T_{右} + \dfrac{1}{2}T_{左} = \dfrac{1}{2} \times 2\pi\sqrt{\dfrac{L}{g}} + \dfrac{1}{2} \times 2\pi\sqrt{\dfrac{0.81L}{g}} = 1.9\pi\sqrt{\dfrac{L}{g}}$。两球的周期相同，所以第二次碰撞必在最低点。对于选项 D，若 $m_1 < m_2$，碰撞后 A 反弹向左运动，B 向右运动，两球的摆长均为 L，周期一样，所以各经过半个周期后，两球一定在最低点发生第二次碰撞，选项 D 正确。

3. (1)2.8m　(2)向左移动

【解析】由图线可知，单摆的振幅最大时的频率为 0.3Hz，所以单摆的固有频率为 0.3Hz，单摆的周期 $T = \dfrac{10}{3} = 2\pi\sqrt{\dfrac{l}{g}}$，代入数据得摆长约为 2.8m。单摆移动到高山上，重力加速度减小，导致单摆的周期增大，固有频率减小，故共振曲线的最高点向左移动。

4. (1)$\sqrt{4.8}$ m/s，方向向左　(2)$x = \pm 0.1$m

【解析】(1)通过对金属棒进行力与运动分析可得，$x = 0.7$m 到 $x = 0.2$m 内棒做匀加速直线运动，$x = 0.2$m 到 $x = -0.2$m 内，安培力 $F = -2x$，棒做简谐运动。

方法一：根据牛顿第二定律有 $BIL = ma$。根据匀变速运动规律：$x = \dfrac{1}{2}at^2$，$v_1 = at$，解得 $t = 0.5$s，$v_1 = 2$m/s。根据动能定理得 $W_安 = \dfrac{1}{2}mv_x^2 - \dfrac{1}{2}mv_1^2$。其中根据 $F-x$ 图像的面积得，$x = 0.2$m 到 $x = 0$m 内安培力做的功 $W_安 = 0.04$J。代入数据得 $v = \sqrt{4.8}$ m/s，方向向左。

方法二：根据牛顿第二定律和匀变速运动规律有 $BIL = ma$，$x = \dfrac{1}{2}at^2$，$v_1 = at$，解得 $t = 0.5$s，$v_1 = 2$m/s。根据能量守恒定律，$x_1 = 0.2$m 的动能与等效

势能之和等于 $x_2=0$ 处的动能,有 $\frac{1}{2}mv_1^2+\frac{1}{2}kx_1^2=$ $\frac{1}{2}mv_2^2$,由安培力 $F=2x$ 得 $k=2$,代入式子得 $v=$ $\sqrt{4.8}\,\mathrm{m/s}$,方向向左。

(2)通过运动分析,棒的速度为 $\sqrt{4.6}\,\mathrm{m/s}$ 时只可能在 $x=-0.2\,\mathrm{m}$ 和 $x=0.2\,\mathrm{m}$ 之间。棒在这个范围做简谐运动,根据简谐运动的对称性,我们只要求右边位置即可。

方法一:根据动能定理有 $W_{\mathbb{安}}=\frac{1}{2}mv_2^2-\frac{1}{2}mv_1^2$,

$W_{\mathbb{安}}=\frac{F_1+F_2}{2}x=\frac{0.4+2x}{2}(0.2-x)$,联立并代入数据得 $x=0.1\,\mathrm{m}$,所以棒的位置坐标是 $x=\pm0.1\,\mathrm{m}$。

方法二:根据能量守恒定律,金属棒在 $x_1=0.2\,\mathrm{m}$ 的能量等于 x 处的能量,$\frac{1}{2}mv_1^2+\frac{1}{2}kx_1^2=\frac{1}{2}mv_2^2+$ $\frac{1}{2}kx^2$,由安培力 $F=2x$ 得 $k=2$,代入式子得 $x=\pm0.1\,\mathrm{m}$。

三、横向主题二:波动模型分析

1. BDCA DBCA 【解析】四个图的波长分别是 $\lambda_A=L,\lambda_B=\frac{L}{2},\lambda_C=2L,\lambda_D=\frac{2L}{3}$,则周期分别为 $T_A=$ $\frac{\lambda_A}{v}=\frac{L}{v},T_B=\frac{\lambda_B}{2v}=\frac{L}{4v},T_C=\frac{\lambda_C}{3v}=\frac{2L}{3v},T_D=\frac{\lambda_D}{4v}=\frac{L}{6v}$,由图 8-3-20 可知,由该时刻起 a 点出现波峰的时间分别为 $t_A=\frac{1}{4}T_A=\frac{L}{4v},t_B=\frac{1}{4}T_B=\frac{L}{16v},t_C=\frac{1}{4}T_C=\frac{L}{6v},t_D=\frac{3}{4}T_D=\frac{L}{8v}$,可见,$t_B<t_D<t_C<t_A$,所以由该时刻起 a 点出现波峰的先后顺序依次是图 BDCA。根据频率与周期的关系 $f=\frac{1}{T}$,得到频率关系为 $f_D>f_B>f_C>f_A$,频率由高到低的先后顺序依次是图 DBCA。

2. C 【解析】根据图 8-3-21,蜻蜓连续三次点水过程中激起的波纹,圆圈越小,时间越短,所以飞行方向则为从大圆到小圆,即蜻蜓的飞行方向向右,故选项 B、D 错误;若蜻蜓飞行的速度和水波的速度相同,那么蜻蜓每一次点水的时候都会在上一个水波的边线上,而第二个水波和第一个水波都在以相同的速度运动,所以每个圆都应该是内切的,然而图中说明蜻蜓飞行的速度比水波的速度大,故选项 A 错误,选项 C 正确。

3. AD 【解析】由图 8-3-22 可知,e、a 分别是波峰与波峰相遇处或波谷与波谷相遇处,因此振动最

强,而 c 在振动加强连线上,也是振动加强的点,选项 A 正确;若两振源 S_1 和 S_2 的振幅相同,则 b、d 两点的振动方向相反,完全抵消,位移始终为 0,a 的振动方向相同,位移最大,选项 B 错误;振动加强点指的是振幅最大,并不是位移始终最大,选项 C 错误;b 是波峰和波谷相遇处,是振动减弱点,d 是波峰和波谷相遇处,是振动减弱点,f 是波的传播过程中波峰和波谷相遇处,是减弱点,选项 D 正确。

4. ABC 【解析】a 为波谷与波谷相遇点,b、c 为波峰与波谷相遇点,d 为波峰与波峰相遇点,则 a、d 处的质点振动加强,b、c 处的质点振动减弱,故选项 A 正确;d 为振动加强点,那么,d 点振动周期不变,振幅为 $2A$,则从图示时刻经过四分之一周期,d 处的质点振幅为 $2A$,故选项 D 错误;根据几何关系可知,两波的波谷同时传播到 e,g,故 e,g 均为振动加强点,振幅为 $2A$,那么,从图示时刻经过半个周期,e 处质点通过的路程为 $2\times2A=4A$,由 e 为连线的中点可得,图示时刻两波在 e 点都处于平衡位置向下运动,故图示时刻质点 g 位移为正,在向平衡位置运动,故从图示时刻经过半个周期,g 处质点位移为负,在向平衡位置运动,故选项 B、C 正确。

四、横线主题三:时空变换分析

1. 由数学知识得 $y=A\sin\omega x=A\sin\frac{2\pi}{\lambda}x$,由题知 $10=20\sin\frac{2\pi}{\lambda}\times0.1$,则波长 $\lambda=1.2\,\mathrm{m}$。若波沿 x 轴正方向传播,当 M 第一次回到平衡位置时,此过程中波的传播距离为 $\Delta x=0.1\,\mathrm{m}$,则波速为 $v=\frac{\Delta x}{\Delta t}=$ $\frac{0.1}{0.1}\,\mathrm{m/s}=1\,\mathrm{m/s}$,周期为 $T=\frac{\lambda}{v}=\frac{1.2}{1}\,\mathrm{s}=1.2\,\mathrm{s}$,则质点 M 在 $1.2\,\mathrm{s}$ 内的路程为 $s=4A=0.8\,\mathrm{m}$;若波沿 x 轴负方向传播,当 M 第一次回到平衡位置时,此过程中波的传播距离为 $\Delta x=0.5\,\mathrm{m}$,则波速为 $v=\frac{\Delta x}{\Delta t}=$ $\frac{0.5}{0.1}\,\mathrm{m/s}=5\,\mathrm{m/s}$,周期为 $T=\frac{\lambda}{v}=\frac{1.2}{5}\,\mathrm{s}=0.24\,\mathrm{s}$,$t=$ $1.2\,\mathrm{s}=5T$,则质点 M 在 $1.2\,\mathrm{s}$ 内的路程为 $s=$ $20A=4\,\mathrm{m}$。

2. BD 【解析】根据机械波振动规律,可以求出 a 点的振动方程为 $y_a=4\sin\left(\frac{2\pi}{6}t+\frac{11\pi}{6}\right)\mathrm{cm}$,$b$ 点的振动方程为 $y_b=4\sin\left(\frac{2\pi}{6}t+\frac{5\pi}{6}\right)\mathrm{cm}$,由此可知,$a$、$b$ 两质点的振动步调完全相反,不可能同时在波峰或者波谷,选项 A 错误,选项 D 正确;经过 $0.5\,\mathrm{s}$,由振动方程可知质点 a 回到平衡位置,选项 B 正确;若波长为

10cm,则质点 a、b 的振动步调应该完全一致,选项 C 错误。

3. C 【解析】撤去外力后,物块做简谐运动,物块受力平衡时具有最大速度,即 $mg\sin\theta=k\Delta x$,则质量大的物块具有最大速度时弹簧的压缩量比较大,上升的高度比较低,即位移小,而运动过程中质量大的物块平均加速度较小,位移小,则最大速度较小,故选项 A 错误;开始时物块具有最大加速度,弹簧形变量相同,则弹力相同,根据牛顿第二定律有 $F-mg\sin\theta=ma$,质量不同,最大加速度不同,故选项 B 错误;由题意知使两弹簧具有相同的压缩量,但做简谐运动的平衡位置不同,质量大的物块振幅小,根据对称性,则质量大的物块上升的最大高度也小,即两者上升的最大高度不同,故选项 C 正确;从释放到最高点,两物块弹性势能的变化量不相同,重力势能的变化量也不相同,故选项 D 错误。

4. BDE 【解析】同一波源 S 产生的简谐波向左、右两个方向传播,由于在同种介质中传播,所以两边的波形关于波源对称,根据对称性可以将两侧质点的振动转化到同一侧分析。波源振动的频率为 20Hz,波速为 16m/s,由波长公式 $\lambda=\dfrac{v}{f}$ 有 $\lambda=0.8\text{m}$。P、Q 两质点距离波源的距离之差为 $\Delta x=15.8\text{m}-14.6\text{m}=1.2\text{m}=3\times\dfrac{\lambda}{2}$,为半个波长的奇数倍,所以 P、Q 两质点振动步调相反,P、Q 两质点运动的方向始终相反,选项 A 错误,选项 B 正确;$SP=15.8\text{m}=\left(19+\dfrac{3}{4}\right)\lambda$,$SQ=14.6\text{m}=\left(18+\dfrac{1}{4}\right)\lambda$,所以当 S 恰好通过平衡位置时,P、Q 两点一个在波峰,另一个在波谷,选项 C 错误;由 $SP=15.8\text{m}=\left(19+\dfrac{3}{4}\right)\lambda$ 可知,当 S 恰好通过平衡位置向上运动时,P 在波峰,选项 D 正确;由 $SQ=14.6\text{m}=\left(18+\dfrac{1}{4}\right)\lambda$ 可知,当 S 恰好通过平衡位置向下运动时,Q 在波峰,选项 E 正确。

5. (1)由振动图像可知质点的振动周期 $T=0.4\text{s}$,若波由 A 点向 B 点传播,B 点比 A 点晚振动的时间为 $\Delta t=nT+\dfrac{3}{4}T(n=0,1,2,3,\cdots)$,所以 A 和 B 的间距为 $\Delta s=v\Delta t=\dfrac{\lambda}{T}\cdot\left(nT+\dfrac{3}{4}T\right)=n\lambda+\dfrac{3}{4}\lambda(n=1,2,3,\cdots)$,则波长为 $\lambda=\dfrac{4\Delta s}{4n+3}=\dfrac{16}{4n+3}\text{m}$,因为 $\lambda>2\text{m}$,所以 $n=0$,1。当 $n=0$ 时,$\lambda_1=\dfrac{16}{3}\text{m}$,$v_1=\dfrac{\lambda_1}{T}=\dfrac{40}{3}\text{m/s}$;当 $n=1$ 时,

$\lambda_2=\dfrac{16}{7}\text{m}$,$v_2=\dfrac{\lambda_2}{T}=\dfrac{40}{7}\text{m/s}$。若波由 B 点向 A 点传播,A 点比 B 点晚振动的时间为 $\Delta t=nT+\dfrac{1}{4}T(n=0,1,2,3,\cdots)$,所以 A 和 B 的间距为 $\Delta s=v\Delta t=\dfrac{\lambda}{T}=n\lambda+\dfrac{1}{4}\lambda(n=1,2,3,\cdots)$,则波长为 $\lambda=\dfrac{4\Delta s}{4n+1}=\dfrac{16}{4n+1}\text{m}$,因为 $\lambda>2\text{m}$,所以 $n=0$,1。当 $n=0$ 时,$\lambda_1=16\text{m}$,$v_1=\dfrac{\lambda_1}{T}=40\text{m/s}$;当 $n=1$ 时,$\lambda_2=\dfrac{16}{5}\text{m}$,$v_2=\dfrac{\lambda_2}{T}=8\text{m/s}$。

(2)由振动图像 $t=0$ 时刻可知图 8-4-28(a)在波的波峰,图 8-4-28(b)在波的平衡位置向 y 轴负方向运动。根据波的传播方向与振动方向规律可得出:若波由 A 点向 B 点传播,A 和 B 的间距为 $\Delta s=n\lambda+\dfrac{3}{4}\lambda(n=1,2,3,\cdots)$,则波长为 $\lambda=\dfrac{4\Delta s}{4n+3}=\dfrac{16}{4n+3}\text{m}$,因为 $\lambda>2\text{m}$,所以 $n=0$,1。当 $n=0$ 时,$\lambda_1=\dfrac{16}{3}\text{m}$,$v_1=\dfrac{\lambda_1}{T}=\dfrac{40}{3}\text{m/s}$;当 $n=1$ 时,$\lambda_2=\dfrac{16}{7}\text{m}$,$v_2=\dfrac{\lambda_2}{T}=\dfrac{40}{7}\text{m/s}$。若波由 B 点向 A 点传播,A 和 B 的间距为 $\Delta s=n\lambda+\dfrac{1}{4}\lambda(n=1,2,3,\cdots)$,则波长为 $\lambda=\dfrac{4\Delta s}{4n+1}=\dfrac{16}{4n+1}\text{m}$,因为 $\lambda>2\text{m}$,所以 $n=0$,1。当 $n=0$ 时,$\lambda_1=16\text{m}$,$\dfrac{\lambda_1}{T}=40\text{m/s}$;当 $n=1$ 时,$\lambda_2=\dfrac{16}{5}\text{m}$,$v_2=\dfrac{\lambda_2}{T}=8\text{m/s}$。

6. (1)$x=(50+300n)\text{cm}(n=0,\pm1,\pm2,\cdots)$
(2)0.1s 【解析】(1)$t=0$ 时,在 $x=50\text{cm}$ 处两列波的波峰相遇,该处质点偏离平衡位置的位移为 16cm。两列波的波峰相遇处的质点偏离平衡位置的位移均为 16cm。从图线可以看出,甲、乙两列波的波长分别为 $\lambda_{甲}=50\text{cm}$,$\lambda_{乙}=60\text{cm}$,甲、乙两列波的波峰的 x 坐标分别为 $x_{甲}=50+k_1\lambda_{甲}(k_1=0,\pm1,\pm2,\cdots)$;$x_{乙}=50+k_2\lambda_{乙}(k_2=0,\pm1,\pm2,\cdots)$。由此可得介质中偏离平衡位置位移为 16cm 的所有质点的 x 坐标为 $x=(50+300n)\text{cm}(n=0,\pm1,\pm2,\cdots)$。

(2)只有两列波的波谷相遇处的质点的位移为 -16cm。$t=0$ 时,两列波的波谷间的 x 坐标之差为 $\Delta x=\left[50+(2K_2+1)\dfrac{\lambda_乙}{2}\right]-\left[50+(2K_1+1)\dfrac{\lambda_甲}{2}\right]$,式中,$K_1$ 和 K_2 均为整数,代入波长大小得 $\Delta x=10\times(6K_2-5K_1)+5$。由于 K_1、K_2 均为整数,相向传播的波谷间的距离最小,为 $\Delta x'=5\text{cm}$,所以从 $t=0$ 开始,介质中最早出现偏离平衡位置位移为 -16cm 的

质点的时间为 $t=\dfrac{\Delta x'}{2v}=0.1\mathrm{s}$。

五、纵向主题:振动、波动综合问题求解思维展示

1. C 【解析】两列波同时由波源发出,且波速相等,因此两列波的前端同时到 P 点。两列波的前端到达 P 点后,两列波的波峰传到 P 点所需时间分别为 $\dfrac{T_1}{2}$ 和 $\dfrac{T_2}{2}$,由于 $T_1>T_2$,故 a 波的波峰将晚于 b 波的波峰到达 P 点,两列波的波峰将在 P 点左侧相遇,可见 P 点的最大位移不可能达到 A_1+A_2,选项 A 错误,选项 C 正确;要使两列波的波峰在 P 点相遇,两列波发出的时间差为 $\dfrac{T_1-T_2}{2}$,选项 D 错误;当 a 波的波峰到达 S_2 时,b 波的波峰已经在 S_1 左侧,选项 B 错误。

2. D 【解析】由图 8-5-13 知,简谐波 I 和 II 叠加的合成波波峰与波谷之间的距离 0.24m 为半波长,则波长为 0.48m;由波的叠加规律知,合成波的波长等于简谐波 I 和 II 的波长,则简谐波 I 和 II 的波长均为 0.48m,选项 A 错误。从合成波 1 到合成波 5 的变化可知,质点从波谷到波峰的振动时间为 0.48s,即半个周期的时间,则合成波的周期为 0.96s;由叠加规律知,合成波的周期等于简谐波 I 和 II 的周期,那么简谐波 I 和 II 的周期为 0.96s,选项 B 错误。由图 8-5-13 知,简谐波 I 和 II 叠加后合成波各点振动的振幅各不相同,如波形 5,其中振动加强点振幅为 $2A$,振动减弱点振幅为 0,其他点振幅均不相同,介于 0 和 $2A$ 之间,所以选项 C 错误。由图 8-5-13 知,两波源到 A 点的波程差为 0.48m,而两波源到 C 点的波程差为 0,那么两波源到 A 点和 C 点的波程差之差为 0.48m,选项 D 正确。

3. (1) $\dfrac{mg\sin\alpha}{k}$ (2) $\dfrac{l}{4}+\dfrac{2mg\sin\alpha}{k}$

(3) $\mu\geqslant\dfrac{(kl+4mg\sin\alpha)\cos\alpha}{4Mg+4mg\cos^2\alpha-kl\sin\alpha}$

【解析】(1)设物块处于平衡位置时弹簧的伸长量为 Δl,则由题意得 $mg\sin\alpha-k\Delta l=0$,解得 $\Delta l=\dfrac{mg\sin\alpha}{k}$。

(2)物块做简谐运动的振幅为 $A=\Delta l+\dfrac{l}{4}=\dfrac{mg\sin\alpha}{k}+\dfrac{l}{4}$,由简谐运动的对称性可知,弹簧的最大伸长量为 $\Delta l_{\max}=A+\Delta l=\dfrac{l}{4}+\dfrac{2mg\sin\alpha}{k}$。

(3)以物块的平衡位置为原点、沿斜面向下为位移正方向建立坐标系,设某时刻物块位移 x 为正,斜

面受到弹簧沿斜面向下的拉力 F、地面的水平向右的摩擦力 f,如答图 8-5-1 所示。

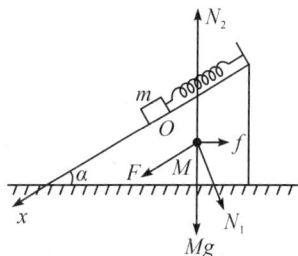

答图 8-5-1

由于斜面受力平衡,则在水平方向上有 $F\cos\alpha-f-N_1\sin\alpha=0$,在竖直方向上有 $N_2-F\sin\alpha-N_1\cos\alpha-Mg=0$,又 $F=k(x+\Delta l)$,$N_1=mg\cos\alpha$,联立可得 $f=kx\cos\alpha$,$N_2=Mg+mg+kx\sin\alpha$,为使斜面始终处于静止状态,结合牛顿第三定律,应满足 $|f|\leqslant\mu N_2$,所以 $\mu\geqslant\dfrac{|f|}{N_2}=\dfrac{k|x|\cos\alpha}{Mg+mg+kx\sin\alpha}$,因 $-A\leqslant x\leqslant A$,所以当 $x=-A$ 时,上式右端达到最大值,于是有 $\mu\geqslant\dfrac{(kl+4mg\sin\alpha)\cos\alpha}{4Mg+4mg\cos^2\alpha-kl\sin\alpha}$。

专题九:物理实验综合——科学探究素养提升

二、横向主题一:力学实验"证据"素养要素的提升

1. (1) $k(L-L_0)h_5-\dfrac{1}{2}kh_5^2$ $\dfrac{m(h_6-h_4)^2}{8T^2}$ mgh_5 (2)空气阻力做功越来越多,导致两条曲线间距越来越大

【解析】(1)从打出 A 点到打出 F 点时间内,弹簧的弹性势能减少量为 $\Delta E_{p弹}=\dfrac{1}{2}k(L-L_0)^2-\dfrac{1}{2}k(L-L_0-h_5)^2$,整理有 $\Delta E_{p弹}=k(L-L_0)h_5-\dfrac{1}{2}kh_5^2$,打出 F 点时钩码的速度为 $v_F=\dfrac{h_6-h_4}{2T}$,由于在误差允许的范围内,认为释放钩码的同时打出 A 点,则钩码动能的增加量为 $\Delta E_k=\dfrac{1}{2}mv_F^2-0=\dfrac{m(h_6-h_4)^2}{8T^2}$,钩码的重力势能增加量为 $\Delta E_{p重}=mgh_5$。

(2)钩码机械能的增加量即钩码动能和重力势能增加量的总和,若无阻力做功,则弹簧弹性势能的减少量等于钩码机械能的增加量。现在随着 h 增加,两条曲线在纵向的间隔逐渐变大,而两条曲线在纵向的间隔即阻力做的功,则产生这个问题的主要原因是钩码和纸带运动的速度逐渐增大,导致空气阻力逐渐增大,以至于空气阻力做的功也逐渐增大。

2. (1)－2 (2)－2.1 0.59 (3)C

【解析】(1)设初始位置时,细线与竖直方向的夹角为 θ,则细线拉力最小值为 $T_{min}=mg\cos\theta$,到最低点时细线拉力最大,则 $mgl(1-\cos\theta)=\frac{1}{2}mv^2$, $T_{max}-mg=m\dfrac{v^2}{l}$,联立可得 $T_{max}=3mg-2T_{min}$,即若小钢球摆动过程中机械能守恒,则图乙中直线斜率的理论值为 -2。

(2)由图 9-2-20 得直线的斜率为 $k=-\dfrac{1.77-1.35}{0.2}=-2.1$, $3mg=1.77$,则小钢球的重力为 $mg=0.59$N。

(3)该实验系统误差的主要来源是小钢球在摆动过程中有空气阻力,使得机械能减少,故选项 C 正确。

3. (1)1.96 (2) $1-k^2$ 0.95

【解析】(1)由表 9-2-1 可知,乒乓球从第 3 次碰撞到第 4 次碰撞用时 0.4s,则碰后弹起的时间为 0.2s,根据匀变速直线运动位移与时间的关系,有 $v=gt=9.8\times0.2$m/s$=1.96$m/s。

(2)设乒乓球碰撞后弹起瞬间的速度为 kv,该次碰撞前瞬间速度大小为 v,该次碰撞后的动能为 $\frac{1}{2}m(kv)^2$,该次碰撞前的动能为 $\frac{1}{2}mv^2$,所以乒乓球每次碰撞损失的动能为 $\frac{1}{2}m[v^2-(kv)^2]$,则碰撞前后动能的比值 $\dfrac{v^2-(kv)^2}{v^2}=1-k^2$,第 3 次碰撞前乒乓球的速度 $v=g\left(\dfrac{2.00-1.58}{2}\right)g=0.21g$,第 3 次碰撞后乒乓球的速度 $v'=gt=\left(\dfrac{2.40-2.00}{2}\right)=0.2g$,所以 $k=\dfrac{0.2g}{0.21g}\approx0.95$。

4. (1) $3m_1\sqrt{2gd}$ $2m_1=m_2$ (2)A (3)小于 能
【解析】(1)球 1 从 A 点由静止释放到最低点,由动能定理可知, $m_1gh_1=\frac{1}{2}m_1v_1^2$,解得 $v_1=\sqrt{2gh_1}=3\sqrt{2gd}$,碰前球 1 的动量大小为 $p_1=m_1v_1=3m_1\sqrt{2gd}$。同理可得 $v_1'=\sqrt{2gd}$, $v_2'=2\sqrt{2gd}$。如果碰撞过程中动量守恒,则应满足 $m_1v_1=-m_1v_1'+m_2v_2'$,即 $3m_1\sqrt{2gd}=-m_1\sqrt{2gd}+2m_2\sqrt{2gd}$,变形得 $2m_1=m_2$。

(2)与用一根细线悬挂小球相比,本实验采用双线摆的优点是双摆线能保证小球运动更稳定,使得小球运动轨迹在同一竖直平面内,避免小球做圆锥摆运动,故选项 A 正确。

(3)弹性碰撞过程中系统动量守恒、机械能守恒,

以向左为正方向,由动量守恒定律得 $m_1v_1=m_1v_1'+m_2v_2'$,由机械能守恒定律得 $\frac{1}{2}m_1v_1^2=\frac{1}{2}m_1v_1'^2+\frac{1}{2}m_2v_2'^2$,解得 $v_1'=\dfrac{m_1-m_2}{m_1+m_2}v_1$,球 1 向右反弹摆动,则 $v_1'<0$,则 $m_1<m_2$,即球 1 的质量小于球 2 的质量;若碰撞为非弹性碰撞,两球碰撞过程中系统动量守恒,碰撞后球 1 向右反弹,以向左为正方向,由动量守恒定律得 $m_1v_1=-m_1v_1'+m_2v_2'$,可知 $m_2v_2'>m_1v_1$,非弹性碰撞过程中系统机械能减少,则有 $\frac{1}{2}m_1v_1^2>\frac{1}{2}m_1v_1'^2+\frac{1}{2}m_2v_2'^2$,解得 $m_2>m_1$,可以比较两球的质量大小。

三、横向主题二:电学实验"证据"素养要素的提升

1. 见解析 【解析】电压表量程太大,需改装电压表使其能测 1.5V 左右的电压,改装的电压表如答图 9-3-1 所示, $U_1=I_1(R_0+R_g)=3$V;由于"水果电池"内阻很大且采用限流法,为测多组实验数据,滑动变阻器最大值应选较大的 R_2;根据 $E=I_1(R_0+R_g)+I_2(r+R_g)$, $I_1=\dfrac{r+R_g}{R_0+R_g}I_2-\dfrac{E}{R_0+R_g}$,测量数据并作 I_1-I_2 图像,根据图像截距和斜率可求得电源电动势与内阻。

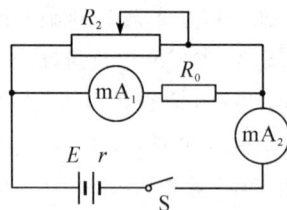

答图 9-3-1

2. (1)电压表 V 的量程为 0~15V,量程太大,指针偏转角太小,读数误差较大

(2) A_1 A_3 (3)94 等于

【解析】(1)干电池三节电动势为 4.5V,电压表 V 的量程为 0~15V,量程太大,指针偏转角太小,读数误差较大。

(2)由于三个电流表中只有 A_1 的内阻已知,所以 A_x 应选 A_1,色环电阻大约是 R_0 的 5 倍,通过 R_0 的最大电流大约为 150mA,总电流大于 150mA,所以 A_y 应选 A_3。

(3)根据测量原理可知 $R_x=\dfrac{I_2-I_1}{I_1}R_0-r_1=94\Omega$,从原理的设计上不存在系统误差,所以测量值与真实值相等。

3. (2) A_2 (5) $\dfrac{bE_2\pi d^2}{4a}$

【解析】(2)给出的两个电源电动势最大为 3V,待测电阻约为 5Ω,故电流表中电流不会超过 0.6A。因

494

此电流表应选择 A_2。

(5)电流计中电流为 0,说明 E' 在 A、B 间形成的电流等于电流表 A 中的电流 I,故 E 所用电源的电动势一定大于 E' 所用电源的电动势,故 E' 应采用 1.5V 的电源,则有 $E_2=IR$,由电阻定律可得 $R=\rho\dfrac{l}{S}$,而横截面积 $S=\dfrac{\pi d^2}{4}$,联立可得 $L=\dfrac{E_2\pi d^2}{4\rho}\cdot\dfrac{1}{I}$,由图 9-3-36 可得斜率为 $k=\dfrac{a}{b}$,则 $\rho=\dfrac{bE_2\pi d^2}{4a}$。

四、横向主题三:科学探究"解释"素养要素的提升

1.2776Ω(2770~2790Ω 均可) 没达到

【解析】根据表 9-4-6 中数据,由欧姆定律 $R=\dfrac{U}{I}$ 计算出各次的电阻 R_i,再把这些电阻取平均值得 $R=2776\Omega$。

根据导体电阻的决定式 $R=\dfrac{\rho L}{S}$,计算出废水电阻的最小值 $R_{min}=4000\Omega$。水样电阻小于标准值,所以没达到排放标准。

2.b 到 a A

【解析】磁体从靠近线圈的上方静止下落,当磁体运动到如图 9-4-15 所示的位置时,依据楞次定律,感应磁场方向向下,根据右手螺旋定则,则感应电流方向盘旋而上,即流过线圈的感应电流方向为"b 到 a"。

当磁铁完全进入线圈内时,穿过线圈的磁通量不变,则不会产生感应电流。磁铁加速运动,当到达线圈底部时,磁通量变化率大于磁铁进入线圈时的位置,依据法拉第电磁感应定律,则到达底部的感应电流较大,再由楞次定律可知,进与出的感应电流方向相反,故选项 A 正确。

3.减小 【解析】由图 9-4-16 可知,当温度 T 升高时,$\dfrac{1}{T}$ 减小,$\ln R_T$ 减小,从而 R_T 减小。因此该热敏电阻的阻值随温度的升高逐渐减小。

4.a、c $\dfrac{\sqrt 2}{2}$m

【解析】当把线圈放在 a、c 两处时感应电动势为 0,说明穿过线圈的磁通量不变化,线圈在电缆的正上方,进来的磁感线条数等于出来的磁感线条数,所以磁通量总为 0。线圈放在 b、d 两处(平放)时有感应电流产生,但当线圈平面与地面成 45°角时,线圈感应电动势也为 0,说明穿过线圈的磁通量也为 0,如答图 9-4-1(剖面图)所示,可计算出 $Od=\dfrac{\sqrt 2}{2}$m,所以 O 点距电缆也为 $\dfrac{\sqrt 2}{2}$m,直导线离地表面的深度

为 $\dfrac{\sqrt 2}{2}$m。

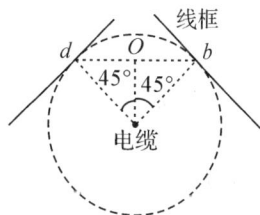
答图 9-4-1

5.增大 【解析】$v-t$ 图像的斜率表示加速度,由图 9-4-18(c)可知小车的加速度在逐渐减小。对小车用牛顿第二定律列式得 $F-F_{阻}=Ma$,小车所受拉力 F 不变,故小车及薄板所受的空气阻力随速度的增大而增大。

6.1m/s $\dfrac{2\sqrt 3}{5}$m 【解析】位移与水平方向的夹角满足 $\tan\theta=\dfrac{y}{x}$,由图像知,当 $x=0.1$m 时,$y=0.05$m。根据 $y=\dfrac{gt^2}{2}$,得 $t=0.1$s,再由 $x=v_0t$,得 $v_0=1$m/s。

由图像知,斜率为 0.2,把 $\tan 60°=\sqrt 3$ 代入 $k=\dfrac{x}{\tan\theta}$,得 $x=\dfrac{\sqrt 3}{5}$m,则斜面长为 $\dfrac{2\sqrt 3}{5}$m。

7.$\dfrac{1}{n}$ $\dfrac{\pi nxRd^2}{4(m-n)}$

【解析】根据欧姆定律可以写出电阻丝两端的电压 $U=\dfrac{R_x}{R_x+R}E=\dfrac{\rho\dfrac{L}{S}}{\rho\dfrac{L}{S}+R}E$,所以 $\dfrac{1}{U}=\dfrac{1}{E}+\dfrac{RS}{\rho E}\times\dfrac{1}{L}$,

结合图像有 $n=\dfrac{1}{E}$(截距),所以 $E=\dfrac{1}{n}$,当 $\dfrac{1}{L}=x$ 时,$\dfrac{1}{U}=m=n+\dfrac{RS}{\rho E}\times x$ 而 $S=\pi\left(\dfrac{d}{2}\right)^2$,联立可得 $\rho=\dfrac{\pi nxRd^2}{4(m-n)}$。

8.1.48 0.90 【解析】由 $U-I$ 图像可知,电源电动势 $E=1.48$V。电压变化大小 $\Delta U=1.48$V-0.50V$=0.98$V;干路中的电流为毫安表示数的 5 倍,即 $\Delta I=0.20$mA,则 $r'=\dfrac{\Delta U}{\Delta I}=4.90\Omega$;再由 $r'=R_A+R_0+r$,得电源内阻 $r=0.90\Omega$。

9.C A (b) 【解析】对于图 9-4-23(a),根据闭合电路欧姆定律得 $U=-(r+R_A)I+E$;直接通过实验获得数据,可得 $U=-rI+E$。图像与纵轴截距均为电源电动势 E,虚线对应的斜率大小为 r,实线对应的斜率大小为 $(r+R_A)$,所以对应图 9-4-23(a)

电路分析的 $U-I$ 图像是 C。

对于图 9-4-23(b)，根据闭合电路欧姆定律得 $E=U_路+Ir_内=U+\left(I+\dfrac{U}{R_V}\right)r=U+Ir+U\dfrac{r}{R_V}$，变形得 $U=-\dfrac{R_V r}{R_V+r}I+\dfrac{R_V}{R_V+r}E$，即实线对应解析式；直接通过实验获得数据，可得 $U=-rI+E$。虚线对应的斜率大小为 r，实线对应的斜率大小为 $\dfrac{R_V}{R_V+r}r<r$，虚线对应的纵轴截距为 E，实线对应的纵轴截距为 $\dfrac{R_V}{R_V+r}E<E$；两图线在 $U=0$ 时，对应的短路电流均为 $I_短=\dfrac{E}{r}$，所以对应图 9-4-23(b) 电路分析的 $U-I$ 图像是 A。

图 9-4-23(a) 虽然测量的电源电动势准确，但电流表分压较为明显，所以内阻测量的误差很大；图 9-4-23(b) 虽然电动势和内阻测量值均偏小，但是电压表内阻很大，分流不明显，所以电动势和内阻的测量误差小，所以选择图 9-4-23(b) 可以减小由电表内电阻引起的实验误差。

五、横向主题四：科学探究"交流"素养要素的提升

1. 没有　小球受到的合外力是重力与绳子拉力的合力，重力可以由 mg 得到，绳子拉力可由力传感器测得

2. (1) 实验时应保持桌面水平，从而保证小球做平抛运动；每次应使钢球从静止开始释放，以保证小球做平抛运动的初速度相同

(2) 铅锤线始终保持在竖直方向，当木板与它平行时，木板被调整到竖直平面

3. (2) $\sqrt{\dfrac{2(L-L_1)}{g}}$　(3) 0.2s　(4) 见解析

【解析】(2) 乙的反应时间为尺子下落时间，设为 t，则有 $L-L_1=\dfrac{1}{2}gt^2$，解得 $t=\sqrt{\dfrac{2(L-L_1)}{g}}$。

(3) 代入数据得 $t=\sqrt{\dfrac{2\times(0.300-0.104)}{9.80}}\text{s}=0.20\text{s}$。

(4) 多次测量取平均值可以减小误差，或初始时乙的手指尽可能接近尺子。

4. (1) A　(2) 见解析

【解析】(1) 测重力加速度用公式 $\Delta x=gT^2$，米尺（最小刻度是毫米）用来测量下落的距离，故选项 A 正确。

(2) 将米尺竖直放置，使小球下落时尽量靠近米尺，便于测量位移。

六、纵向主题：科学探究综合问题求解思维展示

1. (1) 1 点至 4 点　(2) 0.75　(3) C

【解析】(1) 在实验过程中，调节滑片 P，电压表和电流表均有示数但总是调不到零，说明滑动变阻器接成了限流接法，由如图 9-6-16 所示电路可知，其原因是 1 点至 4 点的导线没有连接好。

(2) 电流表量程为 $0\sim0.6\text{A}$，分度值为 0.02A，示数为 0.30A，灯泡额定功率 $P=UI=2.5\times0.30\text{W}=0.75\text{W}$。

(3) 灯泡电阻随温度升高而增大，电压越小，灯泡额定功率越小，灯丝温度越低，灯泡电阻越小，由此可知 1.00V 电压对应的电流应为 0.20A，故选项 C 正确。

2. (1) A　C　(2) 如答图 9-6-1 所示　(3) 小车的速度随时间均匀变化　加速度　(4) 越小越好　有关　(5) 见解析

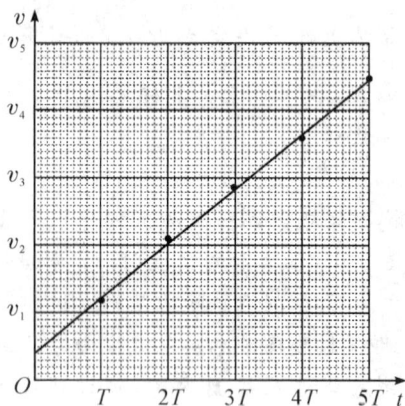
答图 9-6-1

【解析】(1) 打点计时器使用的是低压交流电源，故选 A；打相邻计数点的时间间隔是已知的，故不需要秒表；计数点间的距离需要用刻度尺测量，故选 C；由于不需要知道小车和重物的质量，故不需要天平（含砝码）。

(2) 先标出计数点 C 对应的坐标点，连线时要让尽量多的点在一条直线上。

(3) 依据 $v-t$ 图像是直线（斜率一定），即小车的速度随时间均匀变化，判断出小车做匀变速直线运动；$v-t$ 图像斜率的物理意义是加速度 a。

(4) $\dfrac{\Delta x}{\Delta t}$ 表示的是 Δt 内的平均速度，只有当 Δt 趋近于 0 时，才表示瞬时速度，因此若用于表示各计数点的瞬时速度，对 Δt 的要求是越小越好；从实验的角度看，选取的 Δx 越大，Δx 的测量误差就越小，算出的速度的误差就越小，因此从实验的角度看，选取的 Δx 大小与速度测量的误差有关。

(5) 如果小球的初速度为 0，其速度 $v\propto t$，那么它通过的位移 $x=\dfrac{v}{2}t$，故推出 $x\propto t^2$，因此，只要测量小

球通过不同位移所用的时间,就可以检验小球的速度是否随时间均匀变化。

3.1.40(1.36~1.44 均可)　0.46 (0.36~0.56 均可)

【解析】根据串并联电路的特点,结合闭合电路欧姆定律得 $E=U+Ir$,干路电流 $I=I_2$,则有 $E=I_1(R_1+r_1)+I_2(R_0+r)$,可知 $I_1=-\dfrac{I_2(r+3)}{10^4}+\dfrac{E}{10^4}$,图线纵轴截距为 $\dfrac{E}{10^4}=0.14\times10^{-3}$,解得 $E=1.40V$。图线斜率的绝对值为 $\dfrac{r+3}{10^4}=\dfrac{(0.14-0.05)\times10^{-3}}{260\times10^{-3}}$,解得 $r=0.46\Omega$。

4.(1)a　(2)0.29　(3)2.7　2.0

【解析】(1)S_2 接 b 时,测得的"等效电源内阻"是内阻与电流表内阻"串联的总电阻",测量值比真实值大。而 S_2 接 a 时,测得的内阻是电压表与等效内阻"并联的总电阻",测量值比真实值小。结合两直线看,右边的直线斜率小,则右边直线是 S_2 接 a 得到的。

(2)电流表的最小分度是 0.02A,指针过两大格(0.2A)和四个半小格,所以电流表的示数是 0.2A+0.02×4.5A$=0.29$A。

(3)由图 9-6-25 知,电池组的电动势约为 2.67V$\approx$2.7V。由于干电池的内阻很小,所以 S_2 接 a 时内阻的测量值更准确,从右边直线方程可得 $r+R_0=3.02\Omega$,所以 $r=2.02\Omega\approx2.0\Omega$。

专题十　能量观

二、横向主题:各种能量观子观念及观念要素的形成

1.重力势　电

2.电磁波　空气振动的能量　电磁　电磁　空气振动的能量

3.C 【解析】叶片旋转所形成的圆面积为 $S=\pi L^2$,时间 t 内流过该圆面积的空气柱体积为 $V=Svt=\pi L^2vt$,空气柱的质量 $m=\rho V=\rho\pi L^2vt$,空气柱的动能 $E_k=\dfrac{1}{2}mv^2=\dfrac{1}{2}\rho\pi L^2v^3t$,所以发电机的发电功率 $P=\dfrac{\eta E_k}{t}=\dfrac{1}{2}\eta\rho\pi L^2v^3$,代入数据解得 $P=8164W\approx8kW$。

4.C 【解析】据题意,结合图 10-2-23 可知,气体从 c 到 d 为绝热膨胀,则 $Q_{cd}=0$,$W_{cd}<0$,根据 $\Delta U=W+Q$,$\Delta U_{cd}<0$,则温度降低;气体从 d 到 a,体积不变,压强减小,则温度降低,该气体在状态 c 的温度高于在状态 a 时的温度,故在状态 c 时的内能大于在状态 a 时的内能,选项 A 错误;

$a\to b$ 过程为绝热压缩,外界对气体做的功 $W_{ab}>0$,$Q_{ab}=0$,则 $\Delta U_{ab}=W_{ab}$,即外界对气体做的功全部用于增加内能,选项 B 错误;

$b\to c$ 过程中,气体体积增大,气体对外做功,即 $W_{bc}<0$,根据热力学第一定律 $\Delta U=W+Q$ 可知 $\Delta U<Q$,即增加的内能小于该过程吸收的热量,选项 C 正确;

根据 $p\text{-}V$ 图像与 V 轴围成的面积表示气体做功的大小,可知一次循环过程中外界对气体做的功 $W=W_{cd}+W_{ab}<0$,而一次循环过程气体内能变化为 0,则整个过程 $Q>0$,即在一次循环过程中气体吸收的热量大于放出的热量,选项 D 错误。

5.B 【解析】全国的户数约为 $n=\dfrac{13\times10^8}{3}\approx4.3\times10^8$,假设每个家庭一天点灯 5 小时,则节约的电能为 $E=2\times(60-10)\times10^{-3}kW\times5h=0.5kW\cdot h$,全国一年节省的电能最接近 $W=365nE=365\times4.3\times10^8\times0.5kW\cdot h\approx7.8\times10^{10}kW\cdot h$,选项 B 正确。选项 C 没有考虑户数是人口的三分之一。选项 D 错认为灯泡每天工作 24 小时。

6.(1)见解析　(2)3　(3)720s,理由见解析

【解析】(1)每包大米的质量为 5kg,A 点代表搬运 15kg 大米时身体用于搬运大米的功率最大,为 50W。

(2)由于做的总功不变,因此搬运的功率最大时,即每次搬运 3 包大米时,工作时间最短。

(3)上楼时,以大米为研究对象,由 $P_m t=nmgh$,得 $t=360s$,下楼的时间肯定小于 360s,所以完成这一工作的时间小于 720s。

7.见解析　【解析】电源提供的电功率中的第一部分:牵引功率 $p_1=F_牵v_0$,根据牛顿第三定律有 $F_牵=12IBL$,当 $v_0=30m/s$ 时,代入数据得 $P_1=F_牵v_0=12\times1.92\times10^3\times30W=6.9\times10^5W$。

第二部分:海水的焦耳热功率。

对于单个直线推进器,根据电阻定律有 $R=\rho\dfrac{L}{S}$,代入数据得 $R=\rho\dfrac{c}{ab}=0.2\times\dfrac{0.3}{0.3\times0.4}\Omega=0.5\Omega$,由热功率公式 $P=I^2R$,代入数据得 $P_单=I^2R=5.0\times10^5W$,$P_2=12\times5.0\times10^5W=6.0\times10^6W$。

第三部分:单位时间内海水动能的增加值。

设 Δt 时间内喷出海水的质量为 m,则有 $P_3=12\times\dfrac{\Delta E_k}{\Delta t}$,考虑到海水的初动能为 0,$\Delta E_k=E_k=\dfrac{1}{2}mv_{水对地}^2$,$m=\rho_m bcv_{水对地}\Delta t$,$P_3=12\times\dfrac{\Delta E_k}{\Delta t}=12\times\dfrac{1}{2}\rho_m bcv_{水对地}^3=4.6\times10^4W$。

8. (1)500N　(2)3.325m/s²　(3)不能,理由见解析

【解析】(1)因为 $v_0=72$km/h$=20$m/s,所受的空气阻力 $F_{阻1}$ 与行驶速率 v 的关系为 $F_{阻10}=kv_0^2$,则 $P_3=F_{阻10}\cdot v_0=k\cdot v_0^3=5\times10^3$W,解得 $k=\dfrac{5}{8}$W$\cdot$s³/m³,$P_4=5000$W$=f_{阻}v_0$,可得 $f_{阻}=250$N,$f_{空}=kv_0^2=\dfrac{5}{8}\times20^2N=250$N,则驱动力 $F_0=f_{阻}+f_{空}=500$N。

(2)汽车以 v_0 行驶时能产生的最大牵引力 $F_m=\dfrac{P_m-P_1-P_2}{v_0}=\dfrac{(150-3-4)\times10^3}{20}N=7150$N,最大加速度大小 $a_m=\dfrac{F_m-f_{空}-f_{阻}}{m}=3.325$ m/s²。

(3)假设汽车能以 $v=3v_0$ 的速率匀速行驶,则水泵功率不变,$P_1'=P_1=3$kW,器件摩擦损耗功率变为3倍,$P_2'=3P_2=12$kW,克服空气阻力功率 $P_3=kv^3$,则 $P_3'=3^3P_3=135$kW,克服路面阻力功率 $P_4=f_{阻}v$(其中 f_4 不变),则 $P_4'=3P_4=15$kW,则 $P_总=3$kW$+135$kW$+15$kW$+12$kW$=165$kW>150kW,故汽车不能以 $3v_0$ 匀速行驶。

9. (1)6.25×10^{10}kW　(2)5×10^{10}kW

【解析】(1)由题可知 $\dfrac{P_2}{P_1}=\dfrac{S_2}{S_1}$,则 $P_2=\dfrac{P_1S_2}{S_1}=\dfrac{50\text{kW}\times5000\times10^6\text{m}^2}{4\text{m}^2}=6.25\times10^{10}$kW。

(2)由 $\eta=\dfrac{P_实}{P_总}\times100\%$,可知 $P_实=\eta P_2=6.25\times10^{10}kW\times80\%=5\times10^{10}$kW。